宋兆祥　王南冰 ◎ 著

青岛胶州方言研究

中国社会科学出版社

图书在版编目(CIP)数据

青岛胶州方言研究 / 宋兆祥，王南冰著 . —北京：中国社会科学出版社，2018. 5
ISBN 978-7-5203-2457-1

Ⅰ.①青… Ⅱ.①宋…②王… Ⅲ.①北方方言-方言研究-胶州 Ⅳ.①H172.1

中国版本图书馆 CIP 数据核字（2018）第 082202 号

出 版 人 赵剑英
责任编辑 任 明
责任校对 韩天炜
责任印制 李寡寡

出 版 中国社会科学出版社
社 址 北京鼓楼西大街甲 158 号
邮 编 100720
网 址 http://www.csspw.cn
发 行 部 010-84083685
门 市 部 010-84029450
经 销 新华书店及其他书店

印刷装订 北京君升印刷有限公司
版 次 2018 年 5 月第 1 版
印 次 2018 年 5 月第 1 次印刷

开 本 710×1000 1/16
印 张 23. 75
插 页 2
字 数 389 千字
定 价 98. 00 元

目　　录

第一章 绪言

第一节 地理、区划与人口

胶州，以其境内有古胶水而得名，素称"金胶州"。胶州位于东经119°37′—120°12′、北纬36°00′—36°30′之间，地处山东省东部、山东半岛西南部、青岛市境西部、胶州湾的西北岸。东接即墨与青岛市城阳区，南邻黄岛区（2012年由原青岛市黄岛区和胶南市合并而成），北连平度，西靠潍坊的高密和诸城。边境线总长334.60公里。

胶州市境东西最大横距51公里，南北最大纵距54.3公里，总面积为1210平方公里。县城位于县境中部偏东。县境南部和西南部为丘陵地区，北部为平原。全境地势南高北低、西高东低，由西南向东北倾斜，最高海拔229.2米，最低海拔3米。境内有18个百米以上的山丘，没有高山。艾山最高，海拔229.2米。境内有27条大小河流，分属于大沽河、胶莱南河和洋河三大水系。其中，大沽河、胶莱南河、胶河、墨水河与洋河是五条主要的河流，对整个胶州市有非常重要的影响。海岸线北起大沽河口西侧，南至洋河口北岸，全长25.49公里。胶州地处北温带季风区，属暖温带半湿润大陆性气候。光照充沛，热量丰富，四季分明，无霜期长。春季冷峭多风，夏季湿热少雨，秋季温和凉爽，冬季寒冷干燥。

2012年，胶州市进行了行政区划调整。调整之后，全市共辖铺集、里岔、洋河、胶西、胶莱与李哥庄6个镇，九龙、胶东、胶北、阜安、中云和三里河6个街道办事处，811个行政村，67个居委会。

截至2015年，全市常住总人口87万强。居住和生活在这片土地上的民族有31个，分别为汉族、蒙古族、回族、藏族、维吾尔族、苗族、彝族、壮族、布依族、朝鲜族、满族、侗族、瑶族、白族、土家族、傣族、黎族、傈僳族、佤族、畲族、高山族、景颇族、土族、达斡尔族、羌族、锡伯族、阿昌族、普米族、鄂温克族、京族和鄂伦春族。胶州市的官方语言为汉语,全市各族人民都以汉语作为主要的交际和交流工具。

第二节　历史沿革

胶州历史悠久。远在 5000 多年前的新石器时代,已有先民在此定居,他们用石斧、石铲、石刀为工具,耕作渔猎,繁衍生息,创造了丰富多彩的大汶口文化和龙山文化。这两种文化在胶州地区的典型遗存是三里河遗址。三里河遗址位于胶州市南关街道办事处北三里河村西河旁高地上。南北长约 250 米,东西宽约 200 米,面积 5 万平方米左右。该遗址最先为山东大学历史系刘敦愿教授于 1961 年发现。中国社会科学院考古研究所山东队和潍坊地区艺术馆于 1974 年秋和 1975 年春两次对三里河遗址进行发掘,揭露面积 1570 平方米,出土了大量史前大汶口和龙山时期的文物。该遗址的地层堆积为上下两层:上层是龙山文化类型的遗存,下层为大汶口文化晚期类型的遗存。这一文化叠压层的发现,不仅再一次证实了大汶口文化早于龙山文化的相对年代,更重要的是明确了龙山文化对大汶口文化的继承关系以及它与鲁中南地区的大汶口文化和龙山文化的若干地区性差异。三里河遗址是一处首次被确认为具有滨海特色的古文化遗址,带有十分鲜明的地域色彩。

夏、商时期,胶州地属莱夷。周初,武王分封少昊后裔己兹舆期为莒子,最初建都于计斤(即计斤城,今胶州南关城子村)。东周平王元年(公元前 770 年),莒国将其都城南迁至今莒县莒国故城。计成为莒国属城,更名介根。周武王时葛卢氏封国,是为介国(治所在今南杜村乡城献村附近)。《左传》记载,公元前 631 年介君葛卢两次赴鲁朝见鲁僖公。公元前 600 年左右,介国衰落。计、介两国皆为齐国吞并。

秦王嬴政二十六年(前 221 年),秦灭齐,在原介国属地设立黔陬县,归琅琊郡管辖,治所设于今胶南琅琊镇驻地夏河城。西汉初,胶州境内又陆续设立了计斤、邞、柜和祓四县。东汉建武十三年(37 年),朝廷撤销计斤、邞、柜和祓四县,计斤并入黔陬侯国,属青州刺史部东莱郡管辖,柜并入琅琊郡的琅琊县。汉献帝建安三年(198 年),曹操置城阳郡(治所在东武,今诸城),黔陬县又隶属于城阳郡。晋惠帝元康十年(300 年)分城阳郡的黔陬、壮武等十一县为高密国,以胶河西岸的黔陬为国都（今铺集镇黔陬村东），史称"黔陬西城"。原春秋介国都城称为"黔陬东城"，更名为计基城。南朝宋，黔陬县隶属高密郡，孝武帝时高密郡被撤，并入北海郡。北魏孝庄帝永安二年（529年），始设胶州，州治设于东武陵（今诸城），领东武、高密和平昌三郡，辖十四县。黔陬县隶属高密郡。北齐文宣帝天保七年（556年）于黔陬县设平昌郡。隋文帝开皇三年（583年），废平昌郡。开皇五年（585年），胶州改为密州。开皇十六年（596年）置胶西县，管辖胶河、墨河之间的一片地方，黔陬北部地区划归胶西县。隋炀帝大业初，黔陬县被撤，并入胶西。至此，黔陬从设县至被撤，历经秦、汉、三国、两晋、南北朝和隋朝，历时近八百三十年。

唐武德六年（623年）废胶西县，并入高密县，在今胶州设立板桥镇。北宋初期密州板桥镇是帝国北方惟一的海口，至北宋中期板桥镇发展成为全国著名的贸易港口。宋哲宗元祐三年（1087年）复设胶西县，仍属密州。金仍为胶西县，属密州。元太祖于胶西县复设胶州，领高密、即墨和胶西三县。明洪武二年（1369年）撤胶西县，并入胶州，辖高密、即墨两县，属青州府。明洪武九年（1376年）胶州改隶莱州府，仍辖高密、即墨二县。

清代的行政区划沿袭明制，胶州隶属无大变动。雍正十二年（1734年），清政府裁灵山卫，将之并入胶州。光绪三十年（1904年），胶州升格为直隶州，直属山东布政使司，辖高密与即墨。民国二年（1913年）胶州被裁撤，改设胶县，归山东省胶东道管辖。十四年（1925年）张宗昌置莱胶道，驻胶县。十七年（1928年）莱胶道被废，胶县直属山东省管辖。

抗日战争爆发，战火延临胶州。1938年胶县被日军侵占。此后，中国共产党领导人民组织地方武装，抗击日本侵略者。1943年胶县成立抗日民主政府，隶属胶东行政区南海专区。1945年日本投降，国民政府军进驻胶县。同年，胶县成立民主政府，属于滨海行署第一专署。1946年，滨海行署第一专署划入胶东行署，并更名为滨北专署。1947年胶县解放，胶县民主政府入城办公。

此后一段时间，胶县的县界与区划时有变化，隶属也不稳定。1949年，胶高和胶河两县被撤销后，部分地区归并，成为胶州市现在所见区划。新中国成立后，1950年5月，滨北专署被撤，设胶州专署，胶城为胶州地委和专署的驻地。1956 年 4 月，胶州专署被撤销，胶州改为隶属昌潍专署。1958 年，胶县由昌潍专区划归青岛市管辖。1961 年，经国务院批准，胶县重属昌潍专区。1978 年，再度划归青岛市。1987 年 2 月 12日，经国务院批准，撤县建市（县级），原胶县行政区划改为胶州市行政区域，由青岛管辖。

第三节　方言概况

胶州方言隶属于胶辽官话区。《中国语言地图集》将其列入胶辽官话青州片。《山东省志·方言志》和《山东方言研究》依据方言特征把山东省的胶辽官话列为山东方言的东区，再分为东莱和东潍两个小片。东潍片包括莱州、平度、即墨、青岛及以西的县市，胶州方言即归于东潍片。

从行政区划来看，胶州下辖里岔、铺集、洋河、胶西、胶莱和李哥庄六镇，以及阜安、中云、三里河、胶北、胶东和九龙六个街道办事处。胶州方言内部存在一定的地域差异，主要表现在语音方面，词汇和语法方面几乎没有什么不同。这些地域差异并不大，完全不影响各镇人民之间的通话和相互交流。下面笔者大体描述胶州方言内部差异的一些具体表现。

铺集和里岔是位于胶州市最西端的两个镇。这两个镇的方言跟洋河、胶西、九龙和胶莱镇的方言差别极小，唯腔调别具特色。当地人说话的时候习惯在句尾拖长腔，具有非常强的可辨识性。外镇称之为"西脸子腔"。

阜安、中云和三里河街道办事处构成了胶州市的中心城区。关于胶州城区的语音系统，《青岛市志·方言志》第六章"胶州方言音系"对其声韵调系统有大概的描写。胶州城区音系有二十七个声母、三十五个韵母和四个声调。底下照搬原文，列举如下：

声母 27 个

p	布步	pʰ	怕盘	m	门灭	f	飞冯	v	危闻
t	到夺	tʰ	太同	n	南女	l	吕连		
ts	糟焦	tsʰ	仓枪			s	散线		
tɕ	经技	tɕʰ	丘桥			ɕ	休下		
tʃ	招章	tʃʰ	昌朝			ʃ	扇烧		

续表

tʂ	争追	tʂʰ	巢虫吹			ʂ	师梳	ɭ	而耳
k	贵跪	kʰ	开葵			x	灰话	ɣ	岸袄
Ø	言雨五								

韵母 35 个

a	爬割			ia	架牙	ua	花刮		
ɿ	资知	ʅ	支诗	i	衣地	u	堵猪农	y	雨虚
ɚ	二耳								
ə	波车二			iə	夜铁	uə	合活	yə	月靴
e	色北					ue	雷对		
ɛ	盖太			iɛ	矮解	uɛ	帅怪		
ɔ	袄饱			iɔ	绕条				
ou	斗收			iou	油流				
ã	短胆			iã	言间	uã	官弯	yã	元权
ə̃	针根林			iə̃	人紧	uə̃	魂棍	yə̃	云群
aŋ	党桑			iaŋ	江良	uaŋ	光床		
əŋ	登东			iəŋ	英拥				

声调 4 个

阴平 214	抛交天听丢高婚三	阳平 42	年平敌田桃冯凡盘
上声 55	饼里国脚己减井讲	去声 212	立动步日计件静降

　　胶州城区方言与上述西部和南部五镇方言的区别主要表现在以下三个方面：

　　（1）西部和南部五镇的方言在开合口韵母前有齿间音声母 ［tθ/tθʰ/θ］。胶州城区方言的舌尖前音 ［ts/tsʰ/s］在开合口韵母之前带有强烈的齿间音色彩，但还不是齿间音。

　　（2）西部和南部五镇方言有些读为合口的字，胶州城区方言读作开口。如，短 ［tuæn］ ／ ［tã］。

　　（3）胶州城区方言的去声为降升调，西部和南部五镇的方言去声为降调。

　　李哥庄镇位于胶州市的最东端，距离胶州市 16 公里。东南与青岛城阳区接壤，东北毗邻即墨市，北段跟胶莱镇、即墨市张院镇相连，西部和胶东镇相邻。李哥庄镇的方言跟胶州城区方言基本相同，但个别字的发音存在明显差别。如，"他/她"说［tʰə⁵⁵］，可能是受到了即墨和城阳话的影响。

第四节　记音符号

　　本书采用国际音标注音。下面分别列出胶州方言单字和语流中出现的辅音和元音，并对相关符号加以说明。

一　胶州方言辅音表

表 1　　　　　　　　　　　　胶州方言辅音表

	发音部位		唇音		舌音				舌叶	舌面	
发音方法			双唇	唇齿	齿间	舌尖前	舌尖中	卷舌		前	后
塞	不送气	清	p				t				k
	送气	清	pʰ				tʰ				kʰ
塞擦	不送气	清			tθ	ts		tʂ	tʃ	tɕ	
	送气	清			tθʰ	tsʰ		tʂʰ	tʃʰ	tɕʰ	
擦		清		f	θ	s		ʂ	ʃ	ɕ	x
		浊		v							ɣ
鼻		浊	m				n				ŋ
边		浊					l	ɭ			
近		浊					ɻ				

二　胶州方言元音表

表 2　　　　　　　　　　　　胶州方言元音表

	舌面					舌尖	
	前		央	后		前	后
	不圆	圆		不圆	圆	不圆	不圆
高	i	y			u	ɿ	ʅ

续表

	舌面					舌尖	
	前		央	后		前	后
	不圆	圆		不圆	圆	不圆	不圆
半高	e						
央			ə				
半低	ɛ						
	æ		ɚ				
低	a			ʌ	ɑ		

三　声调符号说明

本书声调采用五度制标记法。用5、4、3、2、1五个数字分别表示相对音高的高、半高、中、半低、低。单字调的调值标在音标右上角，变调的调值标在本调右侧，中间用"－"号进行连接。

轻声音节是根据前一个音节变调后的调值，在音标右上角标注相应的数字。如，"猪皮"tʃu$^{213-21}$pʰi^1、"驴皮"ly$^{53-55}$pʰi^5、"狗皮"kəu$^{44-45}$pʰi^5、"兔子"tʰu$^{31-42}$tθη^2。两个轻声相连时，它们的调值一致。

四　其他符号说明

∅	零声母符号
˞	卷舌元音符号，标在主元音右上角
~	鼻化元音符号，标在主要元音的上方
ʰ	送气符号

第五节　发音合作人

本书主要记录胶州杜村、洋河两镇方言的老派读音，由宋兆祥博士调查，王南冰博士辅助记音。下面列出主要发音人的基本情况。

（1）宋金荣，男，1936年生，调查时时年79岁，胶州市杜村镇人。

早年读过几年私塾，会写毛笔字，初中文化程度。一直生活在本镇，无长时间在外地工作的经历，跟外地人亦说本地方言，不会说普通话和其他方言。

（2）宋绪言，男，1950 年生，调查时时年 66 岁，胶州市杜村镇小邹家沟人。读过六年小学，小学至初中文化程度，可以熟练地读书、看报，通读过历史小说《三国演义》。一直在本村务农、做小生意，无长时间外出工作的经历。跟外地人亦说本地方言，不会说普通话和其他方言。

（3）崔芝美，女，1954 年生，调查时时年 62 岁，胶州市洋河镇山寺人。读过几年小学，小学文化程度。一直生活在本村，无在外地工作的经历，跟外地人亦说本地方言，不会说普通话和其他的方言。

三位发音人的发音基本没有差别。本书的同音字汇、语流变调以及词汇和语料记音均以宋金荣先生的发音为主，同时参考宋绪言先生和崔芝美女士的发音。

第二章 语音

第一节 单字音系

一 声母

胶州方言有 31 个声母（含零声母）。列举如下：

表3 胶州方言声母表

p 八宝帮笔	pʰ 怕皮跑撇	f 发佛烦乏	v 蛙五王屋	m 母摸门木
t 打刀蛋德	tʰ 梯兔汤塌		l 露老懒辣	n 怒拿奶南
k 鸽高根割	kʰ 开哭看磕	x 河黑婚害	ɣ 盒袄呕俺	
tɕ 街胶建结	tɕʰ 求钳权愒	ɕ 鞋休悬血		
tʂ 找皱臻赜	tʂʰ 踩馋虫拆	ʂ 溲山牲色	ɻ 耳理儿二	ɳ 那
tʃ 妯猪正拙	tʃʰ 丑缠唱吃	ʃ 书神剩十		
tθ 姊走葬杂	tθʰ 粗槽崔错	θ 腮扫宋跐		
ts 浇虹进节	tsʰ 蛆秋清皴	s 宿袖旬雪		
ø 崖雨牛云				

声母说明：

（1）胶州方言卷舌声母 [tʂ/tʂʰ/ʂ] 比北京话 [tʂ/tʂʰ/ʂ] 的发音位置要稍微靠前些。具体地说就是，发音时舌头卷起，以撮尖的舌尖向后翻顶住上齿齿龈桥。

（2）实际语流之中有浊的齿龈近音声母 [ɹ]，仅出现在儿化韵之前。如，"路" [ɹu³¹]、"晃" [ɹaˀɚ⁵³]、"棱" [ɹɚŋ³¹]、"蛹" [ɹɚŋ⁴⁴]、"人" [ɹɚi⁵³]、"盐" [ɹɚˀ⁵³]。

（3）卷舌鼻音声母 [ɳ] 只出现于"那个" [ɳʅ³¹⁻⁴² kə²] 一词，实际上是"那个"［nə³¹⁻⁴²kə²］这一说法的自由变体。

二　韵母

胶州方言有35个韵母，包括自成音节的［ŋ̍］。列举如下：

表4　　　　　　　　　　　　胶州方言韵母表

ɿ	自知吃石	i	闭米骑一	u	步祖助骨	y	女句铸雨
ʅ	纸翅师二						
a	八炸渴挖	ia	俩掐夏芽	ua	抓耍跨花		
ɛ	代菜开外	iɛ	街鞋崖矮	uɛ	揣怪快坏		
ə	脖过鳄我	iə	鳖趄揭热	uə	朵坐桌河	yə	略嚼学药
au	报枣朝号	iau	庙胶窖咬				
ei	白责隔胃			uei	队岁龟会		
əu	豆州狗呕	iəu	六酒臼牛				
æn	半暂展含	iæn	甜剑烟艳	uæn	短钻关拴	yæn	卷泉癣远
ən	门榛深哂	iən	芪檩勤忍	uən	蹲春睏横	yən	熏津旬闰
aŋ	绑葬尝缸	iaŋ	娘虹橡羊	uaŋ	壮窗框黄		
əŋ	棚盛种空	iəŋ	病莛井用	ŋ̍	嗯		

韵母说明：

（1）韵母［a］和［aŋ］在唇声母［p/pʰ/m/f/v］后读［ɑ］和［ɑŋ］；韵母［a］、［ua］、［aŋ］和［uaŋ］在牙音声母［k/kʰ/x/ɣ］后读［ɑ］、［uɑ］、［ɑŋ］和［uɑŋ］；韵母［ia］和［iaŋ］在舌面前声母［tɕ/tɕʰ/ɕ］之后读［iɑ］和［iɑŋ］。

（2）韵母［a］、［ia］和［ua］的儿化后的实际音值是［ɐ˞］、［iɐ˞］和［uɐ˞］。

三　声调

胶州方言有4个单字调。列举如下：

表5　　　　　　　　　　　　胶州方言声调表

阴平 ［˩˧］213	东该帮张通听昌督握愒	阳平 ［˥˧］53	毛来铜皮旁毒白合碟
上声 ［˦˦］44	古岛统草五谷屋刻切掀	去声 ［˧˩］31	屁路洞罪丈近辣六月

声调说明：

胶州方言没有入声调，中古入声归入阴平、阳平、上声和去声四个调类。

第二节　同音字汇

本字汇根据韵母、声母和声调的次序排列。轻声音节用「［0］」表示。写不出本字的音节用方框「□」表示。释义与举例在字后用括弧「（ ）」表示。在例子里，用「～」代替本字，有音无字者在「□」后加注音标。上面已经释义的例，下文不再重复出现。文白异读、又读等一字多音的现象，在字的右下角加数字表示。一般用「1」表示口语里最常用的说法，用「2」表示次常用的说法，依次类推。

	1. ɿ
tθ	［213］资姿滋咨孜　［53］自　［44］子₁籽紫姊止₂（不～）只₂（～许）□（～□laº：胃难受，不舒服）［31］字渍恣（舒服）［0］滓
tθʰ	［213］龇疵（～□mɔ⁵³：质量、品质等差，不好）□（倒掉液体）□（～～：头发直竖状）□（斥责）□（冲刷）　［53］雌此词祠辞次瓷慈磁蛴（～螬）［44］□（脚尖蹬）　［31］刺伺
θ	［213］丝思斯撕嘶私　［44］死₂　［31］四泗寺祀司饲嗣（降生）　［0］子₂（小～/秃～）
	2. ʅ
tʂ	［213］支枝吱之芝淄脂志₂（～气）□（死～：软弱的人）□（～验：试探，套别人的话）□（～tɕʰiauº：不实在）　［44］纸止₁（～血）址趾旨指₁（～头）　［31］志₁痣至滞　［0］着₁
tʂʰ	［213］眵嗤□（～～：毛发直竖状）□（水溅起）□（雾露：起雾时，从天空飘落的小水滴）□（～～地：速度快状）　［44］匙齿［31］翅［0］嗤（噗～：拟声词）□（腹：鸡嗉子）
ʂ	［213］诗师狮尸　［53］时　［44］虱史驶屎使始施□（累：～人）□（交配）［31］市柿士仕是视试事氏谥示饰　［0］死₁（出现于动词、形容词之后：打～，热～）
l	［53］儿而　［44］耳饵理₂（搭理）　［31］二
ȵ	［31］那₂
	3. i
p	［213］屄蓖□（～□tsiəuº：吝啬）［53］鼻逼匕（～首）□（～虱：形容胆小、懦弱之人）　［44］比秕（～子：未长成的花生）必（～定）彼瘪笔滗（倒出液体时，把渣子挡住）壁（～子：墙壁）避（隐藏）［31］避₂（躲）闭璧碧毕毙币蔽陛算篦　［0］屁₂（臭～子：椿象）

续表

pʰ	[213] 丕披批匹□（~子：编席子之前分裂开的高粱秸秆）　[53] 皮疲啤脾琵砒　[44] 痞劈（用利器砍；自己裂开）□（用手向下拉扯：~洋槐枝子）□（~拉：分开）□（一~子：一边，一面）　[31] 辟僻癖痹（麻~：大意）庀（包~）屁₁
m	[213] 眯　[53] 迷谜₂糜泥腻₂（~子板）弥（阿~陀佛）□（把牛羊等拴在野外固定地方吃青草）□（~眼：尘土飞入眼里）[44] 米　[31] 蜜泌密秘□（~溜：舔舐）[0] 墨₂（即~）沫₂（唾~）
t	[213] 低嘀提₂（~溜）　[53] 籴（~粮：买粮）敌狄笛迪　[44] 滴底邸抵的₂（目~）牴（牛用角顶）□（拔、拉）　[31] 地弟第递帝蒂（~巴）[0] 的₁（助词）得₂（助词）
tʰ	[213] 梯堤　[53] 踢剔蹄题提₁　[44] 体□（~□təŋ⁰：东西变质；害苦，害惨；表示很高程度，用在表消极意义的动词和形容词之后）[31] 剃替惕[0] 蛭（马~：水蛭）
n	[53] 尼倪（姓）　[44] 你　[31] 腻₁匿逆
l	[53] 厘狸（~猫）俚黎梨犁劙（割破）□（差，不好：不~）□（~心：吃过多的甜食而导致胃酸上涌）　[44] 里₂（公~）理₁（总~，~解）鲤李礼垒（~墙）[31] 立粒力历厉励沥（~拉：水不停滴落）荔砾栗利莉隶吏例丽离蠡（范~）□（强行获取）□（~屎：拉屎。贬语）[0] 栎璃藜（蒺~）娌（妯~）篱（笊~）类（畜~，骂语）
tʃ	[213] 知只₁（量词：一~鞋）　[53] 侄直值₁（~钱）[44] 痔（~疮）织职汁执植殖值₂（~日）质₁（资~）只₃（~为：特地）[31] 秩智置制治致帜质₂（人~）这₂[0] 肢（胳~：挠腋窝）
tʃʰ	[213] 痴漦（~水：婴幼儿流的口水）赤₁（红色）　[53] 池持侈迟弛驰[44] 耻吃尺赤₁（~脚）　[31] 斥[0] □（□a²¹³~：喷嚏）
ʃ	[53] 十拾食石实蚀适识　[44] 湿失室式　[31] 释誓势世逝[0] 舍₃（割~）
tɕ	[213] 基级儿₂（茶~子）机叽饥肌击鸡₁　[53] 及极　[44] 急己缉激戟吉几₁虮棘指₂（~子盖：指甲）　[31] 姬技妓寄计季继冀骥纪忌记住）　[0] 稽□（槽~：不堪忍受）
tɕʰ	[213] 欺期（日~；~望；量词：喝完一杯酒的次数）□（植物被树叶、树冠等遮住阳光而长势极弱或停止生长）[53] 其棋琪旗麒奇骑琦祁鳍祈杞芪（黄~）□（~□liəu⁰：菜团，线团）[44] 岂企启起歧乞给₁（给予）□（~人：坐在潮湿的地面上身体感到不舒服）[31] 弃泣契气汽器　[0] 箕去₂（家~：回家）□（烦~：讨厌）
ɕ	[213] 稀嘻溪羲熙犀吸₁□（很，非常：~嫩/~松）[44] 喜禧希蟢（~蛛：蜘蛛）[31] 系₂戏隙□（不~：不屑）
ts	[213] 唧鸡₂（~子：成年男性生殖器）[53] 集[44] 籍鲫积脊绩蒺嫉（~妒）即（~墨）墼（垒炕用的长方形土坯）挤₂济₂□（任由：钱~她花）□（~着：老是，一直）[31] 稷（~子：一种不黏的小米）剂祭系₁（~鞋带）荠济₁（得~：得势，得到帮助）[0] 辑

tsʰ	[213] 栖妻凄□（~□liəu⁰：破布条）[53] 齐□（铡掉）[44] 七漆沏戚萋（~~毛：小蓟）挤₂（~~：拥挤）□（~□tsʰiⁱ⁰：视力不佳而眯缝着眼的样子）[31] 砌□（~子：雌性牲畜生殖器；动物生殖）　[0] 脐（腹~）槭（臭~：枳）喊（喳：低声谈论，以防被听见）
s	[213] 西牺熄　[53] 袭习₂（自~）席（酒~）畦（量词：一~莴蒿；种：~韭菜）[44] 洗媳昔惜玺锡析席₂（主~）习₁（学~）　[31] 细　[0] 悉息
ø	[213] 衣依医揖　[53] 疑夷姨胰遗移沂（临~）彝饴伊（木乃~）　[44] 已（~经）一壹乙椅以倚蚁（~蚌：蚂蚁）尾₁（~巴）□（能~：可能；从事体力劳动的能力强）[31] 宜谊艺亿忆毅异逸翼弈意义议仪益溢缢役疫驿邑易癔（~症）日（~子）□（~□xu⁰：关系融洽，亲热）□（~癞：脏）[0] 有₂（没~）译（翻~）

4. a

p	[213] 扒（~灰，~草）疤巴₃（大~）吧₂（网~）芭（~蕾）□（大口猛吃）□（盼望）□（~数：落数，指责）□（房屋的内顶：屋~）□（牢固，结实）[53] 拔爸雹（~子）□（置于冷水中使之快速降温：~西瓜）[44] 八靶（打~）把₂（~门：看门；量词：一~锁）剥₁（~果子：剥花生）笆（~子：用高粱秆儿扎成的胳膊粗的长条，盖房子时竖放在房梁两侧）□（刺蛾幼虫的毒毛触及皮肤后产生刺痛：~人）[31] 巴₂（嘴~子）把₁（柄：刀~儿；介词）耙（犁~）坝霸鲅（~鱼）罢 [0] 膊（胳~）巴₁（尾~）吧₁（语气词）叭（喇~）
pʰ	[213] 趴啪乓　[53] 爬笆（~子：搂柴草用的竹制器具）□（粪~：细粪工具）[44] □（~牯子：小公牛）　[31] 怕　[0] 琶杷
m	[213] 妈（~□ma⁰：奶奶）□（~□θa⁰：观察周围时眼睛有节奏地开合）[53] 麻 [44] 马码（婴儿吮吸奶水）□（~下脸：黑下脸。指神色改变）[31] 骂抹₁（~桌子）蚂（~蚱）[0] 吗蟆（蛤~）
f	[53] 乏（疲劳）罚伐阀 [44] 法发₁砝（~码）
v	[213] 挖哇凹委₂（~屈）□（鼓、突起：~肚）　[53] 娃蛙₂（青~）[44] 瓦斜（舀取粉状、颗粒状物）□（~□xəu⁰：看一眼后迅速垂下眼睑）□（挠：~痒）[31] 袜洼□（非常：~亮）
t	[213] 奓（~拉）[53] 沓（量词：一~钱）[44] 答搭打达褡（~裢：一种中间开口而两端盛物的布制口袋）[31] 爹₁大₁ [0] 跶（跩~：拖拉着鞋走路）瘩（疙~）
tʰ	[213] 塌₁ [44] 他她它塔塌₂溻（汗水渗入）[0] 踢（糟~）遢（邋~）
n	[53] 拿 [44] 哪₁ [31] 捺娜呐纳（出~）衲（密针缝纫：~鞋底）
l	[213] 邋（~遢）拉₁（~屎）[53] 落₃（角□xa⁰~子：角落）□（跟粗糙的表面摩擦）□（~话：聊天）[44] 拉₂（拽）喇（~叭）[31] 辣蜡腊落₂（落后；遗忘而留下）□（养育：~孩子）□（分开：~仗/~巴着腿）[0] 蜊（蛤~）垃（坷~）了₁（表完成的助词）
tθ	[53] 砸杂□（用缝纫机缝制：~衣裳）　[0] 臜（□ɣa⁴⁴~：恼火，不愉快）
tθʰ	[213] □（鞋跟地面摩擦的声音）　[44] 擦擦（~杚：把萝卜等擦成丝的器具）

θ	[213] 仨跶（~跶）[53] □（~□mu⁰：到处看）[44] 撒洒 [0] 萨
tʂ	[213] 渣楂喳₂（~唧：鸡鸟等乱叫）咋（~呼：说话时动作、表情夸张）覹（一~：拇指与中指伸开的长度）札（马~子）□（踩）（~□ʂa⁰：孩子撒娇，任性；嚣张）[53] 铡牐（写成"闸"）[44] 眨扎（捆，缠束；刺；钻；~猛儿）痄（~腮：腮腺炎）（发：~芽）[31] 炸诈乍（刚刚；~来）茬₂（~子：玉米、芝麻等收割后余留在地里的短茎）[0] □（□ka³¹：老太太走路不稳状）蚱（蚂~）吒（哪~）
tʂʰ	[213] 叉喳₁（~喊）杈₂（一种翻动、归拢农作物秸秆的农具）□（狗等凶猛地咬）[53] 茬₁察查茶搽（涂抹）□（腿骨~：大腿内侧）（杂交）□（~舌头：背后议论是非）[44] 插衩碴（~子）馇（长时间熬煮：~排骨/~猪食）□（~子：家庭）[31] 杈₁（树~子）汉差₁（错误）岔□（~潮：鱼肉变质）[0] □（肋~：肋部）□（□ka⁴⁴：小孩儿闹矛盾）
ʂ	[213] 沙砂纱鲨裟（袈~）痧（~子）杉（~树）□（雌性的：~牛）[53] □（麻~：身体发麻）[44] 傻杀刹煞褶（~裉：缩减衣幅）[31] 厦₁（~子：简陋的草棚）□（用工具掠去麦子、谷子等的秸秆）[0] □（□tʂa²¹³~）
k	[213] 嘎（鹅的叫声）痂（~□tʂa⁰：伤口愈合后结的黑痂）□（~□la⁰：围，绕；联系）[44] 蛤（~蜊）割合₂（~伙）胳葛疙（~瘩）角₃（~落）□（~□ku⁰：吝啬）□（~□tʂʰa⁰）[31] 尬□（~□tʂa⁰）[0] 家₃（大朱~：村名）鸽（鹁~：鸽子）
kʰ	[213] 喀（象声词）咖（~啡）□（牙~子：上下腭）[44] 坷（~垃）卡₂（~片）搕（全部倒出）渴磕盍（关，闭）□（~促：苛刻）□（~□ta⁰：饮食条件差，营养不好）□（~子：做馒头的模具）
x	[213] 哈呵（~呼：呵斥）煆（用蒸汽稍微加热）两（房屋、棚子等倾覆，倒塌）□（趴~：趴）[53] 合₃（~饼：带馅儿的半月状面食）盍（覆盖：~瓦）蛤（~蟆）□（前~儿：前面）[44] 喝₁ [0] □（角~落子：角落）
ɣ	[213] 阿 [44] 盒（简易地搭盖）□（用石头等击打）□（~□tθa⁰）[31] 啊（应答声）

5. ia

p	[53] □（击枪声）
pʰ	[53] □（击枪声）
l	[44] 俩
tɕ	[213] 家₁加佳嘉袈枷 [53] □（驱赶牲口的吆喝声）[44] 夹荚假贾甲钾角₂（牛羊角；辫子）[31] 价嫁驾架蛱（□pa⁴⁴~子：刺蛾幼虫）[0] 稼
tɕʰ	[213] 掐₁（双手勒）掐₃（把：一~菠菜）卡₁（夹子；夹：~兔子）[44] 掐₂（大拇指甲跟食指甲或中指甲对挤）（碾碎：~地瓜干儿/豆子）
ɕ	[213] 虾□（弯：~腰）[53] 霞辖（管~）峡匣狭侠 [44] 瞎 [31] 下吓夏厦₂（~门）

∅	[213] 丫 [53] 牙芽衙蚜□（公的，雄性的：～狗）[44] 哑押雅鸭□（比得上，赶得上：他不～我）□（倒：～水）□（～子：男性生殖器）□（在模具里倒入铁水铸造）[31] 亚压轧（打碎：～麦子）□（扦插繁殖）[0] 鸦

6. ua

tʂ	[213] 抓 [44] 爪捉□（用镢头刨地）□（臀部翘起）
tʂʰ	[213] □（表急促的象声词）[53] 戳₁（物体尖细的一端刺入皮肉）□（猪等吃食。用于人则表侮辱之意）涊（泥泞）[44] □（手或嘴巴迅速地接到或夺去某物）
ʂ	[213] 唰（表下雨迅疾的象声词）[44] 刷耍 [31] 涮（淘汰）[0] □（抓～：抓摸）
k	[213] 瓜呱刮（尖利的东西划）[44] 寡剐₂（～风）话₁（拉～：说话）□（舀）[31] 卦褂挂（悬；量词：一～猪下水）栝（～蒌）
kʰ	[213] 夸□（～儿：清脆的耳光声、雷声或抽鞭子声）[44] 垮刮₁ [31] 胯拷跨
x	[213] 花哗 [53] 华滑猾划 [31] 画化话₂

7. ə

p	[213] 波玻菠渤饽（～～：馒头）□（～～儿：连续而快速地说话。含贬义）[53] 脖薄博搏镈（～螂：螳螂的卵块）簸₁（～箕）别₁ [44] 播驳簸₂（颠动并扬除_{糠秕}：～谷）剥₂（～削）□（加热以蒸去水分）
pʰ	[213] 坡₂（斜～儿）泡₁（量词：一～尿）[53] 婆泊（艾～：村名）[44] 泼坡（野外：上～）[31] 破
m	[213] 摸₁ [53] 磨₁（～面）蘑魔模₂（～范）膜漠 [44] 抹₂（～脸：擦化妆品）[31] 莫陌默末沫₁茉磨₂（～磬）[0] 寞
f	[44] 佛
v	[213] 窝握₁蹼（筋骨扭伤）倭涡□（～儿～儿：孔，洞）□（折叠并缝住：～裤脚儿）□（回转：～头）[53] 鹅蛾娥俄讹 [44] 我 [31] 饿卧沃恶₂（～膺：恶心）
n	[31] 那₁
tʃ	[53] 蛰（下～：冬眠）辙□（因水分减少而粘连）[44] 褶遮者折₂（打～）哲蜇（蜜蜂等用尾刺刺）[31] 这₁浙（～江）□（～念：数落，指责）[0] 蔗
tʃʰ	[213] 车₁□（～□vɛ⁰：能说会道）[44] 扯掣□（从，介词）[31] 彻撤澈
ʃ	[213] 赊□（敞开：～着怀）[53] 蛇舌折₁（亏损）[44] 设佘奢舍₁（～不得）勺（～药洼：村名）[31] 涉社射赦舍₂（宿～）
k	[213] 哥歌家₂（见于村庄名，张～庄）胳（～肢：挠腋窝）蝌（蛤蟆～□taŋ³¹子：蝌蚪）□（弯：～腰）[53] 硌 [44] 果各阁搁革蛇郭₂（～南庄：村名）[31] 个过嗝（～气：打嗝）

kʰ	[213] 科苛砢（~磕）□（用刀划）[44] 克₂可壳咳□（~□tʂʰuɤ0 脸：苦着脸）□（~猡：阉割过的公猪）[31] 嗑（用力咬）课
x	[53] 禾何₂和₃（共~国）[31] 鹤赫
ɣ	[53] 峨（~眉山）　[31] 鳄

8. uə

t	[213] 多哆□（手掌拍击）[53] 夺铎 [44] 朵躲敠（端）　　[31] 垛跺剁惰堕舵
tʰ	[213] 拖 [53] 驮驼（~背）砣（秤~）鸵佗（华~）跎（蹉~）[44] 托椭脱妥 [31] 唾 [0] 拓□（挺~：壮实有力）
n	[53] 挪 [31] 糯懦诺哪₂（~吒）
l	[213] 啰 [53] 罗箩萝逻锣摞螺骡镙裸 [44] 捋（以五指和手掌扯取）烙₁（置面食于锅上加热使熟）[31] 乐₁（~意）骆洛络烙₂（~铁）落₁ [0] 猡（□kʰə44 ~）
tθ	[53] 昨琢（~磨）凿（~子）□（用手掐断、折断：~地瓜蔓）[44] 做₂（~题）作₁柞（~树）撮（小把：一~韭菜）　[31] 左坐座
tθʰ	[213] 搓蹉 [53] 矬 [44] □（向上推举）□（泛指打击）[31] 错措挫锉虀（~皮）
θ	[213] 梭蓑（~衣）[44] 锁索琐 [31] □（~□iæn0：顽皮，含贬义）[0] 唆（啰~）挲（摸~）嗦（哆~）
tʂ	[53] 卓镯 [44] 桌□（容纳）
tʂʰ	[53] 戳₂（捅）　[44] 戳₃（~儿：印章）
ʂ	[44] 所（厕~）缩 [31] 硕朔
tʃ	[53] 着₂（燃烧；急）□（传染）[44] 拙
tʃʰ	[213] □（~□tʃʰuə0：到处讲，随便谈论）[44] 焯（用开水稍烫）□（用簸箕收拾）
ʃ	[53] 勺 [44] 说
k	[213] 蝈锅埚（坩~）聒（~啰：唠叨）[44] 国郭₁（姓）裹
kʰ	[213] 棵窠（荆条~子）胯（小~子。骂女孩的脏话）括₂（~号）[44] 扩 [31] 阔括₁（包~）
x	[213] 豁劐（用力割划）耠（耕：~地）嚯（~□xuə0：胡乱说）□（~□luə0：搅动，拌弄液体）[53] 活何₁河荷和₁（~面/~气）合₁（联~）盒核₂（~桃）阖（全部：~庄/~家欢乐）□（伸探：伸头~脑）[44] 火伙喝₂（吆二~三）□（用手撩起或用瓢舀起液体）[31] 惑贺货祸霍穫蠖（~蜳：瓢虫）□（量词：一~门）□（量词：一~汤药）

9. iə

p	[213] □（~□yə0：形状歪曲不正）[44] 鳖憋蝙（~蝠）瘪（~独子：发育异常的人或物）　[31] 别₂（~扭）
pʰ	[213] □（~□yə0：走路姿势不正）[44] 撇（扔）瞥氅（走路腿脚向外）
m	[213] □（~子：牛犊）[31] 灭蔑

t	[213] 爹₂ [53] 叠谍碟喋蝶迭（及：等不~/忙不~） [44] 跌□（稍颠）
tʰ	[44] 铁贴帖
n	[31] 捏聂蹑镊摄（~像）
l	[213] □（小孩哭）[44] 唎₂（龇牙~嘴）□（迅疾地跑）[31] 猎劣列烈翅裂₂（物自裂）□（~□kəu⁰：双目敌视状）
ts	[53] 劫截 [44] 姐结₁节疖接 [31] 借藉褯（~子）蠽（~蟟：蝉）
tsʰ	[44] 切且□（~子：小缺口）[31] 妾窃 [0] 趄（趔~）
s	[213] 些 [53] 邪斜 [44] 写□（扔硬物击打）[31] 泄泻谢卸
tɕ	[213] □（嘴巴、痂等翘起）[53] 捷杰洁桀缄（~默声地：沉默，不说话）□（耳~：硬的耳屎）[44] 结₂（~婚）揭□（~利：得到好处，获得利益）□（用鞋底打）
tɕʰ	[213] 楬（躺）[53] 茄
ɕ	[213] □（硬壳等略微翘起，门等稍微打开） [53] 胁协谐挟（要~）[44] 血歇蝎□（抢夺养分阻碍其他植物生长）
∅	[213] 爷₁（~爷）[53] 额（~灵盖：额头）爷₂（大~：大伯）[44] 也野掖液（~体）噎惹冶椰 [31] 热业葉夜页孽（作~）

10. yə

l	[44] □（意外大量获得）[31] 掠略□（~偘：坐立不安着急离开的）
tɕ	[213] 噘撅（翘起）掘决₁（堤溃）[53] □（骂） [44] 脚诀镢蹶（~子）桷（拴牛马的短木桩）觉₁角₁（~色）决₂（坚~）□（雄性的：~猪）[31] 倔
tɕʰ	[53] 瘸 [44] 确₁（~实）缺□（折，掰）[31] 却确₂（千真万~）
ɕ	[213] 靴穴□（被牛角掀起）[53] 学 [44] □（~狂：行动大胆，出格）
ts	[213] 绝₂（说话、做事不留余地） [53] 绝₁（~对）爵嚼□（~子：置于牛马嘴里的铁链）
tsʰ	[44] 雀（~子：雀斑）绰（影影~~：朦胧，看不清）
s	[53] □（~□mu⁰：偷偷地观察） [44] 雪薛削
∅	[44] 约哕（恶心）越₁拐（折）□（干巴~□tsi⁵⁵的：因缺少水分而干巴，不柔软） [31] 虐月钥弱乐₂药若（~干）跃阅岳粤越₂（~南） [0] □（搓~：揉搓）

11. u

p	[53] 醭垺（~土：细尘）[44] 不补哺腹（~脐）拨（~拉）[31] 步部布怖埠（~头：村名）
pʰ	[213] 铺₁（铺陈；量词：一~炕）噗（~嗤）谱₁（打~：想办法）□（~□vɛ⁰：脚步迟重）[53] 菩葡蒲（~子：水烛）筐（~笟：小针线筐）[44] 普谱₂（家~）瀑（~布）捕脯（胸~）朴扑僕蹼[31] 铺₂（上~）疱（燎~）[0] 泡₃（燎~：烫伤引起的水泡）脬（尿~：膀胱）

m	[213] 哞（牛叫声）□（汽笛声）□（~□ɹɐu⁰：小睡）□（~□tʃʰu⁰：笨，不灵敏的；消化不良）□（~□tɑ⁰：不说话）[53] 无模$_1$（~子）[44] 亩某牡母拇姆摸$_2$（~量：估摸）[31] 木牧墓慕暮幕募睦穆目没$_1$（~有）么（怎~）
f	[213] 夫麸稃（~条）复$_2$（~习）□（切削物体的表面）□（~摇：密集地在半空飞舞）[53] 凫（~水）扶服敷伏浮俘俯覆负$_1$（~责）[44] 福斧符府腑幅辐辅腐[31] 复$_1$负$_2$（胜~）父妇富副赋赴付驸傅□（~囱：烟囱）[0] 肤蝠袱咐
v	[213] 乌鸣钨巫侮污诬（~□tθʰu⁰：行动缓慢、迟钝）[44] 五伍屋捂午武鹉舞吴（东~）[31] 物恶雾勿务悟梧梧（~桐）痦（~子：色素痣）机[0] 握$_2$（把~）
t	[213] 都$_2$嘟督[53] 独毒[44] 赌堵睹犊肚$_2$（~子：动物的胃）屎（~子：蜂蝎等蜇人的器官）[31] 肚$_1$（~子：腹部）杜读度渡镀妒[0] 涂$_2$（糊~）
tʰ	[213] 突喋（~~：枪击）□（~□lu⁰：线团散开；话语不清）[53] 图徒屠途[44] 土吐秃涂$_1$[31] 兔
n	[53] 农$_1$奴[31] 努怒
l	[213] 漉□（撤销，罢免）[53] 卢炉芦蝼（~蛄）[44] 鲁卤虏掳□（以言辞欺骗）[31] 路露$_2$（雾~）鹭鹿辘陆录禄碌鹬（用拳头击打）漏$_2$（锢~：用熔化的金属堵塞金属物品的漏洞）撸（用手掌捋）[0] 髅（骷~）轳（辘~）噜（呼~）□（胡~：脾气暴躁，不明事理）
tθ	[213] 组租[53] 族卒[44] 祖足$_1$作（~声）[0] □（愉~：舒服，舒适）
tθʰ	[213] 粗[44] 促（~织儿：蟋蟀）緎（使皱褶、簇扎）□（细长状物体猛然顶在硬物上）[31] 醋
θ	[213] 苏酥[53] 俗$_1$[31] 肃素速塑诉嗉（~子）[0] 嗽（咳~）
tʂ	[44] 筑逐嘱竹竺（姓）触（接~）堑（挡，塞）[31] 祝助
tʂʰ	[213] 初[53] 锄雏[44] 础楚畜（~类：畜生）□（收缩，消减：~脖子/~火性）[31] 怵
ʂ	[213] 梳疏[53] 赎[44] 数$_1$（动词）属$_2$（~于）[31] 漱墅束$_2$数$_2$（名词）
tʃ	[213] 猪朱珠蛛株诸（~城）[53] 轴（~承）妯（~娌）[44] 主拄煮[31] 住柱注蛀驻著箸[0] 帚（扫~）粥（黏~）碡（碌~）
tʃʰ	[213] □（吸吮）□（~□liəu⁰：蛇游走的样子）[53] 厨橱除殊□（用锨铲）[44] 处$_1$（~理）出储束$_1$（~腰）□（不穿鞋袜：~着脚）□（~□tʂʰu·⁰：皱纹）[31] 处$_2$（办事~）
ʃ	[213] 书输舒抒□（伸，探）[53] 熟塾[44] 叔暑黍（~子）鼠[31] 树术述竖庶属$_1$（~马）[0] 手$_2$（鼓~）秫（胡~：高粱）□（马~子：蜥蜴）

k	[213] 姑沽菇孤辜箍（~扎：饺子）胍（~□naŋ⁰：腐败变软）□（~溜：滚动）□（~□lu⁰：螺类）[53]□（~□tʂʰu⁰：体积收缩）　[44] 古估谷股鼓骨縠 [31] 故顾雇固锢（~漏）□（~蜡：蠕动）[0] 跍（蹲~）牯（蝼~）牨（□pʰa⁴⁴~子：小公牛）
kʰ	[213] 枯骷窟 [44] 哭苦 [31] 酷库裤
x	[213] 乎呼烀弧忽惚惚（手横向扇击）[53] 狐互胡鬍（~子）湖糊煳葫瑚蝴猢壶囫（~囵）核₁（果核）和₂（说~/暖~）□（人伦、情理：不论~）[44] 虎唬浒□（靠，贴近）[31] 户护戽 [0] 话₃（笑~）

12. y

n	[44] 女
l	[213]□（~□ly⁰：虫类快速爬行）[53] 驴 [44] 吕侣铝屡缕履旅吕（以五指捏持：~胡子）□（小~：骗子，小偷）□（用棍棒抽打）□（从，沿着：你~哪里来?）[31] 率₂虑滤律绿碌（~碡）
tɕ	[213] 居驹拘车₂锔□（紧跟，紧靠）[53] 局 [44] 举橘菊鞠莒（~县）[31] 句具俱飓犋（量词：一~牲口）巨矩炬拒距据锯剧
tɕʰ	[213] 区躯渠 [44] 曲蛆（~蟮）屈麴（酒~）[31] 去₁ [0] 胸（临~）
ɕ	[213] 虚墟嘘 [44] 许旭吸₂（~铁石：磁铁）
ts	[44] 足₂（知~）　[31] 铸聚
tsʰ	[213] 蛆觑（把眼睛合成细缝看）黢（~黑）[44] 取（获取、收获：~萝卜/~白菜）蹴（用脚尖捅踢）[31] 趣
s	[213] 须 [53] 徐俗₂（风~）[44] 需宿 [31] 婿绪序絮续叙□（把条状物体投入或放进某个空间）
∅	[213] 淤瘀（~血）迂□（应付，应对：~急）□（從：反复劝说使接受）[53] 于余馀（剩）俞榆如（~今）鱼愚 [44] 雨语羽乳盂禹瑜辱儒域（西~）□（用手使条状物体弯曲或变直）[31] 芋裕狱入玉褥育预御遇誉豫与□（~作：舒适、舒服）□（填入铡草机或嘴里）

13. ɛ

p	[44] 摆 [31] 拜败 [0] 呗
pʰ	[213]□（量词：一~屎）　[53] 排牌 [44] 牌（实~大腔：粗腿肥臀）□（用力踹）[31] 派（~□lɛ⁰：脏，不干净）
m	[53] 埋₁霾 [44] 买₂ [31] 卖
v	[213] 蜗（俗字"歪"）□（量词：一~屎）[53] 蛙₁（~子：蛙类）[44] 崴（脚掌侧翻而扭伤踝骨）□（斜倚：~□kʰuɛ⁰）□（捶打，击打）[31] 外
t	[213] 呆再（~来）　[44] 在₁歹逮□（猛地一拉）□（打，扇：~了一耳子）[31] 待（要，将要；对待）大₂（~夫）带戴代贷袋黛怠□（拉：~上门）
tʰ	[213] 胎苔 [53] 台抬臺（蒜~）鲐（~巴）鲐鱼 [44]□（~气：气质，样子）[31] 太泰态汰 [0] 炱（□fu³¹~：烟囱）

n	[213] 奶₁（~子）　[44] 乃　[31] 耐奈奶₂（使……吃奶：~孩子）
l	[53] 来莱　[44] 裂₁（撕、扯）唎₁（~嘴）　[31] 赖癞　[0] 里₁（哪~）哩（语气词，相当于"呢"）
tθ	[213] 灾栽　[44] 崽宰　[31] 在₂
tθʰ	[213] 猜　[53] 才材财裁　[44] 采彩　[31] 菜蔡
θ	[213] 腮鳃　[31] 赛
tʂ	[213] 斋　[31] 债寨□（用木条塞；~子：楔子）
tʂʰ	[213] 钗搋（用拳头按压：~面）差₂踩（走踏泥泞之处）[53] 柴豺□（肉类纤维粗硬，口感差）[44] 踩䜺（~子：磨碎后呈颗粒状的豆类、玉米等）[31] □（家畜进食）
ʂ	[213] 筛　[44] 甩　[31] 晒
k	[213] 该□（欠钱）□（关涉：不~我事）[44] 改　[31] 丐钙盖概怪₁（非常：~热/~冷）
kʰ	[213] 开　[44] 楷凯铠（~甲）
x	[213] 姟（多）□（用棍状物从上往下打）[53] 孩（~子）[44] 海核₃（肺结~）[31] 亥害　[0] 颏（下~：下颌）
ɣ	[213] 哀（~杖）欸（~声叹气）唉□（驱赶：~鸡/~猪）[53] 挨捱（拖延：干靠干~）[44] 癌　[31] 爱艾（~子）碍䂮

14. iɛ

tɕ	[213] 街秸阶　[44] 解₁　[31] 介疥界届戒
ɕ	[53] 鞋　[31] 蟹械澥（~漓）薤（薤头：葱韭~蒜）解₂（明白：识字~文；姓）
ø	[53] 崖（长而陡的斜坡）涯（水边）　[44] 矮

15. uɛ

l	[213] □（扔掉）
tʂ	[213] □（扔、抛）[44] □（走路身躯扭动摇摆）□（~文：说文雅词句）
tʂʰ	[213] 揣膗（□ɕyæn²¹³ ~：肥而软的肉）
ʂ	[213] 衰　[31] 帅率₁
k	[213] □（触、碰）[44] 拐（用肘头、膝盖撞击）枴　[31] 怪₂
kʰ	[44] □（斜靠、斜倚，见"□vɛ⁴⁴ ~"）　[31] 块快筷会₂（~计）□（挎）
x	[53] 槐怀淮　[31] 坏

16. au

p	[213] 褒包胞鲍（~牙）苞（~米）[44] 宝饱保堡鸨　[31] 暴爆豹报抱鲍孵（孵化：~窝；动物生育：~羊）刨₂（~子）炮₂（~仗）□（飞扬：~坲飏尘）
pʰ	[213] 抛泡₂（水~）[53] 袍刨₁（用爪子挖土）[44] 跑刨　[31] 炮₁泡₁（动词，~脚）

m	[213] □（肉类置于滚水中略煮）□（藏~儿：捉迷藏）[53] 毛₁髦猫锚矛茅蝥（~贼：小偷）□（心血来潮）　[44] 卯（~时）铆搅（击打）毛₂（量词：一~钱）[31] 冒帽茂貌贸□（过，越：坐车坐~了站了）
t	[213] 刀魛叨□（用筷子夹）[44] 导岛捣蹈祷倒₂（~闭）[31] 盗道稻到倒₁（~茶）□（虫啮）□（挖：~果子）[0] 掇（拾~：收拾）
tʰ	[213] 掏涛韬 [53] 桃逃淘陶□（孩子顽皮，哭闹）[44] 讨 [31] 套 [0] 萄
n	[213] 孬 [53] 挠 [44] 脑恼瑙（玛~）　[31] 闹
l	[213] 唠捞₂（获取，得到）落₄（空~~）　[53] 牢劳痨崂（~山）捞₁（从水中捞取）　[44] 老姥佬 [31] 涝耢（平整土地的农具）□（~着：对着，照着）[0] □（讨~子：指衣衫褴褛的人）
tθ	[213] 遭 [53] □（玩闹，折腾）[44] 早枣澡 [31] 灶造噪燥躁哨₂（~儿：吹而能响的小物体）
tθʰ	[213] 操糙（关系、质量、品质等差、不好）□（下~：打算，计划）[53] 曹槽嘈（~~：撺掇，挑拨）□（~气：人品差，坏）　[44] 草骣（雌的：~驴）艚（皮肤：粗皮老~）[31] 螬 [0] 蟺（蛴~）
θ	[213] 臊₁（~味）骚 [44] 扫嫂 [31] 臊₂（害~）□（划痕）
tʂ	[44] 找 [31] 罩笊（~篱）
tʂʰ	[213] 抄 [44] 吵炒 [31] □（~唠：打听，问起）
ʂ	[213] 稍捎梢筲（水桶）蛸□（~□mu⁰角：一种角极长的蝗虫）[44] □（从旁打听，问询）[31] 潲（~雨）哨₁（用筷子抽打）□（用刀略微削一下）
tʃ	[213] 钊召招□（扶）　[31] 兆照赵
tʃʰ	[213] 超□（破口大骂）[53] 潮朝（介词：向，面对；~代）□（傻）□（忍受：~不了）□（整，全部：~天的/~黑日）
ʃ	[213] 烧□（精液）□（~□ta⁰：像傻子行走的姿态和神态）　[44] 少₁（多~）　[31] 邵少₂（年龄小）[0] 绍（介~）
k	[213] 高膏羔糕 [44] 镐搞稿 [31] 告
kʰ	[44] 考烤 [31] 靠铐犒□（加热以蒸发水分：~锅）□（耽搁，拖延）
x	[213] 薅（用力拔取）蒿（~子）□（□miə²¹³老~子：蜗牛）□（~□li⁰：大声哭）[53] 毫豪壕（~涝：大型粪水池）嚆嗥耗₂（~子）[44] 郝（姓）好₁ [31] 号浩耗₁好₂（喜欢）
ɣ	[213] 嗷燺（煮）[53] 熬 [44] 妖懊 [31] 傲鏊（~子）奥澳坳
	17. iau
p	[213] 标膘镖镳□（行为超越常理的）[44] 表婊裱 [31] 鳔（紧贴，紧靠）□（比较）
pʰ	[213] 漂₁飘□（~□ʂa⁰：无生殖能力的雌性牲畜）　[53] 瓢嫖□（行路时往左前或右前方斜插）　[31] 票漂₂（~亮）
m	[213] 喵 [53] 苗描瞄 [44] 秒 [31] 庙妙

t	[213] 刁叼雕貂□（说谎话）[44] 屌 [31] 掉吊钓调$_1$
tʰ	[213] 挑$_1$（担；选择）[53] 调$_2$笤条□（~怂：怂恿）[44] 挑$_2$（主动引起：~事；用细长物体的一端举起）[31] 粜跳□（非常：~白）
n	[44] 鸟 [31] 尿$_1$
l	[213] 撂（扔弃）[53] 聊辽疗潦（~草）缭（多嘴~舌）獠 [44] 燎撩（~话儿）了$_2$□（粗疏地缝）[31] 料廖镣尥（驴马等后踢）□（用热水略微烫一下捞出）
tɕ	[213] 交$_1$胶$_2$跤骄娇教$_1$ [44] 搅荞饺绞$_2$狡缴 [31] 叫轿较觉$_2$教$_2$（~育）
tɕʰ	[213] 敲跷 [53] 乔荞桥侨□（难闻的）[44] 巧 [31] 翘窍撬
ɕ	[213] 枭嚣枵（薄）[44] 晓 [31] 校效孝哮酵
ts	[213] 浇焦蕉椒礁胶$_1$（黏不~：桃胶）交$_2$（~叉子：马扎）□（很：~酸）[44] 铰绞$_1$（缠搅）[31] 窖□（倒~：反刍）[0] 蟭（蟭~）
tsʰ	[213] 跷（高~）缲（藏着针脚缝）[53] 瞧（观~）[44] □（~话：俏皮话）[31] 俏（敏捷）悄（缚，缠）□（~子：折起的衣边）[0] 鹊（野~）峭（料~）
s	[213] 肖消宵销逍硝萧萧 [44] 小 [31] 笑
ø	[213] 夭妖吆腰要$_2$（~求）蓌（未秀的狗尾草：茅草~）[53] 尧饶肴姚摇谣窑遥瑶 [44] 扰舀咬 [31] 绕要$_1$（重~）耀鹞□（~硬：蛮横，强硬）

18. ei

p	[213] 卑碑悲杯背$_1$（动词）[53] 白$_1$ [44] 北柏伯百掰 [31] 辈倍焙贝狈备被褙（~褙儿）背$_2$（后~）白$_2$（葱~儿）[0] 卜（萝~）
pʰ	[213] 胚坯呸 [53] 裴陪赔培 [44] 拍迫 [31] 配佩
m	[53] 玫梅霉莓眉嵋煤媒 [44] 每美 [31] 谜$_1$（猜~儿）麦脉迈妹昧媚墨$_1$（~水）没$_2$（较浅的淹没）[0] 买$_1$（市~：村庄名）
f	[213] 飞妃非匪菲啡 [53] 肥 [31] 费废肺沸
v	[213] 威微煨傀□（施加：~肥）[53] 危围违维潍帷为$_2$（~人）[44] 苇伟伪尾$_2$（结~）委（~员）□（坐地移行）[31] 胃喂未味卫位为$_1$尉慰畏谓魏 [0] 猬
t	[213] 埙（坍塌）□（~□tei^0：冷得牙齿打颤）[44] 德特（~为：因为）得$_1$（~劲儿）[31] 对兑
tʰ	[213] 推 [44] 腿 [31] 退蜕褪
n	[31] 内□（用手掌攥紧）
l	[213] □（搂住腰部抱起）[53] 雷擂 [44] 儡磊蕾 [31] 泪勒肋
tθ	[213] □（~□kʰɚ^{213}：恶言恶声）□（~□tθɚi^0：一种小蝉）[53] 贼
θ	[44] 塞（挤）
ʃ	[53] 谁
tʂ	[53] 择责宅翟□（阉割：~猪）[44] 窄摘侧（~□ləŋ^0：侧着）

续表

tʂʰ	[44] 册策拆
ʂ	[44] 色涩歃（~子）　[0] □（脚~：脚印）
k	[44] 给$_2$格隔
kʰ	[44] 客刻克$_1$（克制，不利于：~汉子/~老婆）勊（训斥，批评）
x	[213] 嘿　[44] 黑

19. uei

t	[31] 队
tθ	[213] 堆　[53] □（~蒜：野蒜）　[44] 嘴　[31] 最罪醉
tθʰ	[213] 崔催摧　[31] 脆翠粹萃
θ	[213] 尿$_2$（~脬）　[53] 随虽隋遂　[44] 髓　[31] 岁碎穗繐　[0] 荽（芫~）
tʂ	[213] 追椎锥　[31] 拽坠赘
tʂʰ	[213] 吹炊椿$_2$（~树）[53] 垂锤捶槌
ʂ	[44] 水摔　[31] 瑞睡税
k	[213] 规龟归瑰（玫~）　[44] 鬼癸诡　[31] 桂贵跪柜剑郐（小~家沟：村名）
kʰ	[213] 亏盔　[53] 葵奎逵馗（钟~：门神）　[44] 傀　[31] 溃（~疡）□（折）
x	[213] 灰恢咴（马叫声）挥辉徽　[53] 回茴或（~是）[44] 毁悔$_1$　[31] 汇讳惠晦会$_1$烩桧（秦~）贿慧卉

20. əu

t	[213] 兜　[44] 斗$_1$（容量单位）抖陡　[31] 都$_1$斗$_2$头$_2$（~枕）豆痘窦
tʰ	[213] 偷　[53] 头$_1$投□（漂洗干净搓揉过的衣物）□（捅：~炉子）[44] 敨（倒出；散开）　[31] 透　[0] 屉（抽~）
l	[213] □（获取，得到利益）[53] 娄楼喽偻（播种农具）搂$_1$（用竹箅收聚）[44] 搂$_2$篓　[31] 露$_1$漏陋瘘䁖（~瞜）□（~□ʂəu^{53}的：恐惧状）[0] 瓤（栝~）
tθ	[44] 走　[31] 奏揍做$_1$（~饭）凑$_2$（贴近：~嘴）
tθʰ	[31] 凑$_1$
θ	[0] 擞
tʂ	[213] 謅（说谎）掫（从一侧掀、提）[31] 皱䙱（衣不伸展）　[0] 陬（黔~：地名）
tʂʰ	[213] □（风声）[53] 愁　[44] 瞅$_1$　[0] □（抠~：仔细翻动和寻找）
ʂ	[213] 颼（风声）搜（~寻）[53] □（□ləu^{31}~的）[44] 溲（解~）[31] 瘦
tʃ	[213] 周舟州洲　[53] □（~实的：健壮结实的）[44] 肘扭$_1$□（固执，不顺从）□（扭）[31] 咒

tʃʰ	[213] 抽　[53] 仇绸稠酬筹售□（漂洗）[44] 丑（～牛）醜　[31] 臭
ʃ	[213] 收　[44] 手₁首守　[31] 兽寿受授
k	[213] 勾钩沟　[44] 狗苟□（～搣：行为出格，夸张）　[31] 构购够遘（触及）　[0] 瞘（瞜～）
kʰ	[213] 扣（衣裳～）抠眍（眼球深陷）[53] □（女人泼辣，暴烈）[44] 口　[31] 扣寇
x	[213] 齁（哮喘）□（很）[53] 侯喉猴瘊侯（活泼，调皮）　[31] 候厚後（前～）后（皇～）　[0] 睺（瞜～）吼（嫌～：批评，指责）
ɣ	[213] 欧鸥沤偶藕　[44] 呕　[31] 怄

21. iəu

t	[213] 丢（羞臊）
n	[44] 纽钮扭₂忸　[31] 狃（倔强，固执）
l	[213] 遛镏鎏（～金）□（非常：～轻儿）　[53] 留瘤刘流硫　[44] 柳绺　[31] 六溜 [0] 榴蟟（蟷～：蝉）
ts	[213] 揪鬏（头发盘成的结）[44] 酒　[31] 就瘯（缩凑，不伸展）□（搭配：～着吃）
tsʰ	[213] 秋鞧（～韂）瞅₂（紧盯）楸　[53] 囚慒（固执，不顺从）
s	[213] 羞修　[31] 袖秀绣锈
tɕ	[213] 纠　[44] 九玖久灸韭　[31] 旧臼舅救　[0] 究鸠
tɕʰ	[213] 邱湫　[53] 求球　[44] 馕（食物烂）□（长时间怄气）□（～戏）
ɕ	[213] 休貅
Ø	[213] 优忧幽□（说话不着边际）□（甩，荡）[53] 牛游由油邮尤犹鱿柔揉□（～子：谷象）　[44] 有₁友酉（～鸡）　[31] 诱釉蚰（～蜒）又右佑幼肉 [0] 攸□（蔫～：枯萎）

22. æn

p	[213] 班斑般瘢搬颁扳　[44] 板版　[31] 半伴拌绊扮办瓣　[0] □（□tæn³¹～：尴尬、难堪）
pʰ	[213] 攀潘　[53] 盘番₁（一～：一会儿）[31] 盼判叛襻（带子）□（编织头发成束条状）[0] 磐（磨～）
m	[213] 嫚　[53] 瞒埋₂（～怨）馒蛮（很）□（跨越）[44] 满　[31] 慢漫₂墁（抹：～墙）镘（～板）
f	[213] 番₂翻幡帆反₂（～面）[53] 烦凡矾繁　[44] 反₁（～叛）返□（表达不满）　[31] 饭贩范犯泛鑁（繁殖：～生）訑（～～：到处宣扬）　[0] □（出～：诅咒或以行为暗示不祥）
v	[213] 弯湾剜豌腕（敌视）蜿（～□iəu⁰：蠕动）挽（指戳）　[53] 完玩顽丸　[44] 挽晚碗皖绾（头发盘绕打成结）　[31] 蔓万腕　[0] 院₂（场～）
t	[213] 丹单郸担₁担₁　[44] 胆疸耽₂（～误）　[31] 淡蛋旦但担₂（～杖）弹₂耽₁（～着：耽误了）□（条状物体两端横架或横放在……上）□（～□pæn⁰）

续表

t^h	[213] 贪摊滩瘫　[53] 弹$_1$谈痰郯谭檀壇（花~）罎（~子）　[44] 坦毯疃□（微烧）　[31] 探叹炭碳
n	[213] 喃（语气词）[53] 男南难$_1$　[44] 暖$_2$（~壶：暖瓶）[31] 难$_2$（灾~）
l	[53] 兰栏拦蓝篮　[44] 懒揽缆览溇□（水苦涩）　[31] 阑（~尾）烂滥临$_1$（~末了：最后）
tθ	[213] 簪　[31] 暂赞
tθ^h	[213] 参$_1$餐　[53] 蚕残惭　[44] 惨穇（~子）　[31] 灿
θ	[213] 三
tʃ	[213] 沾毡粘　[44] 展䏝（弄脏）[31] 占战颤$_1$
tʃ^h	[213] 遄（看似近，实则远）[53] 缠婵禅　[31] 颤$_2$
ʃ	[213] 苦膻扇$_1$搧　[44] 闪陕　[31] 扇$_2$善鳝擅单$_2$（姓）骟（阉割）[0] 蟮（蛐~）
tʂ	[44] 斩　[31] 站栈湛蘸
tʂ^h	[213] 搀掺 [53] 馋谗鑱（犁铁）　[44] 产铲脀（皮肤：~穿）
ʂ	[213] 山衫　[44] □（~子：芦苇）[0] 糁（麻~：圆饼状豆粕）
k	[213] 甘$_1$坩竿肝干$_1$杆$_1$（~忙儿：一会儿）[44] 间$_1$赶秆杆$_2$（秤~）擀敢感□（~□tθŋ^0：确实；比如）[31] 甘$_2$（~甜）干$_2$（~活）赣
k^h	[213] 看$_2$（~守）堪　[44] 砍坎槛　[31] 看$_1$
x	[213] 憨　[53] 寒韩含涵邯还$_1$（副词）　[44] 罕（~见）　[31] 汗汉旱焊翰憾
ɣ	[213] 哎（~□iaŋ^0：痛苦呻吟声）安按鞍氨庵鹌　[44] 俺罨（种）唵（以手进食）罯（以手外敷药粉）[31] 案岸暗

23. iæn

p	[213] 编边鞭 [44] 扁匾贬□（怀揣）[31] 遍变便$_2$（方~）辫辩卞
p^h	[213] 篇偏$_1$片$_2$（照~）[53] 便$_1$（~宜）[44] 谝（夸耀）[31] 骗片$_1$（药~）偏$_2$（由常道斜插至别道或其他方向走）□（抬腿跨越）[0] 惼（惼~）□（贬低：贬低、讥讽）
m	[53] 棉绵□（~跌：摔跤）[44] 眠免勉恓□（叠折）[31] 面缅（~甸）
t	[213] 掂踮颠癫趷（~趷：得瑟，抖擞）　[44] 点典碘　[31] 电垫奠店惦淀甸殿癜
t^h	[213] 天添　[53] 田甜填　[44] 舔觍（~着脸：厚着脸皮）
n	[53] 年黏鲇　[44] 埝（地方）撚（搓）撵（赶走）蹍（踩踏）蹍（追逐）[31] 碾念
l	[53] 廉镰簾濂连莲鲢联帘怜　[44] 脸　[31] 敛练炼链殓恋楝（~树）[0] 裢（褡~）□（提~：带提手的筐）
ts	[213] 尖煎肩□（~馋：挑食）[44] 拣剪 [31] 箭荐贱践间$_3$（~苗：使变稀疏）

tsʰ	[213] 签鸽（鸡鸟等啄物）千迁扦钎□（稀疏地缝）[53] 钱前 [44] 浅□（~子：针线笸笊）[31] 堑（田间土埂）[0] 轛
s	[213] 鲜先仙 [31] 线腺宪 [0] 跣痫（癣~）
tɕ	[213] 兼奸监艰犍间$_2$（时~）[44] 简茧减碱俭检柬趼 [31] 见舰件建健键毽剑涧谏鉴
tɕʰ	[213] 牵铅谦 [53] 乾黔钳 [31] 歉欠芡（勾~）□（壁墙内侧与屋顶的交接处）□（略微抬起：~腚）
ɕ	[213] 掀锨箱$_2$（风~）[53] 咸弦嫌贤闲衔（官~）馅$_1$（剁~子）[44] 显险 [31] 陷馅$_2$现县献限□（很：~黄/~蓝）
ø	[213] 烟胭湮（淹没）阉腌蔫焉（姓）[53] 然盐檐芫严颜言研岩炎延阎闫（姓）缘$_1$（边：井~）[44] 眼$_1$染演掩兖□（巧合）[31] 艳砚验宴堰燕厌雁咽谚缘$_2$（边：炕~）酽（味厚，色深）眼$_2$（量词：一~井）[0] 蜒（蚰~）

24. uæn

t	[213] 端 [44] 短 [31] 断段缎锻椴
tʰ	[53] 团糰塼（~弄）
l	[53] 李銮栾（姓）[31] 乱
tθ	[213] 钻$_1$ [44] 攒纂（发结）趱（拦截，拦阻）[31] 攥钻$_2$
tθʰ	[213] 窜（快跑）[53] 掇（击）
θ	[213] 酸 [44] 伞 [31] 蒜算散旋$_1$（头~）
tʃ	[213] 砖 [44] 专转$_2$ [31] 赚转$_1$传$_2$
tʃʰ	[213] 穿川□（砍：~枝子）[53] 传$_1$椽船旋$_2$（~风）[44] 喘 [31] 串篡（~位）
ʂ	[213] 拴闩栓 [31] 涮（截留）
k	[213] 关观$_1$官棺冠$_1$ [44] 管馆 [31] 灌罐贯惯观$_2$冠$_2$
kʰ	[213] 宽 [44] 款
x	[213] 欢獾 [53] 还$_2$环鬟 [44] 缓 [31] 换唤涣焕患幻 [0] 悔$_2$（懊~）

25. yæn

tɕ	[213] 捐鹃娟 [44] 卷$_1$锩（~刃）□（用脚的前部踢）[31] 卷$_2$圈$_2$眷券 [0] 绢（手~）
tɕʰ	[213] 圈$_1$ [53] 拳颧鬈（~毛）[44] 权犬□（身体弯曲）[31] 劝
ɕ	[213] □（松软）[53] 玄悬碹（坟墓中的拱形砖石建筑）[31] 楦（木制鞋模）□（填充，向内搁放）□（以脚内侧踢）
tsʰ	[53] 泉全
s	[213] 宣□（斟酒）[44] 癣选蚬（~子）[31] 镟（以旋转的方式切削）□（衰门~）

ø	[213] 冤鸳　[53] 元园原源员圆袁猿辕援缘₃（~分）　　[44] 软远　[31] 怨院₁愿□（赞美，夸耀：~狗不~孩儿）□（~子：一种用柳条编制成的器具，可盛粮食）

26. ən

p	[213] 锛□（以手掌抓住上面的物体）[44] 本₁　[31] 笨奔本₂（~褂子：手工制上衣）
pʰ	[213] 喷₁　[53] 盆　[31] □（量词，阵：一~子）喷₂（~香）
m	[213] 焖□（用棍棒猛地击打）□（~噇：说话不流利）[53] 门们[31] 闷
f	[213] 分₁吩芬纷　[53] 坟　[44] 粉焚　[31] 愤奋粪份分₂（蕈生）[0] 氛（气~）
v	[213] 温瘟□（~□vən⁰：性子慢）　[53] 文纹蚊　[44] 稳紊（有条不~）□（搁、放）　[31] 问璺（裂纹）
n	[44] 您（你，你们）
tθ	[53] 咱（我，我们）
tʃ	[213] 真针珍贞侦　[44] 疹诊　[31] 阵镇沈₂（下沉）振震朕□（地面等凉）　[0] 枕₂（头~：枕头）
tʃʰ	[213] 伸₂（~头）□（~乎：适度，不过分）[53] 陈₁臣澄（前~海：村名）城₂（~献：村名）尘₁沉（重）辰晨[31] 趁（拥有，富有）称₂
ʃ	[213] 深身申（地支之一）伸₁珅（和~）[53] 神　[44] 婶审沈₁　[31] 肾慎甚₂
tʂ	[213] 榛（~杏）蓁砧　[44] 敐（扔击）□（脸色严峻，严肃）[31] □（非常：~凉/~齐）
tʂʰ	[213] 琛[53] 鸐（小鸟）[44] 碜□（~孙：老实而窝囊）[31] 枕₁（动词）衬
ʂ	[213] 森参₂（人~）生₂（点燃：~火）　[44] 渗　[31] 瘆
k	[213] 根跟　[44] 艮（不脆）[31] 茛（打~：难语貌）
kʰ	[44] 肯啃垦恳　[31] □（上衣腋下接缝的部分）□（关键）[0] □（句尾语气词）
x	[213] 很　[44] 狠　[31] 恨痕□（~嘟：不礼貌地回应，斥责）
ɣ	[213] 恩 [31] 摁

27. iən

p	[213] 宾滨槟斌彬 [31] 殡
pʰ	[213] 拼　[53] 贫蘋（~果）　[44] 品频　[31] 聘
m	[53] 民苠（庄稼晚熟）　[44] 敏抿闵（姓）[31] 赁
l	[213] □（甩、扭动）[53] 林淋琳邻麟临₂轮₁（~换）□（甩动转圈）[44] 鳞檩
tɕ	[213] 今金斤巾筋襟鈫（拎，提）　[44] 紧锦禁谨□（耐，顶）　[31] 近劲妗

tɕʰ	［213］钦　［53］琴勤芹禽擒
ɕ	［213］欣鑫
ts	［44］尽$_1$（最）［31］尽$_2$（自~）进浸晋
tsʰ	［213］亲$_1$侵　［53］秦□（风急促而寒冷）□（低垂前倾：~头）　［44］寝　［31］吣（牲畜呕吐）
s	［213］心辛新　［53］寻（~思）［31］信讯囟芯（舌头）
ø	［213］音阴荫殷因姻洇（液体四散渗透）［53］人仁银寅（地支之一）［44］忍淫引$_1$隐瘾饮$_1$（~料）繩（粗疏地缝）　［31］认印任胤刃韧饮$_2$（牲畜喝）□（穿引）

28. uən

t	［213］吨蹲敦（~厚）墩□（以重物击打地面）［44］盹懂$_2$［31］顿囤$_2$钝炖盾遁（奇门~甲）　［0］饨（馄~）
tʰ	［213］吞　［53］屯囤$_1$（储存）豚（~猪：阉割过的母猪）［31］捂（撕打）陈$_2$（~旧）□（~子：喉咙）
l	［213］抡　［53］仑伦纶沦（涤~）轮$_2$　［31］嫩论　［0］囵（囫~）
tθ	［213］尊遵　［44］撙（裁减）□（擅自扣下财物以作为补偿）
tθʰ	［213］村　［53］存　［31］寸
θ	［213］孙狲
tʃ	［44］准
tʃʰ	［213］春椿$_1$（香~）　［53］纯唇　［44］蠢　［0］顺$_2$（孝~）鹑（鹌~）
ʃ	［31］舜顺$_1$
k	［213］闺　［44］滚磙　［31］棍
kʰ	［213］坤昆琨　［31］困睏
x	［213］昏惛（发~）婚荤　［53］浑魂馄横$_1$（~竖）　［31］混

29. yən

tɕ	［213］军均菌君　［31］郡
tɕʰ	［213］□（抽打）□（没有根据的胡说，吹牛）［53］群裙　［44］捆
ɕ	［213］醺熏勋　［31］训驯
ts	［31］俊峻竣（~工）揗（插）［0］津
tsʰ	［213］皴清$_1$（看不~）亲$_2$
s	［53］旬询荀巡循　［44］损笋榫　［31］迅□（非常，特别：~白儿）
ø	［213］晕□（推）［53］云芸匀闻　［44］允陨　［31］闰润酝郓韵孕熨

30. aŋ

p	［213］邦帮梆啷幫（鞋边缘的部分）　［44］绑榜膀　［31］棒傍磅镑

pʰ	［213］乓　［53］旁庞逢（姓）　　［44］榜（用锄翻松）　　［31］胖
m	［53］忙芒（~种）茫　［44］盲氓蟒莽（鲁~）
f	［213］方芳妨$_1$（危害，相克）［53］房防　［44］仿访纺妨$_2$（不~）　　［31］放　［0］坊（磨~）发$_2$（头~）
v	［213］汪　［53］王望亡（~命）［44］网往$_2$（来~）枉（贪赃~法）［31］旺忘妄往$_1$望$_2$（希~）
t	［213］裆当$_1$堂$_2$（~门）□（~啷：松弛地悬垂）［44］党挡　［31］荡当$_2$（~铺）档（~案）□（蛤蟆□kə^{44}~子：蝌蚪）
tʰ	［213］汤镗（锣声）［53］唐糖塘搪（~瓷）糖（红色）堂$_1$棠膛樘（支撑，架起）　［44］淌　［31］烫鍚（~锣）趟
n	［213］囊嚷□（很，非常：~臭）□（因浸泡或腐败而变松软）［44］暖$_1$（~和）攮（刺，戳）□（头朝下坠落）［0］灢（□və^{213}~：肮脏）
l	［213］啷（吊儿~当）　［53］郎狼琅廊螂　［44］朗　［31］浪
tθ	［213］赃臧（姓）［31］葬藏$_2$臢（内~）
tθʰ	［213］仓苍舱沧（~州）□（刻薄，苛刻）□（变沙哑）［53］藏$_1$
θ	［213］桑［44］嗓［31］丧　［0］□（苛~：苛刻，刻薄）
tʃ	［213］张章樟　［44］长$_2$涨掌　［31］障幛丈仗杖帐胀账
tʃʰ	［213］昌鲳娼　［53］尝偿肠常嫦尘$_1$长$_1$场$_1$（~院）［44］廠敞整场$_2$　［31］唱倡畅　［0］尚$_1$（和~）
ʃ	［213］商墒（耕地时开出的垄沟）伤殇　［44］赏晌　［31］上尚$_2$绱（缝合）［0］裳
k	［213］缸冈纲钢$_1$　［44］岗港$_1$□（抽打留下的条痕）□（程度副词，非常）［31］杠钢$_2$（在刃口上添钢，重加锻打）□（强硬，不顺从）
kʰ	［213］康糠　［31］亢炕抗扛
x	［213］夯［53］杭航行$_2$（量词）
ɣ	［44］□（烧，加热）□（长时间生闷气）［31］□（~□tθaŋ^0：恼火，不满）

31. iaŋ

n	［213］娘$_2$（~娘：姊子）［53］娘$_1$　［31］酿
l	［53］良粮凉梁粱量$_1$　［44］两　［31］亮谅晾量$_2$（数量）
tɕ	［213］姜薑缰疆豇江$_1$刚（才）　［44］讲糠（以耧播种或施肥）［31］糨强$_1$降$_2$
tɕʰ	［213］腔羌　［53］强$_2$雾（~追）
ɕ	［213］香乡［53］降$_1$　［44］享响饷　［31］向项
ts	［213］浆僵将$_2$（娶）相$_3$（~等）江$_2$（~锥）［44］奖蒋　［31］匠酱绛虹将$_1$港$_2$（~沟：河汉）□（洗涮）□（皱）
tsʰ	［213］呛（~水）枪锵□（~~：言语冲突）［53］墙　［44］抢□（铲）□（前扑）［31］炝（烟雾刺激鼻嗓）像$_1$（相似）□（够~：可能性小）
s	［213］襄镶厢箱$_1$相$_1$（~当）　［53］祥详　［44］想　［31］象橡像$_2$相$_2$

ø	[213] 央殃泱鞅秧（栽种）□（吊~子：狗交配）[53] 羊洋杨扬飏疡阳瓤 [44] 仰养痒氧 [31] 样让 [0] 鸯蚱（蚁~）蝇₁（苍~）□（谷~/麦：谷麦的壳）□（大~：工作集中开展或事物大量出现）

32. uaŋ

tʂ	[213] 庄桩装₁妆 [31] 状壮撞₂装₂（~货）
tʂʰ	[213] 窗疮 [53] 床 [44] 闯₂□（竖立，直立；使直竖物体的下端施力于平面）[31] 创幢撞₁闯₁（~东北）
ʂ	[213] 霜双₁ [44] 爽 [31] 双₂（~棒）
k	[213] 光咣 [44] 廣 [31] 逛絖（量词，圈状线束）□（擦，摩擦）□（~鱼：矛尾刺虾虎鱼）[0] 狂₂
kʰ	[213] 匡筐哐诓 [53] 狂₁ [44] 壙（墓穴）夼 [31] 框眶况旷矿
x	[213] 荒慌□（~□li⁰：水大而多貌）[53] 黄簧磺璜皇凰隍煌 [44] 谎横（"幌"之正字）晃₂（~眼）[31] 晃₁

33. əŋ

p	[213] 崩嘣（象声词）绷₁ [31] 蹦泵绷₂（~直）
pʰ	[213] 砰□（溅）[53] 朋棚鹏彭膨篷蓬（~莱）[44] 捧 [31] 碰
m	[213] 蒙₁（乱猜）[53] 蒙₂（覆盖）[44] 猛盟蠓蒙₃（~古）[31] 孟梦漫₁（淹没）
f	[213] 风疯封丰锋蜂峰烽鄷（~都）[53] 冯缝₁ [31] 凤俸奉逢缝₂（~儿）
v	[213] 翁嗡聬（耳鸣声）[31] 瓮
t	[213] 冬咚东登蹬灯冻₂（~~：冰）[44] 等董戥（~子秤）懂₁□（~~的：充满的状态）[31] 栋瞪凳邓动洞逗（~引）磴（台阶的层级）冻₁重₂（沉~：重量）[0] 腾₂（折~）□（□tʰi⁴⁴~：腐烂变质；变糟糕）
tʰ	[213] 熥嗵通 [53] 滕藤疼同铜桐童僮苘腾₁ [44] 筒桶捅统 [31] 痛
n	[53] 能₂农₂脓浓 [31] 齈（鼻子不通，发音不清楚）弄₃那（~么）
l	[53] 笼聋隆龙₁□（~□kəu⁰：空闲，有时间）[53] 棱 [44] 冷拢（拉~）[31] 愣（~怔）[0] 隆（窟~）弄₂灵₂（额~盖儿）
tθ	[213] 曾（姓）增宗棕鬃踪□（扎束）[44] 总怎 [31] 赠粽综这₃（~么）
tθʰ	[213] 葱聪噌 [53] 层从 [31] 蹭
θ	[213] 鬆僧 [31] 宋送诵颂讼 [0] 屄（精液）厽
tʃ	[213] 蒸征正₂（~月）[44] 整 [31] 郑正₁证症政
tʃʰ	[213] 称₁ [53] 成诚乘承丞惩呈程枨盛₁城₁ [44] 逞 [31] 秤
ʃ	[213] 声升 [53] 绳 [31] 胜圣剩甚₁（~么）盛₂（旺~）
tʂ	[213] 争睁筝仲忠盅钟衷终中₁□（行，可以）[44] 肿种₁ [31] 挣众中₂种₂□（很：~新，~绿）[0] 怔

tʂʰ	[213] 撑₂铛充蛏冲₁　[53] 虫崇重₁撑₁（由内向外施加力量）掁（桌椅腿之间的横木）[44] 宠　[31] 冲₂（向，对；暴烈）[0] □（擦~：把萝卜等擦成细丝的器具）
ʂ	[213] 牲甥生₁　[44] 省
k	[213] 庚工功攻恭宫公弓躬供₁（~应）　[44] 梗耿拱耿巩颈（脖~）[31] 贡共更₁供₂□（~~：直竖）
kʰ	[213] 坑吭空₂　[44] 孔恐　[31] 控空₁
x	[213] 亨哼轰烘掏（驱赶）[53] 恒衡红鸿宏洪荭横₂　[44] 哄₁　[31] 讧哄₂（起~）□（丢弃，扔掉）□（非常：~黑）[0] 行₃（道~）

34. iəŋ

p	[213] 兵冰丙　[44] 饼　[31] 并病
pʰ	[53] 凭瓶平评屏
m	[53] 明鸣名冥瞑　[31] 命
t	[213] 丁盯仃（孤苦伶~）疔（~疮）钉₂　[44] 顶鼎　[31] 订定腚锭钉₁[0] 靪（补~）
tʰ	[213] 聽厅挺₁（很）[53] 亭婷廷莛（草本植物的茎）[44] 停₁挺₂[31] 停₂（~灵）□（以拳头击打）[0] 蜓（蜻~）
n	[53] 宁凝拧（掐）□（啄）
l	[53] 零龄铃翎伶绫陵凌棂（窗~儿）灵₁龙₂　[44] 领岭垄　[31] 另辆令
ts	[213] 精旌睛晶□（完全：~湿）　[44] 井阱　[31] 净静
tsʰ	[213] 青清蜻 [53] 晴情赌（承受，受赐）[44] 请　[31] 亲₃（~家）
s	[213] 星腥惺猩松（~树）　[44] 擤醒饧（~面）　[31] 姓性　[0] □（长~：长叹）
tɕ	[213] 经兢京惊鲸荆耕更₂（五~）　[44] 景警□（骄傲，得意）[31] 竞竟境镜敬径
tɕʰ	[213] 轻氢卿倾　[53] 穷擎（举）琼　[44] 苘顷（量词，一百老亩）[31] 庆
ɕ	[213] 兄凶汹匈胸兴₁（流行）[53] 形刑型邢熊雄行₁□（为难，提出过分要求）□（脾气坏）□（量词，层）[31] 杏幸兴₂
ø	[213] 英鹰婴缨樱鹦莺庸拥雍揂（推）蝇₂应₂（答应：~声/~承）□（草木茂盛状）[53] 荣融绒营迎茔荧茸赢盈容蓉溶熔酅（鸟兽细软的毛）应₁（~该）□（耳垢）[44] 影颖永泳蛹勇俑□（噪：~人）[31] 硬用佣映 [0] 蝇（□ku³¹~：蠕动）膺（恶~）引₂（逗~）

35. ʋ̩

ʋ̩	[31] 嗯

第三节　异读字音

一　文白异读

表 6　　　　　　　　　　胶州方言文白异读表

例	白读		文读		例	白读		文读	
只	$t\theta\eta^{53}$	只许	$t\int i^{213}$	一只鞋	鸡	tsi^{213}	鸡子	$t\varepsilon i^{213}$	鸡鸭
子	$\theta\eta^{0}$	小子	$t\theta\eta^{0}$	孩子	舍	$\int i^{0}$	割舍	$\int\partial^{44}$	舍不得
理	$l\textstyle\iota^{44}$	不理人	li^{44}	总理	屁	pi^{0}	臭屁子	$p^{h}i^{31}$	放屁
指	$t\varepsilon i^{44}$	指子盖	$t\S\textstyle\iota^{44}$	指头	给	$t\varepsilon^{h}i^{44}$	给我	kei^{44}	给钱
吸	εy^{44}	吸铁石	εi^{213}	吸气	系	tsi^{31}	系鞋带	εi^{31}	关系
尾	i^{44}	尾巴	vei^{44}	结尾	剥	pa^{44}	剥皮	$p\partial^{44}$	剥削
抹	ma^{31}	抹桌子	$m\partial^{44}$	抹脸	苲	$t\S a^{31}$	苞米苲子	$t\S^{h}a^{53}$	麦苲
厦	$\S a^{31}$	厦子	εia^{31}	厦门	胳	ka^{44}	胳膊	$k\partial^{213}$	胳肢
话	kua^{44}	拉话	xua^{31}	说话	别	$p\partial^{53}$	别去	$pi\partial^{53}$	绕别
摸	mu^{44}	摸量	$m\partial^{213}$	摸摸	泡	$p^{h}\partial^{213}$	一泡尿	$p^{h}au^{31}$	泡沫
怪	$k\varepsilon^{31}$	怪热	$ku\varepsilon^{31}$	很怪	掇	tau^{0}	拾掇	$tu\partial^{44}$	掇盘子
折	$\int\partial^{53}$	折本	$t\int\partial^{44}$	打折	乐	$lu\partial^{31}$	乐意	$l\partial^{31}$	欢乐
郭	$k\partial^{44}$	郭南庄	$ku\partial^{44}$	姓郭	何	$xu\partial^{53}$	何差必	$x\partial^{53}$	姓何
足	tsy^{44}	知足	$t\theta u^{44}$	足球	俗	sy^{0}	风俗	θu^{53}	俗气
再	$t\varepsilon^{213}$	再来	$t\theta\varepsilon^{31}$	再见	谜	$m\partial i^{31}$	猜谜	mi^{53}	谜语
裂	$l\varepsilon^{44}$	裂开	$li\partial^{31}$	裂缝	咧	$l\varepsilon^{44}$	咧着嘴	$li\partial^{44}$	咧嘴
里	$l\varepsilon^{0}$	哪里	li^{44}	里外	解	$\varepsilon i\varepsilon^{31}$	识字解文	$t\varepsilon i\varepsilon^{44}$	解放
炮	pau^{31}	炮仗	$p^{h}au^{31}$	大炮	克	$k^{h}ei^{44}$	克汉子	$k^{h}\partial^{44}$	一克
勒	lei^{31}	勒脖子	$l\partial^{31}$	勒索	尿	θuei^{213}	尿脬	$niau^{31}$	尿尿
头	$t\partial u^{31}$	头枕	$t^{h}\partial u^{53}$	头脑	露	lu^{31}	雾露	$l\partial u^{31}$	露马脚
漏	lu^{31}	锢漏子	$l\partial u^{31}$	漏雨	做	$t\theta\partial u^{31}$	做买卖	$t\theta u\partial^{44}$	做题
凑	$t\theta\partial u^{31}$	凑嘴	$t\theta^{h}\partial u^{31}$	凑堆	瞅	$ts^{h}i\partial u^{213}$	瞅着	$t\S^{h}\partial u^{44}$	瞅人
间	$tsi\ae n^{31}$	间苗	$t\varepsilon i\ae n^{213}$	房间	院	$v\ae n^{0}$	场院	$y\ae n^{31}$	院子
旋	$\theta u\ae n^{31}$	旋儿	$\varepsilon y\ae n^{53}$	旋转	尘	$t\int^{h}a\eta^{53}$	浮塂飐尘	$t\int^{h}\partial n^{53}$	扫尘
伸	$t\int^{h}\partial n^{213}$	伸头	$\int\partial n^{213}$	伸腰	枕	$t\S\partial n^{31}$	枕着	$t\int\partial n^{0}$	头枕
轮	$li\partial n^{53}$	轮换	$lu\partial n^{53}$	轮子	顺	$t\int^{h}u\partial n^{0}$	孝顺	$\int u\partial n^{31}$	顺溜

续表

例	白读		文读		例	白读		文读	
横	xuəŋ53	横竖	xəŋ53	横杆	堂	taŋ213	堂门	thaŋ53	拜堂
暖	naŋ44	暖和	nuæn44	温暖	尚	tʃhaŋ0	和尚	ʃaŋ31	高尚
港	tsiaŋ31	港沟	kaŋ44	海港	像	tshiaŋ31	不像	siaŋ31	人像
清	tshyəŋ213	清亮	tshiəŋ213	清楚	狂	□çyə44	狂	khuaŋ53	很狂
腾	təŋ0	折腾	thəŋ53	腾飞	龙	liəŋ53	龙抬头	ləŋ53	龙王
城	tʃhəŋ53	城献村	tʃhəŋ53	城市	牛	iəu53	放牛	niəu53	吹牛皮
番	phæn44	吃番儿	fæn213	好几番	临	læn31	临末了	liən53	临时
角	ka44	角落	tɕyə53	角色	重	təŋ31	沉重	tʂəŋ31	重量
	tɕia44	扎角	tɕiau44	一角钱	灵	ləŋ0	额灵盖	liəŋ53	神灵
和	xuə53	和面	xə53	共和国	更	tɕiəŋ0	五更	kəŋ31	更好
	xu53	和牌			结	tɕiə44	结果	tɕiə44	结婚
合	ka44	合伙	xə53	联合	模	mu53	模子	mə53	模范
	xuə53	合同			农	nu53	农民	nəŋ53	农村
核	xu53	桃核	xə44	核弹	去	tɕhi0	出去	tɕhy31	不去
	xuə53	核桃			蛙	vɛ53	蛙子	va53	青蛙
落	la53	角落子	luə31	落叶	卡	tɕhia213	卡子	kha44	卡片
	la31	落下			戳	tʂhua53	戳着肉	tʂhuə53	捅戳
相	tsiaŋ213	相等	siaŋ213	相亲	沉	tʃən31	沉底	tʃhən53	沉重
			siaŋ31	相面	懂	tuən44	懂声	təŋ44	懂事
行	xəŋ0	道行	xiəŋ53	不行	束	tʃhu44	束腰	ʂu31	约束
			xaŋ53	银行	朝	tʃau31	朝着他	tʃhau53	朝代
墨	mei31	墨汁子	mə31	研墨	沫	mi0	唾沫	mə31	腮子沫
	mi0	即墨			提	ti213	提溜	thi53	提包

二　特殊异读

表7　　　　　　　　　　　胶州方言特殊异读表

例	常规读法		非常规读法		例	常规读法		非常规读法	
值	tʃi53	值钱	tʃi44	值日	质	tʃi53	质量	tʃi31	质问
赤	tʃhi213	赤红	tʃhi44	赤脚	志	tʂʅ31	同志	tʂʅ213	志气
死	θŋ44	死尸	ʂʅ0	热死	几	tɕi44	几个	tɕi213	茶几子

例	常规读法		非常规读法		例	常规读法		非常规读法	
济	tɕi^{44}	济南	tɕi^{31}	得济	席	si^{53}	酒席	si^{44}	主席
习	si^{53}	习惯	si^{44}	学习	把	pa^{31}	刀把儿	pa^{44}	把门儿
拉	la^{44}	拉拽	la^{213}	拉屎	大	ta^{31}	大小	tɛ^{31}	大夫
喳	tʂa^{213}	喳唧	tʂʰa^{213}	喳喊	差	tʂʰa^{31}	差子	tʂʰɛ^{213}	出差
掐	tɕʰia^{213}	掐脖子	tɕʰia^{44}	掐肉	着	tʃuə^{53}	着感冒	tʂʅ^{0}	开着
坡	pʰə^{213}	斜坡	pʰə^{44}	上坡	烙	luə^{44}	烙饼	luə^{31}	烙铁
括	kʰuə^{31}	包括	kʰuə^{213}	括号	爷	iə^{53}	大爷	iə^{213}	爷爷
决	tɕyə^{44}	决心	tɕyə^{213}	决堤	觉	tɕiau^{31}	睡觉	tɕyə^{44}	自觉
绝	tsyə^{213}	做得绝	tsyə^{53}	绝对	越	yə^{44}	越来越	yə^{31}	越南
铺	pʰu^{31}	上铺	pʰu^{213}	一铺炕	谱	pʰu^{44}	乐谱	pʰu^{213}	打谱
负	fu^{31}	胜负	fu^{53}	负责	复	fu^{31}	重复	fu^{213}	复习
恶	və^{31}	恶膺	vu^{31}	恶人	肚	tu^{31}	肚子	tu^{44}	牛肚
数	ʂu^{44}	数数儿	ʂu^{31}	数学	属	ʃu^{31}	属马	ʂu^{213}	属于
埋	mɛ^{53}	埋汰	mæn^{53}	埋怨	奶	nɛ^{213}	吃奶	nɛ^{31}	奶孩子
刨	pʰau^{53}	刨土	pau^{31}	电刨子	泡	pʰau^{31}	泡澡	pʰau^{213}	水泡
毛	mau^{53}	羊毛	mau^{44}	一毛钱	道	tau^{31}	道路	tau^{213}	道行
倒	tau^{31}	倒茶	tau^{44}	倒闭	少	ʃau^{44}	多少	ʃau^{31}	少白头
捞	lau^{53}	捞麦子	lau^{213}	捞钱	好	xau^{44}	好坏	xau^{31}	好赌
耗	xau^{31}	耗电	xau^{53}	耗子	漂	pʰiau^{213}	漂浮	pʰiau^{31}	漂亮
挑	tʰiau^{213}	挑水	tʰiau^{44}	挑事儿	调	tiau^{31}	调动	tʰiau^{53}	调时间
教	tɕiau^{213}	教书	tɕiau^{31}	教育	要	iau^{31}	重要	iau^{213}	要求
背	pei^{213}	背孩子	pei^{31}	后背	白	pei^{53}	白色	pei^{31}	葱白儿
为	vei^{31}	为了	vei^{53}	为人	悔	xuei^{44}	后悔	xuæn^{0}	懊悔
会	xuei^{31}	开会	kʰuɛ	会计	斗	təu^{44}	一斗	təu^{31}	批斗
都	təu^{31}	都是	tu^{213}	首都	溜	liəu^{213}	溜细	liəu^{31}	一溜
担	tæn^{213}	担待	tæn^{31}	担杖	反	fæn^{44}	造反	fæn^{213}	反面儿
有	iəu^{44}	有钱	i^{0}	没有	弹	tʰæn^{53}	弹跳	tæn^{31}	子弹
难	næn^{53}	困难	næn^{31}	遭难	参	tθʰæn^{213}	参加	ʂən^{213}	人参
卷	tɕyæn^{44}	卷铺盖	tɕyæn^{31}	试卷	扇	ʃæn^{213}	扇风	ʃæn^{31}	扇子
甘	kæn^{213}	心甘	kæn^{31}	甘甜	干	kæn^{213}	天干	kæn^{31}	干活
看	kʰæn^{31}	看看	kʰæn^{213}	看守	还	xuæn^{53}	还钱	xæn^{53}	还没来
便	piæn^{31}	方便	pʰiæn^{53}	便宜	片	pʰiæn^{31}	药片	pʰiæn^{213}	照片
钻	tθuæn^{213}	钻孔	tθuæn^{31}	电钻	转	tʃuæn^{31}	转圈	tʃuæn^{44}	转车
传	tʃʰuæn^{53}	传播	tʃuæn^{31}	水浒传	观	kuæn^{213}	观瞧	kuæn^{31}	道观

例	常规读法		非常规读法		例	常规读法		非常规读法	
圈	tɕʰyæn²¹³	圆圈	tɕyæn³¹	猪圈	喷	pʰən²¹³	喷水	pʰən³¹	喷香
分	fən²¹³	分开	fən³¹	分杈	尽	tsiən⁴⁴	尽前边	tsiən³¹	自尽
亲	tsʰiən²¹³	亲戚	tsʰiən³¹	亲家	引	iən⁴⁴	引动	iən⁰	逗引
饮	iən⁴⁴	饮料	iən³¹	饮水	囤	tuən³¹	囤子	tʰuən⁵³	囤粮
椿	tʃʰuən²¹³	香椿芽	tʂʰuei²¹³	椿树	浑	xuən⁵³	浑水	xuən²¹³	浑蛋
车	tʃʰə²¹³	汽车	tɕy²¹³	车马炮	妨	faŋ²¹³	妨汉子	faŋ⁴⁴	不妨
望	vaŋ⁵³	望风	vaŋ³¹	指望	往	vaŋ³¹	往哪去	vaŋ⁴⁴	来往
当	taŋ²¹³	当官	taŋ³¹	当铺	档	taŋ⁴⁴	挂挡	taŋ³¹	档案
藏	tθʰaŋ⁵³	藏猫儿	tθaŋ³¹	西藏	长	tʃaŋ⁴⁴	长大	tʃʰaŋ⁵³	长短
娘	niaŋ⁵³	爹娘	niaŋ²¹³	娘娘	量	liaŋ⁵³	量一量	liaŋ³¹	大量
降	tɕiaŋ³¹	降落	ɕiaŋ⁵³	投降	撞	tʂuaŋ³¹	撞树	tʂʰuaŋ³¹	撞墙
将	tsiaŋ³¹	将军	tsiaŋ²¹³	将媳妇	闯	tʂʰuaŋ³¹	闯东北	tʂʰuaŋ⁴⁴	闯进来
双	ʂuaŋ²¹³	一双	ʂuaŋ³¹	双棒儿	兴	ɕiəŋ³¹	高兴	ɕiəŋ²¹³	不兴了
晃	xuaŋ³¹	摇晃	xuaŋ⁴⁴	晃眼	蒙	məŋ⁵³	蒙头	məŋ²¹³	蒙人
缝	fəŋ⁵³	缝被	fəŋ³¹	缝儿	冻	təŋ³¹	冷冻	təŋ²¹³	冻冻
通	tʰəŋ²¹³	通过	tʰəŋ³¹	一通锣	正	tʃəŋ³¹	正派	tʃəŋ²¹³	正月
中	tʂəŋ²¹³	中间	tʂəŋ³¹	中奖	种	tʂəŋ³¹	种地	tʂəŋ⁴⁴	种子
冲	tʃʰəŋ²¹³	冲锋	tʃʰəŋ³¹	话很冲	供	kəŋ³¹	供销社	kəŋ²¹³	供应
空	kʰəŋ³¹	有空儿	kʰəŋ²¹³	天空	哄	xəŋ⁴⁴	哄孩子	xəŋ³¹	起哄
钉	tiəŋ²¹³	钉子	tiəŋ³¹	钉钉子	挺	tʰiəŋ²¹³	挺好	tʰiəŋ⁴⁴	挺胸
应	iəŋ⁵³	应该	iəŋ²¹³	应声	馅	ɕiæn³¹	馅儿	ɕiæn⁵³	剁馅子
称	tʃʰəŋ²¹³	称重	tʃʰən³¹	称心	盛	tʃʰəŋ⁵³	盛水	ʃəŋ³¹	茂盛

第四节　语流音变

一　变调

本节考查胶州方言的变调情况。语流中的变调有一定的灵活性，说话速度的快慢、说话的语境甚至不同的人都会有或细微或显明的差别。下文主要介绍胶州方言一般性连续变调的规律和相应的语言事实。

（一）基本变调

表 8　　　　　　　两字组和两字组后字读轻声的基本变调规律表

前字　　后字	阴平 213	阳平 53	上声 44	去声 31
阴平 213	213+213→24+213 山楂　浇花	53+213（不变） 房间　年级	44+213→42+213 老师　国家	31+213（不变） 泰山　大虾
阳平 53	213+53→24+53 龇牙　敲门	53+53（不变） 农民　临时	44+53（不变） 剥皮　打雷	31+53（不变） 挣钱　太阳
上声 44	213+44→24+44 烧火　握手	53+44（不变） 流水　长短	44+44→42+44 喝酒　摆手　一宿	31+44（不变） 墨水　下雨
去声 31	213+31→24+31 耕地　高兴	53+31（不变） 横竖　沉重	44+31（不变） 写字　子弹	31+31→312+31 剁菜　胜负
轻声 ［·]	213+［·]→21+1 衣裳　犒劳	53+［·]→55+5 拾掇　横溜	44+［·]→45+5 打扫　哑巴	31+［·]→42+2 刺猬　筷子
轻声例外	213+［·]→45+5 梭头　牲畜	53+［·]→42+2 头年　糊弄	44+［·]→42+2 扫帚　簸箕	31+［·]→21+1 相貌　将军

（二）特殊的变调

1. 双音节词语（非叠音式动词）后字读轻声时，其前字变调有不同于一般规律的特殊变调模式。此类双音节词语数量极少，可视之为例外。例如：

表 9　　　　　　两字组后字读轻声的特殊变调模式

前字　　后字	阴平 213	阳平 53	上声 44	去声 31
轻声 ［·]	213+［·]→24+4 刚强　清闲　安顿	53+［·]→42+2 南边　糊弄	44+［·]→42+2 扫帚　北边儿	31+［·]→21+1 奉承　这个　志气
	213+［·]→55+5 天分	53+［·]→21+1 朝阳花　娘娘	44+［·]→55+5 走动　吕剧　简单	31+［·]→45+5 懊悔　注定

2. 叠音式双音节动词，后字读轻声时前字会随之改变调值，但前字变调有不同于一般规律的特殊变调模式。例如：

表 10　　　　叠音式双音节动词后字读轻声的特殊变调模式

调类	例词	语音	例词	语音
阴平 213	听听	$t^hiəŋ^{213-24}t^hiəŋ^4$	翻翻	$fæn^{213-24}fæn^4$
阳平 53	拿拿	$na^{53-42}na^2$	挪挪	$nuə^{53-42}nuə^2$

续表

调类	例词	语音	例词	语音
上声 44	说说	ʃuə⁴⁴⁻⁴² ʃuə²	洗洗	si⁴⁴⁻⁴² si²
去声 31	问问	vən³¹⁻²¹ vən¹	看看	kʰæn³¹⁻²¹ kʰæn¹

3. 形容词或动词后加叠音后缀再加轻声"的"的结构，无论叠音后缀的本调如何，其第一个音节读"44"，第二个音节读"55"。例如：

表 11　　　　　　形容词或动词加叠音后缀再加"的"字结构的变调模式

胖乎乎的	pʰaŋ³¹ xu⁴⁴ xu⁵⁵ ti⁵	矮扑儿扑儿的	iɛ⁴⁴⁻⁴² pʰuʴ⁴⁴ pʰuʴ⁵⁵ ti⁵
热乎乎的	iə³¹ xu⁴⁴ xu⁵⁵ ti⁵	臭烘烘的	tʃʰəu³¹ xəŋ⁴⁴ xəŋ⁵⁵ ti⁵
沉乎乎的	tʃʰən⁵³ xu⁴⁴ xu⁵⁵ ti⁵	香喷儿喷儿的	ɕiaŋ²¹³ pʰɚi⁴⁴ pʰɚi⁵⁵ ti⁵
蓝□儿□儿的	læn⁵³ vaʴ⁴⁴ vaʴ⁵⁵ ti⁵	慢悠悠的	mæn³¹ iəu⁴⁴ iəu⁵⁵ ti⁵
甜丝丝的	tʰiæn⁵³ θ̩ɻ⁴⁴ θ̩ɻ⁵⁵ ti⁵	麻□□的	ma⁵³ ʂa⁴⁴ ʂa⁵⁵ ti⁵
辣□□的	la³¹ xəu⁴⁴ xəu⁵⁵ ti⁵	黑乎乎的	xei⁴⁴⁻⁴² xu⁴⁴ xu⁵⁵ ti⁵
红扑儿扑儿的	xəŋ⁵³ pʰuʴ⁴⁴ pʰuʴ⁵⁵ ti⁵	湿漉漉的	ʃi⁴⁴⁻⁴² lu⁴⁴ lu⁵⁵ ti⁵
油汪儿汪儿的	iəu⁵³ vaʴ ŋ⁴⁴ vaʴ ŋ⁵⁵ ti⁵	松垮垮的	θəŋ²¹³⁻²⁴ kʰua⁴⁴ kʰua⁵⁵ ti⁵
直挺挺的	tʃi⁵³ tʰiəŋ⁴⁴ tʰiəŋ⁴⁴⁻⁵⁵ ti⁵	笑嘻嘻的	siau³¹ ɕi⁴⁴ ɕi⁵⁵ ti⁵

4. 双音节形容词或动词重叠为 AABB 式，后加轻声"的"的结构。其中，第二个音节读轻声，第三个音节和第四个音节的调值分别为"44"和"55"。例如：

表 12　　　　　　　　"AABB"式再加"的"字结构的变调模式

娘娘们儿们儿的	niaŋ⁵³⁻⁵⁵ niaŋ⁵ məɻi⁴⁴ məɻi⁵⁵ ti⁵	野野□□的	iə⁴⁴⁻⁴⁵ iə⁵ ku⁴⁴ ku⁵⁵ ti⁵
穷穷贱贱的	tɕʰiəŋ⁵³⁻⁵⁵ tɕʰiəŋ⁵ tsiæn⁴⁴ tsiæn⁵⁵ ti⁵	咋咋呼呼的	tʂa²¹³⁻²¹ tʂa¹ xu⁴⁴ xu⁵⁵ ti⁵
慌慌张张的	xuaŋ²¹³⁻²¹ xuaŋ¹ tʃaŋ⁴⁴ tʃaŋ⁵⁵ ti⁵	瞜瞜□□的	ləu³¹⁻⁴² ləu² kəu⁴⁴ kəu⁵⁵ ti⁵
别别扭扭的	piə³¹⁻⁴² piə² niəu⁴⁴ niəu⁵⁵ ti⁵	大大方方的	ta³¹⁻⁴² ta² faŋ⁴⁴ faŋ⁵⁵ ti⁵
抠抠□□的	kʰəu²¹³⁻²¹ kʰəu¹ tʂʰəu⁴⁴ tʂʰəu⁵⁵ ti⁵	沥沥拉拉的	li³¹⁻²¹ li¹ la⁴⁴ la⁵⁵ ti⁵
□□狂狂的	ɕyə⁴⁴⁻⁴⁵ ɕyə⁵ kuaŋ⁴⁴ kuaŋ⁵⁵ ti⁵	粗粗拉拉的	tθʰu²¹³⁻²¹ tθʰu¹ la⁴⁴ la⁵⁵ ti⁵
利利索儿索儿的	li³¹⁻⁴² li² θuaʴ⁴⁴ θuaʴ⁵⁵ ti⁵	抖抖擞擞的	təu⁴⁴⁻⁴⁵ təu⁵ θəu⁴⁴ θəu⁵⁵ ti⁵
吹吹呼呼的	tʂʰuei²¹³⁻²¹ tʂʰuei¹ xu⁴⁴ xu⁵⁵ ti⁵	窝窝囊囊的	və²¹³⁻²¹ və¹ naŋ⁴⁴ naŋ⁵⁵ ti⁵
老老实儿实儿的	lau⁴⁴⁻⁴⁵ lau⁵ ʂɚi⁴⁴ ʂɚi⁵⁵ ti⁵	迷迷瞪瞪的	mi⁵³⁻⁵⁵ mi⁵ təŋ⁴⁴ təŋ⁵⁵ ti⁵

续表

娘娘们儿们儿的	niaŋ⁵³⁻⁵⁵niaŋ⁵mɚi⁴⁴mɚi⁵⁵ti⁵	野野□□的	iə⁴⁴⁻⁴⁵iə⁵ku⁴⁴ku⁵⁵ti⁵
绊绊磕磕的	pæn³¹⁻⁴²pæn²kʰa⁴⁴kʰa⁵⁵ti⁵	紧紧巴巴的	tɕiən⁴⁴⁻⁴⁵tɕiən⁵pa⁴⁴pa⁵⁵ti⁵
密密麻麻的	mi³¹⁻²¹mi¹ma⁴⁴ma⁵⁵ti⁵	□□□□的	pi²¹³⁻²¹pi¹tsiəu⁴⁴tsiəu⁵⁵ti⁵
影影绰绰的	iəŋ⁴⁴⁻⁴⁵iəŋ⁵tsʰyə⁴⁴tsʰyə⁵⁵ti⁵	颠颠古古的	tiæn²¹³⁻²¹tiæn¹ku⁴⁴ku⁵⁵ti⁵

　　5. 单音节形容词、动词或名词后加"BCD"形式，再加轻声"的"的结构。第二个音节"B"读轻声，第三音节"C"与第四音节"D"的调值分别为"44"和"55"。例如：

表 13　　　　　　　　"ABCD"式再加"的"字结构的变调模式

油脂□儿□儿的	iəu⁵³⁻⁵⁵tʂʅ⁵ma·⁴⁴xa·⁵⁵ti⁵	嘀里嘟噜的	ti²¹³⁻²¹li¹tu⁴⁴lu⁵⁵ti⁵
瘦筋干巴的	ʂəu³¹⁻⁴²tɕiən²kæn⁴⁴pa⁵⁵ti⁵	蔫攸□拉的	iæn²¹³⁻²¹iəu¹pu⁴⁴la⁵⁵ti⁵
干巴□□的	kæn²¹³⁻²¹pa¹yə⁴⁴tsi⁵⁵ti⁵	哭□□飙的	kʰu⁴⁴⁻⁴⁵tʂʅ⁵lɛ⁴⁴vɛ⁵⁵ti⁵
低溜奤拉的	ti²¹³⁻²¹liəu¹ta⁴⁴la⁵⁵ti⁵	□嗤□飙的	tʰɛ²¹³⁻²¹tʂʰʅ¹lɛ⁴⁴vɛ⁵⁵ti⁵

　　6. 单音节形容词、动词或名词加后缀"BC"，再加轻声"的"的结构。第二个音节读轻声，第三个音节读"55"。例如：

表 14　　　　　　　　"ABC"式再加"的"字结构的变调模式

脏□扬的	tθaŋ²¹³⁻²⁴mu⁴iaŋ⁵⁵ti⁵	缄默声儿的	tɕiə⁴⁴⁻⁴²mu²ʂɚŋ⁵⁵ti⁵
酸□溜的	θuæn²¹³⁻²⁴mu⁴liəu⁵⁵ti⁵	苦不叽的	kʰu⁴⁴⁻⁴²pu²tsi⁵⁵ti⁵
黏古叽的	niæn⁵³⁻⁴²ku²tsi⁵⁵ti⁵	笑□□儿的	siau³¹⁻²¹mu¹ka·⁵⁵ti⁵
滑溜□的	xua⁵³⁻⁴²liəu²tʃʰu⁵⁵ti⁵	瘦不叽的	ʂəu³¹⁻²¹pu¹tsi⁵⁵ti⁵
甜□□的	tʰiæn⁵³⁻⁴²mu²ka⁵⁵ti⁵	硬个□的	iəŋ³¹⁻²¹kə¹tʂʅ⁵⁵ti⁵
潮□□的	tʃʰau⁵³⁻⁴²lau²tɛ⁵⁵ti⁵	笑□儿的	siau³¹⁻²¹mu¹tθʰɚi⁵⁵ti⁵
黄□□的	xuaŋ⁵³⁻⁴²mu²iaŋ⁵⁵ti⁵	淡□□的	tæn³¹⁻²¹mu¹θuə⁵⁵ti⁵
咸不叽的	ɕiæn⁵³⁻⁴²pu²tsi⁵⁵ti⁵	胖□□的	pʰaŋ³¹⁻²¹mu¹tʃʰu⁵⁵ti⁵
神咕咚的	ʃən⁵³⁻⁴²ku²təŋ⁵⁵ti⁵	气□哼的	tɕʰi³¹⁻²¹mu¹xəŋ⁵⁵ti⁵
耳□侹的	lʅ⁴⁴⁻⁴⁵mu⁵tʂəŋ⁵⁵ti⁵	绿不□的	ly³¹⁻²¹pu¹tʂəŋ⁵⁵ti⁵

二　轻声

　　本节从胶州方言轻声的音高和性质两方面来考查胶州方言的轻声。

（一）胶州话轻声的音高

轻声是在一定条件下读得轻而短的调子。胶州话的轻声本身没有固定的音高，它的调值取决于前面那个音节的调值。大致的情况是，阳平调和上声调后面的轻声音高最高，去声调后面的轻声音高较低，阴平调后面的轻声音高最低。用五度标记法标记如下：

	阴平	去声	阳平	上声
轻声〔·〕	213+〔·〕→21+1	31+〔·〕→42+2	53+〔·〕→55+5	44+〔·〕→45+5

（二）胶州话轻声的性质

1. 字音时间缩短。底下是胶州方言中两组词的声母、韵母和本调完全相同而有重轻两读的例子。试比较：

表 15　　　　声、韵和本调相同的两组词里重轻读法中轻声的音长

例子	重重读法	例子	重轻读法	意义
上疯儿	ʃaŋ³¹fəʊ²¹³	上风儿	ʃaŋ³¹⁻⁴²fəʊ²	神经疾病发作；有利的地位，优势
吃头	tʃʰi⁴⁴tʰəu⁵³	吃头	tʃʰi⁴⁴⁻⁴⁵tʰəu⁵	吃掉顶端的部分；食物可以吃的价值
上手	ʃaŋ³¹ʃəu⁴⁴	上首	ʃaŋ³¹⁻⁴²ʃəu²	开始做；宴席最重要的座位、位置
老爷	lau⁴⁴⁻⁴²iə²¹³	姥爷	lau⁴⁴⁻⁴⁵iə⁵	父亲的爷爷；母亲的父亲

对比以上四对两字组可以看出，后一字组的第一个音节产生了变调，第二个音节的轻声读法明显比前一字组第二个音节的重音读法用时缩短。

2. 字调音程变窄。音程变窄就是音高的高低范围缩小，这在胶州方言的全部四个声调都有清晰地彰显。底下是胶州方言中一词有两读的例子：

表 16　　　　　　　一词两读重轻读法中轻声的音高

例子	重重读法	重轻读法	意义
饥荒	tɕi²¹³⁻²⁴xuaŋ²¹³	tɕi²¹³⁻²¹xuaŋ¹	重重读法指庄稼歉收，重轻读法指债务
雨水	y⁴⁴⁻⁴²ʂuei⁴⁴	y⁴⁴⁻⁴⁵ʂuei⁵	重重读法指节气，重轻读法指下雨形成的水流
平手儿	pʰiəŋ⁵³ʂəʊu⁴⁴	pʰiəŋ⁵³⁻⁵⁵ʂəʊu⁵	平局，不分胜负
大虎	ta³¹xu⁴⁴	ta³¹⁻⁴²xu²	扑克游戏中最大的那张牌
在意	tθɛ³¹⁻³¹2i³¹	tθɛ³¹⁻⁴²i²	在乎，重视

续表

例子	重重读法	重轻读法	意义
手劲儿	ʃəu⁴⁴tɕiɚi³¹	ʃəu⁴⁴⁻⁴⁵tɕiɚi⁵	手部的力量
鸡蛋	tɕi²¹³⁻²⁴tæn³¹	tɕi²¹³⁻²¹tæn¹	鸡蛋
就是	tsiəu³¹⁻³¹²ʂɻ³¹	tsiəu³¹⁻²¹ʂɻ¹	即是，就是

上面所列词语的两类读法，声母、韵母和本调都完全相同，重轻读法中轻音的音程很短。

3. 失去了固有调形，有的轻声音节固有调形不详。例如：

表 17　　　　　　　　　　轻声丢失固有调形表

师傅	ʂɻ²¹³⁻²¹fu³¹⁻¹	婶子	ʃən⁴⁴⁻⁴⁵tθɻ⁴⁴⁻⁵	□（蔫~：枯萎）	iæn²¹³⁻²¹iəu¹
艾山	ɣɛ³¹⁻⁴²ʂen²¹³⁻²	好处	xau⁴⁴⁻⁴⁵tʃʰu³¹⁻⁵	□（腹~：鸡嗉子）	pu⁴⁴⁻⁵⁵tʂʰɻ⁵
石头	ʃi⁵³⁻⁵⁵tʰəu⁵³⁻⁵	衣裳	i²¹³⁻²¹ʃaŋ²¹³⁻¹	臜（□ɣa⁴⁴~：恼火）	ɣa⁴⁴⁻⁴⁵tθa⁵
时候儿	ʂɻ⁵³⁻⁵⁵xɚu³¹⁻⁵	就是	tsiəu³¹⁻²¹ʂɻ³¹⁻¹	蛐（蛐~）	iəu³¹⁻⁴²iæn²

上表左部两列词语的轻声失去了固有调形；右部一列词语读轻声，固有调形已经不清楚了。

4. 一些读轻声的字声母与韵母会发生各种变化

在胶州方言里，轻声引起声母的变化大致有八个类型：①擦音变擦音；②擦音变塞擦音；③塞擦音变擦音；④塞音变塞擦音；⑤鼻音变边音；⑥舌塞音变唇塞音；⑦不送气变送气；⑧送气变不送气。如下：

表 18　　　　　　　　　　胶州方言轻声引起声母的变化

①	地上	ti³¹ʃaŋ³¹→ti³¹⁻⁴²xaŋ²	热死	iə³¹θɻ⁴⁴→iə³¹⁻⁴²ʂɻ²
②	孝顺	ɕiau³¹ʃuən³¹→ɕiau³¹⁻⁴²tʃʰuən²	和尚	xuə⁵³ʃaŋ³¹→xuə⁵³⁻⁵⁵tʃʰaŋ⁵
	欢喜	xuæn²¹³ɕi⁴⁴→xuæn²¹³⁻²¹tɕʰi¹		
③	小子	siau⁴⁴tθɻ⁴⁴→siau⁴⁴⁻⁴⁵θɻ⁵	秃子	tʰu⁴⁴tθɻ⁴⁴→tʰu⁴⁴⁻⁴⁵θɻ⁵
④	蜻蜓	tsʰiəŋ²¹³tʰiəŋ⁵³→tsʰiəŋ²¹³⁻²¹tsʰiəŋ¹		
⑤	糊弄	xu⁵³nəŋ³¹→xu⁵³⁻⁴²ləŋ²		
⑥	恓□	miæn⁴⁴tʰiæn⁴⁴→miæn⁴⁴⁻⁴⁵pʰiæn⁵		
⑦	簸箕	pə⁵³tɕi²¹³→pə⁵³⁻⁴²tɕʰi²		
⑧	臭屁子	tʃʰəu³¹pʰi³¹tθɻ⁴⁴→tʃʰəu³¹⁻⁴²pi²tθɻ²		

胶州方言的轻声也会导致韵母发生变化，大致有十种类型：①主元音

或介音脱落；②主元音和韵尾脱落；③主元音前化、高化；④主元音低化；⑤主元音央化；⑥主元音复化；⑦主元音不圆唇化；⑧主元音和鼻音尾失落；⑨添加鼻音尾，添加或改变主元音；⑩鼻音尾转化。举例如下：

表 19 胶州方言轻声引起韵母的变化

①	畜类	tʂʰu⁴⁴lei³¹→tʂʰu⁴⁴⁻⁵⁵li⁵	即墨	tsi⁴⁴mei³¹→tsi⁴⁴⁻⁴⁵mi⁵
	笑话	siau³¹xua³¹→siau³¹⁻⁴²xu²	额灵盖	iə⁵³liaŋ⁵³kɛ³¹→iə⁵³⁻⁵⁵ləŋ⁵kɛ³¹
②	没有	mu³¹iəu⁴⁴→mu³¹⁻²¹i¹		
③	唾沫	tʰuə³¹mə³¹→tʰuə³¹⁻⁴²mi²	拿着	na⁵³tʂə⁴⁴→na⁵³⁻⁵⁵tʂʅ⁵
	割舍	ka⁴⁴ʃə⁴⁴→ka⁴⁴⁻⁴⁵ʃi⁵		
④	苍蝇	tθʰaŋ²¹³iəŋ⁵³→tθʰaŋ²¹³⁻²¹iaŋ¹	哪里	na⁴⁴li⁴⁴→na⁴⁴⁻⁴⁵lɛ⁵
⑤	道行	tau³¹xaŋ⁵³→tau³¹⁻²¹xəŋ¹	齁蟟	tsiə³¹liau⁵³→tsiə³¹⁻⁴²liəu²
⑥	抽屉	tʃʰəu²¹³tʰi³¹→tʃʰəu²¹³⁻²¹tʰəu¹		
⑦	家去	tɕia²¹³tɕʰy³¹→tɕia²¹³⁻²¹tɕʰi¹		
⑧	正经	tʃəŋ³¹tɕiəŋ²¹³→tʃəŋ³¹⁻⁴²tɕi²		
⑨	亲戚	tsʰiən²¹³tsʰi⁴⁴→tsʰiən²¹³⁻²¹tsʰiən¹	懊悔	ɣau³¹xuei⁴⁴→ɣau³¹⁻⁴⁵xuæn⁵
⑩	甜欢	tʰiæn⁵³xuæn⁵³→tʰiæn⁵³⁻⁵⁵xaŋ⁵	风箱	fəŋ²¹³siaŋ²¹³→fəŋ²¹³⁻²¹ɕiæn¹
	逗引	təu³¹iən⁴⁴→təŋ³¹⁻⁴²iəŋ²		

三 儿化

本节考查胶州方言的儿化韵。相关内容涉及两个方面：一是胶州方言儿化韵的形式；二是儿化对声母和韵母的影响。

（一）胶州方言儿化韵的形式

胶州方言有 26 个儿化韵。如下：

表 20 胶州方言的儿化韵母

序号	儿化韵母	原韵母	例词		
1	ɚi	ʅ	草籽儿	俺仨儿	南石儿
		ɿ	树枝儿	小事儿	金翅儿
		i	猜谜儿	齐儿	赤李儿
		ei	小腿儿	颜色儿	葱白儿
		ən	脸盆儿	打针儿	树根儿
		iən	信儿	心儿	手印儿

续表

序号	儿化韵母	原韵母	例词		
2	aʴ	a	刀把儿	一茬儿	喝儿
		ia	打三骂俩儿	豆芽儿	
3	əʴ	ə	斜坡儿	推车儿	上课儿
		iə	一些儿	指节儿	烟叶儿
4	ɛ	ɛ	打牌儿	小孩儿	鞋带儿
		iɛ	崖儿	小鞋儿	
		æn	大嫚儿	小摊儿	破烂儿
		iæn	尖儿	小脸儿	烟儿
5	aʴu	au	书包儿	夹袄儿	枣儿树
		iau	柳条儿	辣椒儿	造谣儿/腰儿
6	əʴu	əu	兜儿	小楼儿	耍猴儿
		iəu	肉儿	袖儿	小刘儿
7	iəʴ	iə	一撇儿	结儿	一歇儿
8	iaʴ	ia	物价儿	小虾儿	
9	iəʴi	i	皮儿	壶底儿	小鸡儿
		iən	围巾儿	胡琴儿	围巾儿
10	iɛ	iɛ	台阶儿	小鞋儿	
		iæn	药片儿	鞋垫儿	踢毽儿
11	iaʴu	iau	戏票儿	瞌觉儿	开窍儿
12	iəʴu	iəu	一溜儿	小酒儿	气球儿
13	uʴ	u	打谱儿	画图儿	蜘蛛儿
		y	小吕儿	小鱼儿	雨儿
14	uaʴ	ua	猫爪儿	耍儿	小褂儿
15	uəʴ	uə	座儿	厕所儿	合伙儿
		yə	小雪儿	药儿	
16	uɛ	uə	蝈蝈儿		
		uɛ	块儿	怀儿	
		uæn	揭短儿	小船儿	当官儿
		yæn	院儿		
17	uəʴi	uei	小嘴儿	河水儿	小鬼儿
		uən	打盹儿	裂璺儿	开春儿
18	yʴ	y	歌曲儿		

续表

序号	儿化韵母	原韵母	例词		
19	yəi	yən	睡裙儿		
20	yɚ	yə	小脚儿	角儿	
21	yɛ	yæn	手绢儿	圆圈儿	院儿
22	ɚ̃ŋ	aŋ	帮忙儿	菜汤儿	大肠儿
		iaŋ	照相儿	蘸酱儿	当央儿
23	ɚ̃ŋ	əŋ	风儿	小桶儿	红绳儿
		iəŋ	腚儿	星儿	净儿
24	iɚ̃ŋ	iaŋ	姜儿	老乡儿	腔儿
25	iɚ̃ŋ	iəŋ	小名儿	杏儿树	莛儿秆儿
26	uɚ̃ŋ	uaŋ	阳光儿	蛋黄儿	村庄儿

（二）儿化对韵母和声母的影响

在胶州方言里，儿化除了可以使韵尾和韵腹发生变化之外，也可能导致介音脱落，有时甚至还会对声母产生影响。底下介绍具体的表现。

1. 儿化致使介音脱落

零声母和以舌尖前音［ts/tsʰ/s］、舌尖中音［t/tʰ/n/l］为声母的齐齿呼字，发生儿化时［i］介音脱落，韵母由齐齿呼变成开口呼。例证如下：

表 21　　　　　　　　胶州方言失落原［i］介音的儿化韵母

本韵与儿化韵	例子	意义
i→ɚi	底 ti⁴⁴→底儿 tɚi⁴⁴	底部
	礼 li⁴⁴→讲礼儿 tɕiaŋ⁴⁴⁻⁴² lɚi⁴⁴	讲道理
	粒 li³¹→粒儿 lɚi³¹	
	恣 tθ̩³¹→恣儿 tθɚi³¹	舒服，舒适
	词 tθʰ̩⁵³→词儿 tθʰɚi⁵³	
	食 ʃi⁵³→食儿 ʂɚi⁵³	
	枝 tʂ̩²¹³→枝儿 tʂɚi²¹³	
	集 tsi⁵³→集儿 tθɚi⁵³	
	细 si³¹→溜细儿 liəu²¹³⁻²⁴ θɚi³¹	极细

续表

本韵与儿化韵	例子	意义
ia→ɚ	俩 lia⁴⁴→仨俩儿 θa²¹³⁻²⁴ ɹa⁴⁴	三个两个
	芽 ia⁵³→发芽儿 fa⁴⁴ ɹɚ⁵³	
iə→ɚ	碟 tiə⁵³→碟儿 tɚ⁵³	
	贴 tʰiə⁴⁴→贴儿 tʰɚ⁴⁴	
	截 tsiə⁵³→一截儿 i⁴⁴ tθɚ⁵³	
	些 siə²¹³→些儿 θɚ²¹³	
	页 iə³¹→一页儿 i⁴⁴ ɹɚ³¹	
iɛ→ɜ	崖 iɛ⁵³→大崖儿 ta³¹ ɹɜ⁵³	高而陡的长坡
iau→ɚu	调 tiau³¹→腔调儿 tɕʰiaŋ²¹³⁻²⁴ tɚu³¹	
	条 tʰiau⁵³→柳条儿 liəu⁴⁴⁻⁴⁵ tʰɚu⁵	
	料 liau³¹→料儿 ɹɚu³¹	
	椒 tsiau²¹³→辣椒儿 la³¹ tθɚu²¹³	
	□子 tsʰiau³¹⁻⁴² tθŋ²→□儿 tθʰɚu³¹	折起的衣边
	腰 iau²¹³→腰儿 ɹɚu²¹³	
	肴 iau⁵³→酒肴儿 tsiəu⁴⁴ ɹɚu⁵³	下酒的菜肴
iəu→ɚu	钮 niəu⁴⁴→钮儿 nɚu⁴⁴	控制电源、音量等的开关
	绺 liəu⁴⁴→一绺儿 i⁴⁴⁻⁴² ɹɚu⁴⁴	
	酒 tsiəu⁴⁴→酒儿 tθɚu⁴⁴	
	袖 siəu³¹→袖儿 θɚu³¹	
	油 iəu⁵³→油儿 ɹɚu⁵³	
	牛 iəu⁵³→小牛儿 siau⁴⁴ ɹɚu⁵³	
	肉 iəu³¹→肉儿 ɹɚu³¹	
iæn→ɜ	店 tiæn³¹→小店儿 siau⁴⁴ tɜ³¹	
	天 tʰiæn²¹³→好天儿 xau⁴⁴⁻⁴² tʰɜ²¹³	
	埝子 niæn⁴⁴⁻⁴⁵ tθŋ⁵→埝儿 nɜ⁴⁴	地方
	脸 liæn⁴⁴→脸儿 ɹɜ⁴⁴	
	链 liæn³¹→项链儿 ɕiaŋ³¹⁻³¹² ɹɜ³¹	
	尖 tsiæn²¹³→尖儿 tθɜ²¹³	
	钱 tsʰiæn⁵³→钱儿 tθʰɜ⁵³	
	浅 tsʰiæn⁴⁴→溜浅儿 liəu²¹³⁻²⁴ tθʰɜ⁴⁴	非常浅
	线 siæn³¹→线儿 θɜ³¹	
	烟 iæn²¹³→吃烟儿 tʃʰi⁴⁴⁻⁴² ɹɜ²¹³	抽烟
	盐 iæn⁵³→盐儿 ɹɜ⁵³	

续表

本韵与儿化韵	例子	意义
iən→ɚi	亲 tsʰiən^{213}→合亲儿 ka$^{44\text{-}42}$tθʰɚi^{213}	成为亲家
	心 siən^{213}→心儿 θɚi^{213}	
	信 siən^{31}→信儿 θɚi^{31}	消息
	人 iən^{53}→小人儿 siau^{44}ɹɚi^{53}	年轻的男孩
	印 iən^{31}→印儿 ɹɚi^{31}	
iaŋ→ɚ̃ŋ	酱 tsiaŋ^{31}→酱儿 tθɚ̃ŋ^{31}	
	墙 tsʰiaŋ^{53}→墙儿 tθʰɚ̃ŋ^{53}	
	箱 siaŋ^{213}→箱儿 θɚ̃ŋ^{213}	
	相 siaŋ^{31}→相儿 θɚ̃ŋ^{31}	照片，相片
	央 iaŋ^{213}→当央儿 taŋ$^{213\text{-}24}$ɹɚ̃ŋ^{53}	中间
	样 iaŋ^{31}→模样儿 mu$^{53\text{-}55}$ɹɚ̃ŋ^{5}	
iəŋ→ɚ̃ŋ	钉 tiəŋ^{213}→铁钉儿 tʰiə$^{44\text{-}42}$tɚ̃ŋ^{213}	
	腚 tiəŋ^{31}→腚儿 tɚ̃ŋ^{31}	屁股
	棂 liəŋ^{53}→窗棂儿 tʂʰuaŋ$^{213\text{-}24}$ɹɚ̃ŋ^{53}	木质窗户里的窗格
	龄 liəŋ^{53}→年龄儿 niæn^{53}ɹɚ̃ŋ^{53}	年纪
	井 tsiəŋ^{44}→井儿 tθɚ̃ŋ^{44}	
	净 tsiəŋ^{31}→干净儿的 kæn$^{213\text{-}24}$tθɚ̃ŋ$^{31\text{-}55}$ti^{5}	
	清 tsʰiəŋ^{213}→蛋清儿 tæn^{31}tθʰɚ̃ŋ^{213}	蛋黄周围的透明胶状物质
	情 tsʰiəŋ^{53}→人情儿 iən^{53}tθʰɚ̃ŋ^{53}	人跟人交往产生的情谊
	星 siəŋ^{213}→星儿 θɚ̃ŋ^{213}	
	姓 siəŋ^{31}→姓儿 θɚ̃ŋ^{31}	
	英 iəŋ^{213}→英儿 ɹɚ̃ŋ^{213}	
	绒 iəŋ^{53}→条绒儿 tʰiau^{53}ɹɚ̃ŋ^{53}	
	影 iəŋ^{44}→影儿 ɹɚ̃ŋ^{44}	

2. 以舌尖前音 [ts/tsʰ/s] 作为声母的字发生儿化，舌尖声母的发音部位会前移，变成齿间音 [tθ/tθʰ/θ]。例见表21。

3. 零声母的齐齿呼和撮口呼字发生儿化，零声母变为齿龈近音 [ɹ]。齐齿呼的例字见表21。底下是撮口呼的例子。

表 22　　　　　　　　　　零声母撮口呼的儿化

鱼 y⁵³→小鱼儿 siau⁴⁴ ɹu·⁵³	雨 y⁴⁴→小雨儿 siau⁴⁴⁻⁴² ɹu·⁴⁴
院 yæn³¹→院儿 ɹuɛ³¹	远 yæn⁴⁴→无几远儿（极近）mu⁵³⁻⁵⁵ tɕi⁵ ɹuɛ·⁴⁴
月 yə³¹→月儿 ɹuɚ·³¹	药 yə³¹→吃药儿 tʃʰi⁴⁴ ɹuɚ·³¹

4. 以边音［l］作为声母的字发生儿化，［l］变为［ɹ］。齐齿呼的例字见表 21。底下列出开口、合口和撮口呼字的例子。

表 23　　　　　　　［l］声母开口、合口与撮口呼字的儿化

蜊 la³¹→蛤蜊儿 ka⁵³⁻⁵⁵ ɹa·⁵	锣 luə⁵³→敲锣儿 tɕʰiau²¹³⁻²⁴ ɹuɚ·⁵³
姥 lau⁴⁴→姥儿姥儿 ɹa·u⁴⁴⁻⁴⁵ ɹa·u⁵	乐 luə³¹→欢乐儿 xuæn²¹³⁻²⁴ ɹuɚ·³¹
泪 lei³¹→眼泪儿 iæn⁴⁴ ɹæ·i³¹	路 lu³¹→小路儿 siau⁴⁴ ɹu·³¹
篓 ləu⁴⁴→小篓儿 siau⁴⁴⁻⁴² ɹɚ·u⁴⁴	轮 luən⁵³→轮儿 ɹuɚ·i⁵³
笼 ləŋ⁵³→笼儿 ɹɚ·ŋ⁵³	吕 ly⁴⁴→小吕儿 ɹu·⁴⁴
楼 ləu⁵³→小楼儿 siau⁴⁴ ɹɚ·u⁵³	驴 ly⁵³→小毛驴儿 siau⁴⁴ mau⁵³ ɹu·⁵³

5. 以舌叶音［tʃ/tʃʰ/ʃ］作为声母的字发生儿化，舌叶音声母变成卷舌音声母［tʂ/tʂʰ/ʂ］。底下列出例证。

表 24　　　　　　　　以［tʃ/tʃʰ/ʃ］为声母的字的儿化

侄 tʃi⁵³→侄儿 tʂɚ·i⁵³	车 tʃʰə²¹³→车儿 tʂʰɚ·²¹³	食 ʃi⁵³→食儿 ʂɚ·i⁵³
褶 tʃə⁴⁴→褶儿 tʂɚ·⁴⁴	橱 tʃʰu⁵³→橱儿 tʂʰu·⁵³	舌 ʃə⁵³→舌儿 ʂɚ·⁵³
猪 tʃu²¹³→猪儿 tʂu·²¹³	丑 tʃʰəu⁴⁴→丑儿 tʂʰɚ·u⁴⁴	勺 ʃuə⁵³→勺儿 ʂuɚ·⁵³
照 tʃau³¹→照儿 tʂa·u³¹	串 tʃʰuæn³¹→串儿 tʂʰuɛ³¹	手 ʃəu⁴⁴→手儿 ʂɚ·u⁴⁴
周 tʃəu²¹³→周儿 tʂɚ·u²¹³	陈 tʃʰən⁵³→陈儿 tʂʰɚ·i⁵³	扇 ʃæn³¹→扇儿 ʂɚ³¹
转 tʃuæn³¹→转儿 tʂuɛ³¹	春 tʃʰuən²¹³→春儿 tʂʰuɚ·i²¹³	婶 ʃən⁴⁴→婶儿 ʂɚ·i⁴⁴
针 tʃən²¹³→针儿 tʂɚ·i²¹³	肠 tʃʰaŋ⁵³→肠儿 tʂʰa·ŋ⁵³	伤 ʃaŋ²¹³→伤儿 ʂæ·ŋ²¹³
准 tʃuən⁴⁴→准儿 tʂuɚ·i⁴⁴	成 tʃʰəŋ⁵³→成儿 tʂʰɚ·ŋ⁵³	声 ʃəŋ²¹³→声儿 ʂɚ·ŋ²¹³
账 tʃaŋ³¹→账儿 tʂa·ŋ³¹		
证 tʃəŋ³¹→证儿 tʂɚ·ŋ³¹		

四　同化与异化

本节考查胶州方言的语流中两个音节由于相互影响而产生的声母和韵

母的变化，内容涉及同化和异化两个方面。

（一）异化现象

异化作用是指两个相同或相似的音位在语流中由于相互影响而变得不相同、不相似。胶州方言存在着为数不多的异化现象。举例如下：

表 25 胶州方言异化现象举例

风箱	$fəŋ^{213-24}siaŋ^{213} \rightarrow fəŋ^{213-21}ɕiæn^{1}$	"箱"的韵尾[ŋ]受到前一个音节韵尾[ŋ]的影响，异化成了[n]。
懊悔	$\gamma au^{31}xuei^{44} \rightarrow \gamma au^{31-45}xuæn^{5}$	"悔"的韵尾异化，增生阳声韵尾[n]，同时主元音由[e]变为[æ]。

（二）同化现象

同化作用是指两个不相同的音位在语流中由于相互影响而变得相同或相似。胶州方言里存在着一定数量的同化现象。举例如下：

表 26 胶州方言同化现象举例

头发	$t^{h}əu^{53-55}fa^{5} \rightarrow t^{h}əu^{53-55}faŋ^{5}$	"发"字的阳声尾[ŋ]系受到"头"字韵尾[u]同化作用的影响而增生的。
即墨	$tsi^{44-45}mei^{5} \rightarrow tsi^{44-45}mi^{5}$	"墨"字韵母[ei]受到"即"字韵母同化的影响，脱落了主元音[e]，变成了[i]。
蛤蜊	$ka^{53-55}li^{5} \rightarrow ka^{53-55}la^{5}$	"蜊"字韵母[i]受到"蛤"字韵母同化的影响，变成了[a]。
骨朵	$ku^{44-45}tuə^{5} \rightarrow ku^{44-45}tu^{5}$	"朵"字韵母[uə]受到"骨"字韵母同化的影响，脱落了主元音[ə]，变成了[u]。
锢漏子	$ku^{31-42}ləu^{2}tθ\gamma^{2} \rightarrow ku^{31-42}lu^{2}tθ\gamma^{2}$	"漏"字韵母[əu]受到"锢"字韵母同化的影响，脱落了主元音[ə]，变成了[u]。
抽屉	$t\int^{h}əu^{213-21}t^{h}i^{1} \rightarrow t\int^{h}əu^{213-21}t^{h}əu^{1}$	"屉"字韵母[i]受到"抽"字韵母同化的影响，变成了[əu]。
多少	$tuə^{213-21}\int au^{1} \rightarrow tuə^{213-21}\int uə^{1}$	"少"字韵母[au]受到"多"字韵母同化的影响，变为了[uə]。
亲戚	$ts^{h}iən^{213-21}ts^{h}i^{1} \rightarrow ts^{h}iən^{213-21}ts^{h}iən^{1}$	"戚"字韵母[i]受到"亲"字韵母同化的影响，变成了[iən]。
苍蝇	$tθ^{h}aŋ^{213-21}iəŋ^{1} \rightarrow tθ^{h}aŋ^{213-21}iaŋ^{1}$	"蝇"字韵母[iəŋ]受到"苍"字韵母同化的影响，变成了[iaŋ]。
场院	$t\int^{h}aŋ^{53-55}\gamma æn^{5} \rightarrow t\int^{h}aŋ^{53-55}væn^{5}$	"院"字韵母[yæn]受到"场"字韵尾[ŋ]同化的影响变成[uæn]，再变为了[væn]。
逗引	$təu^{31-42}iən^{2} \rightarrow təŋ^{31-42}iəŋ^{2}$	"引"字韵母[iən]受到"逗"字韵尾[u]同化的影响变成了[iəŋ]；"逗"字韵母[əu]再受到"引"字韵尾[ŋ]同化的影响变为了[əŋ]。

蜻蜓	$\mathrm{ts^h i\partial\eta^{213-21} t^h i\partial\eta^1 \rightarrow t^h i\partial\eta^{213-21} t^h i\partial\eta^1}$	"蜻"字声母 [$\mathrm{ts^h}$] 受到"蜓"字声母同化的影响,变成了 [$\mathrm{t^h}$]。
闺女	$\mathrm{kuei^{213-21} ny^1 \rightarrow ku\partial n^{213-21} ny^1}$	"闺"字韵尾 [i] 受到"女"字声母同化的影响,变成了 [n]。
暖和	$\mathrm{nu\ae n^{44-45} xu^5 \rightarrow na\eta^{44-45} xu^5}$	"暖"字韵母 [$\mathrm{u\ae n}$] 受到"和"字声母 [x] 同化的影响变成 [$\mathrm{ua\eta}$],并脱落合口介音。
埋怨	$\mathrm{m\varepsilon^{53-55} y\ae n^5 \rightarrow m\ae n^{53-55} y\ae n^5}$	"埋"字韵母原读 [ε] 受到"怨"字韵母同化的影响增生阳声韵尾,同时元音 [ε] 变为 [$\ae$]。

第三章　胶州音系与中古音

　　本章把胶州语音的声母、韵母和声调系统跟中古《切韵》音系进行比较，目的是揭示两者之间的语音对应关系以及胶州话的语音演化规律。为节省篇幅，本章的声调采用调类标记法：1 阴平（213）、2 阳平（53）、3 上声（44）、5 去声（31）、0 轻声。

第一节　声母之比较

一　唇音声母

　　胶州音系有唇音声母 [p/pʰ/f]。就一般情形而论，声母 [p] 来自《切韵》的并母仄声和帮母，[pʰ] 来自并母平声和滂母，[f] 来自非、敷和奉三母。底下列出例外的情况。如下：

並母平声	滂母	並母仄声	帮母	非敷母
刨並开平pau⁵	膊滂开入pa⁰	髀並开上pʰɛ³	谱帮合上pʰu¹	脯非合上pʰu³
瘢並合平pæn¹	叭滂开入pa⁰	捕並合去pʰu³	迫帮开入pʰei³	腹非合入pu³
膀並开平paŋ³	玻滂合平pə¹	佩並合去pʰei⁵		不非合入pu³
	醭滂合入pu²	泊並开入pʰə²/pʰə³		孵敷合平pau⁵
	磅滂开平paŋ⁵	蹩並开入pʰiə³		番敷合平pʰæn²
		僕並合入pʰu³		捧敷合上pʰəŋ³

　　观察上表，有两个问题需要进一步说明：
　　（1）中古非、敷两母胶州方言有说 [p] 或 [pʰ] 的情况。在这些字里，中古非、敷两母并没有演变成轻唇音 [f]，而是保留着早期汉语重唇音的读法。

（2）全浊并母平声有读成不送气清音［p］的情况，这个层次是胶州方言自身固有的白读层。就语音演变的规律而言，在胶州方言的白读层里中古全浊声母无论平仄一律变为不送气清音。全浊声母读送气清音应该是胶州方音受到强势文读侵蚀和覆盖的结果。

胶州音系的声母［v］大部分源于中古微、云、影和疑四母的合口，少数来自明、匣和以三母的合口以及影、疑两母的开口。如下：

微母合口	云母合口	影母合口	疑母合口	明、匣和以母合口
侮微合上vu¹	围云合平vei²	䄞影合入va³	讹疑合平və²	袜明合入va⁵
雾微合去vu⁵	苇云合上vei³	屋影合入vu³	杌疑合入vu⁵	完匣合平væn²
物微合入vu⁵	胃云合去vei⁵	蛙影合平vɛ²	捂疑合去vu³	丸匣合平væn²
味微合去vei⁵	为云合平vei⁵	窝影合平və¹	梧疑合平vu⁵	潍以合平vei²
挽微合上væn³	位云合去vei⁵	呜影合平vu¹	五疑合上vu³	
蔓微合去væn⁵	卫云合去vei⁵	威影合平vei¹	外疑合去vɛ⁵	
蚊微合平vən²	王云合平vaŋ²	喂影合去vei⁵	魏疑合去vei⁵	
璺微合去vən⁵	往云合上vaŋ³	剜影合平væn¹	瓦疑合上va³	影、疑母开口
望微合平vaŋ²		碗影合上væn³		凹影开入va¹
网微合上vaŋ³		弯影合平væn²		握影开入və¹
忘微合去vaŋ⁵		温影合平vən¹		娃影开平va²
		稳影合上vən³		鹅疑开平və²
		瓮影合去vəŋ⁵		饿疑开去və⁵

二　舌尖中塞音声母

胶州音系有舌尖中塞音声母［t/tʰ］。其中声母［t］来自《切韵》定母仄声和端母，［tʰ］来自定母平声和透母。底下列出例外的情况。如下：

端母	透母	定母平声	知母与澄母
蛭端开入tʰi⁰	贷透开去tɛ⁵	提定开平ti¹	重澄合去təŋ⁵
	吨透合上tuən¹	堂定开平taŋ¹	瞪澄开去təŋ⁵
		腾定开平təŋ⁰	盯澄开平tiəŋ¹
		涂定合平tu⁰	陈澄开去tʰuən⁵
		头定开平təu⁵	
		饨定合平tuən⁰	

观察上表，有两个问题需要进一步说明：

（1）知母与澄母胶州方言有说［t］或［tʰ］的情况。在这些字里，知、澄两母还保留着中古汉语舌头音的读法。

（2）全浊定母平声有读为不送气清音［t］的情况。其语音性质见上文唇音声母所述，兹不赘言。下同。

三　齿间塞擦音声母

胶州音系有齿间塞擦音声母［tθ/tθʰ/θ］。声母［tθ］来自中古精母和仄声從母（一三等），［tθʰ］来自清母和平声從母（一三等），［θ］来自心母（一三等）和邪母（三等）。

此外，声母［tθ/tθʰ/θ］的中古来源也存在一些例外的情况。列出如下：

精母和清母	心母和邪母	庄组	端母和知母	章母
子$_{精开上}$tθ1^0	噪$_{心开去}$tθau^5	淬$_{庄开上}$tθ1^0	堆$_{端合平}$tθuei^1	只$_{章开上}$tθ1^3
挫$_{精合去}$tθʰuə^5	伺$_{心开去}$tθʰ1^5	齜$_{庄开平}$tθʰ1^1	琢$_{知开入}$tθuə^2	
纤$_{精合入}$tθʰu^3	粹$_{心合去}$tθʰuei^5	簸$_{初合去}$tθʰuæn^5		
凑$_{清开去}$tθəu^5	词$_{邪开平}$tθʰ1^2	噌$_{初开平}$tθʰə1^1		
	辞$_{邪开平}$tθʰ1^2	洒$_{生开上}$θa^3		

四　舌尖前塞擦音声母

胶州音系有舌尖前塞擦音声母［ts/tsʰ/s］。其中，声母［ts］来自中古精母和仄声從母（三四等）以及见母（二三四等），［tsʰ］来自清母和平声從母（三四等）以及溪母（二三四等），［s］来自心母（三四等）、邪母（三等）、晓母（二三四等）以及匣母（二四等）。

胶州方言音系的一部分舌尖前塞擦音声母来自于中古的见溪母和晓匣母，此类声母的说法皆为白读。这种现象广泛地存在于胶东半岛的大部分地区。宫钦第（2008：57）认为："这种现象似乎代表了胶东方言早期土著居民的底层"，并根据文献记载指出"这种现象可能早在宋代就已存在"。笔者赞同宫先生的看法。须指出，学术界对这个问题的研究是很不够的，笔者认为至少有两个问题还需作深入探讨：（1）既然这种语音现象的历史如此悠久，那么它跟两晋时代吕静《韵集》反映的青徐汉语音系是否存在同质关系？或者说，它是否直接继承自早期的青徐汉语音系；（2）这种现象是如何形成的，它经历了怎样的历史演变过程？这些问题不是一两句话可以说清楚的，笔者将另辟专文讨论。

此外，声母［ts/tsʰ/s］的来源也存在一些例外的情况。如下：

精清母	心母	邪母	章昌母
雀$_{精开入}$tsʰyə^3	栖$_{心开平}$tsʰi^1	囚$_{邪开平}$tsʰiəu^2	铸$_{章合去}$tsy^5
竣$_{清合平}$tsyən^5	相$_{心开平}$tsiaŋ^1	像$_{邪开上}$tsʰiaŋ^5	绰$_{昌开入}$tsʰyə^3

五　舌叶塞擦音声母

胶州音系有舌叶塞擦音声母［tʃ/tʃʰ/ʃ］。其中［tʃ］来自中古知章母和仄声澄母（三等），［tʃʰ］来自徹昌母（三等）、平声澄崇船禅母（三等），［ʃ］来自三等韵的船书禅母（三等）。

此外，声母［tʃ/tʃʰ/ʃ］的来源存在一些例外的情况。如下：

澄徹母	初母	章船母	书禅母
着$_{澄合平}$tʃuə^2	篡$_{初合去}$tʃʰuæn^5	焯$_{章开入}$tʃʰuə^3	植$_{禅开入}$tʃi^3
侦$_{徹开平}$tʃən^1		颤$_{章开去}$tʃʰæn^5	束$_{书合入}$tʃʰu^3
		顺$_{船合去}$tʃʰuən^0	伸$_{书开平}$tʃʰən^1

六　卷舌塞擦音声母

胶州音系有卷舌塞擦音声母［tʂ/tʂʰ/ʂ］。其中，［tʂ］来自中古知庄母和仄声澄崇母（二三等）以及章母（三等），［tʂʰ］来自徹初母和平声澄崇母（二三等）以及昌母（三等），［ʂ］来自生母、书禅母（三等）以及仄声崇船母（三等）。

声母［tʂ/tʂʰ/ʂ］的中古来源存在一些例外的情况。如下：

知澄母	庄初崇生母	章昌母	书禅母
椎$_{澄合平}$tʂuei^1	碴$_{庄开平}$tʂʰa^2	枕$_{章开去}$tʂʰən^5	翅$_{书开去}$tʂʅ^5
幢$_{澄开去}$tʂʰuaŋ^5	刹$_{初开入}$ʂa^3	触$_{昌合入}$tʂu^3	嗤$_{书开平}$tʂʰʅ^1

续表

知澄母	庄初崇生母	章昌母	书禅母
撞_{澄开去} $tʂʰuaŋ^5$	泏_{崇开入} $tʂʰua^2$		匙_{禅开平} $tʂʰʅ^0$
	产_{生开上} $tʂʰæn^3$		垂_{禅合平} $tʂʰuei^2$

七　舌面前塞擦音声母

胶州音系有舌面前塞擦音声母 [tɕ/tɕʰ/ɕ]。其中，声母 [tɕ] 来自中古见母和仄声群母（二三四等），[tɕʰ] 来自中古溪母和平声群母（二三四等），[ɕ] 来自晓母（二三四等）、匣母（二四等）和云母（三等）。

声母 [tɕ/tɕʰ/ɕ] 的中古来源存在一些例外的情况。如下：

见溪群母		影匣母	以母	章书母
鈙_{群开平} $tɕiən^1$	墟_{溪合平} $ɕy^1$	娟_{影合平} $tɕyæn^1$	铅_{以合平} $tɕʰiæn^1$	指_{章开上} $tɕi^3$
菌_{溪合平} $tɕyən^1$	枭_{见开平} $ɕiau^1$	确_{匣开入} $tɕʰyə^3$	捐_{以合平} $tɕyæn^1$	饷_{书开去} $ɕiaŋ^3$
券_{溪合去} $tɕyæn^5$	醮_{见开去} $ɕiau^5$			
鲸_{群开平} $tɕiəŋ^1$				
箕_{见开平} $tɕʰi^0$				
阄_{见开平} $tɕʰiəu^1$				

八　舌根塞音与擦音声母

胶州音系有舌根塞音和擦音声母 [k/kʰ/x/ɣ]。其中，声母 [k] 来自中古见母和仄声群母，[kʰ] 来自中古溪母和平声群母，[x] 来自晓母和匣母，[ɣ] 来自疑母和影母。

声母 [k/kʰ/x/ɣ] 的中古来源存在一些例外的情况。如下：

见溪匣晓母	见溪影母	见匣母	群母
蝌_{溪合平} $kə^1$	摁_{合入} xu^1	角_{见开入} ka^3	狂_{群合平} $kuaŋ^0$
嗑_{见开入} $kʰə^5$	姟_{溪开平} $xɛ^1$	痂_{见开平} ka^1	
括_{见合入} $kʰuə^1$	恢_{溪合平} $xuei^1$	家_{见开平} $ka^1/kə^1$	
会_{见合去} $kʰuɛ^5$	桧_{合去} $xuei^5$	颈_{见开上} $kəŋ^3$	
槛_{匣开上} $kʰæn^3$	蝼_{影合入} $xuə^5$	给_{见开入} kei^3	

续表

见溪匣晓母	见溪影母	见匣母	群母
况_{晓合去}k^{h}uaŋ^5		话_{匣合去}kua^3	

观察上表，有两个问题需要进一步说明：

（1）胶州方言见母（二三等）与匣母有说 [k] 的情况。在这些字里，见匣两母还保留着中古汉语舌根塞音的读法；

（2）全浊群母平声有读不送气清音 [k] 的情况，其语音性质见上文唇音声母所述。

九　鼻音声母

胶州音系有鼻音声母 [m/n]。其中，[m] 来自中古明母，[n] 来自中古泥母和娘母。底下列出例外的情况。如下：

帮母	泥娘母	疑母	端母	来母
秘_{帮开去}mi^5	泥_{泥开平}mi^2	倪_{疑开平}ni^2	鸟_{端开上}niau^3	弄_{来合去}nəŋ^5
	赁_{娘开去}miən^5	凝_{疑开平}niəŋ^2		
		逆_{疑开入}ni^5		

十　边音声母

胶州音系有边音声母 [l]，来自中古来母。魂韵泥母亦作如是读，如"嫩 luən^5"。此外，还有一个卷舌的边音声母 [ɭ]，分布于之_开、支_开和脂_开三韵日母字和个别来母字。如下：

日母			来母
而_{日开平}ɭʅ^2	儿_{日开平}ɭʅ^2	二_{日开去}ɭʅ^5	理_{来开上}ɭʅ^3
耳_{日开上}ɭʅ^3			
饵_{日开去}ɭʅ^3			

从语音演变的历史来观察，源于日母的 [ɭ] 其前身应该是 * [ɹ]。随着浊擦音 * [ɹ] 进一步变为浊边音 [ɭ]，之_开、支_开和脂_开三韵前一阶段的韵母 * [i] 受到 [ɹ] 同化作用的影响变成了卷舌的舌尖元音 [ʅ]。

十一　零声母

胶州音系的零声母 ［Ø］源自于中古疑母、影母、以母、日母、云母和微母。此外，还存在少数例外的情况，如：页匣开入 iə⁵、肴匣开平 iau²、荧匣合平 iəŋ²。

第二节　韵母之对照

一　［i］、［ɿ］和［ʅ］韵母

胶州方言韵母 ［i］、［ɿ］、［ʅ］来自《切韵》音系的阴声之、支、脂、微、祭、齐、麻三和鱼韵，入声韵职、质、缉、昔、锡、陌三、屑、迄、末、栉和德韵。列表如下：

表 27　　　　　　　　胶州方言 ［i/ɿ/ʅ］ 类韵母的来源

	滋精开平	孜精开平	子精开上	籽精开上	字从开去	滓庄开上	词邪开平	祠邪开平	辞邪开平
	tθɿ¹	tθɿ¹	tθɿ³	tθɿ³	tθɿ⁵	tθɿ⁰	tθʰɿ²	tθʰɿ²	tθʰɿ²
	慈从开平	磁从开平	伺心开去	丝心开平	思心开平	寺邪开去	祀邪开上	司心开平	饲邪开去
	tθʰɿ²	tθʰɿ²	tθʰɿ⁵	θɿ¹	θɿ¹	θɿ⁵	θɿ⁵	θɿ¹	θɿ⁵
	嗣邪开去	子精开上	痔澄开上	置知开去	治澄开去	痴彻开平	漦俟开平	耻彻开上	之章开平
	θɿ⁵	θɿ⁰	tʃi³	tʃi⁵	tʃi⁵	tʃʰi¹	tʃʰi¹	tʃʰi³	tʂɿ¹
	芝章开平	淄庄开平	志章开去	志章开去	止章开上	址章开上	趾章开上	痣章开去	嗤昌开平
之韵	tʂɿ¹	tʂɿ¹	tʂɿ¹	tʂɿ⁵	tʂɿ³	tʂɿ³	tʂɿ³	tʂɿ⁵	tʂʰɿ¹
	齿昌开上	诗书开平	时禅开平	史生开上	驶生开上	使生开上	始书开上	市禅开上	柿崇开上
	tʂʰɿ³	ʂɿ¹	ʂɿ²	ʂɿ³	ʂɿ³	ʂɿ³	ʂɿ³	ʂɿ³	ʂɿ⁵
	士崇开上	仕崇开上	试书开去	事崇开去	而日开平	耳日开上	饵日开去	理来开上	你娘开上
	ʂɿ⁵	ʂɿ⁵	ʂɿ⁵	ʂɿ⁵	ɻ²	ɻ³	ɻ³	ɻ³	ni³
	厘来开平	狸来开平	劦来开平	里来开上	理来开上	鲤来开上	李来开上	吏来开去	娌来开上
	li²	li²	li²	li³	li³	li³	li³	li⁵	li⁰
	基见开平	己见开上	纪见开上	忌群开去	记见开去	欺溪开平	期群开平	其群开平	棋群开平
	tɕi¹	tɕi³	tɕi⁵	tɕi⁵	tɕi⁵	tɕʰi¹	tɕʰi¹	tɕʰi²	tɕʰi²
	旗群开平	麒群开平	起溪开上	箕见开平	嘻晓开平	熙晓开平	喜晓开上	禧晓开平	医影开平
	tɕʰi²	tɕʰi²	tɕʰi³	tɕʰi⁰	çi¹	çi¹	çi³	çi³	i¹
	疑疑开平	饴以开平	已以开上	以以开上	异以开去	意影开去			
	i²	i²	i³	i³	i⁵	i⁵			

韵									
支韵	渍從开去	紫精弃上	齜庄开平	疵從开平	雌清开平	此清开上	刺清开去	斯心开平	撕心开平
	tθɹ⁵	tθɹ³	tθʰɹ¹	tθʰɹ¹	tθʰɹ²	tθʰɹ²	tθʰɹ⁵	θɹ¹	θɹ¹
	知知开平	智知开去	肢章开平	池澄开平	侈昌开上	弛书开上	驰澄开平	支章开平	枝章开平
	tʃi¹	tʃi⁵	tʃi⁰	tʃʰi²	tʃʰi²	tʃʰi²	tʃʰi²	tʂɹ¹	tʂɹ¹
	吱溪开去	纸章开上	眵昌开平	匙禅开平	翅书开去	施书开平	是禅开上	氏禅开上	儿日开平
	tʂɹ¹	tʂɹ³	tʂʰɹ¹	tʂʰɹ⁰	tʂʰɹ⁵	ʂɹ³	ʂɹ⁵	ʂɹ⁵	lɻ²
	彼帮开上	避并开去	披滂开平	皮并开平	疲并开平	脾并开平	縻明开平	垒来合上	荔来开上
	pi³	pi³	pʰi¹	pʰi²	pʰi²	pʰi²	mi²	li³	li⁵
	离来开平	璃来开平	篱来开平	技群开上	妓群开去	寄见开去	奇群开平	骑群开平	琦群开平
	li⁵	li⁰	li⁰	tɕi⁵	tɕi⁵	tɕi⁵	tɕʰi²	tɕʰi²	tɕʰi²
	芪群开平	企溪开上	羲晓开平	戏晓开去	牺晓开平	玺心开上	移以开平	椅影开上	倚影开上
	tɕʰi²	tɕʰi³	çi¹	çi⁵	si¹	si³	i²	i³	i³
	蚁疑开上	易以开去	谊疑开去	义疑开去	议疑开去				
	i³	i⁵	i⁵	i⁵	i⁵				
脂韵	资精开平	姿精开平	咨精开平	自從开去	只章开上	姊精开上	恣精开去	瓷從开平	私心开平
	tθɹ¹	tθɹ¹	tθɹ¹	tθɹ²	tθɹ³	tθɹ³	tθɹ⁵	tθʰɹ¹	θɹ¹
	死心开上	四心开去	泗心开去	只章开	致知开去	迟澄开平	脂章开平	旨章开上	指章开上
	θɹ³	θɹ⁵	θɹ¹	tʃi¹	tʃi⁵	tʃʰi²	tʂɹ¹	tʂɹ³	tʂɹ³
	至章开去	师生开平	狮生开平	尸书开平	屎书开上	视禅开去	谥船开去	示船开去	死心开上
	tʂɹ⁵	ʂɹ¹	ʂɹ¹	ʂɹ¹	ʂɹ³	ʂɹ⁵	ʂɹ⁵	ʂɹ⁵	ʂɹ⁰
	二日开去	鼻并开去	匕帮开上	比帮开上	秕帮开上	篦并开去	痞帮开上	痹帮开去	屁滂开去
	lɻ⁵	pi²	pi³	pi³	pi³	pi⁵	pʰi³	pʰi⁰	pʰi⁵
	秘帮开去	地定开去	尼娘开平	腻娘开去	梨来开平	利来开去	肌见开平	指章开上	季见合去
	mi⁵	ti⁵	ni²	ni⁵	li²	li⁵	tɕi¹	tɕi³	tɕi⁵
	冀见开去	祁群开平	弃溪开去	器溪开去	夷以开平	姨以开平	胰以开平	遗以开平	
	tɕi⁵	tɕʰi²	tɕʰi⁵	tɕʰi⁵	i²	i²	i²	i²	
微韵	几见开平	叽见开平	饥见开平	机见开平	几见开上	虮见开上	岂溪开上	祈群开平	气溪开去
	tɕi¹	tɕi¹	tɕi¹	tɕi¹	tɕi³	tɕi³	tɕʰi³	tɕʰi²	tɕʰi⁵
	汔溪开去	稀晓开平	希晓开平	衣影开平	依影开平	沂疑开平	尾微合上	毅疑开去	
	tɕʰi⁵	çi¹	çi¹	i¹	i¹	i²	i³	i⁵	
祭韵	制章开去	誓禅开去	势书开去	世书开去	逝禅开去	毙并开去	币并开去	蔽帮开去	厉来开去
	tʃi⁵	ʃi⁵	ʃi⁵	ʃi⁵	tʃi⁵	pi⁵	pi⁵	pi⁵	li⁵
	励来开去	例来开去	祭精开去	艺疑开去					
	li⁵	li⁵	tsi⁵	i⁵					

续表

韵									
齐韵	蛴从开平	嘶心开平	蓖帮开平	闭帮开去	陛並开上	算帮开去	批滂开平	砒滂开平	眯明开上
	tθʰɿ²	θɿ¹	pi¹	pi⁵	pi⁵	pi⁵	pʰi¹	pʰi²	mi¹
	迷明开平	谜明开平	谜明开去	泥泥开平	米明开上	低端开平	提定开平	底端开上	邸端开上
	mi²	mi²	mi⁵	mi²	mi³	ti¹	ti¹	ti³	ti³
	羝端开上	弟定开去	第定开去	递定开去	帝端开去	蒂端开去	梯透开平	蹄定开平	题定开平
	ti³	ti⁵	ti⁵	ti⁵	ti⁵	ti⁵	tʰi¹	tʰi²	tʰi²
	提定开平	体透开上	剃透开去	替透开去	倪疑开平	黎来开平	犁来开平	礼来开上	莉来开平
	tʰi²	tʰi³	tʰi⁵	tʰi⁵	ni²	li²	li²	li³	li⁵
	隶来开去	丽来开去	藜来开平	鸡见开平	计见开去	继见开去	启溪开上	犀心开平	系匣开去
	li⁵	li⁵	li⁰	tɕi¹	tɕi⁵	tɕi⁵	tɕʰi³	çi¹	çi⁵
	鸡见开平	挤精开上	济精开上	济精开去	系见开去	荠从开上	栖心开平	妻清开平	凄清开平
	tsi¹	tsi³	tsi³	tsi⁵	tsi⁵	tsi⁵	tsʰi¹	tsʰi¹	tsʰi¹
	齐从开平	砌清开去	脐从开平	西心开平	畦匣合平	洗心开上	细心开去		
	tsʰi²	tsʰi⁵	tsʰi⁰	si¹	si²	si³	si⁵		
鱼韵	去溪合去		麻三	舍书开上					
	tɕʰi⁵			ʃi⁰					
职韵	直澄开入	值澄开入	质章开入	织章开入	职章开入	植禅开入	值澄开入	食船开入	蚀船开入
	tʃi²	tʃi²	tʃi³	tʃi³	tʃi³	tʃi³	ʃi²	ʃi²	ʃi²
	识书开入	式书开入	饰书开入	逼帮开入	匿娘开入	力来开入	极群开入	棘见开入	唧精开入
	ʃi²	ʃi³	ʂɿ⁵	pi²	ni⁵	li⁵	tɕi²	tɕi³	tsi¹
	鲫精开入	即精开入	稷精开入	熄心开入	媳心开入	息心开入	亿影开入	忆影开入	癔影开入
	tsi³	tsi³	tsi⁵	si¹	si³	si³	i⁵	i⁵	i⁵
质韵	侄澄开入	实船开入	失书开入	室书开入	必帮开入	笔帮开入	滗帮开入	毕帮开入	匹滂开入
	tʃi²	ʃi²	ʃi³	ʃi³	pi³	pi³	pi³	pi³	pʰi¹
	蜜明开入	密明开入	蛭端开入	栗来开入	吉见开入	嫉从开入	蒺从开入	七清开入	漆清开入
	mi⁵	mi⁵	tʰi⁰	li⁵	tɕi³	tsi³	tsi³	tsʰi³	tsʰi³
	悉心开入	一影开入	乙影开入	逸以开入	溢以开入	日日开入			
	si⁰	i³	i³	i⁵	i⁵	i⁵			
缉韵	汁章开入	执章开入	十禅开入	拾禅开入	湿书开入	立来开入	粒来开入	级见开入	急见开入
	tʃi³	tʃi³	ʃi²	ʃi²	ʃi³	li³	li⁵	tɕi¹	tɕi³
	及群开入	缉清开入	给见开入	吸晓开入	集从开入	辑从开入	习邪开入	习邪开入	揖影开入
	tɕi²	tɕi³	tɕi³	çi¹	tsi²	tsi⁰	si²	si³	i¹

续表

昔韵	赤昌开入	赤昌开入	尺昌开入	斥昌开入	石禅开入	适书开入	释书开入	嗜书开入	璧帮开入
	tʃʰi¹	tʃʰi³	tʃʰi³	tʃʰi⁵	ʃi²	ʃi²	ʃi⁵	tʂʅ⁰	pi⁵
	僻滂开入	籍从开入	积精开入	脊精开入	席邪开入	昔心开入	惜心开入	席邪开入	译以开入
	pʰi⁵	tsi³	tsi³	tsi³	si²	si³	si³	si³	i²
	益影开入	役以合入	疫以合入	驿以开入					
	i⁵	i⁵	i⁵	i⁵					
锡韵	吃溪开入	壁帮开入	劈滂开入	籴定开入	敌定开入	狄定开入	笛定开入	迪定开入	滴端开入
	tʃʰi³	pi³	pʰi³	ti²	ti²	ti²	ti²	ti²	ti³
	的端开入	踢透开入	剔透开入	惕透开入	沥来开入	历来开入	击见开入	激见开入	绩精开入
	ti³	tʰi²	tʰi²	tʰi⁵	li⁵	li⁵	tɕi¹	tɕi³	tsi³
	擊见开入	戚清开入	锡心开入	析心开入					
	tsi³	tʃʰi³	si³	si³					
陌三	碧帮开入	逆疑开入	戟见开入	屑韵	瘪并开入	沏清开入	迄韵		乞溪开入
	pi⁵	ni⁵	tɕi⁵		pi³	tʃʰi³			tɕʰi³
末韵	沫明合入			柿韵	虱生开入		德韵		墨明开入
	mi⁰				ʂʅ³				mi⁰

二　[a]、[ia] 和 [ua] 韵母

胶州方言韵母 [a] 来自《切韵》音系的阴声歌、麻二、佳、支和脂韵，入声铎、乏、合、曷、盍、黠、辖、洽、觉、月和末韵以及阳声咸、庚韵。列表如下：

表28　　　　　　　　　　　胶州方言 [a] 类韵母的来源

歌韵	大定开去	爹定开上	他透开平	她	它透开平	哪泥开平	娜泥开上	坷溪开上	呵晓开平
	ta⁵	ta⁵	tʰa³	tʰa³	tʰa³	na³	na⁵	kʰa³	xa¹

续表

麻二	巴$_{帮开平}$	芭$_{帮开平}$	疤$_{帮开平}$	爸$_{帮开去}$	靶$_{帮开去}$	把$_{帮开上}$	笆$_{並开上}$	巴$_{並开平}$	耙$_{並开平}$
	pa^1	pa^1	pa^1	pa^2	pa^3	pa^3	pa^3	pa^5	pa^5
	坝$_{帮开去}$	霸$_{帮开去}$	吧$_{帮开平}$	爬$_{並开平}$	筢$_{並开平}$	怕$_{滂开去}$	琶$_{並开平}$	杷$_{並开平}$	妈$_{明开平}$
	pa^5	pa^5	pa^0	p^{h}a^2	p^{h}a^2	p^{h}a^5	p^{h}a^0	p^{h}a^0	ma^1
	麻$_{明开平}$	马$_{明开上}$	码$_{明开上}$	骂$_{明开去}$	蟆$_{明开平}$	哇$_{影合平}$	瓦$_{疑合上}$	洼$_{影合平}$	拿$_{娘开平}$
	ma^2	ma^3	ma^3	ma^5	ma^0	va^1	va^3	va^5	na^2
	洒$_{生开上}$	渣$_{庄开平}$	楂$_{庄开平}$	揸$_{庄开平}$	咋$_{庄开平}$	痄$_{庄开上}$	炸$_{庄开去}$	诈$_{庄开去}$	乍$_{崇开去}$
	θa^3	tʂa^1	tʂa^1	tʂa^1	tʂa^1	tʂa^3	tʂa^5	tʂa^5	tʂa^5
	茬$_{崇开上}$	茌$_{崇开平}$	吒$_{知开平}$	权$_{初开平}$	查$_{崇开平}$	茶$_{澄开平}$	搽$_{澄开平}$	杈$_{初开去}$	碴
	tʂa^5	tʂ^{h}a^2	tʂa^0	tʂ^{h}a^1	tʂ^{h}a^2	tʂ^{h}a^2	tʂ^{h}a^2	tʂ^{h}a^3	tʂ^{h}a^3
	叉$_{初开平}$	杈$_{初开去}$	汊$_{初开去}$	差$_{初开平}$	差$_{初开去}$	岔$_{初开去}$	沙$_{生开平}$	砂$_{生开平}$	纱$_{生开平}$
	tʂ^{h}a^1	tʂ^{h}a^5	tʂ^{h}a^5	tʂ^{h}a^1	tʂ^{h}a^5	tʂ^{h}a^5	ʂa^1	ʂa^1	ʂa^1
	鲨$_{生开平}$	裟$_{生开平}$	痧	厦$_{生开去}$	痂$_{见开平}$	家$_{见开平}$	煆$_{晓开平}$		
	ʂa^1	ʂa^1	ʂa^1	ʂa^5	ka^1	ka^1	xa^1		
佳韵	罢$_{並开上}$	娃$_{影合平}$	蛙$_{影合平}$		支韵	委$_{影合平}$	脂韵		蜊$_{来开平}$
	pa^5	va^2	va^2			va^1			la^0
铎韵	膊$_{滂开入}$	落$_{来开入}$	落$_{来开入}$	胳$_{见开入}$	乏韵	乏$_{奉合入}$	法$_{非合入}$		
	pa^0	la^2	la^5	ka^3		fa^2	fa^3		
合韵	沓$_{定开入}$	答$_{端开入}$	搭$_{端开入}$	褡$_{端开入}$	瘩	纳$_{泥开入}$	衲$_{泥开入}$	拉$_{来开入}$	拉$_{来开入}$
	ta^2	ta^3	ta^3	ta^3	ta^0	na^5	na^5	la^1	la^3
	垃$_{来开入}$	杂$_{从开入}$	趿$_{心开入}$	蛤$_{见开入}$	合$_{见开入}$	鸽$_{见开入}$	搕$_{影开入}$	合$_{匣开入}$	
	la^0	tθa^2	θa^1	ka^3	ka^3	ka^0	k^{h}a^3	xa^2	
曷韵	达$_{定开入}$	趿$_{透开入}$	捺$_{泥开入}$	喇$_{来开入}$	辣$_{来开入}$	砸$_{从开入}$	擦$_{清开入}$	礤$_{清开入}$	撒$_{心开入}$
	ta^3	ta^0	na^5	la^3	la^5	tθa^2	tθ^{h}a^3	tθ^{h}a^3	θa^3
	萨$_{心开入}$	割$_{见开入}$	葛$_{见开入}$	渴$_{溪开入}$	喝$_{晓开入}$				
	θa^0	ka^3	ka^3	k^{h}a^3	xa^3				
盍韵	耷$_{端开入}$	塌$_{透开入}$	塌$_{透开入}$	溻$_{透开入}$	塔$_{透开入}$	踏$_{定开入}$	遢$_{透开入}$	邋$_{来开入}$	蜡$_{来开入}$
	ta^1	t^{h}a^1	t^{h}a^3	t^{h}a^3	t^{h}a^0	t^{h}a^0	la^1	la^5	
	腊$_{来开入}$	磕$_{溪开入}$	嗑$_{溪开入}$	盍$_{匣开入}$	盒$_{影开入}$				
	la^5	k^{h}a^3	k^{h}a^3	xa^2	ɣa^3				

续表

黠韵	扒$_{帮开入}$	拔$_{並开入}$	八$_{帮开入}$	叭$_{滂开入}$	挖$_{影合入}$	剐$_{影合入}$	札$_{庄开入}$	扎$_{庄开入}$	察$_{初开入}$
	pa^1	pa^2	pa^3	pa^0	va^1	va^3	tʂa^1	tʂa^3	tʂʰa^2
	杀$_{生开入}$	煞$_{生开入}$			辖韵		铡$_{崇开入}$	刹$_{初开入}$	
	ʂa^3	ʂa^3					tʂa^2	ʂa^3	
洽韵	凹$_{影开入}$	插$_{崇开入}$	眨$_{庄开入}$	插$_{初开入}$	觉韵		雹$_{並开入}$	剥$_{帮开入}$	角$_{见开入}$
	va^1	tʂa^2	tʂa^3	tʂʰa^3			pa^2	pa^3	ka^3
月韵	罚$_{奉合入}$	伐$_{奉合入}$	阀$_{奉合入}$	发$_{非合入}$	末韵		抹$_{明合入}$	袜$_{明合入}$	
	fa^2	fa^2	fa^2	fa^3			ma^5	va^5	
咸韵	杉$_{生开平}$				庚韵		打$_{端开上}$		
	ʂa^1						ta^3		

　　胶州方言韵母〔ia〕来自《切韵》音系的阴声麻$_二$、佳韵，入声洽、帖、狎、觉、辖和黠韵。列表如下：

表29　　　　　　胶州方言〔ia〕类韵母的来源

麻$_二$	家$_{见开平}$	加$_{见开平}$	嘉$_{见开平}$	袈$_{见开平}$	枷$_{见开平}$	假$_{见开上}$	贾$_{见开上}$	价$_{见开去}$	嫁$_{见开去}$
	tɕia^1	tɕia^1	tɕia^1	tɕia^1	tɕia^1	tɕia^3	tɕia^3	tɕia^5	tɕia^5
	驾$_{见开去}$	架$_{见开去}$	稼$_{见开去}$	虾$_{晓开平}$	霞$_{匣开平}$	下$_{匣开上}$	吓$_{晓开去}$	夏$_{匣开上}$	丫$_{影开平}$
	tɕia^5	tɕia^5	tɕia^5	çia^1	çia^2	çia^5	çia^5	çia^5	ia^1
	衙$_{疑开平}$	牙$_{疑开平}$	芽$_{疑开平}$	哑$_{影开上}$	亚$_{影开去}$	鸦$_{影开平}$	佳韵		佳$_{见开平}$
	ia^2	ia^2	ia^2	ia^3	ia^5	ia^0			tɕia^1
洽韵	夹$_{见开入}$	掐$_{溪开入}$	掐$_{溪开入}$	峡$_{匣开入}$	狭$_{匣开入}$		帖韵	荚$_{见开入}$	侠$_{匣开入}$
	tɕia^3	tɕʰia^1	tɕʰia^3	çia^3	çia^2			tɕia^3	çia^2
狎韵	甲$_{见开入}$	匣$_{匣开入}$	鸭$_{影开入}$	押$_{影开入}$	压$_{影开入}$		觉韵	角$_{见开入}$	
	tɕia^3	çia^2	ia^3	ia^3	ia^5			tɕia^3	
辖韵	辖$_{匣开入}$	瞎$_{晓开入}$					黠韵	轧$_{影开入}$	
	çia^2	çia^3						ia^5	

　　胶州方言韵母〔ua〕来自《切韵》音系的阴声模、麻$_二$、肴、佳和夬韵，入声末、觉、辖、黠和薛韵，阳声删韵。列表如下：

表 30　　　　　　　　　　胶州方言 [ua] 类韵母的来源

韵									
麻二	耍生合上 ʂua^3	瓜见合平 kua^1	刷见合平 kua^1	寡见合上 kua^3	夸溪合平 kʰua^1	侉溪合上 kʰua^3	胯溪合去 kʰua^5	跨溪合去 kʰua^5	花晓合平 xua^1
	哗匣合平 xua^1	华匣合平 xua^2	化晓合去 xua^5						
模韵	挎溪合平 kʰua^5					肴韵	抓庄开平 tʂua^1	爪庄开上 tʂua^3	
佳韵	卦见合去 kua^5	褂见合去 kua^5	挂见合去 kua^5	画匣合去 xua^5		夬韵	话匣合去 xua^5	话匣合去 kua^3	
觉韵	捉庄开入 tʂua^3	戳澄开入 tʂʰua^2	浞崇开入 tʂʰua^2			辖韵	刷生合入 ʂua^3	刮见合入 kua^3	
黠韵	滑匣合入 xua^2	猾匣合入 xua^2				薛韵	唰生合入 ʂua^1		
末韵	栝见合入 kua^5					删韵	涮生合去 ʂua^5		

三　[ə]、[uə]、[iə] 和 [yə] 韵母

胶州方言韵母 [ə] 来自《切韵》音系的阴声戈、歌、麻$_2$、模、肴和麻$_3$，入声铎、薛、觉、末、德、没、盍、麦、陌$_2$、物、药、叶和缉韵。列表如下：

表 31　　　　　　　　　胶州方言 [ə] 类韵母的来源

韵								
戈韵	波帮合平 pə^1	玻滂合平 pə^1	菠帮合平 pə^1	播帮合去 pə^3	簸帮合去 pə^5	坡滂合平 pʰə^1	婆並合平 pʰə^2	坡滂合平 pʰə^3	破滂合去 pʰə^5
	磨明合平 mə^2	磨明合去 mə^5	蘑 mə^2	魔明合平 mə^2	窝影合平 və^1	倭影合平 və^1	涡影合平 və^1	讹疑合平 və^2	卧疑合去 və^5
	蝌溪合平 kə^1	果见合上 kə^3	过见合去 kə^5	科溪合平 kʰə^1	课溪合去 kʰə^5	禾匣合平 xə^2	和匣合平 xə^2		
歌韵	那泥开上 nə^5	鹅疑开平 və^2	蛾疑开平 və^2	娥疑开平 və^2	我疑开上 və^3	饿疑开去 və^5	哥见开平 kə^1	个见开去 kə^5	
	苛匣开平 kʰə^1	可溪开上 kʰə^3	何匣开平 xə^2		麻二		家见开平 kə^1		

续表

模韵	摸明合平	模明合平	膜明合平			肴韵	泡滂开平		
	mə^1	mə^2	mə^2				pʰə^1		
麻三	遮章开平	者章开上	蔗章开去	车昌开平	扯昌开上	赊书开平	佘禅开平	奢书开平	社禅开上
	tʃə^3	tʃə^3	tʃə^0	tʃʰə^1	tʃʰə^3	ʃə^1	ʃə^3	ʃə^3	ʃə^5
	射船开去	赦书开去							
	ʃə^5	ʃə^5							
铎韵	薄並开入	博帮开入	搏帮开入	泊並开入	漠明开入	摸明开入	寞明开入	胳见开入	各见开入
	pə^2	pə^2	pə^2	pʰə^2	mə^2	mə^5	mə^0	kə^1	kə^3
	阁见开入	搁见开入	郭见合入	鹤匣开入	鳄疑开入				
	kə^3	kə^3	kə^3	xə^5	ɣə^5				
薛韵	别並开入	蟥並开入	辙澄开入	哲知开入	蜇知开入	折章开入	折禅开入	浙章开入	掣昌开入
	pə^2	pə^2	tʃə^2	tʃə^3	tʃə^3	tʃə^2	ʃə^2	tʃə^5	tʃʰə^3
	彻徹开入	撤澄开入	澈澄开入	舌船开入	设书开入	觉韵	握影开入	壳溪开入	
	tʃʰə^5	tʃʰə^5	tʃʰə^5	ʃə^2	ʃə^3		və^1	kʰə^5	
末韵	泼滂合入	抹明合入	末明合入	沫明合入	茉明合入	德韵	克溪开入	咳	
	pʰə^3	mə^3	mə^5	mə^5	mə^5		kʰə^3	kʰə^3	
没韵	渤並合入	馞並合入	脖並入			盍韵	嗑见开入		
	pə^1	pə^1	pə^2				kʰə^5		
麦韵	革见开入	嗝见开入				陌二	陌明开入		
	kə^3	kə^5					mə^5		
物韵	佛奉合入					药韵	芍禅开入		
	fə^3						ʃə^3		
叶韵	褶章开入	涉禅开入				缉韵	蛰澄开入		
	tʃə^3	ʃə^5					tʃə^2		

　　胶州方言韵母［uə］来自《切韵》音系的阴声戈一、歌、模、麻二和鱼韵，入声铎、末、觉、合、昔、薛、药、麦、屋三、德和盍韵。列表如下：

表 32　　　　　　　　胶州方言 [uə] 类韵母的来源

类							
戈一	朵 端合上	躲 端合上	垛 定合上	跺 端合上	剁 端合去	惰 定合去	堕 定合去
	tuə^3	tuə^3	tuə^5	tuə^5	tuə^5	tuə^5	tuə^5
	砣 定合平	椭 透合上	妥 透合上	唾 透合去	糯 泥合去	懦 泥合去	摞 来合平
	tʰuə^2	tʰuə^3	tʰuə^3	tʰuə^5	nuə^5	nuə^5	luə^2
	螺 来合平	骡 来合平	镙 来合平	座 从合去	坐 从合去	矬 从合平	锉 清合去
	luə^2	luə^2	luə^2	tθuə^5	tθuə^5	tθʰuə^2	tθʰuə^5
	挫 精合去	蓑 心合平	梭 心合平	琐 心合上	锁 心合上	唆 心合平	锅 见合平
	tθʰuə^5	θuə^1	θuə^1	θuə^3	θuə^3	θuə^0	kuə^1
	埚 见合平	窠 溪合平	棵 溪合平	和 匣合平	火 晓合上	祸 匣合上	货 匣合去
	kuə^1	kʰuə^1	kʰuə^1	xuə^2	xuə^3	xuə^5	xuə^5
歌韵	多 端开平	哆 端开上	舵 定开上	拖 透开平	驮 定开平	驼 定开平	鸵 定开平
	tuə^1	tuə^1	tuə^5	tʰuə^1	tʰuə^2	tʰuə^2	tʰuə^2
	佗 定开平	跎 定开平	挪 泥开平	啰 来开平	罗 来开平	箩 来开平	萝 来开平
	tʰuə^2	tʰuə^2	nuə^2	luə^1	luə^2	luə^2	luə^2
	逻 来开平	锣 来开平	左 精开去	搓 清开平	蹉 清开平	𰈚	挲 心开平
	luə^2	luə^2	tθuə^5	tθʰuə^1	tθʰuə^1	tθʰuə^5	θuə^0
	何 匣开平	河 匣开平	荷 匣开平	贺 匣开去			
	xuə^2	xuə^2	xuə^2	xuə^5			
模韵	措 清合去	错 清合去		麻二	胯 溪合平		
	tθʰuə^5	tθʰuə^5			kʰuə^1		
鱼韵	所 生合上	箸 澄合平					
	ʂuə^3	tʃuə^2					
铎韵	铎 定开入	托 透开入	拓 透开入	诺 泥开入	烙 来开入	酪 来开入	乐 来开入
	tuə^2	tʰuə^3	tʰuə^0	nuə^5	luə^3	luə^5	luə^5
	骆 来开入	洛 来开入	落 来开入	凿 从开入	作 精开入	柞 精开入	索 心开入
	luə^5	luə^5	luə^5	tθuə^5	tθuə^5	tθuə^3	θuə^5
	郭 见合入	扩 溪合入	劐 晓合入	霍 晓合入	蠖 影合入		
	kuə^3	kʰuə^3	xuə^1	xuə^5	xuə^5		
末韵	夺 定合入	掇 端合入	脱 透合入	捋 来合入	撮 精合入	聒 见合入	括 见合入
	tuə^2	tuə^5	tʰuə^3	luə^3	tθuə^3	kuə^1	kʰuə^1
	阔 溪合入	豁 晓合入	活 匣合入				
	kʰuə^5	xuə^1	xuə^2				

续表

觉韵	琢知开入 tθuə^2	卓知开入 tʂuə^2	镯崇开入 tʂuə^2	桌知开入 tʂuə^3	戳澄开入 tʂʰuə^2	戳彻开入 tʂʰuə^3	朔生开入 ʂuə^5
合韵	耠匣开入 xuə^1	合匣开入 xuə^2	盒匣开入 xuə^2	昔韵	硕禅开入 ʂuə^5		
薛韵	拙章合入 tʃuə^3	说书合入 ʃuə^3		药韵	勺禅开入 ʃuə^2	焯章开入 tʃʰuə^3	
麦韵	核匣开入 xuə^2	获匣合入 xuə^5		屋三	缩生合入 ʂuə^3		
德韵	国见合入 kuə^3	惑匣合入 xuə^5		盍韵	阖匣开入 xuə^2		

　　胶州方言韵母〔iə〕来自《切韵》音系的阴声麻三、戈三、皆和鱼韵,入声帖、屑、薛、叶、业、曷、陌二、昔和月韵,阳声仙、咸韵。列表如下:

表33　　　　　　　　胶州方言〔iə〕类韵母的来源

麻三	爹知开平 tiə^1	姐精开上 tsiə^3	借精开去 tsiə^5	藉从开去 tsiə^5	褯从开去 tsiə^5	且清开上 tsʰiə^3	些心开平 siə^1	邪邪开平 siə^2	斜邪开平 siə^2
	写心开上 siə^3	泻心开去 siə^5	谢邪开去 siə^5	卸心开去 siə^5	爷以开平 iə^1	爷以开平 iə^2	也以开上 iə^3	野以开上 iə^3	椰以开平 iə^3
	冶以开上 iə^3	惹日开上 iə^3	夜以开去 iə^5						
戈三	茄群开平 tɕʰiə^2		皆韵		谐匣开平 ɕiə^2		鱼韵		趄清开平 tsʰiə^0
帖韵	叠定开入 tiə^2	谍定开入 tiə^2	碟定开入 tiə^2	蝶定开入 tiə^2	贴透开入 tʰiə^2	帖透开入 tʰiə^3	协匣开入 ɕiə^3		
屑韵	撇滂开入 pʰiə^3	瞥滂开入 pʰiə^3	蹩并开入 pʰiə^3	蔑明开入 miə^5	迭定开入 tiə^2	跌定开入 tiə^3	铁透开入 tʰiə^3	捏泥开入 niə^5	截从开入 tsiə^2
	结见开入 tsiə^3	节精开入 tsiə^3	疖精开入 tsiə^3	切清开入 tsʰiə^3	洁见开入 tɕiə^2	结见开入 tɕiə^3	血晓合入 ɕiə^3	噎影开入 iə^3	页匣开入 iə^5

续表

薛韵	别並开入	鳖帮开入	憋帮开入	灭明开入	咧来开入	劣来合入	列来开入	烈来开入	趔来开入
	piə^2	piə^3	piə^3	miə^5	liə^3	liə^5	liə^5	liə^5	liə^5
	裂来开入	蠽精开入	泄心开入	杰群开入	揭见开入	朅溪开入	热日开入	孽疑开入	
	liə^5	tsiə^5	siə^5	tɕiə^2	tɕiə^3	tɕʰiə^1	ʑiə^5	iə^5	
莱韵	聂娘开入	蹑娘开入	镊娘开入	摄泥开入	猎来开入	接精开入	妾清开入	捷从开入	叶以开入
	niə^5	niə^5	niə^5	niə^5	liə^5	tsiə^3	tsʰiə^5	tɕiə^2	iə^5
业韵	劫见开入	胁晓开入	业疑开入		蝎韵	蝎晓开入		陌二	额疑开入
	tsiə^2	ɕiə^2	iə^5			ɕiə^3			iə^2
昔韵	掖以开入	液以开入			月韵	歇晓开入			
	iə^3	iə^3				ɕiə^3			
仙韵	蝙帮开平				咸韵	缄见开平			
	piə^3					tɕiə^2			

　　胶州方言韵母［yə］来自《切韵》音系入声觉、药、月、薛、屑和物韵，阴声戈$_三$。如下：

表34　　　　　　　　　　胶州方言［yə］类韵母的来源

觉韵	桷见开入	觉′见开入	角见开入	确匣开入	确匣开入	学匣开入	乐疑开入	岳疑开入
	tɕyə^3	tɕyə^3	tɕyə^3	tɕʰyə^3	tɕʰyə^5	ɕyə^2	yə^5	yə^5
药韵	掠来开入	略来开入	脚见开入	却溪开入	雀精开入	爵精开入	嚼从开入	绰昌开入
	lyə^5	lyə^5	tɕyə^3	tɕʰyə^5	tsʰyə^3	tsyə^2	tsyə^2	tsʰyə^3
	削心开入	约影开入	虐疑开入	镝以开入	弱日开入	药以开入	若日开入	跃以开入
	syə^3	yə^3	yə^5	yə^5	yə^5	yə^5	yə^5	yə^5
月韵	噘见合入	撅见合入	掘群合入	蹶见合入	镢见合入	哕影合入	越云合入	刖疑合入
	tɕyə^1	tɕyə^1	tɕyə^1	tɕyə^3	tɕyə^3	yə^3	yə^3	yə^3
	越云合入	月疑合入	粤云合入					
	yə^5	yə^5	yə^5					
薛韵	缺溪合入	绝从合入	绝从合入	雪心合入	薛心开入	阅以合入		
	tɕʰyə^3	tsyə^1	tsyə^2	syə^3	syə^3	yə^5		
屑韵	决见合入	决见合入	诀见合入	穴匣合入		物韵	崛群合入	倔群合入
	tɕyə^1	tɕyə^3	tɕyə^3	ɕyə^1			tɕyə^2	tɕyə^5
戈$_三$	瘸群合平	靴晓合平						
	tɕʰyə^2	ɕyə^1						

四　[u] 韵母

胶州方言韵母 [u] 来自《切韵》音系的阴声模、戈$_1$、侯、麻$_2$、肴、夬、尤、鱼和虞韵，入声屋$_1$、没、铎、沃、末、觉、物、屋$_3$、烛和术韵，阳声冬韵。列表如下：

表35　　　　　　　　　　胶州方言 [u] 类韵母的来源

补帮合上	哺並合去	步並合去	部並合上	布帮合去	怖滂合去	埠並合去	铺滂合平	铺滂合去
pu³	pu³	pu⁵	pu⁵	pu⁵	pu⁵	pu⁵	pʰu¹	pʰu⁵
谱帮合上	谱帮合去	菩並合平	葡並合平	蒲並合平	普滂合上	捕並合去	模明合平	无明合平
pʰu¹	pʰu³	pʰu²	pʰu²	pʰu²	pʰu³	pʰu³	mu²	mu²
摸明合平	墓明合去	慕明合去	暮明合去	募明合去	乌影合平	呜影合平	钨影合平	污影合平
mu⁵	mu⁵	mu⁵	mu⁵	mu⁵	vu¹	vu¹	vu¹	vu¹
五疑合上	伍疑合上	捂疑合上	午疑合上	吴疑合平	恶影合去	误疑合去	悟疑合去	梧疑合平
vu³	vu³	vu³	vu³	vu⁵	vu⁵	vu⁵	vu⁵	vu⁵
痦	都端合平	嘟	赌端合上	堵端合上	睹端合上	肚端合上	肚定合上	杜定合上
vu⁵	tu¹	tu¹	tu³	tu³	tu³	tu³	tu⁵	tu⁵
度定合去	渡定合去	镀定合去	妒端合去	涂定合平	图定合平	徒定合平	屠定合平	途定合平
tu⁵	tu⁵	tu⁵	tu⁰	tʰu²	tʰu²	tʰu²	tʰu²	tʰu²
土透合上	吐透合上	涂定合平	兔透合去	奴泥合平	努泥合上	怒泥合去	芦来合平	卢来合平
tʰu³	tʰu³	tʰu³	tʰu⁵	nu²	nu³	nu⁵	lu²	lu²
炉来合平	掳来合上	鲁来合上	卤来合上	虏来合上	撸来合平	路来合去	露来合去	鹭来合去
lu²	lu³	lu³	lu³	lu³	lu⁵	lu⁵	lu⁵	lu⁵
轳来合平	噜来合上	组精合上	租精合平	祖精合上	粗清合平	醋清合去	苏心合平	酥心合平
lu⁰	lu⁰	tθu¹	tθu¹	tθu³	tθʰu¹	tθʰu⁵	θu¹	θu¹
素心合去	塑心合去	诉心合去	嗉心合去	姑见合平	箍见合平	沽见合平	菇见合平	孤见合平
θu⁵	θu⁵	θu⁵	θu⁵	ku¹	ku¹	ku¹	ku¹	ku¹
辜见合平	估见合上	古见合上	股见合上	鼓见合上	故见合去	顾见合去	雇见合去	固见合去
ku¹	ku³	ku³	ku³	ku³	ku⁵	ku⁵	ku⁵	ku⁵
锢见合去	跍溪合平	蛄见合平	牯见合平	枯溪合平	骷溪合平	苦溪合上	库溪合去	裤溪合去
ku⁵	ku⁰	ku⁰	ku⁰	kʰu¹	kʰu¹	kʰu³	kʰu⁵	kʰu⁵
绔溪合去	呼晓合平	烀	乎匣合平	弧匣合平	狐匣合平	互匣合去	胡匣合平	鬍匣合平
kʰu⁵	xu¹	xu¹	xu¹	xu²	xu²	xu²	xu²	xu²
湖匣合平	糊匣合平	煳	葫匣合平	瑚匣合平	蝴匣合平	猢匣合平	壶匣合平	虎匣合上
xu²	xu²	xu²	xu²	xu²	xu²	xu²	xu²	xu³
浒匣合上	户匣合上	护匣合去	扈匣合上	戈$_1$		笟滂合上	么明合平	和匣合平
xu³	xu⁵	xu⁵	xu⁵			pʰu³	mu⁰	xu²

左侧行标：模韵

续表

韵									
侯韵	峁$_{明开上}$	某$_{明开上}$	牡$_{明开上}$	母$_{明开上}$	拇$_{明开上}$	姆$_{明开上}$	蝼$_{来开平}$	漏$_{来开去}$	髅$_{来开平}$
	mu^3	mu^3	mu^3	mu^3	mu^3	mu^3	lu^2	lu^5	lu^0
	嗽$_{心开去}$					麻二	齁$_{晓开去}$		
	θu^0						xu^3		
肴韵	胚$_{滂开平}$	疱$_{滂开去}$				夬韵	话$_{匣合去}$		
	pu^0	p^{h}u^5					xu^0		
尤韵	浮$_{奉开平}$	负$_{奉开上}$	复$_{奉开去}$	负$_{奉开上}$	妇$_{奉开上}$	富$_{非开去}$	副$_{敷开去}$	漱$_{生开去}$	帚$_{章开上}$
	fu^2	fu^2	fu^5	fu^5	fu^5	fu^5	fu^5	ʂu^5	tʃu^0
鱼韵	助$_{崇合去}$	初$_{初合平}$	锄$_{崇合平}$	础$_{初合平}$	楚$_{初合上}$	梳$_{生合平}$	疏$_{生合平}$	墅$_{禅合上}$	猪$_{知合平}$
	tʂu^5	tʂ^{h}u^1	tʂ^{h}u^2	tʂ^{h}u^3	tʂ^{h}u^3	ʂu^1	ʂu^1	ʂu^5	tʃu^1
	诸$_{章合平}$	煮$_{章合上}$	著$_{知合去}$	除$_{澄合平}$	储$_{澄合平}$	处$_{昌合上}$	处$_{昌合去}$	书$_{书合平}$	舒$_{书合平}$
	tʃu^1	tʃu^3	tʃu^5	tʃ^{h}u^2	tʃ^{h}u^3	tʃ^{h}u^3	tʃ^{h}u^5	ʃu^1	ʃu^1
	抒$_{书合上}$	暑$_{书合上}$	黍$_{书合上}$	鼠$_{书合上}$	庶$_{书合去}$				
	ʃu^1	ʃu^3	ʃu^3	ʃu^3	ʃu^5				
虞韵	脯$_{非合上}$	夫$_{非合平}$	麸$_{敷合平}$	尃$_{奉合平}$	扶$_{奉合平}$	敷$_{敷合平}$	俘$_{敷合平}$	俯$_{非合上}$	斧$_{非合上}$
	p^{h}u^3	fu^1	fu^1	fu^2	fu^2	fu^2	fu^2	fu^2	fu^3
	符$_{奉合平}$	府$_{非合上}$	腑$_{非合上}$	辅$_{奉合上}$	腐$_{奉合上}$	父$_{奉合上}$	赋$_{非合去}$	赴$_{敷合去}$	付$_{非合去}$
	fu^3	fu^3	fu^3	fu^3	fu^3	fu^5	fu^5	fu^5	fu^5
	驸$_{奉合去}$	傅$_{非合去}$	肤$_{非合平}$	咐$_{非合去}$	巫$_{微合平}$	侮$_{微合上}$	诬$_{微合平}$	武$_{微合上}$	鹉$_{微合上}$
	fu^5	fu^5	fu^0	fu^0	vu^1	vu^1	vu^1	vu^3	vu^3
	舞$_{微合上}$	雾$_{微合去}$	务$_{微合去}$	雏$_{崇合平}$	数$_{生合平}$	数$_{生合去}$	朱$_{章合平}$	珠$_{章合平}$	蛛$_{知合平}$
	vu^3	vu^5	vu^5	tʂ^{h}u^2	ʂu^1	ʂu^5	tʃu^1	tʃu^1	tʃu^1
	株$_{知合平}$	主$_{章合上}$	拄$_{知合上}$	住$_{知合去}$	柱$_{澄合上}$	注$_{章合去}$	蛀$_{章合去}$	驻$_{知合去}$	厨$_{澄合平}$
	tʃu^1	tʃu^3	tʃu^3	tʃu^5	tʃu^5	tʃu^5	tʃu^5	tʃu^5	tʃ^{h}u^2
	殊$_{禅合平}$	橱	输$_{书合平}$	树$_{禅合上}$	竖$_{禅合上}$				
	tʃ^{h}u^2	tʃ^{h}u^2	ʃu^1	ʃu^5	ʃu^5				
屋二	醭$_{滂合入}$	瀑$_{并合入}$	扑$_{滂合入}$	仆$_{并合入}$	蹼$_{帮合入}$	木$_{明合入}$	屋$_{影合入}$	独$_{定合入}$	犊$_{定合入}$
	pu^2	p^{h}u^3	p^{h}u^3	p^{h}u^3	p^{h}u^3	mu^5	vu^3	tu^2	tu^3
	读$_{定合入}$	秃$_{透合入}$	漉$_{来合入}$	鹿$_{来合入}$	辘$_{来合入}$	录$_{来合入}$	禄$_{来合入}$	碌$_{来合入}$	蔌$_{来合入}$
	tu^5	t^{h}u^3	lu^1	lu^5	lu^5	lu^5	lu^5	lu^5	lu^5
	族$_{从合入}$	簇$_{清合入}$	速$_{心合入}$	谷$_{见合入}$	榖$_{见合入}$	哭$_{溪合入}$	斛$_{匣合入}$		
	tθu^2	tθ^{h}u^3	θu^5	ku^3	ku^3	k^{h}u^3	xu^2		

续表

没韵	垺並合入	没明合入	扤疑合入	突透合入	卒精合入	骨見合入	窟溪合入	忽晓合入	惚晓合入
	pu²	mu⁵	vu⁵	tʰu¹	tθu²	ku³	kʰu¹	xu¹	xu¹
	搰溪合入	囫	核匣合入			铎韵		幕明开入	作精开入
	xu¹	xu²	xu²					mu⁵	tθu³
沃韵	督端合入	毒定合入	酷溪合入			末韵		拨帮合入	
	tu¹	tu²	kʰu⁵					pu³	
觉韵	朴滂开入	握影开入				物韵	不非合入	物微合入	勿微合入
	pʰu³	vu⁰					pu³	vu⁵	vu⁵
屋三	腹非合入	牧明合入	睦明合入	穆明合入	目明合入	辐非合入	复非合入	服奉合入	伏奉合入
	pu³	mu⁵	mu⁵	mu⁵	mu⁵	fu¹	fu¹	fu²	fu²
	幅非合入	福非合入	袱奉合入	蝠非合入	陆来合入	缩精合入	肃心合入	筑知合入	蝳庄合入
	fu³	fu³	fu⁰	fu⁰	lu⁵	tθʰu³	θu⁵	tʂu³	tʂu³
	竹知合入	祝章合入	畜彻合入	轴澄合入	妯澄合入	粥章合入	碡澄合入	熟禅合入	叔书合入
	tʂu³	tʂu⁵	tʂʰu³	tʃu²	tʃu²	tʃu⁰	tʃu⁰	ʃu⁵	ʃu³
烛韵	足精合入	俗邪合入	嘱章合入	触昌合入	赎船合入	属禅合入	属禅合入	束书合入	束书合入
	tθu³	θu²	tʂu³	tʂu³	ʂu²	ʂu¹	ʃu⁵	ʃu⁵	tʃʰu³
术韵	怵彻合入	出昌合入	术船合入	述船合入	秫船合入				
	tʂʰu⁵	tʃʰu³	ʃu⁵	ʃu⁵	ʃu⁰				
冬韵	农泥合平								
	nu²								

五　[y] 韵母

胶州方言韵母 [y] 来自《切韵》音系的阴声鱼、虞、脂和齐韵，入声烛、屋三、术、物、职、陌三和缉韵。列表如下：

表 36　　　　　　　　胶州方言 [y] 类韵母的来源

鱼韵	女娘合上	驴来合平	吕来合上	侣来合上	铝来合去	旅来合上	虑来合去	滤来合去	居见合平
	ny³	ly²	ly³	ly³	ly³	ly³	ly⁵	ly⁵	tɕy¹
	车见合平	举见合上	莒见合上	巨群合上	炬群合上	拒群合上	距群合上	据见合去	锯见合去
	tɕy¹	tɕy³	tɕy³	tɕy⁵	tɕy⁵	tɕy⁵	tɕy⁵	tɕy⁵	tɕy⁵
	渠群合平	去溪合去	虚晓合平	墟溪合平	嘘晓合平	许晓合上	蛆清合平	觑清合去	徐邪合平
	tɕʰy¹	tɕʰy⁵	ɕy¹	ɕy¹	ɕy¹	ɕy³	tsʰy¹	tsʰy¹	sy²
	绪邪合上	序邪合上	絮心合去	叙邪合上	淤影合平	瘀影合平	如日合平	鱼疑合平	余以合平
	sy⁵	sy⁵	sy⁵	sy⁵	y¹	y¹	y²	y²	y²
	馀以合平	语疑合上	与以合去	誉以合去	御疑合去	预以合去	豫以合去		
	y²	y³	y³	y⁵	y⁵	y⁵	y⁵		

续表

韵									
虞韵	屡来合去	缕来合上	驹见合平	拘见合平	具群合去	惧群合去	飓群合去	惧	矩见合上
	ly^3	ly^3	$tɕy^1$	$tɕy^1$	$tɕy^5$	$tɕy^5$	$tɕy^5$	$tɕy^5$	$tɕy^5$
	句见合去	区溪合平	躯溪合平	胸群合平	铸章合去	聚从合去	取清合上	趣清合去	黢心合平
	$tɕy^5$	$tɕ^hy^1$	$tɕ^hy^1$	$tɕ^hy^0$	tsy^5	tsy^5	ts^hy^3	ts^hy^5	sy^1
	需心合平	须心合平	续邪合去	迂影合平	榆以合平	于云合平	俞以合平	儒日合平	雨云合上
	sy^3	sy^1	sy^5	y^1	y^2	y^2	y^2	y^3	y^3
	羽云合上	禹云合上	盂云合平	瑜以合平	乳日合上	裕以合去	遇疑合去	芋云合去	
	y^3	y^3	y^3	y^3	y^3	y^5	y^5	y^5	
脂韵	履来开上					齐韵	婿心开去		
	ly^3						sy^5		
烛韵	绿来合入	碌来合入	锔见合入	局群合入	曲溪合入	蛐溪合入	旭晓合入	足精合入	俗邪合入
	ly^5	ly^5	$tɕy^1$	$tɕy^2$	$tɕ^hy^3$	$tɕ^hy^3$	$ɕy^3$	tsy^3	sy^2
	辱日合入	玉疑合入	褥日合入	浴以合入	欲以合入	狱疑合入			
	y^3	y^5	y^5	y^5	y^5	y^5			
屋三	鞠见合入	菊见合入	麹溪合入	蹴清合入	宿心合入	育以合入			
	$tɕy^3$	$tɕy^3$	$tɕ^hy^3$	ts^hy^3	sy^3	y^5			
术韵	率来合入	律来合入	橘见合入	黢清合入					
	ly^5	ly^5	$tɕy^3$	ts^hy^1					
物韵	屈溪合入					职韵	域云合入		
	$tɕ^hy^3$						y^3		
陌三	剧群开入					缉韵	吸晓开入	入日开入	
	$tɕy^5$						$ɕy^3$	y^5	

六　[ɛ]、[iɛ] 和 [uɛ] 韵母

胶州方言韵母 [ɛ] 来自《切韵》音系的阴声哈、泰、佳、皆、夬、齐和之韵，入声麦、陌二和薛韵。列表如下：

表37　　　　　　　　　　胶州方言 [ɛ] 类韵母的来源

哈韵	呆$_{端开平}$	再$_{精开去}$	在$_{從开上}$	逮$_{定开去}$	待$_{定开上}$	戴$_{端开去}$	代$_{定开去}$	贷$_{透开去}$	袋$_{定开去}$
	tɛ^1	tɛ^1	tɛ^3	tɛ^3	tɛ^5	tɛ^5	tɛ^5	tɛ^5	tɛ^5
	黛$_{定开去}$	怠$_{定开上}$	胎$_{透开平}$	苔$_{定开平}$	台$_{定开平}$	抬$_{透开平}$	臺$_{定开平}$	鲐$_{透开平}$	态$_{透开去}$
	tɛ^5	tɛ^5	tʰɛ^1	tʰɛ^1	tʰɛ^2	tʰɛ^2	tʰɛ^2	tʰɛ^2	tʰɛ^5
	炱$_{定开平}$	乃$_{泥开上}$	耐$_{泥开去}$	来$_{来开平}$	莱$_{来开平}$	灾$_{精开平}$	栽$_{精开平}$	崽$_{精开上}$	宰$_{精开上}$
	tʰɛ^0	nɛ^3	nɛ^3	lɛ^2	lɛ^2	tθɛ^1	tθɛ^1	tθɛ^3	tθɛ^3
	在$_{從开去}$	猜$_{清开平}$	才$_{從开平}$	材$_{從开平}$	财$_{從开平}$	裁$_{從开平}$	采$_{清开上}$	彩$_{清开上}$	菜$_{清开去}$
	tθɛ^5	tθʰɛ^1	tθʰɛ^2	tθʰɛ^2	tθʰɛ^2	tθʰɛ^2	tθʰɛ^3	tθʰɛ^3	tθʰɛ^5
	腮$_{心开平}$	鳃$_{心开平}$	赛$_{心开去}$	踩$_{清开上}$	踩$_{清开上}$	该$_{见开平}$	改$_{见开上}$	概$_{见开去}$	开$_{溪开平}$
	θɛ^1	θɛ^1	θɛ^5	tʂʰɛ^3	tʂʰɛ^3	kɛ^1	kɛ^3	kɛ^5	kʰɛ^1
	凯$_{溪开上}$	铠$_{溪开上}$	姟$_{溪开平}$	孩$_{匣开平}$	海$_{晓开上}$	亥$_{匣开上}$	颏$_{匣开平}$	哀$_{影开平}$	欸$_{影开平}$
	kʰɛ^3	kʰɛ^3	xɛ^1	xɛ^2	xɛ^3	xɛ^5	xɛ^0	ɣɛ^1	ɣɛ^1
	唉$_{影开平}$	爱$_{影开去}$	碍$_{疑开去}$						
	ɣɛ^1	ɣɛ^5	ɣɛ^5						
泰韵	外$_{疑合去}$	大$_{定开去}$	带$_{端开去}$	汰$_{透开去}$	太$_{透开去}$	泰$_{透开去}$	奈$_{泥开去}$	赖$_{来开去}$	癞$_{来开去}$
	vɛ^5	tɛ^5	tɛ^5	tʰɛ^5	tʰɛ^5	tʰɛ^5	nɛ^5	lɛ^5	lɛ^5
	蔡$_{清开去}$	丐$_{见开去}$	钙$_{见开去}$	盖$_{见开去}$	害$_{匣开去}$	艾$_{疑开去}$	蔼$_{影开去}$		
	tθʰɛ^5	kɛ^5	kɛ^5	kɛ^5	xɛ^5	ɣɛ^5	ɣɛ^5		
皆韵	拜$_{帮开去}$	排$_{並开平}$	埋$_{明开平}$	霾$_{明开平}$	崴$_{影合平}$	斋$_{庄开平}$	豺$_{崇开平}$	怪$_{见合去}$	楷$_{溪开上}$
	pɛ^5	pʰɛ^2	mɛ^2	mɛ^2	vɛ^3	tʂɛ^1	tʂʰɛ^2	kɛ^5	kʰɛ^3
	挨$_{影开平}$	挨$_{影开平}$			夬韵		败$_{並开去}$	寨$_{崇开去}$	
	ɣɛ^1	ɣɛ^2					pɛ^5	tʂɛ^5	
佳韵	摆$_{帮开上}$	牌$_{並开平}$	派$_{滂开去}$	买$_{明开上}$	卖$_{明开去}$	㖞$_{晓合平}$	蛙$_{影合平}$	奶$_{娘开上}$	奶$_{娘开上}$
	pɛ^3	pʰɛ^2	pʰɛ^5	mɛ^3	mɛ^5	vɛ^1	vɛ^2	nɛ^1	nɛ^5
	债$_{庄开去}$	钗$_{初开平}$	搋$_{彻开平}$	差$_{初开平}$	柴$_{崇开平}$	筛$_{生开平}$	晒$_{生开去}$	捱$_{疑开平}$	
	tʂɛ^5	tʂʰɛ^1	tʂʰɛ^1	tʂʰɛ^1	tʂʰɛ^2	ʂɛ^1	ʂɛ^5	ɣɛ^2	
之韵	里$_{来开上}$					齐韵	髀$_{並开上}$		
	lɛ^0						pʰɛ^3		
麦韵	核$_{匣开入}$		陌二		㗲$_{初开入}$	薛韵		裂$_{来开入}$	咧$_{来开入}$
	xɛ^3				tʂʰɛ^3			lɛ^3	lɛ^3

　　胶州方言韵母 [iɛ] 来自《切韵》音系的阴声佳、皆两韵。列表如下：

表 38　　　　　　　　　胶州方言 [iɛ] 类韵母的来源

佳韵	街见开平	解见开上	鞋匣开平	解匣开去	蟹匣开上	澥匣开上	崖疑开平	矮影开上
	tɕiɛ¹	tɕiɛ³	ɕiɛ²	ɕiɛ⁵	ɕiɛ⁵	ɕiɛ⁵	iɛ²	iɛ³
皆韵	秸见开平	阶见开平	介见开去	疥见开去	界见开去	届见开去	戒匣开去	械匣开去
	tɕiɛ¹	tɕiɛ¹	tɕiɛ⁵	tɕiɛ⁵	tɕiɛ⁵	tɕiɛ⁵	tɕiɛ⁵	ɕiɛ⁵
	亃匣开去							
	ɕiɛ⁵							

胶州方言韵母 [uɛ] 来自《切韵》音系的阴声皆、佳、夬、泰、支和脂韵，入声麦韵。列表如下：

表 39　　　　　　　　　胶州方言 [uɛ] 类韵母的来源

皆韵	膗崇合平	怪见合去	块溪合去	槐匣合平	怀匣合平	淮匣合平	坏匣合去	
	tʂʰuɛ¹	kuɛ⁵	kʰuɛ⁵	xuɛ²	xuɛ²	xuɛ²	xuɛ⁵	
佳韵	拐见合上	枴见合上		夬韵		快溪合去	筷溪合去	
	kuɛ³	kuɛ³				kʰuɛ⁵	kʰuɛ⁵	
脂韵	衰生合平	帅生合去	率生合去	支韵		揣初合上		
	ʂuɛ¹	ʂuɛ⁵	ʂuɛ⁵			tʂʰuɛ¹		
泰韵	会见合去			麦韵		蝈见合入		
	kʰuɛ⁵					kuɛ¹		

七　[au] 与 [iau] 韵母

胶州方言韵母 [au] 来自《切韵》音系的阴声豪、侯、肴、宵、尤和虞韵，入声铎、末和觉韵。列表如下：

表 40　　　　　　　　　胶州方言 [au] 类韵母的来源

豪韵	褒帮开平	宝帮开上	保帮开上	堡帮开上	鸨帮开上	报帮开去	抱并开上	暴并开去
	pau¹	pau³	pau³	pau³	pau³	pau⁵	pau⁵	pau⁵
	袍并开平	毛明开平	髦明开平	冒明开去	帽明开去	刀端开平	叨端开平	魛端开平
	pʰau²	mau²	mau²	mau⁵	mau⁵	tau¹	tau¹	tau¹
	导定开去	岛端开上	捣端开上	祷端开上	倒端开上	倒端开去	盗定开去	道定开上
	tau³	tau³	tau³	tau³	tau³	tau⁵	tau⁵	tau⁵

豪韵	稻_{定开上}	到_{端开去}	掏_{透开平}	涛_{定开平}	桃_{定开平}	逃_{定开平}	淘_{定开平}	陶_{定开平}
	tau⁵	tau⁵	tʰau¹	tʰau¹	tʰau²	tʰau²	tʰau²	tʰau²
	讨_{透开上}	套_{透开去}	萄_{定开平}	脑_{泥开上}	恼_{泥开上}	瑙_{泥开上}	唠_{来开平}	捞_{来开平}
	tʰau³	tʰau⁵	tʰau⁰	nau³	nau³	nau³	lau¹	lau¹
	捞_{来开平}	牢_{来开平}	劳_{来开平}	痨_{来开平}	崂_{来开平}	老_{来开上}	姥_{来开上}	佬
	lau²	lau²	lau²	lau²	lau²	lau³	lau³	lau³
	涝_{来开去}	耢_{来开去}	遭_{精开平}	早_{精开上}	枣_{精开上}	澡_{精开上}	灶_{精开去}	造_{从开上}
	lau⁵	lau⁵	tθau¹	tθau³	tθau³	tθau³	tθau⁵	tθau⁵
	噪_{心开去}	燥_{心开去}	躁_{精开去}	操_{清开平}	糟_{精开平}	曹_{从开平}	槽_{从开平}	草_{清开上}
	tθau⁵	tθau⁵	tθau⁵	tθʰau¹	tθʰau¹	tθʰau²	tθʰau²	tθʰau³
	凎_{清开去}	螬_{从开平}	骚_{心开平}	臊_{心开平}	扫_{心开上}	嫂_{心开上}	臊_{心开去}	高_{见开平}
	tθʰau⁵	tθʰau⁰	θau¹	θau¹	θau³	θau³	θau⁵	kau¹
	膏_{见开平}	糕_{见开平}	羔_{见开平}	稿_{见开上}	镐_{见开上}	告_{见开去}	考_{溪开上}	烤_{溪开上}
	kau¹	kau¹	kau¹	kau³	kau³	kau⁵	kʰau³	kʰau³
	犒_{溪开去}	靠_{溪开去}	铐_{溪开去}	薅_{晓开平}	蒿_{晓开平}	毫_{匣开平}	豪_{匣开平}	耗_{晓开去}
	kʰau⁵	kʰau⁵	kʰau⁵	xau¹	xau¹	xau²	xau²	xau²
	嗥_{匣开平}	嚎_{匣开平}	壕_{匣开平}	好_{晓开上}	耗_{晓开去}	好_{晓开去}	号_{匣开去}	浩_{匣开上}
	xau²	xau²	xau²	xau³	xau⁵	xau⁵	xau⁵	xau⁵
	嗷_{疑开平}	爊_{影开平}	熬_{疑开平}	祅_{影开平}	懊_{影开上}	傲_{疑开去}	鳌_{疑开去}	澳_{影开去}
	ɣau¹	ɣau¹	ɣau²	ɣau³	ɣau⁵	ɣau⁵	ɣau⁵	ɣau⁵
侯韵	剖_{滂开上}	茂_{明开去}	贸_{明开去}					
	pʰau³	mau⁵	mau⁵					
肴韵	包_{帮开平}	胞_{帮开平}	龅	苞_{帮开平}	饱_{帮开上}	鲍_{并开上}	刨_{并开平}	炮_{并开平}
	pau¹	pau¹	pau¹	pau¹	pau³	pau⁵	pau⁵	pau⁵
	爆_{帮开去}	豹_{帮开去}	抛_{滂开平}	泡_{滂开平}	刨_{并开平}	炮_{滂开去}	泡_{并开平}	猫_{明开平}
	pau⁵	pau⁵	pʰau¹	pʰau¹	pʰau²	pʰau⁵	pʰau⁵	mau²
	锚_{明开平}	茅_{明开平}	卯_{明开上}	铆	貌_{明开去}	挠_{娘开平}	闹_{娘开去}	找_{庄开上}
	mau²	mau²	mau³	mau³	mau⁵	nau⁵	nau⁵	tʂau³
	罩_{知开去}	笊_{庄开去}	抄_{初开平}	吵_{初开上}	炒_{初开上}	稍_{生开平}	捎_{生开平}	梢_{生开平}
	tʂau⁵	tʂau⁵	tʂʰau¹	tʂʰau³	tʂʰau³	ʂau¹	ʂau¹	ʂau¹
	筲_{生开平}	蛸_{生开平}	潲_{生开去}	哨_{生开去}	搞_{见开上}	坳_{影开去}		
	ʂau¹	ʂau¹	ʂau⁵	ʂau⁵	kau³	ɣau⁵		

续表

韵								
宵韵	钊 章开平	招 章开平	召 澄开去	兆 澄开上	照 章开去	赵 澄开上	超 徹开平	潮 澄开平
	tʃau¹	tʃau¹	tʃau¹	tʃau⁵	tʃau⁵	tʃau⁵	tʃʰau¹	tʃʰau²
	朝 澄开平	烧 书开平	绍 禅开上	少 书开上	少 书开去			
	tʃʰau²	ʃau¹	ʃau⁰	ʃau³	ʃau⁵			
尤韵	矛 明开平	蟊 明开平				虞韵		孵 敷合平
	mau²	mau²						pau⁵
铎韵	郝 晓开入	落 来开入				末韵		掇 端开入
	xau³	lau¹						tau⁰
觉韵	跑 並开入	搅 明开入						
	pʰau³	mau³						

　　胶州方言韵母［iau］来自《切韵》音系的阴声肴、宵和萧韵，入声药韵。列表如下：

表 41　　　　　　　　　胶州方言［iau］类韵母的来源

韵								
肴韵	跤 溪开平	教 见开平	交 见开平	胶 见开平	绞 见开上	搅 见开上	茭 见开上	狡 见开上
	tɕiau¹	tɕiau¹	tɕiau¹	tɕiau¹	tɕiau³	tɕiau³	tɕiau³	tɕiau³
	较 见开去	觉 见开去	教 见开去	敲 溪开平	巧 溪开上	校 匣开去	效 匣开去	孝 晓开去
	tɕiau⁵	tɕiau⁵	tɕiau⁵	tɕʰiau¹	tɕʰiau³	ɕiau⁵	ɕiau⁵	ɕiau⁵
	酵 见开去	哮 晓开去	胶 见开平	绞 见开上	铰 见开上	窖 见开去	肴 匣开平	咬 疑开上
	ɕiau⁵	ɕiau⁵	tsiau¹	tsiau³	tsiau³	tsiau⁵	iau²	iau³
宵韵	标 帮开平	膘 帮开平	镖 帮开平	镳 帮开平	表 帮开上	婊 帮开上	裱 帮开去	鳔 並开上
	piau¹	piau¹	piau¹	piau¹	piau³	piau³	piau³	piau⁵
	漂 滂开平	飘 滂开平	嫖 滂开平	瓢 並开平	嘌 滂开上	漂 滂开去	票 滂开去	苗 明开平
	pʰiau¹	pʰiau¹	pʰiau¹	pʰiau²	pʰiau³	pʰiau⁵	pʰiau⁵	miau²
	瞄	描 明开平	秒 明开上	庙 明开去	妙 明开去	燎 来开上	骄 见开平	轿 群开去
	miau²	miau²	miau³	miau⁵	miau⁵	liau³	tɕiau¹	tɕiau⁵
	跷 溪开平	乔 群开平	荞 群开平	桥 群开平	侨 群开平	翘 群开去	嚣 晓开平	焦 精开平
	tɕʰiau¹	tɕʰiau²	tɕʰiau²	tɕʰiau²	tɕʰiau²	tɕʰiau⁵	ɕiau¹	tsiau¹
	椒 精开平	蕉 精开平	礁 精开平	蟭 精开平	跷 溪开平	缲 清开平	瞧 从开平	俏 清开去
	tsiau¹	tsiau¹	tsiau¹	tsiau⁰	tsʰiau¹	tsʰiau¹	tsʰiau²	tsʰiau⁵
	峭 清开去	哨 清开去	肖 心开平	消 心开平	宵 心开平	销 心开平	硝 心开平	逍 心开平

续表

韵								
宵韵	tsʰiau⁵	tsʰiau⁵	siau¹	siau¹	siau¹	siau¹	siau¹	siau¹
	小心开上	笑心开去	夭影开平	妖影开平	腰影开平	要影开平	葽影开平	饶日开平
	siau³	siau⁵	iau¹	iau¹	iau¹	iau¹	iau¹	iau²
	姚以开平	窑	遥以开平	瑶以开平	摇以开平	谣以开平	舀以开上	扰日开上
	iau²	iau²	iau²	iau²	iau²	iau²	iau³	iau³
	鹞以开去	耀以开去	绕日开去	要影开去				
	iau⁵	iau⁵	iau⁵	iau⁵				
萧韵	刁端开平	叼端开平	雕端开平	貂端开平	屌端开上	掉定开去	吊端开去	钓端开去
	tiau¹	tiau¹	tiau¹	tiau¹	tiau³	tiau⁵	tiau⁵	tiau⁵
	调定开去	挑透开平	调定开平	笤定开平	条定开平	挑定开上	粜透开去	跳透开去
	tiau⁵	tʰiau¹	tʰiau²	tʰiau²	tʰiau²	tʰiau³	tʰiau⁵	tʰiau⁵
	鸟端开上	尿泥开去	尥来开去	聊来开平	辽来开平	缭来开平	潦来开平	撩来开平
	niau³	niau⁵	liau⁵	liau¹	liau²	liau²	liau²	liau²
	了来开上	撩来开上	廖来开去	料来开去	镣来开去	缴见开上	叫见开去	窍溪开去
	liau³	liau³	liau⁵	liau⁵	liau⁵	tɕiau³	tɕiau⁵	tɕʰiau⁵
	撬溪开上	枵晓开平	枭见开平	晓晓开上	浇见开平	箫心开平	吆影开平	尧疑开平
	tɕʰiau⁵	ɕiau¹	ɕiau¹	ɕiau³	tsiau¹	siau¹	iau¹	iau²
药韵	鹊清开入							
	tsʰiau⁰							

八　[ei] 与 [uei] 韵母

胶州方言韵母 [ei] 来自《切韵》音系的阴声韵灰、泰、咍、夬、佳、废、祭、支、脂、和微韵，入声德、陌₂、麦、职和缉韵。列表如下：

表42　　　　　　　　　胶州方言 [ei] 类韵母的来源

韵								
灰韵	杯帮合平	背帮合去	背帮合去	焙並合去	辈帮合去	坏滂合平	呸滂合平	陪並合平
	pei¹	pei¹	pei⁵	pei⁵	pei⁵	pʰei¹	pʰei¹	pʰei²
	裴並合平	赔並合平	培並合平	配滂合去	佩並合去	梅明合平	莓明合平	煤明合平
	pʰei²	pʰei²	pʰei²	pʰei⁵	pʰei⁵	mei²	mei²	mei²
	媒明合平	每明合上	妹明合去	偎影合平	对端合去	推透合平	腿透合上	退透合去
	mei²	mei³	mei⁵	vei¹	tei⁵	tʰei¹	tʰei³	tʰei⁵
	褪透合去	内泥合去	雷来合平	擂来合平	蕾来合上	儡来合上	磊来合上	
	tʰei⁵	nei⁵	lei²	lei²	lei³	lei³	lei³	

续表

泰韵	贝帮开去	狈帮开去	垯定合去	兑定合去	蜕透合去	咍韵	倍並开上	
	pei^5	pei^5	tei^1	tei^5	t^{h}ei^5		pei^5	
夬韵	迈明开去					佳韵	买明开上	
	mei^5						mei^0	
废韵	废非合去	肺敷合去				祭韵	卫云合去	
	fei^5	fei^5					vei^5	
支韵	碑帮开平	被並开去	痿影合平	危疑合平	为云合平	委影合上	为云合去	喂影合去
	pei^1	pei^5	vei^1	vei^2	vei^2	vei^3	vei^5	vei^5
脂韵	悲帮开平	备並开去	霉明开平	眉明开平	嵋明开平	美明开上	媚明开去	潍以合平
	pei^1	pei^5	mei^2	mei^2	mei^2	mei^3	mei^5	vei^2
	帷云合平	维以合平	位云合去	泪来合去	谁禅合平			
	vei^2	vei^2	vei^5	lei^5	ʃei^2			
微韵	非非合平	匪非合上	啡敷合平	菲敷合平	飞非合平	妃敷合平	肥奉合平	费奉合去
	fei^1	fei^1	fei^1	fei^1	fei^1	fei^1	fei^2	fei^5
	沸非合去	威影合平	围云合平	违云合平	尾微合上	伟云合上	苇云合上	尉影合去
	fei^5	vei^1	vei^2	vei^2	vei^3	vei^3	vei^3	vei^5
	畏影合去	胃云合去	谓云合去	魏疑合去	未微合去	味微合去	慰影合去	猬云合去
	vei^5	vei^5	vei^5	vei^5	vei^5	vei^5	vei^5	vei^0
德韵	北帮开入	卜並开入	墨明开入	特定开入	德端开入	得端开入	勒来开入	贼从开入
	pei^3	pei^0	mei^5	tei^2	tei^3	tei^3	lei^5	tθei^2
	塞心开入	刻溪开入	克溪开入	黑晓开入				
	θei^3	k^{h}ei^3	k^{h}ei^3	xei^3				
陌二	白並开入	伯帮开入	百帮开入	柏帮开入	白並开入	拍滂开入	迫帮开入	择澄开入
	pei^2	pei^3	pei^3	pei^3	pei^5	p^{h}ei^3	p^{h}ei^3	tʂei^2
	宅澄开入	翟澄开入	窄庄开入	拆徹开入	格见开入	客溪开入		
	tʂei^2	tʂei^3	tʂei^3	tʂ^{h}ei^3	kei^3	k^{h}ei^3		
麦韵	掰帮开入	麦明开入	脉明开入	责庄开入	摘知开入	册初开入	策初开入	隔见开入
	pei^3	mei^5	mei^5	tʂei^2	tʂei^3	tʂ^{h}ei^3	tʂ^{h}ei^3	kei^3
职韵	侧庄开入	色生开入	骰生开入			缉韵	涩生开入	给见开入
	tʂei^3	ʂei^3	ʂei^3				ʂei^3	kei^3

　　胶州方言韵母 ［uei］来自《切韵》音系的阴声泰、灰、齐、祭、微、支和脂韵，入声德和术韵，阳声谆韵。列表如下：

表 43　　　　　　　　　　胶州方言［uei］类韵母的来源

韵							
泰韵	最 精合去	郐 见合去	刽 见合去	会 匣合去	烩	桧 见合去	
	tθuei⁵	kuei⁵	kuei⁵	xuei⁵	xuei⁵	xuei⁵	
灰韵	队 定合去	堆 端合平	罪 從合上	崔 清合平	催 清合平	摧 從合平	尿 心合平
	tuei⁵	tθuei¹	tθuei⁵	tθʰuei¹	tθʰuei¹	tθʰuei¹	θuei¹
	碎 心合去	瑰 见合平	盔 溪合平	魁 溪合平	傀 见合平	溃 溪合去	灰 晓合平
	θuei⁵	kuei¹	kʰuei¹	kʰuei²	kʰuei²	kʰuei⁵	xuei¹
	恢 溪合平	回 匣合平	茴 匣合平	悔 晓合上	晦 晓合去	汇 匣合上	贿 晓合上
	xuei¹	xuei²	xuei²	xuei³	xuei⁵	xuei⁵	xuei⁵
齐韵	桂 见合去	奎 溪合平	惠 匣合去	慧 匣合去			
	kuei⁵	kʰuei²	xuei⁵	xuei⁵			
祭韵	脆 清合去	岁 心合去	繐 心合去	赘 章合去	税 书合去		
	tθʰuei⁵	θuei⁵	θuei⁵	tʂuei⁵	ʂuei⁵		
微韵	归 见合平	鬼 见合上	贵 见合去	挥 晓合平	辉 晓合平	徽 晓合平	讳 晓合去
	kuei¹	kuei³	kuei⁵	xuei¹	xuei¹	xuei¹	xuei⁵
支韵	嘴 精合上	随 邪合平	隋 邪合平	髓 心合上	吹 昌合平	炊 昌合平	垂 禅合平
	tθuei³	θuei²	θuei²	θuei³	tʂʰuei¹	tʂʰuei¹	tʂʰuei²
	锤 澄合平	捶	瑞 禅合去	睡 禅合去	规 见合平	诡 见合上	跪 群合上
	tʂʰuei²	tʂʰuei²	ʂuei⁵	ʂuei⁵	kuei¹	kuei³	kuei⁵
	亏 溪合平	毁 晓合上					
	kʰuei¹	xuei³					
脂韵	醉 精合去	翠 清合去	粹 心合去	萃 從合去	虽 心合平	遂 邪合去	穗 邪合去
	tθuei⁵	tθʰuei⁵	tθʰuei⁵	tθʰuei⁵	θuei²	θuei²	θuei⁵
	荽 心合平	追 知合平	椎 澄合平	锥 章合平	坠 澄合去	槌 澄合平	水 书合上
	θuei⁰	tʂuei¹	tʂuei¹	tʂuei¹	tʂuei⁵	tʂʰuei²	ʂuei³
	龟 见合平	癸 见合上	柜 群合去	葵 群合平	逵 群合平	馗 群合平	
	kuei¹	kuei³	kuei⁵	kʰuei²	kʰuei²	kʰuei²	
德韵	或 匣合入				术韵	摔 生合入	
	xuei²					ʂuei³	
谆韵	椿 彻合平						
	tʂʰuei¹						

九 ［əu］与［iəu］韵母

胶州方言韵母［əu］来自《切韵》音系的阴声侯、模、豪和尤韵。列表如下：

表44　　　　　　　　　　胶州方言［əu］类韵母的来源

侯韵	兜端开平	斗端开上	抖端开上	陡端开上	斗端开去	头定开平	豆定开去	痘定开去
	təu¹	təu³	təu³	təu³	təu⁵	təu⁵	təu⁵	təu⁵
	窦定开去	偷透开平	头定开平	投定开平	敨透开上	透透开去	娄来开平	楼来开平
	təu⁵	tʰəu¹	tʰəu²	tʰəu²	tʰəu³	tʰəu⁵	ləu²	ləu²
	喽来开平	楼来开平	搂来开上	篓来开上	漏来开去	瘘来开去	䁖	蒌来开平
	ləu²	ləu²	ləu³	ləu³	ləu⁵	ləu⁵	ləu⁵	ləu⁰
	走精开上	奏精开去	揍清开去	凑清开去	凑清开去	擞心开上	勾见开平	钩见开平
	tθəu³	tθəu⁵	tθəu⁵	tθəu⁵	tθʰəu⁵	θəu⁰	kəu¹	kəu¹
	沟见开平	狗见开上	构见开去	购见开去	够见开去	遘见开去	睛见开去	釦溪开上
	kəu¹	kəu³	kəu⁵	kəu⁵	kəu⁵	kəu⁵	kəu⁰	kʰəu¹
	抠溪开平	眍溪开平	口溪开上	扣溪开去	寇溪开去	吼晓开平	侯匣开平	喉匣开平
	kʰəu¹	kʰəu¹	kʰəu³	kʰəu⁵	kʰəu⁵	xəu¹	xəu²	xəu²
	猴匣开平	瘊匣开平	颌匣开平	厚匣开上	候匣开去	后匣开去	睺匣开平	
	xəu²	xəu²	xəu²	xəu⁵	xəu⁵	xəu⁵	xəu⁰	
	吼晓开上	欧影开平	鸥影开平	沤影开平	藕疑开上	偶疑开上	呕影开上	
	xəu⁰	ɣəu¹	ɣəu¹	ɣəu¹	ɣəu¹	ɣəu¹	ɣəu³	
模韵	都端合平	露来合去	做精合去			豪韵	艘心开平	
	təu⁵	ləu⁵	tθəu⁵				ʂəu¹	
尤韵	诌庄开平	掫庄开平	皱庄开去	褶庄开去	㑇庄开去	愁崇开平	瞅	飕生开平
	tʂəu¹	tʂəu¹	tʂəu⁵	tʂəu⁵	tʂəu⁰	tʂʰəu²	tʂʰəu³	ʂəu¹
	搜生开平	溲生开上	瘦生开去	周章开平	舟章开平	州章开平	洲章开平	肘知开上
	ʂəu¹	ʂəu³	ʂəu⁵	tʃəu¹	tʃəu¹	tʃəu¹	tʃəu¹	tʃəu³
	扭知开上	咒章开去	抽彻开平	仇群开平	筹澄开平	酬禅开平	绸澄开平	售禅开去
	tʃəu³	tʃəu⁵	tʃʰəu¹	tʃʰəu²	tʃʰəu²	tʃʰəu²	tʃʰəu²	tʃʰəu²
	稠澄开平	丑昌开上	醜昌开上	臭昌开去	收书开平	手书开上	首书开上	守书开上
	tʃʰəu²	tʃʰəu³	tʃʰəu³	tʃʰəu⁵	ʃəu¹	ʃəu³	ʃəu³	ʃəu³
	兽书开去	寿禅开去	受禅开上	授禅开去				
	ʃəu⁵	ʃəu⁵	ʃəu⁵	ʃəu⁵				

胶州方言韵母［iəu］来自《切韵》音系的阴声尤、幽和萧韵，入声屋₃。列表如下：

表 45　　　　　　　　　　　　胶州方言［iəu］类韵母的来源

尤韵	纽娘开上	钮娘开上	扭娘开上	忸娘开上	狃娘开去	遛来开平	镏来开平	刘来开平
	niəu³	niəu³	niəu³	niəu³	niəu⁵	liəu¹	liəu¹	liəu²
	流来开平	硫来开平	留来开平	瘤来开平	榴来开平	柳来开上	绺来开上	溜来开去
	liəu²	liəu²	liəu²	liəu²	liəu⁰	liəu³	liəu³	liəu⁵
	揪精开平	湫精开平	酒精开上	就從开去	瘵精开去	秋清开平	鞧清开平	啾
	tsiəu¹	tsiəu¹	tsiəu³	tsiəu⁵	tsiəu⁵	tsʰiəu¹	tsʰiəu¹	tsʰiəu¹
	楸清开平	囚邪开平	愀從开平	羞心开平	修心开平	袖邪开去	秀心开去	绣心开去
	tsʰiəu¹	tsʰiəu²	tsʰiəu²	siəu¹	siəu¹	siəu⁵	siəu⁵	siəu⁵
	锈心开去	纠见开平	究见开去	九见开上	久见开上	玖见开上	灸见开上	韭见开上
	siəu⁵	tɕiəu¹	tɕiəu⁰	tɕiəu³	tɕiəu³	tɕiəu³	tɕiəu³	tɕiəu³
	臼群开上	舅群开上	救见开去	旧群开去	鸠见开平	邱溪开平	阄见开平	求群开平
	tɕiəu⁵	tɕiəu⁵	tɕiəu⁵	tɕiəu⁵	tɕiəu⁰	tɕʰiəu¹	tɕʰiəu¹	tɕʰiəu²
	球群开平	糗溪开上	休晓开平	貅晓开平	优影开平	忧影开平	悠以开平	牛疑开平
	tɕʰiəu²	tɕʰiəu³	ɕiəu¹	ɕiəu¹	iəu¹	iəu¹	iəu¹	iəu²
	犹以开平	鲉	尤云开平	游以开平	由以开平	油以开平	邮以开平	柔日开平
	iəu²	iəu²	iəu²	iəu²	iəu²	iəu²	iəu²	iəu²
	揉日开平	酉以开上	友云开上	有云开上	诱以开上	釉以开去	蚰以开平	又云开去
	iəu²	iəu³	iəu³	iəu³	iəu⁵	iəu⁵	iəu⁵	iəu⁵
	佑云开去	右云开去						
	iəu⁵	iəu⁵						
幽韵	丢端开平	幽影开平	幼影开去		萧韵		蟟来开平	
	tiəu¹	iəu¹	iəu⁵				liəu⁰	
屋₃	六来合入	肉日合入						
	liəu⁵	iəu⁵						

十　［æn］、［iæn］、［uæn］和［yæn］韵母

胶州方言韵母［æn］来自《切韵》音系的阳声寒、桓、谈、覃、山、删、咸、衔、元、仙、侵、盐和凡韵。列表如下：

表 46　　　　　　　　　胶州方言［æn］类韵母的来源

寒韵	单_{端开平}	郸_{端开平}	丹_{端开平}	胆_{端开上}	疸_{端开上}	蛋_{定开去}	但_{定开去}	旦_{端开去}
	tæn^1	tæn^1	tæn^1	tæn^3	tæn^3	tæn^5	tæn^5	tæn^5
	弹_{定开去}	摊_{透开平}	滩_{透开平}	瘫_{透开平}	弹_{定开平}	坛_{定开平}	檀_{定开平}	坦_{透开上}
	tæn^5	t^{h}æn^1	t^{h}æn^1	t^{h}æn^1	t^{h}æn^2	t^{h}æn^2	t^{h}æn^2	t^{h}æn^3
	碳	炭_{透开去}	叹_{透开去}	难_{泥开平}	难_{泥开去}	栏_{来开平}	拦_{来开平}	兰_{来开平}
	t^{h}æn^5	t^{h}æn^5	t^{h}æn^5	næn^2	næn^5	læn^2	læn^2	læn^2
	懒_{来开上}	难_{泥开平}	难_{泥开去}	兰_{来开平}	栏_{来开平}	拦_{来开平}	懒_{来开上}	阑_{来开平}
	læn^3	næn^2	næn^5	læn^2	læn^2	læn^2	læn^3	læn^5
	烂_{来开去}	赞_{精开去}	餐_{清开平}	残_{从开平}	灿_{清开去}	干_{见开平}	肝_{见开平}	竿_{见开平}
	læn^5	tθæn^5	tθ^{h}æn^1	tθ^{h}æn^2	tθ^{h}æn^5	kæn^1	kæn^1	kæn^1
	杆_{见开平}	赶_{见开上}	秆_{见开上}	杆	擀_{见开上}	干_{见开去}	看_{溪开平}	看_{溪开去}
	kæn^1	kæn^3	kæn^3	kæn^3	kæn^3	kæn^5	k^{h}æn^1	k^{h}æn^5
	寒_{匣开平}	韩_{匣开平}	韩_{匣开平}	寒_{匣开平}	罕_{晓开上}	翰_{匣开去}	汗_{匣开去}	汉_{晓开去}
	xæn^2	xæn^2	xæn^2	xæn^2	xæn^3	xæn^5	xæn^5	xæn^5
	旱_{匣开上}	焊_{匣开去}	鞍_{影开平}	安_{影开平}	按_{影开去}	案_{影开去}	岸_{疑开去}	
	xæn^5	xæn^5	ɣæn^1	ɣæn^1	ɣæn^1	ɣæn^5	ɣæn^5	
桓韵	瘢_{并合平}	般_{帮合平}	搬_{帮合平}	半_{帮合去}	伴_{并合去}	拌_{并合上}	绊_{帮合去}	潘_{滂合平}
	pæn^1	pæn^1	pæn^1	pæn^5	pæn^5	pæn^5	pæn^5	p^{h}æn^1
	盘_{并合平}	判_{滂合去}	叛_{并合去}	磐_{并合平}	瞒_{明合平}	馒_{明合平}	满_{明合上}	漫_{明合去}
	p^{h}æn^2	p^{h}æn^5	p^{h}æn^5	p^{h}æn^0	mæn^2	mæn^2	mæn^3	mæn^5
	墁_{明合去}	馒_{明合去}	剜_{影合平}	豌_{影合平}	蜿_{影合平}	腕_{影合去}	挽_{影合平}	完_{匣合平}
	mæn^5	mæn^5	væn^1	væn^1	væn^1	væn^1	væn^1	væn^2
	丸_{匣合平}	碗_{影合上}	皖_{匣合上}	腕_{影合去}	院_{匣合平}	疃_{透合上}	暖_{泥合上}	
	væn^2	væn^3	væn^3	væn^5	væn^0	t^{h}æn^3	næn^3	
谈韵	担_{端开平}	淡_{定开去}	担_{端开平}	谈_{定开平}	痰_{定开平}	郯_{定开平}	毯_{透开上}	蓝_{来开平}
	tæn^1	tæn^5	tæn^5	t^{h}æn^2	t^{h}æn^2	t^{h}æn^2	t^{h}æn^3	læn^2
	篮_{来开平}	览_{来开上}	揽_{来开上}	缆_{来开去}	滥_{来开去}	暂_{从开去}	惭_{从开平}	三_{心开平}
	læn^2	læn^3	læn^3	læn^3	læn^5	tθæn^5	tθ^{h}æn^2	θæn^1
	甘_{见开平}	坩_{见开平}	敢_{见开上}	甘_{见开平}	憨_{晓开平}	邯_{匣开平}		
	kæn^1	kæn^1	kæn^3	kæn^5	xæn^1	xæn^2		

续表

韵								
覃韵	贪_{透开平}	谭_{定开平}	罎_{定开平}	探_{透开去}	男_{泥开平}	南_{泥开平}	㳠_{来开上}	篸_{精开平}
	tʰæn¹	tʰæn²	tʰæn²	tʰæn⁵	næn²	næn²	læn³	tθæn¹
	参_{清开平}	蚕_{从开平}	穇_{清开上}	惨_{清开上}	感_{见开上}	赣_{见开去}	堪_{溪开平}	砍_{溪开上}
	tθʰæn¹	tθʰæn²	tθʰæn³	tθʰæn³	kæn³	kæn⁵	kʰæn¹	kʰæn³
	坎_{溪开上}	含_{匣开平}	涵_{匣开平}	憾_{匣开去}	庵_{影开平}	鹌_{影开平}	俺	唵_{影开上}
	kʰæn³	xæn²	xæn²	xæn⁵	ɣæn¹	ɣæn¹	ɣæn³	ɣæn³
	罨_{影开上}	罯_{影开上}	暗_{影开去}					
	ɣæn³	ɣæn³	ɣæn⁵					
山韵	扮_{帮开去}	办_{并开去}	瓣_{并开去}	盼_{滂开去}	栈_{崇开上}	产_{生开上}	铲_{初开上}	膛_{初开上}
	pæn⁵	pæn⁵	pæn⁵	pʰæn⁵	tʂæn⁵	tʂʰæn³	tʂʰæn³	tʂʰæn³
	山_{生开平}							
	ʂæn¹							
删韵	班_{帮开平}	斑_{帮开平}	颁_{帮开平}	扳_{帮开平}	板_{帮开上}	版_{帮开上}	攀_{滂开平}	襻_{滂开去}
	pæn¹	pæn¹	pæn¹	pæn¹	pæn³	pæn³	pʰæn¹	pʰæn⁵
	嫚_{明开去}	蛮_{明开平}	慢_{明开去}	弯_{影合平}	湾_{影合平}	玩_{疑合平}	顽_{疑合平}	绾_{影合上}
	mæn⁵	mæn²	mæn⁵	væn¹	væn¹	væn²	væn²	væn³
	删_{生开平}	还_{匣合平}						
	ʂæn¹	xæn²						
咸韵	斩_{庄开上}	站_{知开去}	湛_{澄开上}	蘸_{庄开去}	馋_{崇开平}	谗_{崇开平}		
	tʂæn³	tʂæn⁵	tʂæn⁵	tʂæn⁵	tʂʰæn²	tʂʰæn²		
衔韵	搀_{初开平}	镵_{崇开平}	衫_{生开平}	槛_{匣开上}				
	tʂʰæn¹	tʂʰæn²	ʂæn¹	kʰæn³				
元韵	番_{敷合平}	翻_{敷合平}	幡_{敷合平}	反_{敷合平}	烦_{奉合平}	矾_{奉合平}	繁_{奉合平}	反_{非合上}
	fæn¹	fæn¹	fæn¹	fæn¹	fæn²	fæn²	fæn²	fæn³
	返_{非合上}	饭_{奉合去}	贩_{非合去}	嬔_{敷合去}	挽_{微合上}	晚_{微合上}	蔓_{微合去}	万_{微合去}
	fæn³	fæn⁵	fæn⁵	fæn⁵	væn³	væn³	væn⁵	væn⁵
仙韵	毡_{章开平}	展_{知开上}	战_{章开去}	颤_{章开去}	缠_{澄开平}	婵_{禅开平}	禅_{禅开平}	膻_{书开平}
	tʃæn¹	tʃæn³	tʃæn⁵	tʃæn⁵	tʃʰæn²	tʃʰæn²	tʃʰæn²	ʃæn¹
	扇_{书开平}	搧_{书开平}	扇_{书开去}	善_{禅开上}	鳝_{禅开上}	擅_{禅开去}	单_{禅开平}	骟_{书开去}
	ʃæn¹	ʃæn¹	ʃæn⁵	ʃæn⁵	ʃæn⁵	ʃæn⁵	ʃæn¹	ʃæn⁵
	蟮_{禅开上}				侵韵		临_{来开去}	
	ʃæn⁰						læn⁵	

续表

盐韵	沾 知开平	黵 章开上	占 章开去	苫 书开平	闪 书开上	陕 书开上	
	tʃæn^1	tʃæn^3	tʃæn^5	ʃæn^1	ʃæn^3	ʃæn^3	
凡韵	帆 奉合平	凡 奉合平	范 奉合上	犯 奉合上	泛 敷合去		
	fæn^1	fæn^2	fæn^5	fæn^5	fæn^5		

胶州方言韵母 [iæn] 来自《切韵》音系的阳声山、删、元、仙、先、咸、衔、严、盐和添韵。列表如下:

表47　　　　　　　　胶州方言 [iæn] 类韵母的来源

山韵	拣 见开上	间 见开去	痫 匣开平	艰 见开平	间 见开平	简 见开上	柬 见开上
	tsiæn^3	tsiæn^5	siæn^0	tɕiæn^1	tɕiæn^1	tɕiæn^3	tɕiæn^3
	闲 匣开平	限 匣开上	眼 疑开上	眼 疑开上			
	çiæn^2	çiæn^5	iæn^3	iæn^5			
删韵	奸 见开平	涧 见开去	谏 见开去	颜 疑开平	雁 疑开去		
	tɕiæn^1	tɕiæn^5	tɕiæn^5	iæn^2	iæn^5		
元韵	宪 晓开去	犍 见开平	建 见开去	健 群开去	键 群开上	掀 晓开平	献 晓开去
	siæn^5	tɕiæn^1	tɕiæn^5	tɕiæn^5	tɕiæn^5	çiæn^1	çiæn^5
	芫 疑合平	言 疑开平					
	iæn^2	iæn^2					
仙韵	鞭 帮开平	变 帮开去	便 並开去	辩 並开上	卞 並开去	偏 滂开平	篇 滂开平
	piæn^1	piæn^5	piæn^5	piæn^5	piæn^5	pʰiæn^1	pʰiæn^1
	便 並开平	偏 滂开去	骗 滂开去	棉 明开平	绵 明开平	免 明开上	勉 明开上
	pʰiæn^2	pʰiæn^5	pʰiæn^5	miæn^2	miæn^2	miæn^3	miæn^3
	愐 明开上	面 明开去	缅 明开上	躔 娘开上	连 来开平	鲢 来开平	联 来开平
	miæn^3	miæn^5	miæn^5	niæn^3	liæn^2	liæn^2	liæn^2
	恋 来合去	煎 精开平	剪 精开上	箭 精开去	贱 从开去	践 从开上	钱 从开平
	liæn^5	tsiæn^1	tsiæn^3	tsiæn^5	tsiæn^5	tsiæn^5	tsʰiæn^2
	浅 清开上	韆 清开平	鲜 心开平	仙 心开平	线 心开去	跣 心开平	件 群开上
	tsʰiæn^3	tsʰiæn^0	siæn^1	siæn^1	siæn^5	siæn^0	tɕiæn^5
	铅 以合平	乾 群开平	焉 影开平	蔫 影开平	然 日开平	延 以开平	演 以开上
	tɕʰiæn^1	tɕʰiæn^2	iæn^1	iæn^1	iæn^2	iæn^2	iæn^3
	兖 以合上	堰 影开去	缘 以合去	谚 疑开去	蜵 以开平		
	iæn^3	iæn^5	iæn^5	iæn^5	iæn^0		

韵							
先韵	编$_{帮开平}$	边$_{帮开平}$	扁$_{帮开上}$	匾$_{帮开上}$	辫$_{並开上}$	遍$_{帮开去}$	片$_{滂开去}$
	piæn^1	piæn^1	piæn^3	piæn^3	piæn^5	piæn^5	pʰiæn^1
	片$_{滂开去}$	悿$_{透开上}$	眠$_{明开平}$	颠$_{端开平}$	癫$_{端开平}$	趏$_{端开平}$	典$_{端开上}$
	pʰiæn^5	pʰiæn^0	miæn^3	tiæn^1	tiæn^1	tiæn^1	tiæn^3
	碘	电$_{定开去}$	奠$_{定开去}$	淀$_{定开去}$	殿$_{端开去}$	癜$_{端开去}$	甸$_{定开去}$
	tiæn^3	tiæn^5	tiæn^5	tiæn^5	tiæn^5	tiæn^5	tiæn^5
	天$_{透开平}$	田$_{定开平}$	填$_{定开平}$	觍$_{透开上}$	年$_{泥开平}$	撵$_{泥开上}$	撚$_{泥开上}$
	tʰiæn^1	tʰiæn^2	tʰiæn^2	tʰiæn^3	niæn^2	niæn^3	niæn^3
	蹍$_{泥开上}$	莲$_{来开平}$	怜$_{来开平}$	练$_{来开去}$	炼$_{来开去}$	链$_{来开去}$	楝$_{来开去}$
	niæn^3	liæn^2	liæn^2	liæn^5	liæn^5	liæn^5	liæn^5
	裢	肩$_{见开平}$	荐$_{从开去}$	千$_{清开平}$	迁$_{清开平}$	前$_{从开平}$	先$_{心开平}$
	liæn^0	tsiæn^1	tsiæn^5	tsʰiæn^1	tsʰiæn^1	tsʰiæn^2	siæn^1
	茧$_{见开上}$	趼$_{见开上}$	见$_{见开去}$	键$_{见开去}$	牵$_{溪开平}$	弦$_{匣开平}$	贤$_{匣开平}$
	tɕiæn^3	tɕiæn^3	tɕiæn^5	tɕiæn^5	tɕʰiæn^1	ɕiæn^2	ɕiæn^2
	显$_{晓开上}$	现$_{匣开去}$	县$_{匣合去}$	烟$_{影开平}$	胭$_{影开平}$	湮$_{影开平}$	研$_{疑开平}$
	ɕiæn^3	ɕiæn^5	ɕiæn^5	iæn^1	iæn^1	iæn^1	iæn^2
	砚$_{疑开去}$	宴$_{影开去}$	燕$_{影开去}$	咽$_{影开去}$			
	iæn^5	iæn^5	iæn^5	iæn^5			
咸韵	脸$_{来开上}$	鹐$_{溪开平}$	减$_{见开上}$	碱$_{见开上}$	咸$_{匣开平}$	馅$_{匣开去}$	陷$_{匣开去}$
	liæn^3	tsʰiæn^1	tɕiæn^3	tɕiæn^3	ɕiæn^2	ɕiæn^5	ɕiæn^5
衔韵	监$_{见开平}$	舰$_{匣开上}$	鉴$_{见开去}$	衔$_{匣开平}$	岩$_{疑开平}$		
	tɕiæn^1	tɕiæn^5	tɕiæn^5	ɕiæn^2	iæn^2		
严韵	剑$_{见开去}$	欠$_{溪开去}$	锨$_{晓开平}$	腌$_{影开平}$	严$_{疑开平}$	酽$_{疑开去}$	
	tɕiæn^5	tɕʰiæn^5	ɕiæn^1	iæn^1	iæn^2	iæn^5	
盐韵	贬$_{帮开上}$	黏$_{娘开平}$	粘$_{娘开平}$	鲇$_{娘开平}$	廉$_{来开平}$	镰$_{来开平}$	簾$_{来开平}$
	piæn^3	niæn^2	niæn^2	niæn^2	liæn^2	liæn^2	liæn^2
	帘$_{来开平}$	敛$_{来开去}$	殓$_{来开去}$	尖$_{精开平}$	签$_{清开平}$	堑$_{清开去}$	俭$_{群开上}$
	liæn^2	liæn^5	liæn^5	tsiæn^1	tsʰiæn^1	tsʰiæn^5	tɕiæn^3
	检$_{见开上}$	黔$_{群开平}$	钳$_{群开平}$	芡$_{群开上}$	险$_{晓开上}$	阉$_{影开平}$	盐$_{以开平}$
	tɕiæn^3	tɕʰiæn^2	tɕʰiæn^2	tɕʰiæn^5	ɕiæn^3	iæn^1	iæn^2
	阎$_{以开平}$	闫$_{以开平}$	炎$_{云开平}$	檐$_{以开平}$	染$_{日开上}$	掩$_{影开上}$	艳$_{以开去}$
	iæn^2	iæn^2	iæn^2	iæn^2	iæn^3	iæn^3	iæn^5
	验$_{疑开去}$	厌$_{影开去}$					
	iæn^5	iæn^5					

续表

	掂端开平	点端开上	垫端开去	店端开去	惦	添透开平	甜定开平
添韵	tiæn^1	tiæn^3	tiæn^5	tiæn^5	tiæn^5	tʰiæn^1	tʰiæn^2
	舔透开上	念泥开去	濂来开平	兼见开平	谦溪开平	歉溪开去	嫌匣开平
	tʰiæn^3	niæn^5	liæn^2	tɕiæn^1	tɕʰiæn^1	tɕʰiæn^5	ɕiæn^2

　　胶州方言韵母［uæn］来自《切韵》音系的阳声桓、寒、删、山、咸、仙和元韵，阴声灰韵，入声末韵。列表如下：

表 48　　　　　　　　　　胶州方言［**uæn**］类韵母的来源

	端端合平	短端合上	断端合去	段定合去	缎定合去	锻端合去	椴定合去
	tuæn^1	tuæn^3	tuæn^5	tuæn^5	tuæn^5	tuæn^5	tuæn^5
	团定合平	糰定合平	摶定合平	栾来合平	銮来合平	乱来合去	钻精合平
	tʰuæn^2	tʰuæn^2	tʰuæn^2	luæn^2	luæn^2	luæn^5	tθuæn^1
	钻精合去	窜清合平	酸心合平	蒜心合去	算心合去	观见合平	官见合平
桓韵	tθuæn^5	tθʰuæn^1	θuæn^1	θuæn^5	θuæn^5	kuæn^1	kuæn^1
	棺见合平	冠见合平	管见合上	馆见合上	观见合去	冠见合去	灌见合去
	kuæn^1	kuæn^1	kuæn^3	kuæn^3	kuæn^5	kuæn^5	kuæn^5
	罐见合去	贯见合去	宽溪合平	款溪合上	欢晓合平	獾晓合平	缓匣合上
	kuæn^5	kuæn^5	kʰuæn^1	kʰuæn^3	xuæn^1	xuæn^1	xuæn^3
	换匣合去	唤晓合去	涣晓合去	焕晓合去			
	xuæn^5	xuæn^5	xuæn^5	xuæn^5			
寒韵	攒精开上	瓒精开上	趱从开上	伞心开上			
	tθuæn^3	tθuæn^3	tθuæn^3	θuæn^3			
删韵	篡初合去	拴生合平	栓生合平	闩生合平	关见合平	惯见合去	还匣合平
	tʃʰuæn^5	ʂuæn^1	ʂuæn^1	ʂuæn^1	kuæn^1	kuæn^5	xuæn^2
	环匣合平	鬟匣合平	患匣合去				
	xuæn^2	xuæn^2	xuæn^5				
山韵	幻匣合去				咸韵	赚澄开去	
	xuæn^5					tʃuæn^5	

续表

仙韵	李$_{来合平}$	砖$_{章合平}$	专$_{章合平}$	转$_{知合上}$	转$_{知合去}$	传$_{知合去}$	穿$_{昌合平}$
	luæn^2	tʃuæn^1	tʃuæn^3	tʃuæn^3	tʃuæn^5	tʃuæn^5	tʃʰuæn^1
	川$_{昌合平}$	传$_{崇合平}$	椽$_{崇合平}$	船$_{船合平}$	旋$_{邪合平}$	喘$_{昌合上}$	串$_{昌合去}$
	tʃʰuæn^1	tʃʰuæn^2	tʃʰuæn^2	tʃʰuæn^2	tʃʰuæn^2	tʃʰuæn^3	tʃʰuæn^5
	旋$_{邪合去}$			元韵			簸$_{初合去}$
	θuæn^5						tθʰuæn^2
末韵	攥$_{精合入}$			灰韵			悔$_{晓合上}$
	tθuæn^5						xuæn^0

　　胶州方言韵母［yæn］来自《切韵》音系的阳声元、仙和先韵。列表如下：

表 49　　　　　　　　胶州方言［yæn］类韵母的来源

元韵	锩$_{群合上}$	券$_{溪合去}$	劝$_{溪合去}$	楦$_{晓合去}$	冤$_{影合平}$	鸳$_{影合平}$	元$_{疑合平}$
	tɕyæn^3	tɕyæn^5	tɕʰyæn^5	ɕyæn^5	yæn^1	yæn^1	yæn^2
	园$_{云合平}$	原$_{疑合平}$	源$_{疑合平}$	袁$_{云合平}$	猿$_{云合平}$	辕$_{云合平}$	援$_{云合平}$
	yæn^2	yæn^2	yæn^2	yæn^2	yæn^2	yæn^2	yæn^2
	远$_{云合上}$	怨$_{影合去}$	愿$_{疑合去}$				
	yæn^3	yæn^5	yæn^5				
仙韵	娟$_{影合平}$	捐$_{以合平}$	卷$_{见合上}$	卷$_{见合去}$	圈$_{群合上}$	眷$_{见合去}$	绢$_{见合去}$
	tɕyæn^1	tɕyæn^1	tɕyæn^3	tɕyæn^5	tɕyæn^5	tɕyæn^5	tɕyæn^0
	圈$_{溪合平}$	拳$_{群合平}$	颧$_{群合平}$	鬈$_{群合平}$	权$_{群合平}$	泉$_{从合平}$	全$_{从合平}$
	tɕʰyæn^1	tɕʰyæn^2	tɕʰyæn^2	tɕʰyæn^2	tɕʰyæn^3	tsʰyæn^2	tsʰyæn^2
	宣$_{心合平}$	癣$_{心开上}$	选$_{心合上}$	员$_{云合平}$	圆$_{云合平}$	缘$_{以合平}$	软$_{日合上}$
	syæn^1	syæn^3	syæn^3	yæn^2	yæn^2	yæn^2	yæn^3
	院$_{云合去}$						
	yæn^5						
先韵	鹃$_{见合平}$	犬$_{溪合上}$	玄$_{匣合平}$	悬$_{匣合平}$	蚬$_{晓开上}$		
	tɕyæn^1	tɕʰyæn^3	ɕyæn^2	ɕyæn^2	syæn^3		

十一　［ən］、［iən］、［uən］和［yən］韵母

　　胶州方言韵母［ən］来自《切韵》音系的阳声痕、魂、登、庚$_{二}$、

文、真、清、蒸和侵韵。列表如下：

表 50　　胶州方言 [ən] 类韵母的来源

韵								
痕韵	根 (见开平)	跟 (见开平)	龈 (见开去)	啃 (溪开上)	垦 (溪开上)	恳 (溪开上)	很 (匣开上)	狠 (匣开上)
	kən^1	kən^1	kən^5	kʰən^3	kʰən^3	kʰən^3	xən^1	xən^3
	恨 (匣开去)	痕 (匣开平)	恩 (影开平)	摁				
	xən^5	xən^5	ɣən^1	ɣən^5				
魂韵	锛 (帮合平)	本 (帮合上)	笨 (并合上)	奔 (帮合去)	喷 (滂合平)	盆 (并合平)	喷 (滂合去)	焖
	pən^1	pən^3	pən^5	pən^5	pʰən^1	pʰən^2	pʰən^5	mən^1
	门 (明合平)	们	闷 (明合去)	温 (影合平)	瘟 (影合平)	稳 (影合上)		
	mən^2	mən^2	mən^5	vən^1	vən^1	vən^3		
登韵	肯 (溪开上)				庚二		澄 (澄开平)	生 (生开平)
	kʰən^3						tʃʰən^2	ʂən^1
文韵	分 (非合平)	芬 (敷合平)	吩 (非合平)	纷 (敷合平)	坟 (奉合平)	粉 (非合上)	焚 (奉合平)	份 (非合去)
	fən^1	fən^1	fən^1	fən^1	fən^2	fən^3	fən^3	fən^5
	分 (奉合去)	愤 (奉合上)	奋 (非合去)	粪 (非合去)	氛 (敷合平)	文 (微合平)	纹 (微合平)	蚊 (微合平)
	fən^5	fən^5	fən^5	fən^5	fən^0	vən^2	vən^2	vən^2
	问 (微合去)	璺 (微合去)						
	vən^5	vən^5						
真韵	真 (章开平)	珍 (知开平)	疹 (章开上)	诊 (章开上)	阵 (澄开去)	镇 (知开去)	振 (章开去)	震 (章开去)
	tʃən^1	tʃən^1	tʃən^3	tʃən^3	tʃən^5	tʃən^5	tʃən^5	tʃən^5
	伸 (书开平)	陈 (澄开平)	臣 (禅开平)	尘 (澄开平)	辰 (禅开平)	晨 (禅开平)	趁 (彻开去)	身 (书开平)
	tʃʰən^1	tʃʰən^2	tʃʰən^2	tʃʰən^2	tʃʰən^2	tʃʰən^2	tʃʰən^5	ʃən^1
	申 (书开平)	伸 (书开平)	珅 (书开平)	神 (船开平)	肾 (禅开上)	榛 (庄开平)	蓁 (庄开平)	衬 (初开去)
	ʃən^1	ʃən^1	ʃən^1	ʃən^2	ʃən^5	tʂən^1	tʂən^1	tʂʰən^5
清韵	贞 (知开平)	侦 (彻开平)	城 (禅开平)		蒸韵		称 (昌开去)	
	tʃən^1	tʃən^1	tʃʰən^2				tʃʰən^2	
侵韵	针 (章开平)	沈 (澄开去)	朕 (澄开上)	枕 (章开上)	沉 (澄开平)	深 (书开平)	婶 (书开上)	审 (书开上)
	tʃən^1	tʃən^5	tʃən^5	tʃən^0	tʃʰən^2	ʃən^1	ʃən^3	ʃən^3
	沈 (书开上)	甚 (禅开去)	砧 (知开平)	戡 (知开平)	碜 (初开上)	枕 (章开去)	森 (生开平)	参 (生开平)
	ʃən^3	ʃən^5	tʂən^1	tʂən^3	tʂʰən^3	tʂʰən^5	ʂən^1	ʂən^1
	渗 (生开去)	瘆 (生开去)						
	ʂən^3	ʂən^5						

　　胶州方言韵母［iən］来自《切韵》音系的阳声真、欣、谆、清、青和侵韵。列表如下：

表 51　　　　　　　　　胶州方言［iən］类韵母的来源

真韵	宾帮开平	滨帮开平	斌帮开平	彬帮开平	殡帮开去	贫並开平	蘋並开平
	$piən^1$	$piən^1$	$piən^1$	$piən^1$	$piən^5$	$p^hiən^2$	$p^hiən^2$
	频並开平	民明开平	苠明开平	敏明开上	抿明开上	闵明开上	邻来开平
	$p^hiən^3$	$miən^2$	$miən^2$	$miən^3$	$miən^3$	$miən^3$	$liən^2$
	麟来开平	鳞来开平	巾见开平	紧见开上	尽精开上	尽从开上	进精开去
	$liən^2$	$liən^3$	$tɕiən^1$	$tɕiən^3$	$tsiən^3$	$tsiən^5$	$tsiən^5$
	晋精开去	亲清开平	秦从开平	辛心开平	新心开平	信心开去	囟心开去
	$tsiən^5$	$ts^hiən^1$	$ts^hiən^2$	$siən^1$	$siən^1$	$siən^5$	$siən^5$
	因影开平	姻影开平	洇影开平	人日开平	仁日开平	银疑开平	寅以开平
	$iən^1$	$iən^1$	$iən^1$	$iən^2$	$iən^2$	$iən^2$	$iən^2$
	忍日开上	引以开上	认日开去	胤以开去	刃日开去	印影开去	
	$iən^3$	$iən^3$	$iən^5$	$iən^5$	$iən^5$	$iən^5$	
欣韵	斤见开平	筋见开平	谨见开上	近群开去	劲见开去	勤群开平	芹群开平
	$tɕiən^1$	$tɕiən^1$	$tɕiən^3$	$tɕiən^5$	$tɕiən^5$	$tɕ^hiən^2$	$tɕ^hiən^2$
	欣晓开平	殷影开平	隐影开上	瘾影开上			
	$ɕiən^1$	$iən^1$	$iən^3$	$iən^3$			
谆韵	轮来合平	清韵		聘滂开去	青韵		拼滂开平
	$liən^2$			$p^hiən^5$			$p^hiən^1$
侵韵	品滂开上	赁娘开去	林来开平	淋来开平	琳来开平	临来开平	檁来开上
	$p^hiən^3$	$miən^5$	$liən^2$	$liən^2$	$liən^2$	$liən^2$	$liən^3$
	今见开平	金见开平	襟见开平	鈂群开去	锦见开上	妗群开去	钦溪开平
	$tɕiən^1$	$tɕiən^1$	$tɕiən^1$	$tɕiən^5$	$tɕiən^3$	$tɕiən^5$	$tɕ^hiən^1$
	琴群开平	擒群开平	禽群开平	鑫晓开平	浸精开去	侵清开平	寝清开上
	$tɕ^hiən^2$	$tɕ^hiən^2$	$tɕ^hiən^2$	$ɕiən^1$	$tsiən^5$	$ts^hiən^1$	$ts^hiən^3$
	吣清开去	心心开平	寻邪开平	芯心开平	音影开平	阴影开平	荫影开平
	$ts^hiən^5$	$siən^1$	$siən^2$	$siən^1$	$iən^1$	$iən^1$	$iən^1$
	淫以开平	饮影开上	饮影开去	任日开去			
	$iən^3$	$iən^3$	$iən^5$	$iən^5$			

　　胶州方言韵母［uən］来自《切韵》音系的阳声魂、痕、东二、庚二、

谆、文和真韵，阴声齐韵。列表如下：

表52　　　　　　　　　胶州方言 [uən] 类韵母的来源

韵							
魂韵	吨透合上	敦端合平	蹲從合平	墩端合平	盹端合上	顿端合去	囤定合上
	tuən¹	tuən¹	tuən¹	tuən¹	tuən³	tuən⁵	tuən⁵
	钝定合去	炖定合上	盾定合上	遁定合去	饨定合平	囤定合平	豚定合平
	tuən⁵	tuən⁵	tuən⁵	tuən⁵	tuən⁰	tʰuən²	tʰuən²
	嫩泥合去	论来合去	尊精合平	撙精合上	村清合平	存從合平	寸清合去
	luən⁵	luən⁵	tθuən¹	tθuən³	tθʰuən¹	tθʰuən²	tθʰuən⁵
	孙心合平	狲心合平	滚见合上	磙	棍见合去	坤溪合平	昆见合平
	θuən¹	θuən¹	kuən³	kuən³	kuən⁵	kʰuən¹	kʰuən¹
	困溪合去	睏溪合去	昏晓合平	惛晓合平	婚晓合平	魂匣合平	浑匣合平
	kʰuən⁵	kʰuən⁵	xuən¹	xuən¹	xuən¹	xuən²	xuən²
	混匣合上				痕韵	吞透开平	拵透开去
	xuən⁵					tʰuən¹	tʰuən⁵
东三	懂端合上				庚二	横匣合平	
	tuən³					xuən²	
谆韵	抡来合平	仑来合平	伦来合平	纶来合平	沦来合平	轮来合平	囵来合平
	luən¹	luən²	luən²	luən²	luən²	luən²	luən⁰
	遵精合平	准章合上	春昌合平	椿徹合平	纯禅合平	唇船合平	蠢昌合上
	tθuən¹	tʃuən³	tʃʰuən¹	tʃʰuən¹	tʃʰuən²	tʃʰuən²	tʃʰuən³
	鹑禅合平	顺船合去	順船合去	舜书合去			
	tʃʰuən⁰	tʃʰuən⁰	ʃuən⁵	ʃuən⁵			
文韵	荤晓合平				真韵	陈澄开去	
	xuən¹					tʰuən⁵	
齐韵	闺见合平						
	kuən¹						

胶州方言韵母 [yən] 来自《切韵》音系的阳声文、谆、魂、真、清和蒸韵。列表如下：

表 53　　　　　　胶州方言 [yən] 类韵母的来源

	军 见合平	君 见合平	郡 群合去	群 群合平	裙 群合平	醺 晓合平	熏 晓合平
文韵	tɕyən¹	tɕyən¹	tɕyən⁵	tɕʰyən²	tɕʰyən²	ɕyən¹	ɕyən¹
	勋 晓合平	训 晓合去	驯 晓合去	晕 云合去	云 云合平	芸 云合平	闻 微合平
	ɕyən¹	ɕyən⁵	ɕyən⁵	yən¹	yən²	yən²	yən²
	运 云合去	郓 云合去	韵 云合去	熨 影合去			
	yən⁵	yən⁵	yən⁵	yən⁵			
谆韵	均 见合平	菌 溪合平	俊 精合去	峻 心合去	竣 清合平	皴 清合平	循 邪合平
	tɕyən¹	tɕyən¹	tsyən⁵	tsyən⁵	tsyən⁵	tsʰyən¹	syən²
	旬 邪合平	荀 心合平	询 心合平	巡 邪合平	笋 心合上	榫 心合上	迅 心合去
	syən²	syən²	syən²	syən²	syən³	syən³	syən⁵
	匀 以合平	允 以合上	闰 日合去	润 日合去			
	yən²	yən³	yən⁵	yən⁵			
魂韵	捆 溪合上	损 心合上		真韵	津 精开平	搢 精开去	亲 清开平
	tɕʰyən³	syən³			tsyən⁰	tsyən⁵	tsʰyən¹
清韵	清 清合平			蒸韵	孕 以开去		
	tsʰyən¹				yən⁵		

十二　[aŋ]、[iaŋ] 和 [uaŋ] 韵母

胶州方言韵母 [aŋ] 来自《切韵》音系阳声唐、江、庚₂、耕、阳、桓和真韵。如下:

表 54　　　　　　胶州方言 [aŋ] 类韵母的来源

	帮 帮开平	鞤 帮开平	榜 帮开上	膀 並开上	傍 並开去	磅 滂开平	旁 並开平	耪
唐韵	paŋ¹	paŋ¹	paŋ³	paŋ³	paŋ⁵	paŋ⁵	pʰaŋ²	pʰaŋ³
	忙 明开平	芒 明开平	茫 明开平	蟒 明开上	莽 明开上	汪 影合平	挡 端开平	当 端开平
	maŋ²	maŋ²	maŋ²	maŋ³	maŋ³	vaŋ¹	taŋ¹	taŋ¹
	堂 定开平	党 端开上	挡 端开上	荡 定开去	当 端开去	档 端开去	汤 透开平	镋 透开平
	taŋ¹	taŋ³	taŋ³	taŋ⁵	taŋ⁵	taŋ⁵	tʰaŋ¹	tʰaŋ¹
	唐 定开平	糖 定开平	塘 定开平	搪 定开平	糖 定开平	堂 定开平	棠 定开平	膛 透开平
	tʰaŋ²	tʰaŋ²	tʰaŋ²	tʰaŋ²	tʰaŋ²	tʰaŋ²	tʰaŋ²	tʰaŋ²
	淌 透开上	烫 透开去	鐋 透开去	趟 透开去	囊 泥开平	攘 泥开上	瀼 泥开上	郎 来开平
	tʰaŋ³	tʰaŋ⁵	tʰaŋ⁵	tʰaŋ⁵	naŋ²	naŋ³	naŋ⁰	laŋ²

续表

韵								
唐韵	狼来开平	琅来开平	廊来开平	螂来开平	朗来开上	浪来开去	赃精开平	臧精开平
	laŋ²	laŋ²	laŋ²	laŋ²	laŋ³	laŋ⁵	tθaŋ¹	tθaŋ¹
	葬精开去	臢從开去	藏從开去	仓清开平	苍清开平	沧清开平	舱清开平	藏從开平
	tθaŋ⁵	tθaŋ⁵	tθaŋ⁵	tθʰaŋ¹	tθʰaŋ¹	tθʰaŋ¹	tθʰaŋ¹	tθʰaŋ²
	桑心开平	嗓心开上	丧心开去	缸见开平	冈见开平	钢见开平	纲见开平	刚见开平
	θaŋ¹	θaŋ³	θaŋ⁵	kaŋ¹	kaŋ¹	kaŋ¹	kaŋ¹	kaŋ¹
	钢见开去	康溪开平	糠溪开平	炕溪开去	抗溪开去	行匣开平	杭匣开平	航匣开平
	kaŋ⁵	kʰaŋ¹	kʰaŋ¹	kʰaŋ⁵	kʰaŋ⁵	xaŋ²	xaŋ²	xaŋ²
江韵	邦帮开平	梆帮开平	啷	绑帮开上	棒並开上	庞並开平	逄並开平	胖滂开去
	paŋ¹	paŋ¹	paŋ¹	paŋ³	paŋ⁵	pʰaŋ²	pʰaŋ²	pʰaŋ⁵
	港见开上	杠见开平	夯晓开平					
	kaŋ³	kaŋ⁵	xaŋ¹					
庚二	盲明开平			耕韵	氓明开平			
	maŋ³				maŋ³			
阳韵	方非合平	芳敷合平	妨敷合平	房奉合平	防奉合平	仿敷合上	访敷合去	纺敷合上
	faŋ¹	faŋ¹	faŋ¹	faŋ²	faŋ²	faŋ³	faŋ³	faŋ³
	放非合去	坊非合平	王云合平	望微合平	亡微合平	网微合上	往云合上	枉影合上
	faŋ⁵	faŋ⁰	vaŋ²	vaŋ²	vaŋ²	vaŋ³	vaŋ³	vaŋ³
	旺云合去	忘微合去	妄微合去	往云合上	望微合去	张知开平	章章开平	樟章开平
	vaŋ⁵	vaŋ⁵	vaŋ⁵	vaŋ⁵	vaŋ⁵	tʃaŋ¹	tʃaŋ¹	tʃaŋ¹
	长知开上	涨知开上	掌章开上	障章开去	幛章开去	丈澄开上	仗澄开上	杖澄开上
	tʃaŋ³	tʃaŋ³	tʃaŋ³	tʃaŋ⁵	tʃaŋ⁵	tʃaŋ⁵	tʃaŋ⁵	tʃaŋ⁵
	帐知开去	胀知开去	账知开去	昌昌开平	锠昌开平	娼昌开平	长澄开平	场澄开平
	tʃaŋ⁵	tʃaŋ⁵	tʃaŋ⁵	tʃʰaŋ¹	tʃʰaŋ¹	tʃʰaŋ¹	tʃʰaŋ²	tʃʰaŋ²
	尝禅开平	偿禅开平	肠澄开平	常禅开平	嫦禅开平	厂昌开上	场澄开上	敞昌开上
	tʃʰaŋ²	tʃʰaŋ²	tʃʰaŋ²	tʃʰaŋ²	tʃʰaŋ²	tʃʰaŋ³	tʃʰaŋ³	tʃʰaŋ³
	氅昌开上	唱昌开去	倡昌开去	畅徹开去	尚禅开平	商书开平	墒书开平	伤书开平
	tʃʰaŋ³	tʃʰaŋ⁵	tʃʰaŋ⁵	tʃʰaŋ⁵	tʃʰaŋ⁰	ʃaŋ¹	ʃaŋ¹	ʃaŋ¹
	殇书开平	赏书开上	晌书开上	上禅开去	尚禅开去	绱	裳禅开平	
	ʃaŋ¹	ʃaŋ³	ʃaŋ³	ʃaŋ⁵	ʃaŋ⁵	ʃaŋ⁵	ʃaŋ⁰	
桓韵	暖泥合上			真韵	尘澄开平			
	naŋ³				tʃʰaŋ²			

胶州方言韵母［iaŋ］来自《切韵》音系的阳声阳、江、唐和蒸韵。列表如下：

表 55　　　　　　　　胶州方言［iaŋ］类韵母的来源

韵							
阳韵	娘$_{娘开平}$	娘$_{娘开平}$	酿$_{娘开去}$	良$_{来开平}$	量$_{来开平}$	粮$_{来开平}$	凉$_{来开平}$
	niaŋ^1	niaŋ^2	niaŋ^5	liaŋ^2	liaŋ^2	liaŋ^2	liaŋ^2
	梁$_{来开平}$	梁$_{来开平}$	两$_{来开上}$	亮$_{来开去}$	谅$_{来开去}$	晾$_{来开去}$	量$_{来开去}$
	liaŋ^2	liaŋ^2	liaŋ^3	liaŋ^5	liaŋ^5	liaŋ^5	liaŋ^5
	姜$_{见开平}$	薑$_{见开平}$	缰$_{见开平}$	疆$_{见开平}$	糨$_{群开去}$	强$_{群开上}$	羌$_{溪开平}$
	tɕiaŋ^1	tɕiaŋ^1	tɕiaŋ^1	tɕiaŋ^1	tɕiaŋ^5	tɕiaŋ^5	tɕʰiaŋ^1
	强$_{群开平}$	劥$_{群开平}$	香$_{晓开平}$	享$_{晓开上}$	响$_{晓开上}$	饷$_{书开去}$	向$_{晓开去}$
	tɕʰiaŋ^2	tɕʰiaŋ^2	ɕiaŋ^1	ɕiaŋ^3	ɕiaŋ^3	ɕiaŋ^3	ɕiaŋ^5
	浆$_{精开平}$	僵$_{见开平}$	将$_{精开平}$	相$_{心开平}$	奖$_{精开上}$	蒋$_{精开上}$	匠$_{从开去}$
	tsiaŋ^1	tsiaŋ^1	tsiaŋ^1	tsiaŋ^1	tsiaŋ^3	tsiaŋ^3	tsiaŋ^5
	将$_{精开去}$	酱$_{精开去}$	呛$_{清开平}$	枪$_{清开平}$	锖$_{清开平}$	墙$_{从开平}$	抢$_{清开上}$
	tsiaŋ^5	tsiaŋ^5	tsʰiaŋ^1	tsʰiaŋ^1	tsʰiaŋ^1	tsʰiaŋ^2	tsʰiaŋ^3
	炝	像$_{邪开上}$	镶$_{心开平}$	襄$_{心开平}$	厢$_{心开平}$	箱$_{心开平}$	相$_{心开平}$
	tsʰiaŋ^5	tsʰiaŋ^5	siaŋ^1	siaŋ^1	siaŋ^1	siaŋ^1	siaŋ^1
	祥$_{邪开平}$	详$_{邪开平}$	想$_{心开上}$	象$_{邪开上}$	橡$_{邪开上}$	像$_{邪开上}$	相$_{心开去}$
	siaŋ^2	siaŋ^2	siaŋ^3	siaŋ^5	siaŋ^5	siaŋ^5	siaŋ^5
	央$_{影开平}$	殃$_{影开平}$	泱$_{影开平}$	鞅$_{影开平}$	秧$_{影开平}$	羊$_{以开平}$	洋$_{以开平}$
	iaŋ^1	iaŋ^1	iaŋ^1	iaŋ^1	iaŋ^1	iaŋ^2	iaŋ^2
	杨$_{以开平}$	扬$_{以开平}$	飏$_{以开平}$	疡$_{以开平}$	阳$_{以开平}$	仰$_{疑开上}$	养$_{以开上}$
	iaŋ^2	iaŋ^2	iaŋ^2	iaŋ^2	iaŋ^2	iaŋ^3	iaŋ^3
	痒$_{以开上}$	氧	样$_{以开去}$	让$_{日开去}$	鸯$_{影开平}$	蚌$_{以开平}$	
	iaŋ^3	iaŋ^3	iaŋ^5	iaŋ^5	iaŋ^0	iaŋ^0	
江韵	江$_{见开平}$	豇$_{见开平}$	讲$_{见开上}$	耩$_{见开上}$	降$_{见开去}$	腔$_{溪开平}$	降$_{匣开去}$
	tɕiaŋ^1	tɕiaŋ^1	tɕiaŋ^3	tɕiaŋ^3	tɕiaŋ^5	tɕʰiaŋ^1	ɕiaŋ^2
	项$_{匣开上}$	江$_{见开平}$	绛$_{见开去}$	虹$_{见开去}$	港$_{见开上}$		
	ɕiaŋ^5	tsiaŋ^1	tsiaŋ^5	tsiaŋ^5	tsiaŋ^5		
蒸韵	蝇$_{以开平}$			唐韵	刚$_{见开平}$		
	iaŋ^0				tɕiaŋ^1		

胶州方言韵母［uaŋ］来自《切韵》音系阳声唐、庚$_二$、江和阳韵。

列表如下：

表 56　　　　　　　　　胶州方言［uaŋ］类韵母的来源

唐韵	光_{见合平}	廣_{见合上}	絖_{见合去}	壙_{溪合上}	夼	旷_{溪合去}	荒_{晓合平}
	$kuaŋ^1$	$kuaŋ^3$	$kuaŋ^5$	$k^huaŋ^3$	$k^huaŋ^3$	$k^huaŋ^5$	$xuaŋ^1$
	慌_{晓合平}	黄_{匣合平}	簧_{匣合平}	磺_{匣合平}	璜_{匣合平}	隍_{匣合平}	煌_{匣合平}
	$xuaŋ^1$	$xuaŋ^2$	$xuaŋ^2$	$xuaŋ^2$	$xuaŋ^2$	$xuaŋ^2$	$xuaŋ^2$
	皇_{匣合平}	凰_{匣合平}	谎_{晓合上}	幌_{匣合上}	晃_{匣合上}	晃_{匣合上}	
	$xuaŋ^2$	$xuaŋ^2$	$xuaŋ^3$	$xuaŋ^3$	$xuaŋ^3$	$xuaŋ^5$	
庚_二	咣_{见合平}	矿_{见合上}					
	$kuaŋ^1$	$k^huaŋ^5$					
江韵	桩_{知开平}	撞_{澄开去}	窗_{初开平}	幢_{澄开去}	撞_{澄开去}	双_{生开平}	双_{生开平}
	$tʂuaŋ^1$	$tʂuaŋ^5$	$tʂ^huaŋ^1$	$tʂ^huaŋ^5$	$tʂuaŋ^5$	$ʂuaŋ^1$	$ʂuaŋ^5$
阳韵	庄_{庄开平}	装_{庄开平}	妆_{庄开平}	状_{崇开去}	壮_{庄开去}	装_{庄开去}	疮_{初开平}
	$tʂuaŋ^1$	$tʂuaŋ^1$	$tʂuaŋ^1$	$tʂuaŋ^5$	$tʂuaŋ^5$	$tʂuaŋ^5$	$tʂ^huaŋ^1$
	床_{崇开平}	闯_{初开上}	创_{初开去}	闯	霜_{生开平}	爽_{生开上}	逛_{见合去}
	$tʂ^huaŋ^2$	$tʂ^huaŋ^3$	$tʂ^huaŋ^5$	$tʂ^huaŋ^5$	$ʂuaŋ^1$	$ʂuaŋ^3$	$kuaŋ^5$
	狂_{群合平}	匡_{溪合平}	筐_{溪合平}	哐	诓_{溪合平}	狂_{群合平}	框_{溪合平}
	$kuaŋ^0$	$k^huaŋ^1$	$k^huaŋ^1$	$k^huaŋ^1$	$k^huaŋ^1$	$k^huaŋ^2$	$k^huaŋ^5$
	眶_{溪合平}	况_{晓合去}					
	$k^huaŋ^5$	$k^huaŋ^5$					

十三　［əŋ］与［iəŋ］韵母

胶州方言韵母［əŋ］源自中古阳声登、唐、冬、东_一、庚_二、耕、东_三、钟、清、蒸、青和侵韵，阴声侯和歌韵。列表如下：

表 57　　　　　　　　胶州方言［əŋ］类韵母的来源

登韵	崩_{帮开平}	朋_{並开平}	棚_{並开平}	鹏_{並开平}	登_{端开平}	蹬_{端开平}	灯_{端开平}	戥_{端开上}
	$pəŋ^1$	$p^həŋ^2$	$p^həŋ^2$	$p^həŋ^2$	$təŋ^1$	$təŋ^1$	$təŋ^1$	$təŋ^3$
	等_{端开上}	凳_{端开去}	邓_{定开去}	磴_{定开去}	腾_{定开平}	滕_{定开平}	藤_{定开平}	疼_{定开平}
	$təŋ^3$	$təŋ^5$	$təŋ^5$	$təŋ^5$	$təŋ^0$	$t^həŋ^2$	$t^həŋ^2$	$t^həŋ^2$
	腾_{定开平}	能_{泥开平}	棱_{来开平}	愣	曾_{精开平}	增_{精开平}	赠_{从开去}	层_{從开平}
	$t^həŋ^2$	$nəŋ^2$	$ləŋ^2$	$ləŋ^2$	$tθəŋ^1$	$tθəŋ^1$	$tθəŋ^5$	$tθ^həŋ^2$
	蹭_{清开去}	僧_{心开平}	恒_{匣开平}		唐韵	齉_{泥开去}		
	$tθ^həŋ^5$	$θəŋ^1$	$xəŋ^2$			$nəŋ^5$		

冬韵	冬$_{端合平}$	咚	统$_{透合上}$	农$_{泥合平}$	脓$_{泥合平}$	宗$_{精合平}$	鬆$_{心合平}$	宋$_{心合去}$
	təŋ^1	təŋ^1	tʰəŋ^3	nəŋ^2	nəŋ^2	tθəŋ^1	θəŋ^1	θəŋ^5
东一	蓬$_{並合平}$	篷$_{並合平}$	蒙$_{明合平}$	蒙$_{明合平}$	蒙$_{明合上}$	蠓$_{明合上}$	嗡$_{影合平}$	塕$_{影合上}$
	pʰəŋ^2	pʰəŋ^2	məŋ^1	məŋ^2	məŋ^3	məŋ^3	vəŋ^1	vəŋ^1
	瓮$_{影合去}$	东$_{端合平}$	懂$_{端合上}$	董$_{端合上}$	冻$_{端合去}$	栋$_{端合去}$	动$_{定合上}$	洞$_{定合去}$
	vəŋ^5	təŋ^1	təŋ^3	təŋ^3	təŋ^5	təŋ^5	təŋ^5	təŋ^5
	熥$_{透合平}$	通$_{透合平}$	僮$_{定合平}$	同$_{定合平}$	茼$_{定合平}$	铜$_{定合平}$	桐$_{定合平}$	童$_{定合平}$
	tʰəŋ^1	tʰəŋ^1	tʰəŋ^2	tʰəŋ^2	tʰəŋ^2	tʰəŋ^2	tʰəŋ^2	tʰəŋ^2
	捅$_{透合上}$	筒$_{定合平}$	桶$_{透合上}$	痛$_{透合去}$	聋$_{来合平}$	拢$_{来合上}$	弄$_{来合去}$	棕$_{精合平}$
	tʰəŋ^3	tʰəŋ^3	tʰəŋ^3	tʰəŋ^5	ləŋ^2	ləŋ^3	ləŋ^5	tθəŋ^1
	鬃$_{精合平}$	总$_{精合上}$	粽$_{精合去}$	葱$_{清合平}$	聪$_{清合平}$	送$_{心合去}$	工$_{见合平}$	功$_{见合平}$
	tθəŋ^1	tθəŋ^3	tθəŋ^5	tθʰəŋ^1	tθʰəŋ^1	θəŋ^5	kəŋ^1	kəŋ^1
	攻$_{见合平}$	公$_{见合平}$	汞$_{匣合上}$	贡$_{见合去}$	空$_{溪合平}$	孔$_{溪合上}$	控$_{溪合去}$	空$_{溪合去}$
	kəŋ^1	kəŋ^1	kəŋ^3	kəŋ^5	kʰəŋ^1	kʰəŋ^3	kʰəŋ^5	kʰəŋ^5
	烘$_{晓合平}$	红$_{匣合平}$	鸿$_{匣合平}$	洪$_{匣合平}$	荭$_{匣合平}$	哄$_{晓合上}$	讧$_{匣合去}$	哄$_{匣合去}$
	xəŋ^1	xəŋ^2	xəŋ^2	xəŋ^2	xəŋ^2	xəŋ^3	xəŋ^5	xəŋ^5
庚二	彭$_{並开平}$	膨$_{並开平}$	猛$_{明开上}$	盟$_{明开平}$	孟$_{明开去}$	冷$_{来开平}$	枨$_{澄开平}$	撑$_{彻开平}$
	pʰəŋ^2	pʰəŋ^2	məŋ^3	məŋ^3	məŋ^5	ləŋ^3	tʃʰəŋ^2	tʂʰəŋ^1
	铛$_{初开平}$	生$_{生开平}$	牲$_{生开平}$	甥$_{生开平}$	省$_{生开上}$	庚$_{见开平}$	梗$_{见开上}$	更$_{见开去}$
	tʂʰəŋ^1	ʂəŋ^1	ʂəŋ^1	ʂəŋ^1	ʂəŋ^3	kəŋ^1	kəŋ^3	kəŋ^5
	坑$_{溪开平}$	亨$_{晓开平}$	哼$_{晓开平}$	衡$_{匣开平}$	横$_{匣合平}$	行$_{匣开平}$		
	kʰəŋ^1	xəŋ^1	xəŋ^1	xəŋ^2	xəŋ^2	xəŋ^0		
耕韵	绷$_{帮开平}$	绷$_{帮开去}$	砰$_{滂开平}$	噌$_{初开平}$	争$_{庄开平}$	睁$_{庄开平}$	筝$_{庄开平}$	挣$_{庄开去}$
	pəŋ^1	pəŋ^5	pʰəŋ^1	tθʰəŋ^1	tʂəŋ^1	tʂəŋ^1	tʂəŋ^0	tʂəŋ^5
	耿$_{见开上}$	轰$_{晓合平}$	掏$_{晓合平}$	宏$_{匣合平}$				
	kəŋ^3	xəŋ^1	xəŋ^1	xəŋ^2				
东三	梦$_{明合去}$	风$_{非合平}$	疯$_{非合平}$	讽$_{非合平}$	鄷$_{敷合平}$	冯$_{奉合平}$	凤$_{奉合去}$	隆$_{来合平}$
	məŋ^5	fəŋ^1	fəŋ^1	fəŋ^1	fəŋ^1	fəŋ^2	fəŋ^5	ləŋ^1
	窿$_{来合平}$	中$_{知合平}$	忠$_{知合平}$	衷$_{知合平}$	终$_{章合平}$	中$_{知合去}$	众$_{章合去}$	充$_{昌合平}$
	ləŋ^0	tʂəŋ^1	tʂəŋ^1	tʂəŋ^1	tʂəŋ^1	tʂəŋ^5	tʂəŋ^5	tʂʰəŋ^1
	崇$_{崇合平}$	虫$_{澄合平}$	躬$_{见合平}$	宫$_{见合平}$	弓$_{见合平}$			
	tʂʰəŋ^2	tʂʰəŋ^2	kəŋ^1	kəŋ^1	kəŋ^1			

续表

钟韵	捧敷合上	封非合平	丰敷合平	锋敷合平	蜂敷合平	峰敷合平	烽敷合平	缝奉合平
	pʰəŋ^3	fəŋ^1	fəŋ^1	fəŋ^1	fəŋ^1	fəŋ^1	fəŋ^1	fəŋ^2
	俸奉合去	奉奉合上	逢奉合平	缝奉合去	重澄合去	浓娘合平	龙来合平	笼来合平
	fəŋ^5	fəŋ^5	fəŋ^5	fəŋ^5	təŋ^5	nəŋ^2	ləŋ^2	ləŋ^2
	踪精合平	从从合平	诵邪合平	颂邪合去	讼邪合去	屦	丛心合上	蛊章合平
	tθəŋ^1	tθʰəŋ^2	θəŋ^5	θəŋ^5	θəŋ^5	θəŋ^0	θəŋ^0	tʂəŋ^1
	钟章合平	肿章合上	种章合上	冲昌合平	重澄和平	宠徹合上	冲昌合平	恭见合平
	tʂəŋ^1	tʂəŋ^3	tʂəŋ^3	tʂʰəŋ^1	tʂʰəŋ^2	tʂʰəŋ^3	tʂʰəŋ^5	kəŋ^1
	供见合平	拱见合上	巩见合上	共群合去	供见合去	恐溪合上		
	kəŋ^1	kəŋ^3	kəŋ^3	kəŋ^5	kəŋ^5	kʰəŋ^3		
清韵	正章开平	整章开上	郑澄开去	正章开去	政章开去	成禅开平	诚禅开平	盛禅开平
	tʃəŋ^1	tʃəŋ^3	tʃəŋ^5	tʃəŋ^5	tʃəŋ^5	tʃʰəŋ^2	tʃʰəŋ^2	tʃʰəŋ^2
	城禅开平	逞徹开上	声书开平	圣书开去	盛禅开去	怔章开平	蛏徹开平	颈见开上
	tʃʰəŋ^2	tʃʰəŋ^3	ʃəŋ^1	ʃəŋ^5	ʃəŋ^5	tʂəŋ^0	tʂʰəŋ^1	kəŋ^3
蒸韵	瞪澄开去	蒸章开平	征知开平	证章开去	症章开去	称昌开平	乘船开平	丞禅开平
	təŋ^5	tʃəŋ^1	tʃəŋ^1	tʃəŋ^5	tʃəŋ^5	tʃʰəŋ^1	tʃʰəŋ^2	tʃʰəŋ^2
	惩澄开平	承禅开平	秤昌开平	升书开平	绳船开平	胜书开平	剩船开去	
	tʃʰəŋ^2	tʃʰəŋ^2	tʃʰəŋ^5	ʃəŋ^1	ʃəŋ^2	ʃəŋ^5	ʃəŋ^5	
青韵	灵来开平				侵韵	甚禅开去		
	ləŋ^0					ʃəŋ^5		
侯韵	逗定开去				歌韵	那泥开去		
	təŋ^5					nəŋ^5		

胶州方言韵母［iəŋ］源自中古阳声耕、庚$_二$、庚$_三$、钟、东$_三$、蒸、清和青韵，还有极少数来自阳韵和真韵。列表如下：

表 58　　　　　　　　胶州方言［iəŋ］类韵母的来源

耕韵	拧娘开平	耕见开平	幸匣开上	莺影开平	鹦影开平	硬疑开去
	niəŋ^2	tɕiəŋ^1	ɕiəŋ^5	iəŋ^1	iəŋ^1	iəŋ^5
庚$_二$	盯澄开平	擤晓开上	更见开平	行匣开平	杏匣开上	
	tiəŋ^1	siəŋ^3	tɕiəŋ^1	ɕiəŋ^2	ɕiəŋ^5	

庚三	兵$_{帮开平}$	丙$_{帮开上}$	病$_{並开去}$	平$_{並开平}$	评$_{並开平}$	明$_{明开平}$	鸣$_{明开平}$
	piəŋ^1	piəŋ^1	piəŋ^5	pʰiəŋ^2	pʰiəŋ^2	miəŋ^2	miəŋ^2
	命$_{明开去}$	京$_{见开平}$	惊$_{见开平}$	鲸$_{群开平}$	荆$_{见开平}$	景$_{见开上}$	警$_{见开上}$
	miəŋ^5	tɕiəŋ^1	tɕiəŋ^1	tɕiəŋ^1	tɕiəŋ^1	tɕiəŋ^3	tɕiəŋ^3
	竞$_{群开去}$	竟$_{见开去}$	境$_{见开上}$	镜$_{见开去}$	敬$_{见开去}$	卿$_{溪开平}$	擎$_{群开平}$
	tɕiəŋ^5	tɕiəŋ^5	tɕiəŋ^5	tɕiəŋ^5	tɕiəŋ^5	tɕʰiəŋ^1	tɕʰiəŋ^2
	庆$_{溪开去}$	兄$_{晓合平}$	英$_{影开平}$	荣$_{云合平}$	迎$_{疑开平}$	永$_{云合上}$	泳$_{云合去}$
	tɕʰiəŋ^5	ɕiəŋ^1	iəŋ^1	iəŋ^2	iəŋ^2	iəŋ^3	iəŋ^3
	影$_{影开上}$	映$_{影开去}$					
	iəŋ^3	iəŋ^5					
钟韵	龙$_{来合平}$	垄$_{来合上}$	松$_{邪合平}$	凶$_{晓合平}$	汹$_{晓合平}$	匈$_{晓合平}$	胸$_{晓合平}$
	liəŋ^2	liəŋ^3	siəŋ^1	ɕiəŋ^1	ɕiəŋ^1	ɕiəŋ^1	ɕiəŋ^1
	庸$_{以合平}$	拥$_{影合平}$	雍$_{影合平}$	茸$_{日合平}$	容$_{以合平}$	蓉$_{以合平}$	溶$_{以合平}$
	iəŋ^1	iəŋ^1	iəŋ^1	iəŋ^2	iəŋ^2	iəŋ^2	iəŋ^2
	熔$_{以合平}$	稆$_{日合平}$	勇$_{以合上}$	蛹$_{以合上}$	俑$_{以合上}$	用$_{以合去}$	佣$_{以合去}$
	iəŋ^2	iəŋ^2	iəŋ^3	iəŋ^3	iəŋ^3	iəŋ^5	iəŋ^5
	蝉$_{日合平}$						
	iəŋ^0						
东三	穷$_{群合平}$	熊$_{云合平}$	雄$_{云合平}$	融$_{以合平}$	绒$_{日合平}$		
	tɕʰiəŋ^2	ɕiəŋ^2	ɕiəŋ^2	iəŋ^2	iəŋ^2		
蒸韵	冰$_{帮开平}$	凭$_{並开平}$	凝$_{疑开平}$	绫$_{来开平}$	陵$_{来开平}$	凌$_{来开平}$	兢$_{见开平}$
	piəŋ^1	pʰiəŋ^2	niəŋ^2	liəŋ^2	liəŋ^2	liəŋ^2	tɕiəŋ^1
	兴$_{晓开平}$	兴$_{晓开去}$	鹰$_{影开平}$	应$_{影开平}$	蝇$_{以开平}$	应$_{影开平}$	膺$_{影开平}$
	ɕiəŋ^1	ɕiəŋ^5	iəŋ^1	iəŋ^1	iəŋ^1	iəŋ^2	iəŋ^0
清韵	饼$_{帮开上}$	并$_{帮开去}$	名$_{明开平}$	领$_{来开上}$	岭$_{来开上}$	令$_{来开去}$	精$_{精开平}$
	piəŋ^3	piəŋ^5	miəŋ^2	liəŋ^3	liəŋ^3	liəŋ^5	tsiəŋ^1
	旌$_{精开平}$	睛$_{精开平}$	晶$_{精开平}$	井$_{精开上}$	阱$_{从开上}$	净$_{从开去}$	静$_{从开上}$
	tsiəŋ^1	tsiəŋ^1	tsiəŋ^1	tsiəŋ^3	tsiəŋ^3	tsiəŋ^5	tsiəŋ^5
	清$_{清开平}$	晴$_{从开平}$	情$_{从开平}$	睛$_{从开平}$	请$_{清开上}$	饧$_{邪开平}$	姓$_{心开去}$
	tsʰiəŋ^1	tsʰiəŋ^2	tsʰiəŋ^2	tsʰiəŋ^2	tsʰiəŋ^3	siəŋ^2	siəŋ^5
	性$_{心开去}$	轻$_{溪开平}$	氢	倾$_{溪合平}$	琼$_{群合平}$	顷$_{溪合上}$	婴$_{影开平}$
	siəŋ^5	tɕʰiəŋ^1	tɕʰiəŋ^1	tɕʰiəŋ^1	tɕʰiəŋ^2	tɕʰiəŋ^3	iəŋ^1
	缨$_{影开平}$	盈$_{以开平}$	营$_{以合平}$	茔$_{以合平}$	赢$_{以开平}$	颖$_{以合上}$	
	iəŋ^1	iəŋ^2	iəŋ^2	iəŋ^2	iəŋ^2	iəŋ^3	

续表

青韵	瓶並开平	屏並开平	冥明开平	瞑明开平	丁端开平	仃端开平	钉端开平
	pʰiəŋ^2	pʰiəŋ^2	miəŋ^2	miəŋ^2	tiəŋ^1	tiəŋ^1	tiəŋ^1
	疔端开平	顶端开上	鼎端开上	钉端开去	订端开去	定端开去	腚
	tiəŋ^1	tiəŋ^3	tiəŋ^3	tiəŋ^5	tiəŋ^5	tiəŋ^5	tiəŋ^5
	锭端开去	靪端开平	厅透开平	聽透开平	挺定开平	亭定开平	婷定开平
	tiəŋ^5	tiəŋ^0	tʰiəŋ^1	tʰiəŋ^1	tʰiəŋ^1	tʰiəŋ^2	tʰiəŋ^2
	廷定开平	莛定开平	停定开平	挺定开上	停定开平	蜓定开平	宁泥开平
	tʰiəŋ^2	tʰiəŋ^2	tʰiəŋ^3	tʰiəŋ^3	tʰiəŋ^1	tʰiəŋ^0	niəŋ^2
	灵来开平	零来开平	龄来开平	铃来开平	翎来开平	伶来开平	楞来开平
	liəŋ^2	liəŋ^2	liəŋ^2	liəŋ^2	liəŋ^2	liəŋ^2	liəŋ^2
	另来开去	青清开平	蜻清开平	星心开平	腥心开平	惺心开平	猩心开平
	liəŋ^5	tsʰiəŋ^1	tsʰiəŋ^1	siəŋ^1	siəŋ^1	siəŋ^1	siəŋ^1
	醒心开上	经见开平	形匣开平	刑匣开平	型匣开平	邢匣开平	荧匣合平
	siəŋ^3	tɕiəŋ^1	ɕiəŋ^2	ɕiəŋ^2	ɕiəŋ^2	ɕiəŋ^2	iəŋ^2
阳韵	辆来开去			真韵	亲清开去		
	liəŋ^5				tsʰiəŋ^5		

第三节 声调之来源

一 阴平调

胶州方言的阴平调主要源自《切韵》音系的清声母平声，还有一些阴平调来自浊声母平声和清声母入声。此外，有极少数的阴平调来自上声、去声和浊母入声，当属例外。底下列出除源于清声母平声之外的阴平调的代表字。如下：

表59　　胶州方言除源于中古清声母平声外的阴平调字

浊声母平声	清声母入声	浊声母入声	上声	去声
瘪並开平 pæn^1	扒帮开入 pa^1	悖並合入 pə^1	谱帮合上 pʰu^1	片滂开去 pʰiæn^1
妈明开平 ma^1	蝠非合入 fu^1	绝从合入 tsyə^1	丙帮开上 piəŋ^1	垗定合去 tei^1
摸明合平 mə^1	复非合入 fu^1	掘群合入 tɕyə^1	匪非合上 fei^1	召澄开去 tʃau^1
蒙明合平 məŋ^1	奔端开入 ta^1	秙匣开入 xuə^1	哆端开上 tuə^1	覰清合去 tsʰy^1

续表

浊声母平声	清声母入声	浊声母入声	上声	去声
巫微合平 vu¹	督端合入 tu¹	穴匣合入 ɕyə¹	组精合上 tθu¹	仲崇合去 tʂəŋ¹
提定开平 ti¹	塌透开入 tʰa¹	沥来开入 li⁵	揣初合上 tʂʰuɛ¹	晕云合去 yən¹
苔定开平 tʰɛ¹	突透合入 tʰu¹	拉来开入 la¹	聯影合上 vəŋ¹	嫚明开去 mæn¹
吨定合平 tuən¹	唧精开入 tsi¹	落来开入 lau¹	眯明开上 mi¹	
堂定开平 taŋ¹	駿清合入 tsʰy¹	漉来合入 lu¹	侮微合上 vu¹	
挺定开平 tʰiəŋ¹	跋心开入 θa¹	属禅合入 ʂu¹	奶娘开上 nɛ¹	
啰来开平 luə¹	熄心开入 si¹		偶疑开上 ɣəu¹	
唠来开平 lau¹	札庄开入 tʂa¹		藕疑开上 ɣəu¹	
捞来开平 lau¹	唰生合入 ʂua¹			
抡来合平 luən¹	赤昌开入 tʃʰi¹			
遛来开平 liəu¹	撅见合入 tɕyə¹			
镏来开平 liəu¹	锔见合入 tɕy¹			
娘娘开平 niaŋ¹	决见合入 tɕyə¹			
蹲从合平 tuən¹	噘见合入 tɕyə¹			
疵从开平 tθʰʅ¹	括见合入 kʰuə¹			
松邪开平 siəŋ¹	击见开入 tɕi¹			
䏝崇合平 tʂʰuɛ¹	级见开入 tɕi¹			
楂崇开平 tʂa¹	聒见合入 kua¹			
漦俟开平 tʃʰi¹	括见合入 kʰuə¹			
期群开平 tɕʰi¹	愒溪开入 tɕʰiə¹			
釹群开平 tɕiən¹	窟溪合入 kʰu¹			
嗷疑开平 ɣau¹	㧤溪合入 xu¹			
弧匣合平 xu¹	掐溪开入 tɕʰia¹			
苛匣开平 kʰə¹	挖影合入 va¹			
很匣开平 xən¹	凹影开入 va¹			
哗匣合平 xua¹	忽晓合入 xu¹			
	㔉晓合入 xuə¹			
	吸晓开入 ɕi¹			
	靴晓合平 ɕyə¹			

二　阳平调

胶州方言的阳平调主要源自《切韵》音系的浊声母平声和浊声母入声。此外，还有一些阳平调来自清母入声、清母平声、上声和去声，当属例外。底下列出除源于浊母平、入二声之外的阳平调代表字。如下：

表 60　　　　　　　　　　胶州方言来源例外的阳平调字

清声母入声	清声母平声	上声	去声
逼帮开入 pi²	俘敷合平 fu²	弛书开上 tʃʰi²	爸帮开去 pa²
博帮开入 pə²	鲐透开平 tʰɛ²	绞见开上 tɕiau²	籔初合去 tθʰuæn²
搏帮开入 pə²	膛透开平 tʰaŋ²	裸来合上 luə²	售禅开去 tʃʰəu²
别帮开入 pə²	雌清开平 tθʰʅ²	负奉开上 fu²	疗来开去 liau²
醭滂合入 pu²	虽心合平 θuei²		
腹非合入 pu³	荀心合平 syən²		
覆敷合入 fu²	询心合平 syən²		
踢透开入 tʰi²	奎溪合平 kʰuei²		
剔透开入 tʰi²	娃影合平 va²		
卓知开入 tʂuə²	蛙影合平 vɛ²		
戳彻开入 tʂʰua²	挨影开平 ɣɛ²		
爵精开入 tsyə²	应影开平 iəŋ²		
卒精合入 tθu²			
责庄开入 tʂei²			
察初开入 tʂʰa²			
识书开入 ʃi²			
适书开入 ʃi²			
劫见开入 tɕiə²			
胁晓开入 ɕiə²			

三　上声调

胶州方言的上声调主要源自《切韵》音系的清声母和次浊声母上声、清声母入声。此外，还有一些上声调来自全浊母上声、浊母入声以及平声和去声，当属例外。底下列出这些来源例外的上声调代表字。如下：

表 61　　　　　　　　　　胶州方言来源例外的上声调字

全浊声母上声	浊声母入声	平声	去声
笆_{並开上} pa³	瘪_{並开入} pi³	萆_{帮开平} pi³	靶_{帮开去} pa³
髀_{並开上} pʰɛ³	剥_{並开入} pa³	坡_{滂合平} pʰə³	播_{帮合去} pə³
辅_{奉合上} fu³	僕_{並合入} pʰu³	膀_{並开平} paŋ³	捕_{並合去} pʰu³
腐_{奉合上} fu³	跑_{並开入} pʰau³	频_{並开平} pʰiən³	避_{並开去} pi³
挑_{定开上} tʰiau³	佛_{奉合入} fə³	符_{奉合平} fu³	访_{敷合去} faŋ³
挺_{定开上} tʰiəŋ³	达_{定开入} ta³	涂_{定合平} tʰu³	逮_{定开去} tɛ³
痔_{澄开上} tʃi³	跌_{定开入} tiə³	筒_{定平} tʰəŋ³	导_{定开去} tau³
待_{定开上} tɛ³	犊_{定合入} tu³	停_{定平} tʰiəŋ³	蹈_{定开去} tau³
俭_{群开上} tɕiæn³	值_{澄开入} tʃi³	储_{澄合平} tʃʰu³	杈_{初去} tʂʰa³
锩_{群合上} tɕyæn³	逐_{澄合入} tʂu³	场_{澄平} tʃʰaŋ³	渗_{生去} ʂən³
虎_{匣合上} xu³	籍_{从开入} tsi³	挤_{精开平} tsi³	壙_{溪合去} kʰuaŋ³
槛_{匣开上} kʰæn³	习_{邪开入} si³	饧_{邪开平} siəŋ³	捂_{疑合去} vu³
缓_{匣合上} xuæn³	席_{邪开入} si³	数_{生合平} ʂu³	话_{匣合去} kua³
狠_{匣开上} xən³	芍_{禅开入} ʃə³	遮_{章开平} tʃə³	唬_{晓开去} xu³
横_{匣合上} xuaŋ³	确_{匣开入} tɕʰyə³	权_{群合平} tɕʰyæn³	泳_{云合去} iəŋ³
晃_{匣合上} xuaŋ³	蝎_{匣开入} ɕiə³	盂_{云合平} y³	铝_{来合去} ly³
	越_{云合入} yə³	瑜_{以合平} y³	屡_{来合去} ly³
	抹_{明合入} mə³	岷_{明开平} maŋ³	
	撧_{明开入} mau³	盟_{明开平} məŋ³	
	捌_{疑合入} yə³	摸_{明合平} mu³	
	拉_{来开入} la³	哪_{泥开平} na³	
	喇_{来开入} la³	鳞_{来开平} liən³	
	裂_{来开入} lɛ³	儒_{日合平} y³	
	咧_{来开入} lɛ³	淫_{以开平} iən³	

四　去声调

胶州方言的去声调主要源自《切韵》音系的去声、全浊声母上声和次浊声母入声。此外，还有一些去声调来自平声、清声母和次浊声母上声以及清声母和全浊声母入声，当属例外。底下列出来源例外的去声调代表字。如下：

表 62　　　　　　　　　　　胶州方言来源例外的去声调字

平声	上声	清声母入声	全浊声母入声
炮並开平 pau⁵	跺端合上 tuə⁵	毕帮开入 pi⁵	白並开入 pei⁵
孵敷合平 pau⁵	纪见开上 tɕi⁵	璧帮开入 pi⁵	读定合入 tu⁵
磅滂开平 paŋ⁵	矩见合上 tɕy⁵	僻滂开入 pʰi⁵	涉禅入 ʃə⁵
逢奉合平 fəŋ⁵	矿见合上 kʰuaŋ⁵	碧帮开入 pi⁵	术船合入 ʃu⁵
头定开平 təu⁵	港见开上 tsiaŋ⁵	彻徹开入 tʃʰə⁵	述船合入 ʃu⁵
都端合平 təu⁵	逛见合上 kuaŋ⁵	撤徹开入 tʃʰə⁵	属禅合入 ʃu⁵
停定开平 tʰiəŋ⁵	境见开上 tɕiəŋ⁵	怵徹合入 tʂʰu⁵	倔群合入 tɕyə⁵
竣清合平 tsyən⁵	贿晓合上 xuei⁵	稷精开入 tsi⁵	剧群开入 tɕy⁵
芯心开平 siən⁵	往云合上 vaŋ⁵	蟋精开入 tsi⁵	鹤匣入 xə⁵
司心开平 θʅ⁵	眼疑开上 iæn⁵	泄心开入 siə⁵	惑匣入 xuə⁵
双生开平 ʂuan⁵	娜泥开上 na⁵	妾清开入 tsʰiə⁵	获匣合入 xuə⁵
干见开平 kæn⁵	那泥开上 nɔ⁵	速心合入 θu⁵	页匣开入 iə⁵
冲昌合平 tʂʰəŋ⁵	努泥合上 nu⁵	祝章合入 tʂu⁵	确匣开入 tɕʰyə⁵
杠见开平 kaŋ⁵	奶娘开上 nɛ⁵	饰书开入 ʂʅ⁵	
挎溪合平 kʰua⁵	诱以开上 iəu⁵	释书开入 ʃi⁵	
框溪合平 kʰuaŋ⁵		朔生开入 ʂuə⁵	
眶溪合平 kʰuaŋ⁵		栝见合入 kua⁵	
撬溪开平 tɕʰiau⁵		嗑见开入 kʰə⁵	
洼影合平 va⁵		嗝见开入 kə⁵	
梧疑合平 vu⁵		阔溪合入 kʰuə⁵	
莉来开平 li⁵		酷溪合入 kʰu⁵	
蚰以开平 iəu⁵		亿影开入 i⁵	
		忆影开入 i⁵	
		癔影开入 i⁵	
		益影开入 i⁵	
		压影开入 ia⁵	
		轧影开入 ia⁵	
		蠖影合入 xuə⁵	
		霍晓合入 xuə⁵	

第四章　词汇

第一节　分类词汇表

词表凡例

	1. 本节收录胶州方言词汇条目，共分三十二大类。
	2. 各词条的内容依次为：词目、注音、释义和例句。跟普通话意义一致的词目一般不再释义和罗列例句。
	3. 用国际音标注音；用五度制调号标记本调和变调，轻声则根据前一个音节变调后的调值，一律标于音节右上方；可儿化可不儿化的条目，先列基本韵，再列儿化韵，所有儿化韵不再标出原韵母。
	4. 释义力求准确、简明。词条有多个义项者，分别用①②③④等表示义项次序。
	5. 各种符号
□	有音义而无适当字形可写的音节，用方框表示。
h	送气符号用"h"表示。
ɹ	儿化符号，标于韵母主元音右上角
–	本调与变调之间用短横杠连接。
0	单独出现的说轻声的字，韵母右上角加数字"0"。
:	释义与例子之间用冒号。
~	释义与例句中用"~"替代本条目。无论本条目有几个字，都只用一个替代号。
|	例子之间用单竖线隔开。

一　天文与天气

词目与注音	释义及例句
【天】tʰiæn²¹³	

词目与注音	释义及例句
【好天】 xau$^{44-42}$t^{h}iæn^{213}	
【好天儿】 xau$^{44-42}$t^{h}ɛ^{213}	
【晴天】 ts^{h}iəŋ^{53}t^{h}iæn^{213}	
【阴天】 iən$^{213-24}$t^{h}iæn^{213}	
【雨天】 y$^{44-42}$t^{h}iæn^{213}	
【阴乎拉的】 iən$^{213-24}$xu^{44}la^{55}ti^5	天空有些阴沉的
【日头】 i$^{31-42}$t^{h}əu^2	①太阳；②阳光：出去晒～
【太阳】 t^{h}ɛ^{31}iaŋ^{53}	
【光】 kuaŋ^{213}	
【阳光】 iaŋ^{53}kuaŋ^{213}	
【太阳地】 t^{h}ɛ^{31}iaŋ^{53}ti^{31}	阳光照射到的地方
【阴凉地】 iən$^{213-21}$liaŋ^{1}ti^{31}	阳光照射不到的地方
【背阴】 pei^{31}iən^{213}	阳光照射不到：这个地方～
【□□】 ma$^{44-45}$ma^5	月亮的昵称（常对小孩儿这么说）
【月明】 yə$^{31-42}$miəŋ^2	月亮
【月明地】 yə$^{31-42}$miəŋ^{2}ti^{31}	月光照射的大地
【月光】 yə^{31}kuaŋ^{213}	
【云彩】 yən$^{53-55}$t$θ^h$ɛ^5	云
【黑云彩】 xei^{44}yən$^{53-55}$t$θ^h$ɛ^5	乌云
【星星】 siəŋ$^{213-21}$siəŋ^1	
【流星】 liəu^{53}siəŋ^{213}	
【扫帚星】 θau$^{44-42}$tʃu^{2}siəŋ^{213}	彗星
【虹】 tsiaŋ^{31}	彩虹
【大风】 ta^{31}fəŋ^{213}	
【小风】 siau$^{44-42}$fəŋ^{213}	
【旋风】 tʃ^{h}uæn$^{53-55}$fəŋ^5	
【风丝儿】 fəŋ$^{213-24}$θɚi^{213}	微风
【顶风儿】 tiəŋ$^{44-45}$fɚŋ^5	逆风
【顺风儿】 ʃuən$^{31-42}$fɚŋ^2	
【下风儿】 çia$^{31-42}$fɚŋ^2	风吹向的地方
【南风】 næn$^{53-55}$fəŋ^5	
【北风】 pei$^{44-45}$fəŋ^5	

续表

词目与注音	释义及例句
【东风】təŋ²¹³⁻²¹fəŋ¹	
【西风】si²¹³⁻²¹fəŋ¹	
【台风】tʰɛ⁵³⁻⁵⁵fəŋ⁵	
【热风】iə³¹fəŋ²¹³	
【冷风】ləŋ⁴⁴⁻⁴²fəŋ²¹³	
【凉风】liaŋ⁵³fəŋ²¹³	
【闪】ʃæn⁴⁴	
【雷】lei⁵³	
【雨】y⁴⁴	
【暴雨】pau³¹y⁴⁴	
【大雨】ta³¹y⁴⁴	
【中雨】tʂəŋ²¹³⁻²⁴y⁴⁴	
【小雨儿】siau⁴⁴⁻⁴²ɹɯ⁴⁴	
【春雨】tʃʰuən²¹³⁻²⁴y⁴⁴	
【秋雨】tsʰiəu²¹³⁻²⁴y⁴⁴	
【麻秆子雨】ma⁵³⁻⁵⁵kæn⁵tθʅ⁵y⁴⁴	笔直倾泻的大雨
【雨点子】y⁴⁴⁻⁴²tiæn⁴⁴⁻⁴⁵tθʅ⁵	大的雨滴
【雨点儿】y⁴⁴⁻⁴²tɛ⁴⁴	小雨滴
【雨水】y⁴⁴⁻⁴⁵ʐuei⁵	下雨的水
【雨水】y⁴⁴⁻⁴²ʐuei⁴⁴	二十四节气之一
【连阴雨】liæn⁵³⁻⁵⁵iən⁵y⁴⁴	汛期连续几天下的雨
【雾】vu³¹	
【大雾】ta³¹⁻³¹²vu³¹	
【雾露】vu³¹⁻⁴²lu²	大雾与露水
【雾露□】vu³¹⁻⁴²lu²tʂʰʅ²¹³	起雾时，空中飘落的毛毛雨
【露水珠儿】lu³¹⁻⁴²ʐuei²tʂɯ²¹³	
【霜】ʂuaŋ²¹³	
【雪】syə⁴⁴	
【暴雪】pau³¹syə⁴⁴	
【大雪】ta³¹syə⁴⁴	
【中雪】tʂəŋ²¹³⁻²⁴syə⁴⁴	
【小雪】siau⁴⁴⁻⁴²syə⁴⁴	

续表

词目与注音	释义及例句
【雪花儿】 syə$^{44-42}$xua^{213}	
【雪□□】 syə$^{44-45}$tɕʰi^{5}liəu^5	雪球
【雪窝子】 syə^{44}və$^{213-21}$tθʅ^1	下雪很多的地方
【雪粒子】 syə^{44}li$^{31-42}$tθʅ^2	霰
【清雪】 tsʰiəŋ$^{213-24}$syə^{44}	干冷天下的小雪
【雪水】 syə$^{44-42}$ʂuei^{44}	雪融化后的水
【雹子】 pa$^{53-55}$tθʅ^5	冰雹
【冻】 təŋ^{31}	冰
【冻冻】 təŋ$^{31-21}$təŋ^1	冰块儿
【凝固锥】 niəŋ$^{53-55}$ku^{5}tʂuei^5	冰锥
【出太阳】 tʃʰu^{44}tʰɛ^{31}iaŋ^{53}	
【起风】 tɕʰi$^{44-42}$fəŋ^{213}	开始刮风
【刮风】 kua$^{44-42}$fəŋ^{213}	
【煞风】 ʂa$^{44-42}$fəŋ^{213}	风停了
【打闪】 ta$^{44-42}$ʃæn^{44}	天空产生闪电
【打雷】 ta^{44}lei^{53}	发出雷声
【下雨】 ɕia^{31}y^{44}	
【潲雨】 ʂau^{31}y^{44}	风吹雨斜，进入室内
【起雾】 tɕʰi^{44}vu^{31}	
【下雾露】 ɕia^{31}vu$^{31-42}$lu^2	
【下霜】 ɕia^{31}ʂuaŋ^{213}	
【下雪】 ɕia^{31}syə^{44}	
【下雹子】 ɕia^{31}pa$^{53-55}$tθʅ^5	
【上冻】 ʃaŋ$^{31-312}$təŋ^{31}	结冰
【封冻】 fəŋ$^{213-24}$təŋ^{31}	大地结冰、变硬
【化冻】 xua$^{31-312}$təŋ^{31}	冰融化
【解冻】 tɕiɛ^{44}təŋ^{31}	冰融化
【天冷】 tʰiæn$^{213-24}$ləŋ^{44}	
【天凉】 tʰiæn$^{213-24}$liaŋ^{53}	
【天热】 tʰiæn$^{213-24}$iə^{31}	
【变天】 piæn^{31}tʰiæn^{213}	由晴转阴

续表

词目与注音	释义及例句
【暖和】naŋ⁴⁴⁻⁴⁵xu⁵	①温暖：今日真~；②变暖、取暖：天~了丨天冷，进屋~~吧
【交九】tɕiau²¹³⁻²⁴tɕiəu⁴⁴	从冬至日起进入九九寒冬，叫"交九"
【三伏】θæn²¹³⁻²⁴fu⁵³	初伏、中伏和末伏
【三伏天】θæn²¹³⁻²⁴fu⁵³tʰiæn²¹³	
【伏顶子】fu⁵³tiəŋ⁴⁴⁻⁴⁵tʅ⁵	一年当中最热的几天

二　地理

词目与注音	释义及例句
【江】tɕiaŋ²¹³	
【河】xuə⁵³	
【南河】næn⁵³xuə⁵³	村子南边的河
【北河】pei⁴⁴xuə⁵³	村子北边的河
【东河】təŋ²¹³⁻²⁴xuə⁵³	村子东边的河
【西河】si²¹³⁻²⁴xuə⁵³	村子西边的河
【胶河】tɕiau²¹³⁻²¹xuə¹	胶州的主干河流之一
【洋河】iaŋ⁵³⁻⁵⁵xuə⁵	胶州的主干河流之一
【老母猪河】lau⁴⁴⁻⁴⁵mu⁵tʃu²¹³xuə⁵³	洋河的上枝流之一
【大沽河】ta³¹ku²¹³xuə⁵³	胶州的主干河流之一
【墨水河】mei³¹ʂuei⁴⁴xuə⁵³	胶州的主干河流之一
【胶莱河】tɕiau²¹³⁻²⁴lɛ⁵³xuə⁵³	胶州的主干河流之一
【护城河】xu³¹tʃʰəŋ⁵³xuə⁵³	胶州城区水系
【三里河】θæn²¹³⁻²¹li¹xə⁵³	胶州城区水系
【二里河】ʅ³¹⁻⁴²li²xə⁵³	胶州城区水系
【店子河】tiæn³¹⁻⁴²tʅ²xuə⁵³	胶州城区水系
【水库】ʂuei⁴⁴kʰu³¹	
【山洲水库】ʂæn²¹³⁻²⁴tʃəu²¹³ʂuei⁴⁴kʰu³¹	
【八一水库】pa⁴⁴⁻⁴²i⁴⁴ʂuei⁴⁴kʰu³¹	
【王吴水库】vaŋ⁵³⁻⁵⁵vu⁵ʂuei⁴⁴kʰu³¹	
【红旗水库】xəŋ⁵³tɕʰi⁵³ʂuei⁴⁴kʰu³¹	

词目与注音	释义及例句
【青年水库】 $ts^hiəŋ^{213-24}$ niæn^{53} ʐuei^{44}k^{h}u^{31}	
【棘洪滩水库】 tɕi$^{213-21}$ xəŋ^{1}t^{h}æn^{213} ʐuei^{44}k^{h}u^{31}	"棘洪滩"曾用名"金红滩","tɕi^{213}"音之本字应为"金"
【湖】 xu^{53}	
【海】 xɛ^{44}	
【少海】 ʃau^{31}xɛ^{44}	胶州城区东南部的沼泽湿地
【东海】 təŋ$^{213-24}$xɛ^{44}	
【黄海】 xuaŋ^{53}xɛ^{44}	
【渤海】 pə$^{213-24}$xɛ^{44}	
【南海】 næn^{53}xɛ^{44}	
【湾】 væn^{213}	天然形成的一片水面
【大湾】 ta^{31}væn^{213}	
【小湾儿】 siau$^{44-42}$vɛ^{213}	
【胶州湾】 tɕiau$^{213-21}$tʃəu^{1}væn^{213}	
【渤海湾】 pə$^{213-24}$xɛ$^{44-42}$væn^{213}	
【河水】 xuə$^{53-55}$ʐuei^5	
【河涯】 xuə^{53}iɛ^{53}	河岸
【河套】 xuə^{53}t^{h}au^{31}	河水流经以后形成的大片沙地
【河滩】 xuə^{53}t^{h}æn^{213}	
【湾涯】 væn$^{213-24}$iɛ^{53}	湾的岸
【海水】 xɛ$^{44-45}$ʐuei^5	
【海涯】 xɛ^{44}iɛ^{53}	海岸
【海边儿】 xɛ$^{44-42}$piɛ^{213}	
【水】 ʐuei^{44}	
【甜水】 t^{h}iæn$^{53-55}$ʐuei^5	
【溇水】 læn$^{44-45}$ʐuei^5	苦而涩的水
【淡水】 tæn^{31}ʐuei^{44}	
【咸水】 ɕiæn$^{53-55}$ʐuei^5	
【山】 ʂæn^{213}	
【艾山】 ɣɛ$^{31-42}$ʂæn^2	胶州地区海拔最高的一座山
【西石儿】 si$^{213-24}$ʂəɿ^{53}	艾山西面的一座石头山
【东石儿】 təŋ$^{213-24}$ʂəɿ^{53}	艾山东边的一座陡峭的石头山

续表

词目与注音	释义及例句
【岭】liəŋ⁴⁴	
【东岭】təŋ²¹³⁻²⁴liəŋ⁴⁴	
【西岭】si²¹³⁻²⁴liəŋ⁴⁴	
【南岭】næn⁵³liəŋ⁴⁴	
【北岭】pei⁴⁴⁻⁴²liəŋ⁴⁴	
【沟】kəu²¹³	
【崖】iɛ⁵³	
【大崖子】ta³¹iɛ⁵³⁻⁵⁵tθɿ⁵	高而陡的斜坡
【地】ti³¹	
【山地】ʂæn²¹³⁻²⁴ti³¹	山区的耕地
【岭地】liəŋ⁴⁴ti³¹	多石子的耕地
【洼地】va³¹⁻³¹²ti³¹	地势低，容易受涝的耕地
【沙地】ʂa²¹³⁻²⁴ti³¹	土少沙多的耕地
【土】tʰu⁴⁴	
【垎土】pu⁵³⁻⁵⁵tʰu⁵	细小的尘土
【坷垃】kʰa⁴⁴⁻⁴⁵la⁵	土块儿
【泥】mi⁵³	
【黄泥头】xuaŋ⁵³⁻⁵⁵mi⁵tʰəu⁵³	潮湿的黄色土块儿
【沙】ʂa²¹³	
【沙子】ʂa²¹³⁻²¹tθɿ¹	
【沙滩】ʂa²¹³⁻²⁴tʰæn²¹³	
【海沙】xɛ⁴⁴⁻⁴⁵ʂa⁵	
【河沙】xuə⁵³⁻⁵⁵ʂa⁵	
【石头】ʃi⁵³⁻⁵⁵tʰəu⁵	
【石子儿】ʃi⁵³tθɚi⁴⁴	
【□石】tʰaŋ²¹³⁻²¹ʃi¹	当地产的一种白色的石头
【干沟石】kæn²¹³⁻²¹kəu¹ʃi⁵³	一种白黄色的石头，当地人曾用来做秤砣
【石条】ʃi⁵³tʰiau⁵³	
【□□蛋子】mə²¹³⁻²¹ku¹tæn³¹⁻⁴²tθɿ²	圆形的石头
【薄板】pə⁵³⁻⁵⁵pæn⁵	薄的石板
【矿】kʰuaŋ³¹	
【金矿】tɕiən²¹³⁻²⁴kʰuaŋ³¹	

续表

词目与注音	释义及例句
【煤矿】mei^{53}kʰuaŋ^{31}	
【岙】kʰuaŋ^{44}	洼地，常用于村名。如，崔家岙
【地界】ti$^{31-312}$tɕiɛ^{31}	地理界限，地域范围

三　方位与处所

词目与注音	释义及例句
【边儿】piɛ^{213}	
【地边儿】ti^{31}piɛ^{213}	
【地边子】ti$^{31-312}$piæn$^{213-21}$tθʅ^{1}	
【旁儿】pʰɚŋ^{53}	
【旁边儿】pʰaŋ^{53}piɛ^{213}	
【上边儿】ʃaŋ$^{31-42}$piɛ^{2}	①上面；②上级：~来人儿了
【上头】ʃaŋ$^{31-42}$tʰəu^{2}	①上面；②上级
【下边儿】ɕia$^{31-42}$piɛ^{2}	①下面；②下级
【下头】ɕia$^{31-42}$tʰəu^{2}	下面
【前边儿】tsʰiæn$^{53-42}$piɛ^{2}	
【前头儿】tsʰiæn^{53}tʰɚu^{53}	前面
【后边儿】xəu$^{31-42}$piɛ^{2}	
【后头儿】xəu$^{31-42}$tʰɚu^{2}/xəu^{31}tʰɚu^{53}	
【左边儿】tθuə$^{31-21}$piɛ^{1}	
【右边儿】iəu$^{31-42}$piɛ^{2}	
【中间儿】tʂəŋ$^{213-24}$tɕiɛ^{213}	
【正中间儿】tʃəŋ^{31}tʂəŋ$^{213-24}$tɕiɛ^{213}	
【当央儿】taŋ$^{213-24}$ɻɚŋ^{53}	正中间
【合儿】xɚ^{53}	边，面
【前合儿】tsʰiæn^{53}xɚ^{53}	前边
【后合儿】xəu^{31}xɚ^{53}	后边
【顶上】tiəŋ$^{44-45}$ʃaŋ^{5}	①最高处，最上面：屋~有若干鹁鸽；②顶住：~街门
【半山腰】pæn^{31}ʃæn$^{213-24}$iau^{213}	

续表

词目与注音	释义及例句
【转□拉儿】 tʃuæn³¹⁻³¹²ka²¹³⁻²¹ɹɚ¹	周围：~都是人｜~栽上树
【一□拉儿】 i⁴⁴ka²¹³⁻²¹ɹɚ¹	一圈：咱这些人围成~
【东边儿】 təŋ²¹³⁻⁴⁵piɛ⁵	
【东头儿】 təŋ²¹³⁻²⁴tʰɚu⁵³	
【西边儿】 si²¹³⁻⁴⁵piɛ⁵	
【西头儿】 si²¹³⁻²⁴tʰɚu⁵³	
【南边儿】 næn⁵³⁻⁴²piɛ²	
【南头儿】 næn⁵³tʰɚu⁵³	
【北边儿】 pei⁴⁴⁻⁴²piɛ²	
【北头儿】 pei⁴⁴tʰɚu⁵³	
【东面子】 təŋ²¹³⁻²⁴miæn³¹⁻⁴²tθ1²	东面
【西面子】 si²¹³⁻²⁴miæn³¹⁻⁴²tθ1²	西面
【南面子】 næn⁵³miæn³¹⁻⁴²tθ1²	南面
【北面子】 pei⁴⁴miæn³¹⁻⁴²tθ1²	北面
【东北】 təŋ²¹³⁻²⁴pei⁴⁴	
【东北角】 təŋ²¹³⁻²¹pei¹tɕyə⁴⁴	
【东南】 təŋ²¹³⁻²⁴næn⁵³	
【东南角】 təŋ²¹³⁻²⁴næn⁵³tɕyə⁴⁴	
【西北】 si²¹³⁻²⁴pei⁴⁴	
【西北角】 si²¹³⁻²¹pei¹tɕyə⁴⁴	
【西南】 si²¹³⁻²⁴næn⁵³	
【西南角】 si²¹³⁻²⁴næn⁵³tɕyə⁴⁴	
【正南】 tʃəŋ³¹næn⁵³	
【正北】 tʃəŋ³¹pei⁴⁴	
【正东】 tʃəŋ³¹təŋ²¹³	
【正西】 tʃəŋ³¹si²¹³	
【里】 li⁴⁴	
【里头】 li⁴⁴⁻⁴⁵tʰəu⁵	里面
【里边儿】 li⁴⁴⁻⁴⁵piɛ⁵/li⁴⁴⁻⁴²piɛ²	
【里合儿】 li⁴⁴xɚ⁵³	
【外】 vɛ³¹	
【外头】 vɛ³¹⁻⁴²tʰəu²	外面

词目与注音	释义及例句
【外边儿】vɛ³¹⁻⁴²piɛ²	
【外合儿】vɛ³¹xaʴ⁵³	
【村前】tθʰuən²¹³⁻²⁴tsʰiæn⁵³	
【村后】tθʰuən²¹³⁻²⁴xəu³¹	
【屋前】vu⁴⁴tsʰiæn⁵³	
【屋后】vu⁴⁴xəu³¹	
【屋里】vu⁴⁴⁻⁴²li⁴⁴	
【屋外】vu⁴⁴vɛ³¹	
【炕前】kʰaŋ³¹tsʰiæn⁵³	屋内炕前边的一块地方
【门前】mən⁵³tsʰiæn⁵³	
【门后】mən⁵³xəu³¹	
【门旁】mən⁵³pʰaŋ⁵³	
【门上】mən⁵³⁻⁵⁵ʃaŋ⁵	
【家东】tɕia²¹³⁻⁵³təŋ²¹³	家所在村子的东边
【家西】tɕia²¹³⁻⁵³si²¹³	家所在村子的西边
【家南】tɕia²¹³⁻⁴⁴næn⁵³	家所在村子的南边
【头里】tʰəu⁵³⁻⁵⁵lɛ⁵	在前面，先：我~走着，你快点
【四下里】si³¹ɕia³¹⁻⁴²lɛ²	①周围：~没人儿；②多处，到处：破屋~漏风
【几下里】tɕi⁴⁴ɕia³¹⁻⁴²lɛ²	多处，多个地方：找了好~，也没找着他
【四口】si³¹⁻³¹²ʂəu³¹	近靠村庄的周边：不要住在~里
【地方儿】ti³¹⁻⁴²faʴŋ²	
【埝儿】niɛ⁴⁴	地方：这真是个好~
【埝子】niæn⁴⁴⁻⁴⁵tθʅ⁵	地方：这是什么~！
【角落】ka⁴⁴⁻⁴⁵la⁵	
【角口落】ka⁴⁴⁻⁴⁵xa⁵ʴaʴ⁵³	角落
【胡同】xu⁴⁵tʰəŋ⁵	巷子
【乡下】ɕiaŋ²¹³⁻²⁴ɕia³¹	农村
【农村】nu⁵³tθʰuən²¹³	
【城里】tʃʰəŋ⁵³⁻⁵⁵lɛ⁵	城市

四　时令与时间

词目与注音	释义及例句
【春】tʃʰuən²¹³	
【春天】tʃʰuən²¹³⁻²⁴tʰiæn²¹³	
【一春】i⁴⁴⁻⁴²tʃʰuən²¹³	整个春天
【一春天】i⁴⁴⁻⁴²tʃʰuən²¹³⁻²⁴tʰiæn²¹³	
【开春】kɛ²¹³⁻²⁴tʃʰuən²¹³	春天刚开始的时候
【立春】li³¹tʃʰuən²¹³	①春天来到；②二十四节气之一
【打春】ta⁴⁴⁻⁴²tʃʰuən²¹³	春天来到
【惊蛰】tɕiəŋ²¹³⁻²¹tʃə¹	二十四节气之一
【春分】tʃʰuən²¹³⁻²⁴fən²¹³	二十四节气之一
【清明】tsʰiəŋ²¹³⁻²¹miəŋ¹	①清明节；②二十四节气之一
【夏】ɕia³¹	
【夏天】ɕia³¹tʰiæn²¹³	
【一夏】i⁴⁴ɕia³¹	整个夏天
【一夏天】i⁴⁴ɕia³¹tʰiæn²¹³	
【立夏】li³¹⁻³¹²ɕia³¹	①夏天来到：今日~；②二十四节气之一
【芒种】maŋ⁵³⁻⁵⁵tʂəŋ⁵	二十四节气之一
【夏至】ɕia³¹⁻⁴²tʂʅ²	二十四节气之一
【小暑】siau⁴⁴⁻⁴²ʃu⁴⁴	二十四节气之一
【大暑】ta³¹ʃu⁴⁴	二十四节气之一
【秋】tsʰiəu²¹³	
【秋天】tsʰiəu²¹³⁻²⁴tʰiæn²¹³	
【一秋】i⁴⁴⁻⁴²tsʰiəu²¹³	整个秋天
【一秋天】i⁴⁴⁻⁴²tsʰiəu²¹³⁻²⁴tʰiæn²¹³	
【秋后】tsʰiəu²¹³⁻²⁴xəu³¹	
【立秋】li³¹tsʰiəu²¹³	①秋天来到；②二十四节气之一
【秋分】tsʰiəu²¹³⁻²⁴fən²¹³	二十四节气之一
【霜降】ʂuaŋ²¹³⁻²⁴tɕiaŋ³¹	二十四节气之一
【冬】təŋ²¹³	
【冬天】təŋ²¹³⁻²⁴tʰiæn²¹³	
【一冬】i⁴⁴⁻⁴²təŋ²¹³	整个冬天

词目与注音	释义及例句
【一冬天】i^{44-42}təŋ$^{213-24}$t^{h}iæn^{213}	
【立冬】li^{31}təŋ^{213}	①冬天来到；②二十四节气之一
【冬至】təŋ$^{213-21}$tʂʅ^1	
【年】niæn^{53}	
【整年】tʃəŋ^{44}niæn^{53}	
【年年】niæn^{53}niæn^{53}	每年
【今年】tɕiən$^{213-24}$niæn^{53}	
【上年】ʃaŋ$^{31-21}$niæn^1	去年
【头年】t^{h}əu$^{53-42}$niæn^2	去年
【头年】t^{h}əu^{53}niæn^{53}	春节之前的一段时间
【前年】tɕ^{h}iæn$^{53-55}$niæn^5	
【大前年】ta^{31}tɕ^{h}iæn$^{53-55}$niæn^5	从今年起往前数第四年
【明年】miəŋ^{53}niæn^{53}	
【后年】xəu$^{31-42}$niæn^2	
【大后年】ta^{31}xəu$^{31-42}$niæn^2	从今年起往后数第四年
【小年儿】siau^{44}niɛ^{53}	腊月二十三
【大年儿】ta^{31}niɛ^{53}	腊月二十九或者三十
【年头儿】niæn^{53}t^{h}ɚu^{53}	
【好年头儿】xau^{44}niæn^{53}t^{h}ɚu^{53}	丰收之年
【上半年】ʃaŋ$^{31-42}$pæn^{2}niæn^{53}	
【下半年】ɕia$^{31-42}$pæn^{2}niæn^{53}	
【若干年】yæn^{31}kæn$^{213-24}$niæn^{53}	很多年
【好几年】xau$^{44-42}$tɕi^{2}niæn^{53}	
【十好几年】ʃi$^{53-55}$xau^{5}tɕi^{44}niæn^{53}	
【成年□】tʃ^{h}əŋ^{53}niæn$^{53-55}$tɕi^5	一年到头：老爷爷子~长病
【年底】niæn^{53}ti^{44}	阴历一年的最后几天
【年根儿】niæn^{53}kɚi^{213}	靠近过年的那段日子
【年根子】niæn^{53}kən$^{213-21}$tθŋ^1	
【大年三十】ta^{31}niæn^{53}θæn$^{213-24}$ʃi^{53}	农历腊月三十
【年三十】niæn^{53}θæn$^{213-24}$ʃi^{53}	
【大年五更】ta^{31}niæn^{53}vu$^{44-45}$tɕiəŋ^5	除夕之夜
【年初儿】niæn^{53}tʂʮ^{213}	阴历一年刚开始的那段时间

续表

词目与注音	释义及例句
【大年初一】 ta³¹niæn⁵³ tʂʰu²¹³⁻²⁴i⁴⁴	正月初一
【十五】 ʃi⁵³⁻⁵⁵vu⁵	正月十五
【寒食】 xæn⁵³⁻⁵⁵ʃi⁵	寒食节
【五月端午】 vu⁴⁴⁻⁴⁵yə⁵tuæn²¹³⁻²¹vu¹	阴历五月初五，这一天要吃粽子
【五一】 vu⁴⁴⁻⁴²i⁴⁴	劳动节
【腊八】 la³¹⁻⁴²pa²	阴历腊月初八，这一天喝腊八粥
【正月】 tʃəŋ²¹³⁻²¹yə¹	阴历一月
【一月】 i⁴⁴⁻⁴⁵yə⁵	
【二月】 ɭ³¹⁻⁴²yə²	
【二月二】 ɭ³¹⁻⁴²yə²ɭ³¹	阴历二月初二，龙抬头
【三月】 θæn²¹³⁻²¹yə¹	
【三月初三】 θæn²¹³⁻²¹yə¹tʂʰu²¹³⁻²⁴θæn²¹³	
【四月】 θɿ³¹⁻⁴²yə²	
【五月】 vu⁴⁴⁻⁴⁵yə⁵	
【五月初五】 vu⁴⁴⁻⁴⁵yə⁵tʂʰu²¹³⁻²⁴vu⁴⁴	端午节
【六月】 liəu³¹⁻⁴²yə²	
【六月初六】 liəu³¹⁻⁴²yə²tʂʰu²¹³⁻²⁴liəu³¹	
【七月】 tsʰi⁴⁴⁻⁴⁵yə⁵	
【八月】 pa⁴⁴⁻⁴⁵yə⁵	
【八月十五】 pa⁴⁴⁻⁴⁵yə⁵ʃi⁵³⁻⁵⁵vu⁵	中秋节
【九月】 tɕiəu⁴⁴⁻⁴⁵yə⁵	
【十月】 ʃi⁵³⁻⁵⁵yə⁵	
【十一】 ʃi⁵³i⁴⁴	十月一号，国庆节
【十一月】 ʃi⁵³i⁴⁴⁻⁴⁵yə⁵	
【十二月】 ʃi⁵³ɭ³¹⁻⁴²yə²	
【冬月】 təŋ²¹³⁻²¹yə¹	阴历十一月
【腊月】 la³¹⁻⁴²yə²	阴历十二月
【闰月】 yən³¹⁻³¹²yə³¹	
【月初儿】 yə³¹tʂʰɚ²¹³	
【月底儿】 yə³¹tɚi⁴⁴	
【整月】 tʃəŋ⁴⁴yə³¹	

续表

词目与注音	释义及例句
【上半月】ʃaŋ³¹⁻⁴²pæn²yə³¹	
【前半月】tsʰiæn⁵³⁻⁵⁵pæn⁵yə³¹	
【下半月】ɕia³¹⁻⁴²pæn²yə³¹	
【后半月】xəu³¹⁻⁴²pæn²yə³¹	
【上个月】ʃaŋ³¹⁻⁴²kə²yə³¹	
【这个月】tʃə³¹⁻²¹kə¹yə³¹	
【下个月】ɕia³¹⁻⁴²kə²yə³¹	
【月月】yə³¹⁻³¹²yə³¹	每个月
【上旬】ʃaŋ³¹syən⁵³	
【中旬】tʂəŋ²¹³⁻²⁴syən⁵³	
【下旬】ɕia³¹syən⁵³	
【今日】tɕiən²¹³⁻²¹i¹	
【夜里】iə³¹⁻⁴²lɛ²	昨天
【前日】tsʰiæn⁵³⁻⁵⁵i⁵	
【明日】miəŋ⁵³⁻⁵⁵i⁵	
【后日】xəu³¹⁻⁴²i²	
【大后日】ta³¹xəu³¹⁻⁴²i²	大后天
【日子】i³¹⁻⁴²tθʅ²	
【当天】taŋ²¹³⁻²⁴tʰiæn²¹³	同一天：~去~回
【成天】tʃʰəŋ⁵³tʰiæn²¹³	整天
【□天□】tʃʰau⁵³tʰiæn²¹³⁻²¹tɕi¹	整天：您爹~干活儿
【天天】tʰiæn²¹³⁻²⁴tʰiæn²¹³	每天
【半天】pæn³¹tʰiæn²¹³	
【早起来】tθau⁴⁴⁻⁴⁵tɕʰi⁴⁴⁻⁴⁵lɛ⁵	早晨
【头晌】tʰəu⁵³⁻⁴²ʃaŋ²	上午
【晌午】ʃaŋ⁴⁴⁻⁴⁵vu⁵	中午
【晌午头儿】ʃaŋ⁴⁴⁻⁴⁵vu⁵tʰɚu⁵³	中午 12：00-13：00 左右
【大晌午头子】ta³¹ʃaŋ⁴⁴⁻⁴⁵vu⁵tʰəu⁵³⁻⁵⁵tθʅ⁵	夏天正中午
【过晌】kə³¹⁻⁴²ʃaŋ²	下午
【下晌】ɕia³¹⁻⁴²ʃaŋ²	傍晚
【后晌】xəu³¹⁻⁴²ʃaŋ²	晚上

续表

词目与注音	释义及例句
【黑日】xei⁴⁴⁻⁴⁵i⁵	夜晚、黑夜
【白日】pei⁵³⁻⁴⁵i⁵	白天
【上半夜儿】ʃaŋ³¹⁻⁴²pæn²ɿɚ^{.31}	
【下半夜儿】ɕia³¹⁻⁴²pæn²ɿɚ^{.31}	
【一宿】i⁴⁴⁻⁴²sy⁴⁴	一晚上
【成宿】tʃʰəŋ⁵³sy⁴⁴	整宿
【半宿】pæn³¹sy⁴⁴	半夜
【半夜】pæn³¹⁻³¹²iə³¹	
【五更】vu⁴⁴⁻⁴⁵tɕiəŋ⁵	凌晨 24：00
【五更头】vu⁴⁴⁻⁴⁵tɕiəŋ⁵tʰəu⁵³	
【早里】tθau⁴⁴⁻⁴⁵lɛ⁵	很久以前
【待早】tɛ³¹tθau⁴⁴	很早：那是~的事儿，别提了
【早□年】tθau⁴⁴⁻⁴²vu²niæn⁵³	很多年之前：~咱家里有很多地，在十里八乡算是个土财主
【过去】kə³¹⁻³¹²tɕʰy³¹	
【从前】tθʰəŋ⁵³tsʰiæn⁵³	
【先头儿】siæn²¹³⁻²¹tʰɚu¹	刚过去不久：~我还上他拉了几句话，这回儿就找不着人儿了？
【乍起头儿】tʂa³¹tɕʰi⁴⁴tʰɚu⁵³	刚开始的时候：~他还不愿意卖，后来说和着才卖的
【原先】yæn⁵³siæn²¹³	原来的时候：人家~就待玻璃厂干活儿
【起先】tɕʰi⁴⁴⁻⁴²siæn²¹³	开始
【眼下】iæn⁴⁴ɕia³¹	现在：~快割麦子啦
【当然】taŋ²¹³⁻³¹iæn⁵³	①立时，马上：叫拖拉机砸着以后，他~就死了；②那个时候：听了那个人儿的话儿，俺爹~没说什么
【如今】y⁵³⁻⁵⁵tɕiən⁵	现在：~日子好了，不上过去似的
【现如今】ɕiæn³¹y⁵³⁻⁵⁵tɕiən⁵	
【现在】ɕiæn³¹⁻³¹²tθɛ³¹	
【后来】xəu³¹lɛ⁵³	
【往后】vaŋ³¹⁻³¹²xəu³¹	
【钟头儿】tʂəŋ²¹³⁻²⁴tʰɚu⁵³	小时
【小时】siau⁴⁴ʂʅ⁵³	
【从今往后】tθʰəŋ⁵³tɕiən²¹³vaŋ³¹⁻³¹²xəu³¹	从今以后
【通□来】tʰəŋ³¹ʃən⁵³⁻⁵⁵lɛ⁵	一直：这些日子俺~没见着他

续表

词目与注音	释义及例句
【长口些儿】 tʃʰaŋ⁵³⁻⁵⁵mu⁵θɛ⁵	时间一长，时间长了以后：孩子一个人儿睏觉，~就习惯了｜两口子刚结婚的时候常打仗，~就好了
【口间儿】 tθəŋ³¹kɛ⁴⁴	一小段时间：待俺家里坐~吧，歇歇
【一口间儿】 i⁴⁴tθəŋ³¹kɛ⁴⁴	一会儿：他待地里干活儿，干了~就回去了，队里叫他有事儿
【几间】 tɕi⁴⁴⁻⁴²kæn²	多长时间：饭~能熟？
【口口】 tθuə⁴⁴⁻⁵⁵təŋ⁵	什么时候，哪一天：你~能回来接俺？
【无口间儿】 mu⁵³⁻⁵⁵tθəŋ⁵kɛ⁴⁴	极短的时间：~的工夫儿，就找不着孩子了
【老 口 间】 lau⁴⁴⁻⁵⁵ tθəŋ⁵kæn⁴⁴/lau⁴⁴⁻⁵⁵tθŋ⁵kæn⁴⁴	很长时间：他在俺家里耍了~
【天那口】 tʰiæn²¹³⁻⁴⁵nə⁵tθəŋ²¹³	上午较晚的时候，一般指10点以后：人家7点就上坡去了，他家里~才去
【到隔儿隔儿】 tau³¹kəˑi⁴⁴⁻⁴²kəˑi²	过一会儿：咱不用急着去，~待去
【管自】 kuæn⁴⁴⁻⁴⁵tθŋ⁵	从来：他家里~不上坡放牛
【头番儿】 tʰəu⁵³⁻⁵⁵pʰɛ⁵	此前刚刚：~我还看着她待地里锄果子
【一番儿】 i⁴⁴pʰɛ⁵³	一会儿，一阵：你歇歇吧，我再干~
【一大番子】 i⁴⁴ta³¹pʰæn⁵³⁻⁵⁵tθŋ⁵	一大会儿、较长的一段时间：夜里后晌他待街上耍了~
【一阵儿】 i⁴⁴tʂəˑi³¹	一小会儿：雨就下了~
【一阵子】 i⁴⁴tʃən³¹⁻⁴²tθŋ²	一段时间
【一个时候】 i⁴⁴⁻⁵⁵kə⁵ʂʅ⁵³⁻⁵⁵xəu⁵	很长的时间：大雨哈哈的，下了~
【有些时候】 iəu⁴⁴⁻⁴²siə²¹³⁻²⁴ʂʅ⁵³⁻⁵⁵xəu⁵	有一定的时间：俺儿赶集去了，去了~了
【十拉年】 ʃi⁵³⁻⁵⁵la⁵niæn⁵³	十几年

五 农业

词目与注音	释义及例句
1. 农活	
【庄户人】 tʂuaŋ²¹³⁻²¹xu¹iən⁵³	生活在农村的人
【农民】 nu⁵³miən⁵³	
【上坡】 ʃaŋ³¹pʰə⁴⁴	去田间野外
【下地】 ɕia³¹⁻³¹²ti³¹	
【耩麦子】 tɕiaŋ⁴⁴mei³¹⁻⁴²tθŋ²	用耧给小麦播种或施肥

续表

词目与注音	释义及例句
【耪地】p^haη^{44}ti^{31}	锄地
【耙地】pa$^{31-312}$ti^{31}	用耙破碎土块儿，平整土地
【耕地】tɕiəη^{213-24}ti^{31}	
【□地】tʂua^{44}ti^{31}	用镢头刨地
【打墒】ta$^{44-42}$ʃaη^{213}	耕地时犁出第一道标准沟
【打畦子】ta^{44}si$^{53-55}$tθʅ^5	在整平的田地里起垅或起埂
【草垛】tθ^{h}au^{44}tuə^{31}	
【栽】tθɛ^{213}	栽植
【压】ia^{31}	扦插繁殖：~月季
【种】tʂəη^{31}	
【㮈】ɣæn^{44}	种（扁豆、花生等）
【㮈果子】ɣæn$^{44-42}$kə$^{44-45}$tθʅ^5	种花生
【补㮈儿】pu$^{44-42}$ɣɛ^{44}	补种未发芽的扁豆、花生等
【畦上】si$^{53-55}$ʃaη^5	播撒种子，并覆上一层细土
【间苗儿】tsiæn^{31}miɚ u^{53}	拔掉庄稼或蔬菜多余的幼苗，以使间距适中
【薅】xau^{213}	（用力）拔
【浇园】tsiau$^{213-24}$ɣæn^{53}	灌溉菜园子
【漫灌】mæn$^{31-312}$kuæn^{31}	灌溉时水流淌并漫过田地
【放水】faη^{31}ʂuei^{44}	开闸；排涝
【掐谷】tɕ^{h}ia$^{44-42}$ku^{44}	收割谷穗
【割谷】ka$^{44-42}$ku^{44}	薅出谷的植株
【谷□】ku$^{44-45}$iaη^5	谷子脱粒后的外壳
【麦□】mei$^{31-42}$iaη^2	麦子脱粒后的外壳
【撮黍子】tθuə^{53}ʃu$^{44-45}$tθʅ^5	用手弄断黍穗
【刻胡秫】k^{h}ei^{44}xu$^{53-55}$ʃu^5	割胡秫
【杀胡秸】ʂa^{44}xu$^{53-55}$tɕiɛ^5	砍断胡秫的植株
【锄地】tʂ^{h}u^{53}ti^{31}	用锄给土壤松土、除草
【锄地瓜】tʂ^{h}u^{53}ti^{31}kua^{213}	
【翻地瓜蔓】fæn$^{213-24}$ti^{31}kua$^{213-24}$væn^{31}	用长杆儿把红薯蔓翻起，以防生根
【□地瓜】tʂua^{44}ti^{31}kua^{213}	用镢头刨出地瓜
【□果子】tʂua$^{44-42}$kə$^{44-45}$tθʅ^5	用镢头刨出花生
【□芋头】tʂua^{44}y$^{31-42}$t^{h}əu^2	用镢头刨出芋头

续表

词目与注音	释义及例句
【□地蛋】tʂua⁴⁴ti³¹⁻³¹²tæn³¹	用镢头刨出土豆
【掰苞米儿】pei⁴⁴⁻⁴²pau²¹³⁻²⁴miəɹi⁴⁴	收获玉米
【杀苞米儿秸子】ʂa⁴⁴ pau²¹³⁻²⁴ miəɹi⁴⁴ tɕiɛ²¹³⁻²¹tθɿ¹	砍断玉米的植株
【割豆子】ka⁴⁴təu³¹⁻⁴²tθɿ²	
【割麦子】ka⁴⁴mei³¹⁻⁴²tθɿ²	收获小麦
【摘扁豆】tʂei⁴⁴⁻⁴²piæn⁴⁴⁻⁴⁵təu⁵	
【摘黄瓜】tʂei⁴⁴xuaŋ⁵³⁻⁵⁵kua⁵	
【摘苹果】tʂei⁴⁴pʰiən⁵³kə⁴⁴	
【摘柿子】tʂei⁴⁴ʂɿ³¹⁻⁴²tθɿ²	
【摘木瓜】tʂei⁴⁴mu³¹kua²¹³	
【摘桃】tʂei⁴⁴tʰau⁵³	
【摘梨】tʂei⁴⁴li⁵³	
【摘李子】tʂei⁴⁴li⁴⁴⁻⁴⁵tθɿ⁵	
【打栗子】ta⁴⁴li³¹⁻⁴²tθɿ²	
【倒果子】tau³¹kə⁴⁴⁻⁴⁵tθɿ⁵	复收遗漏在地里的花生
【打杈儿】ta⁴⁴tʂʰa³¹	摘除植物的营养枝
【□化肥】vei²¹³⁻²⁴xua³¹fei⁵³	给庄稼、果木等追施肥料
【□苞米】vei²¹³⁻²⁴pau²¹³⁻²⁴miəɹi⁴⁴	
【打药】ta⁴⁴yə³¹	打农药
【□枝子】tʃʰuæn²¹³⁻²⁴tʂɿ²¹³⁻²¹tθɿ¹	给果木剪枝
【摘果子】tʂei⁴⁴⁻⁴²kə⁴⁴⁻⁴⁵tθɿ⁵	把花生果从其植株上摘下来
【剥果子】pa⁴⁴⁻⁴²kə⁴⁴⁻⁴⁵tθɿ⁵	手工给花生脱壳
【压场】ia³¹tʃʰaŋ⁵³	整平并压实场院
【打场】ta⁴⁴tʃʰaŋ⁵³	在场院里给庄稼脱粒
【扬场】iaŋ⁵³tʃʰaŋ⁵³	谷物脱粒后，用木锨将其反复抛至空中，借助风力去除秕糠
【垛草垛】tuə³¹tθʰau⁴⁴tuə³¹	用庄稼的秸秆堆成圆形的草垛
【溇柿子】læn⁴⁴ʂɿ³¹⁻⁴²tθɿ²	用水浸泡柿子去除涩味
【□柿子】xəŋ²¹³⁻²⁴ʂɿ³¹⁻⁴²tθɿ²	把柿子跟木瓜等混装，储藏在密封的容器里催熟
【拉蔓子】la⁴⁴væn³¹⁻⁴²tθɿ²	拔取植物的藤蔓
【铡苞米儿秸子】tʂa⁵³ pau²¹³⁻²⁴ miəɹi⁴⁴ tɕiɛ²¹³⁻²¹tθɿ¹	用铡刀把玉米秸秆截成小段

续表

词目与注音	释义及例句
【秧地蛋】iaŋ²¹³⁻²⁴ti³¹⁻³¹²tæn³¹	把土豆切成块状种在园里
【种白菜】tʂəŋ³¹pei⁵³⁻⁵⁵tθʰɛ⁵	
【种扁豆】tʂəŋ³¹piæn⁴⁴⁻⁴⁵təu⁵	
【种果子】tʂəŋ³¹kə⁴⁴⁻⁴⁵tθ⟨ʅ⟩⁵	
【种麦子】tʂəŋ³¹mei³¹⁻⁴²tθ⟨ʅ⟩²	
【种苞米】tʂəŋ³¹pau²¹³⁻²⁴miɚi⁴⁴	
【种豆子】tʂəŋ³¹təu³¹⁻⁴²tθ⟨ʅ⟩²	
【种西瓜】tʂəŋ³¹si²¹³⁻²¹kua¹	
【栽洋柿子】tθɛ²¹³⁻²⁴iaŋ⁵³ʂʅ³¹⁻⁴²tθ⟨ʅ⟩²	栽西红柿
【栽地瓜】tθɛ²¹³⁻²⁴ti³¹kua²¹³	
【栽树】tθɛ²¹³⁻²⁴ʃu³¹	
【杀树】ʂa⁴⁴ʃu³¹	砍伐树木
【夏收】ɕia³¹ʃəu²¹³	夏季收割作物
【秋收】tʂʰiəu²¹³⁻²⁴ʃəu²¹³	秋季收割作物
【攒粪】tθuæn⁴⁴fən³¹	积肥
【垫圈】tiæn³¹⁻³¹²tɕyæn³¹	向猪圈内撒土以覆盖粪便
【沤粪】ɣəu²¹³⁻²⁴fən³¹	沤制肥料
【沤肥】ɣəu²¹³⁻²⁴fei⁵³	
【□粪】tʃʰu⁵³fən³¹	用铁锹清除粪便
【施粪】ʂʅ⁴⁴fən³¹	向田地抛洒肥料
【上粪】ʃaŋ³¹⁻³¹²fən³¹	统称施肥
【送粪】səŋ³¹⁻³¹²fən³¹	用小推车把粪送至田地
【碾米】niæn³¹mi⁴⁴	用碾把米研磨成颗粒
【□地瓜干儿】tɕʰia⁴⁴ti³¹kua²¹³⁻²⁴kɛ²¹³	把地瓜干磨碎或磨成粉末
【收工】ʃəu²¹³⁻²⁴kəŋ²¹³	工作结束
2. 农具	
【苫】ʃæn²¹³	用麦秸制成的遮雨器具
【囤子】tuən³¹⁻⁴²tθ⟨ʅ⟩²	农村盛装粮食的圆形器具
【镐】kau⁴⁴	
【锄】tʂʰu⁵³	
【锄杠】tʂʰu⁵³⁻⁵⁵kaŋ⁵	锄的长柄
【镢】tɕyə⁴⁴	

续表

词目与注音	释义及例句
【镢杠】tɕyə⁴⁴⁻⁴⁵kaŋ⁵	镢的长柄
【胡秫镢子】xu⁵³⁻⁵⁵ʃu⁵tɕyə⁴⁴⁻⁴⁵tθ̩⁵	短柄圆头镢状的农具，用以砍伐高粱植株
【锨】ɕiæn²¹³	
【铁锨】tʰiə⁴⁴⁻⁴⁵ɕiæn⁵	
【木锨】mu³¹⁻⁴²ɕiæn²	
【爪钩子】tʂua⁴⁴⁻⁴⁵kəu⁵tθ̩⁵	一种带钩齿的铁制农具
【小爪钩儿】siau⁴⁴⁻⁴²tʂua⁴⁴⁻⁴⁵kɚu⁵	
【二杈钩子】l̩³¹⁻⁴²tʂʰa²kəu²¹³⁻²¹tθ̩¹	带两个钩齿的农具
【镰】liæn⁵³	
【笆】pʰa⁵³	一种搂柴草用的长柄木制或铁制工具，末端的齿呈弯钩状
【犁】li⁵³	
【驴犋】ly⁵³⁻⁵⁵tɕy⁵	耕地的犁
【镜】tʂʰæn⁵³	犁头
【耙】pa³¹	用以破碎土块、平整土地的带直齿的农具
【耧】ləu⁵³	播种用的农具
【独脚耧】tu⁵³tɕyə⁴⁴ləu⁵³	
【铡】tʂa⁵³	铡草的农具
【鞭】piæn²¹³	
【缰绳】tɕiaŋ²¹³⁻²¹ʃəŋ¹	牵引、驱赶牲畜的绳子
【耢】lau³¹	以枝条编制成的长方形农具，豆子种好以后，用以平整较湿土块。
【碌碡滚子】ly³¹⁻⁴²tʃu²kuən⁴⁴⁻⁴⁵tθ̩⁵	一端稍细的圆柱形石质农具，用来压平场院或者碾压谷物使脱粒
【铲子】tʂʰæn⁴⁴⁻⁴⁵tθ̩⁵	
【簸箕】pə⁴⁴⁻⁴²tɕʰi²	①以柳条编制的器具，呈倒梯形，三面有较深的沿，一面平口；②一种指纹形状
【筐箩儿】pʰu⁵³⁻⁵⁵ɹɚu⁵	圆形深口器具，用以盛装针线等
【拥车子】iəŋ²¹³⁻²¹tʃʰə¹tθ̩¹	独轮小推车
【地排儿车】ti³¹pʰɛ⁵³tʃʰə²¹³	牛、骡或马牵引的双轮木板车
【马车】ma⁴⁴⁻⁴²tʃʰə²¹³	
【车轱轮儿】tʃʰə²¹³⁻²⁴ku⁴⁴⁻⁴⁵ɹuɚi⁵	
【车胎】tʃʰə²¹³⁻²⁴tɛ³¹	车轮内胎
【车把】tʃʰə²¹³⁻²⁴pa⁴⁴	小推车或自行车上的方便握住以掌控方向的柄

续表

词目与注音	释义及例句
【车襻】tʃʰə²¹³⁻²⁴pʰæn³¹	两端系在小推车车把上的扁条状绳索,搭于脖颈和双肩上,用以辅助驾车
【筐子】kʰuaŋ²¹³⁻²¹tθɻ¹	统指一般的筐类器具
【粪筐】fən³¹kʰuaŋ²¹³	盛家畜粪便用的大筐
【偏篓】pʰiæn²¹³⁻²¹ləu¹	置于小推车两侧的长形荆条筐
【杈】tʂʰa²¹³	一种翻动、归拢农作物秸秆的农具
【扫帚】θau⁴⁴⁻⁴²tʃu²	
【笤帚】tʰiau⁵³⁻⁵⁵tʃu⁵	一种用高粱穈子扎制成的清扫杂物的工具
【饭帚】fæn³¹⁻⁴²tʃu²	用脱粒的高粱穗扎制成的工具,用来刷锅或清理案板
【牛鼻钳】iəu⁵³pi⁵³tɕʰiæn⁵³	穿牛鼻的铁环儿
【梭头】θuə²¹³⁻⁴⁵tʰəu⁵	架于耕牛肩胛骨两边的曲木,上有穿插绳索的深槽和穿孔,用以牵引农具
3. 其他	
【大茬子】ta³¹⁻⁴²tʂʰa²tθɻ²	收割后的小麦茬
【自留地】tθɻ⁵³liəu⁵³ti³¹	口粮田
【薄地】pə⁵³ti³¹	不肥沃的地块儿
【园】yæn⁵³	
【菜园】tθʰɛ³¹yæn⁵³	
【场院】tʃʰaŋ⁵³⁻⁵⁵væn⁵	
【地瓜垄】ti³¹kua²¹³liəŋ⁴⁴	栽植红薯的地垄
【重茬】tʂʰəŋ³¹tʂʰa⁵³	指在一个地块连续种植同一种作物,此做法会导致产量减少
【出夫】tʃʰu⁴⁴⁻⁴²fu²¹³	农民义务出工兴修水利、修路架桥和植树造林等
【交公粮】tɕiau²¹³⁻²⁴kəŋ²¹³⁻²⁴liaŋ⁵³	
【猪粪】tʃu²¹³⁻²⁴fən³¹	
【牛粪】iəu⁵³⁻⁵⁵fən⁵	
【羊粪】iaŋ⁵³⁻⁵⁵fən⁵	
【锅头灰】kuə²¹³⁻²¹tʰəu¹xuei²¹³	
【土杂肥】tʰu⁴⁴tθa⁵³fei⁵³	用人畜粪便、草木灰相掺杂的肥料

六　植物

词目与注音	释义及例句
1. 树木	
【红杨】xəŋ^{53}iaŋ^{53}	表皮光滑的杨树
【白杨】pei^{53}iaŋ^{53}	表皮粗糙、有皲裂的杨树
【榆树】y$^{53-55}$ʃu^{5}	
【榆钱儿】y^{53}ʦ^{h}iɛ˞^{53}	
【洋槐】iaŋ^{53}xuɛ^{53}	刺槐树
【家槐树】ʨia$^{213-21}$xuɛ^{1}ʃu^{1}	国槐
【槐花儿】xuɛ$^{53-55}$xua˞^{5}	
【棉槐】miæn^{53}xuɛ^{53}	紫穗槐
【棉槐条子】miæn^{53}xuɛ^{53}t^{h}iau$^{53-55}$tθɿ^{5}	棉槐的枝条
【白果树】pei^{53}kə^{44}ʃu^{31}	银杏
【椿树】ʈʂ^{h}uei$^{213-21}$ʃu^{1}	
【香椿】çiaŋ$^{213-21}$tʃ^{h}uən^{1}	
【香椿芽】çiaŋ$^{213-21}$tʃ^{h}uən^{1}ia^{53}	
【杏儿树】çiə˞ŋ$^{31-42}$ʃu^{2}	
【核桃树】xuə$^{53-55}$t^{h}au^{5}ʃu^{31}	
【枣儿树】tθa˞u$^{44-45}$ʃu^{5}	
【棘子】ʨi$^{44-45}$tθɿ^{5}	野枣
【杉木】ʂa$^{213-21}$mu^{1}	杉树
【柳树】liəu$^{44-45}$ʃu^{5}	
【梨树】li$^{53-55}$ʃu^{5}	
【酸楂树】θuæn$^{213-24}$ʈʂa$^{213-24}$ʃu^{31}	山楂树
【臭槭】tʃ^{h}əu$^{31-42}$ʦ^{h}i^{2}	枳树，也称枳树的果实
【蘋果树】p^{h}iən^{53}kə^{44}ʃu^{31}	苹果树
【松树】siəŋ$^{213-21}$ʃu^{1}	
【松枝子】siəŋ$^{213-24}$ʈʂʅ$^{213-21}$tθɿ^{1}	
【松果棱儿】siəŋ$^{213-21}$ku^{1}ɹə˞ŋ^{53}	松果
【桃树】t^{h}au$^{53-55}$ʃu^{5}	
【栗子树】li$^{31-42}$tθɿ^{2}ʃu^{31}	板栗树
【柏树】pei$^{44-45}$ʃu^{5}	

续表

词目与注音	释义及例句
【梧桐树】vu³¹tʰəŋ⁵³ʃu³¹	
【柿子树】ʂʅ³¹⁻⁴²tθʅ²ʃu³¹	
【木瓜】mu³¹kua²¹³	木瓜树，亦指果实
【樱桃儿树】iəŋ²¹³⁻²¹tʰɚuˡʃu³¹	
【石榴】ʃi⁵³⁻⁵⁵liəu⁵	石榴树，亦指果实
【无花果】vu⁵³xua²¹³⁻²⁴kə⁴⁴	无花果树，亦指果实
【狗奶子】kəu⁴⁴⁻⁴⁵nɛ⁵tθʅ⁵	野生的枸杞
【橡皮树】siaŋ³¹pʰi⁵³ʃu³¹	
【树】ʃu³¹	
【大树】ta³¹⁻³¹²ʃu³¹	
【小树儿】siau⁴⁴ʂɚ³¹	
【果树】kə⁴⁴⁻⁴⁵ʃu⁵	
【树头】ʃu³¹tʰəu⁵³	树冠
【树杈儿】ʃu³¹⁻³¹²tʂʰɚ³¹	
【树枝儿】ʃu³¹tʂɚi²¹³	
【树叶子】ʃu³¹iə³¹⁻⁴²tθʅ²	
【树根】ʃu³¹kən²¹³	
【树皮】ʃu³¹pʰi⁵³	
【树□墩】ʃu³¹⁻³¹²ku²¹³⁻²¹tuən¹	树被砍伐之后所遗留的根部
【栽子】tθɛ²¹³⁻²¹tθʅ¹	植物的幼苗，亦指幼儿
2. 花草、菌类	
【夹竹桃】tɕia⁴⁴⁻⁴²tʂu⁴⁴tʰau⁵³	
【地瓜花】ti³¹kua²¹³⁻²⁴xuɚ²¹³	
【金银花】tɕiən²¹³⁻²⁴iən⁵³xuɚ²¹³	
【喇叭花】la⁴⁴⁻⁴⁵pa⁵xuɚ²¹³	牵牛花
【菊花】tɕy⁴⁴⁻⁴⁵xuɚ⁵	
【月季】yə³¹⁻³¹²tɕi³¹	
【牡丹花】mu⁴⁴⁻⁴⁵tæn⁵xuɚ²¹³	
【吊钟花】tiau³¹tʂəŋ²¹³⁻²⁴xuɚ²¹³	学名"倒挂金钟"，又名灯笼花。
【吊兰】tiau³¹læn⁵³	
【海棠】xɛ⁴⁴tʰaŋ⁵³	
【兰花】læn⁵³⁻⁵⁵xuɚ⁵	

续表

词目与注音	释义及例句
【君子兰】tɕyən²¹³⁻²⁴ tθŋ⁴⁴ læn⁵³	
【杜鹃花】tu³¹ tɕyæn²¹³⁻²⁴ xuɚ²¹³	
【鸡冠花】tɕi²¹³⁻²¹ kuæn¹ xuɚ²¹³	
【荷花儿】xə⁵³⁻⁵⁵ xuɚ·⁵	
【莲花儿】liæn⁵³⁻⁵⁵ xuɚ·⁵	
【花心儿】xua²¹³⁻²⁴ θɚi²¹³	
【花骨朵儿】xua²¹³⁻²⁴ ku⁴⁴⁻⁴⁵ tu·⁵	
【人参】iən⁵³ ʂən²¹³	
【麻□菜】ma⁵³⁻⁴² tʂəŋ² tθʰɛ³¹	马齿苋
【婆婆丁】pʰə⁵³⁻⁵⁵ pʰə⁵ tiəŋ²¹³	蒲公英
【萋萋毛】tsʰi⁴⁴⁻⁴⁵ tsʰi⁵ mau⁵³	小蓟
【□蒜】tθuei⁵³⁻⁵⁵ θuæn⁵	野蒜
【野葱】iə⁴⁴⁻⁴² tθʰəŋ²¹³	
【野韭菜】iə⁴⁴⁻⁴² tɕiəu⁴⁴⁻⁴⁵ tθʰɛ⁵	
【野草莓】iə⁴⁴⁻⁴² tθʰau⁴⁴ mei⁵³	
【栝瓤】kua³¹⁻⁴² lu²	①葫芦科王瓜属的多年生草本雌雄异株攀援植物，果实成熟为金黄色；②地梢瓜
【苇子】vei⁴⁴⁻⁴⁵ tθŋ⁵	芦苇
【荠菜】tsi³¹⁻⁴² tθʰɛ²	
【蒲子】pʰu⁴⁴⁻⁴⁵ tθŋ⁵	
【蒲棒】pʰu⁴⁴⁻⁴⁵ paŋ⁵	蒲子的棒槌形果实
【青泥苔】tsʰiəŋ²¹³⁻²¹ mi¹ tʰɛ²¹³	苔藓
【蒺藜】tsi⁴⁴⁻⁵⁵ li⁵	
【死孩子拳头】tθŋ⁴⁴ xɛ⁵³⁻⁵⁵ tθŋ⁵ tɕʰyæn⁵³⁻⁵⁵ tʰəu⁵	茜草，又名地苏木、土丹参。多年生草本植物，长有糙毛或小皮刺，球形果。
【茅草】mau⁵³⁻⁵⁵ tθʰau⁵	
【水红】ʂuei⁴⁴⁻⁴⁵ xəŋ⁵	红蓼
【麻□】ma⁵³⁻⁵⁵ xəŋ⁵	接骨草
【莠】iau²¹³	未秀的狗尾草
【毛骨英儿】mau⁵³⁻⁵⁵ ku⁵ ʂɚ·ŋ²¹³	狗尾巴草
【□倒驴】tɛ⁴⁴⁻⁴⁵ tau⁵ ly⁵³	牛筋草
【大烟】ta³¹ iæn²¹³	罂粟
【马勃勃】ma⁴⁴⁻⁴⁵ pə⁵ pə⁵	马勃

续表

词目与注音	释义及例句
【车车菜】 tʃʰə²¹³⁻²¹tʃʰə¹tθʰɛ³¹	车前
【马鞭子】 ma⁴⁴piæn²¹³⁻²¹tθ˞ ¹	
【扫帚菜】 θau⁴⁴⁻⁴²tʃu²tθʰɛ³¹	
【赤儿李儿】 tʂʰɚi⁴⁴⁻⁴⁵ɹɚi⁵	欧李，蔷薇科樱桃类小灌木
【猫子眼】 mau⁵³⁻⁵⁵tθ˞ ⁵iæn⁴⁴	
【棉草】 miæn⁵³⁻⁵⁵tθʰau⁵	丹参
【麦蒿】 mei³¹⁻⁴²xau²	
【苦菜子】 kʰu⁴⁴⁻⁴⁵tθʰɛ⁵tθ˞ ⁵	败酱草
【灰灰菜】 xuei²¹³⁻²¹xuei¹tθʰɛ³¹	
【松菇】 siəŋ²¹³⁻²⁴ku²¹³	雨后松树林里长出的蘑菇
【癞葡萄】 lɛ³¹⁻⁴²pʰu²tʰau²	金铃子
【葫芦】 xu⁵³⁻⁵⁵lu⁵	
【丫巴葫芦】 ia²¹³⁻²¹pa¹xu⁵³⁻⁵⁵lu⁵	
【满天星儿】 mæn⁴⁴⁻⁴²tʰiæn²¹³⁻²⁴θɚ˞ ²¹³	
【艾子】 ɣɛ³¹⁻⁴²tθ˞ ²	艾草
【囗子】 ʂæn⁴⁴⁻⁴⁵tθ˞ ⁵	芦苇
【苘】 tɕʰiəŋ⁴⁴	苘麻
【苘秆儿】 tɕʰiəŋ⁴⁴⁻⁴⁵kɛ˞ ⁵	苘麻的细秆
【荆条】 tɕiəŋ²¹³⁻²¹tʰiau¹	牡荆
【荆条窠】 tɕiəŋ²¹³⁻²¹tʰiau¹kʰuə²¹³	丛生的牡荆
【平柳】 pʰiəŋ⁵³liəu⁴⁴	枫杨，又名大叶柳
【草】 tθʰau⁴⁴	
【青草】 tsʰiəŋ²¹³⁻²⁴tθʰau⁴⁴	一般指中华结缕草
【草种儿】 tθʰau⁴⁴⁻⁴⁵tʂɚ˞ ⁵	
【草籽儿】 tθʰau⁴⁴⁻⁴²tθɚi⁴⁴	
3. 瓜菜	
【面瓜】 miæn³¹⁻⁴²kua²	
【甜瓜】 tʰiæn⁵³⁻⁵⁵kua⁵	
【梢瓜】 ʂau²¹³⁻²¹kua¹	越瓜
【黄瓜】 xuaŋ⁵³⁻⁵⁵kua⁵	
【地黄瓜】 ti³¹⁻⁴²xuaŋ²kua²	
【架黄瓜】 tɕia³¹⁻⁴²xuaŋ²kua²	

续表

词目与注音	释义及例句
【西瓜】 si²¹³⁻²¹ kua¹	
【冬瓜】 təŋ²¹³⁻²¹ kua¹	
【南瓜】 næn⁵³⁻⁵⁵ kua⁵	
【北瓜】 pei⁴⁴⁻⁴⁵ kua⁵	
【吊瓜】 tiau³¹⁻⁴² kua²	
【茭瓜】 tɕiau⁴⁴⁻⁴⁵ kua⁵	西葫芦
【番瓜】 fæn²¹³⁻²¹ kua¹	
【木瓜】 mu³¹ kua²¹³	
【屎瓜】 ʂ̩⁴⁴⁻⁴⁵ kua⁵	一种野生瓜
【泡瓜儿】 pa⁵³⁻⁵⁵ kuaɚ⁵	马泡瓜
【头茬儿瓜】 tʰəu⁵³⁻⁵⁵ tʂʰɚ⁵ kua²¹³	瓜类植物第一次结的瓜
【二茬儿瓜】 l̩³¹⁻⁴² tʂʰɚ² kua²¹³	
【拉蔓子瓜】 la⁴⁴⁻⁴⁵ væn⁵ tθɻ⁵ kua²¹³	秋天瓜类植物所结最后一批瓜，因其采摘后瓜蔓会被抽拉掉而得名
【萝卜】 luə⁵³⁻⁵⁵ pei⁵	
【红萝卜】 xəŋ⁵³⁻⁵⁵ luə⁵ pei⁵	
【水萝卜】 ʐuei⁴⁴⁻⁴⁵ luə⁵ pei⁵	
【胡萝卜】 xu⁵³⁻⁵⁵ luə⁵ pei⁵	
【葱】 tθʰəŋ²¹³	
【洋葱】 iaŋ⁵³ tθʰəŋ²¹³	
【葱白儿】 tθʰəŋ²¹³⁻²⁴ pɚi³¹	
【葱花】 tθʰəŋ²¹³⁻²¹ xua¹	炒菜时用以提香的葱
【地蛋】 ti³¹⁻³¹² tæn³¹	马铃薯
【豆角子】 təu³¹⁻⁴² tɕyə² tθɻ²	豆角
【扁豆】 piæn⁴⁴⁻⁴⁵ təu⁵	
【秋扁豆】 tsʰiəu²¹³⁻²⁴ piæn⁴⁴⁻⁴⁵ təu⁵	
【月扁豆】 yə³¹⁻⁴² piæn² təu²	
【芸豆】 yən⁵³⁻⁵⁵ təu⁵	菜豆
【豌豆】 væn²¹³⁻²¹ təu¹	
【红豆】 xəŋ⁵³⁻⁵⁵ təu⁵	
【黑豆】 xei⁴⁴⁻⁴⁵ təu⁵	
【绿豆】 ly³¹⁻⁴² təu²	

词目与注音	释义及例句
【大白菜】 ta³¹pei⁵³⁻⁵⁵tθʰɛ⁵	
【小白菜儿】 siau⁴⁴pei⁵³⁻⁵⁵tθʰɛ·⁵	
【大头菜】 ta³¹tʰəu⁵³tθʰɛ³¹	
【洋柿子】 iaŋ⁵³ʂɭ³¹⁻⁴²tθɹ²	西红柿
【韭菜】 tɕiəu⁴⁴⁻⁴⁵tθʰɛ⁵	
【韭菜苔】 tɕiəu⁴⁴⁻⁴⁵tθʰɛ⁵tʰɛ⁵³	
【蕹】 ɕiɛ³¹	又名藠头、独头蒜等。
【蕹苗儿】 ɕiɛ³¹miaʊ⁵³	
【菠菜】 pə²¹³⁻²¹tθʰɛ¹	
【芹菜】 tɕʰiən⁵³⁻⁵⁵tθʰɛ⁵	
【辣菜】 la³¹⁻⁴²tθʰɛ²	芥菜，根为芥菜疙瘩，可腌制成咸菜
【芋头】 y³¹⁻⁴²tʰəu²	
【山药】 ʂæn²¹³⁻²¹yə¹	
【姜】 tɕiaŋ²¹³	
【蒜】 θuæn³¹	
【蒜瓣儿】 θuæn³¹⁻³¹²pɛ³¹	
【蒜薹】 θuæn³¹tʰɛ⁵³	
【辣椒儿】 la³¹tθaʊ²¹³	
【辣椒子】 la³¹⁻³¹²tsiau²¹³⁻²¹tθɹ¹	
【菜椒子】 tθʰɛ³¹⁻⁴²tsiau²tθɹ²	
【茼蒿】 tʰəŋ⁵³⁻⁵⁵xau⁵	
【茄子】 tɕʰiə⁵³⁻⁵⁵tθɹ⁵	
【芫荽】 iæn⁵³⁻⁵⁵θuei⁵	香菜
【瓜果儿梨桃儿】 kua²¹³⁻²⁴kə⁴⁴li⁵³tʰaʊ⁵³	瓜果总称
【核儿】 xʊ⁵³	果核
【瓜皮】 kua²¹³⁻²¹pʰi¹	
【蔓子】 væn³¹⁻⁴²tθɹ²	
4. 庄稼	
【庄稼】 tʂuaŋ²¹³⁻²¹tɕia¹	
【五谷杂粮】 vu⁴⁴⁻⁴²ku⁴⁴tθa⁵³liaŋ⁵³	
【大麦】 ta³¹⁻⁴²mei²	

词目与注音	释义及例句
【荞麦】tɕʰiau⁵³⁻⁵⁵mei⁵	
【麦子】mei³¹⁻⁴²tθʅ²	小麦
【麦秸】mei³¹⁻⁴²tɕiɛ²	
【麦芒】mei³¹maŋ⁵³	
【麦穗儿】mei³¹⁻⁴²θuɚi²	
【麦糠】mei³¹⁻⁴²kʰaŋ²	
【麦茬】mei³¹⁻⁴²tʂʰa²	小麦收割后的地块
【玉黍】y³¹⁻⁴²ʃu²	玉米
【玉黍豆】y³¹⁻⁴²ʃu²təu³¹	玉米粒
【苞米儿】pau²¹³⁻²⁴miɚi⁴⁴	玉米
【苞米棒子】pau²¹³⁻²⁴mi⁴⁴paŋ³¹⁻⁴²tθʅ²	玉米棒儿
【甜秆】tʰiæn⁵³⁻⁵⁵kæn⁵	含糖较多的新鲜玉米秸秆
【胡秸】xu⁵³⁻⁵⁵tɕiɛ⁵	玉米秸秆
【豆子】təu³¹⁻⁴²tθʅ²	大豆
【黄豆】xuaŋ⁵³⁻⁵⁵təu⁵	
【豇豆】tɕiaŋ²¹³⁻²¹təu¹	
【胡秫】xu⁵³⁻⁵⁵ʃu⁵	高粱
【穀】ku⁴⁴	谷子
【黍子】ʃu⁴⁴⁻⁴⁵tθʅ⁵	黏黄米
【稷子】tsi³¹⁻⁴²tθʅ²	不黏的黄米
【穇子】tθʰæn²¹³⁻⁴⁵tθʅ⁵	一年生草本植物，茎有分杈，籽实可食
【麸子】fu²¹³⁻²¹tθʅ¹	麦皮
【糠】kʰaŋ²¹³	
【大米】ta³¹mi⁴⁴	
【莛秆儿】tʰiəŋ⁵³⁻⁵⁵kɛ⁵	高粱秸秆最顶端的细长部分
【□□儿】kə⁴⁴⁻⁵⁵taʴ ŋ⁵	一截高粱秸秆
【□□瓤儿】kə⁴⁴taŋ³¹ɹaʴ ŋ⁵³	高粱秸秆内部的白色组织
【地瓜】ti³¹kua²¹³	红薯
【地瓜瓤】ti³¹kua²¹³⁻²⁴ɹaʴ ŋ⁵³	红薯的瓤
【地瓜干儿】ti³¹kua²¹³⁻²⁴kɛ²¹³	
【地瓜母子】ti³¹kua²¹³⁻²⁴mu⁴⁴⁻⁴⁵tθʅ⁵	发了芽的红薯
【地瓜蔓】ti³¹kua²¹³⁻²⁴væn³¹	

续表

词目与注音	释义及例句
【果子】 kə⁴⁴⁻⁴⁵tθʅ⁵	花生
【花生米】 xua²¹³⁻²⁴ ʂəŋ²¹³⁻²⁴miɚ·i⁴⁴	
【芝麻】 tʂʅ²¹³⁻²¹ma¹	
【麻】 ma⁵³	
【麻秧】 ma⁵³⁻⁵⁵iaŋ⁵	烂麻线
【棉花】 miæn⁵³⁻⁵⁵xua⁵	
【朝阳花】 tʃʰau⁵³⁻²¹iau¹xua²¹³	向日葵

七　动物

词目与注音	释义及例句
1. 家畜	
【牲畜儿】 ʂəŋ²¹³⁻⁴⁵tʂʰʊ·5	猪、羊、马等家畜的总称
【牲口】 ʂəŋ²¹³⁻²¹kʰəu¹	牛、马等大型牲畜的总称
【牛】 iəu⁵³	
【□牛】 ʂa²¹³⁻²¹iəu¹	母牛
【公牛】 kəŋ²¹³⁻²¹iəu¹	
【犍子】 tɕiæn²¹³⁻²¹tθʅ¹	阉割的公牛
【□牯子】 pʰa⁴⁴⁻⁴⁵ku⁵tθʅ⁵	小公牛
【咩子】 miə²¹³⁻²¹tθʅ¹	小牛
【牛皮】 iəu⁵³⁻⁵⁵pʰi⁵	
【□牛】 ʂʅ⁴⁴iəu⁵³	让牛交配
【牵牛】 tɕʰiæn²¹³⁻²⁴iəu⁵³	
【倒□】 tau⁴⁴tsiau³¹	反刍
【马】 ma⁴⁴	
【公马】 kəŋ²¹³⁻²¹ma¹	
【母马】 mu⁴⁴⁻⁴⁵ma⁵	
【驴】 ly⁵³	
【叫驴】 tɕiau³¹⁻⁴²ly²	公驴
【草驴】 tθʰau⁴⁴⁻⁴⁵ly⁵	母驴
【驴皮】 ly⁵³⁻⁵⁵pʰi⁵	

续表

词目与注音	释义及例句
【骒子】luə$^{53-55}$tʂ\̩^{5}	
【打战】ta^{44}tʃæn^{31}	马、骒等在地上翻滚以除痒驱蚊虫
【骟】ʃæn^{31}	阉割（骒马）
【猪】tʃu^{213}	
【口猪】tɕyə$^{44-45}$tʃu^5	未阉割的公猪
【口猡】kʰə$^{44-45}$luə^5	阉割过的公猪
【豚猪】tʰuən$^{53-55}$tʃu^5	小母猪
【老母猪】lau$^{44-42}$mu$^{44-45}$tʃu^5	
【起圈】tɕʰi^{44}tɕyæn^{31}	母猪发情
【择猪】tʂei^{53}tʃu^{213}	阉割猪
【尿口脬】θuei$^{213-21}$luə^{1}pʰu^1	猪的膀胱
【猪下货】tʃu$^{213-24}$ɕia$^{31-42}$xuə^2	泛指猪的内脏
【猪腰子】tʃu$^{213-24}$iau$^{213-21}$tʂ\̩^{1}	猪肾
【猪皮】tʃu$^{213-21}$pʰi^1	
【上膘】ʃaŋ^{31}piau^{213}	长肥肉
【狗】kəu^{44}	
【小狗儿】siau$^{44-42}$kəʵ^{44}	
【伢狗】ia$^{53-55}$kəu^5	小公狗
【公狗】kəŋ$^{213-21}$kəu^1	
【母狗】mu$^{44-45}$kəu^5	
【狼狗】laŋ$^{53-55}$kəu^5	
【吊秧子】tiau$^{31-312}$iaŋ$^{213-21}$tʂ\̩^{1}	狗交配
【羊】iaŋ^{53}	
【母羊】mu$^{44-45}$iaŋ^5	
【公羊】kəŋ$^{213-21}$iaŋ^1	
【绵羊】miæn$^{53-55}$iaŋ^5	
【大羊】ta^{31}iaŋ^{53}	
【小羊儿】siau^{44}ɹaʵŋ^{53}	
【猫】mau^{53}	
【公猫】kəŋ$^{213-21}$mau^1	
【母猫】mu$^{44-45}$mau^5	
【叫春】tɕiau^{31}tʃʰuən^{213}	猫发情

词目与注音	释义及例句
【家兔子】tɕia$^{213-21}$tʰu^{1}tθʅ^1	
【公兔子】kəŋ$^{213-21}$tʰu^{1}tθʅ^1／kəŋ$^{213-24}$tʰu$^{31-42}$tθʅ^2	
【母兔子】mu$^{44-45}$tʰu^{5}tθʅ^5／mu^{44}tʰu$^{31-42}$tθʅ^2	
【兔子皮】tʰu$^{31-42}$tθʅ^{2}pʰi^{53}	
【□】tsʰi^{31}	胎生动物分娩
【□】tʂʰa^{213}	狗、猪等动物凶狠地咬
【吣】tsʰiən^{31}	猫、狗等动物呕吐
【撒欢儿】θa$^{44-42}$xuɛ^{213}	动物因兴奋而蹦跳奔跑
2. 野兽	
【黑瞎子】xei$^{44-42}$ɕia$^{44-45}$tθʅ^5	狗熊
【獾】xuæn^{213}	
【耗子】xau$^{53-55}$tθʅ^5	家鼠
【坡耗子】pʰə$^{44-45}$xau^{5}tθʅ^5	田鼠，尾巴较短
【黄鼬子】xuaŋ$^{53-55}$iæn^{5}tθʅ^5	黄鼠狼
【马虎】ma$^{213-21}$xu^1	狼
【野狸子】iə$^{44-45}$li^{5}tθʅ^5	山猫
【狐狸】xu$^{53-55}$li^5	
【刺猬】tθʰʅ$^{31-42}$vei^2	
【蝙蝠儿】piə$^{44-45}$fɚ^5	
【野猪】iə$^{44-42}$tʃu^{213}	
【坡兔子】pʰə$^{44-45}$tʰu^{5}tθʅ^5	野兔
3. 家禽与飞禽	
【鸡】tɕi^{213}	
【土鸡】tʰu$^{44-42}$tɕi^{213}	
【公鸡】kəŋ$^{213-21}$tɕi^1	
【母鸡】mu$^{44-45}$tɕi^5	
【小鸡儿】siau$^{44-42}$tɕiɚi^{213}	
【肉食鸡】iəu^{31}ʃi^{53}tɕi^{213}	
【鸡冠子】tɕi$^{213-21}$kuæn^{1}tθʅ^1	公鸡的冠
【鸡翅儿】tɕi$^{213-24}$tʂʰɚi^{31}	
【鸡爪子】tɕi$^{213-24}$tʂua$^{44-45}$tθʅ^5	

续表

词目与注音	释义及例句
【鸡毛】 t¢i²¹³⁻²⁴mau⁵³	
【鸡心】 t¢i²¹³⁻²⁴siən²¹³	
【鸡嗉子】 t¢i²¹³⁻²⁴θu³¹⁻⁴²tθŋ²	
【鸡胗儿】 t¢i²¹³⁻²⁴tʂɚi²¹³	
【上宿】 ʃaŋ³¹sy⁴⁴	晚上家禽入眠
【打鸣】 ta⁴⁴miəŋ⁵³	公鸡晨鸣
【鸡窝】 t¢i²¹³⁻²⁴və²¹³	
【氄毛】 iəŋ⁵³⁻⁵⁵mau⁵	鸟兽细软的毛
【孵】 pau³¹	动物生育
【踩鸡】 tʂʰɛ⁴⁴⁻⁴²t¢i²¹³	鸡交配
【嘎嘎子】 ka²¹³⁻²¹ka¹tθŋ¹	鸭子
【鹅子】 və⁵³⁻⁵⁵tθŋ⁵	鹅
【蛋】 tæn³¹	
【鸡蛋】 t¢i²¹³⁻²⁴tæn³¹	
【鸭蛋】 ia⁴⁴⁻⁴⁵tæn⁵	
【鹅蛋】 və⁵³⁻⁵⁵tæn⁵	
【下蛋】 ¢ia³¹⁻³¹²tæn³¹	
【实蛋】 ʃi⁵³⁻⁵⁵tæn⁵	已受精的蛋
【妄蛋】 vaŋ³¹⁻⁴²tæn²	未受精的蛋
【坏蛋】 xuɛ³¹⁻³¹²tæn³¹	变质或破损的禽蛋；骂人的话
【蛋清】 tæn³¹tθʰɚŋ²¹³	
【蛋黄儿】 tæn³¹xuɚŋ⁵³	
【散黄儿】 θuæn⁴⁴xuɚŋ⁵³	蛋黄散掉，不成形
【鹈儿】 tʂʰɚi⁵³	鸟的泛称
【鹈子】 tʂʰən⁵³⁻⁵⁵tθŋ⁵	
【鹁鸽】 pu⁵³⁻⁵⁵ka⁵	鸽子
【家鹈】 t¢ia²¹³⁻²¹tʂʰɚi¹	麻雀
【夜猫子】 iə³¹⁻⁴²mau²tθŋ²	猫头鹰
【野鹊】 iə⁴⁴⁻⁴⁵tsʰiau⁵	喜鹊
【金翅儿】 t¢iən²¹³⁻²⁴tʂʰɚi³¹	金翅雀
【啄木鸟】 tʂuə⁴⁴⁻⁵⁵mu⁵niau⁴⁴	
【斑鸠】 pæn²¹³⁻²¹t¢iəu¹	

续表

词目与注音	释义及例句
【乌鸦】vu²¹³⁻²¹ia¹	
【老鸹子】lau⁴⁴iau³¹⁻⁴²tθʅ²	雀鹰
【老雕】lau⁴⁴⁻⁴²tiau²¹³	雕
【鹁鸪】pu⁵³⁻⁵⁵kəu⁵	布谷鸟
【鹌鹑】ɣæn²¹³⁻²¹tʃʰuən¹	
【丁当儿】tiəŋ²¹³⁻²¹taʅŋ¹	一种极小的鸟，窝呈网状，吊在树枝上
【大雁】ta³¹⁻³¹²iæn³¹	
【天鹅】tʰiæn²¹³⁻²⁴və⁵³	
【野鸡】iə⁴⁴⁻⁴²tɕi²¹³	
【打食】ta⁴⁴ʃi⁵³	找食吃
【扎毛儿】tʂa⁴⁴maʅu⁵³	长出羽毛
【咛】niəŋ⁵³	禽类用嘴啄
【鸽】tsʰiæn²¹³	禽类啄食
4. 水族类与两栖类	
【黄鳝】xuaŋ⁵³⁻⁵⁵ʃæn⁵	
【鳝鱼】ʃæn³¹⁻⁴²y²	
【草鱼】tθʰau⁴⁴⁻⁴⁵y⁵	
【鲢鱼】liæn⁵³⁻⁵⁵y⁵	
【鲤鱼】li⁴⁴⁻⁴⁵y⁵	
【鲫鱼】tsi⁴⁴⁻⁴⁵y⁵	
【浮鱼】fu⁵³⁻⁵⁵y⁵	一种全身透明的淡水小鱼
【泥狗】mi⁵³⁻⁵⁵kəu⁵	泥鳅
【花碴子】xua²¹³⁻²¹tʂʰa¹tθʅ¹	一种全身颜色鲜艳的淡水鱼
【鲶鱼】niæn⁵³⁻⁵⁵y⁵	
【趴跕郎子】pʰa²¹³⁻⁴⁵ku⁵laŋ⁵³⁻⁵⁵tθʅ⁵	一种喜欢趴伏在水底的淡水小鱼
【虾】ɕia²¹³	
【蛙子】vɛ⁵³⁻⁵⁵tθʅ⁵	青蛙
【蛤蟆】xa⁵³⁻⁵⁵ma⁵	
【癞蛤蟆】lɛ³¹⁻⁴²xa²ma²	蟾蜍
【气蛤蟆】tɕʰi³¹⁻⁴²xa²ma²	
【蛤蟆酥】xa⁵³⁻⁵⁵ma⁵θu²¹³	蛙卵

词目与注音	释义及例句
【蛤蟆蝌蚪子】xa$^{53-55}$ma^{5}kə$^{213-24}$ taŋ$^{31-42}$tθʅ^2	蝌蚪
【担杖钩】tæn$^{31-42}$tʃaŋ^{2}kɚu^{213}	水黾
【蚂蛭】ma$^{44-45}$tʰi^5	水蛭
【鳖】piə^{44}	
【王八】vaŋ$^{53-55}$pa^5	鳖
【蟹子】ɕiɛ$^{31-42}$tθʅ^2	
【梭子蟹】θuə$^{213-21}$tθʅ^{1}ɕiɛ^{31}	
【大闸蟹】ta^{31}tʂa$^{53-55}$ɕiɛ^5	
【□□】ku$^{213-21}$lu^1	河蚌
【水□胶】ʂuei$^{44-45}$mu^{5}tɕiau^{213}	淡水螺
【鳞刀】liən$^{44-55}$tau^5	刀鱼
【蛤蜊】ka$^{53-55}$la^5	
【蛏子】tʂʰəŋ$^{213-21}$tθʅ^1	
【鲅鱼】pa$^{31-42}$y^2	
【鼓眼儿】ku$^{44-45}$iɚ^5	木叶鲽
【偏口儿】pʰiæn$^{213-21}$kʰɚu^1	比目鱼
【黄花儿】xuaŋ^{53}xuɚ^{213}	
【□子】siæn$^{44-45}$tθʅ^5	
【虾虎儿】ɕia$^{213-24}$xuɚ^{44}	虾蛄
【鱿鱼】iəu$^{53-55}$y^5	
【大蛸】ta^{31}ʂau^{213}	章鱼
【扒皮狼】pa^{44}pʰi^{53}laŋ^{53}	绿鳍马面鱼
【墨鱼】mei^{31}y^{53}	乌贼
【鲳鱼】tʃʰaŋ$^{213-21}$y^1	
【青鱼】tsʰiəŋ$^{213-21}$y^1	
【寨花儿】tʂɛ$^{31-42}$xuɚ^2	鲈鱼
【□鱼】kuaŋ$^{31-42}$y^2	矛尾刺虾虎鱼
5. 虫类	
【蝎虎子】ɕiə$^{44-45}$xu^{5}tθʅ^5	壁虎
【□蛺子】pa^{44}tɕia$^{31-42}$tθʅ^2	刺蛾幼虫
【蚂蚱】ma$^{44-42}$tʂa^2	

词目与注音	释义及例句
【蹬倒山】təŋ²¹³⁻²¹tau¹ʂæn²¹³	大青蝗
【油蚂蚱】iəu⁵³⁻⁵⁵ma⁵tʂa⁵	生于河崖的一种小蝗虫
【梢□角】ʂau²¹³⁻²¹mu¹tɕia⁴⁴	中华剑角蝗
【香油蹦儿】ɕiaŋ²¹³⁻²⁴iəu⁵³pɚ·ŋ³¹	一种体形小，无翅，会蹦跳的灰色蝗虫
【沙蚂蚱】ʂa²¹³⁻²¹ma¹tʂa¹	一种体形小，有翅，常于河滩沙地活动的蝗虫
【土蛮子】tʰu⁴⁴mæn⁵³⁻⁵⁵tθ̩⁵	一种有翅，全身呈土色的蝗虫
【花鞋】xua²¹³⁻²⁴ɕiɛ⁵³	一种外翅生花纹，内翅呈黄色的蝗虫
【老驴拖】lau⁴⁴ly⁵³tʰuə²¹³	一种体形大，没有翅膀，行动迟缓的蝗虫
【敍不动】tɕiən²¹³⁻²¹pu¹təŋ³¹	一种毛虫，毛被捏住提起时会自动脱落
【草鞋底】tθʰau⁴⁴ɕiɛ⁵³ti⁴⁴	蚰蜒
【小咬儿】siau⁴⁴⁻⁴²ɹɚ·u⁴⁴	一种夏天成群飞舞的黑色小虫
【蚰蜒】iəu³¹⁻⁴²iæn²	
【蚰蟮】tɕʰy⁴⁴⁻⁴⁵ʃæn⁵	蚯蚓
【蛴螬】tθʰŋ⁵³⁻⁵⁵tθʰau⁵	
【水牛】ʐuei⁴⁴⁻⁴⁵iəu⁵	曲牙锯天牛
【咩老□子】miə²¹³⁻²¹lau¹xau²¹³⁻²¹tθ̩¹	蜗牛
【刀螂】tau²¹³⁻²¹laŋ¹	螳螂
【豆虫】təu³¹⁻⁴²tʂʰəŋ²	豆天蛾幼虫
【尿子】tu⁴⁴⁻⁴⁵tθ̩⁵	蝎、蜂等昆虫尾部的毒刺
【蛛蛛子】tʃu²¹³⁻²¹tʃu¹tθ̩¹	一般称较大的蜘蛛
【蛛儿蛛儿】tʂɚ²¹³⁻²¹tʂɚ·¹	蜘蛛
【蟢蛛儿蛛儿】ɕi⁴⁴⁻⁴⁵tʂɚ·⁵tʂɚ·⁵	一种小蜘蛛
【虱子】ʂ̩⁴⁴⁻⁴⁵tθ̩⁵	
【虮子】tɕi⁴⁴⁻⁴⁵tθ̩⁵	虱子卵
【蜓蜓】tʰiəŋ²¹³⁻²¹tʰiəŋ¹	蜻蜓
【小媳妇儿】siau⁴⁴⁻⁴²si⁴⁴⁻⁴⁵fɚ·⁵	瓢虫
【蟆螂】xuə³¹⁻⁴²laŋ²	七星瓢虫
【干钩儿】kæn²¹³⁻²¹kɚ·u¹	
【蚕】tθʰæn⁵³	
【蚕蛹儿】tθʰæn⁵³ɹɚ·ŋ⁴⁴	
【蚕茧儿】tθʰæn⁵³tɕiɛ⁴⁴	
【蝈儿蝈儿】kuɛ²¹³⁻²¹kuɛ·¹	

续表

词目与注音	释义及例句
【翅蝈儿蝈儿】tʂʰʅ³¹⁻⁴²kuɛ²kuɛ²	纺织娘，螽斯属
【尾蝈儿蝈儿】i⁴⁴⁻⁴⁵kuɛ⁵kuɛ⁵	一种尾巴极长的蝈蝈
【齤蟟】tsiə³¹⁻⁴²liəu²	黑蚱蝉
【齤蟟龟儿】tsiə³¹⁻⁴²liəu²kuəɹ²¹³	蝉的幼虫
【□儿□儿】tθəɹi²¹³⁻²¹tθəɹi¹	螳蜋
【问攸】vən³¹⁻⁴²iəu²	蒙古寒蝉
【臭屁子】tʃʰəu³¹⁻⁴²pi²tθʅ²	椿象
【□癞虫子】i³¹⁻⁴²lɛ²tʂʰəŋ⁵³⁻⁵⁵tθʅ⁵	鼠妇
【蜂子】fəŋ²¹³⁻²¹tθʅ¹	蜂类总称
【蜜蜂】mi³¹⁻⁴²fəŋ²	
【土蜂子】tʰu⁴⁴⁻⁴⁵fəŋ⁵tθʅ⁵	一种在泥土里做窝的蜂
【马蜂子】ma⁴⁴⁻⁴⁵fəŋ⁵tθʅ⁵	胡蜂，又名黄蜂
【苍蝇】tθʰaŋ²¹³⁻²¹iaŋ¹	
【绿头蝇】ly³¹⁻⁴²təu²iəŋ²¹³	
【蛆】tʂʰy²¹³	
【狐狸虻】xu⁵³⁻⁵⁵li⁵məŋ⁴⁴	牛虻
【密虫子】mi³¹⁻⁴²tʂʰəŋ²tθʅ²	蚜虫
【□子】iəu⁵³⁻⁵⁵tθʅ⁵	谷象
【太阳转儿】tʰɛ³¹iaŋ⁵³tʂuɛ³¹	一种常附着在橡树上，软翅外长有硬壳的黑色昆虫
【马□子】ma⁴⁴⁻⁴⁵ʃu⁵tθʅ⁵	小蜥蜴
【屎气螂】ʂʅ⁴⁴⁻⁴⁵tɕʰi⁵laŋ⁵³	蜣螂
【促织儿织儿】tθʰu⁴⁴⁻⁴⁵tʂəɹi⁵tʂəɹi⁵	蟋蟀
【瞎撞子】ɕia⁴⁴tʂʰuaŋ³¹⁻⁴²tθʅ²	大黑金龟子
【蝼蛄】lu⁵³⁻⁵⁵ku⁵	
【磕头虫儿】kʰa⁴⁴tʰəu⁵³tʂʰəɻ⁵³	叩头虫
【沙里拱儿】ʂa²¹³⁻²¹li¹kəɻ⁴⁴	蚁狮
【蚁蜂】i⁴⁴⁻⁴⁵iaŋ⁵	蚂蚁
【长虫】tʃʰaŋ⁵³⁻⁵⁵tʂʰəŋ⁵	蛇
【菜花】tθʰɛ³¹⁻⁴²xuə²	菜花蛇
【风梢】fəŋ²¹³⁻²¹ʂau¹	乌梢蛇
【道行】tau³¹⁻²¹xəŋ¹	传说修炼后具备超能力的蛇类
【下子儿】ɕia³¹tθəɹi⁴⁴	蛾类产卵

续表

词目与注音	释义及例句
【下蛰】 $\varsigma ia^{31} t\int\vartheta^{53}$	冬季虫类蛰伏

八　建筑与交通

词目与注音	释义及例句
1. 房舍	
【宅子】 $t\underset{\sim}{s}ei^{53-55} t\theta\gamma^{5}$	房子
【老宅子】 $lau^{44} t\underset{\sim}{s}ei^{53-55} t\theta\gamma^{5}$	
【平房儿】 $p^{h}i\vartheta\eta^{53} fa\text{·}\eta^{53}$	相对楼房而言
【平房儿】 $p^{h}i\vartheta\eta^{53-55} fa\text{·}\eta^{5}$	院子里连接院墙建的单层平顶房，屋顶可晾晒农作物
【瓦房】 $va^{44} fa\text{·}\eta^{53}$	
【草屋】 $t\theta^{h}au^{44-45} vu^{5}$	
【屋】 vu^{44}	
【老屋】 $lau^{44-42} vu^{44}$	
【天井】 $t^{h}i\ae n^{213-21} tsi\vartheta\eta^{1}$	院子
【楼】 $l\vartheta u^{53}$	
【洋楼儿】 $ia\eta^{53} \iota\vartheta\text{·}u^{53}$	
【宅基地】 $t\underset{\sim}{s}ei^{53} t\varsigma i^{213-24} ti^{31}$	用以建住宅的土地
【正屋】 $t\int\vartheta\eta^{31-42} vu^{2}$	堂屋
【偏屋】 $p^{h}i\ae n^{213-21} vu^{1}$	
【正房儿】 $t\int\vartheta\eta^{31} fa\text{·}\eta^{53}$	妻
【偏房儿】 $p^{h}i\ae n^{213-24} fa\text{·}\eta^{53}$	妾
【填房】 $t^{h}i\ae n^{53} fa\eta^{53}$	作继室
【挂耳】 $kua^{31} l\chi^{44}$	房屋两侧部分新探出的房间
【场院屋子】 $t\int^{h}a\eta^{53-55} v\ae n^{5} vu^{44-45} t\theta\gamma^{5}$	在场院里搭建的简易房屋
【瓜屋子】 $kua^{213-21} vu^{1} t\theta\gamma^{1}$	在瓜地里搭建的棚屋
【窖子】 $tsiau^{31-42} t\theta\gamma^{2}$	冬季用以存放蔬菜之用的深地穴
【门】 $m\vartheta n^{53}$	
【大门儿】 $ta^{31} m\vartheta\text{·}i^{53}$	
【堂门】 $ta\eta^{213-24} m\vartheta n^{53}$	正房的门
【房门儿】 $fa\eta^{53-55} m\vartheta\text{·}i^{5}$	房间的门

续表

词目与注音	释义及例句
【双扇门儿】ɕuaŋ²¹³⁻²⁴ ʃæn³¹ məˑi⁵³	
【单扇门儿】tæn²¹³⁻²⁴ ʃæn³¹ məˑi⁵³	
【门鼻子】mən⁵³ pi⁵³⁻⁵⁵ tθ̩⁵	门环
【门环拉儿】mən⁵³ xuaˑ⁵³⁻⁵⁵ ɹaˑ⁵	门环
【门帘】mən⁵³⁻⁵⁵ liæn⁵	
【门框儿】mən⁵³ kʰuaˑŋ³¹	
【门框子】mən⁵³ kʰuaŋ³¹⁻⁴² tθ̩²	
【门上枨】mən⁵³ ʃaŋ³¹ tʃʰəŋ⁵³	门框上的横木
【门槛儿】mən⁵³ kʰɛˑ⁴⁴	
【门关儿】mən⁵³ kuɛ²¹³	门闩
【门楼子】mən⁵³⁻⁵⁵ ləu⁵ tθ̩⁵	院门上方遮风避雨的建筑
【走扇】tθəu⁴⁴ ʃæn³¹	门窗变形
【里间】li⁴⁴⁻⁴⁵ tɕiæn⁵	里面的房间
【外间】vɛ³¹⁻⁴² tɕiæn²	外面的房间
【里屋】li⁴⁴⁻⁴⁵ vu⁵	
【窗】tʂʰuaŋ²¹³	
【窗棂儿】tʂʰuaŋ²¹³⁻²⁴ ɹəˑŋ⁵³	窗户上的木格子
【顶棚】tiəŋ⁴⁴⁻⁴⁵ pʰəŋ⁵	旧式房屋里接近屋顶的棚子，可存放红薯、土豆等
【屋口】vu⁴⁴⁻⁴² pa²¹³	屋内由梁和檩支撑的顶部
【屋檐】vu⁴⁴ iæn³¹	
【出厦】tʃʰu⁴⁴ ʂa³¹	屋子前部的走廊
【屋山】vu⁴⁴⁻⁴² ʂen²¹³	中式房屋两端墙体上呈三角状的部分
【壁子】pi⁴⁴⁻⁴⁵ tθ̩⁵	房内墙壁
【大梁】ta³¹ liaŋ⁵³	
【上梁】ʃaŋ³¹ liaŋ⁵³	安装大梁
【梁檩】liaŋ⁵³ liən⁴⁴	
【卯榫】mau⁴⁴⁻⁴² syən⁴⁴	榫头和卯眼
【墙角儿】tsʰiaŋ⁵³ tɕyəˑ⁴⁴	
【角落子】ka⁴⁴⁻⁴⁵ la⁵⁵ tθ̩⁵	角落
【角口落子】ka⁴⁴⁻⁴⁵ xa⁵ la⁵⁵ tθ̩⁵	
【角落儿】ka⁴⁴⁻⁴⁵ ɹaˑ⁵³	
【角口落儿】ka⁴⁴⁻⁴⁵ xa⁵ ɹaˑ⁵³	

续表

词目与注音	释义及例句
【院楼墙】yæn$^{31-42}$ləu^{2}tsʰiaŋ^{53}	院墙
【影壁墙】iəŋ$^{44-45}$pi^{5}tsʰiaŋ^{53}	影壁
【锅台】kuə$^{213-24}$tʰɛ^{53}	灶台
【锅头】kuə$^{213-21}$tʰəu^1	煮饭烧柴的地方
【□炱】fu$^{31-42}$tʰɛ^2	烟囱
【炕】kʰaŋ^{31}	
【炕沿】kʰaŋ$^{31-312}$iæn^{31}	炕的外侧边缘
【炕沿儿】kʰaŋ$^{31-312}$ɹɛ^{31}	
【炕头】kʰaŋ^{31}tʰəu^{53}	炕上最暖和的一块地方
【炕头儿】kʰaŋ^{31}tʰɚu^{53}	
【炕前】kʰaŋ^{31}tsʰiæn^{53}	炕外侧前面的一片区域
2. 设施	
【马棚】ma$^{44-45}$pʰəŋ^5	
【牛棚】iəu$^{53-55}$pʰəŋ^5	
【驴棚】ly$^{53-55}$pʰəŋ^5	
【羊圈】iaŋ^{53}tɕyæn^{31}	
【猪圈】tʃu$^{213-24}$tɕyæn^{31}	
【猪窝】tʃu$^{213-24}$və^{213}	
【猪食槽子】tʃu$^{213-24}$ʃi^{53}tθʰau$^{53-55}$tθɻ^5	喂猪时盛猪食的石制或水泥制长形器具
【马槽】ma^{44}tθʰau^{53}	
【牛槽】iəu^{53}tθʰau^{53}	
【鸡窝】tɕi$^{213-24}$və^{213}	
【鸡笼子】tɕi$^{213-24}$ləŋ$^{53-55}$tθɻ^5	
【狗窝】kəu$^{44-42}$və^{213}	
【兔子笼子】tʰu$^{31-42}$tθɻ^{2}ləŋ$^{53-55}$tθɻ^5	
【茅房】mau$^{53-55}$faŋ^5	
【化粪池子】xua$^{31-312}$fən^{31}tʃʰi$^{53-55}$tθɻ^5	
【壕涝】xau$^{53-55}$lau^5	大型的粪坑或粪池子
【阳沟】iaŋ$^{53-55}$kəu^5	庭院里位于门楼侧旁的排水沟
【夹□道子】tɕia$^{44-45}$ku^{5}tau$^{31-42}$tθɻ^2	极窄的胡同
【夹□道儿】tɕia$^{44-45}$ku^{5}tɚu^{31}	
【胡同】xu$^{44-45}$tʰəŋ^5	

词目与注音	释义及例句
【小胡同儿】siau$^{44-42}$xu$^{44-45}$t^{h}ɚŋ^{5}	
【厦子】ʂa$^{31-42}$tθ̩ŋ^{2}	临时搭建的棚子
【窝棚】və$^{213-21}$p^{h}əŋ^{1}	
3. 建筑施工与材料	
【盖屋】kɛ^{31}vu^{44}	建房子
【翻盖】fæn$^{213-21}$kɛ^{1}	旧房翻新
【打墙】ta^{44}ts^{h}iaŋ^{53}	
【打脚手儿】ta^{44}tɕyə$^{44-45}$ʂɚu^{5}	搭建脚手架
【土墙】t^{h}u^{44}ts^{h}iaŋ^{53}	
【垒墙】li^{44}ts^{h}iaŋ^{53}	用砖石建墙
【夯墙】xaŋ$^{213-24}$ts^{h}iaŋ^{53}	用木槌把土墙夯实
【糊墙】xu^{53}ts^{h}iaŋ^{53}	往墙上糊纸
【找平】tʂau^{44}p^{h}iəŋ^{53}	
【苫草】ʃæn$^{213-24}$tθ^{h}au^{44}	
【苫瓦】ʃæn$^{213-24}$va^{44}	
【和泥】xuə^{31}mi^{53}	
【接屋山】tsiə^{44}vu$^{44-42}$ʂæn^{213}	
【倒挂】tau$^{31-312}$kua^{31}	重新修葺房顶
【吊线】tiau$^{31-312}$siæn^{31}	
【返工】fæn$^{44-42}$kəŋ^{213}	
【石灰】ʃi$^{53-55}$xuei^{5}	
【洋灰】iaŋ^{53}xuei^{213}	
4. 交通	
【路】lu^{31}	
【小路儿】siau$^{44-45}$ɻu·5	
【大路】ta$^{31-312}$lu^{31}	
【土路】t^{h}u^{44}lu^{31}	
【山路】ʂæn$^{213-24}$lu^{31}	
【岔路儿】tʂ^{h}a$^{31-42}$ɻu·2	岔开的路
【沙子路】ʂa$^{213-21}$tθ̩ŋ^{1}lu^{31}	
【水泥路】ʂuei^{44}mi^{53}lu^{31}	
【公路】kəŋ$^{213-24}$lu^{31}	

词目与注音	释义及例句
【铁路】tʰiə⁴⁴lu³¹	
【桥】tɕʰiau⁵³	
【大桥】ta³¹tɕʰiau⁵³	
【小桥儿】siau⁴⁴tɕʰiɚu⁵³	
【桥墩子】tɕʰiau⁵³tuən²¹³⁻²¹tθŋ¹	
【车】tʃʰə²¹³	
【大车】ta³¹tʃʰə²¹³	
【小车儿】siau⁴⁴⁻⁴²tʂʰɚ²¹³	
【拥车子】iəŋ²¹³⁻²¹tʃʰə¹tθŋ¹	小推车
【地盘儿】ti³¹pʰɛ⁵³	马、牛拉的车
【脚闸车子】tɕyə⁴⁴⁻⁴²tʂa⁴⁴tʃʰə²¹³⁻²¹tθŋ¹	自行车
【三轮儿车】θæn²¹³⁻²⁴ɻuɚi⁵³tʃʰə²¹³	
【农用车】nu⁵³iəŋ³¹tʃʰə²¹³	
【拖拉机】tʰuə²¹³⁻²¹la¹tɕi²¹³	
【五零】vu⁴⁴liəŋ⁵³	大型带拖斗的拖拉机
【汽车】tɕʰi³¹tʃʰə²¹³	
【客车】kʰei⁴⁴⁻⁴⁵tʃʰə⁵	
【大客儿】ta³¹kʰɚi⁴⁴	大型客车
【面包车】miæn³¹pau²¹³⁻²⁴tʃʰə²¹³	
【救护车】tɕiəu³¹⁻³¹²xu³¹tʃʰə²¹³	
【轿子】tɕiau³¹⁻⁴²tθŋ²	轿车
【小轿车儿】siau⁴⁴tɕiau³¹⁻⁴²tʂʰɚ²	
【货车】xuə³¹tʃʰə²¹³	
【火车】xuə⁴⁴⁻⁴²tʃʰə²¹³	
【轮子】luən⁵³⁻⁵⁵tθŋ⁵	
【毂轮儿】ku⁴⁴⁻⁴⁵ɻuɚi⁵	
【车胎】tʃʰə²¹³⁻²⁴tɛ³¹	
【辐条】fu²¹³⁻²⁴tʰiau⁵³	
【车嘴子】tʃʰə²¹³⁻²⁴tθuei⁴⁴⁻⁴⁵tθŋ⁵	充气嘴
【链子】liæn³¹⁻⁴²tθŋ²	链条
【脚闸】tɕyə⁴⁴⁻⁴²tʂa⁴⁴	
【手闸】ʃəu⁴⁴⁻⁴²tʂa⁴⁴	

34 34444444444444444444444444444444444444444444444444444444

续表

词目与注音	释义及例句
【车闸】 tʃʰə²¹³⁻²⁴tʂa⁴⁴	
【刹闸】 ʂa⁴⁴⁻⁴²tʂa⁴⁴	
【车把】 tʃʰə²¹³⁻²⁴pa⁴⁴	
【车座子】 tʃʰə²¹³⁻²⁴tθuə³¹⁻⁴²tθɿ²	
【车圈】 tʃʰə²¹³⁻²⁴tɕʰyæn²¹³	
【车架子】 tʃʰə²¹³⁻²⁴tɕia³¹⁻⁴²tθɿ²	自行车主架
【车辙】 tʃʰə²¹³⁻²⁴tʃə⁵³	
【掉链子】 tiau³¹liæn³¹⁻⁴²tθɿ²	
【断链子】 tuæn³¹liæn³¹⁻⁴²tθɿ²	

九　器具与用品

词目与注音	释义及例句
1. 一般器具、用品	
【家什】 tɕia²¹³⁻⁴⁵ʂɿ⁵	各类家庭用具的总称
【家具】 tɕia²¹³⁻⁴⁵tɕy⁵	
【柜子】 kuei³¹⁻⁴²tθɿ²	
【衣柜】 i²¹³⁻²⁴kuei³¹	
【箱子】 siaŋ²¹³⁻²¹tθɿ¹	
【匣子】 ɕia⁵³⁻⁵⁵tθɿ⁵	
【大衣橱】 ta³¹i²¹³⁻²⁴tʃʰu⁵³	较大的立式衣橱
【饭橱】 fæn³¹⁻⁴²tʃʰu²	
【镜子】 tɕiəŋ³¹⁻⁴²tθɿ²	
【表】 piau⁴⁴	
【挂钟】 kua³¹tʂəŋ²¹³	挂在墙上的钟表
【桌子】 tʂuə⁴⁴⁻⁴⁵tθɿ⁵	
【圆桌儿】 yæn⁵³tʂuəʳ⁴⁴	
【方桌儿】 faŋ²¹³⁻²⁴tʂuəʳ⁴⁴	
【饭桌儿】 fæn³¹tʂuəʳ⁴⁴	
【酒桌儿】 tsiəu⁴⁴⁻⁴²tʂuəʳ⁴⁴	
【抽屉】 tʃʰəu²¹³⁻²¹tʰəu¹	

词目与注音	释义及例句
【写字台】siə$^{44-55}$tθŋ^{5}t^{h}ɛ^{53}	
【供桌儿】kəŋ^{31}tʂuɚ^{44}	节日供奉的桌子
【八仙桌】pa$^{44-42}$siæn$^{213-24}$tʂuɚ^{44}	
【桌儿布儿】tʂuɚ^{44}pu^{31}	
【椅子】i$^{44-45}$tθŋ^5	
【杌子】vu$^{31-42}$tθŋ^2	
【板凳儿】pæn$^{44-45}$tɚŋ^5	
【绞叉子】tsiau$^{213-21}$tʂ^{h}a^{1}tθŋ^1	马扎子
【绞叉儿】tsiau$^{213-21}$tʂ^{h}ɚ^1	
【墩子】tuən$^{213-21}$tθŋ^1	
【铺团】pu^{31}t^{h}æn^{53}	以蒲草编制成的扁圆形坐具
【樘儿】tʂ^{h}ɚŋ^{53}	椅子、凳子上起连接固定作用的木条
【笾子】yæn$^{31-42}$tθŋ^2	以去皮柳条制成的器具，用来装盛面食
【二升笾子】lʅ$^{31-42}$ʃəŋ^{2}yæn$^{31-42}$tθŋ^2	
【三升笾子】θæn$^{213-21}$ʃəŋ^{1}yæn$^{31-42}$tθŋ^2	
【四升笾子】θŋ$^{31-42}$ʃəŋ^{2}yæn$^{31-42}$tθŋ^2	
【六升笾子】liəu$^{31-42}$ʃəŋ^{2}yæn$^{31-42}$tθŋ^2	
【提□】t^{h}i$^{53-55}$liæn^5	以枝条编制的用具，用来装盛杂物
【筐】k^{h}uaŋ^{213}	
【小筐儿】siau$^{44-42}$k^{h}uɚŋ^{213}	
【筐子】k^{h}uaŋ$^{213-21}$tθŋ^1	
【牛筐】iəu$^{53-55}$k^{h}uaŋ^5	
【偏篓】p^{h}iæn$^{213-21}$ləu^1	
2. 炊事器具、用品	
【磨】mə^{31}	
【碾】niæn^{31}	由大圆盘和石磙组成的碾碎粮食的工具
【大碾】ta$^{31-312}$niæn^{31}	
【缸】kaŋ^{213}	
【水缸】ʂuei$^{44-42}$kaŋ^{213}	
【茶缸子】tʂ^{h}a^{53}kaŋ$^{213-21}$tθŋ^1	喝茶用的搪瓷缸
【盆】p^{h}ən^{53}	
【盆子】p^{h}ən$^{53-55}$tθŋ^5	

续表

词目与注音	释义及例句
【盆儿】pʰəɚi⁵³	
【大盆】ta³¹pʰən⁵³	
【小盆儿】siau⁴⁴pʰəɚi⁵³	
【水盆儿】ʂuei⁴⁴pʰəɚi⁵³	
【和面盆儿】xuə⁵³miæn³¹pʰəɚi⁵³	
【洗脸盆儿】si⁴⁴⁻⁴²liæn⁴⁴pʰəɚi⁵³	
【瓷盆儿】tθʰʅ⁵³pʰəɚi⁵³	
【铁盆子】tʰiə⁴⁴pʰən⁵³⁻⁵⁵tθʅ⁵	
【锅】kuə²¹³	
【铁锅】tʰiə⁴⁴⁻⁴²kuə²¹³	
【大锅】ta³¹kuə²¹³	
【小锅儿】siau⁴⁴⁻⁴²kuəɚ²¹³	
【锅盖儿】kuə²¹³⁻²⁴kɛɚ³¹	
【风箱】fəŋ²¹³⁻²¹ɕiæn¹	
【火棍】xuə⁴⁴⁻⁴⁵kuən⁵	
【瓢】pʰiau⁵³	
【水瓢】ʂuei⁴⁴pʰiau⁵³	
【面瓢】miæn³¹⁻⁴²pʰiau²	
【舀子】iau⁴⁴⁻⁴⁵tθʅ⁵	
【水舀子】ʂuei⁴⁴⁻⁴²iau⁴⁴⁻⁴⁵tθʅ⁵	
【筷子】kʰuɛ³¹⁻⁴²tθʅ²	
【箸笼子】tʃu³¹⁻⁴²ləŋ²tθʅ²	筷子笼
【铲子】tʂʰæn⁴⁴⁻⁴⁵tθʅ⁵	
【勺子】ʃuə⁵³⁻⁵⁵tθʅ⁵	
【盖垫】kɛ³¹⁻⁴²tiæn²	由高粱秸秆穿制成的圆形片状生活器具
【笤帚】tʰiau⁵³⁻⁵⁵tʃu⁵	
【饭帚】fæn³¹⁻⁴²tʃu²	
【扫帚】θau⁴⁴⁻⁴²tʃu²	
【笊篱】tʂau³¹⁻⁴²li²	
【碗】væn⁴⁴	
【大碗】ta³¹væn⁴⁴	
【小碗儿】siau⁴⁴⁻⁴²vɛ⁴⁴	

词目与注音	释义及例句
【黑碗】xei$^{44-42}$væn^{44}	
【瓷碗】tθʰ ɿ^{53}væn^{44}	
【饭碗】fæn^{31}væn^{44}	
【茶碗】tʂʰa^{53}væn^{44}	
【茶杯】tʂʰa^{53}pei^{213}	
【杯子】pei$^{213-21}$tθɿ^{1}	
【盘子】pʰæn$^{53-55}$tθɿ^{5}	
【碟子】tiə$^{53-55}$tθɿ^{5}	
【盅子】tʂən$^{213-21}$tθɿ^{1}	喝酒的小杯
【酒盅儿】tsiəu$^{44-42}$tʂɚ·ŋ^{213}	
【匙子】tʂʰ ɿ$^{44-45}$tθɿ^{5}	
【瓶子】pʰiəŋ$^{53-55}$tθɿ^{5}	
【玻璃瓶子】pə$^{213-21}$li^{1}pʰiəŋ$^{53-55}$tθɿ^{5}	
【聚口】tsy$^{31-42}$kʰəu^{2}	漏斗
【筛子】ʂɛ$^{213-21}$tθɿ^{1}	
【案板】ɣæn$^{31-42}$pæn^{2}	用来切肉和菜的案子
【面板】miæn$^{31-42}$pæn^{2}	用来做面食的案子
【菜板】tsʰɛ$^{31-42}$pæn^{2}	
【擀面轴子】kæn^{44}miæn^{31}tʂu$^{53-55}$tθɿ^{5}	擀面杖
【菜刀】tθʰɛ^{31}tau^{213}	
【搽桄】tθʰa$^{44-45}$tʂʰəŋ^{5}	一种平板上镶有薄刀片的器具，用以把瓜、萝卜等擦成丝状
【箅子】pi$^{31-42}$tθɿ^{2}	用竹片或木条制成的器具，横在锅内，食物置于其上
【笼扇】ləŋ$^{53-55}$ʃæn^{5}	蒸笼
【鏊子】ɣau$^{31-42}$tθɿ^{2}	用来烙饼的铁铸凸面圆形器具
【井】tsiəŋ^{44}	
【水井】ʂuei$^{44-42}$tsiəŋ^{44}	
【筲】ʂau^{213}	
【水筲】ʂuei$^{44-42}$ʂau^{213}	
【担杖】tæn$^{31-42}$tʃaŋ^{2}	扁担
【担杖钩儿】tæn$^{31-42}$tʃaŋ^{2}kɚu^{213}	
【抹布】ma$^{44-45}$pu^{5}/ma$^{31-42}$pu^{5}	

词目与注音	释义及例句
【蒜臼子】 $\theta uæn^{31}tɕiəu^{31-42}tθ ʅ^2$	
【柴火】 $tʂ^hɛ^{53-55}xuə^5$	柴草的总称
【火柴】 $xuə^{44}tʂ^hɛ^{53}$	
【罐子】 $t^hæn^{53-55}tθ ʅ^5$	
3. 卧室器具、用品	
【床】 $tʂ^huaŋ^{53}$	
【钢丝床】 $kaŋ^{213-24}θ ʅ^{213-24}tʂ^huaŋ^{53}$	
【单人床】 $tæn^{213-24}iən^{53}tʂ^huaŋ^{53}$	
【双人床】 $ʂuaŋ^{213-24}iən^{53}tʂ^huaŋ^{53}$	
【通铺】 $t^həŋ^{213-24}p^hu^{31}$	
【地铺】 $ti^{31-312}p^hu^{31}$	
【吊铺】 $tiau^{31-312}p^hu^{31}$	
【席】 si^{53}	
【被】 pei^{31}	
【褥子】 $y^{31-42}tθ ʅ^2$	
【毯子】 $t^hæn^{44-45}tθ ʅ^5$	
【被单儿】 $pei^{31}tɕ^{213}$	
【床单儿】 $tʂ^huaŋ^{53}tɕ^{213}$	
【被套儿】 $pei^{31-312}t^hɚu^{31}$	
【被筒儿】 $pei^{31}t^hɚŋ^{44}$	
【被窝儿】 $pei^{31-42}vɚ^2$	
【棉单】 $miæn^{53-55}tæn^5$	
【小被儿】 $siau^{44}pɚi^{31}$	
【大被】 $ta^{31-312}pei^{31}$	
【头枕】 $təu^{31-42}tʃən^2$	
【头枕穰子】 $təu^{31-42}tʃən^2iaŋ^{53-55}tθ ʅ^5$	
【蚊帐】 $vən^{53-55}tʃaŋ^5$	
【蚊帐钩儿】 $vən^{53-55}tʃaŋ^5kɚu^{213}$	
【镜子】 $tɕiəŋ^{31-42}tθ ʅ^2$	
【尿壶】 $niau^{31}xu^{53}$	
【褯子】 $tsiə^{31-42}tθ ʅ^2$	婴儿屎尿布
【毡】 $tʃæn^{213}$	用兽毛或化学纤维制成的粗糙片状物

续表

词目与注音	释义及例句
4. 工匠器具、用品	
【铁匠家什】tʰiə⁴⁴⁻⁵⁵tsiaŋ⁵tɕia²¹³⁻⁴⁵ʂʅ⁵	
【大钳】ta³¹tɕʰiæn⁵³	
【大锤】ta³¹tʂʰuei⁵³	
【叫锤儿】tɕiau³¹⁻⁴²tʂʰuɚi²	小锤儿
【羊角锤】iaŋ⁵³tɕyə⁴⁴tʂʰuei⁵³	
【砧子】tʂən²¹³⁻²¹tθʅ¹	捶砸东西时垫在底下的铁墩
【木匠家什】mu³¹⁻⁴²tsiaŋ²tɕia²¹³⁻⁴⁵ʂʅ⁵	
【锯】tɕy³¹	
【小钢锯儿】siau⁴⁴⁻⁴²kaŋ²¹³⁻²⁴tɕy·³¹	
【斧头】fu⁴⁴⁻⁴⁵tʰəu⁵	
【锛】pən²¹³	
【凿子】tθuə⁵³⁻⁵⁵tθʅ⁵	
【镊子】niə³¹⁻⁴²tθʅ²	
【皮尺】pʰi⁵³tʃʰi⁴⁴	
【墨斗儿】mei³¹tɚu⁴⁴	
【刨子】pau³¹⁻⁴²tθʅ²	推刮木料使其平滑的工具
【电刨子】tiæn³¹pau³¹⁻⁴²tθʅ²	
【电钻】tiæn³¹⁻³¹²tθuæn³¹	
【哾噜子钻】tʰu²¹³⁻²¹lu¹tθʅ¹tθuæn³¹	手摇钻
【推笆】tʰei²¹³⁻²¹pʰa¹	
【石匠家什】ʃi⁵³⁻⁵⁵tsiaŋ⁵tɕia²¹³⁻⁴⁵ʂʅ⁵	
【錾子】tθuæn³¹⁻⁴²tθʅ²	有短金属柄，一端有锐刃，用以凿刻材料的工具
【凿子】tθuə⁵³⁻⁵⁵tθʅ⁵	
【扦子】tsʰiæn²¹³⁻²¹tθʅ¹	
【撬棍】tɕʰiau³¹⁻⁴²kuən²	撬起重物的长棍
【窑匠家什】iau⁵³⁻⁵⁵tsiaŋ⁵tɕia²¹³⁻⁴⁵ʂʅ⁵	
【瓦匠家什】va³¹⁻⁴²tsiaŋ²tɕia²¹³⁻⁴⁵ʂʅ⁵	
【甩子】ʂɛ²¹³⁻²¹tθʅ¹	桃形抹泥刀
【墁板】mæn³¹⁻⁴²pæn²	有柄木板，水泥置放其上以待涂抹
【杖杆儿】tʃaŋ³¹⁻⁴²kɛ²	用以取直、定准的长木条
【线坠儿】siæn³¹⁻³¹²tʂuɚi³¹	铅锤

续表

词目与注音	释义及例句
【拐尺】kuɛ⁴⁴⁻⁴²tʂʰi⁴⁴	角尺
【夯】xaŋ²¹³	夯土木槌
【瓦刀】va³¹⁻⁴²tau²	
【墙头】tsʰiaŋ⁵³tʰəu⁵³	旧时苫盖土墙顶部的麦秸
【剃头家什】tʰi³¹tʰəu⁵³tɕia²¹³⁻⁴⁵ʂ̩⁵	
【推子】tʰei²¹³⁻²¹tθʅ¹	
【梳】ʂ̩²¹³	
【剃头刀子】tʰi³¹tʰəu⁵³tau²¹³⁻²¹tθʅ¹	
【篾刀】miə³¹⁻⁴²tau²	
【苇簾】vei⁴⁴⁻⁴⁵liæn⁵	斗笠
【蓑衣】θuə²¹³⁻²¹i¹	
【胰子】i⁵³⁻⁵⁵tθʅ⁵	肥皂
【香皂】ɕiaŋ²¹³⁻⁴⁵tθau⁵	
【针线活儿】tʃən²¹³⁻²¹siæn¹xuɚ⁵³	
【剪子】tsiæn⁴⁴⁻⁴⁵tθʅ⁵	
【烙铁】luə³¹⁻⁴²tʰiə²	
【拨槌】pə⁴⁴⁻⁴⁵tʂʰuei⁵	用以缠捻麻绳的骨制工具
【线穗子】siæn³¹θuei³¹⁻⁴²tθʅ²	
【针】tʃən²¹³	
【针鼻儿】tʃən²¹³⁻²⁴piɚi⁵³	
【针脚子】tʃən²¹³⁻²¹tɕyə¹tθʅ¹	
【针线笸箩儿】tʃən²¹³⁻²¹siæn¹pʰu⁵³⁻⁵⁵ɹɯ⁵	
【针锥】tʃən²¹³⁻²¹tʂuei¹	
【顶针儿】tiəŋ⁴⁴⁻⁴⁵tʂɚi⁵	
【缝纫机】fəŋ⁵³⁻⁵⁵iən⁵tɕi²¹³	
【杀猪家什】ʂa⁴⁴⁻⁴²tʃu²¹³⁻²⁴tɕia²¹³⁻⁴⁵ʂ̩⁵	
【杀猪刀】ʂa⁴⁴⁻⁴²tʃu²¹³⁻²⁴tau²¹³	
【钩子】kəu²¹³⁻²¹tθʅ¹	
【渔网】y⁵³vaŋ⁴⁴	
【大喇叭】ta³¹la⁴⁴⁻⁴⁵pa⁵	
【小喇叭儿】siau⁴⁴⁻⁴²la⁴⁴⁻⁴⁵pɚ⁵	

词目与注音	释义及例句
【锡锣】 t^haŋ^{31}luə^{53}	小铜锣
【棒槌】 paŋ$^{31-42}$tʂ^{h}uei^2	捶打用的木棒
【鼓】 ku^{44}	
【鼓槌】 ku$^{44-45}$tʂ^{h}uei^5	敲鼓用的细木棒
【二胡儿】 lʅ^{31}xu˞^{53}	
【弦儿】 ɕiɛ^{53}	
【呱嗒板儿】 kua$^{213-21}$ta^{1}pɛ^{44}	竹板
【咣咣】 kuaŋ$^{213-21}$kuaŋ^1	铙钹
【茂腔】 mau$^{31-21}$tɕ^{h}iaŋ^1	青岛及周边地区的地方戏种
【吕剧】 ly$^{44-55}$tɕy^5	中国八大剧种之一，流行于山东及周边省份
5. 其他生活用品	
【刀】 tau^{213}	
【砍刀】 k^{h}æn$^{44-45}$tau^5	
【菜刀】 tθ^{h}ɛ^{31}tau^{213}	
【小刀儿】 siau$^{44-42}$ta˞u^{213}	
【大刀】 ta^{31}tau^{213}	
【镗石】 t^{h}aŋ$^{213-21}$ʃi^1	磨刀石
【枪】 tsʰiaŋ^{213}	
【手枪】 ʃəu$^{44-42}$tsʰiaŋ^{213}	
【机枪】 tɕi$^{213-24}$tsʰiaŋ^{213}	
【扎枪】 tʂa$^{44-45}$tsʰiaŋ^5	矛
【炮】 p^{h}au^{31}	
【大炮】 ta$^{31-312}$p^{h}au^{31}	
【棍】 kuən^{31}	
【长棍儿】 tʃ^{h}aŋ^{53}kuən^{31}	
【短棍儿】 tuæn^{44}kuən^{31}	
【巴棍子】 pa$^{213-21}$kuən^{1}tθʅ^1	短木棍的统称
【拄棒】 tʃu$^{44-45}$paŋ^5	拐杖
【面轴子】 miæn^{31}tʃu$^{53-55}$tθʅ^5	擀面杖
【笼子】 ləŋ$^{53-55}$tθʅ^5	
【鸡笼子】 tɕi$^{213-24}$ləŋ$^{53-55}$tθʅ^5	
【蝈蝈笼儿】 kuɛ$^{213-21}$kuɛ^{1}lə˞^{53}	

续表

词目与注音	释义及例句
【鸟笼儿】 niau⁴⁴ ɹɚŋ⁵³	
【囤子】 tuən³¹⁻⁴² tθʅ²	
【囤底】 tuən³¹ ti⁴⁴	
【袋子】 tɛ³¹⁻⁴² tθʅ²	
【麻袋包】 ma⁵³⁻⁵⁵ tɛ⁵ pau²¹³	
【褡裢】 ta⁴⁴⁻⁴⁵ liæn⁵	
【网兜儿】 vaŋ⁴⁴⁻⁴² tɚu²¹³	
【洗衣板儿】 si⁴⁴⁻⁴² i²¹³⁻²⁴ pɛ⁴⁴	搓衣板
【洗脸盆儿】 si⁴⁴⁻⁴² liæn⁴⁴ pʰɚi⁵³	
【尿罐】 niau³¹⁻⁴² kuæn²	
【手灯】 ʃəu⁴⁴⁻⁴² təŋ²¹³	手电筒
【罩子灯】 tʂau³¹⁻⁴² tθʅ² təŋ²¹³	带玻璃罩的煤油灯
【煤油灯】 mei⁵³ iəu⁵³ təŋ²¹³	
【灯芯子】 təŋ²¹³⁻²⁴ siən³¹⁻⁴² tθʅ²	
【电灯】 tiæn³¹ təŋ²¹³	
【电报】 tiæn³¹⁻³¹² pau³¹	
【气球儿】 tɕʰi³¹ tɕʰiɚu⁵³	
【起子】 tɕʰi⁴⁴⁻⁴⁵ tθʅ⁵	
【胶布儿】 tɕiau²¹³⁻²⁴ puʳ³¹	
【胶带】 tɕiau²¹³⁻²⁴ tɛ³¹	
【瓶子】 pʰiəŋ⁵³⁻⁵⁵ tθʅ⁵	
【玻璃瓶子】 pə²¹³⁻²¹ li¹ pʰiəŋ⁵³⁻⁵⁵ tθʅ⁵	
【壶盖儿】 xu⁵³ kɛʳ³¹	
【暖壶】 næn⁴⁴ xu⁵³	暖瓶
【壶阻儿】 xu⁵³ tʂuʳ⁴⁴	暖瓶、瓶子等的木塞
【茶壶】 tʂʰa⁵³ xu⁵³	
【水壶】 ʂuei⁴⁴ xu⁵³	
【手表】 ʃəu⁴⁴⁻⁴² piau⁴⁴	
【表蒙子】 piau⁴⁴ məŋ⁵³⁻⁵⁵ tθʅ⁵	
【伞】 θuæn⁴⁴	
【雨伞】 y⁴⁴⁻⁴² θuæn⁴⁴	
【油纸】 iəu⁵³ tʂʅ⁴⁴	

续表

词目与注音	释义及例句
【镜子】 tɕiəŋ³¹⁻⁴²tθʅ²	
【锁】 θuə⁴⁴	
【钥匙】 yə³¹⁻⁴²tʂʰʅ²	
【门环儿】 mən⁵³xuɛ·⁵³	
【皮嗖子】 pʰi⁵³ ʂəu²¹³⁻²¹tθʅ¹	弹弓

十　称谓

词目与注音	释义及例句
1. 一般称谓	
【邻亲百家】 liən⁵³⁻⁵⁵tsʰiən⁵pei⁴⁴⁻⁴²tɕia²¹³	邻居
【邻居】 liən⁵³⁻⁵⁵tɕy⁵	
【大人】 ta³¹iei⁵³	
【小人儿】 siau⁴⁴ɹəˑi⁵³	长辈指称少年或年轻人
【小孩儿】 siau⁴⁴xɛ·⁵³	
【月孩子】 yə³¹⁻⁴²xɛ²tθʅ²	刚满月的婴儿
【男人】 næn⁵³iən⁵³	
【爷们儿】 iə⁵³⁻⁵⁵məˑi⁵	
【老头儿】 lau⁴⁴tʰɚu⁵³	
【老头子】 lau⁴⁴tʰəu⁵³⁻⁵⁵tθʅ⁵	
【青壮年】 tsʰiəŋ²¹³⁻²⁴tʂuaŋ³¹niæn⁵³	年富力强的男人
【青年】 tsʰiəŋ²¹³⁻²⁴niæn⁵³	
【小青年儿】 siau⁴⁴⁻⁴²tsʰiəŋ²¹³⁻²⁴nɛ·⁵³	
【半大小子】 pæn³¹⁻⁴²ta²siau⁴⁴⁻⁴⁵θʅ⁵	
【半大孩子】 pæn³¹⁻⁴²ta²xɛ⁵³⁻⁵⁵tθʅ⁵	
【小子】 siau⁴⁴⁻⁴⁵θʅ⁵	男孩儿
【小□儿】 siau⁴⁴⁻⁴²θɚˑu⁴⁴	小男孩
【带把儿的】 tɛ³¹pa·³¹⁻⁴²ti²	男婴
【儿】 lʅ⁵³	儿子
【女人】 ny⁴⁴iən⁵³	

词目与注音	释义及例句
【老妈妈子】lau⁴⁴ma²¹³⁻²¹ma¹tθŋ¹	老太婆
【老娘们儿】lau⁴⁴niaŋ⁵³⁻⁵⁵mɚ·i⁵	
【识字班】ʃi⁵³⁻⁵⁵tθŋ⁵pæn²¹³	女青年
【嫚儿】mɛ²¹³	未婚女子
【大嫚儿】ta³¹mɛ²¹³	年纪稍大的未婚女子
【小嫚儿】siau⁴⁴⁻⁴²mɛ²¹³	年纪小的未婚女子
【嫚姑子】mæn²¹³⁻²¹ku¹tθŋ¹	女孩
【闺女】kuən²¹³⁻²¹ny¹	女儿
【劳力】lau⁵³⁻⁵⁵li⁵	有劳动能力的成年男女
【整劳力】tʃəŋ⁴⁴lau⁵³⁻⁵⁵li⁵	
【半个劳力】pæn³¹⁻⁴²kə²lau⁵³⁻⁵⁵li⁵	
【老妈儿】lau⁴⁴⁻⁴²mɚ²¹³	婆婆
【媳妇儿】si⁴⁴⁻⁴⁵fʊ·⁵	
【媳子】si⁴⁴⁻⁴⁵tθŋ⁵	婆婆或公公称呼儿媳妇
【大媳子】ta³¹si⁴⁴⁻⁴⁵tθŋ⁵	大儿子的妻子
【二媳子】lʅ³¹si⁴⁴⁻⁴⁵tθŋ⁵	二儿子的妻子
【小媳子】siau⁴⁴⁻⁴²si⁴⁴⁻⁴⁵tθŋ⁵	小儿子的妻子
【坐地户子】tθuə³¹⁻³¹²ti³¹xu³¹⁻⁴²tθŋ²	祖居某地的人家
【坐地户儿】tθuə³¹⁻³¹²ti³¹⁻³¹²xʊ·³¹	
【外来户子】vɛ³¹lɛ⁵³xu³¹⁻⁴²tθŋ²	从外地迁入的人家
【外来户儿】vɛ³¹lɛ⁵³xʊ·³¹	
【本地人】pən⁴⁴⁻⁵⁵ti⁵iən⁵³	
【外地人】vɛ³¹⁻³¹²ti³¹iən⁵³	
【自己人】tθŋ⁵³⁻⁵⁵tɕi⁵iən⁵³	
【外人】vɛ³¹iən⁵³	
【老层人儿】lau⁴⁴⁻⁴⁵tθʰəŋ⁵ɹɚ·i⁵³	老一辈的人
【毛子】mau⁵³⁻⁵⁵tθŋ⁵	旧时对南方人的称呼
【苦命人儿】kʰu⁴⁴miəŋ³¹ɹɚ·i⁵³	
【主儿】tʂʊ·⁴⁴	指主人，有时专指丈夫
【大忙人】ta³¹maŋ⁵³iən⁵³	
【旁人】pʰaŋ⁵³iən⁵³	别的人
【闲人】ɕiæn⁵³iən⁵³	

续表

词目与注音	释义及例句
【好手】xau$^{44-42}$ʃəu^{44}	指在某一职业能干、有技术、技艺高超的人
【生手儿】ʂəŋ$^{213-24}$ʂɚu^{44}	
【主顾】tʃu^{44}ku^{31}	客户
【主事儿的】tʃu^{44}ʂɚi$^{31-42}$ti^2	单位、集体的主要负责人
【管事儿的】kuæn^{44}ʂɚi$^{31-42}$ti^2	
【五保】vu$^{44-42}$pau^{44}	
【五保户儿】vu$^{44-42}$pau^{44}xʊ^{31}	
【绝户儿】tsyə$^{53-55}$xʊ·^{5}	没有子嗣的家庭
【光棍子】kuaŋ$^{213-24}$kuən$^{31-42}$tθ̩ŋ^2	
【二婚】lɻ^{31}xuən^{213}	
【家伙】tɕia$^{213-21}$xuə^1	
【寡妇】kua$^{44-45}$fu^5	
【老大嫚儿】lau^{44}ta^{31}mɛ^{213}	超过适婚年龄还没结婚的女子
【黄花儿大闺女】xuaŋ^{53}xuə$^{213-24}$ta$^{31-312}$kuən$^{213-21}$ny^1	
【人物才子】iən$^{53-55}$vu^{5}tθʰɛ^{53}tθ̩ŋ^{44}	杰出人才
【地主】ti^{31}tʃu^{44}	
【财主】tθʰɛ^{53}tʃu^{44}	
【土门财主】tʰu^{44}mən^{53}tθʰɛ$^{53-55}$tʃu^5	旧时农村地主
【富农】fu^{31}nu^{53}	
【中农】tʂəŋ$^{213-24}$nu^{53}	
【贫农】pʰiən^{53}nu^{53}	
【贫下中农】pʰiən^{53}ɕia^{31}tʂəŋ$^{213-24}$nu^{53}	

2. 职业称谓

词目与注音	释义及例句
【庄户人】tʂuaŋ$^{213-21}$xu^{1}iən^{53}	
【下庄户的】ɕia$^{31-312}$tʂuaŋ$^{213-21}$xu^{1}ti^1	
【种地的】tʂəŋ^{31}ti$^{31-42}$ti^2	
【扛锄的】kʰaŋ^{31}tʂʰu$^{53-55}$ti^5	
【庄户孙】tʂuaŋ$^{213-21}$xu^{1}θuən^{213}	对农村人的贬称
【伙计】xuə$^{44-45}$tɕi^5	雇工
【扛活儿的】kʰaŋ^{31}xuə·$^{53-55}$ti^5	旧时给地主家干活的人
【把头】pa$^{44-45}$tʰəu^5	旧时在地主家领头干活的人

词目与注音	释义及例句
【长工儿】 tʃʰaŋ⁵³⁻⁵⁵kɚŋ⁵	长时间给地主家干活的人
【短工儿】 tuæn⁴⁴⁻⁴⁵kɚŋ⁵	短时间给地主家干活的人
【东家】 təŋ²¹³⁻²¹tɕia¹	
【教学的】 tɕiau²¹³⁻²⁴ɕyə⁵³⁻⁵⁵ti⁵	
【教书匠】 tɕiau²¹³⁻²⁴ʃu²¹³⁻²⁴tsiaŋ³¹	
【社员】 ʃə³¹yæn⁵³	
【学生】 ɕyə⁵³⁻⁵⁵ʂəŋ⁵	
【小学生儿】 siau⁴⁴ɕyə⁵³⁻⁵⁵ʂɚŋ⁵	
【初中生儿】 tʂʰu²¹³⁻²⁴tʂəŋ²¹³⁻²⁴ʂɚŋ²¹³	
【高中生儿】 kau²¹³⁻²⁴tʂəŋ²¹³⁻²⁴ʂɚŋ²¹³	
【大学生儿】 ta³¹ɕyə⁵³ʂɚŋ²¹³	
【媒人】 mei⁵³⁻⁵⁵iən⁵	
【媒婆儿】 mei⁵³⁻⁵⁵pʰɚ⁵	
【媒婆子】 mei⁵³⁻⁵⁵pʰə⁵tθɿ⁵	
【老板】 lau⁴⁴⁻⁴²pæn⁴⁴	
【老板娘】 lau⁴⁴⁻⁴²pæn⁴⁴niaŋ⁵³	
【学徒】 ɕyə⁵³tʰu⁵³	
【做买卖的】 tθəu³¹mɛ⁴⁴⁻⁴⁵mɛ⁵ti⁵	小商贩
【吃公家粮的】 tʃʰi⁴⁴kəŋ²¹³⁻²¹tɕia¹ liaŋ⁵³⁻⁵⁵ti⁵	机关事业单位人员
【开磨坊的】 kʰɛ²¹³⁻²⁴mə³¹⁻⁴²faŋ²ti²	
【接生婆儿】 tsiə⁴⁴⁻⁴²ʂəŋ²¹³⁻²⁴pʰɚ⁵³	
【电工儿】 tiæn³¹⁻⁴²kɚŋ²	
【卖油条的】 mɛ³¹iəu⁵³tʰiau⁵³⁻⁵⁵ti⁵	
【卖大豆腐的】 mɛ³¹⁻³¹²ta³¹təu³¹⁻⁴²fu²ti²	
【耍猴儿的】 ʂua⁴⁴xɚu⁵³⁻⁵⁵ti⁵	
【剃头的】 tʰi³¹tʰəu⁵³⁻⁵⁵ti⁵	
【吹鼓术的】 tʂʰuei²¹³⁻²⁴ku⁴⁴⁻⁴⁵ʃu⁵ti⁵	
【补鞋的】 pu⁴⁴ɕiɛ⁵³⁻⁵⁵ti⁵	
【铁匠】 tʰiə⁴⁴⁻⁵⁵tsiaŋ⁵	
【木匠】 mu³¹⁻⁴²tsiaŋ²	
【窑匠】 iau⁵³⁻⁵⁵tsiaŋ⁵	泥瓦匠

续表

词目与注音	释义及例句
【石匠】ʃi⁵³⁻⁵⁵tsiaŋ⁵	
【锢漏子】ku³¹⁻⁴²lu²tɤŋ²	修补陶罐、瓷碗、铁盆的匠人
【裁缝】tθʰɛ⁵³⁻⁵⁵fəŋ⁵	
【伙夫】xuə⁴⁴⁻⁴⁵fu⁵	厨师
【赶车的】kæn⁴⁴tʃʰə²¹³⁻²¹ti¹	
【开车的】kʰɛ²¹³⁻²⁴tʃʰə²¹³⁻²¹ti¹	司机
【司机】θŋ²¹³⁻³¹tɕi²¹³	
【吃这碗饭的】tʃʰi⁴⁴tʃə³¹væn⁴⁴fæn³¹⁻⁴²ti²	依靠某种职业生存的人
【练武的】liæn³¹vu⁴⁴⁻⁴⁵ti⁵	
【打家子】ta⁴⁴⁻⁴⁵tɕia⁵tɤŋ⁵	练武术且好斗之人
【杀猪的】ʂa⁴⁴tʃu²¹³⁻²¹ti¹	
【二道贩子】l̩ɻ³¹⁻³¹²tau³¹fæn³¹⁻⁴²tɤŋ²	
【和尚】xuə⁵³⁻⁵⁵tʃʰaŋ⁵	
【姑姑子】ku²¹³⁻²¹ku¹tɤŋ¹	尼姑
【囗手】tʂʰua⁴⁴⁻⁴⁵ʂɚu⁵	小偷
【小偷儿】siau⁴⁴⁻⁴²tʰɚu²¹³	
【三只手】θæn²¹³⁻²⁴tʃi²¹³⁻²⁴ʃəu⁴⁴	小偷
【要饭的】iau³¹fæn³¹⁻⁴²ti²	
【开窑子的】kʰɛ²¹³⁻²⁴iau⁵³⁻⁵⁵tɤŋ⁵ti⁵	开妓院的人
【婊子】piau⁴⁴⁻⁴⁵tɤŋ⁵	指与多个男人有奸情的女人
【相好儿的】siaŋ²¹³⁻²⁴xɚu⁴⁴⁻⁴⁵ti⁵	指相互爱慕甚至发生婚外情的男女
3. 亲昵称谓	
【人物头儿】iən⁵³⁻⁵⁵vu⁵tʰɚu⁵³	兄弟姊妹中之身材、长相俊美者
【记生儿】tɕi³¹⁻⁴²ʂɚŋ²	称呼记忆力强的孩子
【小鳖蛋儿】siau⁴⁴⁻⁴²piə⁴⁴tɛ³¹	对小孩儿的爱称
【老来俏】lau⁴⁴lɛ⁵³tɕʰiau³¹	老了反而更好看了
【小乖乖】siau⁴⁴kuɛ²¹³⁻²¹kuɛ¹	对小孩的爱称
【嫚儿她爹】mɛ²¹³⁻⁴⁵tʰa⁵tiə²¹³	妻子对丈夫的称呼
【小儿他爹】θɚu⁴⁴⁻⁵⁵tʰa⁵tiə²¹³	妻子对丈夫的称呼
【嫚儿她娘】mɛ²¹³⁻⁴⁵tʰa⁵niaŋ⁵³	丈夫对妻子的称呼
【小儿他娘】θɚu⁴⁴⁻⁵⁵tʰa⁵niaŋ⁵³	丈夫对妻子的称呼

续表

词目与注音	释义及例句
【死老头子】θη⁴⁴⁻⁴²lau⁴⁴tʰəu⁵³⁻⁵⁵tθη⁵	老太太对丈夫的骂语，带有亲近之意
【死老婆子】θη⁴⁴⁻⁴²lau⁴⁴pʰə⁵³⁻⁵⁵tθη⁵	老先生对妻子的骂语，带有亲近之意
【老娘】lau⁴⁴niaŋ⁵³	
【老爹】lau⁴⁴⁻⁴²tiə²¹³	
【走马星】tθəu⁴⁴⁻⁴²ma⁴⁴⁻⁴²siəŋ²¹³	能跑很远路的人
4. 贬低称谓与骂人的话	
【兔崽子】tʰu³¹⁻⁴²tθɛ⁴⁴⁻⁴⁵tθη⁵	对孩子的骂语
【讨口子】tʰau⁴⁴⁻⁴⁵lau⁵tθη⁵	贬称衣衫褴褛的人
【光棍子】kuaŋ²¹³⁻²⁴kuən³¹⁻⁴²tθη²	
【老光棍子】lau⁴⁴⁻⁴² kuaŋ²¹³⁻²⁴ kuən³¹⁻⁴²tθη²	
【软柿子】yæn⁴⁴ʂ̩³¹⁻⁴²tθη²	软弱的人
【败家子儿】pɛ³¹tɕia²¹³⁻²⁴tθɚi⁴⁴	不务正业败坏家业的人
【老兽】lau⁴⁴ʃəu³¹	骂称年纪大的人
【小兽儿】siau⁴⁴ʂɚu³¹	对年轻人的骂称
【傻子】ʃa⁴⁴⁻⁴⁵tθη⁵	
【痴巴】tʃʰi²¹³⁻²¹pa¹	傻瓜
【哑巴】ia⁴⁴⁻⁴⁵pa⁵	
【流求】liəu⁵³⁻⁵⁵tɕʰiəu⁵	说话流里流气的人
【老闷】lau⁴⁴⁻⁴²mən²¹³	贬称不爱说话的人
【二流子】l̩ʐ³¹⁻³¹²liəu⁵³⁻²¹tθη¹	流里流气，不务正业的人
【二口子】l̩ʐ³¹⁻⁴²ia²tθη²	生殖器官发育不良，无法生育的男人
【半吊子】pæn³¹tiau³¹⁻⁴²tθη²	指说话不合适而令人感到不快的人
【秃噜子】tʰu²¹³⁻²¹lu¹tθη¹	贬称说话含糊不清的人
【咬舌子】iau⁴⁴⁻⁴⁵ʃə⁵tθη⁵	贬称说话咬着舌头，含混不清的人
【掺头驴】tʂʰæn²¹³⁻²⁴tʰəu⁵³ly⁵³	贬称在他人交谈时插嘴的人
【实心子】ʃi⁵³⁻⁵⁵siən⁵tθη⁵	指过诚实坦率的人
【油子】iəu⁵³⁻⁵⁵tθη⁵	贬称在某个行业经验多、造诣深的人
【老油子】lau⁴⁴iəu⁵³⁻⁵⁵tθη⁵	
【兵油子】piəŋ²¹³⁻²⁴iəu⁵³⁻⁵⁵tθη⁵	非常圆滑的老兵
【老兵油子】lau⁴⁴⁻⁴²piəŋ²¹³⁻²⁴iəu⁵³⁻⁵⁵tθη⁵	从军多年、历经多次战斗的士兵，贬称
【老鸨子】lau⁴⁴⁻⁴²pau⁴⁴⁻⁴⁵tθη⁵	贬称妓院老板娘

词目与注音	释义及例句
【老油条】lau⁴⁴iəu⁵³tʰiau⁵³	非常圆滑的人
【胯子屄】kuə²¹³⁻²¹tθŋ¹pi²¹³	对女人的骂语
【小胯子儿】siau⁴⁴kuə²¹³⁻²¹tθə˞i⁰	对未婚女孩的骂语
【犟驴】tɕiaŋ³¹⁻⁴²ly²	对固执倔强的人的骂语
【碎嘴子】θuei³¹tθuei⁴⁴⁻⁴⁵tθŋ⁵	指说话琐碎、传播是非的人
【豁嘴】xuə²¹³⁻²¹tθuei¹	贬称有兔唇的人
【瘦猴子】ʂəu³¹xəu⁵³⁻⁵⁵tθŋ⁵	贬称很瘦的人
【瞎子】ɕia⁴⁴⁻⁴⁵tθŋ⁵	贬称盲人
【猴子头】xəu⁵³⁻⁵⁵tθŋ⁵tʰ əu⁵³	指头小而瘦的人
【狗腿子】kəu⁴⁴⁻⁴⁵tʰei⁵tθŋ⁵	
【锅腰子】kə²¹³⁻²¹iau¹tθŋ¹	贬称驼背的人
【半哑巴】pæn³¹⁻⁴²ia²pa²	说话含混不清的人
【大牙】ta³¹ia⁵³	贬称前门牙特别长的人
【小卒子儿】siau⁴⁴tθu⁵³⁻⁵⁵tθə˞i⁵	指职位低微，受人驱使的人
【受气包儿】ʃəu³¹⁻³¹²tɕʰi³¹pə˞u²¹³	指经常被人拿来出气的人
【秦桧儿】tsʰiən⁵³xuə˞i⁵³	指态度恶劣，说话恶声恶气的人
【睁眼儿瞎儿】tʂəŋ²¹³⁻²¹iə˞¹ɕia⁴⁴	睁着眼睛却看不见的人，又指文盲
【花花肠子】xua²¹³⁻²¹xua¹tʃʰaŋ⁵³⁻⁵⁵tθŋ⁵	花心，又指坏心眼特别多
【话篓子】xua³¹ləu⁴⁴⁻⁴⁵tθŋ⁵	贬称话多的人
【翻脸猴子】fæn²¹³⁻²¹liæn¹xəu⁵³⁻⁵⁵tθŋ⁵	贬称性情多变，经常翻脸的人
【变脸狗】piæn³¹liæn⁴⁴⁻⁴²kəu⁴⁴	贬称性情不稳，经常翻脸的人
【牛屄匠】niəu⁵³pi²¹³⁻²⁴tɕiaŋ³¹	贬称吹牛的人
【秃子】tʰu⁴⁴⁻⁴⁵θŋ⁵	贬称秃顶的人
【破鞋】pʰə³¹ɕiɛ⁵³	贬称跟多个男人发生过性关系的女人
【孬种】nau²¹³⁻²⁴tʂəŋ⁴⁴	贬称懦弱无能的人
【屎包】ʂŋ⁴⁴⁻⁴²pau²¹³	贬称无能的人
【死□】θŋ⁴⁴⁻⁴²tʂʅ²¹³	贬称屡包
【废物】fei³¹⁻⁴²vu²	
【吃饱蹲】tʃʰi⁴⁴⁻⁴²pau⁴⁴⁻⁴²tuən²¹³	贬称只知吃喝却无能的人
【蹦豆子】pəŋ³¹təu³¹⁻⁴²tθŋ²	贬称身材矮小的人
【渣子】tʂa²¹³⁻²¹tθŋ¹	
【穷欢乐儿】tɕʰiəŋ⁵³xuæŋ²¹³⁻²⁴ləɚ˞³¹	贬称处境糟糕却盲目乐观的人

续表

词目与注音	释义及例句
【大炮】ta$^{31-312}$p^{h}au^{31}	贬称喜欢吹大牛的人
【膜手】θau$^{213-21}$ʃəu^{1}	贬称水平低或动手能力差的人
【赖毛】lɛ^{31}mau^{53}	贬称耍赖的人
【滑头】xua^{53}t^{h}əu^{53}	
【窝囊废】və$^{213-21}$naŋ^{1}fei^{31}	贬称无用，无能的人
【窝囊□】və$^{213-21}$naŋ^{1}pi^{31}	
【□古癞】i^{21}ku^{1}lɛ^{213}	贬称懒惰，闲散的人
【笑面虎儿】siau$^{31-312}$miæn^{31}xɤ^{44}	
【屈死鬼】tɕ^{h}y$^{44-45}$θʅ^{5}kuei^{44}	含冤而死的人
【毛孩子】mau^{53}xɛ$^{53-55}$tθʅ^{5}	未成年的小孩儿
【直肠子】tʃi$^{53-55}$tʃ^{h}aŋ^{5}tθʅ^{5}	比喻心眼实诚，说话直率的人
【老白毛】lau^{44}pei$^{53-55}$mau^{5}	头发全白的老人，骂语
【白公儿】pei$^{53-55}$kəʅ^{5}	背称白化病患者
【病伢子】piəŋ^{31}ia$^{53-55}$tθʅ^{5}	贬称常生病的人
【急心子】tɕi$^{44-45}$siən^{5}tθʅ^{5}	贬称性急的人
【犟眼子】tɕiaŋ^{31}iæn$^{44-45}$tθʅ^{5}	贬称说话倔强，自以为是的人
【丧门星】θaŋ$^{31-42}$mən^{2}siəŋ^{213}	贬称说话不吉利的人
【善茬儿】ʃæn$^{31-42}$tʂ^{h}ə^{2}	好交往，易对付的人
【臭狗屎】tʃ^{h}əu^{31}kəu$^{44-45}$ʂʅ^{5}	骂称讨厌的人或行为不端的人
【鳖蛋】piə^{44}tæn^{31}	相当于"王八蛋"
【贱痞子】tsiæn^{31}p^{h}i$^{44-45}$tθʅ^{5}	称呼不自尊，不自重的人
【戳猪腚的】tʂ^{h}uə^{53}tʃu$^{213-24}$tiəŋ$^{31-42}$ti^{2}	贬称牲口市场里的经纪人
【戳驴腚的】tʂ^{h}uə^{53}ly^{53}tiəŋ$^{31-42}$ti^{2}	
【婊子养的】piau$^{44-45}$tθʅ^{5}iaŋ$^{44-45}$ti^{5}	骂语
【尻养的】pi$^{213-24}$iaŋ$^{44-45}$ti^{5}	骂语
【屌贪的】tiau^{44}tθ^{h}au$^{31-42}$ti^{2}	骂语
【穷兽】tɕ^{h}iəŋ^{53}ʃəu^{31}	贬称卑贱之人
【二尻】ʅ^{31}pi^{213}	骂语，傻瓜
【惛蛋】xuən$^{213-24}$tæn^{31}	骂语，指做事糊涂，不明事理的人
【□屣】ʃau$^{213-21}$θəŋ^{1}	骂语，蠢笨无能之人
【□脚子神】lyə$^{31-42}$tɕyə^{2}tθʅ^{2}ʃən^{53}	贬称坐立不安，到处乱窜的人：她来俺家里无□tθəŋ^{31}间就走了，像个~似的。

十一　亲属

词目与注音	释义及例句
1. 长辈	
【祖宗】tθu⁴⁴⁻⁴⁵tθəŋ⁵	
【老祖宗】lau⁴⁴⁻⁴²tθu⁴⁴⁻⁴⁵tθəŋ⁵	
【世祖】ʃi³¹tθu⁴⁴	
【八辈儿祖宗】pa⁴⁴pɚi³¹tθu⁴⁴⁻⁴⁵tθəŋ⁵	
【长辈儿】tʃaŋ⁴⁴pɚi³¹	
【老的】lau⁴⁴⁻⁴⁵ti⁵	长辈，父母
【爷爷】iə²¹³⁻²¹iə¹	
【妈妈】ma²¹³⁻²¹ma¹	奶奶
【姥爷】lau⁴⁴⁻⁴⁵iə⁵	外公
【姥儿姥儿】ɹɚu⁴⁴⁻⁴⁵ɹɚu⁵	外婆
【姥娘】lau⁴⁴⁻⁴⁵niaŋ⁵	
【姑妈】ku²¹³⁻²⁴ma²¹³	父亲的姑
【姑爷】ku²¹³⁻²⁴iə²¹³	父亲姑的丈夫
【姑姥儿姥儿】ku²¹³⁻²⁴ɹɚu⁴⁴⁻⁴⁵ɹɚu⁵	母亲的姑
【姑姥爷】ku²¹³⁻²⁴lau⁴⁴⁻⁴⁵iə⁵	母亲姑的丈夫
【舅姥爷】tɕiəu³¹lau⁴⁴⁻⁴⁵iə⁵	父亲或妈妈的舅舅
【舅姥娘】tɕiəu³¹lau⁴⁴⁻⁴⁵niaŋ⁵	父亲或妈妈舅舅的妻子
【爹】tiə²¹³	
【爹爹】ta²¹³⁻²¹ta¹	父亲，或称父亲的弟弟
【二爹爹】ʅ³¹⁻³¹²ta²¹³⁻²¹ta¹	二叔
【小爹爹】siau⁴⁴ta²¹³⁻²¹ta¹	小叔
【大爷】ta³¹iə⁵³	父亲的哥哥
【爸爸】pa⁵³⁻⁵⁵pa⁵	
【叔】ʃu⁴⁴	
【二叔】ʅ³¹⁻⁴²ʃu²	
【三叔】θæn²¹³⁻²¹ʃu¹	
【四叔】θʅ³¹⁻⁴²ʃu²	
【娘】niaŋ⁵³	
【大娘】ta³¹niaŋ⁵³	伯父的妻子

词目与注音	释义及例句
【娘娘】niaŋ$^{213-21}$niaŋ^1	叔叔的妻子
【婶儿婶儿】ʂɚi$^{44-45}$ʂɚi^5	婶子，用于称呼叔叔的妻子
【小婶儿婶儿】siau$^{44-42}$ʂɚi$^{44-45}$ʂɚi^5	最小的婶子
【婶子】ʃən$^{44-45}$tθɿ^5	
【二婶子】ʅ$^{31-42}$ʃən^{2}tθɿ^2	
【三婶子】θæn$^{213-21}$ʃən^{1}tθɿ^1	
【妈】ma^{213}	
【丈人】tʃaŋ$^{31-42}$iən^2	岳父
【丈母娘】tʃaŋ$^{31-42}$mu^{2}niaŋ^{53}	岳母
【姑】ku^{213}	父亲的姊妹
【大姑】ta^{31}ku^{213}	
【小姑】siau$^{44-42}$ku^{213}	
【姑父】ku$^{213-21}$fu^1	父亲姊妹的丈夫
【大姑父】ta$^{31-312}$ku$^{213-21}$fu^1	
【小姑父】siau^{44}ku$^{213-21}$fu^1	
【后爹】xəu^{31}tiə^{213}	继父
【后娘】xəu^{31}niaŋ^{53}	继母
【后妈】xəu^{31}ma^{213}	
【干爹】kæn$^{213-24}$tiə^{213}	
【干娘】kæn$^{213-24}$niaŋ^{53}	
【舅儿】tɕiɚu^{31}	
【大舅儿】ta$^{31-312}$tɕiɚu^{31}	
【小舅儿】siau^{44}tɕiɚu^{31}	
【妗子】tɕiən$^{31-42}$tθɿ^2	舅舅的妻子
【大妗子】ta^{31}tɕiən$^{31-42}$tθɿ^2	
【二妗子】ʅ^{31}tɕiən$^{31-42}$tθɿ^2	
【姨】i^{53}	母亲的姊妹
【大姨】ta^{31}i^{53}	
【二姨】ʅ^{31}i^{53}	
【三姨】θæn$^{213-24}$i^{53}	
【小姨】siau^{44}i^{53}	
【姨夫】i$^{53-55}$fu^5	

续表

词目与注音	释义及例句
【大姨夫】ta³¹i⁵³⁻⁵⁵fu⁵	
【二姨夫】lʅ³¹i⁵³⁻⁵⁵fu⁵	
【小姨夫】siau⁴⁴i⁵³⁻⁵⁵fu⁵	
【表大爷】piau⁴⁴ta³¹⁻⁴²iə²	父亲的表兄
【表叔】piau⁴⁴⁻⁴²ʃu⁴⁴	父亲的表弟
【表舅儿】piau⁴⁴tɕiɚu³¹	母亲的表兄、表弟
【表婶子】piau⁴⁴⁻⁴²ʃən⁴⁴⁻⁴⁵tθʅ⁵	父亲或母亲表兄弟的妻子
【表姑】piau⁴⁴⁻⁴²ku²¹³	父亲或母亲的表姐妹
2. 平辈	
【平辈儿】pʰiəŋ⁵³⁻⁵⁵pɚi⁵	
【两口子】liaŋ⁴⁴⁻⁴²kʰəu⁴⁴⁻⁴⁵tθʅ⁵	
【老婆汉子】lau⁴⁴⁻⁴⁵pʰə⁵xæn³¹⁻⁴²tθʅ²	夫妻
【男人】næn⁵³iən⁵³	男的;丈夫
【汉子】xæn³¹⁻⁴²tθʅ²	丈夫
【掌柜的】tʃaŋ⁴⁴kuei³¹⁻⁴²ti²	男主人
【老婆】lau⁴⁴⁻⁴⁵pʰə⁵	
【媳妇儿】si⁴⁴⁻⁴⁵fʊ⁵	妻子
【家里】tɕia²¹³⁻²¹lɛ¹	家里面;妻子
【俺家里】ɣæn⁴⁴tɕia²¹³⁻²¹lɛ¹	我妻子
【他家里】tʰa⁴⁴tɕia²¹³⁻²¹lɛ¹	他妻子
【家口】tɕia²¹³⁻²⁴kʰəu⁴	家里的人口
【大婆儿】ta³¹pʰɚ⁵³	大老婆
【小婆儿】siau⁴⁴pʰɚ⁵³	小老婆
【合伙儿】ka⁴⁴⁻⁴⁵xʊ⁵	婚外情人
【弟兄】ti³¹⁻⁴²ɕiəŋ²	
【填房】tʰiæn⁵³faŋ⁵³	嫁给妻子去世的男人
【哥哥】kə²¹³⁻²¹kə¹	
【嫂子】θau⁴⁴⁻⁴⁵tθʅ⁵	
【兄弟儿】ɕiəŋ²¹³⁻²⁴tɚi⁴	弟兄们
【兄弟】ɕiəŋ²¹³⁻²¹ti¹	弟弟
【叔伯兄弟儿】ʃu⁴⁴⁻⁴⁵pei⁵ɕiəŋ²¹³⁻²⁴tɚi⁴	伯父和叔叔的儿子们

续表

词目与注音	释义及例句
【叔伯姊妹儿】$\int u^{44-45} pei^5 t\theta\eta^{44-45} m\mathrm{e}i^5$	伯父和叔叔的女儿们
【兄弟媳子】$\varphi i\vartheta\eta^{213-21} ti^1 si^{44-45} t\theta\eta^5$	弟弟的妻子
【妯娌】$t\int u^{53-55} li^5$	兄弟们的妻子之间互称
【姊妹儿】$t\theta\eta^{44-45} m\mathrm{e}i^5$	姐妹
【姐姐】$t\mathrm{si}\vartheta^{44-45} t\mathrm{si}\vartheta^5$	
【妹妹】$mei^{31-42} mei^2$	
【姐夫】$t\mathrm{si}\vartheta^{44-45} fu^5$	
【妹夫】$mei^{31-42} fu^2$	
【大伯】$ta^{31-42} pei^2$	丈夫的大哥
【大伯嫂子】$ta^{31-42} pei^2 \theta au^{44-45} t\theta\eta^5$	丈夫大哥的妻子
【小叔子】$siau^{44-45} \int u^5 t\theta\eta^5$	丈夫的弟弟
【小姑子】$siau^{44-45} ku^5 t\theta\eta^5$	丈夫的妹妹
【大姑子】$ta^{31-42} ku^2 t\theta\eta^2$	丈夫的姐姐
【舅子】$t\varphi i\vartheta u^{31-42} t\theta\eta^2$	妻子的兄弟
【大舅子】$ta^{31} t\varphi i\vartheta u^{31-42} t\theta\eta^2$	妻子的哥哥
【小舅子儿】$siau^{44} t\varphi i\vartheta u^{31-42} t\theta \mathrm{e}i^2$	妻子的弟弟
【姨子】$i^{53-55} t\theta\eta^5$	妻子的姐妹
【大姨子】$ta^{31} i^{53-55} t\theta\eta^5$	妻子的姐姐
【小姨子儿】$siau^{44} i^{53-55} t\theta \mathrm{e}i^5$	妻子的妹妹
【表兄弟】$piau^{44-42} \varphi i\vartheta\eta^{213-24} ti^{31}$	姑姑、舅舅和姨的儿子
【表姊妹儿】$piau^{44-42} t\theta\eta^{44-45} m\mathrm{e}i^5$	姑姑、舅舅和姨的女儿
【表哥】$piau^{44-42} k\vartheta^{213}$	
【表嫂子】$piau^{44-42} \theta au^{44-45} t\theta\eta^5$	表哥的妻子
【表弟】$piau^{44} ti^{31}$	
【表弟媳妇儿】$piau^{44} ti^{31} si^{44-45} f\mathrm{u}^5$	
【表姐】$piau^{44-42} t\mathrm{si}\vartheta^{44}$	
【表姐夫】$piau^{44-42} t\mathrm{si}\vartheta^{44-45} fu^5$	
【表妹】$piau^{44} mei^{31}$	
【表妹夫】$piau^{44} mei^{31-42} fu^2$	
【姑家表兄弟】$ku^{213-21} t\varphi i^1 piau^{44-42} \varphi i\vartheta\eta^{213-24} ti^{31}$	

词目与注音	释义及例句
【姑家表姊妹儿】 ku²¹³⁻²¹ tɕi¹ piau⁴⁴⁻⁴² tθŋ⁴⁴⁻⁴⁵ mɚ·i⁵	
【舅家表兄弟】 tɕiəu³¹⁻⁴² tɕi² piau⁴⁴⁻⁴² ʋɕiəŋ²¹³⁻²⁴ ti³¹	
【舅家表姊妹儿】 tɕiəu³¹⁻⁴² tɕi² piau⁴⁴⁻⁴² tθŋ⁴⁴⁻⁴⁵ mɚ·i⁵	
【姨家表兄弟】 i⁵³⁻⁵⁵ tɕi⁵ piau⁴⁴⁻⁴² ɕiəŋ²¹³⁻²⁴ ti³¹	
【姨家表姊妹儿】 i⁵³⁻⁵⁵ tɕi⁵ piau⁴⁴⁻⁴² tθŋ⁴⁴⁻⁴⁵ mɚ·i⁵	
【连襟】 liæn⁵³⁻⁵⁵ tɕiən⁵	姊妹丈夫之间互称
【干兄弟儿】 kæn²¹³⁻²⁴ ɕiəŋ²¹³⁻²⁴ tɚ·i³¹	
【干姊妹儿】 kæn²¹³⁻²⁴ tθŋ⁴⁴⁻⁴⁵ mɚ·i⁵	
【亲家】 tsʰiəŋ³¹⁻⁴² tɕi²	
【干亲】 kæn²¹³⁻²⁴ tsʰiən²¹³	干亲戚
3. 晚辈	
【晚辈儿】 væn⁴⁴ pɚ·i³¹	
【儿女】 ʅ⁵³ ny⁴⁴	
【儿】 ʅ⁵³	
【闺女】 kuən²¹³⁻²¹ ny¹	
【干儿】 kæn²¹³⁻²⁴ ʅ⁵³	
【干闺女】 kæn²¹³⁻²⁴ kuən²¹³⁻²¹ ny¹	
【前窝儿】 tsʰiæn⁵³⁻⁵⁵ vɚ⁵	与前一个配偶所生子女
【后窝儿】 xəu³¹⁻⁴² vɚ²	与后一个配偶所生子女
【儿媳子】 ʅ⁵³ si⁴⁴⁻⁴⁵ tθŋ⁵	儿子的妻子
【女婿】 ny⁴⁴⁻⁴⁵ sy⁵	
【孙子】 θuən²¹³⁻²¹ tθŋ¹	
【孙媳妇儿】 θuən²¹³⁻²⁴ si⁴⁴⁻⁴⁵ fʊ·⁵	
【孙女儿】 θuən²¹³⁻²¹ nʊ·¹	
【孙女儿女婿】 θuən²¹³⁻²¹ nʊ·¹ ny⁴⁴⁻⁴⁵ sy⁵	孙女的丈夫
【孙子】 tʂʰəŋ⁵³⁻⁵⁵ θuən⁵ tθŋ⁵	儿子的孙子
【孙女儿】 tʂʰəŋ⁵³⁻⁵⁵ θuən⁵ nʊ·⁵	儿子的孙女
【外孙】 vɛ³¹ θuən²¹³	女儿的儿子
【外孙女】 vɛ³¹⁻³¹² θuən²¹³⁻²¹ nʊ·¹	女儿的女儿

续表

词目与注音	释义及例句
【外甥】vɛ³¹⁻⁴² ʂəŋ²	姐妹的儿子
【外甥女儿】vɛ³¹⁻⁴² ʂəŋ²nu⁴⁴	姐妹的女儿
【侄儿】tʂɚ·i⁵³	兄弟的儿子
【侄儿媳子】tʂɚ·i⁵³si⁴⁴⁻⁴⁵tθɻ⁵	兄弟的儿媳
【侄女子】tʃi⁵³⁻⁵⁵ny⁵tθɻ⁵	兄弟的女儿
【侄女】tʃi⁵³⁻⁵⁵nu·⁵	
【侄女儿女婿】tʃi⁵³⁻⁵⁵nu·⁵ny⁴⁴⁻⁴⁵sy⁵	
【妻侄儿】tsʰi²¹³⁻²⁴tʂɚ·i⁵³	妻子的侄子
【妻侄女儿】tsʰi²¹³⁻²⁴tʃi⁵³⁻⁵⁵nu·⁵	妻子的侄女
4. 其他	
【本家】pən⁴⁴⁻⁴⁵tɕia⁵	同姓宗族
【五服】vu⁴⁴fu⁵³	五辈
【没出五服】mu³¹tʃʰu⁴⁴vu⁴⁴fu⁵³	没超出五代的同姓宗族
【出了五服】tʃʰu⁴⁴⁻⁴⁵lə⁵vu⁴⁴fu⁵³	超出了五代的同姓宗族
【远亲】yæn⁴⁴⁻⁴²tsʰiən²¹³	关系较远的亲戚
【一支子】i⁴⁴tʂʅ²¹³⁻²¹tθɻ¹	同姓的一个支脉
【一支儿】i⁴⁴⁻⁴²tʂɚ·i²¹³	

十二　身体

词目与注音	释义及例句
1. 形体、皮肤	
【人物头儿】iən⁵³⁻⁵⁵vu⁵tʰɚ·u⁵³	特定人群里身材好、外貌美的人
【个子】kə³¹⁻⁴²tθɻ²	
【个头儿】kə³¹tʰɚ·u⁵³	
【架势】tɕia³¹⁻⁴²ʃi²	姿势、姿态
【身体】ʃən²¹³⁻²⁴tʰi⁵³／ʃən²¹³⁻⁴⁵tʰi⁴	
【身子】ʃən²¹³⁻²¹tθɻ¹	
【身板儿】ʃən²¹³⁻²⁴pɛ⁴⁴	
【身子骨儿】ʃən²¹³⁻²¹tθɻ¹ku·⁴⁴	
【块头儿】kʰuɛ³¹⁻⁴²tʰɚ·u²	

续表

词目与注音	释义及例句
【骨头架子】ku$^{44-45}$t^{h}əu^{5}tɕia$^{31-42}$tθŋ^{2}	
【折子】tʃə$^{44-45}$tθŋ^{5}	皱纹
【□□子】tʃ^{h}u$^{44-45}$tʃ^{h}u^{5}tθŋ^{5}	皱纹
【□儿□儿】tʂ^{h}ɚ$^{44-45}$tʂ^{h}ɚ^{5}	皱纹
【抬头纹】t^{h}ɛ^{53}t^{h}əu^{53}vən^{31}	额头上的皱纹
【老茧】lau$^{44-42}$tɕiæn^{44}	
【汗毛】xæn^{31}mau^{53}	
【胸毛】ɕiəŋ$^{213-24}$mau^{53}	
【屌毛】tiau^{44}mau^{53}	男性阴毛
【屄毛】pi$^{213-24}$mau^{53}	女性阴毛
【大高个儿】ta^{31}kau$^{213-24}$kɚ^{31}	
【大个子】ta^{31}kə$^{31-42}$tθŋ^{2}	身材高大
【大个儿】ta$^{31-312}$kɚ^{31}	
【傻大个儿】ʃa^{44}ta$^{31-312}$kɚ^{31}	身材高大、头脑简单的人
【大骨棒】ta^{31}ku$^{44-45}$paŋ^{5}	
【小骨头儿】siau$^{44-42}$ku$^{44-45}$t^{h}ɚu^{5}	身材瘦小
【小矮个儿】siau$^{44-42}$iɛ^{44}kɚ^{31}	
【小矬子儿】siau^{44}tθ^{h}uə$^{53-55}$tθɚi^{5}	
【膀大腰圆】paŋ^{44}ta^{31}iau$^{213-24}$yæn^{53}	
【粗腿大髂】tθ^{h}u$^{213-24}$tei^{44}ta$^{31-312}$paŋ^{31}	粗壮浑圆
【五大三粗】vu^{44}ta^{31}θæn$^{213-24}$tθ^{h}u^{213}	四肢发达，身材健壮
【人高马大】iən^{53}kau$^{213-24}$ma^{44}ta^{31}	
【富态富相】fu^{31}t^{h}ɛ$^{31-24}$fu$^{31-312}$siaŋ^{31}	人又白又胖有福相
【面皮儿】miæn$^{31-42}$p^{h}iɚi^{2}	
【黄面皮儿】xuaŋ^{53}miæn$^{31-42}$p^{h}iɚi^{2}	
【红糖化水儿】xəŋ^{53}t^{h}aŋ^{3}xua^{31}ʂɚi^{44}	肤色白里透红
【细皮儿嫩肉儿】si^{31}p^{h}iɚi^{53}luən$^{31-312}$ɹɚu^{31}	
【粗皮老皶】tθ^{h}u$^{213-24}$p^{h}i^{53}lau$^{44-42}$tθ^{h}au^{44}	皮肤老化粗糙
【皮包骨头】p^{h}i^{53}pau$^{213-24}$ku$^{44-45}$t^{h}əu^{5}	骨瘦如柴

2. 头部

词目与注音	释义及例句
【头】tʰəu⁵³	
【脑袋】nau⁴⁴⁻⁴⁵tɛ⁵	
【脑袋瓜儿】nau⁴⁴⁻⁴⁵tɛ⁵kuaɚ²¹³	
【秃头顶】tʰu⁴⁴tʰəu⁵³tiəŋ⁴⁴	头顶的头发掉光了
【头顶】tʰəu⁵³tiəŋ⁴⁴	
【头囟子】tʰəu⁵³siən³¹⁻⁴²tθ⳽²	
【旋儿】θuɛ³¹	头旋
【头发】tʰəu⁵³⁻⁵⁵faŋ⁵	
【长头发】tʃʰaŋ⁵³tʰəu⁵³⁻⁵⁵faŋ⁵	
【短头发】tuæn⁴⁴tʰəu⁵³⁻⁵⁵faŋ⁵	
【中分】tʂəŋ²¹³⁻²⁴fən²¹³	头发从中间往两边分的发型
【披毛儿】pʰi²¹³⁻²¹mɚu¹	披散的头发
【平头】pʰiəŋ⁵³tʰəu⁵³	
【缵】tθuæn⁴⁴	旧时妇女把长发绾在脑后成圆团，套上网套
【辫子】piæn³¹⁻⁴²tθ⳽²	
【□□屎】tɕiəu³¹⁻⁴²tɕiəu²ʂ⳽⁴⁴	婴孩头皮上黑色的灰疙瘩
【后脑勺子】xəu³¹nau⁴⁴ʃuə⁵³⁻⁵⁵tθ⳽⁵	
【额楞盖儿】iə⁵³⁻⁵⁵ləŋ⁵kɛ³¹	前额
【耳朵】l⳽⁴⁴⁻⁴⁵təu⁵	
【元宝耳朵】yæn⁵³pau⁴⁴l⳽⁴⁴⁻⁴⁵təu⁵	
【招风耳】tʃau²¹³⁻²⁴fəŋ²¹³⁻²⁴l⳽⁴⁴	
【耳朵垂子】l⳽⁴⁴⁻⁴⁵təu⁵tʂʰuei⁵³⁻⁵⁵tθ⳽⁵	
【耳朵眼儿】l⳽⁴⁴⁻⁴⁵təu⁵ɚ⁴⁴	
【耳朵根子】l⳽⁴⁴⁻⁴⁵təu⁵kən²¹³⁻²¹tθ⳽¹	
【耳朵根儿】l⳽⁴⁴⁻⁴⁵təu⁵kɚi²¹³	
【耳□】l⳽⁴⁴iəŋ⁵³	耳屎
【耳□】l⳽⁴⁴tɕiə⁵³	硬块状的耳屎
【鬓角子】piən²¹³⁻²¹tɕyə¹tθ⳽¹	鬓角
【太阳穴】tʰɛ³¹iaŋ⁵³ɕyə²¹³	
【脸】liæn⁴⁴	
【腮】θɛ²¹³	
【脸盘儿】liæn⁴⁴pʰɛ⁵³	

续表

词目与注音	释义及例句
【脸茬儿】liæn⁴⁴⁻⁴⁵tʂʰɚ·⁵	脸形
【脸□儿】liæn⁴⁴⁻⁵⁵ʂɚu⁵	脸的表情和状态
【相貌儿】siaŋ³¹⁻²¹maʊu¹	
【长脸】tʃʰaŋ⁵³⁻⁵⁵liæn⁵	
【方脸】faŋ²¹³⁻²⁴liæn⁴⁴	
【瓜子儿脸】kua²¹³⁻²⁴tθɚi⁴⁴⁻⁴²liæn⁴⁴	
【驴脸】ly⁵³⁻⁵⁵liæn⁵	轮廓过长的脸
【马脸】ma⁴⁴⁻⁴²liæn⁴⁴	
【小脸儿】siau⁴⁴⁻⁴²liɛ⁴⁴	
【大脸】ta³¹liæn⁴⁴	
【麻子脸】ma⁵³⁻⁵⁵tθɿ⁵liæn⁴⁴	
【荞麦皮】tɕʰiau⁵³⁻⁵⁵mei⁵pʰi⁵³	雀斑
【瘩子】vu³¹⁻⁴²tθɿ²	疣
【瘊子】xəu⁵³⁻⁵⁵tθɿ⁵	赘疣
【胡子】xu⁵³⁻⁵⁵tθɿ⁵	
【络腮胡儿】luə³¹θɛ²¹³⁻²⁴xʊ·⁵³	
【胡子茬儿】xu⁵³⁻⁵⁵tθɿ⁵tʂɚ·⁵³	
【断桥胡儿】tuæn³¹tɕʰiau⁵³xʊ·⁵³	
【八字胡儿】pa⁴⁴⁻⁴⁵tθɿ⁵xʊ·⁵³	
【山羊胡子】ʂæn²¹³⁻²¹iaŋ¹xu⁵³⁻⁵⁵tθɿ⁵	
【腮帮子】θɛ²¹³⁻²⁴paŋ²¹³⁻²¹tθɿ¹	
【颧骨】tɕʰyæn⁵³⁻⁵⁵ku⁵	
【酒窝儿窝儿】tsiəu⁴⁴⁻⁴⁵vɚ·⁵vɚ·⁵	
【眼】iæn⁴⁴	
【大眼】ta³¹iæn⁴⁴	
【小眼儿】siau⁴⁴⁻⁴²ɹɛ·⁴⁴	
【眼皮】iæn⁴⁴pʰi⁵³	
【单眼皮】tæn²¹³⁻²⁴iæn⁴⁴pʰi⁵³	
【双眼皮】ʂuaŋ²¹³⁻²⁴iæn⁴⁴pʰi⁵³	
【眼眉】iæn⁴⁴mei⁵³	
【眉毛】mei⁵³⁻⁵⁵mau⁵	
【眼□毛】iæn⁴⁴⁻⁴⁵tʂɿ⁵mau⁵³	睫毛

续表

词目与注音	释义及例句
【眼珠子】iæn⁴⁴tʃu²¹³⁻²¹tθʅ¹	
【眼珠儿】iæn⁴⁴⁻⁴²tʂɚ²¹³	
【泪】lei³¹	
【眼泪】iæn⁴⁴lei³¹	
【泪珠儿】lei³¹tʂɚ²¹³	
【白眼儿】pei⁵³⁻⁵⁵ɻɛ⁵	
【对眼儿】tei³¹⁻⁴²ɻɛ²	
【眯缝眼儿】mi²¹³⁻²¹fəŋ¹ɻɛ⁴⁴	
【死羊眼】θʅ⁴⁴iaŋ⁵³iæn⁴⁴	骂语，形容眼睛瞪直，不转眼球儿
【牛眼】iəu⁵³iæn⁴⁴	很大的眼睛
【猪眼】tʃu²¹³⁻²⁴iæn⁴⁴	
【城门楼子眼】tʃʰaŋ⁵³⁻⁵⁵mu⁵ləu⁵³⁻⁵⁵tθʅ⁵iæn⁴⁴	比喻想从他人得到利益或好处的眼光：他家里都是~，人家一点儿点儿好处就看着了
【眼眵】iæn⁴⁴⁻⁴²tʂʰʅ²¹³	眼屎
【鼻子】pi⁵³⁻⁵⁵tθʅ⁵ ·	
【塌鼻子】tʰa²¹³⁻²¹pi¹tθʅ¹	扁平状鼻子
【蒜头鼻子】θuæn³¹tʰəu⁵³pi⁵³⁻⁵⁵tθʅ⁵	
【鹰钩儿鼻子】iəŋ²¹³⁻²⁴kɚu²¹³⁻²⁴pi⁵³⁻⁵⁵tθʅ⁵	
【鼻梁】pi⁵³⁻⁵⁵liaŋ⁵	
【鼻梁骨】pi⁵³⁻⁵⁵liaŋ⁵ku⁴⁴	
【鼻孔眼子】pi⁵³⁻⁵⁵kʰəŋ⁵iæn⁴⁴⁻⁴⁵tθʅ⁵	鼻孔
【鼻水儿】pi⁵³⁻⁵⁵ʂɹɚi⁵	
【鼻痂渣】pi⁵³⁻⁵⁵ka⁵tʂa⁵	干结的鼻涕
【嘴】tθuei⁴⁴	
【大嘴】ta³¹tθuei⁴⁴	
【小嘴】siau⁴⁴⁻⁴²tθuei⁴⁴	
【豁嘴】xuə²¹³⁻²¹tθuei¹	兔唇
【切口】tʂʰiə⁴⁴⁻⁴⁵tʂʰɚ⁵	轻微兔唇
【嘴角儿】tθuei⁴⁴⁻⁴²tɕyɚ⁴⁴	
【嘴角子】tθuei⁴⁴⁻⁴²tɕia⁴⁴⁻⁴⁵tθʅ⁵	
【嘴皮子】tθuei⁴⁴pʰi⁵³⁻⁵⁵tθʅ⁵	上下嘴唇，或指表达能力
【臭嘴】tʃʰəu³¹tθuei⁴⁴	说话难听的嘴巴

续表

词目与注音	释义及例句
【老妈儿妈儿嘴】lau⁴⁴ma·²¹³⁻²¹ma⁻¹ tθuei⁴⁴	缺少胡须，嘴型似老年妇女的嘴巴
【地包天儿】ti³¹pau²¹³⁻²⁴tʰɛ²¹³	下颌较整个面部有较大突出
【下巴】ɕia³¹⁻⁴²pa²	
【唾沫】tʰuə³¹⁻⁴²mi²	
【唾沫星子】tʰuə³¹⁻⁴²mi²siəŋ²¹³⁻²¹tθʅ¹	
【漦水儿】tʃʰi²¹³⁻²¹ʂuɚ·i¹	婴幼儿流的口水
【痰】tʰæn⁵³	
【牙】ia⁵³	
【大牙】ta³¹ia⁵³	
【小牙儿】siau⁴⁴ɻaˑ⁵³	
【上牙】ʃaŋ³¹ia⁵³	
【下牙】ɕia³¹ia⁵³	
【门牙】mən³¹ia⁵³	
【牙缝儿】ia⁵³fɚŋ³¹	
【牙花子】ia⁵³⁻⁵⁵xua⁵tθʅ⁵	
【牙茬子】ia⁵³tʂa³¹⁻⁴²tθʅ²	牙齿坏掉后遗留的残根
【牙茬儿】ia⁵³tʂaˑ³¹	
【舌头】ʃə⁵³⁻⁵⁵tʰəu⁵	
【口条】kʰəu⁴⁴tʰiau⁵³	猪的舌头，指人为骂语
【舌头根子】ʃə⁵³⁻⁵⁵tʰəu⁵kən²¹³⁻²¹tθʅ¹	
【口子】tʰuən³¹⁻⁴²tθʅ²	嗓子
【嗓子】θaŋ⁴⁴⁻⁴⁵tθʅ⁵	
【脖子】pə⁵³⁻⁵⁵tθʅ⁵	
【脖子颈】pə⁵³⁻⁵⁵tθʅ⁵kəŋ⁴⁴	脖子后部
3. 躯干和内脏	
【肩膀】tɕiæn²¹³⁻²¹paŋ¹	
【肩膀头子】tɕiæn²¹³⁻²¹paŋ¹tʰəu⁵³⁻⁵⁵tθʅ⁵	
【肩膀头儿】tɕiæn²¹³⁻²¹paŋ¹tʰɚu⁵³	
【梭子骨】θuə²¹³⁻²¹tθʅ¹ku⁴⁴	锁骨
【脊梁】tɕi⁴⁴⁻⁴⁵liaŋ⁵	
【脊梁骨】tɕi⁴⁴⁻⁴⁵liaŋ⁵ku⁴⁴	

续表

词目与注音	释义及例句
【胳膊窝】ka⁴⁴⁻⁴⁵pa⁵və²¹³	
【胸脯子】ɕiəŋ²¹³⁻²⁴pʰu⁴⁴⁻⁴⁵tθɿ⁵	
【前心】tʂʰiæn⁵³⁻⁵⁵siən⁵	
【后心】xəu³¹⁻⁴²siən²	
【肋叉】lei³¹⁻⁴²tʂʰa²	腋下肋部
【肋叉骨】lei³¹⁻⁴²tʂʰa²ku⁴⁴	肋骨
【当腰】taŋ²¹³⁻²⁴iau²¹³	腰部正中间
【胸】ɕiəŋ²¹³	特指女人乳房
【奶子】nɛ²¹³⁻²¹tθɿ¹	乳房
【奶头儿】nɛ²¹³⁻²¹tʰɚu¹	
【心口儿窝儿】siən²¹³⁻²¹kʰɚu¹vɚ²¹³	
【肚子】tu³¹⁻⁴²tθɿ²	
【小肚子】siau⁴⁴⁻⁴⁵tu⁵tθɿ⁵	小腹
【腹脐】pu⁴⁴⁻⁵⁵tʂʰi⁵	肚脐
【腹脐眼子】pu⁴⁴⁻⁵⁵tʂʰi⁵iæn⁴⁴⁻⁴⁵tθɿ⁵	
【胯】kʰua³¹	盆骨
【腰】iau²¹³	
【大腰大胯】ta³¹iau²¹³⁻²⁴ta³¹⁻³¹²kʰua³¹	
【腚】tiəŋ³¹	屁股
【腚帮骨】tiəŋ³¹⁻⁴²paŋ²ku⁴⁴	
【腚腄子】tiəŋ³¹tʂʰuei⁵³⁻⁵⁵tθɿ⁵	屁股肉
【腚沟】tiəŋ³¹kəu²¹³	屁股沟
【腚眼门子】tiəŋ³¹⁻⁴²iæn²mən⁵³⁻⁵⁵tθɿ⁵	屁眼
【腿骨□】tʰei⁴⁴⁻⁴⁵ku⁵tʂʰa⁵³	大腿内侧
【心】siən²¹³	
【心皮子】siən²¹³⁻²¹pʰi¹tθɿ¹	内心，心
【心脏】siən²¹³⁻²⁴tθaŋ³¹	
【肝】kæn²¹³	
【肺】fei³¹	
【肠子】tʃʰaŋ⁵³⁻⁵⁵tθɿ⁵	
【大肠】ta³¹⁻⁴²tʃʰaŋ²	
【小肠儿】siau⁴⁴⁻⁴⁵tʂʰɚ ŋ⁵	

词目与注音	释义及例句
【大肠头】ta³¹⁻⁴²tʃʰaŋ²tʰəu⁵³	
【腰子】iau²¹³⁻²¹tθʅ¹	肾
【尿脬】θuei²¹³⁻²¹pʰu¹	膀胱
【衣】i²¹³	胎盘
【血】ɕiə⁴⁴	
【屌】tiau⁴⁴	阴茎
【鸡子】tsi²¹³⁻²¹tθʅ¹	阴茎
【蛋子】tæn³¹⁻⁴²tθʅ²	睾丸
【蛋子皮】tæn³¹⁻⁴²tθʅ²pʰi⁵³	阴囊
【屄】pi²¹³	女性外生殖器
【啪啪子】pʰa²¹³⁻²¹pʰa¹tθʅ¹	俗称女性外生殖器
4. 四肢	
【胳膊】ka⁴⁴⁻⁴⁵pa⁵	
【胳膊肘子】ka⁴⁴⁻⁴⁵pa⁵tʃəu⁵³⁻⁵⁵tθʅ⁵	肘部
【胳膊弯儿】ka⁴⁴⁻⁴⁵pa⁵vɛ²¹³	肘部内侧
【脉】mei³¹	
【手】ʃəu⁴⁴	
【爪子】tʂua⁴⁴⁻⁴⁵tθʅ⁵	
【手心】ʃəu⁴⁴⁻⁴²siən²¹³	
【手背儿】ʃəu⁴⁴pɚi³¹	
【手脖子】ʃəu⁴⁴pə⁵³⁻⁵⁵tθʅ⁵	手腕
【手指头】ʃəu⁴⁴⁻⁴²tʂʅ⁴⁴⁻⁴⁵tʰəu⁵	
【指头肚子】tʂʅ⁴⁴⁻⁴⁵tʰəu⁵tu³¹⁻⁴²tθʅ²	手指末节内侧的部分
【斗】təu⁴⁴	同心圆状的指纹
【簸箕】pə⁴⁴⁻⁴²tɕʰi²	一边开口的指纹
【指子盖儿】tɕi⁴⁴⁻⁴⁵tθʅ⁵kɛ³¹	指甲
【虎口】xu⁴⁴⁻⁴⁵kʰəu⁵	
【指拇丫子】tʂʅ⁴⁴⁻⁴⁵mu⁵ia²¹³⁻²¹tθʅ¹	指头缝儿
【指节儿】tʂʅ⁴⁴⁻⁴⁵tθɚ⁰	
【大拇指头】ta³¹⁻⁴²mu²tʂʅ⁴⁴⁻⁴⁵tʰəu⁵	
【二拇指头】l̩³¹⁻⁴²mu²tʂʅ⁴⁴⁻⁴⁵tʰəu⁵	食指
【三拇指头】θæn²¹³⁻²¹mu¹tʂʅ⁴⁴⁻⁴⁵tʰəu⁵	中指

续表

词目与注音	释义及例句
【四拇指头】θŋ$^{31-42}$mu^{2}tʂʅ$^{44-45}$tʰəu^5	无名指
【小拇指头儿】siau$^{44-45}$mu^{5}tʂʅ$^{44-45}$tʰɚu^5	小指
【左撇子】tθuə^{31}pʰiə$^{44-45}$tθŋ^5	
【腿】tʰei^{44}	
【大腿】ta$^{31-42}$tʰei^2	
【大腿根儿】ta$^{31-42}$tʰei^{2}kɚi^{213}	大腿根部
【小腿儿】siau$^{44-45}$tʰɚi^5	
【干腿子】kæn$^{213-21}$tʰei^{1}tθŋ^1	小腿的前部
【腿肚子】tʰei^{44}tu$^{31-42}$tθŋ^2	
【腿弯儿】tʰei$^{44-42}$vɛ^{213}	
【脚】tɕyə^{44}	
【脚脖子】tɕyə^{44}pə$^{53-55}$tθŋ^5	脚踝
【脚背儿】tɕyə^{44}pɚi^{31}	
【脚心】tɕyə$^{44-42}$siən^{213}	
【脚底】tɕyə$^{44-42}$ti^{44}	
【脚后跟儿】tɕyə^{44}xəu$^{31-42}$kɚi^2	
【脚拇丫子】tɕyə$^{44-45}$mu^{5}ia$^{213-21}$tθŋ^1	
【脚趾头】tɕyə$^{44-42}$tʂʅ$^{44-45}$tʰəu^5	
【老趼】lau$^{44-42}$tɕiæn^{44}	
【趼子】tɕiæn$^{44-45}$tθŋ^5	手掌和脚跟因长期摩擦而生的硬皮
【实髀大腚】ʃi^{53}pʰɛ^{44}ta$^{31-312}$tiəʊ^{31}	粗壮的大腿和肥硕的屁股

十三 疾病与医疗

词目与注音	释义及例句
1. 一般用语	
【病】piəʊ^{31}	
【毛病】mau$^{53-55}$piəʊ^5	①疾病；②缺点，坏习惯
【得病】tei^{44}piəʊ^{31}	患病
【有病】iəu^{44}piəʊ^{31}	

词目与注音	释义及例句
【病快快的】piəŋ³¹iaŋ²¹³⁻²⁴iaŋ²¹³⁻²¹ti¹	
【不利索】pu⁴⁴li³¹⁻⁴²θuə²	
【不舒坦】pu⁴⁴ʃu²¹³⁻²¹tʰæn¹	
【醒醒】siəŋ⁴⁴⁻²¹siəŋ¹	①苏醒；②植物由枯萎变得有生命力
【还阳】xuæn⁵³iaŋ⁵³	死而复生
【虚】çy²¹³	虚弱
【着】tʃuə⁵³	①传染；②燃烧
【叫唤】tçiau³¹⁻⁴²xuæn²	因为疼痛而呻吟
【药拿的】yə³¹na⁵³⁻⁵⁵ti⁵	因用药不当而产生副作用
【药罐子】yə³¹kuæn³¹⁻⁴²tθɿ²	
【见轻】tçiæn³¹tçʰiəŋ²¹³	病情减轻
【见好】tçiæn³¹xau⁴⁴	病情好转
【见效】tçiæn³¹⁻³¹²çiau³¹	
【除根儿】tʃʰu⁴⁴⁻⁴²kɚi²¹³	彻底治愈
【好利索】xau⁴⁴li³¹⁻⁴²θuə²	病痊愈
【消肿】siau²¹³⁻²⁴tʂəŋ²¹³	
【发物】fa⁴⁴⁻⁵⁵vu⁵	可引起疾病复发或伤口发炎的食物
【不对症儿】pu⁴⁴tei³¹⁻³¹²tʂɚŋ³¹	
【犯病】fæn³¹⁻³¹²piəŋ³¹	病发作
2. 内科	
【拉肚子】la²¹³⁻²⁴tu³¹⁻⁴²tθɿ²	
【泚鞭杆子】tθʰɿ²¹³⁻²⁴piæn²¹³⁻²¹kæn¹tθɿ¹	严重腹泻
【发皮寒】fa⁴⁴pʰi⁵³⁻⁵⁵xæn⁵	发烧时身体抖动
【□着了】tʂa⁵³⁻⁵⁵tʂɿ⁵lə⁵	受冷水的刺激而生病
【激着了】tçi²¹³⁻²¹tʂɿ¹lə¹	突然受冷水、寒气刺激生病
【闪着了】ʃæn⁴⁴⁻⁴⁵tʂɿ⁵lə⁵	①因脱衣服过快而引起感冒发烧；②因用力过猛而使身体受到损伤
【头疼脑热】tʰəu⁵³tʰəŋ⁵³nau⁴⁴iə³¹	泛指轻微疾病
【发烧】fa⁴⁴⁻⁴²ʃau²¹³	
【起鸡皮疙瘩】tçʰi⁴⁴tçi²¹³⁻²¹pʰi¹ka⁴⁴⁻⁴⁵ta⁵	
【长鸡瘟】tʃaŋ⁴⁴⁻⁴²tçi²¹³⁻²⁴vən²¹³	鸡生瘟病

续表

词目与注音	释义及例句
【咳嗽】kʰə⁴⁴⁻⁴⁵θu⁵	
【齁儿】xɚu²¹³	哮喘
【气管儿炎】tɕʰi³¹kuɛ⁴⁴iæn⁵³	
【胃疼】vei³¹tʰəŋ⁵³	
【心口儿窝儿疼】siən²¹³⁻²¹kʰɚu¹ vɚ²¹³⁻²⁴tʰəŋ⁵³	
【胀饱】tʃaŋ³¹⁻⁴²pau²	①吃得太多，撑胀；②骄傲自大：挣了点钱儿，把你~的。
【醋心】tθʰu³¹⁻⁴²siən²	胃酸分泌过多导致恶心
【劳心】li⁵³⁻⁵⁵siən⁵	食用过多不易消化的食物从而引起胃部不舒服，恶心
【恶心】vɚ⁴⁴⁻⁴⁵siən⁵	
【恶膺】vɚ³¹⁻⁴²iəŋ²	恶心
【哕】yə⁴⁴	呕吐
【干呕哕】kæn²¹³⁻²¹vɚ¹yə¹	干呕
【往上撞】vaŋ³¹⁻³¹²ʃaŋ³¹⁻³¹²tʂuaŋ³¹	食物在胃里翻腾，欲呕吐
【痨病】lau⁵³⁻⁵⁵piəŋ⁵	肺结核
【肺结核儿】fei³¹tɕiə⁴⁴⁻⁴²xɛ⁴⁴	
【出水痘儿】tʃʰu⁴⁴⁻⁴²ʂuei⁴⁴⁻⁴⁵təu⁵	
【出疹子】tʃʰu⁴⁴⁻⁴²tʃən⁴⁴⁻⁴⁵tθʅ⁵	
【吓着了】çia³¹⁻⁴²tʂʅ²lə²	
【黄病】xuaŋ⁵³⁻⁵⁵piəŋ⁵	
【抽筋儿】tʃʰəu²¹³⁻²⁴tɕiɚi²¹³	
【转腿肚子】tʃuæn³¹tei⁴⁴tu³¹⁻⁴²tθʅ²	腿肚抽筋
【鸡爪子】tɕi²¹³⁻²⁴tʂua⁴⁴⁻⁴⁵tθʅ⁵	
【仰个子疯儿】iaŋ⁴⁴⁻⁴⁵kə⁵tθʅ⁵fɚŋ²¹³	癫痫
【上仰个子疯儿】ʃaŋ³¹iaŋ⁴⁴⁻⁴⁵kə⁵ tθʅ⁵fɚŋ²¹³	
【偏枯】pʰiæn²¹³⁻²⁴kʰu²¹³	一种病，半身偏废
【中暑】tʂəŋ³¹ʃu⁴⁴	
【痄腮】tʂa⁴⁴⁻⁴⁵θɛ⁵	腮腺炎
【浮肿】fu⁵³tʂəŋ⁴⁴	
【虚胖】çy²¹³⁻²¹pʰaŋ¹	
【大脖子病】ta³¹pə⁵³⁻⁵⁵tθʅ⁵piəŋ³¹	甲亢

词目与注音	释义及例句
【掉胳膊】tiau³¹ka⁴⁴⁻⁴⁵pa⁵	肩关节脱臼
【拿上】na⁵³⁻⁵⁵ʃaŋ⁵	使脱臼关节复位
【出血热】tʃʰu⁴⁴çiə⁴⁴⁻⁴²iə³¹⁻⁴⁴	
【风湿】fəŋ²¹³⁻²⁴ʃi⁴⁴	
【麻风】ma⁵³fəŋ²¹³	
【掉大肠头】tiau³¹ta³¹⁻⁴²tʃʰaŋ²tʰəu⁵³	脱肛
【头疼】tʰəu⁵³tʰəŋ⁵³	
【腰疼】iau²¹³⁻²⁴tʰəŋ⁵³	
【腿疼】tʰei⁴⁴tʰəŋ⁵³	
【脚疼】tçyə⁴⁴tʰəŋ⁵³	
【胳膊疼】ka⁴⁴⁻⁴⁵pa⁵tʰəŋ⁵³	
【手疼】ʃəu⁴⁴tʰəŋ⁵³	
【腚疼】tiəŋ³¹tʰəŋ⁵³	
【胸口儿窝儿疼】çiəŋ²¹³⁻²¹kʰɚu¹vɚ²¹³⁻²⁴tʰəŋ⁵³	
【浑身疼】xuən⁵³ʃən²¹³tʰəŋ⁵³	
3. 外科	
【硬伤】iəŋ³¹ʃaŋ²¹³	
【出血】tʃʰu⁴⁴⁻⁴²çiə⁴⁴	
【大出血】ta³¹tʃʰu⁴⁴⁻⁴²çiə⁴⁴	
【淌血】tʰaŋ⁴⁴⁻⁴²çiə⁴⁴	流血
【蹿血】tθʰuæn²¹³⁻²⁴çiə⁴⁴	血大量涌出
【血糊拉的】çiə⁴⁴⁻⁴²xu⁴⁴la⁵⁵ti⁵	
【血块子】çiə⁴⁴kʰuɛ³¹⁻⁴²tθʅ²	
【痣】tçi³¹	
【胎痣】tʰɛ²¹³⁻²⁴tçi³¹	
【疖子】tsiə⁴⁴⁻⁴⁵tθʅ⁵	痈
【疔疮】tiəŋ²¹³⁻²¹tʂʰuaŋ¹	一般发于手足部位，根深形细，其状如钉
【疮】tʂʰuaŋ²¹³	
【黄水疮】xuaŋ⁵³⁻⁵⁵ʂuei⁵tʂʰuaŋ²¹³	疱疹
【口疮】kʰəu⁴⁴⁻⁴⁵tʂʰuaŋ⁵	口腔黏膜溃疡
【褥疮】y³¹⁻⁴²tʂʰuaŋ²	长时间躺卧以致身上生疮

续表

词目与注音	释义及例句
【鼓脓】ku^{44}nəŋ^{53}	脓包鼓起，即将破裂
【化脓】xua^{31}nəŋ^{53}	
【流脓】liəu^{53}nəŋ^{53}	
【皴】tsʰyən^{213}	皮肤干裂
【倒劙刺】tau$^{31-42}$li^{2}tθʰη^{31}	指甲周围皮肤上的戗刺
【鸡眼】tɕi$^{213-21}$iæn^1	圆锥状角质增生
【眼疖子】iæn$^{44-45}$tsiə^{5}tθη^5	麦粒肿
【红眼子】xəŋ$^{53-55}$iæn^{5}tθη^5	急性结膜炎
【云雾】yən$^{53-55}$mu^5	白内障
【耳背】l$\textsubring{}^{44}$pei^{31}	
【磨牙】mə^{53}ia^{53}	夜间咬磨牙齿
【木疙瘩】mu$^{31-42}$ka^{2}ta^2	皮肤上生出感到瘙痒的肿块或荨麻疹
【燎泡】liau$^{44-55}$pʰu^5	由烧伤、烫伤或摩擦而起的水泡
【绺□】liəu$^{44-45}$tʃʰu^5	皮肤上的细条状血痕
【杠子】kaŋ$^{31-42}$tθη^2	由鞭子、枝条抽打形成的长条状血痕
【发炎】fa^{44}iæn^{53}	
【痂馇儿】ka$^{213-21}$tʂɚ^1	痂
【疤】pa^{213}	瘢痕
【黑疤】xei$^{44-42}$pa^{213}	
【红疤】xəŋ^{53}pa^{213}	
【瘸腿】tɕʰyə^{53}tʰei^{44}/tɕʰyə$^{53-55}$tʰei^5	①腿瘸；②瘸子
【□】la^{53}	猛烈摩擦
【掉传风】tiau^{31}tʃʰuæn^{53}fəŋ^{213}	面瘫
【淌鼻血】tʰaŋ^{44}pi$^{53-55}$çiə^5	
【眼瞎】iæn$^{44-42}$çia^{44}	
【斜楞眼】siə$^{53-55}$ləŋ^{5}iæn^{44}	斜眼看
【白□眼】pei$^{53-55}$ka^{5}iæn^{44}	翻眼白
【六指儿】liəu$^{31-42}$tʂɚi^2	六个指头
【哑嗓子】ia$^{44-45}$θaŋ^{5}tθη^5	说话声音苍哑
【锅腰】kə$^{213-24}$iau^{213}	①弯腰；②驼背
【鸡爪子】tɕi$^{213-21}$tʂua^{1}tθη^1	手指弯曲，不能自由伸直

续表

词目与注音	释义及例句
4. 医疗	
【药铺】yə³¹⁻³¹²pʰu³¹	
【中药铺】tʂəŋ²¹³⁻²⁴yə³¹⁻³¹²pʰu³¹	
【药店】yə³¹⁻³¹²tiæn³¹	
【诊所】tʃən⁴⁴⁻⁴²ʂuə⁴⁴	
【门诊】mən⁵³tʃən⁴⁴	
【看病】kʰæn³¹⁻³¹²piəŋ³¹	
【□□】tʂa⁴⁴⁻⁴⁵ku⁵	治疗
【汤药】tʰaŋ²¹³⁻²¹yə¹	
【打针】ta⁴⁴⁻⁴²tʃən²¹³	
【打吊针】ta⁴⁴tiau³¹tʃən²¹³	
【打小针儿】ta⁴⁴siau⁴⁴⁻⁴²tʂɚi²¹³	
【吃药】tʃʰi⁴⁴yə³¹	
【吃汤药】tʃʰi⁴⁴tʰaŋ²¹³⁻²¹yə¹	
【抓药】tʂua²¹³⁻²⁴yə³¹	拿中药
【抓汤药】tʂua²¹³⁻²⁴tʰaŋ²¹³⁻²¹yə¹	
【熬汤药】ɣau⁵³tʰaŋ²¹³⁻²¹yə¹	
【药渣子】yə³¹⁻³¹²tʂa²¹³⁻²¹tθ̩¹	
【药方儿】yə³¹faɚŋ²¹³	
【药引子】yə³¹iən⁴⁴⁻⁴⁵tθ̩⁵	能引导主要药物的药力到达特定部位的辅药
【药面儿】yə³¹⁻³¹²miɛ³¹	外用散剂
【药片儿】yə³¹⁻³¹²pʰiɛ³¹	
【药劲儿】yə³¹⁻³¹²tɕiɚi³¹	药效
【□药】kə³¹⁻⁴²yə²	可导致腹泻的药
【罨】ɣæn⁴⁴	外敷
【发汗】fa⁴⁴xæn³¹	
【捂汗】vu⁴⁴xæn³¹	盖上被子使身体出汗
【试脉】ʂʅ³¹⁻³¹²mei³¹	
【针灸】tʃən²¹³⁻²⁴tɕiəu⁴⁴	
【推拿】tei²¹³⁻²⁴na⁵³	中医指在人体上按照静脉、穴位用各种手法进行按摩治疗
【拔罐儿】pa⁵³kuɛ³¹	
【打虫子】ta⁴⁴tʂʰəŋ⁵³⁻⁵⁵tθ̩⁵	打掉蛔虫

续表

词目与注音	释义及例句
【种痘儿】 $tʂəŋ^{31-312}təu^{31}$	接种疫苗

十四　衣着与穿戴

词目与注音	释义及例句
1. 布料	
【布】 pu^{31}	
【布料】 $pu^{31-312}liau^{31}$	
【料子】 $liau^{31-42}tθ ŋ^2$	
【粗布】 $tθ^hu^{213-24}pu^{31}$	
【麻布】 $ma^{53-55}pu^5$	麻线织的布
【棉布】 $miæn^{53-55}pu^5$	
【衬布子】 $tʂ^hən^{31-42}pu^2tθ ŋ^2$	
【凡布】 $fæn^{53-55}pu^5$	
【胶布儿】 $tɕiau^{213-24}pʊ^{31}$	
【塑料布】 $θu^{31-312}liau^{31-312}pu^{31}$	
【的确良】 $ti^{53}tɕ^hyə^{31}liaŋ^{53}$	
【条绒】 $t^hiau^{53}iəŋ^{53}$	
【毛布】 $mau^{53-55}pu^5$	
【尼龙布】 $ni^{53}ləŋ^{53}pu^{31}$	
【呢子】 $ni^{53-55}tθ ŋ^5$	
2. 服装	
【穿戴】 $tʃ^huæn^{213-24}tɛ^{31}$	
【打扮】 $ta^{44-55}pæn^5$	
【穿衣戴帽儿】 $tʃ^huæn^{213-24}i^{213-24}tɛ^{31-312}mæ·u^{31}$	
【衣裳】 $i^{213-21}ʃaŋ^1$	
【西服】 $si^{213-24}fu^{44}$	
【中山服】 $tʂəŋ^{213-24}ʂæn^{213-24}fu^{44}$	
【呢子大衣】 $ni^{53-55}tθ ŋ^5ta^{31}i^{213}$	
【礼服】 $li^{44-42}fu^{44}$	

续表

词目与注音	释义及例句
【袍子】 pʰau⁵³⁻⁵⁵tθŋ⁵	
【长袍儿】 tʃʰaŋ⁵³pʰæu⁵³	
【马褂儿】 ma⁴⁴kuaɚ³¹	
【马甲儿】 ma⁴⁴⁻⁴²tɕiaɚ⁴⁴	
【坎肩儿】 kʰæn⁴⁴⁻⁴⁵tɕiɛ⁵	
【褙褡儿】 pei²¹³⁻²¹taɚ¹	坎肩
【旗袍儿】 tɕʰi⁵³pʰæu⁵³	
【棉衣裳】 miæn⁵³⁻⁵⁵i⁵ʃaŋ⁵	
【褂子】 kua³¹⁻⁴²tθŋ²	
【小褂儿】 siau⁴⁴kuaɚ³¹	
【大褂儿】 ta³¹⁻³¹²kuaɚ³¹	
【外套儿】 vɛ³¹⁻³¹²tʰaɚu³¹	
【半袖儿】 pæn³¹⁻⁴²θɚu²	袖子长约小臂一半的上衣
【半截袖儿】 pæn³¹tsiə⁵³θɚu³¹	
【长袖儿】 tʃʰaŋ⁵³⁻⁵⁵θɚu⁵	长袖上衣
【短袖儿】 tuæn⁴⁴⁻⁴⁵θɚu⁵	短袖上衣
【套袖】 tʰau³¹⁻³¹²siəu³¹	
【汗衫儿】 xæn³¹ʂɚ²¹³	T恤衫
【春秋衫】 tʃʰuən²¹³⁻⁴⁵tsʰiəu⁵ʂɚ²¹³	春秋季节穿的针织内衣
【背心儿】 pei³¹θɚi²¹³	棉质无袖内衣
【夹克儿】 tɕia⁴⁴⁻⁵⁵kʰɚ⁵	
【皮衣】 pʰi⁵³i²¹³	
【棉袄】 miæn⁵³ɣau⁴⁴	
【大袄】 ta³¹ɣau⁴⁴	
【皮袄】 pʰi⁵³ɣau⁴⁴	
【小夹袄】 siau⁴⁴tɕia⁴⁴⁻⁴²ɣau⁴⁴	
【大氅儿】 ta³¹tʂʰaɚŋ⁴⁴	
【大襟儿】 ta³¹tɕiəi²¹³	
【对襟儿】 tei³¹⁻⁴²tɕiəi²	
【本褂子】 pən³¹⁻⁴²kua²tθŋ²	旧时百姓手工制作的衣服
【制服】 tʃi³¹⁻⁴⁵fu⁴⁴	成品衣服
【披肩】 pʰi²¹³⁻²⁴tsiæn²¹³	

续表

词目与注音	释义及例句
【扣儿】kʰɚu²¹³	
【纽扣儿】niəu⁴⁴⁻⁴⁵kʰɚu⁵	
【布袋儿】pu³¹⁻⁴²tɕ²	口袋
【裤子】kʰu³¹⁻⁴²tθʅ²	
【条绒裤子】tʰiau⁵³iəŋ⁵³kʰu³¹⁻⁴²tθʅ²	
【棉裤】miæn⁵³kʰu³¹	
【春秋裤】tʃʰuən²¹³⁻²⁴tsʰiəu²¹³⁻²⁴kʰu³¹	
【裤衩子】kʰu³¹tʂʰa⁴⁴⁻⁴⁵tθʅ⁵	内裤
【裤衩儿】kʰu³¹tʂʰaɚ⁴⁴	
【裤子头儿】kʰu³¹⁻⁴²tθʅ²tʰɚu⁵³	短裤
【裤裆】kʰu³¹taŋ²¹³	裤子的裆部
【裤脚儿】kʰu³¹tɕyɚ⁴⁴	
【裤腿子】kʰu³¹tʰei⁴⁴⁻⁴⁵tθʅ⁵	裤子的腿部
【束腰带】tʃʰu⁴⁴⁻²¹iau¹tɕ³¹	腰带
【喇叭裤儿】la⁴⁴⁻⁴⁵pa⁵kʰuɚ³¹	裤腿下端开口较大的裤子
3. 鞋帽	
【鞋】ɕiɛ⁵³	
【草鞋】tθʰau⁴⁴ɕiɛ⁵³	
【球鞋】tɕʰiəu⁵³ɕiɛ⁵³	一种帆布帮、橡胶底的鞋
【凉鞋】liaŋ³¹ɕiɛ⁵³	
【棉鞋】miæn⁵³ɕiɛ⁵³	
【单鞋】tæn²¹³⁻²⁴ɕiɛ⁵³	与"棉鞋"相对
【布鞋】pu³¹ɕiɛ⁵³	
【皮鞋】pʰi⁵³ɕiɛ⁵³	
【高跟儿鞋】kau²¹³⁻²⁴kɚi⁴⁴ɕiɛ⁵³	
【平跟儿鞋】pʰiəŋ⁵³kɚi⁴⁴ɕiɛ⁵³	
【水鞋】ʂuei⁴⁴ɕiɛ⁵³	雨靴
【运动鞋】yən³¹⁻⁴²təŋ²ɕiɛ⁵³	
【拖鞋】tʰuə²¹³⁻²⁴ɕiɛ⁵³	
【插班】tʂʰa⁴⁴⁻⁴²pæn²¹³	穿着两只不同的鞋子
【鞋垫子】ɕiɛ⁵³tiæn³¹⁻⁴²tθʅ²	
【鞋垫儿】ɕiɛ⁵³tɕ³¹	

词目与注音	释义及例句
【靴子】 $\varsigma y \vartheta^{213-21} t\theta \eta^1$	
【高筒儿靴】 $kau^{213-24} t^h \vartheta \eta^{44-42} \varsigma y \vartheta^{213}$	
【军靴】 $t\varsigma y \vartheta n^{213-24} \varsigma y \vartheta^{213}$	
【帽子】 $mau^{31-42} t\theta \eta^2$	
【单帽子】 $tæn^{213-24} mau^{31-42} t\theta \eta^2$	
【棉帽子】 $miæn^{53} mau^{31-42} t\theta \eta^2$	
【太阳帽儿】 $t^h \varepsilon^{31} ia\eta^{53} m \vartheta u^{31}$	
【瓜皮帽儿】 $kua^{213-21} p^h i^1 m \vartheta u^{31}$	
【帽檐儿】 $mau^{31-312} \jmath \varepsilon^{31}$	
【苇簾】 $vei^{44-45} liæn^5$	斗笠
4. 装饰品	
【胭脂儿】 $iæn^{213-21} t\varsigma \vartheta \cdot i^1$	
【粉】 $f\vartheta n^{44}$	
【口红儿】 $k^h \vartheta u^{44} x \vartheta \eta^{53}$	
【首饰】 $\int \vartheta u^{44-55} \int i^5$	
【戒指儿】 $t\varsigma i \varepsilon^{31-42} t\varsigma \vartheta \cdot i^2$	
【镏子】 $li \vartheta u^{213-21} t\theta \eta^1$	
【镏儿】 $li \vartheta \cdot u^{213}$	
【镯子】 $t\varsigma u \vartheta^{53-55} t\theta \eta^5$	
【手镯子】 $\int \vartheta u^{44} t\varsigma u \vartheta^{53-55} t\theta \eta^5$	
【手镯儿】 $\int \vartheta u^{44} t\varsigma u \vartheta \cdot^{53}$	
【玉镯子】 $y^{31} t\varsigma u \vartheta^{53-55} t\theta \eta^5$	
【玉镯儿】 $y^{31} t\varsigma u \vartheta \cdot^{53}$	
【手链儿】 $\int \vartheta u^{44} \jmath \varepsilon^{31}$	
【脚链儿】 $t\varsigma y \vartheta^{44} \jmath \varepsilon^{31}$	
【项链】 $\varsigma ia\eta^{31-312} \jmath \varepsilon^{31}$	
【珍珠项链】 $t\int \vartheta n^{213-24} t\int u^{213-24}$ $\varsigma ia\eta^{31-312} liæn^{31}$	
【坠子】 $t\varsigma uei^{31-42} t\theta \eta^2$	
【坠儿】 $t\varsigma u \vartheta \cdot i^{31}$	
【卡子】 $t\varsigma^h ia^{213-21} t\theta \eta^1$	
【皮筋儿】 $p^h i^{53} t\varsigma i \vartheta \cdot i^{213}$	

词目与注音	释义及例句
【穗子】 θuei³¹⁻⁴²tθŋ²	流苏
【网儿】 vɚŋ⁴⁴	旧时老年妇女用其罩在头发上
【围巾】 vei⁵³tɕiɚi²¹³	
【围脖儿】 vei⁵³pɚ⁵³	
【手巾】 ʃəu⁴⁴⁻⁴⁵tɕiən⁵	
【小手巾儿】 siau⁴⁴⁻⁴²ʃəu⁴⁴⁻⁴⁵tɕiɚi⁵	
【包脚布儿】 pau²¹³⁻²⁴tɕyə⁴⁴pɯ³¹	
【手套儿】 ʃəu⁴⁴tʰɚu³¹	
【单手套儿】 tæn²¹³⁻²⁴ʃəu⁴⁴tʰɚu³¹	
【棉手套儿】 miæn⁵³ʃəu⁴⁴tʰɚu³¹	
【袜子】 va³¹⁻⁴²tθŋ²	
【单袜子】 tæn²¹³⁻²⁴va³¹⁻⁴²tθŋ²	
【棉袜子】 miæn⁵³va³¹⁻⁴²tθŋ²	

十五　饮食

词目与注音	释义及例句
1. 主食	
【饭】 fæn³¹	
【好饭】 xau⁴⁴fæn³¹	
【□饭】 tθʰau²¹³⁻²⁴fæn³¹	不可口的饭
【平常饭】 pʰiəŋ⁵³tʃʰəŋ⁵³fæn³¹	
【早上饭】 tθau⁴⁴⁻⁴⁵ʃaŋ⁵fæn³¹	早晨的饭
【晌午饭】 ʃaŋ⁴⁴⁻⁴⁵vu⁵fæn³¹	中午的饭
【下晌饭】 ɕia³¹⁻⁴²ʃaŋ²fæn³¹	晚上的饭
【大锅饭】 ta³¹kuə²¹³⁻²⁴fæn³¹	
【小锅饭儿】 siau⁴⁴⁻⁴²kuə²¹³⁻²⁴fɛ³¹	
【干饭】 kæn²¹³⁻²¹fæn¹	米饭
【干粮】 kæn²¹³⁻²¹liaŋ¹	
【细粮】 si³¹liaŋ⁵³	小麦、小米和大米等粮食
【粗粮】 tθʰu²¹³⁻²⁴liaŋ⁵³	除细粮之外的粮食，如玉米

词目与注音	释义及例句
【面】miæn^{31}	粮食磨成的粉
【头遍子面】t^{h}əu$^{53-55}$piæn^{5}tɕʅ^{5}miæn^{31}	第一遍磨出的面
【麦子面】mei$^{31-42}$tɕʅ^{2}miæn^{31}	
【苞米儿面】pau$^{213-24}$miɚi^{44}miæn^{31}	
【地瓜面】ti^{31}kua$^{213-24}$miæn^{31}	地瓜干磨成的粉
【豆面】təu$^{31-42}$miæn^{2}	
【麸子】fu$^{213-21}$tɕʅ^{1}	麸皮
【大米】ta^{31}mi^{44}	
【黄米】xuaŋ$^{53-55}$mi^{5}	
【饽饽】pə$^{213-21}$pə^{1}	馒头
【馒头】mæn$^{53-55}$t^{h}əu^{5}	
【锅贴子】kuə$^{213-24}$t^{h}iə$^{44-45}$tɕʅ^{5}	一种长条状、贴在锅内侧爝熟的食品
【火烧儿】xuə$^{44-45}$ʂɚu^{5}	烧饼
【面条儿】miæn^{31}t^{h}iɚu^{53}	
【油条】iəu^{53}t^{h}iau^{53}	
【锅盔】kuə$^{213-24}$k^{h}uei^{213}	一种大而厚的圆状烙制食品
【卷子】tɕyæn$^{44-45}$tɕʅ^{5}	内含有少量菜、肉的面品
【油饼】iəu^{53}piəŋ^{44}	
【单饼】tæn$^{213-24}$piəŋ^{44}	圆状薄饼
【瓢子饼】iaŋ$^{53-55}$tɕʅ^{5}piəŋ^{44}	内含菜、肉等蒸制的长条状饼
【合饼】xa$^{53-55}$piəŋ^{5}	合子饼
【苞米儿饼子】pau$^{213-24}$miɚi^{44}piəŋ$^{44-45}$tɕʅ^{5}	玉米制成的饼
【地瓜干子】ti^{31}kua$^{213-24}$kæn$^{213-21}$tɕʅ^{1}	晒干的红薯擦片
【地瓜干儿】ti^{31}kua$^{213-24}$kɛ^{213}	
【包子】pau$^{213-21}$tɕʅ^{1}	
【米包儿】mi$^{44-45}$pɚu^{5}	糯米馅的包子
【豌豆黄儿】væn$^{213-21}$təu^{1}xuɚŋ^{53}	豌豆馅的包子
【菜包子】tɕʰɛ$^{31-42}$pau^{2}tɕʅ^{2}	
【箍扎】ku$^{213-21}$tʂa^{1}	饺子
【饺子】tɕiau$^{44-45}$tɕʅ^{5}	
【角子】tɕyə$^{44-45}$tɕʅ^{5}	半月状包子

词目与注音	释义及例句
【粽子】tθəŋ$^{31-42}$tθʅ^2	
【棋子】tɕʰi$^{53-55}$tθʅ^5	炒制的菱形扁平甜面块，端午节时食用
【糖角儿】tʰaŋ^{53}tɕia^{44}	红糖或白糖做馅，外形呈三角状的面品
【馅儿】ɕiɛ^{31}	
【馅子】ɕiæn$^{31-55}$tθʅ^5	
【饺子馅儿】tɕiau$^{44-45}$tθʅ^{5}ɕiɛ^{31}	
【饺子皮】tɕiau$^{44-45}$tθʅ^{5}pʰi^{53}	
【皮子】pʰi$^{53-55}$tθʅ^5	饺子、包子的面皮
【稀饭】ɕi$^{213-24}$fæn^{31}	
【米汤儿】mi$^{44-45}$tʰɚŋ^5	
【大米汤】ta^{31}mi$^{44-42}$tʰaŋ^{213}	
【小米儿汤】siau$^{44-42}$miɚi^{44}tʰaŋ^{213}	
【面汤】miæn$^{31-42}$tʰaŋ^2	面条汤
【饺子汤】tɕiau$^{44-45}$tθʅ^{5}tʰaŋ^{213}	
【黏粥】niæn$^{53-55}$tʃu^5	玉米粥
【鸡蛋汤】tɕi$^{213-24}$tæn^{31}tʰaŋ^{213}	
【箍扎汤】ku$^{213-21}$tʂa^{1}tʰaŋ^{213}	疙瘩汤
【老面】lau$^{44-45}$miæn^5	土法制作的酵母
【引子】iən$^{44-45}$tθʅ^5	
【发面】fa$^{44-45}$miæn^5	发酵过的面团
【死面子】θʅ$^{44-45}$miæn^{5}tθʅ^5	未发酵的面团
【痂馇儿】ka$^{213-21}$tʂɚ^1	片状面渣
【剩饭】ʃəŋ$^{31-312}$fæn^{31}	
2. 菜肴	
【菜】tθʰɛ^{31}	
【饭菜】fæn$^{31-312}$tθʰɛ^{31}	
【青菜】tsʰiəŋ$^{213-24}$tθʰɛ^{31}	
【咸菜】ɕiæn$^{53-55}$tθʰɛ^5	
【辣菜】la$^{31-42}$tθʰɛ^2	光头芥菜
【辣菜头】la$^{31-42}$tθʰɛ^{2}tʰəu^{53}	腌制过的芥菜根茎
【萝卜条儿】luə$^{53-55}$pei^{5}tʰiɚu^{53}	
【平常菜】pʰiəŋ^{53}tʃʰaŋ^{53}tθʰɛ^{31}	

词目与注音	释义及例句
【茄合儿】 $tɕ^hiə^{53}xɚ^{53}$	
【藕合儿】 $ɣəu^{213-24}xɚ^{53}$	
【肴】 iau^{53}	菜品总称
【肴儿】 $ɹɚu^{53}$	
【酒肴】 $tsiəu^{44}ɹɚu^{53}$	下酒菜
【小菜儿】 $siau^{44}tθ^hɛ^{31}$	配合正餐食用的佐餐菜
【猪肉】 $tʃu^{213-24}iəu^{31}$	
【牛肉】 $iəu^{53-55}iəu^{5}$	
【羊肉】 $iaŋ^{53-55}iəu^{5}$	
【鸡肉】 $tɕi^{213-21}iəu^{1}$	
【嘎嘎子肉】 $ka^{213-21}ka^{1}tθɿ^{1}iəu^{31}$	鸭肉
【鹅子肉】 $və^{53-55}tθɿ^{5}iəu^{31}$	
【瘦肉】 $ʂəu^{31-312}iəu^{31}$	
【肥肉】 $fei^{53}iəu^{31}$	
【脂儿渣】 $tʂɚi^{213-21}tʂa^{1}$	肥肉熬油后的残渣
【五花儿肉】 $vu^{44-42}xuɚ^{213-24}iəu^{31}$	
【肉膘】 $iəu^{31}piau^{213}$	
【猪骨头】 $tʃu^{213-24}ku^{44-45}t^həu^{5}$	
【排骨】 $p^hɛ^{53}ku^{44}$	
【红烧排骨】 $xəŋ^{53}ʃau^{213-24}p^hɛ^{53}ku^{44}$	
【清炖排骨】 $ts^hiəŋ^{213-24}tuən^{31}p^hɛ^{53}ku^{44}$	
【海带炖排骨】 $xɛ^{44}tɛ^{31}tuən^{31}p^hɛ^{53}ku^{44}$	
【烤鸭】 $k^hau^{44-42}ia^{44}$	
【烧鸡】 $ʃau^{213-24}tɕi^{213}$	
【芹菜炒肉】 $tɕ^hiən^{53-55}tθ^hɛ^{5}tʂ^hau^{44}iəu^{31}$	
【椒子炒肉】 $tsiau^{213-21}tθɿ^{1}tʂ^hau^{44}iəu^{31}$	
【蘑菇炒肉】 $mə^{53-55}ku^{5}tʂ^hau^{44}iəu^{31}$	
【炖鸡】 $tuən^{31}tɕi^{213}$	
【辣子鸡】 $la^{31-42}tθɿ^{2}tɕi^{213}$	
【红烧肉】 $xəŋ^{53}ʃau^{213-24}iəu^{31}$	

续表

词目与注音	释义及例句
【韭菜□鸡蛋】tɕiəu⁴⁴⁻⁴⁵ tθʰɛ⁵ və²¹³⁻²⁴ tɕi²¹³⁻²⁴ tæn³¹	
【炒蘑菇】tʂʰau⁴⁴ mə⁵³⁻⁵⁵ ku⁵	
【凉拌黄瓜】liaŋ⁵³ pæn³¹ xuaŋ⁵³⁻⁵⁵ kua⁵	
【拌海蜇】pæn³¹ xɛ⁴⁴ tʃə⁵³	
【变蛋】piæn³¹⁻³¹² tæn³¹	松花蛋
【皮蛋】pʰi⁵³⁻⁵⁵ tæn⁵	
【茶蛋】tʂʰa⁵³⁻⁴⁵ tæn⁵	
【荷儿包儿蛋】xɚ⁵³ paɻu²¹³⁻²⁴ tæn³¹	
【咸鸭蛋】ɕiæn⁵³ ia⁴⁴⁻⁴⁵ tæn⁵	
【炖鳞刀】tuən³¹ liən⁵³⁻⁵⁵ tau⁵	
【炖鲅鱼】tuən³¹ pa³¹⁻⁴² y²	
【炖黄花儿】tuən³¹ xuaŋ⁵³ xuɚ²¹³	
【丸子】væn⁵³⁻⁵⁵ tθɻ⁵	
【元宵】yæn⁵³ siau²¹³	
【豆腐】təu³¹⁻⁴² fu²	
【小豆腐儿】siau⁴⁴ təu³¹⁻⁴² fʊ²	
【臭豆腐】tʃʰəu³¹ təu³¹⁻⁴² fu²	
【豆腐脑儿】təu³¹⁻⁴² fu² nɚ u⁴⁴	
【豆腐渣】təu³¹⁻⁴² fu² tʂa²¹³	
【小葱儿拌豆腐】siau⁴⁴⁻⁴² tθʰɚŋ²¹³⁻²⁴ pæn³¹ təu³¹⁻⁴² fu²	
【豆浆】təu³¹ tɕiaŋ²¹³	
【卤水】lu⁴⁴⁻⁴⁵ ʂuei⁵	
【辣椒酱】la³¹ tɕiau²¹³⁻²⁴ tɕiaŋ³¹	
【蒜泥】θuæn³¹ ni⁵³	
【一锅烂】i⁴⁴⁻⁴² kuə²¹³⁻²⁴ læn³¹	杂烩菜
【大锅菜】ta³¹ kuə²¹³⁻²⁴ tθʰɛ³¹	用大锅炒制很大分量的菜，可供多人食用
【清水菜】tsʰiəŋ²¹³⁻²¹ ʂuei¹ tθʰɛ³¹	
【油水】iəu⁵³⁻⁵⁵ ʂuei⁵	菜里所含的油脂
【菜汤】tθʰɛ³¹ tʰaŋ²¹³	
【剩菜】ʃəŋ³¹⁻³¹² tθʰɛ³¹	
【盘底子】pʰæn⁵³ ti⁴⁴⁻⁴⁵ tθɻ⁵	

词目与注音	释义及例句
3. 佐料及烟酒糖茶	
【柴米油盐】tʂʰɛ⁵³mi⁴⁴iəu⁵³iæn⁵³	
【油盐酱醋】iəu⁵³iæn⁵³tsiaŋ³¹⁻³¹²tθʰu³¹	
【油】iəu⁵³	
【果子油】kə⁴⁴⁻⁴⁵tθɿ⁵iəu⁵³	花生油
【香油】ɕiaŋ²¹³⁻²⁴iəu⁵³	芝麻油
【豆油】təu³¹iəu⁵³	
【大油】ta³¹iəu⁵³	动物脂肪炼制的油
【菜籽油】tθʰɛ³¹tθɿ⁴⁴iəu⁵³	
【盐】iæn⁵³	
【盐粒子】iæn⁵³li³¹⁻⁴²tθɿ²	
【盐块子】iæn⁵³kʰuɛ³¹⁻⁴²tθɿ²	
【海盐】xɛ⁴⁴iæn⁵³	
【酱】tsiaŋ³¹	
【大酱】ta³¹⁻³¹²tsiaŋ³¹	
【豆瓣儿酱】təu³¹⁻⁴²pɛ⁻²tsiaŋ³¹	
【芝麻酱】tʂɿ²¹³⁻²¹ma¹tsiaŋ³¹	
【醋】tθʰu³¹	
【味精】vei³¹tsiəŋ²¹³	
【酱油】tsiaŋ³¹iəu⁵³	
【胡椒面儿】xu⁵³tsiau²¹³⁻²⁴miɛ³¹	
【花椒】xua²¹³⁻²⁴tsiau²¹³	
【陈皮】tʃʰən⁵³pʰi⁵³	
【醭儿】puʵ⁵³	揉面时新加的面粉
【毛儿】mɚu⁵³	食物变质长出的菌类
【烟】iæn²¹³	
【烟叶儿】iæn²¹³⁻²⁴ɹɚ³¹	
【旱烟】xæn³¹iæn²¹³	
【香烟】ɕiaŋ²¹³⁻²⁴iæn²¹³	
【烟蒂巴儿】iæn²¹³⁻²⁴ti³¹⁻⁴²pa⁻²	烟头
【旱烟袋】xæn³¹iæn²¹³⁻²⁴tɛ³¹	盛旱烟叶的布袋
【烟袋锅儿】iæn²¹³⁻²⁴tɛ³¹kuɚ²¹³	烟斗

续表

词目与注音	释义及例句
【烟袋锅子】iæn²¹³⁻²⁴tɛ³¹⁻³¹²kuə²¹³⁻²¹tθ̩¹	烟斗
【烟袋杆子】iæn²¹³⁻²⁴tɛ³¹kæn⁴⁴⁻⁴⁵tθ̩⁵	
【烟纸】iæn²¹³⁻²⁴tʂʅ⁴⁴	
【一袋烟】i⁴⁴tɛ³¹iæn²¹³	
【烟盒儿】iæn²¹³⁻²⁴xɚ⁵³	
【烟油子】iæn²¹³⁻²⁴iəu⁵³⁻⁵⁵tθ̩⁵	
【吃烟】tʃʰi⁴⁴⁻⁴²iæn²¹³	吸烟
【吃烟儿】tʃʰi⁴⁴⁻⁴²ɪɛ²¹³	
【酒】tsiəu⁴⁴	
【白酒】pei⁵³tsiəu⁴⁴	
【红酒】xəŋ⁵³tsiəu⁴⁴	
【黄酒】xuaŋ⁵³tsiəu⁴⁴	
【料酒】liau³¹tsiəu⁴⁴	
【啤酒】pʰi⁵³tsiəu⁴⁴	
【香槟酒】ɕiaŋ²¹³⁻²⁴piən²¹³⁻²⁴tsiəu⁴⁴	
【酒场儿】tsiəu⁴⁴⁻⁴²tʂʰɚ̃ŋ⁴⁴	吃饭喝酒的场合
【买酒】mɛ⁴⁴⁻⁴²tsiəu⁴⁴	
【喝酒】xa⁴⁴⁻⁴²tsiəu⁴⁴	
【喜酒】ɕi⁴⁴⁻⁴²tsiəu⁴⁴	喜宴或喜宴上的酒水
【喝喜酒】xa⁴⁴ɕi⁴⁴⁻⁴²tsiəu⁴⁴	
【温酒】vən²¹³⁻²⁴tsiəu⁴⁴	热酒
【□酒】syæn²¹³⁻²⁴tsiəu⁴⁴	斟酒
【敬酒】tɕiəŋ³¹tsiəu⁴⁴	
【劝酒】tɕʰyæn³¹tsiəu⁴⁴	
【酒席】tsiəu⁴⁴si⁵³	
【发酒疯儿】fa⁴⁴tsiəu⁴⁴⁻⁴²fɚŋ²¹³	
【酒桶】tsiəu⁴⁴⁻⁴²tʰəŋ⁴⁴	①盛酒的木桶；②形容酒量大者
【糖】tʰaŋ⁵³	
【白糖】pei⁵³tʰaŋ⁵³	
【红糖】xəŋ⁵³tʰaŋ⁵³	
【冰糖】piəŋ²¹³⁻²⁴tʰaŋ⁵³	

词目与注音	释义及例句
【糖块儿】tʰaŋ⁵³kʰuɛ³¹	
【绵糖】miæn⁵³tʰaŋ⁵³	绵白糖
【糖葫芦】tʰaŋ⁵³xu⁵³⁻⁵⁵lu⁵	
【桃酥】tʰau⁵³θu²¹³	
【高粱饴】kau²¹³⁻²¹liaŋ¹i⁵³	
【花生儿酥】xua²¹³⁻²⁴ʂɚŋ²¹³⁻²⁴θu²¹³	酥糖
【点心】tiæn⁴⁴⁻⁴⁵siən⁵	
【蛋糕】tæn³¹kau²¹³	
【饼干儿】piəŋ⁴⁴⁻⁴²kɛ²¹³	
【翻花儿】fæn²¹³⁻²¹xuɐ¹	麻花
【翻花子】fæn²¹³⁻²¹xua¹tθʅ¹	
【柿饼儿】ʂʅ³¹piɚŋ⁴⁴	
【茶】tʂʰa⁵³	
【茶叶】tʂʰa⁵³⁻⁵⁵iə⁵	
【茶叶末子】tʂʰa⁵³⁻⁵⁵iə⁵mə³¹⁻⁴²tθʅ²	
【隔夜茶】kei⁴⁴iə³¹tʂʰa⁵³	
【新茶叶】siən²¹³⁻²⁴tʂʰa⁵³⁻⁵⁵iə⁵	
【旧茶叶】tɕiəu³¹tʂʰa⁵³⁻⁵⁵iə⁵	
4. 饮食习惯	
【垫垫肚子】tiæn³¹⁻²¹tiæn¹tu³¹⁻⁴²tθʅ²	吃正餐之前先吃少许食物
【垫巴垫巴】tiæn³¹⁻⁴²pa²tiæn³¹⁻⁴²pa²	
【垫垫】tiæn³¹⁻²¹tiæn¹	
【垫饥】tiæn³¹tɕi²¹³	吃某种食物，长时间不饿
【打下饿去了】ta⁴⁴⁻⁴⁵ɕia⁵və³¹tɕʰi³¹⁻⁴²lə²	
【解馋】tɕiɛ⁴⁴tʂʰæn⁵³	满足某种食欲
【含】xæn⁵³	①含在嘴里；②叼
【吞】tʰuən²¹³	没咀嚼就咽下去
【咽】iæn³¹	
【吃】tʃʰi⁴⁴	①吃；②抽：~烟
【噎】iə⁴⁴	
【卡】tɕʰia⁴⁴	异物在喉咙无法下咽或吐出

续表

词目与注音	释义及例句
【唵】ɣæn⁴⁴	把粉末或颗粒状食物塞入口内
【捣】tau⁴⁴	吃，贬义：~了那么多，还吃？
【充】tʂʰəŋ²¹³	吃，贬义：就知道~
【漾】iaŋ³¹	①吃得太多而溢出；②水溢出
【吐】tʰu⁴⁴	
【□】pa²¹³	大口猛吃：两碗饭全都~了
【呜□】vu²¹³⁻²¹y¹	吃饭咀嚼慢，食物长时间停留在口腔内
【□溜】tʃʰu²¹³⁻²¹liəu¹	喝流体食物的方式
【□溜】mi³¹⁻⁴²liəu²	（吃糖、雪糕时）用嘴唇舔舐
【□拉】mi³¹⁻⁴²la²	
【牙磣】ia⁵³⁻⁵⁵tʂʰən⁵	.
【就着】tsiəu³¹⁻⁴²tʂʅ²	主食跟菜肴搭配着吃
【就咸菜】tsiəu³¹ɕiæn⁵³⁻⁵⁵tθʰɛ⁵	
【零嘴儿】liəŋ⁵³tθuəˑi⁴⁴	零食
【空口儿】kʰəŋ²¹³⁻²⁴kʰəˑu⁴⁴	什么都没吃：~吃咸菜
【下手】ɕia³¹ʃəu⁴⁴	用手：小孩不会使筷子，看着面条儿就~抓
【两双半】liaŋ⁴⁴⁻⁴⁵ɕuaŋ⁵pæn³¹	指一只手，相当于半双筷子，故名
【下两双半】ɕia³¹liaŋ⁴⁴⁻⁴⁵ɕuaŋ⁵pæn³¹	下手抓
【尝尝鲜】tʃʰaŋ⁵³⁻⁴²tʃʰaŋ²siæn²¹³	
【吃不惯】tʃʰi⁴⁴⁻⁴⁵pu⁵kuæn³¹	
【吃不服】tʃʰi⁴⁴⁻⁴⁵pu⁵fu⁵³	不习惯吃
【吃不动】tʃʰi⁴⁴⁻⁴⁵pu⁵təŋ³¹	食物消耗慢
【吃不下】tʃʰi⁴⁴⁻⁴⁵pu⁵ɕia³¹	不想吃
【吃不上】tʃʰi⁴⁴⁻⁴⁵pu⁵ʃaŋ³¹	①没有条件吃：他家里连苞米饼子都~；②吃不完：一大缸麦子，年底也~
【吃不了】tʃʰi⁴⁴⁻⁴⁵pu⁵liau⁴⁴	食物多，吃不完
【吃软饭】tʃʰi⁴⁴⁻⁴⁵ɣæn⁴⁴fæn³¹	男人依靠女人生活
【吃个软乎儿饭】tʃʰi⁴⁴⁻⁵⁵kə⁵ɣæn⁴⁴⁻⁴⁵xuˑ⁵fæn³¹	吃软的食物
【吃独食】tʃʰi⁴⁴tu⁵³ʃi⁵³	
【享不了】ɕiaŋ⁵³⁻⁵⁵pu⁵liau⁴⁴	享受不完或没有福气享受
【混吃混喝儿】xuən³¹tʃʰi⁴⁴xuən³¹xaˑ⁴⁴	
【滋味儿】tθʅ²¹³⁻²¹vəˑi¹	

续表

词目与注音	释义及例句
【尖馋】 tɕiæn²¹³⁻²¹ tʂʰæn¹	吃饭挑剔
【变味儿】 piæn³¹⁻³¹² vəɻi³¹	
【串味儿】 tʃʰuæn³¹⁻³¹² vəɻi³¹	各种食物放在一起，沾染上不同气味
【走味儿】 tθəu⁴⁴ vəɻi³¹	失去原来味道
【跑味儿】 pʰau⁴⁴ vəɻi³¹	让异味散发出去
【煮老了】 tʃu⁴⁴⁻⁴² lau⁴⁴⁻⁴⁵ lə⁵	煮食物火候太过
【煮熟了】 tʃu⁴⁴ ʃu⁵³⁻⁵⁵ lə⁵	
【没煮熟】 mu³¹ tʃu⁴⁴ ʃu⁵³	
【馋人】 tʂʰæn⁵³ iən⁵³	①食物诱人；②令人羡慕
【饿□了】 və³¹ iaŋ⁵⁵ lə⁵	饿到一定程度，不想吃食物
【管饭】 kuæn⁴⁴ fæn³¹	管人吃饭
【夹生】 tɕia⁴⁴⁻⁴⁵ ʂəŋ⁵	食物没有完全熟
【夹生饭】 tɕia⁴⁴⁻⁴⁵ ʂəŋ⁵ fæn³¹	
【烫人】 tʰaŋ³¹ iən⁵³	很热
【禁吃】 tɕiən⁴⁴⁻⁴² tʃʰi⁴⁴	粮食或食物多，长时间吃不完
【嘻人】 iə⁴⁴ iən⁵³	
【呛着了】 tsʰiaŋ²¹³⁻²¹ tʂʅ¹ lə¹	水进入鼻腔
【淤】 y⁴⁴	（稀饭等）沸腾溢出

十六　红白事与迷信

词目与注音	释义及例句
1. 婚姻	
【媒人】 mei⁵³⁻⁵⁵ iən⁵	
【当媒人】 taŋ²¹³⁻²⁴ mei⁵³⁻⁵⁵ iən⁵	
【做媒】 tθuə⁴⁴ mei⁵³	
【说媒】 ʃuə⁴⁴ mei⁵³	介绍对象
【提亲】 tʰi⁵³ tsʰiən²¹³	
【相亲】 siaŋ²¹³⁻²⁴ tsʰiən²¹³	男女双方见面
【换亲】 xuæn³¹⁻⁴² tsʰiən²	两家各自的女儿嫁给对方儿子
【三换】 θæn²¹³⁻²⁴ xuæn³¹	三家各自的女儿交错嫁给另一家的儿子

续表

词目与注音	释义及例句
【看中了】kʰæn³¹⁻³¹²tʂəŋ²¹³⁻²¹lə¹	看后感觉满意
【没看中】mu³¹⁻³¹²kʰæn³¹tʂəŋ²¹³	看后感觉不满意
【说媳妇儿】ʃuə⁴⁴⁻⁴²si⁴⁴⁻⁴⁵fuʳ⁵	给小伙子介绍对象
【说个媳妇儿】ʃuə⁴⁴⁻⁵⁵kə⁵si⁴⁴⁻⁴⁵fuʳ⁵	
【说上】ʃuə⁴⁴⁻⁴⁵ʃaŋ⁵	媒人介绍成功
【说上媳妇儿】ʃuə⁴⁴⁻⁴⁵ʃaŋ⁵si⁴⁴⁻⁴⁵fuʳ⁵	
【说不上媳妇儿】ʃuə⁴⁴⁻⁴⁵pu⁵ʃaŋ³¹si⁴⁴⁻⁴⁵fuʳ⁵	
【说上老婆】ʃuə⁴⁴⁻⁴⁵ʃaŋ⁵lau⁴⁴⁻⁴⁵pʰə⁵	
【说不上老婆】ʃuə⁴⁴⁻⁴⁵pu⁵ʃaŋ³¹lau⁴⁴⁻⁴⁵pʰə⁵	
【说婆家】ʃuə⁴⁴pʰə⁵³⁻⁵⁵tɕia⁵	给姑娘介绍对象
【说个婆家】ʃuə⁴⁴⁻⁵⁵kə⁵pʰə⁵³⁻⁵⁵tɕia⁵	
【找主儿】tʂau⁴⁴⁻⁴²tʂuʳ⁴⁴	姑娘找丈夫
【另找主儿】liəŋ³¹tʂau⁴⁴⁻⁴²tʂuʳ⁴⁴	改嫁
【找□儿】tʂau⁴⁴⁻⁴²tʂʰaʳ⁴⁴	姑娘找婆家
【另找□儿】liəŋ³¹tʂau⁴⁴⁻⁴²tʂʰaʳ⁴⁴	改嫁
【搞对象】kau⁴⁴tei³¹⁻³¹²siaŋ³¹	自由恋爱
【说媳子】ʃuə⁴⁴⁻⁴²si⁴⁴⁻⁴⁵tθʅ⁵	找儿媳妇
【合亲】ka⁴⁴⁻⁴²tsʰiən²¹³	结成亲家
【合个亲儿】ka⁴⁴⁻⁵⁵kə⁵tθʰɚi²¹³	
【定亲】tiəŋ³¹tsʰiən²¹³	确定婚姻关系
【成了】tʃʰəŋ⁵³⁻⁵⁵lʅ⁵	男女成功结为夫妻
【说成了】ʃuə⁴⁴tʃʰəŋ⁵³⁻⁵⁵lʅ⁵	
【看八字】kʰæn³¹pa⁴⁴⁻⁴⁵tθʅ⁵	找算命先生看男女双方生辰，推算是否适合婚配
【使不着】ʂʅ⁴⁴⁻⁴⁵pu⁵tʂə⁵³	①男女双方八字不适合婚配；②性格不合
【能使着】nəŋ⁵³ʂʅ⁴⁴⁻⁴⁵tʂə⁵	男女双方八字相合，适合婚配
【递包袱】ti³¹⁻³¹²pau²¹³⁻²¹fu¹	男方向女方赠送聘礼，用红包袱包裹
【看日子】kʰæn³¹i³¹⁻⁴²tθʅ²	查找出适宜结婚的"黄道吉日"
【送日子】θəŋ³¹i³¹⁻⁴²tθʅ²	查好结婚的日子，写在红纸上，连同彩礼送至女方家
【陪送】pʰei⁵³⁻⁵⁵θəŋ⁵	嫁妆
【打结婚证儿】ta⁴⁴tɕiə⁴⁴⁻⁴²xuən²¹³⁻²⁴tʂɚŋ³¹	

续表

词目与注音	释义及例句
【领证儿】 liəŋ⁴⁴tʂɚŋ³¹	
【结婚】 tɕiə⁴⁴⁻⁴²xuən²¹³	
【将媳妇儿】 tsiaŋ²¹³⁻²⁴si⁴⁴⁻⁴⁵fu˞⁵	
【将媳子】 tsiaŋ²¹³⁻²⁴si⁴⁴⁻⁴⁵tθŋ⁵	
【嫁闺女】 tɕia³¹⁻³¹²kuən²¹³⁻²¹ny¹	
【红差】 xəŋ⁵³tʂʰɛ²¹³	泛称结婚时聘请的轿子、吹鼓手等
【出门】 tʃʰu⁴⁴mən⁵³	女子出嫁
【出门子】 tʃʰu⁴⁴mən⁵³⁻⁵⁵tθŋ⁵	
【出门儿】 tʃʰu⁴⁴mɚi⁵³	去做客
【新媳妇儿】 siən²¹³⁻²⁴si⁴⁴⁻⁴⁵fu˞⁵	
【新女婿】 siən²¹³⁻²⁴ny⁴⁴⁻⁴⁵sy⁵	
【做媳妇儿】 tθəu³¹si⁴⁴⁻⁴⁵fu˞⁵	结婚成为妻子
【倒插门儿】 tau³¹tʂʰa⁴⁴mɚi⁵³	
【养老女婿】 iaŋ⁴⁴⁻⁴²lau⁴⁴ny⁴⁴⁻⁴⁵sy⁵	
【招养老女婿】 tʃau²¹³⁻²⁴iaŋ⁴⁴⁻⁴²lau²ny⁴⁴⁻⁴⁵sy⁵	
【铺床】 pʰu²¹³⁻²⁴tʂʰuaŋ⁵³	胶东婚俗之一。婚礼进行前请一位儿女双全的女性对新房内的床铺进行铺设布置，被褥四角放上花生、枣、栗子等
【铺炕】 pʰu²¹³⁻²⁴kʰaŋ³¹	
【滚床】 kuən⁴⁴tʂʰuaŋ⁵³	胶东婚俗之一。婚礼进行前由男方家族的晚辈男孩在新床上翻滚，以求生男丁
【滚炕】 kuən⁴⁴kʰaŋ³¹	
【坐床】 tθuə³¹tʂʰuaŋ⁵³	胶东婚俗之一。新郎、新娘进洞房后端坐在床上，接受亲朋祝福
【坐炕】 tθuə³¹⁻³¹²kʰaŋ³¹	
【喜烟】 ɕi⁴⁴⁻⁴²iæn²¹³	
【喜糖】 ɕi⁴⁴tʰaŋ⁵³	
【喜酒】 ɕi⁴⁴⁻⁴²tsiəu⁴⁴	
【摊上了】 tʰæn²¹³⁻²¹ʃaŋ¹lə¹	命运的分配，命中注定
【摊着了】 tʰæn²¹³⁻²¹tʂʅ¹lə¹	
【随礼】 θuei⁵³li⁴⁴	
【打人情】 ta⁴⁴iən⁵³⁻⁵⁵tʂʰiəŋ⁵	以前别家给自家随过礼，待此家有喜事时随礼送还
【迎亲】 iəŋ⁵³tsʰiən²¹³	

词目与注音	释义及例句
【请客儿】tsʰiəŋ⁴⁴⁻⁴²kɚi⁴⁴	
【陪客儿】pʰei⁵³kɚi⁴⁴	陪客人吃饭
【开席】kʰɛ²¹³⁻²⁴si⁵³	宴席开始
【离席】li³¹si⁵³	离开宴席
【回门儿】xuei⁵³mɚi⁵³	女子出嫁的次日，由丈夫陪同回娘家
【打离婚】ta⁴⁴li³¹xuən²¹³	
【闹离婚】nau³¹⁻³¹²li³¹xuən²¹³	
【离婚不离家】li³¹xuən²¹³⁻²⁴pu⁴⁴li³¹tɕia²¹³	
【克】kei⁴⁴	相克
【克汉子】kei⁴⁴xæn³¹⁻⁴²tθʅ²	妻子对丈夫不利
【克老婆】kei⁴⁴lau⁴⁴⁻⁴⁵pʰə⁵	丈夫对妻子不利
【□】faŋ²¹³	男女相克
【□汉子】faŋ²¹³⁻²⁴xæn³¹⁻⁴²tθʅ²	妻子对男人不利
【□老婆】faŋ²¹³⁻²⁴lau⁴⁴⁻⁴⁵pʰə⁵	丈夫对妻子不利
【吃两□井的水】tʃʰi⁴⁴liaŋ⁴⁴iæn³¹tsiəŋ⁴⁴⁻⁴⁵ti⁵ʂuei⁴⁴	比喻女人改嫁
【绝户儿】tsyə⁵³⁻⁵⁵xuˑ⁵	无子嗣的家庭
【打光棍儿】ta⁴⁴⁻⁴²kuaŋ²¹³⁻²⁴kuɚi³¹	
【守寡】ʃəu⁴⁴⁻⁴²kua⁴⁴	
【填房】tʰiæn⁵³faŋ⁵³	嫁给妻子去世的男人
【冲喜】tsʰəŋ²¹³⁻²⁴ɕi⁴⁴	旧时迷信，未婚男女久病不愈，可结婚以祛除疾病
2. 生育	
【生育】ʂəŋ²¹³⁻²⁴y³¹	
【养孩子】iaŋ⁴⁴xɛ⁵³⁻⁵⁵tθʅ⁵	
【贪洞儿】tθʰau³¹⁻³¹²tɚŋ³¹	男女性交
【贪屄】tθʰau³¹pi²¹³	
【开怀儿】kʰɛ²¹³⁻²⁴xuɛ⁵³	妇女第一次怀孕
【带着孩子】tɛ³¹⁻⁴²tʂʅ²xɛ⁵³⁻⁵⁵tθʅ⁵	怀着孕
【上身儿】ʃaŋ³¹ʂɚi²¹³	怀孕
【双身】ʂuaŋ²¹³⁻²⁴ʃən²¹³	怀孕
【怀孕】xuɛ⁵³yən³¹	
【嫌□饭】ɕiæn⁵³⁻⁵⁵xəu⁵fæn³¹	厌食

词目与注音	释义及例句
【有了】iəu⁴⁴⁻⁴⁵lə⁵	生下孩子
【生】ʂʅ̩²¹³	
【生孩子】ʂʅ̩²¹³⁻²⁴xɛ⁵³⁻⁵⁵tθʅ̩⁵	
【头生孩子】tʰəu⁵³⁻⁵⁵ʂʅ̩⁵xɛ⁵³⁻⁵⁵tθʅ̩⁵	第一个孩子
【生儿】ʂʅ̩²¹³⁻²⁴lʅ̩⁵³	
【生闺女】ʂʅ̩²¹³⁻²⁴kuən²¹³⁻²¹ny¹	
【下生】çia³¹ʂʅ̩²¹³	出生
【□】tsʰi³¹	动物生育，用于人系骂语
【接生】tsiə⁴⁴⁻⁴²ʂʅ̩²¹³	
【难产】næn⁵³tʂʰæn⁴⁴	
【坐月子】tθuə³¹yə³¹⁻⁴²tθʅ̩²	
【双胞胎】ʂuaŋ²¹³⁻²⁴pau²¹³⁻²⁴tʰɛ²¹³	
【双儿】ʂuɚŋ³¹	双胞胎
【下奶】çia³¹nɛ²¹³	女子生孩子以后，乳房分泌乳汁
【吃奶】tʃʰi⁴⁴⁻⁴²nɛ²¹³	吃奶水
【回去奶了】xuei⁵³⁻⁵⁵tɕʰi⁵nɛ²¹³⁻²¹lə¹	乳房因故不再分泌乳汁
【摘奶】tʂei⁴⁴⁻⁴²nɛ²¹³	断奶
【流产】liəu⁵³tʂʰæn⁴⁴	
【掉了】tiau³¹⁻⁴²lə²	流产了
【满月】mæn⁴⁴yə³¹	
【送汤米】θəŋ³¹⁻³¹²tʰaŋ²¹³⁻²¹mi¹	胶东民俗。小孩出生后男女双方亲属要在约定时间送去鸡蛋、米面等表示祝贺
【百日】pei⁴⁴⁻⁴⁵i⁵	小孩出生一百天
【带环儿】tɛ³¹xuɛ⁵³	
【上环儿】ʃaŋ³¹xuɛ⁵³	
【拉□】la³¹⁻⁴²θa²	抚养
【拉□孩子】la³¹⁻⁴²θa²xɛ⁵³⁻⁵⁵tθʅ̩⁵	
【缠缠人】tʃʰæn⁵³⁻⁵⁵tʃʰæn⁵iən⁵³	（小孩）纠缠大人
【不下地儿】pu⁴⁴çia³¹⁻³¹²tɚi³¹	儿童让人背抱，不愿走路
【淘觉】tʰau⁵³tɕiau³¹	睡觉之前小孩哭闹
【说□话儿】ʃuə⁴⁴mau²¹³⁻²¹xuɚ¹	小孩突然说出成人的话
【逗逗飞】təu³¹⁻⁴²təu²fei²¹³	引导幼儿两手食指连续接触再分开，逗其嬉笑

词目与注音	释义及例句
【把把】pa$^{44-42}$pa^2	托住孩子的双腿大小便
【把屎】pa$^{44-42}$ʂɿ^{44}	
【把尿】pa^{44}niau^{31}	
【投胎】t^{h}əu^{53}t^{h}ε^{213}	
【托生】t^{h}uə$^{44-45}$ʂəŋ^5	迷信，指人死之后又转生世间
【惯孩子】kuæn^{31}xε$^{53-55}$tθɿ^5	溺爱、骄纵孩子
3. 寿辰	
【生日】ʂəŋ$^{213-21}$i^1	
【过生日】kə$^{31-312}$ʂəŋ$^{213-21}$i^1	
【做寿】tθuə^{44}ʃəu^{31}	
【寿星】ʃəu$^{31-42}$siəŋ^2	
【大寿】ta$^{31-312}$ʃəu^{31}	
【寿面】ʃəu$^{31-42}$miæn^2	老人过生日吃的面条
【寿限】ʃəu$^{31-42}$ɕiæn^2	寿命的限度
【折寿】tʃə^{44}ʃəu^{31}	
4. 丧葬	
【老】lau^{44}	①去世；②年龄大；③食物火候大
【死】θɿ^{44}	
【走了】tθəu$^{44-45}$lə^5	"死"的讳称
【咽气】iæn$^{31-312}$tɕ^{h}i^{31}	"死"的委婉说法
【倒气儿】tau$^{31-312}$tɕ^{h}iɚi^{31}	频死，只吐气不吸气
【棺材】kuæn$^{213-21}$tθ^{h}ε^1	
【白差】pei^{53}tʂ^{h}ε^{213}	丧葬时聘请的轿子、轿夫和吹鼓手等人事的总称
【尸块儿】ʂɿ$^{213-21}$k^{h}uɛ^1	尸首
【尸块子】ʂɿ$^{213-21}$k^{h}uɛ^{1}tθɿ^1	
【停灵】t^{h}iəŋ^{31}liəŋ^{53}	尸体入棺前放置于房屋正堂
【守灵】ʃəu^{44}liəŋ^{53}	人死安葬前，儿女日夜守护灵柩
【洒漏子】θa^{44}ləu$^{31-42}$tθɿ^2	旧时人死后长时间置于棺材中，血水从中流出
【火葬】xuə^{44}tθaŋ^{31}	
【土葬】t^{h}u^{44}tθaŋ^{31}	
【骨灰儿】ku$^{44-42}$xuɚi^{213}	
【骨灰儿盒儿】ku$^{44-42}$xuɚi$^{213-24}$xuɚ^{53}	

词目与注音	释义及例句
【奔丧】pən$^{31-312}$θaŋ^{31}	从外地赶回家办理长辈丧事
【烧纸】ʃau$^{213-21}$tʂʅ^{1}	
【哀杖】ɣɛ$^{213-45}$tʃaŋ^{5}	出殡时拄着的柳木短棒
【上吊】ʃaŋ$^{31-312}$tiau^{31}	
【寿衣】ʃəu^{31}i^{213}	
【白布子】pei$^{53-55}$pu^{5}tθʅ^{5}	出殡时系的白色布带
【大白褂子】ta^{31}pei^{53}kua$^{31-42}$tθʅ^{2}	孝服
【孝衫】ɕiau^{31}ʂɛn^{213}	套在孝服外面的麻质无袖坎肩
【报庙儿】pau$^{31-312}$miɚu^{31}	出殡的前一天晚上，逝者亲属到本村土地庙处举行的哭别仪式
【圆庙儿】yæn^{53}miɚu^{31}	"报庙"别称
【土地庙儿】tʰu$^{44-55}$ti^{5}miɚu^{31}	传说土地老爷的居处
【土地爷】tʰu^{44}ti^{31}iə^{53}	
【左转三圈儿】tθuə$^{31-312}$tʃuæn^{31}θæn$^{213-24}$tɕʰyɛ^{213}	"圆庙"仪式中具体的活动之一
【右转三圈儿】iəu$^{31-312}$tʃuæn^{31}θæn$^{213-24}$tɕʰyɛ^{213}	"圆庙"仪式中具体的活动之一
【纸马】tʂʅ$^{44-42}$ma^{44}	用纸扎制的马，供逝者坐骑
【烧纸马】ʃau$^{213-24}$tʂʅ$^{44-42}$ma^{44}	
【迎旌】iəŋ^{53}tsiəŋ^{213}	"圆庙"后次天上午举行的殡葬活动
【出殡】tʃʰu^{44}piən^{31}	"圆庙"后次天下午举行的殡葬活动
【吹鼓手】tʂʰuei$^{213-24}$ku$^{44-45}$ʃu^{5}	总称出殡时吹的大小喇叭等
【老盆儿】lau$^{44-42}$pʰɚi^{2}	出殡时于其中烧纸的瓦盆，并由大儿子中途摔碎
【摔盆儿】ʂuei^{44}pʰɚi^{53}	摔碎老盆
【童男女儿】tʰəŋ$^{53-42}$næn^{2}nuʼ^{44}	纸扎的童男、童女
【圹】kʰuaŋ^{44}	墓穴
【打圹子】ta$^{44-42}$kʰuaŋ$^{44-45}$tθʅ^{5}	挖掘垒砌墓穴
【合葬】xuə^{53}tθaŋ^{31}	夫妻葬在一起
【起骨】tɕʰi$^{44-42}$ku^{44}	挖出尸骨，另选他处埋葬
【下葬】ɕia$^{31-312}$tθaŋ^{31}	入土
【老坟】lau^{44}fən^{53}	祖辈延续埋葬的茔地
【老茔】lau^{44}iəŋ^{53}	
【坟地】fən^{53}ti^{31}	墓地

续表

词目与注音	释义及例句
【茔】iəŋ⁵³	
【茔盘】iəŋ⁵³⁻⁵⁵pʰæn⁵	坟墓集中的地方
【一块茔】i⁴⁴kʰuɛ³¹iəŋ⁵³	
【坟】fən⁵³	
【墓】mu³¹	
【一座墓】i⁴⁴tθuə³¹⁻³¹²mu³¹	
【舍亩田】ʃə⁴⁴⁻⁴⁵mu⁵tʰiæn⁵³	无人添土上坟的坟墓
【五七】vu⁴⁴⁻⁴⁵tsʰi⁵	逝者死后五周
【五七坟】vu⁴⁴⁻⁴⁵tsʰi⁵fən⁵³	逝者死后五周举行的祭奠活动
【上五七坟】ʃaŋ³¹vu⁴⁴⁻⁴⁵tsʰi⁵fən⁵³	
【三年坟】θæn²¹³⁻²⁴niæn⁵³fən⁵³	逝者死后三年举行的祭奠活动
【上坟】ʃaŋ³¹fən⁵³	
【添土】tʰiæn²¹³⁻²⁴tʰu⁴⁴	给坟茔加土
5. 迷信	
【土地爷爷】tʰu⁴⁴ti³¹iə⁵³⁻⁵⁵iə⁵	
【土地奶奶】tʰu⁴⁴ti³¹nɛ⁴⁴⁻⁴⁵nɛ⁵	
【阎王爷】iæn⁵³⁻⁵⁵vaŋ⁵iə⁵³	
【小鬼儿】siau⁴⁴⁻⁴²kuə˞i⁴⁴	
【叫魂儿】tɕiau³¹xuə˞i⁵³	因受到惊吓导致睡觉悸动、食欲不振等，民间认为是魂魄离开身体，施以方法召回
【灶王】tθau³¹vaŋ⁵³	
【灶模儿】tθau³¹⁻⁴²mu˞2	春节时贴在厨房灶边的灶王爷画像
【轴子】tʃu⁵³⁻⁵⁵tθɿ⁵	绘有祖先之像、写有已逝直系祖先名称的家族世系图
【供应】kəŋ³¹⁻⁴²iəŋ²	春节时桌子上摆放米饭、饺子和碗筷等以祭拜祖先、财神和灶王等
【辞灶】tθʰɿ⁵³⁻⁵⁵tθau³¹	祭祀灶王的活动结束
【接财神】tsiə⁴⁴tθʰɛ⁵³ʃən⁵³	
【敬天地】tɕiəŋ³¹⁻³¹²tʰiæn²¹³⁻²¹ti¹	
【送年】θəŋ³¹niæn⁵³	
【相面】siaŋ³¹⁻³¹²miæn³¹	
【算卦】θuæn³¹⁻³¹²kua³¹	
【八字】pa⁴⁴⁻⁴⁵tθɿ⁵	

续表

词目与注音	释义及例句
【掐算】tɕʰia⁴⁴⁻⁴⁵θuæn⁵	算卦
【抽书儿】tʃʰəu²¹³⁻²⁴ ʂɚ²¹³	通过抽取图片算卦占卜
【风水先生】fəŋ²¹³⁻²¹ ʂuei¹ siæn²¹³⁻²¹ ʂəŋ¹	
【神婆子】ʃən⁵³⁻⁵⁵pʰə⁵tʂɿ⁵	
【烧香】ʃau²¹³⁻²⁴ɕiaŋ²¹³	
【香火儿】ɕiaŋ²¹³⁻²¹xuɚ¹	

十七　日常生活

词目与注音	释义及例句
1. 衣	
【做衣裳】tθəu³¹⁻³¹²i²¹³⁻²¹ʃaŋ¹	
【做个褂子】tθəu³¹⁻²¹kə¹kua³¹⁻⁴²tθɿ²	
【做条裤子】tθəu³¹⁻³¹²tʰiau³¹kʰu³¹⁻⁴²tθɿ²	
【做个汗衫儿】tθəu³¹⁻²¹kə¹xæn³¹ʂɚ²¹³	
【缝衣裳】fəŋ⁵³i²¹³⁻²¹ʃaŋ¹	
【缝棉袄】fəŋ⁵³miæn⁵³ɣau⁴⁴	
【缝棉裤】fəŋ⁵³miæn⁵³kʰu³¹	
【缝被】fəŋ⁵³pei³¹	
【□衣裳】tθa⁵³i²¹³⁻²¹ʃaŋ¹	用缝纫机缝衣服
【铰块布】tsiau⁴⁴kuɛ³¹⁻³¹²pu³¹	
【铰个棉袄】tsiau⁴⁴⁻⁵⁵kə⁵miæn⁵³ɣau⁴⁴	用剪刀剪出棉袄的样式
【铰条棉裤】tsiau⁴⁴⁻⁵⁵tʰiau⁵miæn⁵³kʰu³¹	用剪刀剪出棉裤的样式
【割块布】ka⁴⁴kuɛ³¹⁻³¹²pu³¹	买块布
【买衣裳】mɛ⁴⁴i²¹³⁻²¹ʃaŋ¹	
【穿衣裳】tʃʰuæn²¹³⁻²⁴i²¹³⁻²¹ʃaŋ¹	
【脱衣裳】tʰuə⁴⁴i²¹³⁻²¹ʃaŋ¹	
【泡着衣裳】pʰau³¹⁻⁴²tʂə²i²¹³⁻²¹ʃaŋ¹	
【洗衣裳】si⁴⁴i²¹³⁻²¹ʃaŋ¹	

续表

词目与注音	释义及例句
【□□衣裳】tʰəu⁵³⁻⁴²tʰəu²i²¹³⁻²¹ʃaŋ¹	洗衣的最后一道程序，漂洗干净用洗涤剂浸泡、搓揉过的衣服
【□衣裳】tʃʰəu⁵³i²¹³⁻²¹ʃaŋ¹	义同上条
【一天一水】i⁴⁴⁻⁴²tʰiæn²¹³⁻²⁴i⁴⁴⁻⁴²ʂuei⁴⁴	指每天都洗一次或浇一次
【晾衣裳】liaŋ³¹⁻³¹²i²¹³⁻²¹ʃaŋ¹	
【晒衣裳】ʂɛ³¹⁻³¹²i²¹³⁻²¹ʃaŋ¹	
【晾干】liaŋ³¹kæn²¹³	
【晒干】ʂɛ³¹kæn²¹³	
【缠脚】tʃʰæn⁵³tɕyə⁴⁴	旧时妇女用带子把脚缠起来
【扎腿】tʂa⁴⁴⁻⁴²tei⁴⁴	绑腿
【□着怀儿】ʃə²¹³⁻²¹tʂʅ¹xuɛ⁵³	上衣衣襟敞开
【□达着怀儿】ʃə²¹³⁻²¹ta¹tʂʅ¹xuɛ⁵³	
【趿跶着鞋】θa²¹³⁻²¹ta¹tʂʅ¹ɕiɛ⁵³	脚后跟踩住鞋后帮行走
【纳鞋底】na³¹ɕiɛ⁵³ti⁴⁴	以细麻绳手工缝制布鞋底
【绱鞋底】ʃaŋ³¹ɕiɛ⁵³ti⁴⁴	以粗麻线缝合鞋底和鞋帮
【打毛衣】ta⁴⁴mau⁵³i²¹³	手工编织毛衣
【绣花儿】siəu³¹xuɚ²¹³	
【纫针】iən³¹tʃən²¹³	穿线入针鼻
【缝】fəŋ⁵³	
【缝上】fəŋ⁵³⁻⁵⁵ʃaŋ⁵	
【□】tsʰiæn²¹³	稀疏地缝
【□】tθa⁵³	特指用缝纫机缝
【缲】tsʰiau²¹³	藏着针脚缝衣边
【□】liau⁴⁴	针脚粗疏地缝
【繈】iən⁴⁴	大针脚缝：~被
【割鞋垫子】ka⁴⁴ɕiɛ⁵³tiæn³¹⁻⁴²tθʅ²	手工缝制鞋垫
【煞】ʂa⁴⁴	①缩减（衣幅）：~裉；②受刺激：刀口叫汗~得真疼；③短时间腌渍：给萝卜丝子撒点盐，~~水；④结：~帐
【套】tʰau³¹	罩：~上被罩
【楦】ɕyæn³¹	做布鞋时用以撑起定型的木制鞋模
【剸】tθuən⁴⁴	缩短：袖子太长了，~~袖子

词目与注音	释义及例句
【□】və²¹³	折叠并缝好：~裤脚
【衲】na³¹	细密地缝：~鞋底
【铰】tsiau⁴⁴	剪
2. 食	
【劈柴火】pʰi⁴⁴tʂʰɛ⁵³⁻⁵⁵xuə⁵	
【烧火】ʃau²¹³⁻²⁴xuə⁴⁴	
【烟熏火燎】iæn²¹³⁻²⁴ɕyən²¹³⁻²⁴xuə⁴⁴⁻⁴² liau⁴⁴	
【拉风箱】la⁴⁴fəŋ²¹³⁻²¹ɕiæn¹	
【投□炱】tʰəu⁵³fu³¹⁻⁴²tʰɛ²	投烟囱
【做饭】tθəu³¹⁻³¹²fæn³¹	
【盛饭】tʃʰəŋ⁵³fæn³¹	
【吃饭】tʃʰi⁴⁴fæn³¹	
【喝茶叶】xa⁴⁴tʂʰa⁵³⁻⁵⁵iə⁵	
【下茶叶】ɕia³¹tʂʰa⁵³⁻⁵⁵iə⁵	
【冲茶叶】tʂʰəŋ²¹³⁻²⁴tʂʰa⁵³⁻⁵⁵iə⁵	
【倒茶叶】tau³¹tʂʰa⁵³⁻⁵⁵iə⁵	
【喝酒】xa⁴⁴⁻⁴²tsiəu⁴⁴	
【□酒】syæn²¹³⁻²⁴tsiəu⁴⁴	倒酒
【拿酒】na⁵³tsiəu⁴⁴	买酒
【拿白酒】na⁵³pei⁵³tsiəu⁴⁴	买白酒
【拿啤酒】na⁵³pʰi⁵³tsiəu⁴⁴	买啤酒
【买糖块儿】mɛ⁴⁴tʰaŋ⁵³kʰuɛ³¹	
【吃糖】tʃʰi⁴⁴tʰaŋ⁵³	
【炒菜】tʂʰau⁴⁴tθʰɛ³¹	
【烀锅贴子】xu²¹³⁻²⁴kuə²¹³⁻²⁴tʰiə⁴⁴⁻⁴⁵tθʅ⁵	
【烀苞米儿饼子】xu²¹³⁻²⁴pau²¹³⁻²⁴miɚi⁴⁴piəŋ⁴⁴⁻⁴⁵tθʅ⁵	
【煮地瓜干儿】tʃu⁴⁴ti³¹kua²¹³⁻²⁴kɛ²¹³	
【和面】xuə⁵³miæn³¹	
【和苞米面子】xuə⁵³pau²¹³⁻²⁴miɚi⁴⁴miæn³¹⁻⁴²tθʅ²	

续表

词目与注音	释义及例句
【蒸馒头】tʃəŋ²¹³⁻²⁴mæn⁵³⁻⁵⁵tʰəu⁵	
【擀面条儿】kæn⁴⁴miæn³¹tʰɚu⁵³	
【下面条儿】ɕia³¹⁻³¹²miæn³¹tʰɚu⁵³	
【划拉籀扎汤】xua⁵³⁻⁵⁵la⁵ku²¹³⁻²¹ tʂa¹tʰaŋ²¹³	做疙瘩汤
【包包子】pau²¹³⁻²⁴pau²¹³⁻²¹tθɿ¹	
【剁馅子】tuə³¹ɕiæn³¹⁻⁵⁵tθɿ⁵	
【剁肉】tuə³¹⁻³¹²iəu³¹	
【包籀扎】pau²¹³⁻²⁴ku²¹³⁻²¹tʂa¹	包饺子
【下籀扎】ɕia³¹⁻³¹²ku²¹³⁻²¹tʂa¹	下饺子
【擀单饼】kæn⁴⁴⁻⁴²tæn²¹³⁻²⁴piəŋ⁴⁴	
【烙单饼】luə⁴⁴tæn²¹³⁻²⁴piəŋ⁴⁴	
【口锅盔】pə⁴⁴kuə²¹³⁻²⁴kʰuei²¹³	
【蒸瓢子饼】tʃəŋ²¹³⁻²⁴ˌiaŋ⁵³⁻⁵⁵tθɿ⁵piəŋ⁴⁴	
【炸油条】tʂa⁵³iəu⁵³tʰiau⁵³	
【蒸卷子】tʃəŋ²¹³⁻²⁴tɕyæn⁴⁴⁻⁴⁵tθɿ⁵	
【擀油饼】kæn⁴⁴iəu⁵³piəŋ⁴⁴	
【包糖角儿】pau²¹³⁻²⁴tʰaŋ⁵³tɕiɚ⁴⁴	
【包米包儿】pau²¹³⁻²⁴miˌ⁴⁴⁻⁴⁵pɚu⁵	
【包豌豆黄儿】pau²¹³⁻²⁴væn²¹³⁻²¹təu¹xu ɚŋ⁵³	
【包粽子】pau²¹³⁻²⁴tθəŋ³¹⁻⁴²tθɿ²	
【炒棋子】tʂʰau⁴⁴tɕʰi⁵³⁻⁵⁵tθɿ⁵	
【燷大白菜】ɣau²¹³⁻²⁴ta³¹pei⁵³⁻⁵⁵tθʰɛ⁵	
【煮地蛋】tʃu⁴⁴ti³¹⁻³¹²tæn³¹	
【煮地瓜】tʃu⁴⁴ti³¹kua²¹³	
【炒茄子】tʂʰau⁴⁴tɕʰiə⁵³⁻⁵⁵tθɿ⁵	
【燷茄子】ɣau²¹³⁻²⁴tɕʰiə⁵³⁻⁵⁵tθɿ⁵	
【炒扁豆】tʂʰau⁴⁴⁻⁴²piæn⁴⁴⁻⁴⁵təu⁵	
【炒豆角子】tʂʰau⁴⁴təu³¹⁻⁴²tɕyə²tθɿ²	
【扁豆炒肉】piæn⁴⁴⁻⁴⁵təu⁵tʂʰau⁴⁴iəu³¹	
【豆角子炒肉】təu³¹⁻⁴²tɕyə²tθɿ² tʂʰau⁴⁴iəu³¹	

续表

词目与注音	释义及例句
【烩肉】xuei$^{31-312}$iəu^{31}	
【馇骨头】tʂʰa$^{44-42}$ku$^{44-45}$tʰəu^{5}	长时间熬煮猪骨头
【煮猪头】tʃu^{44}tʃu$^{213-21}$tʰəu^{1}	
【煮蹄爪儿】tʃu^{44}tʰi$^{53-55}$tʂuɑ˞^{5}	
【炸鱼】tʂa^{53}y^{53}	
【煎鱼】tsiæn$^{213-24}$y^{53}	
【煎鳞刀鱼】tsiæn$^{213-24}$liən$^{53-55}$tau^{5}y^{53}	
【煎黄花儿】tsiæn$^{213-24}$xuaŋ^{53}xuɑ˞^{213}	
【煎鼓眼儿】tsiæn$^{213-24}$ku$^{44-45}$ɹɛ˞^{5}	
【炖小干鱼儿】tuən^{31} siau$^{44-42}$ kæn$^{213-24}$ ɹu˞^{53}	
【做鲅鱼】tθəu^{31}pa$^{31-42}$y^{2}	做鲅鱼吃
【爊鲅鱼】ɣau$^{213-24}$pa$^{31-42}$y^{2}	
【做黄花】tθəu^{31}xuaŋ^{53}xuɑ˞^{213}	
【爊黄花儿】ɣau$^{213-24}$xuaŋ^{53}xuɑ˞^{213}	
【爊鳞刀鱼】ɣau$^{213-24}$liən$^{53-55}$tau^{5}y^{53}	
【熬骨头汤】ɣau^{53}ku$^{44-45}$tʰəu^{5}tʰaŋ^{213}	
【熬小米儿】ɣau^{53}siau$^{44-42}$miə˞i^{44}	
【熬黏粥】ɣau^{53}niæn$^{53-55}$tʃu^{5}	
【做个汤】tθəu$^{31-42}$kə^{2}tʰaŋ^{213}	
【下锅】ɕia^{31}kuə^{213}	
【腌咸菜】iæn$^{213-24}$ɕiæn$^{53-55}$tθʰɛ^{5}	
【腌辣菜头】iæn$^{213-24}$la$^{31-42}$tθʰɛ^{2}tʰəu^{53}	
【□油】kʰau^{31}iəu^{53}	加热锅里的油以蒸发其中的水分
【□锅】kʰau^{31}kuə^{213}	加热锅以蒸发其上的水分
【出锅儿】tʃʰu$^{44-42}$kuə˞^{213}	盛出锅里的菜
【刷锅】ʂua$^{44-42}$kuə^{213}	
【□锅】tsʰiaŋ$^{44-42}$kuə^{213}	用铲子除去粘连在锅面上的物质
【做豆腐】tθəu^{31}təu$^{31-42}$fu^{2}	
【点豆腐】tiæn^{44}təu$^{31-42}$fu^{2}	用卤水等点制豆腐
【卖大豆腐】mɛ$^{31-312}$ta^{31}təu$^{31-42}$fu^{2}	
【买豆腐】mɛ^{44}təu$^{31-42}$fu^{2}	

词目与注音	释义及例句
【做酱】tθəu³¹⁻³¹²tsiaŋ³¹	
【簸蒜】tθʰuæn⁵³θuæn³¹	砸蒜泥
【推磨】tʰei²¹³⁻²⁴mə³¹	推石磨碾碎粮食
【打油】ta⁴⁴iəu⁵³	榨油
【打果子油】ta⁴⁴kə⁴⁴⁻⁴⁵tθʅ⁵iəu⁵³	榨花生油
【打酱油】ta⁴⁴tsiaŋ³¹iəu⁵³	买酱油
【打香油】ta⁴⁴⁻⁴²ɕiaŋ²¹³⁻²⁴iəu⁵³	买芝麻油
【磨豆腐儿】mə⁵³təu³¹⁻⁴²fʊ²	用石磨磨碎大豆以备制成豆腐
【磨豆子】mə⁵³təu³¹⁻⁴²tθʅ²	
【磨麦子】mə⁵³mei³¹⁻⁴²tθʅ²	
【磨苞米儿】mə⁵³pau²¹³⁻²⁴miɚi⁴⁴	
【撇】pʰiə⁴⁴	①舀出液体表面的漂浮物；②人死后遗留
【撇血水】pʰiə⁴⁴ɕiə⁴⁴⁻⁴²ʂuei⁴⁴	舀出肉汤或骨头汤表面的血水
【撇油】pʰiə⁴⁴iəu⁵³	舀出汤表面的油性物质
【揭不开锅】tɕiə⁴⁴⁻⁴⁵pu⁵kʰɛ²¹³⁻²⁴kuə²¹³	断炊
【蒸】tʃəŋ²¹³	
【烙】luə⁴⁴	
【熥】tʰəŋ²¹³	用蒸汽重新加热（熟食）
【爑】ɣau²¹³	长时间水炖或水煮
【熬】ɣau⁵³	
【烰】xu²¹³	把玉米饼、锅贴等黏附于铁锅内侧下部
【炖】tuən³¹	
【炸】tʂa⁵³	
【煎】tsiæn²¹³	
【炒】tʂʰau⁴⁴	
【熘】liəu³¹	短时重新加热
【煠】tʂʰa⁴⁴	长时间熬煮：~排骨/~猪食
【炕】kʰaŋ³¹	置物体于热炕之上，去除多余水分
【□】mau²¹³	（肉类）置于滚水中略煮
【焯】tʃʰuə⁴⁴	（蔬菜等）放在开水里略烫即捞出：~~韭菜
【□】liau³¹	在热水中略微烫一下捞出：~菠菜
【□】nei³¹	用手掌攥紧、挤压：手里~着五块钱

续表

词目与注音	释义及例句
【□】pa⁵³	置于冷水中快速降温：把西瓜放了井水里~~，吃的时候还凉快
3. 住	
【起来】tɕʰi⁴⁴⁻⁴⁵le⁵	起床
【爬□】pʰa⁵³⁻⁵⁵tʂʰa⁵	爬，骂语
【解溲儿】tɕiɛ⁴⁴⁻⁴²ʂəɯ⁴⁴	如厕
【拉屎】la²¹³⁻²⁴ʂɻ⁴⁴	大便
【大的】ta³¹⁻⁴²ti²	大便
【屎鼓着腚】ʂɻ⁴⁴ku⁴⁴⁻⁴⁵tʂɻ⁵tiəŋ³¹	急于大便。喻事情不到万不得已不去做
【尿尿】niau³¹⁻³¹²niau³¹	小便
【小的儿】siau⁴⁴⁻⁴⁵təˑi⁵	小便
【放屁】faŋ³¹⁻³¹²pʰi³¹	
【擦腚】tθʰa⁴⁴tiəŋ³¹	擦屁股
【搽胭脂儿抹粉儿】tʂʰa⁴⁴iæn²¹³⁻²¹tʂəˑi¹mə⁴⁴⁻⁴²fəˑi⁴⁴	女子化妆
【扎耳朵眼儿】tʂa⁴⁴⁻⁴²lɻ⁴⁴⁻⁴⁵təu⁵ɪɛ⁴⁴	
【扎上头发】tʂa⁴⁴⁻⁴⁵ʃaŋ⁵tʰəu⁵³⁻⁵⁵faŋ⁵	
【把头发留起来】pa³¹tʰəu⁵³⁻⁵⁵faŋ⁵liəu⁵³⁻⁵⁵tɕʰi⁵le⁵	
【烫头】tʰaŋ³¹tʰəu⁵³	烫发
【剃头】tʰi³¹tʰəu⁵³	
【梳头】ʂu²¹³⁻²⁴tʰəu⁵³	
【梳梳头】ʂu²¹³⁻⁴⁵ʂu⁵tʰəu⁵³	
【刮胡子】kua⁴⁴xu⁵³⁻⁵⁵tθʅ⁵	
【留胡子】liəu⁵³xu⁵³⁻⁵⁵tθʅ⁵	
【刷牙】ʂua⁴⁴ia⁵³	
【绾个□】væn⁴⁴⁻⁵⁵kə⁵tθuæn⁴⁴	脑后盘起发结
【抹脸】ma³¹liæn⁴⁴	
【洗脸】si⁴⁴⁻⁴²liæn⁴⁴	
【擦脸】tθʰa⁴⁴⁻⁴²liæn⁴⁴	
【打哈呀】ta⁴⁴xa²¹³⁻²¹ia¹	打呵欠
【挤□眼】tsi⁴⁴⁻⁴⁵ka⁵iæn⁴⁴	不停地眨眼
【睁不开眼】tʂəŋ²¹³⁻²¹puˀkʰɛ²¹³⁻²⁴iæn⁴⁴	

续表

词目与注音	释义及例句
【眍觉】 $k^h uən^{31-312} tɕiau^{31}$	睡觉
【打呼噜】 $ta^{44} xu^{213-21} lu^1$	
【打个□□】 $ta^{44-55} kə^5 mu^{213-21} ɹɚ^1$	小睡
【愒】 $tɕ^h iə^{213}$	躺
【倒】 tau^{44}	
【踊□】 $vɛ^{44-45} k^h uɛ^5$	坐不正
【通腿】 $t^h əŋ^{213-24} t^h ei^{44}$	多人合盖一条被子分两头睡觉
【眍通铺】 $k^h uən^{31} t^h əŋ^{213-24} p^h u^{31}$	几张床并在一起，多人睡于其上
【打地铺】 $ta^{44} ti^{31-312} p^h u^{31}$	
【仰个牙子】 $iaŋ^{44-45} kə^5 ia^{53-55} tθʅ^5$	仰面倒下四肢朝天
【侧棱着眍】 $tʂei^{44-45} ləŋ^5 tʂʅ^5 k^h uən^{31}$	侧着睡
【趴着眍】 $p^h a^{213-21} tʂʅ^1 k^h uən^{31}$	
【仰个着眍】 $iaŋ^{44-45} kə^5 tʂʅ^5 k^h uən^{31}$	
【说梦话】 $ʃuə^{44} məŋ^{31-42} xua^2$	
【做梦】 $tθəu^{31-312} məŋ^{31}$	
【做了个好梦】 $tθəu^{31-42} lə^2 kə^2 xau^{44} məŋ^{31}$	
【做了个不好的梦】 $tθəu^{31-42} lə^2 kə^2 pu^{44-42} xau^{44-45} ti^5 məŋ^{31}$	
【熬夜】 $ɣau^{53} iə^{31}$	
【梦游】 $məŋ^{31} iəu^{53}$	
4. 行	
【家去】 $tɕia^{213-21} tɕ^h i^1$	回家
【家不去】 $tɕia^{213-21} pu^1 tɕ^h y^{31}$	回不了家
【□过去】 $p^h iæn^{31-42} kə^2 tɕ^h i^2$	从所行正道斜插至别道以缩短距离
【抄近路儿】 $tʂ^h au^{213-24} tɕiən^{31-42} ɹɯ^2$	
【抄小路儿】 $tʂ^h au^{213-24} siau^{44-45} ɹɯ^5$	
【绕弯儿】 $iau^{31} vɛ^{213}$	
【绕了个弯儿】 $iau^{31-42} lə^2 kə^2 vɛ^{213}$	
【绕了个大弯儿】 $iau^{31-42} lə^2 kə^2 ta^{31} vɛ^{213}$	
【绕了个圈儿】 $iau^{31-42} lə^2 kə^2 tɕ^h yɛ^{213}$	
【绕圈子】 $iau^{31-312} tɕ^h yæn^{213-21} tθʅ^1$	

续表

词目与注音	释义及例句
【绕了个大圈子】 iau$^{31-42}$ lə^2 kə^2 ta$^{31-312}$ tɕʰyæn$^{213-21}$ tθ ɻ^1	
【绕远路】 iau^{31} yæn^{44} lu^{31}	
【逛游】 kuaŋ$^{31-42}$ iəu^2	边走边看
【逛当】 kuaŋ$^{31-42}$ taŋ^2	没有目的地走路
【遛遛】 liəu$^{213-21}$ liəu^1	无目的地乱走，暗指无家可归
【闲逛儿】 ɕiæn^{53} kuaɻŋ^{31}	
【转转】 tʃuæn$^{31-21}$ tʃuæn^1	溜达
【步行】 pu$^{31-42}$ ɕiəŋ^2	
【走】 tθəu^{44}	
【跑】 pʰau^{44}	
【蹿】 tθʰuæn^{213}	快跑
【迈】 mei^{31}	
【迈开腿】 mei$^{31-42}$ kʰɛ^2 tʰei^{44}	
【迈不开腿】 mei$^{31-42}$ pu^2 kʰɛ$^{213-24}$ tʰei^{44} mei$^{31-42}$ pu^2 kʰɛ^2 tʰei^{44}	
【转向】 tʃuæn$^{31-312}$ ɕiaŋ^{31}	分不清方向
【掉向】 tiau$^{31-312}$ ɕiaŋ^{31}	同"转向"
【撒腿】 θa$^{44-42}$ tʰei^{44}	放开脚步（跑）：~就跑

十八　讼事与军事

词目与注音	释义及例句
1. 讼事	
【官司】 kuæn$^{213-21}$ θ ɻ^1	讼事
【告状】 kau$^{31-312}$ tʂuaŋ^{31}	提起诉讼
【打官司】 ta^{44} kuæn$^{213-21}$ θ ɻ^1	起诉别人或被别人起诉
【吃官司】 tʃʰi^{44} kuæn$^{213-21}$ θ ɻ^1	被别人起诉
【证人】 tʃəŋ$^{31-42}$ iən^2	
【证家】 tʃəŋ$^{31-42}$ tɕia^2	证人
【犯法】 fæn^{31} fa^{44}	
【犯事儿】 fæn$^{31-312}$ ʂəˑi^{31}	做了违法之事

词目与注音	释义及例句
【逮捕】te$^{44-42}$p^{h}u^{44}	
【押】ia^{44}	
【手铐子】ʃəu^{44}k^{h}au$^{31-42}$tθγ^2	
【戴手铐子】te^{31}ʃəu^{44}k^{h}au$^{31-42}$tθγ^2	
【通缉】t^{h}əŋ$^{213-24}$tɕi^{44}	
【通缉令】t^{h}əŋ$^{213-24}$tɕi^{44}liəŋ^{31}	
【签字儿】ts^{h}iæn$^{213-24}$tθɚi^{31}	
【摁手印儿】ɣən^{31}ʃəu^{44}ɹɚi^{31}	
【警察】tɕiəŋ^{44}tʂ^{h}a^{53}	
【公安局】kəŋ$^{213-24}$ɣæn$^{213-24}$tɕy^{53}	
【派出所】p^{h}ɛ$^{31-42}$tʃ^{h}u^2 ʂɹə^{44}	
【检察院】tɕiæn^{44}tʂ^{h}a^{53}yæn^{31}	
【法院】fa^{44}yæn^{31}	
【院长】yæn^{31}tʃaŋ^{44}	
【法官儿】fa$^{44-42}$kuɛ^{213}	
【法庭】fa^{44}t^{h}iəŋ^{53}	
【庭长】t^{h}iəŋ^{53}tʃaŋ^{44}	
【律师】ly^{31}ʂɿ^{213}	
【审判】ʃən^{44}p^{h}æn^{31}	
【断案】tuæn$^{31-312}$ɣæn^{31}	
【判决】p^{h}æn^{31}tɕyə^{53}	
【判刑】p^{h}æn^{31}ɕiəŋ^{53}	
【死刑】θγ^{44}ɕiəŋ^{53}	
【劳改】lau^{53}kɛ^{44}	
【无期】vu^{53}tɕ^{h}i^{213}	无期徒刑
【有期徒刑】iəu$^{44-42}$tɕ^{h}i^{213}t^{h}u^{53}ɕiəŋ^{53}	有期
【枪毙】ts^{h}iaŋ$^{213-44}$pi^{31}	
【崩了】pəŋ$^{213-21}$lə^1	枪毙
【吃枪子儿】tʃ^{h}i$^{44-42}$ts^{h}iaŋ$^{213-24}$tθɚi^{44}	
【杀人犯儿】ʂa^{44}iən^{53}fɛ^{31}	
【抢劫犯儿】ts^{h}iaŋ^{44}tsiə^{53}fɛ^{31}	
【强奸犯儿】tɕ^{h}iaŋ^{53}tɕiæn$^{213-24}$fɛ^{31}	

续表

词目与注音	释义及例句
【贪污犯儿】tʰæn²¹³⁻²⁴vu²¹³⁻²⁴fɛ³¹	
【政治犯儿】tʃəŋ³¹⁻⁴²tʃi²fɛ³¹	
【犯人】fæn³¹⁻⁴²iən²	
【案子】ɣæn³¹⁻⁴²tθʅ²	
【案儿】ɣɛ³¹	
【杀人案儿】ʂa⁴⁴iən⁵³ɣɛ³¹	
【抢劫案儿】tsʰiaŋ⁴⁴tsiə⁵³ɣɛ³¹	
【强奸案儿】tɕʰiaŋ⁵³tɕiæn²¹³⁻²⁴ɣɛ³¹	
【犯案儿】fæn³¹⁻³¹²ɣɛ³¹	
【告】kau³¹	起诉
【告发】kau³¹fa⁴⁴	
【起诉】tɕʰi⁴⁴θu³¹	
【进局子】tsiən³¹tɕy⁵³⁻⁵⁵tθʅ⁵	
【蹲局子】tuən²¹³⁻²⁴tɕy⁵³⁻⁵⁵tθʅ⁵	
【蹲监】tuən²¹³⁻²⁴tɕiæn²¹³	坐牢
【坐牢】tθuə³¹lau⁵³	
【放出来】faŋ³¹⁻⁴²tʃʰu²lɛ²	从监狱出来
【抓进去】tʂua⁴⁴⁻⁴⁵tsiən⁵tɕʰi⁵	进入监狱
2. 军事	
【子弹】tθʅ⁴⁴tæn³¹	
【枪子儿】tsʰiaŋ²¹³⁻²⁴tθɚi⁴⁴	子弹
【子母儿】tθʅ⁴⁴⁻⁴²mʊ⁴⁴	子弹壳
【枪】tsʰiaŋ²¹³	
【土枪】tʰu⁴⁴⁻⁴²tsʰiaŋ²¹³	自制枪支
【猎枪】liə³¹tsʰiaŋ²¹³	
【机枪】tɕi²¹³⁻²⁴tsʰiaŋ²¹³	
【手枪】ʃəu⁴⁴⁻⁴²tsʰiaŋ²¹³	
【步枪】pu³¹tsʰiaŋ²¹³	
【手榴弹】ʃəu⁴⁴⁻⁴⁵liəu⁵tæn³¹	
【地雷】ti³¹lei⁵³	
【炮】pʰau³¹	
【土炮】tʰu⁴⁴pʰau³¹	

续表

词目与注音	释义及例句
【大炮】 ta$^{31\text{-}312}$p^{h}au^{31}	
【军舰】 tɕyən$^{213\text{-}24}$tɕiæn^{31}	
【飞机】 fei$^{213\text{-}24}$tɕi^{213}	
【军号】 tɕyən$^{213\text{-}24}$xau^{31}	
【兵】 piəŋ^{213}	
【新兵】 siən$^{213\text{-}24}$piəŋ^{213}	
【老兵】 lau$^{44\text{-}42}$piəŋ^{213}	
【民兵】 miən^{53}piəŋ^{213}	
【志愿兵】 tʂʅ$^{31\text{-}21}$yæn^{1}piəŋ^{213}	
【军官儿】 tɕyən$^{213\text{-}24}$kuɛ^{213}	
【班长】 pæn$^{213\text{-}24}$tʃaŋ^{44}	
【排长】 p^{h}ɛ^{53}tʃaŋ^{44}	
【连长】 liæn^{53}tʃaŋ^{44}	
【民兵连长】 miən^{53}piəŋ$^{213\text{-}24}$liæn^{53}tʃaŋ^{44}	
【营长】 iəŋ^{53}tʃaŋ^{44}	
【团长】 t^{h}uæn^{53}tʃaŋ^{44}	
【军长】 tɕyən$^{213\text{-}24}$tʃaŋ^{44}	
【司令】 θŋ$^{31\text{-}312}$liəŋ^{31}	
【将军】 tsiaŋ$^{31\text{-}21}$tɕyən^1	
【少将】 ʃau$^{31\text{-}312}$tsiaŋ^{31}	
【中将】 tʂəŋ$^{213\text{-}24}$tsiaŋ^{31}	
【上将】 ʃaŋ$^{31\text{-}312}$tsiaŋ^{31}	
【元帅】 yæn$^{53\text{-}55}$ʂɿɛ^5	
【当兵】 taŋ$^{213\text{-}24}$piəŋ^{213}	
【打枪】 ta$^{44\text{-}42}$tsʰiaŋ^{213}	
【瞄准】 miau^{53}tʃuən^{44}	
【扫射】 θau^{44}ʃə^{31}	
【撩手榴弹】 liau$^{213\text{-}24}$ʃəu$^{44\text{-}45}$liəu^{5}tæn^{31}	
【埋地雷】 mɛ^{53}ti^{31}lei^{53}	
【打炮】 ta^{44}p^{h}au^{31}	
【炸】 tʂa^{31}	

续表

词目与注音	释义及例句
【爆炸】pau³¹⁻³¹²tʂa³¹	
【轰炸】xəŋ²¹³⁻²⁴tʂa³¹	
【打仗】ta⁴⁴tʃaŋ³¹	①打架；②战争
【打游击】ta⁴⁴iəu⁵³⁻⁵⁵tɕi⁵	
【埋伏】mɛ⁵³⁻⁵⁵fu⁵	
【中埋伏】tʂəŋ³¹mɛ⁵³⁻⁵⁵fu⁵	
【包围】pau²¹³⁻²⁴vei⁵³	
【战役】tʃæn³¹⁻³¹²i³¹	
【三大战役】θæn²¹³⁻²⁴ta³¹tʃæn³¹⁻³¹²i³¹	
【死人堆】θʅ⁴⁴iən⁵³tθuei²¹³	
【打胜仗】ta⁴⁴ʃəŋ³¹⁻³¹²tʃaŋ³¹	
【打败仗】ta⁴⁴pɛ³¹⁻³¹²tʃaŋ³¹	
【白旗】pei⁵³tɕʰi⁵³	表示投降的旗子
【举白旗】tɕy⁴⁴pei⁵³tɕʰi⁵³	
【投降】tʰəu⁵³ɕiaŋ⁵³	
【打死了】ta⁴⁴⁻⁴⁵ʂʅ⁵lʅ⁵	
【炸死了】tʂa³¹⁻⁴²ʂʅ²lʅ²	
【共产党】kəŋ³¹tʂʰæn⁴⁴⁻⁴²taŋ⁴⁴	
【国民党】kuə⁴⁴miən⁵³taŋ⁴⁴	
【八路】pa⁴⁴lu³¹	
【土八路】tʰu⁴⁴⁻⁴²pa⁴⁴lu³¹	反动派对八路军的蔑称
【八路军】pa⁴⁴lu³¹tɕyən²¹³	
【新四军】siən²¹³⁻⁴⁵θʅ⁵tɕyən²¹³	
【长征】tʃʰaŋ⁵³tʃəŋ²¹³	

十九　人际交流与互动

词目与注音	释义及例句
【叫】tɕiau³¹	①呼喊：别~了，真噪人；②招呼、召唤：你去~几个人来帮帮吧；③称为：这种东西儿~癞葡萄；④啼叫：鸡~狗咬；⑤让
【作声】tθəu⁴⁴⁻⁴⁵ʃəŋ⁵	说话

续表

词目与注音	释义及例句
【开腔】 $k^h\epsilon^{213-24}$ tɕ^{h}iaŋ^{213}	开始说话
【帮腔】 paŋ$^{213-24}$ tɕ^{h}iaŋ^{213}	言语支持
【起高腔】 tɕ^{h}i$^{44-42}$kau$^{213-24}$tɕ^{h}iaŋ^{213}	说话声音大，态度不好
【告诵】 kau$^{31-42}$θəŋ^2	非议，说坏话：不知道俺娘怎么得罪她了，她逢人就~俺娘
【教道】 tɕiau$^{213-45}$tau^5	①教他人说：小孩儿说大人话儿，都是大人 ~ 的；②教育：他娘把他~坏了
【拉话儿】 la$^{44-42}$kuɚ^{44}	说话
【说话儿】 ʃuə^{44}xuɚ^{31}	
【掺言】 tʂ^{h}æn$^{213-24}$iæn^{53}	插嘴
【出犯】 tʃ^{h}u$^{44-45}$fæn^5	说不吉利的话给他人以不祥的预兆：你要说就说点儿好听的，别待这里~人
【丧门】 θaŋ$^{31-21}$mən^1	形容词，说不吉利的话给他人形成不祥预兆的：~星
【□】 tɕyə^{53}	骂
【□人】 tɕyə^{53}iən^{53}	骂人
【□】 tʃ^{h}au^{213}	长时间骂
【□人】 tʃ^{h}au$^{213-24}$iən^{53}	长时间骂人
【连□带□】 liæn^{53}tɕyə^{53}tɛ^{31}tʃ^{h}au^{213}	破口大骂：别惹这个老婆儿，谁惹了她，她就~的
【一顿好□】 i^{44}tuən^{31}xau$^{44-42}$tʃ^{h}au^{213}	狠狠地骂了一顿
【一顿好□】 i^{44}tuən^{31}xau^{44}tɕyə^{53}	同上
【诌】 tʂəu^{213}	言语欺骗
【胡诌八扯】 xu^{53}tʂəu$^{213-24}$pa$^{44-42}$tʃ^{h}ə^{44}	胡说八道
【诌山列虎】 tʂəu$^{213-24}$ʂæn$^{213-24}$liə^{31}xu^{44}	胡说八道，谎话连篇
【□】 tiau^{213}	说谎话
【撒谎掉皮】 θa$^{44-42}$xuaŋ^{44}tiau^{31}p^{h}i^{53}	说谎话
【三说二卖】 θæn$^{213-24}$ʃuə^{44}l̩$^{31-312}$mɛ^{31}	撒谎，吹牛
【□】 lu^{44}	言语欺骗
【□人】 lu^{44}iən^{53}	骗人
【骗】 p^{h}iæn^{31}	
【骗人】 p^{h}iæn^{31}iən^{53}	
【哄】 xəŋ^{44}	用语言安抚、抚慰
【哄孩子】 xəŋ^{44}xɛ$^{53-55}$tθ̩^{5}	
【哄□】 xəŋ$^{44-45}$θəŋ^5	哄骗：儿女给两个钱儿，都叫人~了去

续表

词目与注音	释义及例句
【连哄带骗】liæn⁵³xəŋ⁴⁴tɛ³¹⁻³¹²pʰiæn³¹	
【□□】tʃʰə²¹³⁻²¹vɛ¹	能说会道，带贬义：您妗子那个人儿光会～，说人话不干人事儿
【□验】tʂʅ²¹³⁻²¹iæn¹	试探，套别人的话：我那么说是～她
【谝弄】pʰiæn⁴⁴⁻⁴⁵ləŋ⁵	夸耀、炫耀
【折念】tʃə³¹⁻⁴²niæn²	（由于别人过去犯下错误，而多次对其）责备、批评
【咒人】tʃəu³¹iən⁵³	诅咒别人
【□□人】tæn³¹⁻⁴²pæn²iən⁵³	使感到尴尬：守着那么多人，真～人
【嫌吼】ɕiæn⁵³⁻⁵⁵xəu⁵	大声批评、指责：你别老是～孩子
【□嘟】xən³¹⁻²¹tu¹	高声斥责
【□拉】tθʰʅ²¹³⁻²¹la¹	以刻薄言语讽刺、呵斥：他净～我
【贬□】piæn⁴⁴⁻⁴⁵pʰiæn⁵	贬低、讥笑、诽谤
【贬□】piæn⁴⁴⁻⁴⁵tsiæn⁵	贬低：你真会～人儿
【□数】pa²¹³⁻²¹ʂu¹	（因过去的错误）数落，指责：就因为那点儿事儿，您娘～了我一辈子
【栽派】tθɛ²¹³⁻²¹pʰɛ⁰	污蔑，贬低：他干的坏事儿，～了别人头上
【派孙】pʰɛ³¹θuən²¹³	欺负老实人或损害老实人的利益：你觉着俺家里没有人儿是吧，派俺的孙？
【□舌头】tʂʰa⁵³ʃə⁵³⁻⁵⁵tʰəu⁵	背后议论是非：她爱～
【插嘴】tʂʰa⁴⁴⁻⁴²tθuei⁴⁴	插话
【讲咕】tɕiaŋ⁴⁴⁻⁴⁵ku⁵	背后议论人或事：～人；人家待背后～
【话】xua³¹	用责备性的话语来说服别人：他经常～他儿，他儿也不听
【揭短儿】tɕiə⁴⁴⁻⁴²tuɛ⁴⁴	
【笑话】siau³¹⁻⁴²xu²	讥笑：～人
【笑话人】siau³¹⁻⁴²xu²iən⁵³	
【下流话儿】ɕia³¹⁻⁴²liəu²kua⁴⁴	低俗淫秽的话语
【念叨】niæn³¹⁻⁴²tau²	反复轻声地说
【念叨人】niæn³¹⁻⁴²tau²iən⁵³	
【呵呼】xa²¹³⁻²¹xu¹	厉声恫吓
【吆呼】iau²¹³⁻²¹xu¹	①大声叫喊；②大声恫吓：你少～孩子，看把孩子吓的
【吹呼】tʂʰuei²¹³⁻²¹xu¹	吹牛
【嘘呼】ɕy²¹³⁻²¹xu¹	大声叫喊：小点儿声儿，～什么～

词目与注音	释义及例句
【说和】ʃuə⁴⁴⁻⁴⁵xu⁵	说和，劝说：乍起头儿她不愿意去，后来家里~着才去的
【圆成】yæn⁵³⁻⁵⁵tʃʰəŋ⁵	把话说得有道理、圆满
【操心】tθʰau²¹³⁻²⁴siən²¹³	费心费力
【发火儿】fa⁴⁴⁻⁴²xuɚ⁴⁴	
【发脾气】fa⁴⁴pʰi⁵³⁻⁵⁵tɕʰi⁵	
【发□】fa⁴⁴⁻⁴²ɣaŋ⁴⁴	生闷气
【嘟囔】tu²¹³⁻²¹naŋ¹	不停地低声说话以表达不满
【嘟嘟囔囔】tu²¹³⁻²¹tu¹naŋ²¹³⁻²⁴naŋ²¹³	
【帮】paŋ²¹³	
【帮忙儿】paŋ²¹³⁻²⁴maɚŋ⁵³	
【害】xɛ³¹	
【害人】xɛ³¹iən⁵³	
【骚拉】θau²¹³⁻²¹la¹	不受欢迎的来回走动或串门
【糟蹋】tθau²¹³⁻²¹tʰæn¹	使坏，故意损坏：真叫他~了
【糟蹋人】tθau²¹³⁻²¹tʰæn¹iən⁵³	诋毁、损害别人
【□□】tʰi⁴⁴⁻⁴⁵təŋ⁵	①食物变质或物品失去功能；②造成不好的结果或影响：手叫刀割着了，真疼~了
【作腾】tθuə⁴⁴⁻⁴⁵təŋ⁵	①做让人不愉快或结果不好的事：孩子把收音机~坏了；②使坏：他放牛就知道~人家的庄稼
【折腾】tʃə⁴⁴⁻⁴⁵təŋ⁵	①做动作（让人不舒服）：这孩子真能~人；②做工作或事务（让人不满意）：他做买卖赔了若干钱，真能瞎~
【数落】ʂu⁴⁴⁻⁴⁵luə⁵	抓住别人的错误进行指责、挖苦
【眼馋】iæn⁴⁴⁻⁴⁵tʂʰæn⁵	让人羡慕：~人家的钱
【看起】kʰæn³¹⁻⁴²tɕʰi²	瞧得上
【看不起】kʰæn³¹⁻⁴²pu²tɕʰi⁴⁴	瞧不起
【降】ɕiaŋ⁵³	降服：一物~一物
【制】tʃi³¹	制服，制约：光心狠，不~人儿
【制人】tʃi³¹iən⁵³	
【制人儿】tʃi³¹ɻəɚi⁵³	
【走亲戚】tθəu⁴⁴tsʰiən²¹³⁻²¹tsʰiən¹	
【拜干兄弟儿】pɛ³¹kæn²¹³⁻²⁴ɕiəŋ²¹³⁻²⁴təɻi³¹	

词目与注音	释义及例句
【背腔后】pei³¹⁻⁵⁵tiəŋ⁵xəu³¹	背后：她爱~议论人
【亲】tsʰiən²¹³	亲近
【抬举】tʰɛ⁵³⁻⁵⁵tɕy⁵	高看，吹捧：~人
【不识抬举】pu⁴⁴ʃi⁵³tʰɛ⁵³⁻⁵⁵tɕy⁵	不懂得别人的吹捧和重视
【看扁了】kʰæn³¹piæn⁴⁴⁻⁴⁵lə⁵	瞧不起，轻视
【得罪人】tei⁴⁴tθuei³¹iən⁵³	
【横鼻子竖眼】xəŋ⁵³pi⁵³⁻⁵⁵tθʅ⁵ʃu³¹iæn⁴⁴	对人态度不敬，不温和
【指掇】tʂʅ⁴⁴⁻⁴⁵tau⁵	用手指点
【捥掇】væn²¹³⁻²¹tau¹	食指隔空不断甩动、点戳：你~谁?! 你少~我!
【贴乎儿】tʰiə⁴⁴⁻⁴⁵xʊ⁵	巴结，讨好
【舔腔眼子】tʰiæn⁴⁴tiəŋ³¹⁻⁴²iæn²tθʅ²	喻巴结
【串通】tʃʰuæn²¹³⁻²¹tʰəŋ¹	串联，勾结
【要心眼儿】ʂua⁴⁴⁻⁴²siən²¹³⁻²⁴ɻɛ⁴⁴	
【要心眼子】ʂua⁴⁴⁻⁴²siən²¹³⁻²⁴iæn⁴⁴⁻⁴⁵tθʅ⁵	
【出坏方儿方儿】tʃʰu⁴⁴xuɛ³¹⁻³¹²faŋ²¹³⁻²¹faŋ¹	出坏主意
【担不是】tæn²¹³⁻²⁴pu⁴⁴⁻⁵⁵ʂʅ⁵	背黑锅，承担过错
【担待】tæn²¹³⁻⁴⁵tɛ⁵	宽容：有点事儿多~
【担不起】tæn²¹³⁻²¹pu¹tɕʰi⁴⁴	承担不了（责任、过错等）
【待承】tɛ³¹⁻²¹tʃʰəŋ¹	对待：他后娘~他挺好的
【□从】y²¹³⁻²¹tθʰəŋ¹	通过反复的行为或话语使他人接受：人家不愿意买，还就是~
【能做能担】nəŋ⁵³tθuə⁴⁴nəŋ⁵³tæn²¹³	
【赚便宜】tʃuæn³¹pʰiæn⁵³⁻⁵⁵i⁵	
【赚小便宜儿】tʃuæn³¹siau⁴⁴pʰiæn⁵³⁻⁵⁵ɻəi⁵	
【背地里给亏吃】pei³¹ti³¹⁻⁴²lɛ²kei⁴⁴⁻⁴²kʰuei²¹³⁻²⁴tʃʰi⁴⁴	
【咬出来】iau⁴⁴⁻⁴⁵tʃʰu⁵lɛ⁵	供出：~同伙
【造谣儿】tθau³¹ɻʊ⁵³	
【挑怂】tʰiau⁴⁴⁻⁵⁵θəŋ⁵	离间，怂恿
【挑苲】tʰiau⁴⁴tʂʰa⁵³	离间，破坏（恋爱关系）

词目与注音	释义及例句
【使坏】 ʂʅ⁴⁴xuɛ³¹	
【背地里使坏】 pei³¹ti³¹⁻⁴²lɛ² ʂʅ⁴⁴xuɛ³¹	
【面熟】 miæn³¹ʂu⁵³	似曾相识
【人生地不熟】 iən⁵³ʂəŋ²¹³⁻²⁴ti³¹pu⁴⁴ʂu⁵³	
【知情儿】 tʃi²¹³⁻²⁴tθʰɚŋ⁵³	了解实际情况
【不知情儿】 pu⁴⁴⁻⁴²tʃi²¹³⁻²⁴tθʰɚŋ⁵³	
【通情达理】 tʰəŋ²¹³⁻²⁴tsʰiəŋ⁵³ta⁴⁴⁻⁴²li⁴⁴	
【知足】 tʃi²¹³⁻²⁴tsy⁴⁴	满足
【人情儿往来】 iən⁵³tθʰɚ⁵³vaŋ⁴⁴lɛ⁵³	
【将就】 tsiaŋ⁴⁴⁻⁵⁵tsiəu⁵	勉强凑合
【套近乎儿】 tʰau³¹tɕiən³¹⁻⁴²xɯ·²	使用手段、言语等拉近关系
【宾服】 piən²¹³⁻²¹fu¹	佩服
【托付】 tʰuə⁴⁴⁻⁴⁵fu⁵	
【合伙儿】 ka⁴⁴⁻⁴²xuɚ⁴⁴	合伙
【合和儿】 ka⁴⁴⁻⁴⁵xɯ·⁵	指非正当男女关系
【嘱咐】 tʂu⁴⁴⁻⁴⁵fu⁵	
【欺负】 tɕʰi²¹³⁻²¹fu¹	
【埋怨】 mæn⁵³⁻⁵⁵yæn⁵	抱怨，责备
【打仗】 ta⁴⁴tʃaŋ³¹	①打架；②战争
【□仗】 tɕyə⁵³tʃaŋ³¹	吵架
【缠缠】 tʃʰæn⁵³⁻⁵⁵tʃʰæn⁵	（孩子）纠缠（大人）
【调解】 tʰiau⁵³tɕiɛ⁴⁴	
【抬杠】 tʰɛ⁵³kaŋ³¹	争执
【找事儿】 tʂau⁴⁴ʂɚi³¹	故意挑起事端
【找碴儿】 tʂau⁴⁴tʂʰaɚ⁵³	寻找闹事借口
【挨□】 ɣɛ⁵³tθʰʅ²¹³	受到他人的斥责、讥讽
【挨揍】 ɣɛ⁵³tθəu³¹	
【挨打】 ɣɛ⁵³ta⁴⁴	
【挨□】 ɣɛ⁵³tɕyə⁵³	挨骂
【挑事儿】 tʰiau⁴⁴ʂɚi³¹	
【无事儿找事儿】 mu⁵³ʂɚi³¹tʂau⁴⁴ʂɚi³¹	

词目与注音	释义及例句
【赔不是】 $p^hei^{53}pu^{44-55}ʂʅ^5$	道歉
【赔不】 $p^hei^{53}pu^{44-53}$	
【攀】 $p^hæn^{213}$	攀附
【攀不上】 $p^hæn^{213-21}pu^1ʃaŋ^{31}$	
【向】 $ɕiaŋ^{53}$	偏向
【偏向】 $p^hiæn^{213-24}ɕiaŋ^{53}$	
【偏心眼子】 $p^hiæn^{213-21}siən^1iæn^{44-45}tθʅ^5$	偏向
【拉仗】 $la^{31-312}tʃaŋ^{31}$	拉架
【拉偏仗】 $la^{31-312}p^hiæn^{213-21}tʃaŋ^1$	拉架过程中偏袒一方
【呛呛】 $tsʰiaŋ^{213-21}tsʰiaŋ^1$	起口角
【做套儿】 $tθəu^{31-312}t^hɚu^{31}$	设局欺骗
【褒贬】 $pau^{44-21}piæn^1$	说好与说不好：~是买家
【奉承】 $fəŋ^{31-21}tʃʰəŋ^1$	吹捧
【找挨□】 $tʂau^{44}ɣɛ^{53}tθʰʅ^{213}$	自寻讥讽、呵斥：你这么说不是~吗?
【找挨□】 $tʂau^{44}ɣɛ^{53}tɕyə^{53}$	自寻辱骂
【找挨揍】 $tʂau^{44}ɣɛ^{53}tθəu^{31}$	
【厚脸皮】 $xəu^{31}liæn^{44}p^hi^{53}$	
【挑刺儿】 $t^hiau^{213-24}tθʰɚi^{31}$	
【攀伴儿】 $p^hæn^{213-24}pɛ^{31}$	相互比较，攀比
【干不了】 $kæn^{213-21}pu^1liau^{44}$	不会亏待：你帮我，我~你
【白干】 $pei^{53}kæn^{213}$	亏欠，亏待
【白文儿】 $pei^{53}vɚi^{53}$	顶嘴，犟嘴
【搭腔】 $ta^{44-42}tɕʰiaŋ^{213}$	答话，交流
【蹬了】 $təŋ^{213-21}lə^1$	恋爱关系里一方甩掉另一方
【让让】 $iaŋ^{31-21}iaŋ^1$	没有诚意的邀请或给予
【说嘴】 $ʃuə^{44-42}tθuei^{44}$	说话，含贬义
【咬嘴咬道】 $iau^{44-42}tθuei^{44}iau^{44}tau^{31}$	顶嘴、反驳，含贬义
【小说小道】 $siau^{44-42}ʃuə^{44}siau^{44}tau^{31}$	琐碎、不大气的言谈
【咬】 iau^{44}	供出，揭发检举
【算完】 $θuæn^{31}væn^{53}$	结束，停止
【算屌完】 $θuæn^{31}tiau^{44}væn^{53}$	

续表

词目与注音	释义及例句
【拉倒】la⁴⁴⁻⁴²tau⁴⁴	结束，失败，含贬义
【装熊】tʂuaŋ²¹³⁻²⁴ɕiəŋ⁵³	装成懦弱的样子
【耍无赖】ʂua⁴⁴vu⁵³lɛ³¹	耍赖
【打赖毛】ta⁴⁴lɛ³¹mau⁵³	耍赖，不认账
【吃香儿】tʃʰi⁴⁴⁻⁴²ɕiɚ ŋ²¹³	受欢迎，受重视
【撕破脸皮】θɿ²¹³⁻²⁴pʰə³¹liæn⁴⁴pʰi⁵³	矛盾公开化
【生】ʂəŋ²¹³	生疏
【散伙】θuæn³¹xuə⁴⁴	①分离解散；②关系破裂
【成见】tʃʰəŋ⁵³⁻⁵⁵tɕiæn⁵	对某些人或事的固有看法
【种仇】tʂəŋ³¹tʃʰəu⁵³	结仇
【拖后腿】tʰuə²¹³⁻²⁴xəu³¹tʰei⁴⁴	
【见面儿】tɕiæn³¹⁻³¹²miɛ³¹	
【打照面儿】ta⁴⁴tʃau³¹⁻⁴²miɛ²	
【应承】iəŋ²¹³⁻²¹tʃʰəŋ¹	答应：这个事儿他~下来了
【招应】tʃau²¹³⁻²¹iəŋ¹	应酬，招待：俺爹爹待家里~客
【照应】tʃau³¹⁻⁴²iəŋ²	关照，照顾：出门在外，互相~
【对付】tei³¹⁻⁴²fu²	①相投，融洽：他俩脾气不~；②凑合，将就：就这个条件，~~吧；③适合：年纪不~了，干不了了
【丢人现眼】tiəu²¹³⁻²⁴iən⁵³ɕiæn³¹iæn⁴⁴	
【演戏】iæn⁴⁴ɕi³¹	做出虚假的行为以欺骗：人家是~给你看，你还当真了
【装疯卖傻】tʂuaŋ²¹³⁻²⁴fəŋ²¹³⁻²⁴mɛ³¹ʃa⁴⁴	
【假装儿】tɕia⁴⁴⁻⁴²tʂuɚ ŋ²¹³	
【拿架子】na⁵³tɕia³¹⁻⁴²tʂɿ²	故意展示高姿态，摆架子
【难为】næn⁵³⁻⁵⁵vei⁵	为难
【依着】i²¹³⁻²¹tʂʅ¹	①顺从，听从：不能所有的事儿都~孩子；②按照：~他的意思，咱都应该去
【行事儿】ɕiəŋ⁵³ʂɚi³¹	做事情
【看眼目行事儿】kʰæn³¹iæn⁴⁴⁻⁴⁵mu⁵ɕiəŋ⁵³ʂɚi³¹	看他人的脸色行动
【答情】ta⁴⁴tsʰiəŋ⁵³	回报他人的情分
【费事】fei³¹⁻³¹²ʂʅ³¹	
【惹】iə⁴⁴	招惹
【惹事儿】iə⁴⁴ʂɚi³¹	

续表

词目与注音	释义及例句
【行好】ɕiəŋ⁵³xau⁴⁴	做好事，行善
【烧炕】ʃau²¹³⁻²⁴kʰaŋ³¹	贺乔迁之喜
【沾光】tʃæn²¹³⁻²⁴kuaŋ²¹³	得益
【耍嘴皮子】ʂua⁴⁴⁻⁴²tθuei⁴⁴pʰi⁵³⁻⁵⁵tθʅ⁵	花言巧语，巧言令词
【在意】tθɛ³¹⁻⁴²i²	介意
【怎么】tθəŋ⁴⁴⁻⁴⁵mu⁵	①奈何：你能把我~的；②怎么
【话儿里有话儿】xuaʴ³¹⁻⁴²lɛ²iəu⁴⁴xuaʴ³¹	
【松口儿】θəŋ²¹³⁻²⁴kʰɚu⁴⁴	态度松动
【送礼】θəŋ³¹li⁴⁴	行贿
【打保票儿】ta⁴⁴⁻⁴²pau⁴⁴⁻⁴⁵pʰiɚu⁵	担保，保证
【窝儿里斗】vɚ²¹³⁻²¹lɛ¹təu³¹	内讧
【人多嘴杂】iən⁵³tuə²¹³⁻²⁴tθuei⁴⁴tθa⁵³	
【口了一顿】tθʰʅ²¹³⁻²¹lə¹i⁴⁴⁻⁵⁵tuən³¹	指责或批评
【倒打一耙】tau³¹ta⁴⁴i⁴⁴pʰa⁵³	自己犯错反而怪罪他人
【走动】tθəu⁴⁴təŋ³¹/tθəu⁴⁴⁻⁵⁵təŋ⁵	（亲朋好友间）往来
【来往儿】lɛ⁵³vɚŋ⁴⁴	交往：俺家里上他家里没有~
【家长里短】tɕia²¹³⁻²⁴tʃʰaŋ⁵³li⁴⁴⁻⁴²tuæn⁴⁴	邻里琐事
【不擦门儿】pu⁴⁴⁻⁴²tθʰa⁴⁴mɚi⁵³	不离开家，不跟人交往
【碍手碍脚】ɣɛ³¹ʃəu⁴⁴ɣɛ³¹tɕyə⁴⁴	妨碍
【口拉】ka²¹³⁻²¹la¹	（男女）互相联系，特指恋爱
【讹人】və⁴⁴iən⁵³	讹诈他人
【置气】tʃi³¹⁻³¹²tɕʰi³¹	赌气，生气：爹娘不跟儿女~
【点钢儿】tiæn⁴⁴⁻⁴²kɚŋ²¹³	给人出坏主意、说坏话，促使其对他人做出不适当的行为
【出气】tʃʰu⁴⁴tɕʰi³¹	发泄怒气
【赶拢】kæn⁴⁴⁻⁴⁵ləŋ⁵	主动靠近，接近
【学舌】ɕyə⁵³ʃə⁵³	复述他人说的话
【截路】tsiə⁵³lu³¹	拦路抢劫
【攒路】tθuæn⁴⁴lu³¹	拦路抢劫
【扰忙儿】iau⁵³mɚŋ⁵³	（给他人）忙中添乱
【插一杠子】tʂʰa⁴⁴⁻⁴⁵i⁵kaŋ³¹⁻⁴²tθʅ²	插手他人的事情

续表

词目与注音	释义及例句
【砸死槽】tθa⁵³θ ʅ⁴⁴⁻⁴⁵tθʰau⁵	决断事情，不可改变
【砸死槽子】tθa⁵³θ ʅ⁴⁴⁻⁴⁵tθʰau⁵tθʅ⁵	
【绊绊磕牙】pæn³¹⁻⁴²pæn²kʰa⁴⁴ia⁵³	说话吞吞吐吐，不流利

二十　性格、心理和神态

词目与注音	释义及例句
1. 性格、心理	
【怊】tʃəu⁴⁴	不听从，不顺从：他真~~
【愺】tsʰiəu⁵³	态度不温和，固执
【愺紧】tsʰiəu⁵³⁻⁵⁵tɕiən⁵	
【拗】niəu³¹	执拗
【犟】tɕiaŋ³¹	倔强
【惼愊】miæn⁴⁴⁻⁴⁵pʰiæn⁵	内向，害羞
【害羞】xɛ³¹siəu²¹³	
【慢】mæn³¹	①（脾气）缓；②（速度）不快；③不锋利
【急】tɕi⁴⁴/tɕi⁵³	（脾气）急促：性子~
【急火】tɕi⁴⁴⁻⁴²xuə⁴⁴	着急上火
【发急】fa⁴⁴tɕi⁵³	着急
【害急】xɛ³¹tɕi⁵³	着急
【急人】tɕi⁵³iən⁵³	
【急死了】tɕi⁵³⁻⁵⁵ʂʅ⁵lə⁵	
【□□】vən²¹³⁻²¹vən¹	（性子）极度缓慢
【和范】xuə⁵³⁻⁵⁵fæn⁵	性格随和，说话和气
【文范】vən⁵³⁻⁵⁵fæn⁵	言谈文雅，举止大方
【软乎儿】yæn⁴⁴⁻⁴⁵xu·⁵	①温柔；②柔软
【冲】tʂʰəŋ³¹	脾气生硬，言语莽撞
【□】kʰəu⁵³	（女性）脾气泼辣，暴烈
【□】ɕiəŋ⁵³	（男性）脾气暴躁，难相处
【暴】pau³¹	暴躁

续表

词目与注音	释义及例句
【厉害】li³¹⁻⁴²xɛ²	表示达到相当高的程度：他武功很~｜脾气很~｜这个人有本事，真~
【胡□】xu⁵³⁻⁵⁵lu⁵	脾气暴躁，不通情理：他经常喝醉了酒打老婆孩子，真~
【善】ʃæn³¹	善良
【□】tθʰau⁵³	奸诈，不善良
【□气】tθʰau⁵³⁻⁴²tɕʰi²	奸诈，有坏心的：他老爷很~
【□孙】tʂʰən⁴⁴⁻⁴⁵θuən⁵	对人爱答不理，漠视
【毒】tu⁵³	凶狠，毒辣
【邪】siə⁵³	①心眼不正：他这个人很~；②奇怪，怪异
【邪乎儿】siə⁵³⁻⁵⁵xuʵ⁵	怪异，奇怪
【邪乎拉的】siə⁵³xu⁴⁴la⁵⁵ti⁵	
【愣愣怔怔】ləŋ³¹⁻⁴²ləŋ²tʂəŋ⁴⁴tʂəŋ⁵⁵	
【□】xəu⁵³	（小孩子）活泼好动，调皮鬼怪
【鬼】kuei⁴⁴	①鬼怪；②极其刁钻，聪明：这个孩子真~；③不能公开的隐私，含贬义：心里有~
【死板】θɿ⁴⁴⁻⁴²pæn²	不灵活，不变通
【张皇】tʃaŋ²¹³⁻⁴⁵xuaŋ⁵	（性格）张扬，忘乎所以
【□狂】ɕyə⁴⁴⁻⁴⁵kuaŋ⁵	（行为）大胆，出格
【□】mau⁵³	一时心血来潮：今日~着了？你怎么也吃面条儿了？
【毛愣】mau⁵³⁻⁵⁵ləŋ⁵	轻率，不慎重
【毛糙】mau⁵³⁻⁵⁵tθʰau⁵	马虎，粗心大意
【泼辣】pʰə⁴⁴⁻⁴⁵la⁵	不娇气的，能吃苦的
【娇乖】tɕiau²¹³⁻⁴⁵kuɛ⁵	娇气
【细心】si³¹⁻⁴²siən²	仔细，认真
【显摆】ɕiæn⁴⁴⁻⁴⁵pɛ⁵	
【洋气】iaŋ⁵³⁻⁵⁵tɕʰi⁵	时髦，时尚
【野古】iə⁴⁴⁻⁴⁵ku⁵	野蛮，不顺从
【痛快】tʰəŋ³¹⁻⁴²kuɛ²	
【邋□】la⁵³⁻⁵⁵θa⁵	邋遢，不卫生的
【窝囊】və²¹³⁻²¹naŋ¹	①脏；②性格老实近于无能的：~废
【懒】læn⁴⁴	
【吃气】tʃʰi⁴⁴tɕʰi³¹	受气

续表

词目与注音	释义及例句
【争气】tʂəŋ²¹³⁻²⁴tɕʰi³¹	
【有种儿】iəu⁴⁴⁻⁴²tʂɚŋ⁴⁴	有胆量，有魄力
【强□】tɕʰiaŋ⁵³⁻⁵⁵liaŋ⁵	态度蛮横，霸道
【弯眼】væn²¹³⁻²¹iæn¹	八面玲珑的，左右逢源的
【硬气】iəŋ³¹⁻⁴²tɕʰi²	刚强，有底气：说话很~
【嘴硬】tθuei⁴⁴⁻⁴⁵iəŋ⁵	说话强硬的，不服软的
【稀里糊涂】ɕi²¹³⁻²¹li¹xu⁵³tu²¹³	
【手贱】ʃəu⁴⁴⁻⁴⁵tsiæn⁵	难以控制地喜欢动手打人
【嘴贱】tθuei⁴⁴⁻⁴⁵tsiæn⁵	喜欢骂人或说不好听的话
【嘴巧】tθuei⁴⁴⁻⁴²tɕʰiau⁴⁴	语言表达能力强
【嘴甜】tθuei⁴⁴tʰiæn⁵³	说话甜美中听
【臭嘴】tʃʰəu³¹tθuei⁴⁴	说话难听，讨人厌
【贫嘴】pʰiən⁵³tθuei⁴⁴	说话多，不中听
【贫嘴□拉舌】pʰiən⁵³tθuei⁴⁴ka⁵⁵la⁵ʃə⁵³	
【嘴臭】tθuei⁴⁴tʃʰəu³¹	①嘴里有异味；②说话难听
【嘴碎】tθuei⁴⁴θuei³¹	说话琐碎，爱议论是非
【潦草】liau⁵³⁻⁵⁵tθʰau⁵	不认真
【□□巧巧的】tʂʅ²¹³⁻²¹tʂʅ¹tɕʰiau⁴⁴tɕʰiau⁵⁵ti⁵	不大方的
【割舍】ka⁴⁴⁻⁴⁵ʃi⁵	舍得
【□皮】tsʰy⁴⁴pʰi⁵³	吝啬：您家里真是~！
【□皮□□子】tsʰy⁴⁴pʰi⁵³ka⁴⁴tθa⁵³⁻⁵⁵tθŋ⁵	吝啬，只在乎小利的
【古怪】ku⁴⁴kuɛ³¹	奇怪
【阴阳怪气儿】iən²¹³⁻²⁴iaŋ⁵³kuɛ³¹⁻³¹²tɕʰiɚi³¹	说话腔调奇怪的
【本分】pən⁴⁴⁻⁴⁵fən⁵	诚实正直
【老实】lau⁴⁴⁻⁴⁵ʃi⁵	
【老实巴交】lau⁴⁴⁻⁴⁵ʃi⁵pa²¹³⁻²⁴tɕiau²¹³	
【死板】θŋ⁴⁴⁻⁴²pæn²	
【黏糊儿】niæn⁵³⁻⁵⁵xʊ⁵	犹豫不决，不果断
【麻利】ma⁵³⁻⁵⁵li⁵	动作干净，利索
【利索】li³¹⁻⁴²θuə²	①动作干练，利落；②整洁，干净

词目与注音	释义及例句
【拿捏】na$^{53-55}$niæn^5	过分矜持，故作姿态
【大样】ta$^{31-21}$iaŋ^1	安静而大方
【难缠】næn^{53}tʃʰæn^{53}	难以对付
【皮】pʰi^{53}	调皮
【阴毒】iən$^{213-21}$tu^1	神态严厉，不温和
【稳当】vən$^{44-45}$taŋ^5	可靠，稳定
【不正干】pu^{44}tʃəŋ$^{31-312}$kæn^{31}	不做好事，胡作非为
【光明正大】kuaŋ$^{213-24}$miəŋ^{53}tʃəŋ$^{31-312}$ta^{31}	
【实落】ʃi$^{53-55}$luə^5	不拘谨，大方
【要面子】iau^{31}miæn$^{31-42}$tθʅ^2	
【小心眼儿】siau$^{44-42}$siən$^{213-24}$ɹɛ^{44}	
【直脾气】tʃi^{53}pʰi$^{53-55}$tɕʰi^5	性格直率
【急脾气】tɕi^{53}pʰi$^{53-55}$tɕʰi^5	
【火性】xuə$^{44-55}$siəŋ^5	火爆脾气
【傲儿】ɣɚu^{31}	傲慢
【牛屄哄哄】niəu^{53} pi$^{213-24}$ xəŋ$^{213-24}$xəŋ^{213}	摆大架子
【割□】ka$^{44-45}$ku^5	吝啬
【小家子气】siau$^{44-45}$tɕia^{5}tθʅ^{5}tɕʰi^{31}	举止、气度等不大方
【流求】liəu$^{53-55}$tɕʰiəu^5	流里流气，言行下作
【吊儿郎当】tiau$^{31-21}$ɭ^{1}laŋ^{45}taŋ^{213}	言行散漫，轻率
【粗鲁】tθʰu$^{213-21}$lu^1	
【不奸不□】pu$^{44-42}$tɕiæn$^{213-24}$pu^{44}tθʰau^{53}	心地善良，不坏
【坑蒙拐骗】kʰəŋ$^{213-24}$məŋ^{44}kuɛ^{44}pʰiæn^{31}	
【没有人心眼子】mu^{31}iəu^{44}iən^{53}siən$^{213-24}$iæn$^{44-45}$tθʅ^5	心地不好，心眼极坏
【曲溜拐弯儿】tɕʰy$^{44-21}$liəu^{1}kuɛ$^{44-42}$vɛ^{213}	说话不直爽，绕圈子
【口里淌屎】kʰəu$^{44-45}$lɛ^{5}tʰaŋ$^{44-42}$ʂʅ^{44}	骂语，称人满嘴胡说八道
【摇头晃脑】iau^{53}tʰəu^{53}xuaŋ^{31}nau^{44}	
【摇头拨拉角】iau^{53}tʰəu^{53}pu$^{213-21}$la^{1}tɕia^{44}	摇头晃脑

续表

词目与注音	释义及例句
【笨嘴笨舌】 pən³¹tθuei⁴⁴pən³¹ʃə⁵³	
【咋呼】 tʂa²¹³⁻²¹xu¹	说话声音大且夸张
【吆二喝三】 iau²¹³⁻²¹ɭ¹xuə⁴⁴⁻⁴²θæn²¹³	大声喊叫
【扭捏】 niəu⁴⁴⁻⁴⁵niə⁵	不大方
【扭扭捏捏】 niəu⁴⁴⁻⁴⁵niəu⁵niə⁴⁴niə⁵⁵	
【高兴】 kau²¹³⁻²⁴ɕiəŋ³¹	
【欢喜】 xuæn²¹³⁻²¹tɕʰi¹	
【恣儿】 tθɚi³¹	舒服，高兴
【滋润】 tθɿ²¹³⁻²¹yən¹	无忧无虑，舒心：小日子儿过得很~
【痛快】 tʰəŋ³¹⁻⁴²kʰuɛ²	
【恼】 nau⁴⁴	恼火
【恼人】 nau⁴⁴iən⁵³	
【气】 tɕʰi³¹	生气
【生气】 ʂəŋ²¹³⁻²⁴tɕʰi³¹	
【伤心】 ʃaŋ²¹³⁻²⁴siən²¹³	
【凉了心】 liaŋ⁵³⁻⁵⁵lə⁵siən²¹³	失望，心凉
【懊悔】 ɣau³¹⁻⁴⁵xuæn⁵	后悔
【宽心】 kʰuæn²¹³⁻²⁴siən²¹³	
【放心】 faŋ³¹siən²¹³	
【膈应】 kə³¹⁻⁴²iəŋ²	使人反感，不舒服：你说的真~人
【怕】 pʰa³¹	
【害怕】 xɛ³¹⁻³¹²pʰa³¹	
【害羞】 xɛ³¹siəu²¹³	
【害丢】 xɛ³¹tiəu²¹³	怕羞
【怵】 tʂʰu³¹	害怕
【打怵】 ta⁴⁴tʂʰu³¹	害怕
【委屈】 va²¹³⁻²¹tɕʰy¹	
【慌】 xuaŋ²¹³	
【心慌】 siən²¹³⁻²⁴xuaŋ²¹³	
【烦】 fæn⁵³	
【烦躁】 fæn⁵³⁻⁵⁵tθau⁵	烦闷焦躁
【口臜】 ɣa⁴⁴⁻⁴⁵tθa⁵	懊恼

词目与注音	释义及例句
【心虚】siən²¹³⁻²⁴çy²¹³	
【别扭】piə³¹⁻⁴²niəu²	
【不舍弃】pu⁴⁴⁻⁴²ʃə⁴⁴tɕʰi³¹	因未达到某种目的而不愿意放弃
【舍弃】ʃə⁴⁴tɕʰi³¹	放弃
【过瘾】kə³¹iən⁴⁴	
【闪】ʃæn⁴⁴	
【明白】miəŋ⁵³⁻⁵⁵pei⁵	
【懂】təŋ⁴⁴	
【瘆】ʂən³¹	使……恐惧，害怕
【瘆人】ʂən³¹iən⁵³	
【恨】xən³¹	
【恨人】xən³¹iən⁵³	使人痛恨：他真~
【恶心】və⁴⁴⁻⁴⁵siən⁵	
【腻歪】ni³¹⁻⁴²vɛ²	使……感到烦躁厌烦
【愣怔】ləŋ³¹⁻⁴²tʂəŋ²	愣住，怔住
【揪心】tsiəu²¹³⁻²⁴siən²¹³	极度担心：孩子打针，我真~
【堵死了】tu⁴⁴⁻⁴⁵ʂʅ⁵lə⁵	极度郁闷
【堵得慌】tu⁴⁴⁻⁴⁵ti⁵xuaŋ²¹³	
【想不开】siaŋ⁴⁴⁻⁴⁵pu⁵kʰɛ²¹³	
【闪得慌】ʃæn⁴⁴⁻⁴⁵ti⁵xuaŋ⁵	因突然失去而心情失落，恍惚
【有度量】iəu⁴⁴tu³¹⁻⁴²liaŋ²	心胸宽大
【生闷气儿】ʂəŋ²¹³⁻²⁴mən³¹⁻³¹²tɕiəɹi³¹	
【憋着气儿】piə⁴⁴⁻⁴⁵tʂʅ⁵tɕiəɹi³¹	
【回过味儿来】xuei⁵³⁻⁵⁵kə⁵vəɹi³¹⁻²¹lɛ¹	后来才明白
【掉了魂儿】tiau³¹⁻⁴²lə²xuəɹi⁵³	
【吓掉了魂儿】çia³¹tiau³¹⁻⁴²lə²xuəɹi⁵³	
2. 神态	
【□孏】lɛ²¹³⁻²¹vɛ¹	身体肥胖，笨拙难行的样子
【□孏】tʰɛ²¹³⁻²¹vɛ¹	身体肥胖的样子
【酸款】θuæn²¹³⁻²⁴kʰuæn⁴⁴	穷酸的样子
【大态】ta³¹⁻²¹tɛ¹	体态略胖，大方自然
【派场】pʰɛ³¹⁻²¹tʃʰaŋ¹	长得高大，白胖

续表

词目与注音	释义及例句
【穷酸样儿】 tɕʰiəŋ⁵³θuæn²¹³⁻²⁴ ɻɚˠ³¹	
【□嗤□蠵的】 tʰɛ²¹³⁻²¹ tʂʰɻ¹lɛ⁴⁴ vɛ⁵⁵ti⁵	身体肥胖笨拙的样子
【瞜□儿的】 ləu³¹ ʂɚu⁵⁵ti⁵	恐惧的，害怕的
【唥当着脸】 laŋ²¹³⁻²¹taŋ¹tʂəˠ¹liæn⁴⁴	很不高兴的模样
【抹下脸来】 ma⁴⁴⁻⁴⁵ɕia⁵liæn⁴⁴⁻⁵⁵lɛ⁵	神态转为严肃或不高兴
【木□着脸】 mu³¹⁻²¹tʃʰu¹tʂəˠ¹liæn⁴⁴	少笑、严肃的模样
【看脸子】 kʰæn³¹liæn⁴⁴⁻⁴⁵tθɻ⁵	
【□脸子】 liæn²¹³⁻²⁴liæn⁴⁴⁻⁴⁵tθɻ⁵	给人脸色看：那个媳妇儿不好，经常给家里的老人~
【笑□□儿的】 siau³¹⁻²¹mu¹ka⁵⁵ti⁵	亲切微笑的样子
【笑□□儿的】 siau³¹⁻²¹mu¹tθʰɚi⁵⁵ti⁵	高兴微笑的样子
【气□哼儿的】 tɕʰi³¹⁻²¹mu¹xɚŋ⁵⁵ti⁵	有些生气的样子
【气哼哼的】 tɕʰi³¹xəŋ⁴⁴xəŋ⁵⁵ti⁵	生气的样子
【气呼呼的】 tɕʰi³¹xu⁴⁴xu⁵⁵ti⁵	很生气的样子
【耳□怔的】 ɻ⁴⁴⁻⁴⁵mu⁵tʂəŋ⁵⁵ti⁵	对他人的话没有反应的样子
【哭泣泣的】 kʰu⁴⁴⁻⁴²tʂʰi⁴⁴tʂʰi⁵⁵ti⁵	不停哭泣的样子
【哭□□蠵的】 kʰu⁴⁴⁻⁴⁵tʂʰɻ⁵lɛ⁴⁴vɛ⁵⁵ti⁵	流泪大哭的样子，含贬义
【□嘎□嘎的】 tsʰi⁴⁴⁻⁴⁵ka⁵tsʰi⁴⁴⁻⁴⁵ka⁵ti⁵	视力很差，看不清楚的样子
【□□□□的】 tsʰi⁵tsʰi⁴⁴⁻⁴⁵tsʰi⁵ti⁵	视力差的样子
【猴儿精作怪】 xɚu⁵³tsiəŋ²¹³⁻²⁴tθuə⁴⁴kuɛ³¹	精灵古怪
【猴儿精□拉眼】 xɚu⁵³tsiəŋ²¹³⁻²⁴ma⁵⁵la⁵iæn⁴⁴	言谈举止极不端庄的样子
【嬉皮笑脸】 ɕi⁴⁴pʰi⁵³siau³¹liæn⁴⁴	
【痴□痴□】 tʃʰi²¹³⁻²¹kəu¹tʃʰi²¹³⁻²¹kəu¹	愚蠢、痴呆的样子
【挤鼻子弄眼】 tsi⁴⁴pi⁵³⁻⁵⁵tθɻ⁵ləŋ³¹iæn⁴⁴	不严肃、不庄重的样子
【低头耷拉角】 ti²¹³⁻²⁴tʰəu⁵³ta²¹³⁻²¹la¹tɕia⁴⁴	无精打采的样子
【半死不活】 pæn³¹⁻⁴²θɻ²pu⁴⁴xuə⁵³	
【半死不拉活】 pæn³¹⁻⁴²θɻ²pu⁴⁴⁻⁴⁵la⁵xuə⁵³	
【不阴不阳】 pu⁴⁴⁻⁴²iən²¹³⁻²⁴pu⁴⁴iaŋ⁵³	

词目与注音	释义及例句
【呼嗤呼嗤】 xu²¹³⁻²¹ tʂʰʅ¹ xu²¹³⁻²¹ tʂʰʅ¹	大口喘气的样子
【哼嗤哼嗤】 xəŋ²¹³⁻²¹ tʂʰʅ¹ xəŋ²¹³⁻²¹ tʂʰʅ¹	吃力的样子
【龇牙咧嘴】 tɕθʰʅ²¹³⁻²⁴ ia⁵³ liə⁴⁴⁻⁴² tθuei⁴⁴	
【脸红脖子粗】 liæn⁴⁴ xəŋ⁵³ pə⁵³⁻⁵⁵ tθʅ⁵ tθʰu²¹³	矛盾、冲突激烈的样子
【梗梗着头】 kəŋ³¹⁻⁴² kəŋ² tʂʅ² tʰəu⁵³	不认输、不服气的样子
【爱理不理】 ɣɛ³¹ lʅ⁴⁴ pu⁴⁴⁻⁴² lʅ⁴⁴	
【爱听不听】 ɣɛ³¹ tʰiəŋ²¹³⁻²⁴ pu⁴⁴⁻⁴² tʰiəŋ²¹³	
【爱看不看】 ɣɛ³¹⁻³¹² kʰæn³¹ pu⁴⁴ kʰæn³¹	
【爱吃不吃】 ɣɛ³¹ tʃʰi⁴⁴ pu⁴⁴⁻⁴² tʃʰi⁴⁴	
【爱去不去】 ɣɛ³¹⁻³¹² tɕʰy³¹ pu⁴⁴ tɕʰy³¹	
【爱来不来】 ɣɛ³¹ lɛ⁵³ pu⁴⁴ lɛ⁵³	
【待说不说】 tɛ³¹ ʃuə⁴⁴ pu⁴⁴⁻⁴² ʃuə⁴⁴	要说又不想说
【眼红】 iæn⁴⁴ xəŋ⁵³	嫉妒
【红了眼】 xəŋ⁵³⁻⁵⁵ lə⁵ iæn⁴⁴	嫉妒
【顶着个死羊眼】 tiəŋ⁴⁴⁻⁴⁵ tʂə⁵ kə⁵ θʅ⁴⁴ iaŋ⁵³ iæn⁴⁴	眼睛无神，骂语
【眼皮都不待抬】 iæn⁴⁴ pʰi⁵³ təu³¹ pu⁴⁴ tɛ³¹ tʰɛ⁵³	不屑一顾、轻蔑的表情
【肿眼泡子】 tʂəŋ⁴⁴⁻⁴² iæn⁴⁴ pʰau²¹³⁻²¹ tθʅ¹	看起来肿胀的眼睛
【白瞪眼】 pei⁵³⁻⁵⁵ təŋ⁵ iæn⁴⁴	翻白眼，表示敌视、蔑视或反感
【翻楞眼】 fæn²¹³⁻²¹ ləŋ¹ iæn⁴⁴	眼珠翻来翻去
【挤□眼】 tsi⁴⁴⁻⁴⁵ ka⁵ iæn⁴⁴	眼皮不停地眨
【□□眼】 tθʰʅ⁴⁴⁻⁴⁵ ka⁵ iæn⁴⁴	眼睛上翻，表示人之将死
【耷拉着眼皮】 ta²¹³⁻²¹ la¹ tʂʅ¹ iæn⁴⁴ pʰi⁵³	
【眼角子掉掉】 iæn⁴⁴⁻⁴² tɕyə⁴⁴⁻⁴⁵ tθʅ⁵ tiau³¹⁻⁴² tiau²	眼角斜掉
【眼前里冒花儿】 iæn⁴⁴ tsʰiæn⁵³⁻⁵⁵ lɛ⁵ mau³¹ xuaɚ²¹³	眼冒金星
【撇嘴】 pʰiə⁴⁴⁻⁴² tθuei⁴⁴	表示不满，蔑视或反感
【噘嘴】 tɕyə²¹³⁻²⁴ tθuei⁴⁴	表示不满，生气
【□□着嘴】 ʃə²¹³⁻²¹ ʃə¹ tʂʅ¹ tθuei⁴⁴	上下嘴唇合不拢的样子

续表

词目与注音	释义及例句
【鼓着腮】 ku⁴⁴⁻⁴⁵tʂʅ⁵θɛ²¹³	
【□□鼻子】 tsiaŋ³¹⁻⁴²tsiaŋ²pi⁵³⁻⁵⁵tθʅ⁵	蹙起鼻翼
【摆谱儿】 pɛ⁴⁴⁻⁴²pʰɯ⁴⁴	摆架子
【摆架子】 pɛ⁴⁴tɕia³¹⁻⁴²tθʅ²	
【耳朵动】 lʅ⁴⁴⁻⁴⁵təu⁵təŋ³¹	
【脸□□的】 liæn⁴⁴tʂən⁴⁴tʂən⁵⁵ti⁵	表情严肃状
【黑目虎眼】 xei⁴⁴⁻⁴⁵mu⁵xu⁴⁴⁻⁴²iæn⁴⁴	眼睛大而圆，眼珠黑
【拿文咬字】 na⁵³⁻⁴²vu²iau⁴⁴tθʅ³¹	不自然的，假惺惺的

二十一　商业与度量衡

词目与注音	释义及例句
1. 商业	
【工商管理所】 kəŋ²¹³⁻²⁴ʃaŋ²¹³⁻²⁴ kuæn⁴⁴⁻⁴²li⁴⁴ʂɿə⁴⁴	
【幌子】 xuaŋ⁴⁴⁻⁴⁵tθʅ⁵	写有店铺名称的牌子
【市】 ʂʅ³¹	交易场所
【市场】 ʂʅ³¹tʃʰaŋ⁴⁴	
【牲口市】 ʂəŋ²¹³⁻²¹kʰəu¹ʂʅ³¹	
【菜市】 tθʰɛ³¹⁻³¹²ʂʅ³¹	
【肉市】 iəu³¹⁻³¹²ʂʅ³¹	
【鱼市】 y⁵³ʂʅ³¹	
【海鲜市】 xɛ⁴⁴⁻⁴²siæn²¹³⁻²⁴ʂʅ³¹	
【牛市】 iəu⁵³ʂʅ³¹	
【骡马市】 luə⁵³ma⁴⁴ʂʅ³¹	
【猪市】 tʃu²¹³⁻²⁴ʂʅ³¹	
【羊市】 iaŋ⁵³ʂʅ³¹	
【衣裳市】 i²¹³⁻²¹ʃaŋ¹ʂʅ³¹	
【布市】 pu³¹⁻³¹²ʂʅ³¹	
【门市部儿】 mən⁵³⁻⁵⁵ʂʅ⁵pɯ³¹	零售商店
【小卖部儿】 siau⁴⁴mɛ³¹⁻³¹²pɯ³¹	

续表

词目与注音	释义及例句
【市场】 ʂɿ³¹tʃʰaŋ⁴⁴	
【批发市场】 pʰi²¹³⁻²⁴fa⁴⁴ʂɿ³¹tʃʰaŋ⁴⁴	
【商店】 ʃaŋ²¹³⁻²⁴tiæn³¹	
【门头】 mən⁵³tʰəu⁵³	
【门头房儿】 mən⁵³tʰəu⁵³faʵŋ⁵³	
【粮店】 liaŋ⁵³tiæn³¹	
【饭店】 fæn³¹⁻³¹²tiæn³¹	
【副食品店】 fu³¹ʃi⁵³pʰiən⁴⁴tiæn³¹	
【代售点儿】 tɛ³¹⁻³¹²ʃəu³¹tɛ⁴⁴	
【杂货铺】 tθa⁵³xuə³¹⁻³¹²pʰu³¹	
【文具儿店】 vən⁵³⁻⁵⁵tɕyʅ⁵tiæn³¹	
【家具儿店】 tɕia²¹³⁻⁴⁵tɕyʅ⁵tiæn³¹	
【理发铺儿】 li⁴⁴⁻⁴²fa⁴⁴pʰɚ31	
【服装店】 fu⁴⁴⁻⁴²tʂuaŋ²¹³⁻²⁴tiæn³¹	
【当铺】 taŋ³¹⁻³¹²pʰu³¹	
【油坊】 iəu⁵³⁻⁵⁵faŋ⁵	榨油作坊
【磨坊】 mə³¹⁻⁴²faŋ²	磨面作坊
【面粉厂】 miæn³¹fən⁴⁴⁻⁴²tʃʰaŋ⁴⁴	
【玻璃厂】 pə²¹³⁻²¹li¹tʃʰaŋ⁴⁴	
【酱油厂】 tsiaŋ³¹iəu⁵³tʃʰaŋ⁴⁴	
【织布厂】 tʃi⁴⁴pu³¹tʃʰaŋ⁴⁴	
【旅店】 ly⁴⁴tiæn³¹	
【旅馆儿】 ly⁴⁴⁻⁴²kuɛ⁴⁴	
【屠宰场】 tʰu⁵³tθɛ⁴⁴⁻⁴²tʃʰaŋ⁴⁴	
【石料场】 ʃi⁵³liau³¹tʃʰaŋ⁴⁴	
【煤场】 mei⁵³tʃʰaŋ⁴⁴	
【水泥厂】 ʂuei⁴⁴mi⁵³tʃʰaŋ⁴⁴	
【石灰厂】 ʃi⁵³⁻⁵⁵xuei⁵tʃʰaŋ⁴⁴	
【加工厂】 tɕia²¹³⁻²⁴kəŋ²¹³⁻²⁴tʃʰaŋ⁴⁴	
【做买卖】 tθəu³¹mɛ⁴⁴⁻⁴⁵mɛ⁵	做生意
【营生】 iəŋ⁵³⁻⁵⁵ʂəŋ⁵	买卖，生意
【出摊儿】 tʃʰu⁴⁴⁻⁴²tʰɛ·²¹³	在摊位上卖货

词目与注音	释义及例句
【摆摊儿】pɛ$^{44-42}$tʰɛ^{213}	
【占摊子】tʃæn$^{31-312}$tʰæn$^{213-21}$tθŋ^1	占据某处作为摊位
【占摊儿】tʃæn^{31}tʰɛ^{213}	
【收摊儿】ʃəu$^{213-24}$tʰɛ^{213}	
【集】tsi^{53}	
【大集】ta^{31}tsi^{53}	
【小集儿】siau^{44}tθəɪ^{53}	
【集头儿】tsi^{53}tʰɚu^{53}	集市边缘的位置
【起集】tɕʰi^{44}tsi^{53}	新成立集市
【逢集】fəŋ^{31}tsi^{53}	遇到有集市的日子
【不逢集】pu^{44}fəŋ^{31}tsi^{53}	
【赶集】kæn^{44}tsi^{53}	
【下集】çia^{31}tsi^{53}	赶集结束
【经纪】tɕiəŋ$^{213-21}$tɕi^1	撮合交易以图渔利的中间人
【吃回扣儿】tʃʰi^{44}xuei^{53}kʰɚu^{31}	
【开业】kʰɛ$^{213-24}$iə^{31}	开始营业
【开业大吉】kʰɛ$^{213-24}$iə^{31}ta^{31}tɕi^{44}	
【营业】iəŋ^{53}iə^{31}	
【停业】tʰiəŋ^{44}iə^{31}	停止经营、生产
【歇业】çiə^{44}iə^{31}	
【停工】tʰiəŋ$^{44-42}$kəŋ^{213}	
【开门儿】kʰɛ$^{213-24}$məɪ^{53}	一天开始营业
【关门儿】kuæn$^{213-24}$məɪ^{53}	①一天结束营业；②关上门
【开张】kʰɛ$^{213-24}$tʃaŋ^{213}	一日之内卖出第一件或第一批次商品
【货】xuə^{31}	商品
【进货】tsiən$^{31-312}$xuə^{31}	
【装货】tʂuaŋ$^{31-312}$xuə^{31}	
【卖货】mɛ$^{31-312}$xuə^{31}	
【拨货】pə^{44}xuə^{31}	从同一市场的其他商家买货，再卖出
【压货】ia$^{31-312}$xuə^{31}	
【陈货】tʃʰən^{53}xuə^{31}	旧货物
【赁】miən^{31}	租赁

续表

词目与注音	释义及例句
【包圆儿】pau²¹³⁻²⁴ ɹuɛ⁵³	全部买下
【卖鱼】mɛ³¹ y⁵³	
【买鱼】mɛ⁴⁴ y⁵³	
【卖菜】mɛ³¹⁻³¹² tθʰɛ³¹	
【买菜】mɛ⁴⁴ tθʰɛ³¹	
【卖车】mɛ³¹ tʃʰə²¹³	
【买车】mɛ⁴⁴⁻⁴² tʃʰə²¹³	
【卖油条】mɛ³¹ iəu⁵³ tʰiau⁵³	
【买油条】mɛ⁴⁴ iəu⁵³ tʰiau⁵³	
【卖馒头】mɛ³¹ mæn⁵³⁻⁵⁵ tʰəu⁵	
【买馒头】mɛ⁴⁴ mæn⁵³⁻⁵⁵ tʰəu⁵	
【菜贩子】tθʰɛ³¹ fæn³¹⁻⁴² tθʅ²	
【鱼贩子】y⁵³ fæn³¹⁻⁴² tθʅ²	
【肉贩子】iəu³¹ fæn³¹⁻⁴² tθʅ²	
【羊贩子】iaŋ⁵³ fæn³¹⁻⁴² tθʅ²	
【牲口贩子】ʂøŋ²¹³⁻²¹ kʰəu¹ fæn³¹⁻⁴² tθʅ²	
【鸡贩子】tɕi²¹³⁻²⁴ fæn³¹⁻⁴² tθʅ²	
【人贩子】iən⁵³ fæn³¹⁻⁴² tθʅ²	
【要谎】iau³¹ xuaŋ⁴⁴	要价远超商品实际价格
【要价儿】iau³¹⁻³¹² tɕiaʵ³¹	
【还价儿】xuæn⁵³ tɕiaʵ³¹	买方出价
【压价儿】ia³¹⁻³¹² tɕiaʵ³¹	买方故意压低价格
【砸价儿】tθa⁵³ tɕiaʵ³¹	多个卖方互相压低价格
【讲价儿】tɕiaŋ⁴⁴ tɕiaʵ³¹	商讨价格
【算算】θuæn³¹⁻⁴² θuæn²	
【合计】xuə⁵³⁻⁵⁵ tɕi⁵	计算
【本钱】pən⁴⁴⁻⁴⁵ tsʰiæn⁵	本金
【行市】xaŋ⁵³⁻⁵⁵ ʂʅ⁵	市场上某种商品的统一价格
【闯行市】tʂʰuaŋ³¹ xaŋ⁵³⁻⁵⁵ ʂʅ⁵	囤积某种商品以待升值
【涨钱】tʃaŋ⁴⁴ tsʰiæn⁵³	涨价
【跌钱】tiə⁴⁴ tsʰiæn⁵³	价格下跌
【管】kuæn⁴⁴	值：苹果~三块钱一斤。

续表

词目与注音	释义及例句
【零提】liəŋ⁵³tʰi⁵³	零星地买回去销售
【零买】liəŋ⁵³mɛ⁴⁴	
【批发】pʰi²¹³⁻²⁴fa⁴⁴	
【发了】fa⁴⁴⁻⁴⁵lə⁵	发财
【发财】fa⁴⁴tθʰɛ⁵³	
【运气】yən³¹⁻²¹tɕʰi¹	
【不走运】pu⁴⁴⁻⁴²tθəu⁴⁴yən³¹	
【够本儿】kəu³¹pɚi⁴⁴	卖出的货物已经够本钱
【不够本儿】pu⁴⁴kəu³¹pɚi⁴⁴	
【卖出本钱】mɛ³¹⁻⁴²tʃʰu²pən⁴⁴⁻⁴⁵tsʰiæn⁵	
【卖不出本钱】mɛ³¹⁻⁴²pu²tʃʰu⁴⁴pən⁴⁴⁻⁴⁵tsʰiæn⁵	
【折钱】ʃə⁵³tsʰiæn⁵³	亏钱
【折本儿】ʃə⁵³pɚi⁴⁴	亏本钱
【赔本儿】pʰei⁵³pɚi⁴⁴	
【赔血本儿】pʰei⁵³ɕiə⁴⁴⁻⁴²pɚi⁴⁴	亏损严重
【赔上】pʰei⁵³⁻⁵⁵ʃaŋ⁵	血本无归
【赔进去】pʰei⁵³⁻⁵⁵tsiən⁵tɕʰi⁵	
【□】kɛ²¹³	欠
【□着】kɛ²¹³⁻²¹tʂʅ¹	欠着
【赊】ʃə²¹³	
【赊着】ʃə²¹³⁻²¹tʂʅ¹	
【挑剩下的】tʰiau²¹³⁻²⁴ʃəŋ³¹⁻⁴²ɕia²ti²	
【下三烂】ɕia³¹θæn²¹³⁻²⁴læn³¹	①质量差的商品；②品质低下的人，骂语
【秃噜残】tʰu⁴⁴⁻⁴⁵lu⁵tθʰæn⁵³	①残次品；②贬称身材矮小，相貌丑陋的人
【拣巴了残】tsiæn⁴⁴⁻⁴⁵pa⁵lə⁵tθʰuæn⁵³	挑拣剩下的残次品
【过猪】kə³¹tʃu²¹³	到收购部门卖猪
【摁手印儿】ɣən³¹ʃəu⁴⁴ɻɚi³¹	
【盘缠】pʰæn⁵³⁻⁵⁵tʃʰæn⁵	路费
【过路费】kə³¹⁻³¹²lu³¹⁻³¹²fei³¹	
【交税】tɕiau²¹³⁻²⁴ʂuei³¹	
【拿税】na⁵³ʂuei³¹	缴税

续表

词目与注音	释义及例句
【收税】ʃəu²¹³⁻²⁴ ʑuei³¹	
2. 账目、度量衡	
【账】tʃaŋ³¹	账目
【账头儿】tʃaŋ³¹tʰɚu⁵³	心算能力
【走账】tθəu⁴⁴tʃaŋ³¹	钱款经过账目进行收支
【要账】iau³¹⁻³¹²tʃaŋ³¹	催讨债务
【算账】θuæn³¹⁻³¹²tʃaŋ³¹	①计算，核对账目；②清算错误、责任
【煞账】ʂa⁴⁴tʃaŋ³¹	结清账目
【欠账】tɕʰiæn³¹⁻³¹²tʃaŋ³¹	
【赊账】ʃə²¹³⁻²⁴tʃaŋ³¹	
【清账】tsʰiəŋ²¹³⁻²⁴tʃaŋ³¹	结清账款
【结账】tɕiə⁴⁴tʃaŋ³¹	
【钱】tsʰiæn⁵³	
【大钱】ta³¹tsʰiæn⁵³	很多钱
【小钱儿】siau⁴⁴tθʰɛ⁵³	不多的钱
【人民币】iən⁵³miən⁵³pi³¹	
【整状钱】tʃəŋ⁴⁴⁻⁴⁵tʂuaŋ⁵tsʰiæn⁵³	
【零钱】liəŋ⁵³tsʰiæn⁵³	
【钱实】tsʰiæn⁵³ʃi⁵³	货币购买力强
【钱毛】tsʰiæn⁵³mau⁵³	货币购买力弱
【毛上了】mau⁵³⁻⁵⁵ʃaŋ⁵lə⁵	一定数额的钱款经过一段时间后购买力大大下降
【点钱】tiæn⁴⁴tsʰiæn⁵³	
【数钱】ʂu⁴⁴tsʰiæn⁵³	
【挣钱】tʂəŋ³¹tsʰiæn⁵³	
【挣大钱】tʂəŋ³¹⁻³¹²ta³¹tsʰiæn⁵³	
【挣小钱儿】tʂəŋ³¹siau⁴⁴tθʰɛ⁵³	
【死钱儿】θɿ⁴⁴⁻⁴⁵tθʰɛ⁵	固定收入
【活钱儿】xuə⁵³⁻⁵⁵tθʰɛ⁵	不断在手中流动的钱
【提钱】tʰi⁵³tsʰiæn⁵³	支取现金
【出钱】tʃʰu⁴⁴tsʰiæn⁵³	提供金钱
【找钱】tʂau⁴⁴tsʰiæn⁵³	
【换零钱】xuæn³¹liəŋ⁵³tsʰiæn⁵³	用大额整数钱换成小额零散钱

续表

词目与注音	释义及例句
【劈钱】 pʰi⁴⁴tsʰiæn⁵³	多人分一笔钱
【拨款】 pə⁴⁴⁻⁴²kʰuæn⁴⁴	
【撂钱】 liau²¹³⁻²⁴tsʰiæn⁵³	无意义的花费金钱
【打钱】 ta⁴⁴tsʰiæn⁵³	通过邮局或银行寄钱
【欠钱】 tɕiæn³¹tsʰiæn⁵³	
【真钱】 tʃən²¹³⁻²⁴tsʰiæn⁵³	
【假钱】 tɕia⁴⁴tsʰiæn⁵³	
【三角债】 θæn²¹³⁻²⁴tɕyə⁴⁴tʃɛ³¹	一种债务连锁关系
【块了八毛】 kʰuɛ³¹⁻⁴²lə²pa⁴⁴⁻⁴²mau⁴⁴	很少的钱
【毛了八分的】 mau⁴⁴⁻⁴⁵lə⁵pa⁴⁴⁻⁴²fən²¹³	极少的钱
【一分钱】 i⁴⁴⁻⁴²fən²¹³⁻²⁴tsʰiæn⁵³	
【两分钱】 liaŋ⁴⁴⁻⁴⁵fən⁵tsʰiæn⁵³	
【五分钱】 vu⁴⁴⁻⁴⁵fən⁵tsʰiæn⁵³	
【一毛钱】 i⁴⁴⁻⁴²mau⁴⁴tsʰiæn⁵³	
【两毛钱】 liaŋ⁴⁴⁻⁴²mau⁴⁴tsʰiæn⁵³	
【五毛钱】 vu⁴⁴⁻⁴²mau⁴⁴tsʰiæn⁵³	
【一块钱】 i⁴⁴kʰuɛ³¹tsʰiæn⁵³	
【五块钱】 vu⁴⁴kʰuɛ³¹tsʰiæn⁵³	
【十块钱】 ʃi⁵³kʰuɛ³¹tsʰiæn⁵³	
【二十块钱】 ɭ³¹⁻⁴²ʃi²kʰuɛ³¹tsʰiæn⁵³	
【五十块钱】 vu⁴⁴⁻⁴⁵ʃi⁵kʰuɛ³¹tsʰiæn⁵³	
【一百块钱】 i⁴⁴⁻⁴²pei⁴⁴kʰuɛ³¹tsʰiæn⁵³	
【毛票儿】 mau⁴⁴⁻⁴⁵pʰiɚu⁵	小面额纸币
【小票儿】 siau⁴⁴pʰiɚu³¹	
【大票儿】 ta³¹⁻³¹²pʰiɚu³¹	大面额纸币
【袁大头】 yæn⁵³ta³¹tʰəu⁵³	旧中国银圆
【铜钱】 tʰəŋ⁵³tsʰiæn⁵³	
【斤】 tɕiən²¹³	
【两】 liaŋ⁴⁴	五十克
【秤】 tʃʰəŋ³¹	称重工具
【称】 tʃʰəŋ²¹³	称重
【称秤】 tʃʰəŋ²¹³⁻²⁴tʃʰəŋ³¹	

词目与注音	释义及例句
【大秤】ta³¹⁻³¹²tʃʰəŋ³¹	
【大杆子秤】ta³¹kæn⁴⁴⁻⁴⁵tθʅ⁵tʃʰəŋ³¹	
【小秤儿】siau⁴⁴tʂʰɚŋ³¹	
【盘子秤】pʰæn⁵³⁻⁵⁵tθʅ⁵tʃʰəŋ³¹	带秤盘的木杆秤
【钩子秤】kəu²¹³⁻²¹tθʅ¹tʃʰəŋ³¹	带秤钩的木杆秤
【钱秤】tsʰiæn⁵³⁻⁵⁵tʃʰəŋ⁵	称中药的秤
【戥子秤】təŋ⁴⁴⁻⁴⁵tθʅ⁵tʃʰəŋ³¹	称金银的秤
【秤杆儿】tʃʰəŋ³¹kɛ⁴⁴	
【秤砣】tʃʰəŋ³¹tʰuə⁵³	
【秤钩儿】tʃʰəŋ³¹kɚu²¹³	
【秤盘子】tʃʰəŋ³¹pʰæn⁵³⁻⁵⁵tθʅ⁵	
【秤星儿】tʃʰəŋ³¹θɚʅŋ²¹³	秤杆上的黄星
【秤系】tʃʰəŋ³¹⁻³¹²si³¹	提秤的细绳
【修秤】siəu²¹³⁻²⁴tʃʰəŋ³¹	造秤
【口秤】tɕʰyə⁴⁴tʃʰəŋ³¹	将秤折断，毁坏
【耍秤杆儿】ʂua⁴⁴tʃʰəŋ³¹kɛ⁴⁴	称货物时弄虚作假
【磅】paŋ³¹	
【地磅】ti³¹⁻³¹²paŋ³¹	
【升】ʃəŋ²¹³	度量工具，一升为十斤
【斗】təu⁴⁴	度量工具
【秤平斗满】tʃʰəŋ³¹pʰiəŋ⁵³təu⁴⁴⁻⁴²mæn⁴⁴	形容足斤足两，分量足。
【缺斤短两】tɕʰyə⁴⁴⁻⁴²tɕiən²¹³⁻²⁴tuæn⁴⁴⁻⁴²liaŋ⁴⁴	
【缺斤少两】tɕʰyə⁴⁴⁻⁴²tɕiən²¹³⁻²⁴ʃau⁴⁴⁻⁴²liaŋ⁴⁴	
【平秤】pʰiəŋ⁵³⁻⁵⁵tʃʰəŋ⁵	分量正好
【高高儿的】kau²¹³⁻²⁴kɚu⁵⁵ti⁵	实际重量大于所报数目
【够秤】kəu³¹⁻³¹²tʃʰəŋ³¹	实际重量等于所报数目
【不够秤】pu⁴⁴kəu³¹⁻³¹²tʃʰəŋ³¹	实际重量少于所报数目
【低溜耷拉】ti²¹³⁻²¹liəu¹ta²¹³⁻²¹la¹	称东西时秤砣稍低，分量不足
【折秤】ʃə⁵³tʃʰəŋ³¹	因货物损耗导致重量比原来少
【减分量】tɕiæn⁴⁴fən³¹⁻⁴²liaŋ²	减少重量

续表

词目与注音	释义及例句
【加分量】tɕia²¹³⁻²⁴fən³¹⁻⁴²liaŋ²	增加重量
【添秤】tʰiæn²¹³⁻²⁴tʃʰəŋ³¹	用散碎货物或替代品补足重量
【压秤】ia³¹⁻³¹²tʃʰəŋ³¹	货物少质量大
【割秤】ka⁴⁴tʃʰəŋ³¹	称量物品时，卖方设法增多货物重量
【割了几斤秤】ka⁴⁴⁻⁴⁵lə⁵tɕi⁴⁴⁻⁴⁵tɕiən⁵tʃʰəŋ³¹	
【□沉】ia⁴⁴tʃʰən⁵³	体积小，分量重
【不□沉】pu⁴⁴⁻⁴²ia⁴⁴tʃʰən⁵³	体积大，分量轻
【割把儿】ka⁴⁴paɚ³¹	中间经手人暗自克扣钱物
【毛着】mau⁵³⁻⁵⁵tʂɿ⁵	毛重
【净着】tsiəŋ³¹⁻⁴²tʂɿ²	净重
【甩零头儿】ʂɛ⁴⁴liəŋ⁵³⁻⁵⁵tʰɚu⁵	

二十二 文化教育

词目与注音	释义及例句
【学校】ɕyə⁵³ɕiau³¹	
【学屋】ɕyə⁵³⁻⁵⁵vu⁵	
【私塾】θŋ²¹³⁻²⁴ʂu⁵³	
【小学】siau⁴⁴ɕyə⁵³	
【初中儿】tʂʰu²¹³⁻²⁴tʂɚŋ²¹³	
【高中儿】kau²¹³⁻²⁴tʂɚŋ²¹³	
【大学】ta³¹ɕyə⁵³	
【上学】ʃaŋ³¹ɕyə⁵³	
【上学屋】ʃaŋ³¹ɕyə⁵³⁻⁵⁵vu⁵	
【放学】faŋ³¹ɕyə⁵³	
【下学】ɕia³¹ɕyə⁵³	辍学
【伏假】fu⁵³tɕia⁴⁴	暑假
【放伏假】faŋ³¹fu⁵³tɕia⁴⁴	
【寒假】xæn⁵³tɕia⁴⁴	
【放寒假】faŋ³¹xæn⁵³tɕia⁴⁴	

词目与注音	释义及例句
【放假】faŋ³¹ tɕia⁴⁴	
【教室】tɕiau³¹ ʃi⁴⁴	
【讲台】tɕiaŋ⁴⁴ tʰɛ⁵³	
【黑板】xei⁴⁴⁻⁴² pæn⁴⁴	
【黑板擦儿】xei⁴⁴⁻⁴² pæn⁴⁴⁻⁴² tθʰaʴ⁴⁴	
【粉笔】fən⁴⁴⁻⁴² pi⁴⁴	
【粉笔盒儿】fən⁴⁴⁻⁴² piꞏ⁴⁴ xəʴ⁵³	
【教杆儿】tɕiau³¹ kɛ²¹³	
【戒尺】tɕiɛ³¹ tʃʰi⁴⁴	私塾老师体罚学生的木尺
【打板子】ta⁴⁴⁻⁴² pæn⁴⁴⁻⁴⁵ tθʅ⁵	私塾老师体罚学生
【教桌儿】tɕiau³¹ tʂuəʴ⁴⁴	
【点名册儿】tiæn⁴⁴ miəŋ⁵³ tʂʰəʴi⁴⁴	
【宿舍】sy³¹⁻³¹² ʃə³¹	
【书】ʃu²¹³	
【课本儿】kʰə³¹ pəʴi⁴⁴	
【本子】pən⁴⁴⁻⁴⁵ tθʅ⁵	
【笔】pi⁴⁴	
【铅笔】tɕʰiæn²¹³⁻²⁴ pi⁴⁴	
【自动铅笔】tθʅ⁵³ təŋ³¹ tɕʰiæn²¹³⁻²⁴ pi⁴⁴	
【钢笔】kaŋ²¹³⁻²⁴ piꞏ⁴⁴	
【圆珠儿笔】yæn⁵³ tʂuʴ²¹³⁻²⁴ pi⁴⁴	
【圆子油儿】yæn⁵³⁻⁴² tθʅ² tɚʴ uʴ⁵³	圆珠笔
【毛笔】mau⁵³ pi⁴⁴	
【橡皮】siaŋ³¹⁻⁴² pʰi²	
【石板】ʃi⁵³ pæn⁴⁴	
【石笔】ʃi⁵³ pi⁴⁴	
【大号儿】ta³¹⁻³¹² xaʴ uʴ³¹	学名
【小名儿】siau⁴⁴ miəʴŋ⁵³	乳名
【外名子】vɛ³¹⁻⁴² miəŋ² tθʅ²	绰号
【墨水儿】mei³¹ ʂuəʴi⁴⁴	
【蓝墨水儿】læn⁵³ mei³¹ ʂuəʴi⁴⁴	
【红墨水儿】xəŋ⁵³ mei³¹ ʂuəʴi⁴⁴	

续表

词目与注音	释义及例句
【墨汁子】mei^{31}tʃi$^{44-45}$tθ̩^{5}	黑色墨水
【算盘儿】θuæn$^{31-42}$pʰɛ^2	
【算盘珠子】θuæn^{31}pʰæn^{53}tʃu$^{213-21}$tθ̩^{1}	
【圆规】yæn^{53}kuei^{213}	
【尺子】tʃʰi$^{44-45}$tθ̩^{5}	
【订书机】tiəŋ$^{213-24}$ʃu$^{213-24}$tɕi^{213}	
【卷子】tɕyæn$^{31-42}$tθ̩^{2}	试卷
【试卷儿】ʂ̩$^{31-312}$tɕyɛn^{31}	
【分数儿】fən$^{31-42}$ʂɹ	
【分儿】fɚi^{213}	分数
【作业】tθuə^{44}iə^{31}	
【上课儿】ʃaŋ$^{31-312}$kʰɚ^{31}	
【起立】tɕʰi^{44}li^{31}	
【坐下】tθuə$^{31-42}$ɕia^2	
【下课儿】ɕia$^{31-312}$kʰɚ^{31}	
【课间休息】kʰə^{31} tɕiæn$^{213-24}$ɕiəu$^{213-45}$si^5	
【早操】tθau$^{44-42}$tθʰau^{213}	
【课间操】kʰə^{31}tɕiæn$^{213-24}$tθʰau^{213}	
【语文儿】y^{44}vɚi^{53}	
【数学】ʂu^{31}ɕyə^{53}	
【英语】iəŋ$^{213-24}$y^{44}	
【物理】vu^{31}li^{44}	
【化学】xua^{31}ɕyə^{53}	
【地理】ti^{31}li^{44}	
【生物儿】ʂəŋ$^{213-24}$vɯ^{31}	
【几何儿】tɕi$^{44-45}$xɚ^{53}	
【历史】li^{31}ʂ̩^{44}	
【体育】tʰi$^{44-55}$y^5	
【天分】tʰiæn$^{213-55}$fən^5	天赋
【考试】kʰau^{44}ʂ̩^{31}	
【初考】tʂʰu$^{213-24}$kʰau^{44}	

词目与注音	释义及例句
【中考】tʂəŋ²¹³⁻²⁴kʰau⁴⁴	
【高考】kau²¹³⁻²⁴kʰau⁴⁴	
【会考儿】xuei³¹kʰɚu⁴⁴	
【名次】miəŋ⁵³⁻⁵⁵tθʰʅ⁵	考试排名
【跳级】tʰiau³¹tɕi²¹³	
【蹲级】tuən²¹³⁻²⁴tɕi²¹³	留级
【刻钢板】kʰei⁴⁴⁻⁴²kaŋ²¹³⁻²⁴pæn⁴⁴	用铁笔在铺有蜡纸的钢板上刻字，以供油印
【蜡纸】la³¹tʂʅ⁴⁴	
【预习】y³¹si⁵³	
【复习】fu²¹³⁻²⁴si⁵³	
【总复习】tθəŋ⁴⁴⁻⁴²fu²¹³⁻²⁴si⁵³	
【听讲】tʰiəŋ²¹³⁻²⁴tɕiaŋ⁴⁴	
【听课儿】tʰiəŋ²¹³⁻²⁴kʰɚ³¹	
【学习】ɕyə⁵³si⁴⁴	
【考试】kʰau⁴⁴ʂʅ³¹	
【答题】ta⁴⁴tʰi⁵³	
【做题】tθuə⁴⁴tʰi⁵³	
【出卷子】tʃʰu⁴⁴tɕyæn³¹⁻⁴²tθʅ²	出试卷
【批卷子】pʰi²¹³⁻²⁴tɕyæn³¹⁻⁴²tθʅ²	
【批作业】pʰi²¹³⁻²⁴tθuə⁴⁴iə³¹	
【背诵】pei³¹⁻³¹²θəŋ³¹	
【背课文儿】pei³¹⁻³¹²kʰə³¹vɚi⁵³	
【念课文儿】niæn³¹⁻³¹²kʰə³¹vɚi⁵³	
【默写】mə³¹siə⁴⁴	
【趴黑板】pʰa²¹³⁻²⁴xei⁴⁴⁻⁴²pæn⁴⁴	课堂上老师让学生在黑板上做题目
【打对号儿】ta⁴⁴tei³¹⁻⁴²xɚu²	
【打叉儿】ta⁴⁴tʂʰɚ³¹	
【第一名】ti³¹i⁴⁴miəŋ⁵³	
【大落】ta³¹la⁵³	最后一名
【住校】tʃu³¹⁻³¹²ɕiau³¹	
【留下了】liəu⁵³⁻⁵⁵ɕia⁵lə⁵	
【跑操】pʰau⁴⁴⁻⁴²tθʰau²¹³	

词目与注音	释义及例句
【做课间操】 $t\theta u\vartheta^{44}k^h\vartheta^{31}t\varphi i\mathfrak{æ}n^{213-24}$ $t\theta^h au^{213}$	
【罚站】 $fa^{53}t\mathe{s}\mathfrak{æ}n^{31}$	
【不跟趟儿】 $pu^{44-42}k\vartheta n^{213-24}t^h\mathfrak{a}^{}\eta^{31}$	学生不理解教学内容
【喝墨水儿的】 $xa^{44}mei^{31}\mathbf{s}u\mathfrak{a}^{}i^{44-45}ti^5$	知识分子
【一肚子墨水儿】 $i^{44}tu^{31-42}t\theta\eta^2mei^{31}$ $\mathbf{s}u\mathfrak{a}^{}i^{44}$	比喻知识很多
【识字解文】 $\int i^{53}t\theta\eta^{31}\varphi i\varepsilon^{31}v\vartheta n^{53}$	
【识字儿】 $\int i^{53}t\theta\mathfrak{a}^{}i^{31}$	
【不识字儿】 $pu^{44}\int i^{53}t\theta\mathfrak{a}^{}i^{31}$	
【字儿】 $t\theta\mathfrak{a}^{}i^{31}$	
【真写儿】 $t\int\vartheta n^{213-24}\theta\mathfrak{a}^{44}$	繁体字
【简写儿】 $t\varphi i\mathfrak{æ}n^{44-42}\theta\mathfrak{a}^{44}$	简体字
【单立人儿】 $t\mathfrak{æ}n^{213-24}li^{31}\mathfrak{J}\mathfrak{a}^{}i^{53}$	汉字偏旁部首"亻"
【单人旁儿】 $t\mathfrak{æ}n^{213-24}i\vartheta n^{53}p^h\mathfrak{a}^{}\eta^{53}$	汉字偏旁部首"亻"
【双立人儿】 $\mathbf{s}u\mathfrak{a}\eta^{213-24}li^{31}\mathfrak{J}\mathfrak{a}^{}i^{53}$	汉字偏旁部首"彳"
【双人旁儿】 $\mathbf{s}u\mathfrak{a}\eta^{213-24}i\vartheta n^{53}p^h\mathfrak{a}^{}\eta^{53}$	汉字偏旁部首"彳"
【禾字旁儿】 $x\vartheta^{53-55}t\theta\eta^5p^h\mathfrak{a}^{}\eta^{53}$	汉字偏旁部首"禾"
【搭耳】 $ta^{44-45}\mathbf{l}\mathbf{l}^5$	汉字偏旁部首"阝"
【左搭耳】 $t\theta u\vartheta^{31}ta^{44-45}\mathbf{l}\mathbf{l}^5$	汉字偏旁部首"阝"
【右搭耳】 $i\vartheta u^{31}ta^{44-45}\mathbf{l}\mathbf{l}^5$	汉字偏旁部首"阝"
【竖心儿】 $\int u^{31}\theta\mathfrak{a}^{}i^{213}$	汉字偏旁部首"忄"
【提土儿】 $t^hi^{53}t^h\mathfrak{u}^{44}$	汉字偏旁部首"扌"
【提土旁儿】 $t^hi^{53}t^hu^{44}p^h\mathfrak{a}^{}\eta^{53}$	汉字偏旁部首"扌"
【提手儿】 $t^hi^{53}\int\mathfrak{a}^{}u^{44}$	汉字偏旁部首"扌"
【提手儿旁儿】 $t^hi^{53}\int\mathfrak{a}^{}u^{44}p^h\mathfrak{a}^{}\eta^{53}$	
【绞丝】 $t\varphi iau^{44-42}\theta\eta^{213}$	汉字偏旁部首"纟"
【绞丝旁儿】 $t\varphi iau^{44-42}\theta\eta^{213-24}p^h\mathfrak{a}^{}\eta^{53}$	汉字偏旁部首"纟"
【三点水儿】 $\theta\mathfrak{æ}n^{213-24}ti\mathfrak{æ}n^{44-42}\mathbf{s}u\mathfrak{a}^{}i^{44}$	汉字偏旁部首"氵"
【两点水儿】 $lia\eta^{44-42}ti\mathfrak{æ}n^{44-42}\mathbf{s}u\mathfrak{a}^{}i^{44}$	汉字偏旁部首"冫"
【牛字旁儿】 $i\vartheta u^{53-55}t\theta\eta^5p^h\mathfrak{a}^{}\eta^{53}$	汉字偏旁部首"牛"
【羊字旁儿】 $ia\eta^{53-55}t\theta\eta^5p^h\mathfrak{a}^{}\eta^{53}$	汉字偏旁部首"羊"
【反犬旁儿】 $f\mathfrak{æ}n^{44-42}t\varphi^hy\mathfrak{æ}n^{44}p^h\mathfrak{a}^{}\eta^{53}$	汉字偏旁部首"犭"

续表

词目与注音	释义及例句
【宝盖儿】pau⁴⁴kɛ³¹	汉字偏旁部首"宀"
【秃宝盖儿】tʰu⁴⁴⁻⁴²pau⁴⁴kɛ³¹	汉字偏旁部首"冖"
【竹子头儿】tʂu⁴⁴⁻⁴⁵tθɿ⁵tʰɚu⁵³	汉字偏旁部首"竹"
【草字头儿】tθʰau⁴⁴⁻⁴⁵tθɿ⁵tʰɚu⁵³	汉字偏旁部首"艹"
【病字旁儿】piəŋ³¹⁻⁴²tθɿ²pʰɚŋ⁵³	汉字偏旁部首"疒"
【走之儿】tθəu⁴⁴⁻⁴²tʂɚi²¹³	汉字偏旁部首"辶"
【言字旁儿】iæn⁵³⁻⁵⁵tθɿ⁵pʰɚŋ⁵³	汉字偏旁部首"言"
【口字旁儿】kʰəu⁴⁴⁻⁴⁵tθɿ⁵pʰɚŋ⁵³	汉字偏旁部首"口"
【肉字旁儿】iəu³¹⁻⁴²tθɿ²pʰɚŋ⁵³	汉字偏旁部首"月"
【月字旁儿】yə³¹⁻⁴²tθɿ²pʰɚŋ⁵³	汉字偏旁部首"月"
【石头旁儿】ʃi⁵³⁻⁵⁵tʰəu⁵pʰɚŋ⁵³	汉字偏旁部首"石"
【木字旁儿】mu³¹⁻⁴²tθɿ²pʰɚŋ⁵³	汉字偏旁部首"木"
【虫字旁儿】tʂʰəŋ⁵³⁻⁵⁵tθɿ⁵pʰɚŋ⁵³	汉字偏旁部首"虫"
【点儿】tɛ⁴⁴	
【横儿】xɚŋ⁵³	
【撇儿】pʰiɚ⁴⁴	
【捺】na³¹	
【竖儿】ʂɚ³¹	
【叉儿】tʂʰa³¹	
【方框】faŋ²¹³⁻²⁴kʰuaɚŋ³¹	

二十三　文体活动

词目与注音	释义及例句
1. 游戏	
【坐庄】tθuə³¹tʂuaŋ²¹³	扑克游戏中当庄家
【扑克儿】pʰu⁴⁴⁻⁵⁵kʰɚ⁵	
【打扑克儿】ta⁴⁴pʰu⁴⁴⁻⁵⁵kʰɚ⁵	
【摸牌儿】mə²¹³⁻²⁴pʰɛ⁵³	
【抓牌儿】tʂua²¹³⁻²⁴pʰɛ⁵³	
【打牌儿】ta⁴⁴pʰɛ⁵³	

续表

词目与注音	释义及例句
【出牌儿】 tʃʰu⁴⁴pʰɛ⁵³	
【洗牌儿】 si⁴⁴pʰɛ⁵³	
【摸五儿】 mə²¹³⁻²⁴vʊ⁴⁴	两人玩牌方式
【升级】 ʃəŋ²¹³⁻²⁴tɕi²¹³	四人玩牌方式
【打升级】 ta⁴⁴⁻⁴²ʃəŋ²¹³⁻²⁴tɕi²¹³	
【保皇】 pau⁴⁴xuaŋ⁵³	五人玩牌方式
【打保皇】 ta⁴⁴⁻⁴²pau⁴⁴xuaŋ⁵³	
【勾级】 kəu²¹³⁻²⁴tɕi²¹³	六人玩牌方式
【打勾级】 ta⁴⁴⁻⁴²kəu²¹³⁻²⁴tɕi²¹³	
【拖拉机】 tʰuə²¹³⁻²¹la¹tɕi²¹³	多人玩牌方式
【打拖拉机】 ta⁴⁴tʰuə²¹³⁻²¹la¹tɕi²¹³	
【大虎】 ta³¹⁻⁴²xu²/ta³¹xu⁴⁴	最大的一张牌
【大鬼】 ta³¹kuei⁴⁴	
【小虎】 siau⁴⁴⁻⁴⁵xu⁵/siau⁴⁴⁻⁴²xu⁴⁴	次大的一张牌
【小鬼】 siau⁴⁴⁻⁴²kuei⁴⁴	
【帽儿】 mɚu³¹	扑克牌"A"
【钱】 tsʰiæn⁵³	扑克牌"2"
【钩儿】 kɚu²¹³	扑克牌"J"
【□儿】 tɕʰiɚu⁵³	扑克牌"Q"
【老K】 lau⁴⁴⁻⁴⁵kʰei⁵	扑克牌"K"
【对门】 tei³¹mən⁵³	勾级扑克游戏由两方各三位玩家才能进行，双方交叉围坐，各自两两相对，称之"对门"
【对门儿】 tei³¹mɚi⁵³	
【保儿】 pɚu⁴⁴	保皇扑克游戏中跟皇帝联合的玩家
【保子】 pau⁴⁴⁻⁴⁵tθʅ⁵	
【腿子】 tʰei⁴⁴⁻⁴⁵tθʅ⁵	贬称"保子"
【腿儿】 tʰɚi⁴⁴	
【狗腿子】 kəu⁴⁴⁻⁴⁵tʰei⁵tθʅ⁵	
【反子】 fæn⁴⁴⁻⁴⁵tθʅ⁵	保皇扑克游戏中不跟皇帝联合的三位玩家
【暗保儿】 ɣæn³¹⁻⁴²pɚu²	保皇扑克游戏中不公开自己身份的"保子"
【明保儿】 miəŋ⁵³⁻⁵⁵pɚu⁵	保皇扑克游戏中公开自己身份的"保子"
【反了】 fæn⁴⁴⁻⁴⁵lə⁵	保皇扑克游戏中反派玩家公开自己的身份

续表

词目与注音	释义及例句
【开点】$k^h\varepsilon^{213-24}ti\mathfrak{æ}n^{44}$	勾级扑克游戏中两两相对，其中一方须打出至少 5 个 10、4 个 J、3 个 Q、两个 K 或两个 A，且对手无法压过，叫开点。
【开点儿】$k^h\varepsilon^{213-24}t\varepsilon^{44}$	
【上贡儿】$\int a\mathrm{\eta}^{31-312}k\mathrm{\eta}^{31}$	输方须在下一轮摸完牌后向赢方交纳一定数量的顶级好牌
【交贡儿】$t\mathrm{\varepsilon}iau^{213-24}k\mathrm{\eta}^{31}$	
【点贡儿】$ti\mathfrak{æ}n^{44-45}k\mathrm{\eta}^5$	勾级扑克游戏中由于没有"开点"而须交给对门好牌的交贡方式
【定贡儿】$ti\mathrm{\eta}^{31-42}k\mathrm{\eta}^2$	勾级扑克游戏的一种交贡方式
【捎贡儿】$\int au^{213-21}k\mathrm{\eta}^1$	勾级扑克游戏的一种交贡方式
【落贡儿】$la^{53-55}k\mathrm{\eta}^5$	扑克游戏中的一种交贡方式
【下象棋】$\mathrm{\varepsilon}ia^{31-312}sia\mathrm{\eta}^{31}t\mathrm{\varepsilon}^hi^{53}$	
【别象眼】$pi\mathrm{\eta}^{53}sia\mathrm{\eta}^{31}i\mathfrak{æ}n^{44}$	象棋术语，在"田"字格中间落子，使两"象"无法照应
【绊马腿】$p\mathfrak{æ}n^{31}ma^{44-42}tei^{44}$	象棋术语
【飞象】$fei^{213-24}sia\mathrm{\eta}^{31}$	象棋术语
【跳马】$t^hiau^{31}ma^{44}$	象棋术语
【打炮】$ta^{44}p^hau^{31}$	象棋术语
【支士】$t\mathrm{\eta}^{213-24}\mathrm{\eta}^{31}$	象棋术语，"士"往上走
【落士】$lu\mathrm{\eta}^{31-312}\mathrm{\eta}^{31}$	象棋术语，"士"回到底线
【和棋】$xu\mathrm{\eta}^{53-55}t\mathrm{\varepsilon}^hi^5$	象棋术语，平局
【平棋】$p^hi\mathrm{\eta}^{53-55}t\mathrm{\varepsilon}^hi^5$	象棋术语，平局
【将军】$tsia\mathrm{\eta}^{213-24}t\mathrm{\varepsilon}y\mathrm{\eta}n^{213}$	象棋术语
【将死了】$tsia\mathrm{\eta}^{213-21}\mathrm{\eta}^1l\mathrm{\eta}^1$	
【下军棋】$\mathrm{\varepsilon}ia^{31}t\mathrm{\varepsilon}y\mathrm{\eta}n^{213-24}t\mathrm{\varepsilon}^hi^{53}$	
【下五福】$\mathrm{\varepsilon}ia^{31}vu^{44-42}fu^{44}$	一种民间传统智力游戏
【三斜】$\theta\mathfrak{æ}n^{213-24}si\mathrm{\eta}^{53}$	"五福"游戏中的三点一线
【四斜】$\theta\mathrm{\eta}^{31}si\mathrm{\eta}^{53}$	"五福"游戏中的四点一线
【五福】$vu^{44-42}fu^{44}$	"五福"游戏中五点构成的直线
【通天】$t^h\mathrm{\eta}\mathrm{\eta}^{213-24}t^hi\mathfrak{æ}n^{213}$	"五福"游戏中相对两角五点构成的两条直线
【下三斜】$\mathrm{\varepsilon}ia^{31}\theta\mathfrak{æ}n^{213-24}si\mathrm{\eta}^{53}$	一种民间传统智力游戏
【下尿壶儿】$\mathrm{\varepsilon}ia^{31-312}niau^{31}xu^{53}$	一种民间传统智力游戏
【抗拐】$k^ha\mathrm{\eta}^{31}ku\varepsilon^{44}$	一种两人参与的民间角斗活动，以膝盖进行对抗

续表

词目与注音	释义及例句
【跳绳儿】 t^{h}iau^{31} ʂɚŋ^{53}	
【踢毽儿】 t^{h}i^{53} tɕiɛ^{31}	
【懒老婆】 læn$^{44-45}$ lau^5 p^{h}ə^{53}	陀螺
【打懒老婆】 ta^{44} læn$^{44-45}$ lau^5 p^{h}ə^{53}	抽陀螺
【跳房儿】 t^{h}iau^{31} fɚ ŋ^{53}	一种民间传统体育游戏
【跳皮筋儿】 t^{h}iau^{31} p^{h}i^{53} tɕiəɹi^{213}	
【茧儿】 tɕiɛ^{44}	棒击游戏用具，常用枳树枝条刻成，长约 10 厘米，两头呈尖状
【刻茧儿】 k^{h}ei$^{44-42}$ tɕiɛ^{44}	用刀雕刻成茧
【打茧儿】 ta$^{44-42}$ tɕiɛ^{44}	一种棒击游戏
【抛谜儿】 p^{h}au$^{213-24}$ məɹi^{31}	出谜语
【猜谜儿】 tθ^{h}ɛ$^{213-24}$ məɹi^{31}	
【弹壶盖儿】 t^{h}æn^{53} xu^{53} kɛ^{31}	一种乡村孩童用手指弹瓶盖的游戏
【老鹰叼小鸡儿】 lau$^{44-42}$ iəŋ$^{213-24}$ tiau$^{213-24}$ siau$^{44-42}$ tɕiəɹi^{213}	一种多人参与的儿童游戏
【藏□儿】 tθ^{h}aŋ^{53} maɹu^{213}	捉迷藏
【摔娃儿娃儿】 ʂuei^{44} vaɹ$^{53-55}$ vaɹ^5	一种儿童娱乐活动，用黏性泥巴做成碗状，口朝下向石板用力猛摔，底部爆裂发出响声
【做皮嗖子】 tθəu^{31} p^{h}i^{53} ʂəu$^{213-21}$ tθʅ^1	做弹弓
【做枪】 tθəu^{31} tʂ^{h}iaŋ^{213}	乡村儿童用自行车链条、废旧弹壳、皮筋、钢条制成玩具枪
【摸糊儿】 mə^{31} xʊɹ^{213}	
【丢手绢儿】 tiəu$^{213-24}$ ʃəu$^{44-45}$ tɕyɛ^5	一种多人参与的儿童游戏
【转转儿】 tʃuæn$^{31-312}$ tʂuɛ^{31}	原地转圈游戏
【放风筝儿】 faŋ$^{31-312}$ fəŋ$^{213-21}$ tʂəɹŋ^1	
【打水漂儿】 ta^{44} ʂuei$^{44-42}$ p^{h}iaɹu^{213}	用片状瓦片、石子等甩向水面，使之连续跳跃
【哨儿】 tθəɹu^{31}	以柳枝、杨树枝的表皮制成的哨子
【吹哨儿】 tʂ^{h}uei$^{213-24}$ tθəɹu^{31}	
【做个哨儿】 tθəu$^{31-42}$ kə^2 tθəɹu^{31}	
【打哨儿】 ta^{44} ʂɚu^{31}	用舌头配合嘴唇、牙齿或手指等发出各种声音
2. 体育、武术	
【打球】 ta^{44} tɕ^{h}iəu^{53}	
【打篮球】 ta^{44} læn^{53} tɕ^{h}iəu^{53}	

续表

词目与注音	释义及例句
【打排球】ta⁴⁴pʰɛ⁵³tɕʰiəu⁵³	
【打羽毛球儿】ta⁴⁴y⁴⁴mau⁵³tɕʰiɚu⁵³	
【拔河】pa⁵³xuə⁵³	
【踢球】tʰi⁵³tɕʰiəu⁵³	踢足球
【劈叉】pʰi⁴⁴tʂʰa³¹	
【鲤鱼打挺】li⁴⁴⁻⁴⁵y⁵ta⁴⁴⁻⁴²tʰiəŋ⁴⁴	
【□绊儿】kə⁴⁴pɛ³¹	以己腿别对手的腿，使其摔倒
【□绊子】kə⁴⁴pæn³¹⁻⁴²tθʅ²	
【□跌】miæn⁵³tiə⁴⁴	摔跤
【扫堂腿】θau⁴⁴tʰaŋ⁵³tʰei⁴⁴	搏斗动作，一条腿下蹲支撑，另一条腿直伸横扫
【竖脊溜儿】ʃu³¹tsi⁵³⁻⁵⁵ɹɚu⁵	头部接触地面，朝前翻滚
【搂着后腰】ləu⁴⁴⁻⁴⁵tʂʅ⁵xəu³¹iau²¹³	搏斗动作，从后部揽住对方的腰部
【抱着后腰】pau³¹⁻⁴²tʂʅ²xəu³¹iau²¹³	
【打旁溜儿】ta⁴⁴pʰaŋ⁵³⁻⁵⁵ɹɚu⁵	侧手翻跟头
【蝎子倒上墙】ɕiə⁴⁴⁻⁴⁵tθʅ⁵tau³¹⁻³¹²ʃaŋ³¹tsʰiaŋ⁵³	双臂撑地靠墙倒立
【凫水】fu⁵³ʂuei⁴⁴	游泳
【扒水】pa²¹³⁻²⁴ʂuei⁴⁴	游泳时双手向后拨水，身体前进
【仰个子凫儿】iaŋ⁴⁴⁻⁴⁵kə⁵tθʅ⁵fɚ·⁵³	仰泳
【踩水】tʂʰɛ⁴⁴⁻⁴²ʂuei⁴⁴	一种游泳方式，人直立于水中，双脚交替下踩，身体悬浮于水中
【打嘭嘭】ta⁴⁴pʰəŋ²¹³⁻²¹pʰəŋ¹	游泳时大力踢腿，溅起水花，同时双手前后划动
【扎猛儿】tʂa⁴⁴⁻⁴²mɚŋ⁴⁴	头朝下钻入水中
【擦滑儿】tθʰa⁴⁴xua·⁵³	溜冰
【耍猴儿】ʂua⁴⁴xɚu⁵³	民间艺人跟猴子一起进行的表演活动
【砸石头】tθa⁵³ʃi⁵³⁻⁵⁵tʰəu⁵	民间艺人表演活动，置大石于一人腹部，以大铁锤击打，大石开裂
3. 文艺	
【肘鼓子戏】tʃəu⁴⁴⁻⁴⁵kuən⁵tθʅ⁵ɕi³¹	茂腔
【茂腔】mau³¹⁻²¹tɕʰiaŋ¹	流行于山东省青岛、潍坊、日照等地区的地方戏
【柳腔】liəu⁴⁴⁻⁴⁵tɕʰiaŋ⁵	流行于青岛地区的地方剧种
【溜腔】liəu⁴⁴⁻⁴⁵tɕʰiaŋ⁵	
【糗戏】tɕʰiəu⁴⁴ɕi³¹	戏剧中含色情的剧段

词目与注音	释义及例句
【秧歌儿】 iaŋ²¹³⁻²¹kɚ¹	
【扭秧歌儿】 niəu⁴⁴iaŋ²¹³⁻²¹kɚ¹	
【胶州大秧歌儿】 tɕiau²¹³⁻²¹tʃəu¹ta³¹⁻³¹²iaŋ²¹³⁻²¹kɚ¹	流行于胶州地区的秧歌形式
【京剧】 tɕiəŋ²¹³⁻⁴⁵tɕy⁵	
【大戏】 ta³¹⁻³¹²ɕi³¹	京剧
【小戏儿】 siau⁴⁴ɕiɚi³¹	地方戏
【吕剧】 ly⁴⁴⁻⁵⁵tɕy⁵	山东地方剧种，中国八大戏曲剧种之一
【黄梅戏】 xuaŋ⁵³mei⁵³ɕi³¹	
【唱大戏】 tʃʰaŋ³¹ta³¹⁻³¹²ɕi³¹	
【唱小戏儿】 tʃʰaŋ³¹siau⁴⁴ɕiɚi³¹	
【板档戏】 pæn⁴⁴⁻⁴⁵taŋ⁵ɕi³¹	没有戏台，戏剧班子进入村庄就地演唱
【演戏】 iæn⁴⁴ɕi³¹	
【说书】 ʃuə⁴⁴⁻⁴²ʃu²¹³	表演评书
【打呱嗒板儿】 ta⁴⁴kua²¹³⁻²¹ta¹pɚ⁴⁴	打竹板
【拉二胡儿】 la⁴⁴l̩³¹xʊ⁵³	
【拉弦儿】 la⁴⁴ɕiɛ⁵³	
【拉胡琴儿】 la⁴⁴⁻⁴²xu⁵³⁻⁴⁵tɕʰiɚi⁵³	
【打鼓】 ta⁴⁴⁻⁴²ku⁴⁴	
【敲锣】 tɕʰiau²¹³⁻²⁴luə⁵³	
【吹喇叭】 tʂʰuei²¹³⁻²⁴la⁴⁴⁻⁴⁵pa⁵	

二十四　代词及短语

词目与注音	释义及例句
1. 表人称	
【俺】 ɣæn⁴⁴	第一人称代词。①我：～是胶州的；②我们：～几个人都是一个村儿的
【我】 və⁴⁴	第一人称代词，单数
【咱】 tθən⁵³	我们，表示亲近：～庄儿要换书记丨～爹活着的时候，没有这些事儿
【你】 ni⁴⁴	第二人称代词

续表

词目与注音	释义及例句
【您】nən^{44}	第二人称代词。①你：~家里有钱；②你们：~几个到这边儿来
【他/她】t^{h}a^{44}	第三人称代词，单数
【他们】t^{h}a$^{44-45}$mən^{5}	第三人称代词，复数
【大家伙儿】ta$^{31-42}$tɕia^{2}xuɚ^{44}	大家
【人家】iən$^{53-55}$tɕi^{5}	①特指别人：~知道你脾气差，不愿意看你的脸色；②指说话人自己：~还没结婚嗬
【□的】vu$^{44-45}$ti^{5}	指代列举未尽的事物，相当于"等"：孩子放假了，还能帮着锄锄地、看看苹果园~
2. 表指示	
【这】tʃə^{31}/tθəŋ^{31}	近指代词
【那】nə^{31}/nəŋ^{31}	远指代词
【这个】tʃə$^{31-21}$kə^{1}	指代人或物
【那个】nə$^{31-21}$kə^{1}	指代人或物
【那个】nə$^{31-55}$kə^{5}	指代一些不方便或不愿意直说的事物、动作行为、形容词等：
【那么】nəŋ$^{31-42}$mu^{2}	指示代词，表示程度高：长虫~长！
【这么】tθəŋ$^{31-42}$mu^{2}	指示代词，表示程度高：这条路~不好走嗬！
【这合儿】tʃə^{31}xaɚ^{53}	这块地方
【那合儿】nə^{31}xaɚ^{53}	那块地方：~冷，这合儿有太阳儿，暖和
【这边儿】tʃə^{31}piɛ^{213}	
【那边儿】nə^{31}piɛ^{213}	
【这里】tʃə$^{31-42}$lɛ^{2}	
【那里】nə$^{31-42}$lɛ^{2}	
【这乎】tʃə$^{31-21}$xu^{1}	这种：今日好好的，怎么碰上~事儿！
【这块儿】tʃə$^{31-312}$k^{h}uɛ^{31}	
【那块儿】nə$^{31-312}$k^{h}uɛ^{31}	
【这样儿】tʃə$^{31-312}$ɹɚ̃ŋ^{31}	这样子
【那样儿】nə$^{31-312}$ɹɚ̃ŋ^{31}	那样子
【这时候儿】tʃə^{31}ʂɭ$^{53-55}$xɚu^{5}	现在
【那时候儿】nə^{31}ʂɭ$^{53-55}$xɚu^{5}	过去的一段时间
【这阵子】tʃə^{31}tʃən$^{31-42}$tθŋ^{2}	这一段时间：~没看着你。
【这阵儿】tʃə$^{31-312}$tʂɚi^{31}	
【那阵子】nə^{31}tʃən$^{31-42}$tθŋ^{2}	过去不久的一段时间：~都穷，家家没有钱。

续表

词目与注音	释义及例句
【那阵儿】nə³¹⁻³¹²tʂɚi³¹	
【这些】tʃə³¹siə²¹³	
【这些儿】tʃə³¹θɚ²¹³	
【那些】nə³¹siə²¹³	
【那些儿】nə³¹θɚ²¹³	
【余外】y⁵³vɛ³¹	另外：这是~给你的。
3. 表疑问	
【谁】ʃei⁵³	
【谁的】ʃei⁵³⁻⁵⁵ti⁵	
【怎么】tθəŋ⁴⁴⁻⁴⁵mu⁵	①疑问代词：你~了；②无论如何：~也要让孩子上学
【怎么的】tθəŋ⁴⁴⁻⁴⁵mu⁵ti⁵³	①疑问代词，表强调；②无论如何，表强调
【怎么回事儿】tθəŋ⁴⁴⁻⁴⁵mu⁵xuei⁵³ʂɚi³¹	
【什么】ʃəŋ³¹⁻⁴²mu²	
【什么时候儿】ʃəŋ³¹⁻⁴²mu²ʂɿ⁵³⁻⁵⁵xɚu⁵	询问时间：您~回来？
【多大时候儿】tuə²¹³⁻²⁴ta³¹ʂɿ⁵³⁻⁵⁵xɚu⁵	多长时间：面开了~了？
【哪】na⁴⁴	哪里：你~来的？
【哪里】na⁴⁴⁻⁴⁵lɛ⁵	
【哪去】na⁴⁴⁻⁴⁵tɕʰi⁵	哪里去：你待上~？
【早晚】tθau⁴⁴⁻⁴²væn²	早晚：不好好学习，你~得后悔。

二十五　名词及短语

词目与注音	释义及例句
1. 表具体事物	
【行】xaŋ⁵³	行业
【□】θau³¹	划痕
【恩】ɣən²¹³	恩德
【仇】tʃʰəu⁵³	仇恨

词目与注音	释义及例句
【槽儿】tθʰa˞u⁵³	两边高出、中间凹下的物体其凹下的那部分
【皮硝】pʰi⁵³siau²¹³	芒硝
【碴子】tʂʰa⁵³⁻⁵⁵tθɿ⁵	瓷器等的破损面或树木折断后的断裂面
【硬茬儿】iəŋ³¹⁻⁴²tʂʰa˞²	强硬的对手
【吃头】tʃʰi⁴⁴⁻⁴⁵tʰəu⁵	食物好吃的程度：甘蔗就是甜点，没有什么~
【眼子】iæn⁴⁴⁻⁴⁵tθɿ⁵	小洞，小窟窿：窟窿~
【眼眼子】iæn⁴⁴⁻⁴⁵iæn⁵tθɿ⁵	小洞，小窟窿
【燎泡】liau⁴⁴⁻⁵⁵pʰu⁵	皮肤烫伤后的水泡
【窟窿儿】kʰu²¹³⁻²¹ɹə˞ŋ¹	小洞
【妓院】tɕi³¹⁻³¹²yæn³¹	
【箍儿】ku˞²¹³	箍住东西的铁圈或皮圈：铁~
【嘴子】tθuei⁴⁴⁻⁴⁵tθɿ⁵	物体上形状或作用像嘴的部分：车胎~
【烟子】iæn²¹³⁻²¹tθɿ¹	油类没有经过充分燃烧而产生的黑色物质
【骨柴】ku⁴⁴⁻⁴⁵tʂʰɛ⁵	人死腐烂留下的骨殖
【记号儿】tɕi³¹⁻⁴²xa˞u²	标记
【蛛蛛子网儿】tʃu²¹³⁻²¹tʃu¹tθɿ¹va˞ŋ⁴⁴	蜘蛛网
【蛛蛛网子】tʃu²¹³⁻²¹tʃu¹vaŋ⁴⁴⁻⁴⁵tθɿ⁵	
【脚色儿】tɕyə⁴⁴⁻⁴⁵ʂə˞i⁵	脚印
【支空儿】tʂɿ²¹³⁻²¹kʰə˞ŋ¹	物体支起里面留下的空隙
【脂皮儿】tʂɿ²¹³⁻²¹pʰiə˞i¹	米汤表面的薄皮
【常省气】tʃʰaŋ⁵³⁻⁵⁵siəŋ⁵tɕi³¹	长长地叹气
【把手儿】pa⁴⁴⁻⁴⁵ʂə˞u⁵	门、车等上面可以抓牢的设置：门~，车~
【上首】ʃaŋ³¹⁻⁴²ʃəu²	宴席上最主要的位置
【下首】çia³¹⁻⁴²ʃəu²	宴席上次要的位置
【住家儿】tʃu³¹tɕia˞²¹³	居住的人家
【住户儿】tʃu³¹⁻³¹²xu˞³¹	
【家庭】tɕia²¹³⁻²⁴tʰiəŋ⁵³	
【家族】tɕia²¹³⁻²⁴tθu⁵³	
【满户家子】mæn⁴⁴⁻⁵⁵xu⁵tɕia²¹³⁻²¹tθɿ¹	全家
【一家一当】i⁴⁴⁻⁴²tɕia²¹³⁻²⁴i⁴⁴taŋ³¹	本家
【人样儿】iən⁵³ɹa˞ŋ³¹	端正的品德和言行：老头子不出~
【人样子】iən⁵³iaŋ³¹⁻⁴²tθɿ²	

续表

词目与注音	释义及例句
【无个点儿】mu⁵³⁻⁵⁵kə⁵tɕ⁴⁴	极少的量，很小的体积：她长得~
【茬子】tʂa³¹⁻⁴²tθʅ²	农作物收割后遗留的残株
【苞米儿茬子】pau²¹³⁻²⁴ miɚi⁴⁴ tʂa³¹⁻⁴²tθʅ²	
【麦茬】mei³¹⁻⁴²tʂ^ha²	麦子收割后的地块
【果子茬】kə⁴⁴⁻⁴⁵tθʅ⁵tʂ^ha⁵³	花生收获后的地块
【苞米儿茬】pau²¹³⁻²⁴miɚi⁴⁴tʂ^ha⁵³	
【杇橛】ku²¹³⁻²¹tuən¹	树木砍伐后遗留在地下的树根
【树杇橛】ʃu³¹⁻³¹²ku²¹³⁻²¹tuən¹	
【黏不胶】niæn⁵³⁻⁵⁵pu⁵tɕiau²¹³	桃胶
【沫□头】mə³¹⁻⁴²luə²t^həu⁵³	较大的泡沫
【大头儿】ta³¹⁻⁴²t^hɚu²	①数量较多的部分；②物体粗重的一端；③事情重要的部分
【小头儿】siau⁴⁴⁻⁴⁵t^hɚu⁵	①数量较少的部分；②物体轻细的一端
【嚼头】tsyə⁵³⁻⁵⁵t^həu⁵	食物耐咀嚼的程度：你擀的这个单饼很有~
【破事儿】p^hə³¹⁻³¹²ʂɚi³¹	让人厌烦的事情
【屁事儿】p^hi³¹⁻³¹²ʂɚi³¹	
【单数儿】tæn²¹³⁻²¹ʂɻ1	奇数
【双数儿】ʂuaŋ²¹³⁻²¹ʂɻ1	偶数
【正经色儿】tʃəŋ³¹⁻⁴²tɕiəŋ²ʂɚi⁴⁴	正常而标准的颜色
【炭火儿】t^hæn³¹⁻⁴²xuɚ²	木柴燃烧后的余火
【明火儿】miəŋ⁵³⁻⁵⁵xuɚ⁵	有火苗的火
【火儿苗儿】xuɚ⁴⁴miɚ u⁵³	
【大火】ta³¹xuɚ⁴⁴	
【小火儿】siau⁴⁴⁻⁴²xuɚ⁴⁴	
【牙印子】ia⁵³iən³¹⁻⁴²tθʅ²	皮肤上牙齿的咬痕
【杠儿】kɚ ŋ³¹	划的线
【公家】kəŋ²¹³⁻²¹tɕia¹	指国家或集体
【个人】kə³¹iən⁵³	
【生产队】ʂəŋ²¹³⁻²⁴tʂ^hæn⁴⁴tuei³¹	
【社员】ʃə³¹yæn⁵³	
【队长】tuei³¹tʃaŋ⁴⁴	

词目与注音	释义及例句
【村干部儿】 tθʰuən²¹³⁻²⁴kæn³¹⁻⁴²puɿ²	
【村书记】 tθʰuən²¹³⁻²⁴ʃu²¹³⁻²⁴tɕi³¹	
【村委儿会儿】 tθʰuən²¹³⁻²⁴vəɿi⁴⁴xuəɿi³¹	
【公粮】 kəŋ²¹³⁻²⁴liaŋ⁵³	
【工分儿】 kəŋ²¹³⁻²⁴fəɿi²¹³	
【外爪儿】 vɛ³¹tʂɚu⁴⁴	正常收入之外的收入
【门路儿】 mən⁵³⁻⁵⁵ɹuɿ⁵	
【当庄儿】 taŋ²¹³⁻²⁴tʂuɚŋ²¹³	本村
【农药】 nu⁵³⁻⁵⁵yə⁵	
【明矾】 miəŋ⁵³fæn⁵³	十二水硫酸铝钾
【敌敌畏】 ti⁵³⁻⁵⁵ti⁵vei²¹³	
【化肥】 xua³¹fei⁵³	
【喷雾器】 pʰən²¹³⁻²⁴vu³¹⁻³¹²tɕʰi³¹	给农作物打药的工具
【活儿】 xuəɿ⁵³	工作
【好活儿】 xau⁴⁴xuəɿ⁵³	①好工作；②力气大，工作能力强：这个小嫚年纪不大，干~嗬
【合村儿】 xuə⁵³tθʰuəɿi²¹³	整个村
【合庄儿】 xuə⁵³tʂuɚŋ²¹³	整个村庄
【合集】 xuə⁵³tsi⁵³	整个集市
【合胶州】 xuə⁵³tɕiau²¹³⁻²¹tʃəu¹	整个胶州市
【淈泥薄水】 tʂʰua⁵³mi⁵³pə⁵³ʂuei⁴⁴	阻碍行路的泥水混合物
【半截半块】 pæn³¹tsiə⁵³pæn³¹⁻³¹²kʰuɛ³¹	一截或一块，特指不成整体
2. 表抽象内容与概念	
【头肚儿】 tʰəu⁵³tuɿ⁴⁴	事情的原委
【大通套儿】 ta³¹tʰəŋ²¹³⁻²⁴tʰɚu³¹	比喻一般的规则、程序、方法
【糊涂账】 xu⁵³⁻⁵⁵tu⁵tʃaŋ³¹	糊里糊涂的情况
【怕角儿气儿】 pʰa³¹⁻⁴²tɕyɚ²tɕʰiəɿi³¹	惧怕的人或物
【盼头】 pʰæn³¹⁻⁴²tʰəu²	盼望的目标，希望
【隔骨】 kei⁴⁴⁻⁴²ku⁴⁴	隔膜：爹娘跟儿女没有~
【好歹】 xau⁴⁴⁻⁴²tɛ⁴⁴	①不好的情况；②无论如何
【人前】 iən⁵³tsʰiæn⁵³	他人面前
【人后】 iən⁵³xəu³¹	他人背后

续表

词目与注音	释义及例句
【面子】miæn³¹⁻⁴²tθŋ²	
【大面儿】ta³¹⁻³¹²miɛ³¹	表面上
【心眼子】siən²¹³⁻²⁴iæn⁴⁴⁻⁴⁵tθŋ⁵	
【心眼儿】siən²¹³⁻²⁴ʴɛ⁴⁴	
【坏心眼子】xuɛ³¹siən²¹³⁻²⁴iæn⁴⁴⁻⁴⁵tθŋ⁵	
【拿手儿】na⁵³⁻⁵⁵ʂɚu⁵	把柄
【平手儿】pʰiəŋ⁵³⁻⁵⁵ʂɚu⁵	平局，不分胜负的结果
【木头市】mu³¹⁻⁴²tʰəu²ʂʅ³¹	不明白、稀里糊涂的处境
【准头儿】tʃuən⁴⁴⁻⁴⁵tʰɚu⁵	准确击中目标的程度
【路数儿】lu³¹⁻⁴²ʂʴ2	套路，手段：那些骗子骗来骗去就这些~
【成分】tʃʰəŋ⁵³⁻⁵⁵fən⁵	
【招儿】tʂɚu²¹³	①方法，措施；②武术的招数
【人种儿】iən⁵³tʂɚŋ⁴⁴	人的后代：他儿不像~，净打老婆
【茬儿】tʂʰɚ⁵³	挑起矛盾的借口
【准信儿】tʃuən⁴⁴θɚi³¹	确定信息
【谱儿】pʰʴ⁴⁴	确定性，可靠性：他做事没有~
【套路儿】tʰau³¹⁻⁴²ʴ2	固定的程式、方式
【老套路儿】lau⁴⁴tʰau³¹⁻⁴²ʴ2	
【门道儿】mən⁵³⁻⁵⁵tɚu⁵	①解决问题的方法和途径；②不为人知的隐情
【小鞋儿】siau⁴⁴ɕiɛ⁵³	比喻故意刁难和报复的手段
【劲儿】tɕiɚi³¹	力量
【手劲儿】ʃəu⁴⁴⁻⁴⁵tɕiɚi⁵	手部力量
【老底儿】lau⁴⁴⁻⁴²tɚi⁴⁴	不为人知的秘密、底细
【老本儿】lau⁴⁴⁻⁴²pɚi⁴⁴	原来的财富或原有的功绩
【上风儿】ʃaŋ³¹⁻⁴²fɚŋ²	优势，有利地位：占~
【实情儿】ʃi⁵³tθʰɚŋ⁵³	真实的情况
【丑事儿】tʃʰəu⁴⁴ʂɚi³¹	丢脸面的事情
【好事儿】xau⁴⁴ʂɚi³¹	
【奔头】pən³¹⁻⁴²tʰəu²	美好的希望或目标
【想头】siaŋ⁴⁴⁻⁴⁵tʰəu⁵	想法
【闲心】ɕiæn⁵³siən²¹³	①多余的精力；②没有价值的思量：不要操~
【闲事】ɕiæn⁵³ʂʅ³¹	与己无关的事情：多管~

续表

词目与注音	释义及例句
【闲气】 ɕiæn^{53}tɕʰi^{31}	没有必要的生气：他整天生~，能不得病？
【志气】 tʂʅ$^{31-21}$tɕʰi^{1}	不服输、不低头的品质
【味儿】 vɚi^{31}	气味，味道
【运气】 yən$^{31-21}$tɕʰi^{1}	
【风气】 fəŋ$^{213-45}$tɕʰi^{5}	风俗，习惯
【风俗】 fəŋ$^{213-45}$sy^{5}	
【习惯】 si$^{53-55}$kuæn^{5}	
【说处儿】 ʃuə$^{44-45}$tʂʰuɹ^{5}	①被人批评或指责的地方；②事情的由来
【记性】 tɕi$^{31-42}$siəŋ^{2}	记忆力
【眼力】 iæn^{44}li^{31}	观察能力
【口才】 kʰəu^{44}tθʰɛ^{53}	表达能力
【本事】 pən$^{44-45}$ʂʅ^{5}	能力
【好耳朵】 xau$^{44-42}$lɹ$^{44-45}$təu^{5}	听力好
【眼目】 iæn$^{44-45}$mu^{5}	眼色
【度量】 tu$^{31-42}$liaŋ^{2}	人内心的气量
【动静儿】 təŋ$^{31-42}$tθɚŋ^{2}	①声音；②情况，消息
【信儿】 θɚi^{31}	消息
【亏】 kʰuei^{213}	①损失：吃~；②亏损：做买卖~了若干钱
【哑巴亏】 ia$^{44-45}$pa^{5}kʰuei^{213}	无法讲出来的损失
【不是】 pu$^{44-55}$ʂʅ^{5}	错误，过失
【饥荒】 tɕi$^{213-21}$xuaŋ^{1}	债务
【局儿】 tɕy^{53}	圈套：设了这么一个~
【圈套】 tɕʰyæn$^{213-24}$tʰau^{31}	
【野路子】 iə^{44}lu$^{31-42}$tθʅ^{2}	带有个人特征且不正规的方式、手段
【方儿方儿】 faɚŋ$^{213-21}$faɚŋ^{1}	办法
【办法儿】 pæn$^{31-42}$faɚ^{2}	
【笨办法儿】 pən^{31}pæn$^{31-42}$faɚ^{2}	
【下剩的】 ɕia^{31}ʃəŋ$^{31-42}$ti^{2}	剩余的
【小九九】 siau^{44}tɕiəu$^{44-42}$tɕiəu^{44}	盘算，算计
【下马威】 ɕia^{31}ma$^{44-42}$vei^{213}	
【威风】 vei$^{213-21}$fəŋ^{1}	
【把握】 pa$^{31-42}$vu^{2}	目的达成的必然可能

续表

词目与注音	释义及例句
【瘆人毛】 ʂən³¹ iən⁵³ mau⁵³	人身体上令人恐惧的毛发：你怕什么，我身上又没长~
【懊悔药】 ɣau³¹⁻⁴⁵ xuæn⁵ yə³¹	后悔药
【平时】 pʰiəŋ⁵³ ʂ̩⁵³	
【私下里】 θ̩²¹³⁻²⁴ ɕia³¹⁻⁴² lɛ²	私底下
【背地里】 pei³¹ ti³¹⁻⁴² lɛ²	背后：那个人经常~使坏
【口头儿语儿】 kʰəu⁴⁴ tʰɚu⁵³ ɻu⁴⁴	口头禅
【后跟子账】 xəu³¹⁻⁴² kən² tθ̩² tʃaŋ³¹	事情发生以后再算账或理论
【虚的】 ɕy²¹³⁻²¹ ti¹	不真实，假的
【气头儿】 tɕʰi³¹ tʰɚu⁵³	最生气的时候：俺爹还待~上，谁也不敢去惹他
【精神头儿】 tsiəŋ²¹³⁻²¹ ʃən¹ tʰɚu⁵³	精力：我感冒了，早上起来就没有~
【精神】 tsiəŋ²¹³⁻²¹ ʃən¹	①意识，思维和神志；②精力；③精明的，机敏的：人家很~，不像他，痴痴巴巴的
【两下子】 liaŋ⁴⁴ ɕia³¹⁻⁴² tθ̩²	①本领，能力：做买卖他有~；②武术套路：那个人儿学过武术，会~
【脸面】 liæn⁴⁴ miæn³¹	
【眼皮子】 iæn⁴⁴ pʰi⁵³⁻⁵⁵ tθ̩⁵	视力所及的范围
【眼皮子底下】 iæn⁴⁴ pʰi⁵³⁻⁵⁵ tθ̩⁵ ti⁴⁴⁻⁴⁵ ɕia⁵	
【见不得人的事儿】 tɕiæn³¹⁻⁴² pu² ti² iən⁵³⁻⁵⁵ ti⁵ ʂɚi³¹	丑事
【学问】 ɕyə⁵³⁻⁵⁵ vən⁵	知识
【文化】 vən⁵³⁻⁵⁵ xua⁵	知识
【文化儿】 vən⁵³⁻⁵⁵ xuɚ⁵	
【想法儿】 siaŋ⁴⁴⁻⁴⁵ fɚ⁵	观点，看法
【妖怪】 iau²¹³⁻²¹ kuɛ¹	
【妖精】 iau²¹³⁻²¹ tsiəŋ¹	
【小妖怪儿】 siau⁴⁴ iau²¹³⁻²¹ kuɛ¹	
【小妖儿】 siau⁴⁴ ɻɚ u²¹³	
【老妖怪】 lau⁴⁴ iau²¹³⁻²¹ kuɛ¹	
【神仙】 ʃən⁵³⁻⁵⁵ siæn⁵	
【八仙】 pa⁴⁴⁻⁴² siæn²¹³	
【仙女】 siæn²¹³⁻²⁴ ny⁴⁴	
【灶王爷】 tθau³¹ vaŋ⁵³ iə⁵³	

续表

词目与注音	释义及例句
【财神】tɕ^hɛ⁵³ʃən⁵³	
【天兵天将】t^hiæn²¹³⁻²⁴piəŋ²¹³⁻²⁴t^hiæn²¹³⁻²⁴tɕiaŋ³¹	
【天老爷】t^hiæn²¹³⁻²⁴lau⁴⁴iə⁵³	玉皇大帝
【香色儿】ɕiaŋ²¹³⁻²⁴ʂəɹi⁴⁴	茶褐色

二十六　动词及短语

词目与注音	释义及例句
1. 单音节	
【躲】tuə⁴⁴	躲藏
【派】p^hɛ³¹	①派遣；②强加于：~孙
【摽】piau³¹	靠，倚靠。~门旁
【怪】kuɛ³¹	责怪：这个事儿不~他
【麻】ma⁵³	麻痹：手~脚也~
【疼】t^həŋ⁵³	
【光】kuaŋ²¹³	露：~着膀子
【摸】mə²¹³	①抚摸；②了解：~底考试
【干】kæn³¹	做：~活｜~事业子
【卷】tɕyæn⁴⁴	
【出】tʃ^hu⁴⁴	①与"进"相对；②超出，越过：你脚尖~线了；③出产：胶州~大白菜；④发出：地蛋都~芽子了；⑤发生：~事；⑥显现：~名｜~丑；⑦表示，表达：~心；⑧显得多：看着这么些菜，不~货儿；⑨拿出：~力｜~钱
【进】tsiən³¹	
【瞅】tʂ^həu⁴⁴	眼皮用力合上再睁开，表示不满
【□】fu²¹³	切削物体的表层：那个西瓜是夜里切开的，你把上面那一层~了去
【□】liə⁴⁴	表示程度高的某些动作行为：一番儿~出去五十里｜一顿~了三个大馒头
【□】iəŋ⁴⁴	噪：外边声音真大，都~人了
【□】ɣaŋ⁴⁴	长时间烧：冬天要~炕，才暖和
【□】pau³¹	（尘土）飞扬而附着：脸上~了一行灰

续表

词目与注音	释义及例句
【□】ɣɛ²¹³	驱赶：你去把嘎嘎子都~回家里来
【憋】piə⁴⁴	无法喘气，不喘气：~死我了
【硌】kə⁵³	凸起的硬物跟身体接触（而使身体难受）：炕上有什么东西~人
【耗】xau³¹	消耗，耗费：浇地~若干水｜干这个活很~时间
【渗】ʂən³¹	渗入，渗漏：水都~了地底下去了
【渍】tθɭ³¹	油灰混合物浸染（衣物）
【抵】ti⁴⁴	抵消
【洇】iən²¹³	（水）慢慢浸透
【□】tɕʰi̩⁴⁴	潮湿的地面使身体受潮：地上很湿，坐的时间长了~人
【溻】tʰa⁴⁴	汗水湿透：天太热了，汗衫都~透了
【缩】ʂuə⁴⁴	收缩，回缩：看那里有个刺猬，一动它就~起来了
【塌】tʰa⁴⁴	倒塌，塌陷
【掉】tiau³¹	落
【粘】tʃæn²¹³	粘连：馒头都~一块了
【管】kuæn⁴⁴	①管束：孩子打人，当家长的最好~~；②管理：种上地就撒手不~了；③管辖：高密归潍坊~，不归青岛~；④保证：在玻璃厂干活儿~吃~住
【做】tθəu³¹	~饭｜~买卖
【歇】ɕiə⁴⁴	
【偈】tɕʰiə²¹³	躺：打盹了，到炕上~~
【□】tʂʰ ʐ²¹³	进溅
【□】syæn²¹³	斟：~酒
【撸】lu²¹³	罢免，撤销：咱乡的乡长叫上边~了
【劈】pʰi⁴⁴	①（刀、斧等）强行破开：~柴火；②雷击：天打~劈；③裂开：指子盖儿~了，淌血了
【去】tɕʰy³¹	
【去】tɕʰi³¹	回~｜家~
【来】lɛ⁵³	
【折】tʃə⁴⁴	使减损：干坏事要~寿
【折】ʃə⁵³	亏损：做买卖~了钱
【□】tɕʰyə⁴⁴	强力弯折：把这些小枝儿都~断，好烧火
【拗】yə⁴⁴	弯折：你怎么把铁条~断了？

续表

词目与注音	释义及例句
【□】y⁴⁴	折掰（条状物体以便弯曲或取直）：把这根铁条~直了它，好用的
【挪】nuə⁵³	①移动：俺待把这个草垛~到场院东头儿去｜小孩儿刚刚会~步；②调换，调动：我不想待那个厂子干了，想~~地方
【捣】tau⁴⁴	①（用拳头或棍状物）捅；②惹起：~乱
【拥】iəŋ²¹³	推：后边儿怎么有人儿~我
【塞】θei⁴⁴	
【□】çyæn³¹	放，塞：把东西都~了柜子里去
【挠】nau⁵³	
【□】naŋ⁴⁴	刺：指头叫针~着了
【招】tʃau²¹³	扶：快~着您嬷嬷，她走不动了
【□】va⁴⁴	用指甲抓：给我~~脊梁
【挖】va²¹³	
【剜】væn²¹³	用工具挖：到地里~菜
【橕】tʰaŋ⁵³	支，架：墙上钉上两个大钉子，然后~上两块大板子，上边放白菜
【焖】mən²¹³	紧盖锅盖，用小火煮制：猪头已经熟了，再~上半个小时
【脱】tʰuə⁴⁴	①褪去；②逃避，避开：这个事儿你早晚~不了
【耍】ʂua⁴⁴	①玩；②玩弄：人家不要她了，白叫人~了
【腾】tʰəŋ⁵³	让出：他~了间屋给他兄弟住着
【蒙】məŋ²¹³	胡乱猜测：这道题叫你~对了
【揍】tθəu³¹	打
【冲】tʂʰəŋ²¹³	①冲击：大水把屋~倒了；②浇注使融化：~奶粉；③破解不祥：他这个病一直没好，要不就叫他结婚，~~喜；④一直向前：别害怕，往前~
【搭】ta⁴⁴	①搭建：~个棚子；②连接，搭连：俺这里上诸城~界；③白白付出：他儿结婚咱也~上了好几百
【□】vei⁴⁴	坐着移动（身体）
【靠】kʰau³¹	①依靠；②倚靠；③接近，靠近：你个恶人毛，别~着我
【犒】kʰau³¹	长时间没吃某种食物而感到馋：多少天没吃猪肉了，觉着~人了
【馋】tʂʰæn⁵³	
【扛】kʰaŋ³¹	①重物放在肩膀上；②顶，承受：这个人真能~事儿

续表

词目与注音	释义及例句
【担】tæn²¹³	①挑；②承担：不用害怕，有事儿我~着
【揽】læn⁴⁴	用胳膊搂
【避】pi⁴⁴	身体紧贴某处隐藏：有人在墙角~着偷看
【避】pi³¹	躲：换衣裳要~着孩子
【刷】kua²¹³	①（被尖锐物体）划：我的手指头叫枣棘子~破了；②勾住：树枝子~着衣裳袖子了
【绕】iau³¹	①围绕；②迂回地走：这么走~远路了
【找】tʂau⁴⁴	①寻找；②故意挑起：你别~事儿吭；③退补：~给你零钱
【赶】kæn⁴⁴	①驱赶；②遇到：我一回来，正~上朋友结婚；③从速，快做：~快｜~任务；④及时到达：~集
【烘】xəŋ²¹³	以热气烘烤：棉袄老潮，放了炕头儿上~~
【烤】kʰau⁴⁴	靠近火源加热
【烧】ʃau²¹³	
【□】tɕyæn⁴⁴	踢
【□】pʰɛ⁴⁴	踹
【蹴】tʂʰy⁴⁴	①以脚尖踢走：把那些小石头儿~一边儿去；②脚尖被物体触及：我的脚叫树根~着了
【踩】tʂʰɛ⁴⁴	踩
【踩】tʂʰɛ²¹³	在泥水里行走：你别到泥里去~了
【□】tθʰʅ⁴⁴	以脚尖蹬：好好~着那块石头，别掉下来
【蹍】niæn⁴⁴	以脚搓揉：那些蚁蚌叫我~死了
【蹬】təŋ²¹³	
【□】ɕyæn³¹	以脚内侧踢：不准你用脚~孩子，都是些毛病！
【追】tʂuei²¹³	
【崴】vɛ⁴⁴	前脚掌侧翻导致踝骨受伤：走路的时候~着脚了
【踒】və²¹³	扭伤：~着手脖子了｜~着胳膊了
【拿】na⁵³	①抓取；②捉拿：~鹁子｜~耗子；③推拿：孩子的胳膊掉下来了，我又给他~上；④确定，把握：~主意；⑤攻下，取胜：一定要把这场仗~下来
【打】ta⁴⁴	
【提】tʰi⁵³	
【拉】la²¹³	排出，排泄：~屎

续表

词目与注音	释义及例句
【拉】la⁴⁴	①牵引；②载运：车上~着什么；③帮助，帮忙：她家的日子过得不宽拓，靠姊妹儿们~巴着；④联络，联系：~关系
【拉】la⁵³	①闲谈，闲聊：~话；②摩擦：胳膊叫墙~得出血了｜进屋前先把鞋底搁地上~~
【拉】la³¹	①劝解、把双方分开：他们两个打起来了，叫我~开了；②抚养：~撒孩子
【甩】ʂɛ⁴⁴	①甩动：别把泥~了墙上；②丢开：一看有事儿了，人家~手儿不管了；③抛弃：他家里小嫚儿跟着人家跑了，又叫人~了
【摔】ʂuei⁴⁴	用力扔：~盘子~碗
【扫】θau⁴⁴	
【抽】tʃʰəu²¹³	用条状物打
【撂】liau²¹³	①扔弃，扔掉：剩下的那半个苹果叫我~了；②放下：吃着吃着饭，~下碗就出去了；③搁置：这个事儿先~~吧，以后再说
【□】tʂuɛ²¹³	扔掉：不用的话，这个破暖壶~了拉倒
【拽】tʂuei³¹	用力拉住：~着他娘的衣裳就不松手了
【□】xəŋ³¹	扔掉：他一回来，家里的东西不是摞就是~
【骰】tʂən⁴⁴	大力扔击：使石头~人
【□】ɣa⁴⁴	扔击：拾起砖头来就~
【搋】mau⁴⁴	击打：我使石头~你
【□】siə⁴⁴	（用石头等）扔击：小心那个痴巴使石头~你
【盦】ɣa⁴⁴	简单搭盖：~个厦子
【锻】tθʰuæn⁵³	①击打：他叫人家~了一顿；②用工具捣：~蒜
【扇】ʃæn²¹³	①扇风；②扇击：~耳子｜~脸
【拍】pʰei⁴⁴	（用手掌或片状物）击打：~手｜~巴掌｜~苍蝇
【揔】xu²¹³	横向扇击：~了一耳子｜脸叫板子~着了，都肿了
【按】ɣæn³¹	（用手掌或手指）压：~摩
【摁】ɣən³¹	用力压：他真有劲儿，好几个人儿~不住他
【搁】kə⁴⁴	放：吃完饭，~下筷子就出去了
【筛】ʂɛ²¹³	（用筛子）筛：这些麦糠都~了一遍了
【剥】pa⁴⁴	强行去皮、壳或衣服：~牛皮｜~果子｜~苞米儿｜衣裳都叫人家~光了
【扒】pa²¹³	

续表

词目与注音	释义及例句
【撅】tʂʰɛ²¹³	（用拳头）按压：~面
【□】tʃʰu⁵³	（用铁锹等工具）铲除：~粪｜~鸡屎
【砸】tθa⁵³	
【敛】tɕiən²¹³	拎，提：左手~着一只桶｜手里~着个包儿
【掐】tɕʰia²¹³	（两手紧紧）箍匝：~脖子
【掐】tɕʰia⁴⁴	（以拇指和食指指甲）用力对挤：你怎么还~我的肉儿嗬，疼死我了
【寽】ly⁴⁴	（用手）理顺：~胡子｜~~这些韭菜
【□】ly⁴⁴	（用棍棒）抽打：这个人偷东西，叫人家使棍一顿好~
【撞】tʂʰuaŋ³¹	①撞击：他儿开车~了树上了；②连续晃动瓶子里的水，（以涮其内壁）：~~暖壶
【捋】luə⁴⁴	（用手）扯断：~槐花儿｜~地瓜叶
【□】tʂʰua⁴⁴	①快速抓抢：我手里的钱叫那个人儿一把~了去了；②迅速咬住：狐狸跳起来就把小鸡儿~住了
【□】syæn³¹	以旋转的方式切削
【削】syə⁴⁴	用刀等斜割
【剺】li⁵³	（利器）割：指头叫刀~了一道口子
【□】li³¹	强行获取，强迫他人拿出：这个老头儿的钱都叫他儿媳妇~出来了
【凿】tθuə⁵³	用锐器砸击：使凿子~石头
【斜】va⁴⁴	舀取（粉状、颗粒状物）：去缸里~点儿米
【择】tʂei⁵³	①摘除：~菜；②阉割：~猪
【抹】ma³¹	擦：~桌子｜~玻璃｜~脸
【抹】ma⁴⁴	撤职，免职：他原来在银行当主任，后来叫上头儿~了
【杀】ʂa⁴⁴	①宰杀，砍杀，捅杀：~猪｜~人；②砍伐：~树
【叉】tʂʰa²¹³	（用叉子）刺、挑：小孩儿没有劲，~不动草
【插】tʂʰa⁴⁴	
【□】kuɛ²¹³	碰，接触：你别~着我
【□】xu⁴⁴	①（身体）贴近：我不想你~着我；②接近，靠近：他那个人嘴不好，俺都不~着他
【支】tʂɿ²¹³	（用条状物）顶：场院的草垛都歪了，使几根木头~着
【夯】xaŋ²¹³	（用重物）击打：~地基｜~墙
【劂】xuə²¹³	（用利器）割划：杀猪的时候要把猪肚子~开

续表

词目与注音	释义及例句
【耠】$xuə^{213}$	（用犁）耕：~地
【磕】$k^{h}a^{44}$	跟硬物碰撞：胳膊怎么~的，都出血了
【搕】$k^{h}a^{44}$	倾倒：把那些苹果从筐子里都~出来
【廅】$k^{h}a^{44}$	关，闭：~门丨~窗
【□】$t\theta uə^{53}$	掐断，折断：~地瓜蔓
【抻】$tʃ^{h}ən^{213}$	绷直，拉直：~~被套丨穷人乍富，~腰凹肚
【拔】pa^{53}	双手抓住向上或向后拉：~河丨~萝卜
【□】ti^{44}	拔：~蒜薹
【□】$p^{h}i^{44}$	向下拉扯并折断：~洋槐枝子
【揉】$iəu^{53}$	
【涮】$ʂuæn^{31}$	洗净：洗洗~~
【□】$tʃ^{h}əu^{53}$	用清水洗干净：到南河里~~被套丨~裤子
【□】$tʃəu^{44}$	拧：把他的胳膊~过来丨你给我~过头来丨~螺丝
【戳】$tʂ^{h}ua^{53}$	扎刺：他叫树枝子~着腿了丨不能叫孩子拿着筷子跑，能~了嘴里去
【够】$kəu^{31}$	①达到某个水平、程度、数量或标准：这些钱盖屋~不~？丨那些年真受~了罪了丨你整天叨念那些破事儿，真听~了丨~哥们儿丨~意思
【遘】$kəu^{31}$	触及某个范围：槐花太高了，用长竿子才能~下来
【捞】lau^{213}	获取，得到：他当书记那几年从村里~了很多好处丨这么好的事儿，俺家里~不着丨大队里给他家里分了面，俺怎么没~着？
【捞】lau^{53}	从水中捞取：从水库里~上一个人儿来丨~麦子
【□】$t\theta^{h}ɿ^{213}$	①倒掉：~水；②冲，喷：下大雨了，屋后的水照着屋角子直~
【□】ia^{44}	倒：害渴了，给我~碗水喝
【□】ia^{44}	（在模具里倒入铁水）铸造：~个鏊
【锉】$t\theta^{h}uə^{31}$	（使用锉具对物体表面）反复打磨
【刮】$k^{h}ua^{44}$	用刀具去除（皮、毛或壳）：~猪头丨~地蛋丨~芋头
【合】$xuə^{53}$	①闭合：大蛤蜊~上盖儿了；②符合：~情~理
【隔】kei^{44}	间隔，隔开：脚蹩着以后，~若干日子才能好了
【催】$t\theta^{h}uei^{213}$	催促
【开】$k^{h}ɛ^{213}$	

续表

词目与注音	释义及例句
【关】kuæn²¹³	
【犯】fæn³¹	①触犯，违反：~罪｜~事儿；②触发，发作：~病｜~愁；③相克：生果子上鱼~着
【呛】tsʰiaŋ²¹³	气管受到水的刺激：叫水~着了
【兴】çiəŋ²¹³	流行：那时候结婚~坐轿
【挨】ɣɛ²¹³	①靠：俺两个村儿紧~着；②按照顺次：~个进来
【超】tʃʰau²¹³	
【撵】niæn⁴⁴	追赶：快点儿，~上你了
【挂】kua³¹	
【随】θuei⁵³	①像：这个孩子脾气~他爹；②跟随：~大流儿｜他儿结婚，俺家里~了二百
【撑】tsʰəŋ²¹³	①吃得太多，胃难受：吃饭~着了；②支撑：那个家就是您小舅~起来的
【比】pi⁴⁴	
【分】fən²¹³	分发：队里~给俺三亩地
【□】va²¹³	突，鼓：抻腰~肚
【顶】tiəŋ⁴⁴	①顶：风大，使根棍~着门；②顶替：原来他在政府里当司机，后来叫人家~了；③相当于：好汉出马一个~仨
【拖】tʰuə²¹³	①拉；②拖延：别~了，再~就耽误事儿了
【掖】iə⁴⁴	往缝隙里塞：你把衬衣上裤子里~~，~好了它
【拌】pæn³¹	
【搅】tçiau⁴⁴	搅拌
【嗑】kʰə³¹	①用牙齿咬：~瓜子｜你别惹急了她，惹急了她能把人~了
【□】xɛ²¹³	从上往下敲打：拿起来一根棍就~上了
【轰】xəŋ²¹³	驱赶：一群鸡待那里吃麦子，叫我~跑了
【应】iəŋ²¹³	答应：这门亲女方那边是~下来了
【没】məŋ³¹	淹没：井水很深，能把人~了
【办】pæn³¹	①置办：去集上~年货；②做：~公
【图】tʰu⁵³	图谋，想得到：她想~老头的房子
2. 双音节	
【舍弃】ʃə⁴⁴tçʰi³¹	甘心，罢休
【倒□】tau⁴⁴tθʰau⁵³	倒霉：碰着这个事儿，真~

词目与注音	释义及例句
【固粘】ku$^{31-42}$tʃæn^2	沾满，弄脏
【离骨儿】li^{31}kᴜ·⁴⁴	肉与骨头或表皮与骨干分离
【离核儿】li^{31}xᴜ·⁵³	果肉与果核分离：桃是~的
【原是】yæn$^{53-55}$ʂ̩^{5}	就是，表示强调
【揭挑】tɕiə$^{44-45}$tʰiau^5	故意说起（以前的短处）：我不是~他，他真不是个好东西
【放火】faŋ^{31}xuə^{44}	故意引起大火
【点火】tiæn$^{44-42}$xuə^{44}	
【烤火】kʰau$^{44-42}$xuə^{44}	
【上色儿】ʃaŋ^{31}ʂɚi^{44}	涂上颜色：大衣柜该~了
【掉色儿】tiau^{31}ʂɚi^{44}	褪色：衣裳~了
【染色儿】iæn$^{44-42}$ʂɚi^{44}	
【值钱】tʃi^{53}tsʰiæn^{53}	
【动地】təŋ$^{31-312}$ti^{31}	村庄重新分田地：今春来村里要~，你抓阄吭
【猜疑】tθʰɛ$^{213-55}$i^5	猜测：我~着她可能有什么事儿
【出招儿】tʃʰu$^{44-42}$tʂɚu^{213}	
【接招儿】tsiə$^{44-42}$tʂɚu^{213}	
【带谱儿】tɛ^{31}pʰᴜ·⁴⁴	可靠，确切
【寻思】siən$^{53-55}$θ̩ŋ^5	想，思考：我当时~这可怎么办？
【渴达】kʰa$^{44-45}$ta^5	饮食条件恶劣导致营养不良：他从小儿受~了
【虐待】yə$^{31-21}$tɛ^1	~孩子
【蹀躞】tiæn$^{213-21}$siæn^1	抖擞，得瑟：你好好地待家里，别出去~了
【饥眍】tɕi$^{213-21}$kʰuən^1	饿
【成精】tʃʰəŋ^{53}tsiəŋ^{213}	传说动物经过修炼后变成人形
【听话】tʰiəŋ$^{213-24}$xua^{31}	
【管限】kuæn$^{44-55}$ɕiæn^5	管制，限制
【糟极】tθʰau$^{213-45}$tɕi^5	不堪忍受：这个事儿真让你~了
【敞开】tʃʰaŋ$^{44-45}$kʰɛ^5	①打开；②不加限制的：~吃
【凑手儿】tθʰəu^{31}ʂɚu^{44}	满足一定人数：您待打扑克？俺也过来~
【得济】tei^{44}tsi^{31}	得势，得到辅助：他~的时候，能看起谁？
【丢脸】tiəu$^{213-24}$liæn^{44}	
【招眼儿】tʃau$^{213-24}$ɹɛ·⁴⁴	引人注意

词目与注音	释义及例句
【上眼】ʃaŋ³¹iæn⁴⁴	注意：我没看着他，没~
【重样儿】tʂʰəŋ⁵³ɭɚ⁻ʯ³¹	重复相同的：人家每顿做那个饭不待~的
【出数儿】tʃʰu⁴⁴ʂɚ³¹	数量多：那个鸡下蛋光看着大，不~
【起发】tɕʰi⁴⁴⁻⁴⁵fa⁵	①膨胀：这些馒头真~；②肉多：他儿原来脸挺瘦的，现在看着~了
【撑腰】tʂʰəŋ²¹³⁻²⁴iau²¹³	支持
【顶饿】tiəŋ⁴⁴ɣə³¹	能忍受住饥饿
【顶用】tiəŋ⁴⁴iəŋ³¹	
【合身儿】xuə⁵³ʂɚi²¹³	适合身材：衣裳真~
【卡刻儿】kʰa⁴⁴kɚi³¹	在节骨眼上，在关键时刻：你来得真是~
【安顿】ɣæn²¹³⁻⁴⁵tuən⁵	安置，使有着落：把人先~下来
【吃水】tʃʰi⁴⁴⁻⁴²ʂuei⁴⁴	取用生活用水
【费心】fei³¹siən²¹³	
【出心】tʃʰu⁴⁴⁻⁴²siən²¹³	表示心意：咱家上他家关系远，拿两个钱儿出~就行了
【打捞】ta⁴⁴⁻⁴⁵lau⁵	打听：你从哪里~的这些事儿？
【少见】ʃau⁴⁴tɕiæn³¹	不多见：这种东西儿我们这里很~
【避风儿】pi³¹fəʵŋ²¹³	
【窝风】və²¹³⁻²⁴fəŋ²¹³	能挡住风：那个埝儿~，咱上那里去坐坐
【窝蔽】və²¹³⁻²¹pi¹	长期在某处或某地生活，跟外界联系少：全家~了那个小屋儿里
【消停】siau²¹³⁻⁴⁵tʰiəŋ⁵	停止，安静：两个孩子一直翻腾，不叫人~
【匀乎儿】yən⁵³⁻⁵⁵xuʵ⁵	均分：稀饭~~喝了吧，别剩下了
【占全】tʃæn³¹tsʰyæn⁵³	全都具备：吃喝嫖赌~了
【报恩】pau³¹ɣən²¹³	
【报仇】pau³¹tʃʰəu⁵³	
【注定】tʃu³¹⁻⁴⁵tiəŋ⁵	
【白搭】pei⁵³ta⁴⁴	徒费（人力、物力或财力）：上了一顿学，下来找不着个活儿，~
【白费】pei⁵³fei³¹	白白浪费：什么学都没考上，钱都~了
【上火】ʃaŋ³¹xuə⁴⁴	着急生气
【冒火】mau³¹xuə⁴⁴	生气发作
【窝火】və²¹³⁻²⁴xuə⁴⁴	心里生气，没有发作：借钱还不想还，真叫人~

续表

词目与注音	释义及例句
【蔫□】 iæn²¹³⁻²¹ iəu¹	①枯萎；②气势不足，情绪低落
【殃懒】 iaŋ²¹³⁻²¹ læn¹	使……无精打采或浑身无力：春天的时候真~人
【迷殃】 mi⁵³⁻⁵⁵ iaŋ⁵	迷糊：睏得时候儿长了，睏~了
【记恨】 tɕi³¹⁻⁴² xən²	记住并憎恨：小霞她娘~人
【当郎】 taŋ²¹³⁻²¹ laŋ¹	悬垂：那么些丝瓜待架子上~着
【使劲】 ʂ̩⁴⁴ tɕiən³¹	用力：一~就把车子拉上去了
【享人】 ɕiaŋ⁵³ iən⁵³	（肥肉）让人感到腻：红烧肉真~
【拔尖儿】 pa⁵³ tθɛ²¹³	出类拔萃：学习~
【颤哈】 tʃʰæn³¹⁻²¹ xa¹	颤动：你看她胸前的两个奶子~~的
【耐黵】 nɛ³¹ tʃæn⁴⁴	耐脏：白衬衣不~
【禁黵】 tɕiən⁴⁴⁻⁴² tʃæn⁴⁴	耐脏
【禁穿】 tɕiən⁴⁴⁻⁴² tʃʰuæn²¹³	耐穿：这双鞋不~
【折腾】 tʃə⁴⁴⁻⁴⁵ təŋ⁵	
【反腾】 fæn⁴⁴⁻⁴⁵ təŋ⁵	（孩子）调皮，玩闹
【出名】 tʃʰu⁴⁴ miəŋ⁵³	
【压风】 ia³¹ fəŋ²¹³	风吹不透：这件儿棉袄不~
【□烂】 iəu⁵³⁻⁵⁵ læn⁵	表皮摩擦损伤不再新鲜：洋柿子摘下的时间长了，都~了
【冤枉】 yæn²¹³⁻²¹ vaŋ¹	
【□人】 tʂa⁵³ iən⁵³	水温低，肢体受到刺激而难以忍受
【□手】 tʂa⁵³ ʃəu⁴⁴	使手感到寒冷：井水怎么这么凉，~
【□脚】 tʂa⁵³ tɕyə⁴⁴	使脚感到寒冷
【弯弓】 væn²¹³⁻²¹ kəŋ¹	弯：上年纪了，腰都~着了
【刮□】 kʰua⁴⁴⁻⁴⁵ tʂʰa⁵	用各种手段获取（物质、金钱）：他爹娘存了点儿钱儿，都叫他~干净了
【砍价儿】 kʰæn⁴⁴ tɕia³¹	
【杀价儿】 ʂa⁴⁴ tɕia³¹	砍价
【低溜】 ti²¹³⁻²¹ liəu¹	低：你~个头干什么？
【光溜】 kuaŋ²¹³⁻²¹ liəu¹	没有衣物遮掩：小孩儿什么也没穿，~着
【翻翻】 fæn²¹³⁻²¹ fæn¹	翻：他的腿磕着了，肉都~起来了
【出水】 tʃʰu⁴⁴⁻⁴² ʂuei⁴⁴	水流出：泉眼~了
【消化】 siau²¹³⁻²⁴ xua³¹	

续表

词目与注音	释义及例句
【长毛儿】tʃaŋ⁴⁴maʴu⁵³	①长出毛发；②霉变后生出菌类：馒头~了
【轮到】liən⁵³⁻⁵⁵tau⁵	按顺序排到：~你家里抓阄了
【轮着】liən⁵³⁻⁵⁵tʂʅ⁵	轮着：~我踢毽儿了丨弟兄三个~养老
【颠□】tiæn²¹³⁻²¹ku¹	①颠簸；②抖擞：闲着没有事儿，绕哪里去~
【能以】nəŋ⁵³⁻⁴²i²	可能。如，A：听人家说某某截路，叫公安抓了去了？B：~，公安抓他不止一回儿了
【能以】nəŋ⁵³i⁴⁴	有本事，能干活：人家真~，挣若干钱丨这一秋他干若干活，真~
【耽着】tæn³¹⁻⁴²tʂʅ²	耽误：家里再困难也没~你吃啊
【耽误】tæn³¹⁻⁵⁵vu⁵	
【滑丝】xua⁵³θɤ²¹³	螺丝纹理锉磨平滑以至于拧不住螺帽
【点钢儿】tiæn⁴⁴⁻⁴²kaʴŋ²¹³	找 A 的借口或由头以让 B 实施某种行为：他爹经常打他，他后娘再一~，打得更厉害
【续待】sy³¹⁻²¹tɛ¹	逐渐地：感冒~着就好了
【算完】θuæn³¹væn⁵³	罢休，停止：你不把这个事说清楚咱就不~
【犯愁】fæn³¹tʂʰəu⁵³	发愁：儿说不上媳妇儿，他~了
【犯贱】fæn³¹⁻³¹²tsiæn³¹	言语行为自取其辱：你说那么难听的话，你是不是~？
【压摞儿】ia³¹ɭuʴ⁵³	（多人）身体叠压
【□人】iəŋ⁴⁴iən⁵³	噪人：别吆喝了，真~
【熏人】çyən²¹³⁻²⁴iən⁵³	鼻子受到烟气刺激：冒的这些烟那么~喃
【炝人】tʂʰiaŋ³¹iən⁵³	气管受到烟气刺激
【引火】iən⁴⁴⁻⁴²xuə⁴⁴	引燃火：拾点草~使
【算数儿】θuæn³¹⁻³¹²ʂɤ³¹	信守承诺：说话一定要~
【算话儿】θuæn³¹⁻³¹²xuə³¹	算数
【在数】tθɛ³¹ʂu⁴⁴	数得着：俺爹年轻的时候长得漂亮，在乡里都~
【保证】pau⁴⁴tʃəŋ³¹	
【不兴】pu⁴⁴⁻⁴²çiəŋ²¹³	不流行，不合时宜：现在这一套都~了
【碍眼】ɣɛ³¹iæn⁴⁴	看到让人不舒服：家门前堆着些垃圾，真~丨我真看伤你了，看着你就觉着
【碍事】ɣɛ³¹⁻³¹²ʂʅ³¹	阻碍做事：我要做饭，别站这里~
【上膘】ʃaŋ³¹piau²¹³	发胖：吃饭挺多的，就是不~
【跌膘】tiə⁴⁴⁻⁴²piau²¹³	变瘦：这些日子叫孩子放放的，牛~了

续表

词目与注音	释义及例句
【撒气】θa⁴⁴tɕʰi³¹	①漏气；②出气：别拿着孩子～
【漏气】ləu³¹⁻³¹²tɕʰi³¹	
【打滑】ta⁴⁴xua⁵³	地面湿滑而站不稳：路上上冻了，一走就～
【沉底儿】tʃən³¹təɿ⁴⁴	沉到底部：石头撂了水里去就～了｜瓶子里的渣子都～了
【听风儿】tʰiəŋ²¹³⁻²⁴fəɻ²¹³	探听消息：那几个人是来～的
【过头儿】kə³¹tʰəu⁵³	过分：玩笑开得～了
【离地儿】li³¹⁻³¹²təɿ³¹	儿童刚学会走路：她家的孩子小，还没～喃
【口鼻儿】ti⁴⁴piəɿ⁵³	（针眼）被线扯断：针～了
【完了】væn⁵³⁻⁵⁵lə⁵	①结束；②事情变坏：～～，找不着孩子了
【化了】xua³¹⁻⁴²lə²	融化：春天了，冻冻都～
【毁了】xuei⁴⁴⁻⁴⁵lə⁵	①导致不良结果：听了你的话儿，事儿没办成，真叫你～；②弄坏：这辆脚闸车子就～你手里
【没有】mu³¹iəu⁴⁴	
【超过】tʃʰau²¹³⁻²⁴kə³¹	
【撵上】niæn⁴⁴⁻⁴⁵ʃaŋ⁵	赶上：学习要努力，不努力就叫人家～了
【认账】iən³¹⁻³¹²tʃaŋ³¹	承认
【转圈儿】tʃuæn³¹tɕʰyɛ²¹³	①站立旋转；②思考：我这会儿脑子不～了
【上人】ʃaŋ³¹iən⁵³	人陆续赶来：集上开始～了
【让人】iaŋ³¹iən⁵³	谦让他人：他吃饭从来不知道～
【开窍儿】kʰɛ²¹³⁻²⁴tɕʰiɑ u³¹	①打开心智：这个孩子学习就是不～；②想不通，不明白：说了这么长时间了，你怎么还是不～
【上钩儿】ʃaŋ³¹kəu²¹³	①鱼吃诱饵；②上当：人家很精，才不会～喃
【得空儿】tei⁴⁴kʰəŋ³¹	有空闲：我今日没有时间，～就去看你吭
【离眼儿】li³¹ɹɛ⁴⁴	离开视线：一～的工夫，孩子掉了井里去了
【出差子】tʃʰu⁴⁴tʂʰa³¹⁻⁴²tθŋ²	出差错：要办成了这个事儿，你得好好寻思寻思，容易半路～
【招风】tʃau²¹³⁻²⁴fəŋ²¹³	①容易受到风吹：树大～；②易招灾祸
【甜欢】tʰiæn⁵³⁻⁵⁵xəŋ⁵	使得利，使得到丰厚回报：那年介那窝猪卖了三千多，真～人
【抖擞】təu⁴⁴⁻⁴⁵θəu⁵	①发抖：天真冷，冻得直～；②得瑟：闲着没有事儿就干点儿人活，别～
【打发】ta⁴⁴⁻⁴⁵fa⁵	①应付他人以使其离开：要饭的来，给个馒头～走了拉倒；②派遣，支使：这个大喜事儿，就～个嫚姑子来吃饭

词目与注音	释义及例句
【拿倒】na$^{53-55}$tau^5	效力太强，身体感到不适：没吃饭就吃药，叫药~了
【掉腚】tiau$^{31-312}$tiəŋ^{31}	转身：话不顺耳朵，~就走了
【搁到】kə$^{44-45}$tau^5	放在：你把扫帚~哪里去了？| 那个事儿~现在就是犯罪
【搁下】kə$^{44-45}$çia^5	①放下；②容得下：这么些苞米儿，哪里能~？
【归拢】kuei$^{213-45}$ləŋ^5	①聚拢：把麦子~成堆；②整理：你好好~~这些书
【挪挪】nuə$^{53-42}$nuə^2	①移开；②调动，改换：以后有机会儿了换个工作，~地方儿
【撅腚】tçyə$^{213-24}$tiəŋ^{31}	翘屁股
【抻腰】tʃʰən$^{213-24}$iau^{213}	伸直腰杆
【□肚】va$^{213-24}$tu^{31}	鼓起或突起肚子：穷人乍富，抻腰~
【接湿儿】tsiə$^{44-42}$ʂəˑi^{44}	湿透，浇透：吓这点儿小雨儿，地还不~喃
【独吞】tu^{53}tʰuən^{213}	独自占有：队里的钱都叫书记~了
【支使】tʂʅ$^{213-21}$ʂʅ^1	差遣，使唤：大懒~小懒 | 懒人光想着~别人
【帮衬】paŋ$^{213-21}$tʂʰən^1	帮助，接济：她家里真穷，多亏她姐姐~着
【布□儿】pu$^{31-42}$pɛ^2	想法多，不安分：买了褂子你买裤子，真能~
【帮巴】paŋ$^{213-21}$pa^1	帮助，扶持
【指点】tʂʅ$^{44-42}$tiæn^2	指示点明：做买卖一直挣不着钱，你不~~我？
【作孽】tθuə^{44}iə^{31}	做坏事，惹是生非：偷人家的羊，您这是~
【作死】tθuə$^{44-42}$θʅ^{44}	胡作非为，自找死路：敢截路抢人家，你这是~
【作腾】tθuə$^{44-45}$təŋ^5	泛指所有不合理的动作和行为：好好吃饭，别把饭都~了 | 他家里的钱叫他~光了
【来事儿】lɛ^{53}ʂəˑi^{31}	处理事情：人家很会~，从来不得罪人
【逃荒】tʰau^{53}xuaŋ^{213}	遇到灾荒而去别处寻找生路：以前遇着不好的年头儿，人都出去~
【歉收】tçʰiæn^{31}ʃəu^{213}	
【告状】kau$^{31-312}$tʂuaŋ^{31}	
【偿命】tʃʰaŋ^{53}miəŋ^{31}	
【对付】tei$^{31-42}$fu^2	①应对；②将就，凑合：没有工夫儿了，~着吃点儿就行了
【打听】ta$^{44-45}$tʰiəŋ^5	
【横□】xuəŋ$^{53-55}$tæn^5	长条状物体两端横架在支撑物上

词目与注音	释义及例句
【□上】tæn³¹⁻⁴² ʃaŋ²	把长条状物体横放在有间隔的支撑物上：墙上钉两个大钉子，再~块板子，好放东西
【记着】tɕi³¹⁻⁴² tʂʅ²	
【单过】tæn²¹³⁻²⁴ kə³¹	一家或一个人单独生活：俺上他爷爷分家了，~还不行？
【单干】tæn²¹³⁻²⁴ kæn³¹	土地承包到户，各家各户独自生产经营：你出生的时候就~了，生活就好了
【瞎混】ɕia⁴⁴ xuən³¹	混日子，无所事事
【维持】vei⁵³⁻⁵⁵ tʃʰi⁵	勉强支撑：这个小买卖挣不着大钱，~个生活儿
【为人儿】vei⁵³ ɹɚi⁵³	做人：~处世
【识货】ʃi⁵³ xuə³¹	
【出货】tʃʰu⁴⁴ xuə³¹	一定数量的物体能够做出或挑出足够多的标的物：这袋子干鱼渣子少，挺~的
【抓理】tʂua²¹³⁻²⁴ li⁴⁴	抓住情理：你别看他年纪小，真能~
【透底儿】tʰəu³¹ tɚi⁴⁴	说出底线：人家到底同意不同意，你给我透~
【出人】tʃʰu⁴⁴ iən⁵³	提供人力
【出枪】tʃʰu⁴⁴⁻⁴² tsʰiaŋ²¹³	提供枪支
【出力】tʃʰu⁴⁴ li³¹	
【出上】tʃʰu⁴⁴⁻⁴⁵ ʃaŋ⁵	豁出去：他爹死的时候咱封了人情，咱家里有事了他连来都不来，真是~这一份子了
【出头】tʃʰu⁴⁴ tʰəu⁵³	①出面：你在兄弟爷们里是老大，遇到事儿你得~；②出面支持，撑腰：她净挨欺负，没有人替她~
【修路】siəu²¹³⁻²⁴ lu³¹	兴修道路
【发家】fa⁴⁴⁻⁴² tɕia²¹³	家庭发财兴旺：干了这个买卖以后，他~了
【发胖】fa⁴⁴ pʰaŋ³¹	变胖
【糊弄】xu⁵³⁻⁴² ləŋ²	①将就，凑合：他家里不正经做饭，整天~着吃；②敷衍，应付：要干就好好干，不能~人；③欺骗：您家里把坏苹果当好苹果卖，真能~人
【打殃】ta⁴⁴⁻⁴² iaŋ²¹³	干扰，扰乱：大人干活儿，小孩儿别~
【抓瞎】tʂua²¹³⁻²⁴ ɕia²¹³	事到临头无应对办法或无准备：平时不努力，考试的时候~了丨屋破了不修，下雨的时候~了
【下套儿】ɕia³¹⁻³¹² tʰɚu³¹	①设置绳套：~抓野兔子；②设圈套
【下网】ɕia³¹ vaŋ⁴⁴	布置网：~抓野鸡
【捎带】ʂau²¹³⁻⁴⁵ tɛ⁵	①顺便携带；②顺便：明日我正好去赶集，~着给你买了就行了
【顺手】ʃuən³¹ ʃəu⁴⁴	

词目与注音	释义及例句
【交底儿】 tɕiau²¹³⁻²⁴tɚi⁴⁴	和盘托出：家里有多少钱，你交个底儿吧
【端老窝儿】 tuæn²¹³⁻²⁴lau⁴⁴⁻⁴²vɚ²¹³	消灭坏人、敌人的据点或老巢：你没听着，都端了老窝儿了
【抽空儿】 tʃʰəu²¹³⁻²⁴kʰɚŋ³¹	抽时间
【瞅空儿】 tʂʰəu⁴⁴kʰɚŋ³¹	找时间：你别急，~我就过去
【换肩】 xuæn³¹tɕiæn²¹³	从一侧肩膀换到另外一侧肩膀：挑水觉着使人了就换~
【挨肏】 ɣɛ⁵³tθʰau³¹	被奸淫
【欠肏】 tɕʰiæn³¹⁻³¹²tθʰau³¹	骂语：真是他娘的~了
【装熊】 tʂuaŋ²¹³⁻²⁴ɕiəŋ⁵³	示弱：平时看着有精神，一遇到事儿就~开了
【变卦】 piæn³¹⁻³¹²kua³¹	改变原来的计划或想法
【碰着】 pʰəŋ³¹⁻⁴²tʂʅ²	①碰撞；②遇到：我待集上~您男人了
【碰上】 pʰəŋ³¹⁻⁴²ʃaŋ²	无意之中遇到
【摊上】 tʰæn²¹³⁻²¹ʃaŋ¹	遇上，遇到：这个事儿怎么叫你~了喃？
【摊着】 tʰæn²¹³⁻²¹tʂʅ¹	遇到：人家~了个好男人
【□上】 iæn⁴⁴⁻⁴⁵ʃaŋ⁵	恰巧遇到：她刚走出胡同口儿，一辆脚闸车子就撞上去了，也是~了
【□着】 iæn⁴⁴⁻⁴⁵tʂʅ⁵	碰巧遇到
【□着】 ly⁴⁴⁻⁴⁵tʂʅ⁵	顺着，沿着：你~这条路往前走，就到了西崖了
【仗着】 tʃaŋ³¹⁻⁴²tʂʅ²	倚仗
【壮胆】 tʂuaŋ³¹tæn⁴⁴	使胆子变大：有你给我~，我就不怕了
【抓赌】 tʂua⁴⁴⁻⁴²tu⁴⁴	捉拿参与赌博的人
【抓人】 tʂua⁴⁴iən⁵³	捉拿嫌疑人
【占埝儿】 tʃæn³¹nɚ⁴⁴	抢占地方或位置：后晌大队屋里开会，你给我占个埝儿吭
【上套儿】 ʃaŋ³¹⁻³¹²tʰɚu³¹	①钻入圈套；②入门，摸出门道：一开始根本就编不好筐子，慢慢地就~了
【争脸】 tʂəŋ²¹³⁻²⁴liæn⁴⁴	争得脸面：你考上大学真给咱家里~了
【理整】 li⁴⁴⁻⁴⁵tʂəŋ⁵	整理，收拾：你把头发好好~~，洗得干净点
【拉痒儿】 la⁵³ɹɚŋ⁴⁴	把发痒的某个身体部位顶在物体上摩擦
【拼命】 pʰiən²¹³⁻²⁴miəŋ³¹	①以命相搏；②极度努力：~挣钱丨~干活儿
【赶活儿】 kæn⁴⁴xuɚ⁵³	赶工作进度
【竖溜】 ʃu³¹⁻⁴²liəu²	①竖立；②纵向放置：咱把大衣柜~起来
【横溜】 xuən⁵³⁻⁵⁵liəu⁵	①横向放置；②横向调转：你竖溜着拿杆子肯定进不去，你把它~过来不就好了

词目与注音	释义及例句
【咣荡】 kuaŋ³¹⁻⁴² taŋ²	液体剧烈晃动
【晃荡】 xuaŋ³¹⁻⁴² taŋ²	摇晃
【粘上】 tʃæn²¹³⁻²¹ ʃaŋ¹	黏合
【贴上】 tʰiə⁴⁴⁻⁴⁵ ʃaŋ⁵	
【迎头】 iəŋ⁵³ tʰəu⁵³	迎着对面：早起来刚出门儿，~碰着他大舅儿
【做伴儿】 tθəu³¹⁻³¹² pɛ³¹	做伴：俺爹七十了，俺想给他找个人上他~
【孵窝】 pau³¹ və²¹³	①家禽孵蛋；②长时间待在家里：若干日子没看着你了，你待家~了？
【珍重】 tʃən²¹³⁻²¹ tʂəŋ¹	珍爱，重视：人家拿着孩子真~
【假装儿】 tɕia⁴⁴⁻⁴² tʂuaɚ ŋ²¹³	
【摸黑儿】 mə²¹³⁻²⁴ xəɨ⁴⁴	黑夜里摸索：我跟您爹~摘了一宿果子
【误事儿】 vu³¹⁻³¹² ʂəɨ³¹	
【走火儿】 tθəu⁴⁴⁻⁴² xuəˑ⁴⁴	枪械自行射击或误射：枪~打死人了
【走火】 tθəu⁴⁴⁻⁴² xuə⁴⁴	头脑发昏，神志不清：~入魔
【硬挺】 iəŋ³¹ tʰiəŋ⁴⁴	强行支撑：感冒了快吃药，别~着
【堋河】 tʂa⁵³ xuə⁵³	筑起堤坝，阻止水流
【对准】 tei³¹ tʃuən⁴⁴	
【照量】 tʃau³¹⁻⁴² liaŋ²	①大概测量：你~~这块布这么长儿？②瞄：把皮嘤子拿正了，~准了再打
【照着】 tʃau³¹⁻⁴² tʂʅ²	①对着：~腔一顿好抽；②比照：~书抄十遍
【图寻】 tʰu⁵³⁻⁵⁵ siən⁵	想得到：待本地工作，就是~个方便
【图钱】 tʰu⁵³ tsʰiæn⁵³	①看重金钱：你找对象儿，是~喃，还是图人儿？②谋划得到金钱：哥哥死了以后，弟弟想~
【图人儿】 tʰu⁵³ ɹəˑi⁵³	看中人品或相貌
【抓阄儿】 tʂua²¹³⁻²⁴ tɕʰiəˑu²¹³	
【钻眼儿】 tθuæn²¹³⁻²⁴ ɹɛ⁴⁴	钻孔
【打眼儿】 ta⁴⁴⁻⁴² ɹɛ⁴⁴	钻孔：待墙上打个眼儿
【打井】 ta⁴⁴⁻⁴² tsiəŋ⁴⁴	钻井
【磨蹭】 mə⁵³⁻⁵⁵ tθʰəŋ⁵	拖延，不利索
【磨刀】 mə⁵³ tau²¹³	
【□撸】 tʰu²¹³⁻²¹ lu¹	①（线团）散开：毛衣袖子都~开了；②变松散以致下滑：你卷卷裤腿子，都~到哪里去了！
【□□】 ku⁵³⁻⁵⁵ tʂʰu⁵	①收缩：海蜇使水一燎，都~起来了；②变瘦：她原来真胖，现在~了

续表

词目与注音	释义及例句
【□溜】ku²¹³⁻²¹liəu¹	滚动：崖子很陡，还往下~石头
【□□】pu²¹³⁻²¹ləu¹	挣扎，翻腾：孩子睡觉真能~|你看看河里有若干鱼，~~的
【弯悠】væn²¹³⁻²¹iəu¹	(虫类) 蠕动，曲线爬行：才刚忙我看着草垛里有一条长虫待那~~的
【谝弄】pʰiæn⁴⁴⁻⁴⁵ləŋ⁵	夸耀：她经常~自己家里又吃什么好饭了
【亏待】kʰuei²¹³⁻²¹tɛ¹	让他人吃亏或损害他人的利益：你好好在这里干活儿，俺家~不了你
【好喝儿】xau³¹xɚ⁴⁴	喜欢喝酒
【好胜】xau³¹⁻³¹²ʃəŋ³¹	希望强过他人：你二爹爹~，丁点事儿就谝弄
【拔腿】pa⁵³tʰei⁴⁴	快速起步：一听她说这个，俺~就走了
【翻身儿】fæn²¹³⁻⁴⁵ʂɚi²¹³	翻动身体
【翻身】fæn²¹³⁻⁴⁵ʃən²¹³	身份地位提高或境遇转好：解放后，贫农~了
【乱套】luæn³¹⁻³¹²tʰau³¹	混乱，无秩序
【低头】ti²¹³⁻²⁴tʰəu⁵³	①低下头；②屈服，认输
【扭头】tʃəu⁴⁴tʰəu⁵³	转过头：你一~就看着我了
【掉头】tiau³¹tʰəu⁵³	砍掉脑袋
【调头】tiau³¹tʰəu⁵³	①转身：一看着我来了，小孩儿~就跑；②调转方向：(车) 不能再往前开了，赶快~
【抬头】tʰɛ⁵³tʰəu⁵³	
【仰头】iaŋ⁴⁴tʰəu⁵³	
【转脸儿】tʃuæn⁴⁴⁻⁴²ɻɛ⁴⁴	我一~看着是你啊
【□脸】tuə²¹³⁻²⁴liæn⁴⁴	打耳光
【眼尖】iæn⁴⁴⁻⁴²tsiæn²¹³	视觉敏锐：还是二嫂儿~，一下子就看着你了
【眨眼】tʂa⁴⁴⁻⁴²iæn⁴⁴	
【合眼儿】xuə⁵³ɻɛ⁴⁴	闭眼：老的长病，我待那照顾，一黑日没~
【闭眼儿】pi³¹ɻɛ⁴⁴	
【睁眼儿】tʂəŋ²¹³⁻²⁴ɻɛ⁴⁴	
【揉眼】iəu⁵³iæn⁴⁴	
【吹眼】tʂʰuei²¹³⁻²⁴iæn⁴⁴	用嘴吹眼睛：我眼里进沙子了，你给我吹~
【□□】ma²¹θa¹	眼睑有节奏开合地看：这个小孩儿也不说话儿，大眼~~的
【□弄】ma²¹ləŋ¹	同上"□ma²¹□θa¹"
【□□】liə⁴²kəu²	充满敌意地看：这个家伙很凶，那个眼~~的

续表

词目与注音	释义及例句
【□□】 θa⁵⁵mu⁵	到处看：你待这里~什么？
【斜溜】 siə⁵³⁻⁵⁵liəu⁵	斜着，歪斜
【□□儿】 va⁴⁴⁻⁴⁵xɚu⁵	看一眼后迅速垂下眼睑
【瞅□】 tʂʰəu⁴⁴⁻⁴⁵xəu⁵	仔细观察：我去东园里~~咱的白菜，那里有若干嘎嘎子上鹅子
【□□】 syə⁵³⁻⁵⁵mu⁵	偷偷观察
【打眼】 ta⁴⁴⁻⁴²iæn⁴⁴	抬眼：我~一看，这个牛就不糟
【剜人儿】 væn²¹³⁻²⁴ɻɚi⁵³	眼睛斜视瞪人：这个小孩儿还使眼~
【张嘴】 tʃaŋ²¹³⁻²⁴tθuei⁴⁴	①张开嘴；②开口说话：~就说不好听的
【闭嘴】 pi³¹tθuei⁴⁴	①闭合嘴；②不说话，不许说话：你给我~
【下口】 çia³¹kʰəu⁴⁴	用嘴咬：老虎啃天，无处~
【抿嘴儿】 miən⁴⁴⁻⁴²tθuɚi⁴⁴	
【吧嗒】 pa²¹³⁻²¹ta¹	进食时嘴巴发出声音
【阻阻】 tʂu⁴⁴⁻⁴⁵tʂu⁵	胃胀：吃了些肉，一直在肚子里~着
【□從】 y²¹³⁻²¹tθʰəŋ¹	反复劝说使接受：人家不想买那么多货，你真能~
【剔巴】 tʰi³¹⁻⁴²pa²	（用尖刀）剔除
【撕巴】 θɻ²¹³⁻²¹pa¹	撕扯
【握巴】 və²¹³⁻²¹pa¹	揉搓：好好的纸叫你~的，还能使？
【铰巴】 tsiau⁴⁴⁻⁴⁵pa⁵	剪
【撅断】 tɕʰyə⁴⁴⁻⁴⁵tuæn⁵	筐子太沉了，把锄杠都~了
【切巴】 tsʰiə⁴⁴⁻⁴⁵pa⁵	（用刀）切
【剁巴】 tuə³¹⁻⁴²pa²	（用刀）剁
【合上】 xuə⁵³⁻⁵⁵ʃaŋ⁵	①关闭：把柜子盖儿~；②合拢：~书，歇歇眼
【掀开】 çiæn²¹³⁻²¹kʰɛ¹	
【扭开】 niəu⁴⁴⁻⁴⁵kʰɛ⁵	拧开
【拨拉】 pa²¹³⁻²¹la¹	拨动：整天~算盘珠子
【□搂】 pu⁴⁴⁻⁴⁵ləu⁵	用棍状物体的一端拨动：我用杆子~了~那堆草，里边儿好像有什么东西
【摸量】 mu²¹³⁻⁴⁵liaŋ⁵	估计：你~~这头猪有多少斤？
【抖落】 təu⁴⁴⁻⁴⁵ləu⁵	①抖动；②折腾：自从说了这个媳子，真叫她~死了
【拾掇】 ʃi⁵³⁻⁵⁵tau⁵	①收拾，整理；②整治：他不听话，回家里我就好好~他
【扑拉】 pʰu⁴⁴⁻⁵⁵la⁵	①（用手掌）拂或拢：裤子沾上灰了，~了去｜你先把地上的豆子~成一堆儿

续表

词目与注音	释义及例句
【抓口】tʂua²¹³⁻²¹ ʂua¹	胡乱抓：孩子还不会走的时候，两只手乱~
【划拉】xua⁵³⁻⁵⁵la⁵	①不规则地划；②收集，聚集：她把苞米儿棒子~~都抱了家里去了；③乱写乱画
【撅达】tɕyə²¹³⁻²¹ta¹	用工具胡乱地撅（地）：你看看天井里叫孩子~的，一个眼眼子一个眼眼子的
【摔打】ʂuei⁴⁴⁻⁴⁵ta⁵	瓷缸子不顶~，风快碰去瓷了
【捣鼓】tau⁴⁴⁻⁴⁵ku⁵	①反复摆弄；②干，做：一头晌了，你待那里~什么
【戳弄】tʂʰuə⁵³⁻⁵⁵ləŋ⁵	胡乱摆弄：家里的电表也叫你~坏了
【逗引】təŋ³¹⁻⁴²iəŋ²	引逗：你给我~~孩子，我去趟茅房
【中人】tʂəŋ³¹iən⁵³	让人满意：这两孩子，一个真~啊，另一个不~
【摩弄】mə⁵³⁻⁵⁵ləŋ⁵	①抚摸；②照顾，打理：人家老两口子~着几分菜园，儿女都不用买菜了
【胳肢】kə²¹³⁻²¹tʃi¹	挠使发痒
【提溜】ti²¹³⁻²¹liəu¹	提拉：今日是不是叫老师~耳朵了？｜我劲儿大，一下子就能把你~起来
【搓虐】tθʰuə²¹³⁻²¹yə¹	长时间揉搓：欠条在布袋里时间长了，都~碎了
【晃悠】xuaŋ³¹⁻⁴²iəu²	①摇晃；②游荡，逛荡：没有事儿你待外边儿~什么，还不回去吃饭！
【晃荡】xuaŋ³¹⁻⁴²taŋ²	同"晃悠"
【逛荡】kuaŋ³¹⁻²¹taŋ¹	闲逛：刚吃完了饭，出来~~，消化消化食儿
【扈死】kʰa⁴⁴⁻⁴⁵ʂʅ⁵	关上：~窗
【关死】kuæn²¹³⁻²¹ʂʅ¹	关上：~门｜~灯
【擦擦】tθʰa⁴⁴⁻⁴²tθʰa²	~黑板
【抹抹】ma³¹⁻⁴²ma²	擦一擦：~桌子｜~玻璃
【吸吸】ɕi²¹³⁻⁴⁵ɕi⁵	吸取
【口口】tʃʰu²¹³⁻⁴⁵tʃʰu⁵	用嘴巴吸取：骨头里还有骨髓，你再~
【攮着】tθuæn³¹⁻⁴²tʂʅ²	紧紧握住
【扈戳儿】kʰa⁴⁴⁻⁴²tʂʰɚ⁴⁴	盖章：你到大队里开个证明，再扈上戳儿
【口进】tʂɛ³¹⁻⁴²tsiən²	把楔子钉入缝隙
【搕筐】kʰa⁴⁴⁻⁴²kʰuaŋ²¹³	全部倒出筐子里的货物：这些桃我~，全买了
【捆上】tɕʰyən⁴⁴⁻⁴⁵ʃaŋ⁵	捆扎
【口痒儿】va⁴⁴⁻⁴²ʐɚŋ⁴⁴	挠痒
【下手】ɕia³¹ʃəu⁴⁴	动手：这个家伙打仗~真狠

续表

词目与注音	释义及例句
【动手】təŋ³¹ ʃəu⁴⁴	①打架：看着大哥叫人打了，他也动了手了；②着手：俺家的新屋还没~盖呢
【洗手】si⁴⁴⁻⁴² ʃəu⁴⁴	
【搓手】tθʰuə²¹³⁻²⁴ ʃəu⁴⁴	
【握手儿】və²¹³⁻²⁴ ʂəʾu⁴⁴	
【打拳】ta⁴⁴ tɕʰyæn⁵³	
【指掇】tʂʅ⁴⁴⁻⁴⁵ tau⁵	不礼貌地指：你别~我，把你的爪子拿一边去
【伸爪儿】ʃən²¹³⁻²⁴ tʂua⁴⁴	①伸出爪子；②伸出手
【盘弄】pʰæn⁵³⁻⁵⁵ləŋ⁵	坐着、蹲着或跪着折腾：看看炕上叫孩子~的，乱七八糟的
【踩巴】tʂʰɛ⁴⁴⁻⁴⁵ pa⁵	踩：这个地方叫人~得钢梆硬
【快跑】kʰuɛ³¹ pʰau⁴⁴	
【绊倒】pæn³¹⁻⁴²tau²	
【蹚□】təŋ²¹³⁻²¹ vɛ¹	胡乱蹚：他还不会凫水，两只脚在水里乱~
【□当儿】kə²¹³⁻²¹ taˀŋ¹	单脚跳跃：小孩儿来回~着跳
【□巴】la³¹⁻⁴²pa²	叉开，分开：小嫚儿嫚儿家别~开腿，不好看
【趿趿】θa²¹³⁻²¹ta¹	穿鞋不提后鞋帮：好好穿鞋，别整天~着
【蹦趿】pəŋ³¹⁻⁴²ta²	跳跃：秋后的蚂蚱，~不了几天天了
【下脚】ɕia³¹ tɕyə⁴⁴	放脚：屋里真乱，连个~的地方都没有
【□倒】pʰɛ⁴⁴⁻⁴⁵tau⁵	踹倒：一脚就把门~了
【□蹭】tθʰʅ⁴⁴⁻⁴⁵təŋ⁵	脚前掌蹭：这幢被叫孩子~破了
【踩脚儿】tuə³¹ tɕyəʾ⁴⁴	
【迈步儿】mei³¹⁻³¹²puˠ³¹	
【吃透】tʃʰi⁴⁴tʰəu³¹	琢磨透，理解清楚：把老师讲的~了它
【硬来】iəŋ³¹lɛ⁵³	强行进行：遇事儿要多寻思寻思，别~
【□上】iə³¹⁻³¹²ʃaŋ³¹	不顾一切地打：谁惹着他，他~
【照望】tʃau³¹⁻⁴²vaŋ²	照看
【操持】tθʰau²¹³⁻²¹tʃʰi¹	操办，管理：家里的大小事儿都是他爷爷~
【错开】tθʰuə³¹⁻⁴²kʰɛ²	①交错安排：你今日去喝喜酒，明日再去赶集，这样儿不就~了；②分开排放或放置物体
【胡来】xu⁵³lɛ⁵³	胡乱做
【点名】tiæn⁴⁴miəŋ⁵³	

词目与注音	释义及例句
【淤急】y²¹³⁻²⁴ tɕi⁴⁴	缓解或解除急迫的状况：那年介家里吃不上饭了，我拾了个票夹子，里边儿有六十块钱，这六十块钱真是~了
【刨□】pʰau⁵³⁻⁵⁵ tʂʰau⁵	（用爪子）刨挖：鸡老是~门前的那堆土
【捞钱】lau²¹³⁻²⁴ tsʰiæn⁵³	获取不正当的钱财：俺庄那个书记就知道~，没听说干了什么事儿
【捞着】lau²¹³⁻²¹ tʂə¹	得到，获得：光想好事儿，就~了？
【下□】ɕia³¹ tθʰau²¹³	计划，打算：明年春里咱把地里都砸上苹果树，这个事儿得早~
【犒劳】kʰau³¹⁻²¹ lau¹	慰劳使满足：若干日子没吃肉了，今日馇排骨吃，~~孩子
【犒人】kʰau³¹ iən⁵³	（身体）长期缺油水导致想吃肉类的感觉
【熇锅】kʰau³¹ kuə²¹³	加热以蒸发锅里的水分
【熇干】kʰau³¹ kæn²¹³	锅里的水分全部蒸发掉
【天嗣】tʰiæn²¹³⁻²⁴ θɻ³¹	上天降生下来
【绕别】iau³¹⁻⁴² piə²	拗口
【掰饭】pei⁴⁴ fæn³¹	把饭分给：我吃不上，掰给你一些饭吧
【掰菜】pei⁴⁴ tθʰɛ³¹	把菜分
【上疯儿】ʃaɻ³¹ fɚɻ²¹³	精神疾病发作
【瞜睺】ləu³¹⁻⁴² xəu²	小心地四处窥视
【瞜瞘】ləu³¹⁻⁴² kəu²	有目的地到处看
【几间】tɕi⁴⁴⁻⁴² kæn²	等到：~下雨，庄稼都就干死了
【睕睕】væn²¹³⁻²¹ væn¹	敌视：他的眼照着人~~的
【搏弄】tʰuæn⁵³⁻⁵⁵ ləŋ⁵	①摆弄；②折腾：这个孩子真能~人，躁死了
【束腰】tʃʰu⁴⁴⁻⁴² iau²¹³	系腰带
【□转儿】liən⁵³ tʂuɛ³¹	转圈：你挎着俺的胳膊，咱俩~
【□头】tsʰiən⁵³ tʰəu⁵³	头部低垂前倾：仰头的老婆~的汉
【懂声儿】tuən⁴⁴⁻⁴² ʂɚɻ²¹³	对声音有反应：那个人已经不行了，不~了
【挽弄】væn⁴⁴⁻⁴⁵ ləŋ⁵	手和手腕做出特定的动作
【蹭□】tθʰəɻ³¹⁻⁴² iəŋ²	身体缓慢挪动
【赌好】tsʰiəŋ⁵³ xau⁴⁴	接受好处，受赐利益
【□蝾】ku³¹⁻⁴² iəŋ²	蠕动
【干哕】kæn²¹³⁻²¹ yə¹	干呕，恶心
【秃□】tʰu⁴⁴⁻⁴⁵ lu⁵	用滚水烫除（毛类）

词目与注音	释义及例句
【□着】tɕy²¹³⁻²¹tʂʅ¹	紧跟，紧靠
【瀣漓】ɕiɛ³¹⁻⁴²li²	（稀饭）汤与米分离
【□□】ɣaŋ³¹⁻⁴²tθaŋ²	恼火，不满：打那个事儿以后，我真~他了
【发贩儿】fa⁴⁴fɛ³¹	分发：咱不去看她，有钱没地方儿~了
【长□】tʃʰaŋ⁵³⁻⁵⁵siəŋ⁵	长叹：知道那个事儿，俺爹~了一口气
【吵唠】tʂʰau⁴⁴⁻⁴²lau²	打听，问起
【犯恶】fæn³¹⁻³¹²vu³¹	讨厌，厌恶
【提醒】tʰi⁵³⁻⁵⁵si⁵	提起：我一~，你就想起来了
【杀幅】ʂa⁴⁴⁻⁴⁵fu⁵	体积缩小，也指人身体变瘦
【设局儿】ʃə³¹tɕy·⁵³	设圈套
【害冷】xɛ³¹ləŋ⁴⁴	感到冷
【害热】xɛ³¹⁻³¹²iə³¹	
【害疼】xɛ³¹tʰəŋ⁵³	
【害痒痒】xɛ³¹iaŋ⁴⁴⁻⁴⁵iaŋ⁵	
【尿炕】niau³¹⁻³¹²kʰaŋ³¹	
【跑马】pʰau⁴⁴⁻⁴²ma⁴⁴	梦遗
【埋汰】mɛ⁵³⁻⁵⁵tʰɛ⁵	以言污之：你说这个话儿，不是~我嘛？
【差潮】tʂʰa³¹tʃʰau⁵³	因长时间放置而变质：这些鱼都~了
【等于】təŋ⁴⁴⁻⁵⁵y⁵	
3. 多音节	
【拉饥荒】la⁴⁴tɕi²¹³⁻²¹xuaŋ¹	欠债
【打饥荒】ta⁴⁴tɕi²¹³⁻²¹xuaŋ¹	还债
【捞麦子】lau⁵³mei³¹⁻⁴²tθʅ²	把麦粒放在大缸内清洗，再沥出、晾干
【撅撅着】tɕyə²¹³⁻²¹tɕyə¹tʂʅ¹	翘起：她怎么变得这么胖呢，还~个腚
【梗梗着】kəŋ³¹⁻⁴²kəŋ²tʂʅ²	硬硬地直竖：他~个头，不是善茬儿
【叫猫子】tɕiau³¹mau⁵³⁻⁵⁵tθʅ⁵	猫叫春
【下圈套】ɕia³¹tɕʰyæn²¹³⁻²⁴tʰau³¹	
【下□子】ɕia³¹xuə⁴⁴⁻⁴⁵tθʅ⁵	动手，着手：好种麦子了，咱得早~
【中□人】tʂəŋ³¹⁻²¹ʂʅ¹iən⁵³	同"中人"
【耍威风】ʂua⁴⁴vei²¹³⁻²¹fəŋ¹	
【滴溜转】ti⁴⁴⁻⁴²liə²tʃuæn³¹	①飞快转动；②团团转：这个孩子把我支使得~
【脱不了】tʰuə⁴⁴⁻⁴⁵pu⁵liau⁴⁴	逃脱不了

续表

词目与注音	释义及例句
【犒死了】$k^hau^{31-42}\,\mathfrak{s}\mathfrak{l}^2lə^2$	
【溃死了】$tθŋ^{31-21}\,\mathfrak{s}\mathfrak{l}^1lə^1$	油灰混合物在衣物上浸染太久而无法清除：裤腿子都叫油灰~
【撵不上】$niæn^{44-45}\,pu^5\,\int aŋ^{31}$	赶不上
【差不离】$t\mathbf{s}^ha^{213-21}\,pu^1li^{53}$	差不多，还不错
【差不离儿】$t\mathbf{s}^ha^{213-21}\,pu^1\,ɹɚ i^{53}$	
【掰手腕儿】$pei^{44-42}\,\int əu^{44}\,vɛ^{31}$	
【揭老底】$t\mathbf{c}iə^{44}\,lau^{44-42}\,ti^{44}$	
【赔进去】$p^hei^{53-55}\,tsiən^2\,t\mathbf{c}^hi^1$	全部亏损：他做买卖连本儿都~了
【吃老本儿】$t\int^hi^{44}\,lau^{44-42}\,pɚ i^{44}$	
【活够了】$xuə^{53}\,kəu^{31-42}\,lə^2$	不想活了
【差精点儿】$t\mathbf{s}^ha^{213-24}\,tsiəŋ^{213-24}\,tɕ^{·44}$	差一点点：他个子~到一米八
【活受罪】$xuə^{53}\,\int əu^{31-312}\,tθuei^{31}$	
【敞着头儿】$t\int^haŋ^{44-45}\,t\mathbf{s}\mathfrak{l}^5\,t^hɚ u^{53}$	没戴帽子：这么冷的天~，能不感冒？
【不着家儿】$pu^{44}\,t\int uə^{53}\,t\mathbf{c}ia^{-213}$	不在家，不回家：他一天到晚~，不知道在外边儿干什么
【不理人儿】$pu^{44-42}\,\mathfrak{l}\mathfrak{l}^{44}\,ɹɚ i^{53}$	不理睬他人
【抹下脸】$ma^{44-45}\,\mathbf{c}ia^5\,liæn^{44}$	变得严厉、严肃
【不粘手儿】$pu^{44-42}\,t\int æn^{213-24}\,\mathbf{s}ɚ u^{44}$	①不黏手：这些肉~，不是什么好肉；②不做，不参与：家里的活儿她从来~
【招蚁蜒】$t\int au^{213-24}\,i^{44-45}\,iaŋ^5$	引来蚂蚁：甜东西容易~
【招苍蜒】$t\int au^{213-24}\,tθ^haŋ^{213-21}\,iaŋ^1$	引来苍蝇：肉臭了~
【招蚊子】$t\int au^{213-24}\,vən^{53-55}\,tθŋ^5$	引来蚊子
【招长虫】$t\int au^{213-24}\,t\int^haŋ^{53-55}\,t\mathbf{s}^həŋ^5$	引来蛇：这堆石头真~
【打哏□儿】$ta^{44}\,kən^{31-42}\,tɚ i^2$	（说话）不流畅：他说话结结巴巴的，老是~
【凑热闹】$tθ^həu^{31}\,iə^{31-42}\,nau^2$	
【走正道儿】$tθəu^{44}\,t\int əŋ^{31-312}\,ta·u^{31}$	走正确的人生之路：他年轻的时候一点儿也不~，不是偷就是摸
【作大孽】$tθuə^{44}\,ta^{31-312}\,iə^{31}$	做较大的坏事：老实人~
【管闲事】$kuæn^{44}\,\mathbf{c}iæn^{53}\,\mathfrak{s}\mathfrak{l}^{31}$	
【做记号儿】$tθəu^{31}\,t\mathbf{c}i^{31-42}\,xa·u^2$	
【拍巴掌】$p^hei^{44}\,pa^{213-21}\,t\int aŋ^1$	
【割齐截】$ka^{44}\,t\mathbf{s}^hi^{53-55}\,tsiə^5$	割整齐：割韭菜的时候，~点儿
【铰齐截】$tsiau^{44}\,t\mathbf{s}^hi^{53-55}\,tsiə^5$	剪整齐：这根绳子头儿都秃噜了，你把它~了

续表

词目与注音	释义及例句
【打耳子】ta⁴⁴⁻⁴²ꞎ⁴⁴⁻⁴⁵tθꞎ⁵	打耳光
【挽袖子】væn⁴⁴siəu³¹⁻⁴²tθꞎ²	
【打活扣儿】ta⁴⁴xuə⁵³⁻⁵⁵kʰɚu⁵	打活结
【打死扣儿】ta⁴⁴⁻⁴²θꞎ⁴⁴⁻⁴⁵kʰɚu⁵	打死结
【淌漦水儿】tʰaŋ⁴⁴tʃʰi²¹³⁻²¹ʂɚi¹	流涎水：你看你馋得口里都~了
【抠耳朵】kʰəu²¹³⁻²⁴ꞎ⁴⁴⁻⁴⁵təu⁵	掏耳屎
【拽耳朵】tʂuei³¹ꞎ⁴⁴⁻⁴⁵təu⁵	
【抠鼻子】kʰəu²¹³⁻²⁴pi⁵³⁻⁵⁵tθꞎ⁵	抠鼻屎
【擤鼻子】siəŋ⁴⁴pi⁵³⁻⁵⁵tθꞎ⁵	
【打阿□】ta⁴⁴ɣa²¹³⁻²¹tʃʰi¹	打喷嚏
【打哈呀】ta⁴⁴xa²¹³⁻²¹ia¹	打呵欠：想睏觉了，不停地~
【拽头发】tʂuei³¹tʰəu⁵³⁻⁵⁵faŋ⁵	
【撕头发】θꞎ²¹³⁻²⁴tʰəu⁵³⁻⁵⁵faŋ⁵	
【打口哨儿】ta⁴⁴⁻⁴²kʰəu⁴⁴ʂɚu³¹	拇指一端跟食指一端顶住成圆圈状，置于口中紧闭双唇，吹气发出哨音
【拿架子】na⁵³tɕia³¹⁻⁴²tθꞎ²	故意做出高姿态示人：原来都是一个村儿的，还~ | 整天拿着个架子，谁愿意看呢！
【端架子】tuæn²¹³⁻²⁴tɕia³¹⁻⁴²tθꞎ²	同"拿架子"
【长眼色儿】tʃaŋ⁴⁴⁻⁴²iæn⁴⁴⁻⁴⁵ʂɚi⁵	帮助鉴别、监督：今日你上我一块儿赶集吧，我要买头母猪，你帮我~
【撇干净】pʰiə⁴⁴kæn²¹³⁻²¹tsiəŋ¹	故意洗刷自己以示清白或事不关己：打仗这个事儿当初是他惹的，现在他撇得干净儿的
【打提溜儿】ta⁴⁴ti²¹³⁻²¹nɚ¹	抓住上方的绳索、树枝等使身体悬空：抓着树枝子~
【开证明】kʰɛ²¹³⁻²⁴tʃəŋ³¹miəŋ⁵³	公家单位开具证明信
【撂飞镖】liau²¹³⁻²⁴fei²¹³⁻²⁴piau²¹³	扔飞镖
【打下手儿】ta⁴⁴ɕia³¹⁻⁴²ʂɚu²	做帮手：你垒墙，我给你~
【打呼噜】ta⁴⁴xu²¹³⁻²¹lu¹	
【使□绊儿】ʂꞎ⁴⁴⁻⁴²kə⁴⁴pɛ³¹	摔跤时以单腿别他人双腿
【拽耳朵】tʂuei³¹ꞎ⁴⁴⁻⁴⁵təu⁵	扯住耳朵
【淌眼泪】tʰaŋ⁴⁴⁻⁴²iæn⁴⁴lei³¹	流泪
【擦眼泪】tθʰa⁴⁴⁻⁴²iæn⁴⁴lei³¹	
【擦眼泪儿】tθʰa⁴⁴⁻⁴²iæn⁴⁴ɚ³¹	
【管住嘴】kuæn⁴⁴⁻⁴⁵tʃu⁵tθuei⁴⁴	①控制食欲，少吃食物；②不乱说话：在外边要~，别胡说八道

续表

词目与注音	释义及例句
【不住嘴儿】 pu⁴⁴tʃu³¹tθuɚi⁴⁴	不停吃东西
【别作声】 pə⁵³tθu⁴⁴⁻⁴⁵ʃəŋ⁵	不说话：这是人家老婆汉子的事儿，你~
【说不准】 ʃuə⁴⁴⁻⁴⁵pu⁵tʃuən⁴⁴	不能确定，没有把握：这个事儿咱~
【挡不住】 taŋ⁴⁴⁻⁴⁵pu⁵tʃu³¹	
【受不了】 ʃəu³¹⁻⁴²pu²liau⁴⁴	
【制不了】 tʃi³¹⁻⁴²pu²liau⁴⁴	不能制服：咱两个都~他
【说不服】 ʃuə⁴⁴⁻⁴⁵pu⁵fu⁵³	不能说服：三嫚儿很拗，咱~她
【嗣下来】 θŋ³¹⁻⁴²çia²lɛ²	降生下来：那些大人物都是老天爷~的
【知不道】 tʃi²¹³⁻²¹pu¹tau³¹	不知道：俺~有这回事儿
【不知道】 pu⁴⁴⁻²¹tʃi¹tau³¹	
【猜不透】 tθʰɛ²¹³⁻²¹pu¹tʰəu³¹	不能确切地知道
【猜不方】 tθʰɛ²¹³⁻²¹pu¹faŋ²¹³	猜不出：这个谜儿我~，你上我说说吧
【蒙对了】 məŋ²¹³⁻²⁴tei³¹⁻⁴²ɭŋ²	胡乱猜测对：（这个谜儿）一下子叫你~
【撑不住】 tʂʰəŋ²¹³⁻²¹pu¹tʃu³¹	支撑不住
【撑起来】 tʂʰəŋ²¹³⁻²¹tɕʰi¹lɛ¹	支撑起：你爹老了，你要~这个家
【攒不下】 tθuæn⁴⁴⁻⁴⁵pu⁵çia³¹	积攒不下：农村花钱的地方儿也不少，根本~钱
【□不下】 tʂuə⁴⁴⁻⁴⁵pu⁵çia³¹	容不下：地方儿小了，~这么些人
【□不了】 tʂuə⁴⁴⁻⁴⁵pu⁵liau⁴⁴	容不下
【搁不了】 kə⁴⁴⁻⁴⁵pu⁵liau⁴⁴	盛不下：地蛋太多了，家里都~了
【使不着】 ʂɿ⁴⁴⁻⁴⁵pu⁵tʂə⁵³	①派不上用场：这些钱咱现在也~，把它存起来吧；② （男女）不相配：那个看八字的说，咱家里小嫚儿上那个小人儿两人~
【用不着】 iəŋ³¹⁻⁴²pu²tʂə⁵³	没有必要：一句话儿不好也~动手吧
【遭不着】 kəu³¹⁻⁴²pu²tʂə⁵³	触及不到：苹果长得太高了，根本就~
【找不着】 tʂau⁴⁴⁻⁴⁵pu⁵tʂə⁵³	找不到
【脱不了】 tʰuə⁴⁴⁻⁴⁵pu⁵liau⁴⁴	难以避免，无法逃脱
【亏不了】 kʰuei²¹³⁻²¹pu¹liau⁴⁴	不会赔本
【担不起】 tæn²¹³⁻²¹pu¹tɕʰi⁴⁴	承担不起：一旦有什么事儿，咱~责任
【挑不了】 tʰiau²¹³⁻²¹pu¹liau⁴⁴	太重而挑不起来：这担麦子很沉，我~
【惹不起】 iə⁴⁴⁻⁴⁵pu⁵tɕʰi⁴⁴	
【等不迭】 təŋ⁴⁴⁻⁴⁵pu⁵tiə⁵³	等不及：这么点儿工夫你就~了？
【忙不迭】 maŋ⁵³⁻⁵⁵pu⁵tiə⁵³	忙不及：一到秋收的时候儿，活儿太多了，都~

词目与注音	释义及例句
【急不迭】tɕi⁴⁴⁻⁴⁵pu⁵tiə⁵³	迫不及待：你怎么待干什么事儿就~呢?
【吃不迭】tʃʰi⁴⁴⁻⁴⁵pu⁵tiə⁵³	来不及吃：带鱼别买多了，~就臭了
【喝不迭】xa⁴⁴⁻⁴⁵pu⁵tiə⁵³	来不及喝
【穿不迭】tʃʰuæn²¹³⁻²¹pu¹tiə⁵³	来不及穿：衣裳太多了，~就旧了
【摽门旁】piau³¹mən⁵³pʰaŋ⁵³	串门时站在别人家门的旁边
【闯门子】tʂʰuaŋ³¹mən⁵³⁻⁵⁵tθʅ⁵	串门
【找路子】tʂau⁴⁴lu³¹⁻⁴²tθʅ²	寻找途径：今年得~挣钱
【搁起来】kə⁴⁴⁻⁴⁵tɕʰi⁵lɛ⁵	放起来
【退回来】tʰei³¹⁻⁴²xuei²lɛ²	
【亏进去】kʰuei²¹³⁻²¹tsiən¹tɕʰi¹	赔进去：这两年攒的点儿钱儿全都~了
【抱大腿】pau³¹ta³¹⁻⁴²tʰei²	巴结，攀附
【拾破烂儿】ʃi⁵³pʰə³¹⁻³¹²ɻə·³¹	捡拾垃圾、废品等
【拾破鞋】ʃi⁵³pʰə³¹ɕiɛ⁵³	贬称跟男女关系混乱的女性产生爱情
【搞破鞋】kau⁴⁴pʰə³¹ɕiɛ⁵³	贬称跟男女关系混乱的女性发生性关系
【穿破了】tʃʰuæn²¹³⁻²¹pʰə¹lə¹	
【磨破了】mə⁵³pʰə³¹⁻⁴²lə²	摩擦后破损
【穷开心】tɕʰiəŋ⁵³kʰɛ²¹³⁻²⁴siən²¹³	贬称穷困中寻找欢乐：家里都揭不开锅了还知道看电影，这不是~吗?
【穷欢乐儿】tɕʰiəŋ⁵³xuæn²¹³⁻²⁴ɻuə·³¹	同"穷开心"
【张回儿嘴】tʃaŋ²¹³⁻²⁴xuə·i⁵³tθuei⁴⁴	开口求人：~不容易，不能随便堵死人家
【有心眼儿】iəu⁴⁴⁻⁴²siən²¹³⁻²⁴ɻə·⁴⁴	有心计：这个小孩儿真~
【有心眼子】iəu⁴⁴⁻⁴²siən²¹³⁻²⁴iæn⁴⁴⁻⁴⁵tθʅ⁵	
【乍分家】tʂa³¹fən²¹³⁻²⁴tɕia²¹³	刚分家单独生活：~的时候，咱什么也没有
【没有治】mu³¹iəu⁴⁴tʃi³¹	没有办法，无法改变：这个家伙是屡教不改，~了
【应下来】iəŋ²¹³⁻²¹ɕia¹lɛ¹	答应下来：她叫我给他儿说个媳妇儿，我就把这个事儿~了
【过独了】kə³¹tu⁵³⁻⁵⁵lə⁵	习惯于独身生活：我看你是~，都不想找媳妇儿了
【出大力】tʃʰu⁴⁴ta³¹⁻³¹²li³¹	从事繁重而艰辛的劳动
【跟形势】kən²¹³⁻²⁴ɕiəŋ⁵³⁻⁵⁵ʃi⁵	跟上时代潮流：人家穿的真~
【看走眼】kʰæn³¹tθəu⁴⁴⁻⁴²iæn⁴⁴	没看准确，判断失误
【瞎糊弄】ɕia⁴⁴xu³¹⁻⁴²ləŋ²	不认真，随便应付：那个筐子你好好编吭，别~
【强撑着】tɕʰiaŋ⁵³tʂʰəŋ²¹³⁻²¹tʂʅ¹	勉强支撑：我感冒发烧了，头难受，现在就是~

词目与注音	释义及例句
【抠字眼儿】kʰəu²¹³⁻²⁴tɕɿ³¹ɻɛ⁴⁴	寻找话语或文章中的词语进行曲解或挑毛病：人家说个话儿，他就喜欢~，本来是句好话儿，叫他一说就成了不好的了
【没捞着】mu³¹lau³¹⁻⁴²tʂɿ²	没有得到：您孩子考上大学了，俺怎么~这么好的事儿喃
【捞不着】lau³¹⁻⁴²pu²tʂə⁵³	得不到：那么些好饭我也~吃
【卷铺盖】tɕyæn⁴⁴pʰu²¹³⁻⁵⁵kɛ⁵	①卷起铺盖；②被开除或辞退：不想待这干了就~走人儿
【干忙乎】kæn²¹³⁻²⁴maŋ⁵³⁻⁵⁵xu⁵	徒劳，白干：人家又不管你的饭，你还待这里~什么？
【操闲心】tθʰau²¹³⁻²⁴ɕiæn⁵³siən²¹³	关心跟自己无关的事：这个事儿跟咱没关系，你就别~了
【出孙力】tʃʰu⁴⁴⁻⁴²θuən²¹³⁻²⁴li³¹	出力干没有价值或报酬很少的工作：以前在农村的时候，真出了些孙力
【闹笑话儿】nau³¹siau³¹⁻⁴²xuɚ²	
【说笑话儿】ʃuə⁴⁴siau³¹⁻⁴²xuɚ²	
【摸底细】mə²¹³⁻²⁴ti⁴⁴⁻⁴⁵si⁵	弄清楚真实情况
【□验人】tʂɿ²¹³⁻²¹iæn¹iən⁵³	试探他人：她说的话明显是~
【干好活】kæn³¹xau⁴⁴xuə⁵³	工作干得好：你别看着他平常里笨乎乎的，~呢
【不值钱】pu⁴⁴tʃi⁵³tsʰiæn⁵³	
【作憋子】tθuə⁴⁴⁻⁴²piə⁴⁴⁻⁴⁵tθɿ⁵	遇到难以克服的困难
【下庄户】ɕia³¹⁻³¹²tʂuaŋ²¹³⁻²¹xu¹	在农村做农民
【出方儿方儿】tʃʰu⁴⁴faɚŋ²¹³⁻²¹faɚŋ¹	想办法：这个事儿怎么办，你给俺出个方儿方儿
【找借口儿】tʂau⁴⁴tsiə³¹kʰɚu⁴⁴	
【穿小鞋儿】tʃʰuæn²¹³⁻²⁴siau⁴⁴ɕiɛ⁵³	
【光着身子】kuaŋ²¹³⁻²¹tʂɿ¹ʃən²¹³⁻²¹tθɿ¹	没穿衣服，一丝不挂
【丢人现眼】tiəu²¹³⁻²⁴iən⁵³ɕiæn³¹iæn⁴⁴	
【下不来台】ɕia³¹⁻⁴²pu²lɛ²tʰɛ⁵³	在人前窘迫：你这样道您嫂子，不是叫她~吗！
【数得着的】ʂu⁴⁴⁻⁴⁵ti⁵tʂə⁵³⁻⁵⁵ti⁵	在某个范围内出类拔萃：他兄弟两个都长得不糙，围围着咱那几个庄儿都是~
【藏着掖着】tθʰaŋ⁵³⁻⁵⁵tʂɿ⁵iə⁴⁴⁻⁴⁵tʂɿ⁵	不能公开，隐藏起来
【打小九九】ta⁴⁴⁻⁴²siau⁴⁴ tɕiəu⁴⁴⁻⁴²tɕiəu⁴⁴	存私心，打小算盘
【无大无小】mu⁵³ta³¹mu⁵³siau⁴⁴	说话不讲究礼节：说话注意，别~的
【无老无少】mu⁵³lau⁴⁴mu⁵³ʃau³¹	说话态度不敬
【吹吹呼呼】tʂʰuei²¹³⁻²¹tʂʰuei¹xu⁴⁴xu⁵⁵	说话夸张，不真实：没听着他说起话来~的

词目与注音	释义及例句
【小打小闹】siau$^{44-42}$ta^{44}siau^{44}nau^{31}	小规模地做事：做点儿小买卖，~地挣不着几个钱
【绊绊磕磕】pæn$^{31-42}$pæn^{2}k^{h}a$^{44-45}$k^{h}a^5	①路不好走或行走费力；②说话不流畅：他说起话来~的；③事情进展不顺或有中断：我好不容易~地念了个小学
【连吹带点】liæn^{53}tʂ^{h}uei$^{213-24}$tɛ^{31}tiæn^{44}	说话吹牛，虚妄：他说起话来~，没有几句实话
【伤天害理】ʃaŋ$^{213-24}$t^{h}iæn$^{213-24}$xɛ^{31}li^{44}	做事天良丧尽，违反基本道德准则：这几个东西把人家小嫚儿糟蹋了，真是~
【上蹿下跳】ʃaŋ^{31}tθ^{h}uæn$^{213-24}$çia$^{31-312}$t^{h}iau^{31}	①到处蹿跳；②上下奔走，四处活动：检察院的人一来，你看他~的
【火上浇油儿】xuə$^{44-45}$ʃaŋ^{5}tsiau$^{213-24}$ɹɚu^{53}	使人越加恼怒或助推事态恶化：您爹为了地的事本来就生着气，你又气他，这不是~吗？
【添油儿加醋】t^{h}iæn$^{213-24}$ɹɚu^{53}tɕia$^{213-24}$tθ^{h}u^{31}	说话夸大，不符合实际：他说起话来~的，一句实话也没有
【不识好歹】pu^{44}ʃi^{53}xau$^{44-42}$tɛ^{44}	分辨不清好坏：你这个人怎么~，人家已经让了一步了，你还想怎么着？
【少皮无毛】ʃau^{44}p^{h}i^{53}mu^{53}mau^{53}	身上伤痕较多：这个孩子经常磕得身上~的
【贴木贴骨】t^{h}iə$^{44-55}$mu^{5}t^{h}iə$^{44-42}$ku^{44}	皮包骨头：您二爹爹瘦得~的
【换成旁人】xuæn$^{31-42}$tʃ^{h}əŋ^{2}p^{h}aŋ^{53}iən^{53}	换成别的人
【门儿也没有】mɚi$^{53-42}$iə^{2}mu^{31}iəu^{44}	绝对不可能，没有任何希望：上我借钱，~
【没有门儿】mu^{31}iəu^{44}mɚi^{53}	同"门儿也没有"
【撺不上趟儿】niæn$^{44-45}$pu^{5}ʃaŋ$^{31-312}$t^{h}əŋ^{31}	落后，落伍：前边儿人儿跑得快，我~丨上了初中以后，俺儿学习一直~
【脚踩脚踹】tɕyə$^{44-42}$tʂ^{h}ɛ^{44}tɕyə$^{44-42}$niæn^{44}	不停地踩踏：市场上的白菜稀烂贱，~没人要
【砸锅卖铁】tθa^{53}kuə$^{213-24}$mɛ^{31}t^{h}iə^{44}	不惜一切代价，竭尽全力：只要你好好学，~也供应你
【指指戳戳】tʂʅ$^{44-42}$tʂʅ^{44}tʂ^{h}uə^{53}tʂ^{h}uə^{53}	指指点点
【胡打苟干】xu^{53}ta^{44}kəu^{44}kæn^{31}	走歪道，不做正事：你是整天~，不干人事儿
【狗挠猫抓儿】kəu$^{44-42}$nau^{2}mau^{53}tʂua^{44}	做事不规范，不专业：~的，能包好了饺子？
【挠头散发】nau^{53}t^{h}əu^{53}θuæn^{31}fa^{44}	头发散乱：大早起来就~的，还不快去梳梳?!
【抛头露面】p^{h}au$^{213-24}$t^{h}əu^{53}ləu$^{31-312}$miæn^{31}	
【横插别梁】xuən^{53}tʂ^{h}a^{44}piə^{53}liaŋ^{53}	条状物体胡乱摆放或横插在某个空间内：谁把锨、杈搁了那个夹古道子里，待那里~的
【张口儿闭口儿】tʃaŋ$^{213-24}$k^{h}ɚu^{44}pi^{31}k^{h}ɚu^{44}	经常说：她~说俺家里穷，说不上媳妇儿

续表

词目与注音	释义及例句
【话到嘴边儿】 xua³¹⁻³¹² tau³¹ tθuei⁴⁴⁻⁴² piɛ²¹³	话即将说出：~上，我寻思了寻思还是别说了
【称不起来】 tʃʰəŋ²¹³⁻²¹ pu¹ tɕʰi⁴⁴⁻⁴⁵ lɛ⁵	无法称量：猪真沉，一般的秤~
【拍打拍打】 pʰei⁴⁴⁻⁴⁵ ta⁵ pʰei⁴⁴⁻⁴⁵ ta⁵	多次拍打
【挤巴挤巴】 tsi⁴⁴⁻⁴⁵ pa⁵ tsi⁴⁴⁻⁴⁵ pa⁵	挤一挤
【拆巴拆巴】 tʂʰei⁴⁴⁻⁴⁵ pa⁵ tʂʰei⁴⁴⁻⁴⁵ pa⁵	拆一拆
【握巴握巴】 və²¹³⁻²¹ pa¹ və²¹³⁻²¹ pa¹	随意揉挤或揉搓：不穿的衣裳赶紧洗洗，别~就撂了一边
【抬腿就到】 tʰɛ⁵³ tʰei⁴⁴ tsiəu³¹⁻³¹² tau³¹	距离极近：小邻家沟离俺庄很近，~了
【抬腿就走】 tʰɛ⁵³ tʰei⁴⁴ tsiəu³¹ tθəu⁴⁴	马上离开：他就那样儿，一句话不好听~
【扭头就走】 niəu⁴⁴ tʰəu⁵³ tsiəu³¹ tθəu⁴⁴	同"抬腿就走"
【偷鸡摸狗儿】 tʰəu²¹³⁻²⁴ tɕi²¹³⁻²⁴ mə²¹³⁻²⁴ kɚu⁴⁴	
【招架不了】 tʃau²¹³⁻²⁴ tɕia³¹⁻⁴² pu² liau⁴⁴	
【赶了点儿上】 kæn⁴⁴⁻⁴⁵ lə⁵ tɛ⁴⁴⁻⁴⁵ ʃaŋ⁵	恰巧遇到：我一回来正好儿做熟了饭，真是~了
【不干人事儿】 pu⁴⁴ kæn³¹ iən⁵³⁻⁵⁵ ʂɚi⁵	不做正经事
【起来愒下】 tɕʰi⁴⁴⁻⁴⁵ lɛ⁵ tɕʰiə²¹³⁻²¹ çia¹	反复起来又躺下：你不睏觉~的干什么？
【举手就打】 tɕy⁴⁴⁻⁴² ʃəu⁴⁴ tsiəu³¹ ta⁴⁴	说打就打：对孩子不能~，遇着事上他好好说说
【伸手儿就打】 ʃən²¹³⁻²⁴ ʃɚu⁴⁴ tsiəu³¹ ta⁴⁴	同"举手就打"
【成家立业】 tʃʰəŋ⁵³ tɕia²¹³⁻²⁴ li³¹⁻³¹² iə³¹	
【□垺飚尘】 pau³¹⁻⁴² pu² iaŋ⁵³ tʃʰaŋ³¹	尘土飞扬：一刮风，这个地方儿就~的
【鬼哭狼嚎】 kuei⁴⁴⁻⁴² kʰu⁴⁴ laŋ⁵³ xau⁵³	
【一□两半儿】 i⁴⁴⁻⁴² kʰɚ²¹³⁻²⁴ liaŋ⁴⁴ pɛ³¹	一下切成两部分
【出来进去】 tʃʰu⁴⁴⁻⁴⁵ lɛ⁵ tsiən³¹⁻⁴² tɕʰi²	进进出出：都是一家子人，朝天价~的，谁不知道谁？
【找后跟子账】 tʂau⁴⁴ xəu³¹⁻⁴² kən² tθɿ² tʃaŋ³¹	事情发生以后再理论、算账

二十七　形容词及短语

词目与注音	释义及例句
1. 单音节	
【好】 xau⁴⁴	

续表

词目与注音	释义及例句
【坏】xuɛ³¹	
【□】tθʰau⁵³	（人品）坏，（品德）差
【糟】tθʰau²¹³	（品德、关系、质量等）差，不好
【差】tʂʰa³¹	不好
【成】tʃʰəŋ⁵³	成熟
【秕】pi⁴⁴	不成熟的：~子
【快】kʰuɛ³¹	①迅速；②锋利
【慢】mæn³¹	缓慢
【干】kæn²¹³	①干旱：今年天真~；②干净：~头净脸儿
【净】tsiəŋ³¹	干净
【癞】lɛ³¹	脏
【硬】iəŋ³¹	
【软】yæn⁴⁴	①柔软：面太~了；②温和：脾气很~
【□】çyæn²¹³	（土壤、面等）松软：面很~
【泥】tʂʰua⁵³	泥泞：~泥薄水
【怪】kuɛ³¹	奇怪
【拙】tʃuə⁴⁴	笨拙：手真~
【巧】tɕʰiau⁴⁴	①灵巧，灵活；②恰巧，凑巧
【急】tɕi⁴⁴	
【满】mæn⁴⁴	①充盈；②全部：~户家子
【散】θuæn⁴⁴	不是整个的：~面条丨~啤酒
【浓】nəŋ⁵³	颜色深，味道重
【淡】tæn³¹	颜色浅，味道轻
【溜】liəu³¹	熟练：骑车骑得真~
【熟】ʃu⁵³	
【生】ʂəŋ²¹³	①不熟的；②不熟练的；③不熟悉的
【涩】ʂei⁴⁴	①生涩的：柿子真~；②不润滑的：眼老~
【大】ta³¹	
【小】siau⁴⁴	
【多】tuə²¹³	
【少】ʃau⁴⁴	
【脆】tθʰuei³¹	

续表

词目与注音	释义及例句
【艮】kən⁴⁴	不松脆的：萝卜老~
【善】ʃæn³¹	
【乏】fa⁵³	疲倦，疲惫：干了一天活儿，~了
【枵】ɕiau²¹³	（纺织物等）薄，不厚
【薄】pə⁵³	
【厚】xəu³¹	
【新】siən²¹³	
【旧】tɕiəu³¹	
【陈】tʃʰən⁵³	①旧：~米、~粮；②时间久的：~酒
【宽】kʰuæn²¹³	
【窄】tʂei⁴⁴	
【松】θəŋ²¹³	
【紧】tɕiən⁴⁴	
【严】iæn⁵³	
【高】kau²¹³	
【低】ti²¹³	
【矮】iɛ⁴⁴	
【胖】pʰaŋ³¹	
【瘦】ʂəu³¹	
【长】tʃʰaŋ⁵³	
【短】tuæn⁴⁴	
【深】ʃən²¹³	
【浅】tsʰiæn⁴⁴	
【粗】tθʰu²¹³	
【细】si³¹	
【稀】ɕi²¹³	①间距大的：白菜苗儿有点儿~；②浓度小的：~饭；③少见的：~罕
【密】mi³¹	
【热】iə³¹	
【凉】liaŋ⁵³	
【冷】ləŋ⁴⁴	
【齐】tsʰi⁵³	

词目与注音	释义及例句
【咸】 ɕiæn⁵³	
【淡】 tæn³¹	
【辣】 la³¹	
【甜】 tʰiæn⁵³	
【酸】 θuæn²¹³	
【苦】 kʰu⁴⁴	
【□】 tʂuɛ⁴⁴	能力超常的，不一般的：他很~，有钱！
【阴】 iən²¹³	
【晴】 tsʰiəŋ⁵³	
【毒】 tu⁵³	
【清】 tsʰiəŋ²¹³	
【浑】 xuən⁵³	
【沉】 tʃʰən⁵³	重
【轻】 tɕʰiəŋ²¹³	
【忙】 maŋ⁵³	
【闲】 ɕiæn⁵³	安闲
【直】 tʃi⁵³	
【弯】 væn²¹³	
【远】 yæn⁴⁴	
【近】 tɕiən³¹	
【亮】 liaŋ³¹	
【明】 miəŋ⁵³	
【公】 kəŋ²¹³	雄的
【母】 mu⁴⁴	雌的
【贵】 kuei³¹	
【贱】 tsiæn³¹	
【悬】 ɕyæn⁵³	危险：真~，差点儿掉了沟里
【玄】 ɕyæn⁵³	不真实而难以捉摸的：~乎
【邪】 siə⁵³	邪僻
【正】 tʃəŋ³¹	
【斜】 siə⁵³	
【歪】 vɛ²¹³	

续表

词目与注音	释义及例句
【臭】tʃʰəu³¹	
【腥】siəŋ²¹³	
【臊】θau²¹³	
【香】ɕiaŋ²¹³	
【尖】tsiæn²¹³	尖锐
【黏】niæn⁵³	
【真】tʃən²¹³	
【假】tɕia⁴⁴	
【虚】ɕy²¹³	不真实的
【全】tsʰyæn⁵³	全面，周全：考虑事儿~个点儿
【滑】xua⁵³	
【湿】ʃi⁴⁴	
【闷】mən²¹³	喘不过气的：快下雨了，屋里真~
2. 双音节	
【□气】tθʰau⁵³⁻⁴²tɕʰi²	人品差，坏：您大爷真~，经常给人亏儿吃
【□蛋】tθʰau⁵³tæn³¹	（人、事情等）极度差劲，不合情理：他干的这个事儿很~，一般人干不出来
【屌蛋】tiau³¹⁻³¹²tæn³¹	（孩子）固执，极度顽皮
【差劲】tʂʰa²¹³⁻²⁴tɕiən³¹	非常差：这个家伙真~
【挺妥】tʰiəŋ⁴⁴⁻⁴⁵tʰuə⁵	身体强壮行动麻利的
【横实】xuən⁵³⁻⁵⁵ʃi⁵	强壮的
【敦实】tuən²¹³⁻²¹ʃi¹	矮而粗壮的
【出条】tʃʰu⁴⁴⁻⁴⁵tʰiau⁵	身材舒展优美的
【秀气】siəu³¹⁻⁴²tɕʰi²	清秀的
【耐看】nɛ³¹⁻³¹²kʰæn³¹	
【富态】fu³¹⁻⁴²tʰɛ²	微胖的
【流求】liəu⁵³⁻⁵⁵tɕʰiəu⁵	言行下流的，粗鄙的
【竹性】tʂu⁴⁴⁻⁵⁵siəŋ⁵	坚硬挺直的：有些人的头发挺~的
【□巧】tʂʅ²¹³⁻²¹tɕʰiau¹	不实在的，不大方的：这个孩子性子很~
【□偎】lu³¹⁻⁴²vei²	紧凑，利索：小家小口儿的，吃个饭真~
【堆偎】tθuei²¹³⁻²¹vei¹	整齐有序的：人家家里拾掇的真~
【平常】pʰiəŋ⁵³tʃʰaŋ⁵³	

续表

词目与注音	释义及例句
【稀松】$\varsigma i^{213-24}\theta\vartheta\eta^{213}$	①很一般的：这个人很~；②比较容易的：这点儿活儿很~
【稀烂】$\varsigma i^{213-24}l\mathrm{æ}n^{31}$	①（食物）煮得太过；②（人、事情）差劲
【稀酥】$\varsigma i^{213-24}\theta u^{213}$	很酥
【稀脆】$\varsigma i^{213-24}t\theta^h uei^{31}$	很脆
【稀嫩】$\varsigma i^{213-24}lu\vartheta n^{31}$	很嫩
【肥套】$fei^{53-55}t^h au^5$	肥大：棉裤穿着很~，小点儿就好了
【口拉】$t\theta\eta^{44-45}la^5$	（胃）难受，不舒服
【疵口】$t\theta^h\eta^{213-24}mau^{53}$	（质量、品质等）差，不好：这个收音机质量很~
【刚硬】$ka\eta^{213-24}i\vartheta\eta^{31}$	坚硬
【软和】$y\mathrm{æ}n^{44-45}xu^5$	柔软
【口癞】$p^h\varepsilon^{31-42}l\varepsilon^2$	脏：他家里很~
【口癞】$i^{31-42}l\varepsilon^2$	脏
【埋汰】$m\varepsilon^{53-55}t^h\varepsilon^5$	不干净的：老白他家里那个人儿很~
【口孙】$t\mathrm{ş}^h\vartheta n^{44-45}\theta u\vartheta n^5$	老实而不大方的，说话吞吞吐吐的
【奇怪】$t\varsigma^h i^{53-55}ku\varepsilon^{31}$	
【古董】$ku^{44-42}t\vartheta\eta^{44}$	（性格、脾气）古怪的：那个人真~
【灵活】$li\vartheta\eta^{53}xu\vartheta^{53}$	
【着急】$t\int u\vartheta^{53}t\varsigma i^{44}$	
【老涩】$lau^{44-42}\mathrm{ş}ei^{44}$	非常涩
【干脆】$k\mathrm{æ}n^{213-55}t\theta^h uei^5$	（说话、做事）利索的，不拖泥带水的
【温乎儿】$v\vartheta n^{213-21}x\mathrm{u}\cdot^1$	
【冷淡】$l\vartheta\eta^{44}t\mathrm{æ}n^{31}$	
【热情】$i\vartheta^{31}t\mathrm{ş}^h i\vartheta\eta^{53}$	
【骄傲】$t\varsigma iau^{213-24}\gamma au^{31}$	
【大意】$ta^{31-42}i^2$	不注意的：这个事儿你上心点儿，别~了
【齐截】$t\mathrm{ş}^h i^{53-55}t\mathrm{s}i\vartheta^5$	整齐的
【板正】$p\mathrm{æ}n^{44-45}t\mathrm{ş}\vartheta\eta^5$	整齐利索的
【单个儿】$t\mathrm{æ}n^{213-24}k\vartheta\cdot^{31}$	一个一个
【得劲儿】$tei^{44}t\varsigma i\vartheta\cdot i^{31}$	顺畅，舒服：站着~，坐着不~。
【倒霉】$tau^{44}mei^{53}$	
【显眼】$\varsigma i\mathrm{æ}n^{44-42}i\mathrm{æ}n^{44}$	引人注目的

续表

词目与注音	释义及例句
【一样】i⁴⁴iaŋ³¹	相同
【一样儿】i⁴⁴⁻⁴²ɹæ˞ŋ³¹⁻²⁴	
【如意】y⁴⁴i³¹	满意：什么事儿都不~
【满意】mæn⁴⁴i³¹	
【安顿】ɣæn²¹³⁻⁴⁵tuən⁵	安静：你就不能叫我~~？
【紧巴】tɕiən⁴⁴⁻⁴⁵pa⁵	资金不足，钱少：省着点儿花钱，孩子还得上学，挺~的。
【四齐】θɤ³¹tʂʰi⁵³	非常整齐：这个小家伙儿长得两头儿~
【四平】θɤ³¹pʰiəŋ⁵³	非常平整：场院压得~
【活泛】xuə⁵³⁻⁵⁵fæn⁵	灵活，机灵：做买卖就得~点儿
【下作】ɕia³¹⁻⁴²tθu²	①贪吃的：吃起饭来真~；②爱占便宜的：她就爱拿人家家的东西，真~
【新鲜】siən²¹³⁻²¹siæn¹	
【轻快】tɕʰiəŋ²¹³⁻²¹kʰuɛ¹	①重量少的；②轻盈：吃了这个药，身上~了
【简单】tɕiæn⁴⁴⁻⁵⁵tæn⁵	
【容易】iəŋ⁵³⁻⁵⁵i⁵	
【清亮】tsʰyən²¹³⁻²¹liaŋ¹	清楚：带上镜子，看得真~
【澄清】tʂəŋ³¹tʂʰiəŋ²¹³	非常清澈：这个湾里的水~
【澄明】tʂəŋ³¹miəŋ⁵³	非常明亮：天都~了，该起来了吭
【澄亮】tʂəŋ³¹⁻³¹²liaŋ²¹³	非常光亮：皮鞋擦得~
【澄新】tʂəŋ³¹siən²¹³	非常新
【□白儿】tʰiau³¹pɚi⁵³	非常白
【□黑】xəŋ³¹xei⁴⁴	非常黑
【蜡黄】la³¹xuaŋ⁵³	
【宽拓】kʰuæn²¹³⁻²¹tʰu¹	①面积大的，宽敞；②（资金）充裕：这些日子俺家钱也不太~，最多借给你两千
【利亮】li³¹⁻⁴²liaŋ²	（地方）视野开阔的
【利索】li³¹⁻⁴²θuə²	①干净整洁，不杂乱的；②（穿着）干净利索的
【窄巴】tʂei⁴⁴⁻⁴⁵pa⁵	狭窄
【憋屈】piə⁴⁴⁻²¹tɕʰy¹	委屈
【现成】ɕiæn³¹⁻⁴²tʃʰəŋ²	原有的，现在就有的：~饭
【消停】siau²¹³⁻²¹tʰiəŋ¹	安静，安闲：过个~日子
【清闲】tsʰiəŋ²¹³⁻⁴⁵ɕiæn⁵	①悠闲，安闲：别人都上坡干活儿，你怎么这么~呢；②安静：孩子都上学务了，家里~了

词目与注音	释义及例句
【不闲】pu⁴⁴ɕiæn⁵³	不清闲
【□紧】pəŋ³¹tɕiən⁴⁴	非常紧，不松弛的
【□直】pəŋ³¹tʃi⁵³	非常直：路~
【直溜】tʃi⁵³⁻⁵⁵liəu⁵	直：这棵树挺~的
【弯弯】væn²¹³⁻²¹væn¹	弯曲：这棵树长得~着
【尖尖】tsiæn²¹³⁻²¹tsiæn¹	尖的：这把刀很快，尖儿还~着
【圆圆】yæn⁵³⁻⁵⁵yæn⁵	圆状的
【方方】faŋ²¹³⁻²¹faŋ¹	正方形的
【长长】tʃʰaŋ⁵³⁻⁵⁵tʃʰaŋ⁵	长形的
【歪歪】vɛ²¹³⁻²¹vɛ¹	①斜着的，不正的：帽子怎么~着戴；②邪僻：那个家伙真~，欠揍了
【惚惚】xu²¹³⁻²¹xu¹	不清醒的：遇着车祸以后，当时人就~了
【称乎】tʃʰən³¹⁻⁴²xu²	匀称的：人家长得真~
【玄乎儿】ɕyæn⁵³⁻⁵⁵xʊ·⁵	虚幻而难以捉摸的：你说得也太~了吧
【悬乎】ɕyæn⁵³⁻⁵⁵xu⁵	没有把握的，难以肯定的：我看这事儿~
【□浑】naŋ²¹³⁻²⁴xuən⁵³	非常浑浊
【□臭】naŋ²¹³⁻²⁴tʃʰəu³¹	非常臭
【□腥】naŋ²¹³⁻²⁴siəŋ²¹³	非常腥
【□臊】naŋ²¹³⁻²⁴θau²¹³	非常臊
【割□】ka⁴⁴⁻⁴⁵ku⁵	吝啬：这个小孩儿真~
【过头儿】kə³¹tʰɚu¹	过分的：别说~话
【关键】kuæn²¹³⁻²⁴tɕiæn³¹	
【锋快】fəŋ²¹³⁻²⁴kʰuɛ³¹	锐利的：刚磨的刀~
【风快】fəŋ²¹³⁻²⁴kʰuɛ³¹	很快：他~就来了
【贵贱】kuei³¹⁻³¹²tsiæn³¹	①昂贵和便宜：他卖的鱼我~都不买；②反正：他家里，我~不去
【穷贱】tɕʰiəŋ⁵³⁻⁵⁵tsiæn⁵	(行为) 卑贱：谁这么~，把好好的枣树枝子都拥断了
【死贵】θʅ⁴⁴kuei³¹	(价格) 非常高
【便宜】pʰiæn⁵³⁻⁵⁵i⁵	
【香干】ɕiaŋ²¹³⁻²⁴kæn²¹³	非常干燥：才洗的衣裳，这回儿~~的∣晚上饭吃盐吃多了，嘴里~
【干索】kæn²¹³⁻²¹θuə¹	干爽利索
【结实】tɕiə⁴⁴⁻⁴⁵ʃi⁵	

词目与注音	释义及例句
【牢靠】 lau$^{53-55}$k^{h}au^5	牢固，结实
【瓷实】 tθ^hɻ$^{53-55}$ʃi^5	结实
【实在】 ʃi$^{53-55}$t$\theta\varepsilon^5$	
【厚实】 xəu$^{31-42}$ʃi^2	
【扎实】 tʂa$^{44-45}$ʃi^5	
【踏实】 t^{h}a$^{44-45}$ʃi^5	
【壮实】 tʂuaŋ$^{31-42}$ʃi^2	健壮
【准时】 tʃuən^{44}ʂ̩^{53}	
【效力】 ɕiau$^{31-312}$li^{31}	努力：~地干活儿
【费劲】 fei$^{31-312}$tɕiən^{31}	花费时间、精力的
【刚强】 kaŋ$^{213-45}$tɕ^{h}iaŋ^5	强硬的，有骨气的
【糟好】 tθ^hau$^{213-24}$xau^{44}	不论好坏：这个活儿~我都得去干
【外行】 vɛ$^{31-42}$xaŋ^2	不了解的，不熟悉的：做买卖，叫人拿了秤去，你真~
【偏沉】 p^{h}iæn$^{213-21}$tʃ^{h}ən^1	两侧重量不均衡的
【□作】 y$^{31-42}$tθu^2	舒适，舒服
【糯乎儿】 nuə$^{31-42}$xɤʴ^2	软糯适中的：黏粥真~
【顺利】 ʃuən$^{31-42}$li^2	
【头沉】 t^{h}əu$^{53-55}$tʃ^{h}ən^5	①昏沉的，不清醒的；②难以承受的，无法忍受的：一听着要去锄地，我就~
【拖拉】 t^{h}uə$^{213-21}$la^1	行为不迅速的，散漫的
【划算】 xua^{53}θuæn^{31}	划得来的
【腰粗】 iau$^{213-24}$tθ^hu^{213}	①腰围大；②有钱有势：人家有钱了，~了
【硬邦】 iəŋ$^{31-42}$paŋ^2	结实，硬朗：老头儿都八十了，身体还很~
【硬气】 iəŋ$^{31-42}$tɕ^{h}i^2	（说话语气、神态）强硬的
【冤枉】 yæn$^{213-21}$vaŋ^1	
【在行】 t$\theta\varepsilon^{31}$xaŋ^{53}	内行的，经验丰富的
【管用】 kuæn^{44}iəŋ^{31}	有效力的，有效果的：这种药吃了真~｜他在家里说话不~
【整状】 tʃəŋ$^{44-45}$tʂuaŋ^5	①整齐，完整无缺的：这副扑克不~了，缺了好几张；②（个体之间能力、体重、大小、面积等）不相上下的：人家家里人多还~，工分儿挣得多
【流行】 liəu^{53}ɕiəŋ^{53}	
【□硬】 iau$^{31-42}$iəŋ^2	蛮横，强硬：这个女的真~，一般的人儿说不服她

续表

词目与注音	释义及例句
【中用】tʂəŋ²¹³⁻²⁴ iəŋ³¹	顶用的，起作用的：他那时候还小，不~
【滑溜】xua⁵³⁻⁵⁵ liəu⁵	光滑的
【精点儿】tsiəŋ²¹³⁻²⁴ ɚ⁴⁴	①（数量）很少的；②（岁数、身材）很小：他长得~的
【精短儿】tsiəŋ²¹³⁻²⁴ tuɛ⁴⁴	非常短的
【溜短儿】liəu²¹³⁻²⁴ tuɛ⁴⁴	极短
【精窄儿】tsiəŋ²¹³⁻²⁴ tʂɚi⁴⁴	非常窄
【溜窄儿】liəu²¹³⁻²⁴ tʂɚi⁴⁴	极窄
【精矮儿】tsiəŋ²¹³⁻²⁴ ɹɛ⁴⁴	很矮
【溜矮儿】liəu²¹³⁻²⁴ ɹɛ⁴⁴	极矮
【精轻儿】tsiəŋ²¹³⁻²⁴ tɕʰiɚŋ²¹³	很轻
【溜轻儿】liəu²¹³⁻²⁴ tɕʰiɚŋ²¹³	极轻
【精浅儿】tsiəŋ²¹³⁻²⁴ tθʰɛ⁴⁴	很浅
【溜浅儿】liəu²¹³⁻²⁴ tθʰɛ⁴⁴	极浅
【精瘦】tsiəŋ²¹³⁻²⁴ ʂəu³¹	很瘦
【精细儿】tsiəŋ²¹³⁻²⁴ θɚi³¹	很细
【溜细儿】liəu²¹³⁻²⁴ θɚi³¹	极细
【溜薄儿】liəu²¹³⁻²⁴ pɚ⁵³	极薄
【薄溜】pə⁵³⁻⁵⁵ liəu⁵	薄
【溜枵儿】liəu²¹³⁻²⁴ ɕiɚu²¹³	极薄
【精贱】tsiəŋ²¹³⁻²⁴ tsiæn³¹	很便宜
【溜滑儿】liəu²¹³⁻²⁴ xuɚ⁵³	极滑
【精湿】tsiəŋ²¹³⁻²⁴ ʃi⁴⁴	很湿
【斜溜】siə⁵³⁻⁵⁵ liəu⁵	不正的，歪斜：屋角子怎么~着₎!
【掉掉】tiau³¹⁻⁴² tiau²	歪斜的
【勤快】tɕʰiən⁵³⁻⁵⁵ kʰuɛ⁵	
【中等儿】tʂəŋ²¹³⁻²⁴ təŋ⁴⁴	
【温温】vən²¹³⁻²¹ vən¹	性子慢，做事缓慢的
【快当】kʰuɛ³¹⁻⁴² taŋ²	很快的
【皱巴】tʂəu³¹⁻⁴² pa²	发皱的，不平展的
【单单】tæn²¹³⁻²⁴ tæn²¹³	唯独
【爽快】ʂuaŋ⁴⁴⁻⁵⁵ kʰuɛ⁵	爽朗痛快

续表

词目与注音	释义及例句
【好好】 xau$^{44-45}$ xau^5	认真的：要~过日子丨~学习
【年轻】 niæn^{53} tɕʰiəŋ^{213}	年纪小的
【粗拉】 tθʰu$^{213-21}$ la^1	粗心的：干活细心点儿，别~
【严实】 iæn$^{53-55}$ ʃi^5	没有缝隙的，严密的：房门儿真~，半点儿缝儿也没有
【零碎】 liəŋ$^{53-55}$ θuei^5	零星的，不齐整的
【刺挠】 tθʰʅ$^{31-42}$ nau^2	刺疼且发痒的：掰了一天的苞米儿，浑身~
【糟起】 tθʰau$^{213-21}$ tɕʰi^1	比……差：他长得浑身都是肥肉，~头猪
【糟奸】 tθʰau$^{213-21}$ kæn^1	差：那个人儿的脾气真~丨那块地很~，什么庄稼也不长
【纯粹】 tʃʰuən^{53} tθʰuei^{31}	完全，彻底：你说这个话~是找挨揍
【□□】 tʃəu$^{44-45}$ tʃəu^5	固执，不顺从：这个孩子真~，不听话
【□瘷】 pi$^{213-21}$ tsiəu^1	不大方，小气
【要紧】 iau^{31} tɕiən^{44}	重要：这个事儿很~
【罕见】 xæn$^{44-55}$ tɕiæn^5	外表瘦弱且性格内向：这个孩子长得真~
【眼近】 iæn$^{44-45}$ tɕiən^5	看似近实则远的
【□偃】 lyə$^{31-42}$ tɕyə^2	坐立不安且不善交流的：咱大姑那个人很~
【超赢】 tʃʰau$^{213-21}$ iəŋ^1	经济宽裕的：人家家里日子过得很~
【絮烦】 sy$^{213-21}$ fæn^1	厌烦的：天天吃面条儿，都吃~了
【不□】 pu^{44} li^{53}	不错，不差：孩子自己能穿衣裳了，还~
【不□儿】 pu^{44} ɹə·i^{53}	不错，不差
【压沉】 ia$^{31-44}$ tʃʰən^{53}	重的
3. 多音节	
【刚梆硬】 kaŋ$^{213-45}$ paŋ^5 iəŋ^{31}	很硬
【稀烂贱】 ɕi$^{213-24}$ læn$^{31-312}$ tsiæn^{31}	非常便宜
【精个点儿】 tsiəŋ$^{213-45}$ kə^5 tɛ·^{44}	见"精点儿"
【无个点儿】 mu$^{53-55}$ kə^5 tɛ·^{44}	①很小的；②很少的
【精点儿点儿】 tsiəŋ$^{213-24}$ tɛ·$^{44-45}$ tɛ·^{5}	极少的
【精短儿短儿】 tsiəŋ$^{213-24}$ tuɛ·$^{44-45}$ tuɛ·^{5}	极近的
【精窄儿窄儿】 tsiəŋ$^{213-24}$ tʂə·i$^{44-45}$ tʂə·i^5	极窄的
【精矮儿矮儿】 tsiəŋ$^{213-24}$ ʯ·$^{44-45}$ ʯ·^{5}	极矮的
【精细儿细儿】 tsiəŋ$^{213-24}$ θə·i$^{31-42}$ θə·i^2	极细的
【溜薄儿薄儿】 liəu$^{213-24}$ pə·$^{53-55}$ pə·^{5}	极薄的

词目与注音	释义及例句
【□溜滑】tʃʰu²¹³⁻²¹liəu¹xua³¹	极滑的：地上上冻了，~
【大长长】ta³¹tʃʰaŋ⁵³⁻⁵⁵tʃʰaŋ⁵	很长的
【大宽宽】ta³¹⁻³¹²kʰuæn²¹³⁻²¹kʰuæn¹	很宽的
【大高高】ta³¹⁻³¹²kau²¹³⁻²¹kau¹	很高的
【大沉沉】ta³¹tʃʰən⁵³⁻⁵⁵tʃʰən⁵	很重的
【大深深】ta³¹⁻³¹²ʃən²¹³⁻²¹ʃən¹	很深的
【大胖胖】ta³¹pʰaŋ³¹⁻⁴²pʰaŋ²	很胖的
【大粗粗】ta³¹⁻³¹²tθʰu²¹³⁻²¹tθʰu¹	很粗的
【大厚厚】ta³¹xəu³¹⁻⁴²xəu²	很厚的
【大稀稀】ta³¹⁻³¹²ɕi²¹³⁻²¹ɕi¹	很稀疏的
【大忙忙】ta³¹maŋ⁵³⁻⁵⁵maŋ⁵	很忙的
【大远远】ta³¹yæn⁴⁴⁻⁴⁵yæn⁵	很远的
【大贵贵】ta³¹kuei³¹⁻⁴²kuei²	很贵的
【没□长】mu³¹⁻²¹ʃi¹tʃʰaŋ⁵³	极长的
【没□宽】mu³¹⁻²¹ʃi¹kʰuæn²¹³	极宽的
【没□高】mu³¹⁻²¹ʃi¹kau²¹³	极高的
【没□大】mu³¹⁻²¹ʃi¹ta³¹	极大的
【没□沉】mu³¹⁻²¹ʃi¹tʃʰən⁵³	极沉的
【没□深】mu³¹⁻²¹ʃi¹ʃən²¹³	极深的
【没□胖】mu³¹⁻²¹ʃi¹pʰaŋ³¹	极胖的
【没□粗】mu³¹⁻²¹ʃi¹tθʰu²¹³	极粗的
【没□厚】mu³¹⁻²¹ʃi¹xəu³¹	极厚的
【没□远】mu³¹⁻²¹ʃi¹yæn⁴⁴	极远的
【没□近】mu³¹⁻²¹ʃi¹tɕiən³¹	极近的
【没□瘦】mu³¹⁻²¹ʃi¹ʂəu³¹	极瘦的
【没□黑】mu³¹⁻²¹ʃi¹xei⁴⁴	极黑的
【没□白】mu³¹⁻²¹ʃi¹pei⁵³	极白的
【不大□儿】pu⁴⁴ta³¹ɹəi⁵³	一般，通常：他家里，我~不去
【滴溜圆】ti³¹⁻⁴²liəu²yæn⁵³	很圆
【大咧咧】ta³¹liə²¹³⁻²⁴liə²¹³	
【老鼻子】lau⁴⁴pi⁵³⁻⁵⁵tθɿ⁵	很多的：他爹长病花了~钱了
【□古凉】tʂən³¹⁻²¹ku¹liaŋ⁵³	非常的凉：夏天的井水~

词目与注音	释义及例句
【急火火】tɕi⁵³xuə⁴⁴⁻⁴²xuə⁴⁴	很着急的
【作下了】tθuə⁴⁴⁻⁴⁵ɕia⁵lə⁵	不得了，用于贬义：天怎么这么热，真~
【乌泱乌泱】vu²¹³⁻²¹iaŋ¹vu²¹³⁻²¹iaŋ¹	多且杂乱的
【流流求求】liəu⁵³⁻⁵⁵liəu⁵tɕʰiəu⁴⁴ tɕʰiəu⁵⁵	（言语、行为）下流的
【乱七八槽】luæn³¹tsʰi⁴⁴pa⁴⁴⁻⁴²tθau²¹³	
【显山露水】ɕiæn⁴⁴⁻⁴²ʂæn²¹³⁻²⁴ləu³¹ ʂuɚi⁴⁴	引人注意的：人家平时不显山不露水的。
【紧紧巴巴】tɕiən⁴⁴⁻⁴⁵tɕiən⁵pa⁴⁴pa⁵⁵	
【四四方儿方儿】θɿ³¹⁻³¹²θɿ³¹faɚ ŋ²¹³⁻²⁴faɚ ŋ²¹³	
【利利索索】li³¹⁻⁴²li²θuə⁴⁴θuə⁵⁵	
【窄窄巴巴】tʂei⁴⁴⁻⁴⁵tʂei⁵pa⁴⁴pa⁵⁵	
【实实在在】ʃi⁵³ʃi⁵³tθε³¹⁻³¹²tθε³¹	
【扎扎实实】tʂa⁴⁴⁻⁴⁵tʂa⁵ʃi⁴⁴ʃi⁵⁵	
【踏踏实实】tʰa⁴⁴⁻⁴⁵tʰa⁵ʃi⁴⁴ʃi⁵⁵	
【本本分分】pən⁴⁴⁻⁴⁵pən⁵fən⁴⁴fən⁵⁵	
【拖拖拉拉】tʰuə²¹³⁻²¹tʰuə¹la²¹³⁻²⁴la²¹³	拖延的：干活儿快点儿，别~的
【正大光明】tʃəŋ³¹⁻³¹²ta³¹kuaŋ²¹³⁻²⁴ miəŋ⁵³	
【稳稳当当】vən⁴⁴⁻⁴⁵vən⁵taŋ²¹³⁻²⁴taŋ²¹³	
【急二子火三】tɕi⁴⁴⁻⁴⁵lɿ⁵tθɿ⁵xuə⁴⁴⁻⁴² θæn²¹³	非常着急的
【水□凉淋】ʂuei⁴⁴⁻⁴⁵mu⁵liaŋ⁵³liən⁴⁴	到处是水的，湿淋淋的
【皱皱巴巴】tʂəu³¹⁻⁴²tʂəu²pa⁴⁴pa⁵⁵	
【不急不躁】pu⁴⁴tɕi⁵³pu⁴⁴tθau³¹	
【大大方方】ta³¹⁻⁴²ta²faŋ²¹³⁻²⁴faŋ²¹³	
【老老实实】lau⁴⁴⁻⁴⁵lau⁵ʃi⁴⁴ʃi⁵⁵	
【密密麻麻】mi³¹⁻³¹²mi³¹ma²⁴ma²¹³	
【灰头土脸】xuei²¹³⁻²⁴tʰəu⁵³tʰu⁴⁴⁻⁴² liæn⁴⁴	
【澄明□亮】tʂəŋ³¹miəŋ⁵³va³¹⁻³¹²liaŋ³¹	明亮的，亮堂的：人家家里拾掇得~

续表

词目与注音	释义及例句
【各式各样儿】 kə⁴⁴⁻⁴² ʃi⁴⁴ kə⁴⁴ ʴiə ŋ³¹	各种样式的
【零零碎碎】 liəŋ⁵³ liəŋ⁵³ θuei³¹⁻³¹² θuei³¹	零碎的
【断断续续】 tuæn³¹⁻³¹² tuæn³¹ sy³¹⁻³¹² sy³¹	
【稀里糊涂】 ɕi²¹³⁻²¹ li¹ xu⁵³ tu²¹³	糊里糊涂：人老了就~的
【歪歪扭扭】 vɛ²¹³⁻⁴⁵ vɛ⁵ niəu⁴⁴⁻⁴⁵ niəu⁵	歪斜的，不正的
【惚惚□□】 xu²¹³⁻²¹ xu¹ tau⁴⁴ iə⁵³	（精神）恍惚的，（头脑）不清楚的：我看着这些日子他爷爷~的
【苟苟□□】 kəu⁴⁴⁻⁴⁵ kəu⁵ tʂʅ⁴⁴ tʂʅ⁵⁵	不大方的，拘谨的：见着外边的人儿，大方点儿，别~的
4. "的" 字形式	
【稳的】 vən⁴⁴⁻⁴⁵ ti⁵	有把握的：考上大学，那是~
【热燥燥的】 iə³¹ tθau⁴⁴ tθau⁵⁵ ti⁵	炎热干燥的：怎么觉着~，今日多少度？
【□□的】 pa²¹³⁻²⁴ pa²¹³⁻²¹ ti¹	牢固的：你看看，这一大个麦子捆得~，管自能松开？
【□□的】 tʰaŋ²¹³⁻²⁴ tʰaŋ²¹³⁻²¹ ti¹	（人）多的
【姟姟的】 xɛ²¹³⁻²⁴ xɛ²¹³⁻²¹ ti¹	①（水）大的；②（货物、钱等）多的
【埋怨的】 mæn⁵³⁻⁵⁵ iəŋ⁵ ti⁵	怪不得：你脾气真差，~人家都这么说
【埋怨不的】 mæn⁵³⁻⁵⁵ iəŋ⁵ puˀ⁵ ti⁵	怪不得：~变天了，要下大雪啦
【硬个□的】 iəŋ³¹⁻²¹ kəˀ¹ tʂʅ⁵⁵ ti⁵	强行的：我~从他手里把刀子夺了出来
【慢儿慢儿的】 mɛ³¹⁻⁴⁵ mɛ⁵⁵ ti⁵	轻轻的：孩子睡了，你~走
【厚□的】 xəu³¹ tʂʰʊ⁵⁵ ti⁵	厚厚的：今日的黏粥~，正好儿
【老□的】 lau⁴⁴⁻⁴² tʂʊ⁵⁵ ti⁵	老老实实的：你~坐着，别上蹿下跳的
【□实的】 tʃəu⁵³ ʃi⁵³⁻⁵⁵ ti⁵	健壮结实的：你看咱儿那个腰，~
【肉奶的】 iəu³¹ nɛ⁵⁵ ti⁵	多肉而绵软的：小孩儿身上~
【箍轮的】 ku⁴⁴⁻⁴² luən⁵⁵ ti⁵	圆滚滚的：你看那个腰~
【脏□扬的】 tθaŋ²¹³⁻⁴⁵ muˀ⁵ iaŋ⁵⁵ ti⁵	很脏的，不干净的：你干什么了，身上~
【实打实的】 ʃi⁵³ ta⁴⁴ ʃi⁵³⁻⁵⁵ ti⁵	实实在在的，没有水分的
【松垮垮的】 θəŋ²¹³⁻²⁴ kʰua⁴⁴ kʰua⁵⁵ ti⁵	
【滑溜□的】 xua⁵³⁻⁴² liəu² tʃʰu⁵⁵ ti⁵	非常滑的：泥狗~
【淡么□的】 tæn³¹⁻²¹ mu¹ θuə⁵⁵ ti⁵	冷淡的，不热情的
【软鼓囊的】 yæn⁴⁴⁻⁴² ku² naŋ⁵⁵ ti⁵	柔软而松弛的
【木个□的】 mu³¹⁻⁴² kəˀ² tʂʅ⁵⁵ ti⁵	反应迟钝的，不灵活的

续表

词目与注音	释义及例句
【癞不□的】 lɛ³¹⁻²¹ pu¹ tʂʰ ʐ̩⁵⁵ ti⁵	不干净的
【白么□的】 pei⁵³⁻⁴² mu² tθʰa⁵⁵ ti⁵	白中带杂色的，非纯白的
【黑么乎的】 xei⁴⁴⁻⁴² mu² xu⁵⁵ ti⁵	黑乎乎的
【黄么□的】 xuaŋ⁵³⁻⁴² mu² kʰa⁵⁵ ti⁵	
【绿不□的】 ly³¹⁻²¹ pu¹ tʂəŋ⁵⁵ ti⁵	暗绿的，深绿的
【矮朴儿朴儿的】 iɛ⁴⁴⁻⁴² pʰɚ⁴⁴ pʰɚ⁵⁵ ti⁵	矮的
【湿漉漉的】 ʃi⁴⁴⁻⁴² lu⁴⁴ lu⁵⁵ ti⁵	湿淋淋的
【潮□□的】 tʃʰau⁵³⁻⁴² lau² tɕ⁵⁵ ti⁵	潮湿的
【干干的】 kæn²¹³⁻²⁴ kæn²¹³⁻²¹ ti¹	①一点水也没有的：水库里~，一点儿水也没有了；②（物质、钱等）一点没剩的：小孩儿结婚把爹娘刮得~
【溜儿溜儿的】 liəu²¹³⁻²⁴ liəu²¹³⁻²¹ ti¹	害怕的，恐惧的
【细溜儿的】 si³¹ ɹɚu⁵⁵ ti⁵	苗条的，修长的：人家那个嫚儿长得~
【粗横儿的】 tθʰu²¹³⁻²⁴ xuɚi⁵³⁻⁵⁵ ti⁵	粗而壮的：小伙儿长得~，很有劲
【高亮儿的】 kau²¹³⁻²⁴ ɹɚ ŋ⁵⁵ ti⁵	身材高的
【胖□□的】 pʰaŋ³¹⁻²¹ mu¹ tʃʰu⁵⁵ ti⁵	胖乎乎的：他家的嫚姑子都长得~，不出条
【胖乎乎的】 pʰaŋ³¹ xu⁴⁴ xu⁵⁵ ti⁵	
【瘦筋干巴的】 ʂəu³¹ tɕiən²¹³⁻²⁴ kæn⁴⁴ pa⁵⁵ ti⁵	很瘦的
【瘦不叽的】 ʂəu³¹⁻²¹ pu¹ tɕi⁵⁵ ti⁵	很瘦的
【乌不□的】 vu²¹³⁻⁴⁵ pu⁵ tɕiəu⁵⁵ ti⁵	（颜色）暗乌的，不鲜亮的
【长衫的】 tʃʰaŋ⁵³ ʂɚ⁵⁵ ti⁵	长长的：这个褂子~，挺好看！
【油汪儿汪儿的】 iəu⁵³ vɚ ŋ⁴⁴ vɚ ŋ⁵⁵ ti⁵	油多的
【涩乎的】 ʂei⁴⁴⁻⁴² xu⁵⁵ ti⁵	①（味道）发涩的：柿子还没熟，~；②干涩的：这两天觉着眼~，难受！
【薄溜儿的】 pə⁵³ ɹɚu⁵⁵ ti⁵	稀薄的：稀饭~，挺好喝
【快当儿的】 kʰuɛ³¹ tɚ ŋ⁵⁵ ti⁵	快点
【沉乎的】 tʃʰən⁵³ xu⁵⁵ ti⁵	重的
【老老实儿实儿的】 lau⁴⁴⁻⁴⁵ lau⁵ ʂ ɚi⁴⁴ ʂ ɚi⁵⁵ ti⁵	
【干净儿的】 kæn²¹³⁻²⁴ tθɚŋ⁵⁵ ti⁵	
【直挺挺的】 tʃi⁵³ tʰiəŋ⁴⁴ tʰiəŋ⁵⁵ ti⁵	笔直的

续表

词目与注音	释义及例句
【湿漉的】 $\int i^{44-42} lu^{55} ti^{5}$	
【潮乎的】 $t\int^{h}au^{53} xu^{55} ti^{5}$	略微潮湿的
【好好儿的】 $xau^{44} x\mathrm{a}\u^{55} ti^{5}$	没有损坏的，完好的
【实落的】 $\int i^{53} \mathrm{\iota}u\mathrm{a}^{55} ti^{5}$	（话语）不掺杂水分的，实在的：别要谎，~，这条裤子我就拿着了
【柴乎的】 $t\mathrm{s}^{h}\varepsilon^{53} xu^{55} ti^{5}$	（肉类）不易嚼烂且口感差的
【光溜儿的】 $kua\eta^{213-24} \mathrm{\iota}u\mathrm{a}\u^{55} ti^{5}$	一丝不挂的：睡觉的时候，孩子都脱得~
【噔噔的】 $t\mathrm{a}\eta^{213-24} t\mathrm{a}\eta^{213-21} ti^{1}$	①完全满的：柜子里装得~；②拥挤的：集上的人塞得~
【撅儿撅儿的】 $t\mathrm{c}y\mathrm{a}^{213-24} t\mathrm{c}y\mathrm{a}^{213-21} ti^{1}$	（生气时）快走的：她叫我气得~走了
【绷绷的】 $p\mathrm{a}\eta^{213-24} p\mathrm{a}\eta^{213-21} ti^{1}$	紧实且有弹性的
【钢钢的】 $ka\eta^{213-24} ka\eta^{213-21} ti^{1}$	坚硬结实的：刚打的镢，~
【□吭□吭的】 $ka\eta^{31-42} xa\eta^{2} ka\eta^{31-42} xa\eta^{2} ti^{2}$	①矫健的：这个老头儿八十了，走起路来还~；②骄纵的，目中无人的：她家里有钱，天介~，能看起谁？
【热乎的】 $i\mathrm{a}^{31} xu^{55} ti^{5}$	比较热的，常表消极意义：小孩儿的头~，是不是感冒了？
【热乎儿的】 $i\mathrm{a}^{31} x\mathrm{u}\mathrm{a}^{55} ti^{5}$	温暖的，常表积极意义：被窝里~，一点儿也不冷
【生就的】 $\mathrm{s}\mathrm{a}\eta^{213-24} tsi\mathrm{a}u^{31-42} ti^{2}$	天生的：~脾气，改不了
【年轻儿轻儿的】 $ni\mathrm{æ}n^{53} t\mathrm{c}^{h}i\mathrm{a}\eta^{44} t\mathrm{c}^{h}i\mathrm{a}\eta^{55} ti^{5}$	年纪小的：~不学好儿
【空落落的】 $k^{h}\mathrm{a}\eta^{31} lau^{44} lau^{55} ti^{5}$	冷清寂寥的：一个人待家里，觉着~
【文绉绉的】 $v\mathrm{a}n^{53} t\mathrm{s}\mathrm{a}u^{44} t\mathrm{s}\mathrm{a}u^{55} ti^{5}$	
【影影绰绰的】 $i\mathrm{a}\eta^{44-45} i\mathrm{a}\eta^{5} t\mathrm{s}^{h}y\mathrm{a}^{44} t\mathrm{s}^{h}y\mathrm{a}^{55} ti^{5}$	朦胧的，看不清楚的：快黑天了，~看着前边儿有个人儿
【密密麻麻的】 $mi^{31-21} mi^{1} ma^{44} ma^{55} ti^{5}$	
【神咕咚的】 $\int\mathrm{a}n^{53-42} ku^{2} t\mathrm{a}\eta^{55} ti^{5}$	神奇的，古怪的
【矬不□儿的】 $t\theta^{h}u\mathrm{a}^{53-42} pu^{2} t\mathrm{a}i^{55} ti^{5}$	矮矮的
【粗粗拉拉的】 $t\theta^{h}u^{213-21} t\theta^{h}u^{1} la^{44} la^{55} ti^{5}$	不细心的，不细致的：他就是~那么个人儿
【缄声的】 $t\mathrm{c}i\mathrm{a}^{44-42} \mathrm{s}\mathrm{a}\mathrm{a}^{55} ti^{5}$	不说话的
【缄默声的】 $t\mathrm{c}i\mathrm{a}^{44-42} mu^{2} \mathrm{s}\mathrm{a}\mathrm{a}^{55} ti^{5}$	①不说话的；②悄无声息的，悄悄的
【油脂抹儿划儿的】 $i\mathrm{a}u^{53-55} t\mathrm{s}\mathrm{\gamma}^{5} m\mathrm{a}\mathrm{a}^{44} x\mathrm{a}\mathrm{a}^{55} ti^{5}$	有油渍的，油污的：怎么弄的脸上~？
【绘了划儿的】 $xuei^{55} l\mathrm{a}^{5} xu\mathrm{a}\mathrm{a}^{55} ti^{5}$	胡乱涂抹的：墙上叫小孩儿弄得~

续表

词目与注音	释义及例句
【稀稀拉拉的】 $\varphi i^{213-21} \varphi i^1 la^{44} la^{55} ti^5$	稀疏的：天干，白菜没出好，~
【蔫攸□拉叽的】 $iæn^{213-21} iəu^1 pu^{21} la^1 tsi^{55} ti^5$	①缺少水分的，枯萎的；②无精打采的：那些干活儿的，一个个儿都~
【烟熏火燎的】 $iæn^{213-24} \varphi yən^{213-24} xuə^{44-42} liau^{44-45} ti^5$	
【嘀里嘟噜的】 $ti^{213-21} li^1 tu^{213-21} lu^1 ti^1$	（垂下的圆状物体）多的：树上的苹果~
【嘀里当郎的】 $ti^{213-21} li^1 taŋ^{213-21} laŋ^1 ti^1$	（垂下的条状物体）多的：架子上~长了若干丝瓜
【哩哩啦啦的】 $li^{213-21} li^1 la^{213-21} la^1 ti^1$	零星的，断断续续的：这个雨~下了好几天了，老是不见太阳|走一路，~撒了一路
【黑目虎眼的】 $xei^{44-45} mu^5 xu^{44-42} iæn^{44-45} ti^5$	（小孩长得）有精神的
【黏□叽的】 $niæn^{53-42} ku^2 tsi^{55} ti^5$	黏的：手上粘了什么，~
【□□狂狂的】 $\varphi yə^{44-45} \varphi yə^5 kuaŋ^{44} kuaŋ^{55} ti^5$	（行为）大胆出格的，冒失的
【娘娘们儿们儿的】 $niaŋ^{53-55} niaŋ^5 mɚi^{44} mɚi^{55} ti^5$	女性化的，不刚强的
【抖抖嗖嗖的】 $təu^{44-45} təu^5 θəu^{44} θəu^{55} ti^5$	得瑟的，不本分的
【慌慌张张的】 $xuaŋ^{213-21} xuaŋ^1 tʃaŋ^{44} tʃaŋ^{55} ti^5$	
【野野□□的】 $iə^{44-45} iə^5 ku^{44} ku^{55} ti^5$	野蛮的，胆大的
【疙瘩□□的】 $ka^{44-45} ta^5 lu^{44} θu^{55} ti^1$	（棉织物）布满绒球的：这个被单~
【麸皮潦草的】 $fu^{213-24} p^hi^{53} liau^{53} t\theta^h au^{44-45} ti^5$	不认真细致的：他干什么都~，不细心
【粗皮老嘈的】 $t\theta^h u^{213-24} p^hi^{53} lau^{44-42} t\theta^h au^{44-45} ti^5$	（皮肤）粗糙的：他年纪轻轻，长得~
【人模狗样儿的】 $iən^{53} mu^{53} kəu^{44} ɚ ŋ^{31-42} ti^2$	
【人模人样的】 $iən^{53} mu^{53} iən^{53} ɚ ŋ^{31-42} ti^2$	
【颠颠古古的】 $tiæn^{213-21} tiæn^1 ku^{44} ku^{55} ti^5$	不本分的，到处乱跑的：天天~到咱家里闯门子，不好好待家里拾掇拾掇
【毛毛愣愣的】 $mau^{53-55} mau^5 ləŋ^{44} ləŋ^{55} ti^5$	轻率的，不慎重的
【□腔扇风的】 $liən^{213-24} tiəŋ^3 ʃæn^{213-24} fəŋ^{213-21} ti^1$	（走路）动作大而迅速的，含贬义：待家里~干什么，不找个地方好好坐着
【干巴□□的】 $kæn^{213-21} pa^1 yə^{44} tsi^{55} ti^5$	干巴的，不柔软的

续表

词目与注音	释义及例句
【干干巴巴的】 $kæn^{213-21} kæn^1 pa^{44} pa^{55} ti^5$	
【斜溜掉角的】 $siə^{53-55} liəu^5 tiau^{31}$ $tɕia^{44-45} ti^5$	歪斜的
【横插别□的】 $xuən^{53} tʂ^ha^{44} piə^{53}$ $liaŋ^{53-55} ti^5$	杂乱的，不整齐的：锄、锨怎么都倒了，~
【慢个□溜儿的】 $mæn^{31-21} kə^1 tʃ^hə^{44}$ $ɹəʴu^{55} ti^5$	慢慢的：人家走起路来~，就是有福气
【下作溜食的】 $ɕia^{31-42} tθu^2 liəu^{31} ʃi^{55} ti^5$	贪吃的，爱占便宜的：看看他，无□tθəŋ^{31} 间吃了好几碗，~
【□□倔倔的】 $lyə^{31-42} lyə^2 tɕyə^{44}$ $tɕyə^{55} ti^5$	坐卧不安而着急离开的
【利利索索的】 $li^{31-42} li^2 θuə^{44} θuə^{55} ti^5$	
【流流求求的】 $liəu^{53-55} liəu^5 tɕ^hiəu^{44}$ $tɕ^hiəu^{55} ti^5$	
【木个支的】 $mu^{31-21} kə^1 tʂʅ^{55} ti^5$	反应迟钝的，不机敏的
【粗粗鲁鲁的】 $tθ^hu^{213-21} tθ^hu^1 lu^{44} lu^{55} ti^5$	
【扭啊捏啊的】 $niəu^{44-45} ɣa^5 niə^{45} ɣa^5 ti^5$	（女人）走路扭捏作态的
【咋咋呼呼的】 $tʂa^{213-21} tʂa^1 xu^{44} xu^{55} ti^5$	
【大模实样儿的】 $ta^{31-21} mu^1 ʃi^{53} əʴ ŋ^{55} ti^5$	大方的，端庄的，稳重的

二十八　副词及短语

词目与注音	释义及例句
【光】 $kuaŋ^{213}$	只，仅仅
【光要】 $kuaŋ^{213-21} i^1$	会，很可能：不打药的话，地里~长草
【左右】 $tθuə^{31-21} i^1$	反正：你想去你去，~我不去
【要紧】 $iau^{213-45} tɕiən^5$	千万：我待那等着你，你~早过去
【快】 $kuɛ^{31}$	快要，就要：这个天~下雪了
【很】 $xən^{213}$	程度副词
【真】 $tʃən^{213}$	程度副词：雨下得~大
【挺】 $t^hiəu^{213}$	程度副词：~好的
【怪】 $kɛ^{31}/kuɛ^{31}$	程度副词：这个人儿~热情的丨今日~热丨~冷丨~疼
【太】 $t^hɛ^{31}$	程度副词

续表

词目与注音	释义及例句
【相当】siaŋ⁴⁴⁻⁴²taŋ²¹³	程度副词，表示达到很高的程度：那个村儿~富裕
【老】lau⁴⁴	程度副词，很：萝卜糠了，~艮
【蛮】mæn⁵³	程度副词，很：这样儿不~好儿？
【溜】liəu²¹³	程度副词，极：~轻
【澄】tʂəŋ³¹	程度副词，极：~新丨~绿
【□】çi²¹³	程度副词，极：黄瓜~嫩丨地蛋片儿~焦
【□】tʰiau³¹	程度副词，极：~白儿
【□】tsiau²¹³	程度副词，极：~酸
【□】pei⁵³	程度副词，极：~苦
【□】xəu²¹³	程度副词，极：~咸丨~辣
【□】xəŋ³¹	程度副词，极：~黑
【□】çiæn³¹	程度副词，极：~蓝丨~紫
【□】çiaŋ²¹³	程度副词，极：~干
【□的】kaŋ⁴⁴⁻⁵⁵ti⁵	程度副词，非常：这个地~硬喃！
【只许】tθŋ⁴⁴⁻⁴²çy⁴⁴	
【必定】pi⁴⁴tiəŋ³¹	
【一定】i⁴⁴tiəŋ³¹	
【积着】tsi⁴⁴⁻⁴⁵tʂʅ⁵	老是，一直：雨别~下，~下庄稼就涝死了
【急急】tɕi⁴⁴⁻⁵⁵tɕi⁵	本来就，原本就：~家里没有钱，这回儿又长了场大病
【别】pə⁵³	不要
【别些】pə⁵³⁻⁴²si²	不要：~这样，这样不太好
【无】mu⁵³	不要：俺~的说了，说那些话儿
【没】mu³¹	
【不】pu⁴⁴	
【越】yə⁴⁴	更加
【比较】pi⁴⁴tɕiau³¹/pi⁴⁴⁻⁵⁵tɕiau⁵	
【全】tsʰyæn⁵³	
【一遭儿】i⁴⁴⁻⁴²tθɚu²¹³	全部，所有：破衣裳~叫我擩了
【都】təu³¹	①全部；②加重语气：他~快渴死了
【一块儿】i⁴⁴kʰuɛ³¹	一起：咱~吃饭吧
【一抹儿】i⁴⁴ma³¹	全部：眼前~黑

续表

词目与注音	释义及例句
【一共总】i⁴⁴kəŋ³¹tθəŋ⁴⁴	总共：~他也没挣多少钱
【还】xæn⁵³	
【在】tθɛ³¹	正在
【起码】tɕʰi⁴⁴⁻⁴²ma⁴⁴	至少：~人家考上学了，您连学都没考上
【赶快】kæn⁴⁴kʰuɛ³¹	
【赶紧】kæn⁴⁴⁻⁴²tɕiən⁴⁴	
【马上】ma⁴⁴⁻⁴⁵ʃaŋ⁵	
【立时】li³¹ʂ⍭⁵³	立刻，马上
【正好儿】tʃəŋ⁴⁴⁻⁴²xɚu⁴⁴	恰巧
【快点儿】kʰuɛ³¹⁻⁴²tɛ·²	
【刚】tɕiaŋ²¹³	刚：俺家里~吃完了饭
【刚刚】tɕiaŋ²¹³⁻²⁴tɕiaŋ²¹³	
【反正】fæn⁴⁴⁻⁴⁵tʃəŋ⁵	
【高低】kau²¹³⁻²⁴ti²¹³	无论如何：说了半天好话儿，人家~不卖
【横竖】xuən⁵³ʃu³¹	无论如何：这个学他~是不想上了
【贵贱】kuei³¹⁻³¹²tsiæn³¹	无论如何：这种事儿咱~都不能干
【早晚儿】tθau⁴⁴⁻⁴²vɚ⁴⁴	终究，最终：你现在不想干活儿，以后自己过日子了，~得自己干
【拔□】pa⁵³tʂæn⁴⁴	忽然，一下子：以前他经常来俺家，~不来了
【早就】tθau⁴⁴tsiəu³¹	早已经：俺闺女~结婚了
【经常】tɕiəŋ²¹³⁻²⁴tʃʰaŋ⁵³	
【老是】lau⁴⁴⁻⁵⁵ʂ⍭⁵	
【就会】tsiəu³¹⁻³¹²xuei³¹	①经常会：你~来这一套，真恶人；②只会：你不~个木匠吗，你还会什么？
【禁】tɕiən⁴⁴	顶，耐：路真~走
【顶】tiəŋ⁴⁴	耐：钱不~花
【净】tsiəŋ³¹	经常，常常：她~到河里洗衣裳
【八成儿】pa⁴⁴⁻⁴⁵tʂʰɚŋ⁵	很可能：他~来不了了
【差点儿】tʂʰa³¹tɛ⁴⁴	
【值当】tʃi⁵³⁻⁵⁵taŋ⁵	值得：小买卖儿，挣不着几个钱儿，不~地干
【顶多】tiəŋ⁴⁴⁻⁴²tuə²¹³	最多：这一堆苹果~十斤
【最多】tθuei³¹tuə²¹³	
【亏着】kʰuei²¹³⁻²¹tʂ⍭¹	幸亏：这个事儿~你帮忙儿

续表

词目与注音	释义及例句
【多亏】 $tu\vartheta^{213-24}k^huei^{213}$	幸好，幸亏：~你没来，来了就回不去了
【□】 $t\int æn^{213}$	稍微，略微：刚下了雨，地~一踩就下去了
【一准儿】 $i^{44-42}t\underaccent{\r{}}{s}u\vartheta \cdot i^{44}$	一定，必定：回家看着没精神，考试~没考好
【再三】 $t\theta \varepsilon^{213-24}\theta æn^{213}$	多次
【□成】 $t^hi æn^{53-55}t\int^h\vartheta \eta^5$	毕竟，总归：他干活没干好，你说他，可以；我干活儿~没问题吧，你说我干什么？
【成的】 $t\int^h\vartheta \eta^{53-55}ti^5$	非常的：人家那个媳妇儿~能干喃
【成个】 $t\int^h\vartheta \eta^{53-55}k\vartheta^5$	后加既成事实，并在后句引导出与之冲突的或不希望出现的结果：你~睏懒觉吧，您大舅快来了
【确实】 $t\varepsilon\mkern-1mu{}^hy\vartheta^{44}\int i^{53}$	的确，表强调
【大体】 $ta^{31}ti^{44}$	大概：我~数了一下儿，好像少了几只鸡
【猛地】 $m\vartheta \eta^{44-45}ti^5$	猛然：他~坐起来了
【□地】 $vu^{213-21}ti^1$	突然地，忽然地：那条狗~照着我扑上来
【何差必】 $xu\vartheta^{53}t\underaccent{\r{}}{s}^ha^{31}pi^{53}$	何必：两家子为了这么点儿事儿打仗，~的呢？
【家当的】 $t\varepsilon ia^{213-24}ta\eta^{55}ti^5$	全部，所有：我身上~就带了二百块钱，哪里那么多钱借给你？
【趁早儿】 $t\int^h\vartheta n^{53}t\theta \mathrm{a}\mkern-2mu{}\cdot u^{44}$	
【怨不得】 $y æn^{31-42}pu^2ti^2$	怪不得：你得罪人家了，~人家不理你呢
【犯不着】 $fæn^{31-42}pu^2t\underaccent{\r{}}{s}\vartheta^{53}$	没有必要，不值得：~上您挤眼儿为仇
【差点儿】 $t\underaccent{\r{}}{s}^ha^{31}t\varepsilon^{44}$	
【不值当】 $pu^{44}t\int i^{53-55}ta\eta^5$	不值得：为了这么点儿事儿生气，~的
【大不了】 $ta^{31-42}pu^2liau^{44}$	
【通□来】 $t^h\vartheta \eta^{31}\int\vartheta n^{53-55}l\varepsilon^5$	一直：这些日子我~没见着他
【才刚忙儿】 $t\theta^h\varepsilon^{53}t\varepsilon ia\eta^{213-24}mа\mkern-2mu{}\cdot \eta^{53}$	刚才：~俺俩还说话儿来，她能跑了哪里去？
【果不其然】 $k\vartheta^{44-42}pu^2t\varepsilon\mkern-1mu{}^hi^{44}iæn^{53}$	果然：算命的说这几天他要有事儿，~地出车祸了

二十九　介词、连词和助词

词目与注音	释义及例句
1. 介词	
【上】 $\int a\eta^{31}$	和，跟，同：俺娘~俺爹赶集去了
【跟】 $k\vartheta n^{213}$	

续表

词目与注音	释义及例句
【打】ta^{44}	从：~那以后，俺俩再没见过面儿
【递】ti^{31}	向：这个事儿我~她说了
【□】tʃʰə^{44}	从：你~那里来的？
【自打】tθŋ^{53}ta^{44}	自从：~那时候起，两家就糟了
【把】pa^{31}	
【叫】tɕiau^{31}	被：他~狗咬着了
【待】tɛ^{44}	在：~俺家里吃饭吧？
【□】ly^{44}	从：我~农村来的
【替】tʰi^{31}	
【为】vei^{31}	
【为了】vei$^{31-42}$lə^2	
【往】vaŋ^{31}	①向：继续~前走，就到了；②从：你~哪里弄的这些松果棱儿？
【凭】pʰiəŋ^{53}	根据，凭借：你对别人不好，别人~什么对你好？
【朝】tʃʰau^{53}	向：您家的牛~南跑了
【从】tθʰəŋ^{53}	
【比】pi^{44}	
【特为】tei$^{44-55}$vei^5	就是因为，强调特定的原因
【只为】tʃi$^{44-55}$vei^5	因为
2. 连词	
【不如】pu$^{44-42}$y^{44}	表示比较：大早起来睡觉还~看看书喃
【好比】xau$^{44-42}$pi^{44}	好似，好像：他家的饭真癞，俺都觉得恶心，~吃了个苍蝇
【好像】xau^{44}siaŋ^{31}	
【□自】kæn$^{44-45}$tθŋ^5	①表示举例或提起话题：~王永华，从小就东偷西摸的，不学好儿丨~我小时候，吃了上顿没下顿；②的确，确实：A：这几年他家里做买卖，真发了财了。B：~的。
【比方】pi$^{44-45}$faŋ^5	表示举例：~说你赢了一盘棋，不过赢得不光彩，靠赖赢的，这就是"胜之不武"。
【说到】ʃuə$^{44-45}$tau^5	表提起话题：~您大舅上您妗子，那真是有的说了，三天三夜也说不完
【还是】xæn$^{53-55}$ʂl^5	表示选择：你去~不去？

词目与注音	释义及例句
【不是……，就是……】pu⁴⁴ ʂʅ³¹，tsiəu³¹⁻³¹² ʂʅ³¹	表示选择：这个孩子不好好学习，整天~钓蛤蟆，~摸虾
【因为……，所以……】iən²¹³⁻²⁴ vei³¹，ʂuə⁴⁴⁻⁴² i⁴⁴	表示因果关系
【……，是因为……】ʂʅ³¹ iən²¹³⁻²⁴ vei³¹	强调原因：找不着老婆~他家里太穷了
【……，所以……】ʂuə⁴⁴⁻⁴² i⁴⁴	
【虽然……，但是……】θuei⁵³ iæn⁵³，tæn³¹⁻³¹² ʂʅ³¹	表示转折关系：~她家的牛啃了您的庄稼，~你也不能嘅她
【是……，不过……】ʂʅ³¹，pu⁴⁴kə³¹	表示轻微转折：她~嘅了你，~你有错儿在先
【就】tsiəu³¹	表示顺承：吃完饭俺爹~上坡了
【接着】tsiə⁴⁴⁻⁴⁵ tʂʅ⁵	表示顺承：他回来了一趟，~走了
【待】tɛ³¹	要：你~去哪里？
【后来】xəu³¹lɛ⁵³	表示时间顺承：我小时候住姥娘家，~姥娘死了，我就不待那住了
【另外】liəŋ³¹⁻³¹²vɛ³¹	除此之外
【……不说，还……】pu⁴⁴⁻⁴² ʃuə⁴⁴，xæn⁵³	表示递进：我身上疼~，~感冒了
【就算……，也……】tsiəu³¹⁻³¹² θuæn³¹，iə⁴⁴	表示让步关系：他~死了，我~不会去
【除非……，就……】tʃʰu⁵³ fei²¹³，tsiəu³¹	表示条件关系：~这个小偷儿不偷东西了，再偷的话肯定~会抓着他
【不管……，都……】pu⁴⁴⁻⁴² kuæn⁴⁴，təu³¹	表示条件关系：~生不生病，~得干活儿
【只要……，就……】tθŋ⁴⁴⁻⁵⁵ i⁵，tsiəu³¹	表示充足条件关系：~你同意这件事儿，俺~没意见
【……，好……】xau⁴⁴	表示目的：效力挣钱吧，~盖房儿娶媳妇儿
【……，为了……】vei³¹⁻⁴²lə²	表示目的：现在好好学习，就是~以后不下庄户地
【要是……，就……】iau³¹⁻²¹ ʂʅ¹，tsiəu³¹	表示假设：~你不愿意，~算了
【……的话，就……】ti⁰xua³¹，tsiəu³¹	表示假设：人家不同意~，那~没有办法儿
3. 助词	
【着】tʂʅ⁰	时态助词，表示动作正在进行：你吃~，我有事儿，先走了
【了】la⁰	时态助词，表示动作完成：已经喝完酒~
【哩】lɛ⁰	①时态助词，表示事情已经发生，相当于"过"：我去赶集~；②语气词，表吃惊或呼喊
【过】kə⁰	时态助词，表示动作曾经发生：他结~婚

续表

词目与注音	释义及例句
【的】ti⁰	结构助词，用于名词之前，表示修饰
【得】ti⁰	结构助词，用于动词之后，表示补充说明
【地】ti⁰	结构助词，用于动词之前，表示修饰：效力~干活｜认真~学习
【个】kə⁰	结构助词，帮助成句：玩儿~屁
【吧】pa⁰	语气助词，表示商量或不满：这样儿好了~？｜想去就去~！俺不管了。
【啊】ɣa³¹	语气助词，表示感叹
【喃】næn⁰	语气助词，用于特指问句：人~，跑哪去了？｜俺娘~？
【□】ɣaŋ²¹³	语气助词，表示商量：好好上学~
【□】xaŋ⁴⁴	语气助词，要求听话者表示赞同
【嗯】ŋ̩³¹	语气助词，表示肯定、答应
【哎】ɣæn²¹³	语气助词，表示惊诘问：你为什么偷人家的东西，~？
【哎】ɣɛ²¹³	语气助词，相当于"喂"：~，你上哪去？｜~，你别走！
【唉】ɣɛ³¹	语气助词，表感叹：~！气死我了
【该□】kɛ²¹³⁻⁴⁵ta⁵	表示惊诧，惊讶：~，下这么大的雨，衣裳还在天井里晾着
【哎□哩】ɣæn²¹³⁻²¹iaŋ¹lɛ¹	表语气的短语，表示不满或不同意：~，别吆喝了
【亲娘哩】tsʰiən²¹³⁻²⁴niaŋ⁵³⁻⁵⁵lɛ⁵	表语气的短语，表示吃惊
【老天爷哩】lau⁴⁴⁻⁴²tʰiæn²¹³⁻²⁴iə⁵³⁻⁵⁵lɛ⁵	表语气的短语，表示吃惊或痛苦呼喊
【俺的亲娘哩】ɣæn⁴⁴⁻⁴⁵ti⁵tsʰiən²¹³⁻²⁴niaŋ⁵³⁻⁵⁵lɛ⁵	表语气的短语，表示吃惊或痛苦呼喊

三十　数量词

词目与注音	释义及例句
1. 数词	
【一】i⁴⁴	
【二】l̩³¹	
【三】θæn²¹³	

续表

词目与注音	释义及例句
【四】θɿ³¹	
【五】vu⁴⁴	
【六】liəu³¹	
【七】tsʰi⁴⁴	
【八】pa⁴⁴	
【九】tɕiəu⁴⁴	
【十】ʃi⁵³	
【百】pei⁴⁴	
【一百一】i⁴⁴pei⁴⁴⁻⁴²ɿ⁴⁴	一百一十
【二百】lɿ³¹⁻⁴²pei²	
【三百】θæn²¹³⁻²¹pei¹	
【四百】θɿ³¹⁻⁴²pei²	
【五百】vu⁴⁴⁻⁴⁵pei⁵	
【六百】liəu³¹⁻⁴²pei²	
【七百】tsʰi⁴⁴⁻⁴⁵pei⁵	
【八百】pa⁴⁴⁻⁴⁵pei⁵	
【九百】tɕiəu⁴⁴⁻⁴⁵pei⁵	
【千】tsʰiæn²¹³	
【万】væn³¹	
【亿】i³¹	
【一千】i⁴⁴⁻⁴²tsʰiæn²¹³	
【一千一】i⁴⁴⁻⁴²tsʰiæn²¹³⁻²⁴i⁴⁴	一千一百
【两千】liaŋ⁴⁴⁻⁴²tsʰiæn²¹³	
【三千】θæn²¹³⁻²⁴tsʰiæn²¹³	
【四千】θɿ³¹tsʰiæn²¹³	
【五千】vu⁴⁴⁻⁴²tsʰiæn²¹³	
【六千】liəu³¹tsʰiæn²¹³	
【七千】tsʰi⁴⁴⁻⁴²tsʰiæn²¹³	
【八千】pa⁴⁴⁻⁴²tsʰiæn²¹³	
【九千】tɕiəu⁴⁴⁻⁴²tsʰiæn²¹³	
【一万】i⁴⁴væn³¹	
【一万一】i⁴⁴væn³¹i⁴⁴	一万一千

词目与注音	释义及例句
【两万】liaŋ⁴⁴væn³¹	
【三万】θæn²¹³⁻²⁴væn³¹	
【四万】θʅ³¹⁻³¹²væn³¹	
【五万】vu⁴⁴væn³¹	
【六万】liəu³¹⁻³¹²væn³¹	
【七万】tsʰi⁴⁴væn³¹	
【八万】pa⁴⁴væn³¹	
【九万】tɕiəu⁴⁴væn³¹	
【十万】ʃi⁵³væn³¹	
【十个八个】ʃi⁵³⁻⁵⁵kə⁵pa⁴⁴⁻⁴⁵kə⁵	不到十个，表示数量少
【十几】ʃi⁵³tɕi⁴⁴	多于十，少于二十
【十好几】ʃi⁵³xau⁴⁴⁻⁴²tɕi⁴⁴	大于十四
【二十好几】ʅ³¹⁻⁴²ʃi²xau⁴⁴⁻⁴²tɕi⁴⁴	大于二十四
【一百好几】i⁴⁴⁻⁴²pei⁴⁴xau⁴⁴⁻⁴²tɕi⁴⁴	大于一百四
【二百好几】ʅ³¹⁻⁴²pei²xau⁴⁴⁻⁴²tɕi⁴⁴	大于二百四
【一千好几】i⁴⁴⁻⁴²tsʰiæn²¹³⁻²⁴ xau⁴⁴⁻⁴²tɕi⁴⁴	大于一千四百
【好几十】xau⁴⁴⁻⁴²tɕi²ʃi⁵³	四十以上，不足一百
【好几百】xau⁴⁴⁻⁴²tɕi²pei⁴⁴	四百以上，不足一千
【好几千】xau⁴⁴⁻⁴²tɕi²tsʰiæn²¹³	四千以上，不足一万
【好几万】xau⁴⁴⁻⁴²tɕi²væn³¹	四万以上，不足十万
【好几亿】xau⁴⁴⁻⁴²tɕi²i³¹	四亿以上，不足十亿
【百十】pei⁴⁴⁻⁴⁵ʃi⁵	一百左右
【千把】tsʰiæn²¹³⁻²¹pa¹	一千多
【万把】væn³¹⁻⁴²pa²	一万多
【百了八十】pei⁴⁴⁻⁴⁵ʅ⁵pa⁴⁴ʃi⁵³	一百左右
【千了八百】tsʰiæn²¹³⁻²¹ʅ¹pa⁴⁴⁻⁴²pei⁴⁴	一千左右
【万了八千】væn³¹⁻⁴²ʅ²pa⁴⁴⁻⁴²tsʰiæn²¹³	一万左右
【成千上万】tʃʰəŋ⁵³tsʰiæn²¹³⁻²⁴ ʃaŋ³¹⁻³¹²væn³¹	很多
【约摸儿】yə⁴⁴⁻⁴⁵mʊ˞⁵	估计
【大约摸儿】ta³¹yə⁴⁴⁻⁴⁵mʊ˞⁵	大概估计

续表

词目与注音	释义及例句
【唥当】laŋ²¹³⁻²¹ taŋ¹	表示大约某个数量，相当于"上下"、"左右"：这个小人儿也就二十~岁儿
【初几】tʂʰu²¹³⁻²⁴ tɕi⁴⁴	农历每月上旬天数的排列
【初一】tʂʰu²¹³⁻²⁴ i⁴⁴	
【初二】tʂʰu²¹³⁻²⁴ lʅ³¹	
【初三】tʂʰu²¹³⁻²⁴ θæn²¹³	
【初四】tʂʰu²¹³⁻²⁴ θɿ³¹	
【初五】tʂʰu²¹³⁻²⁴ vu⁴⁴	
【初六】tʂʰu²¹³⁻²⁴ liəu³¹	
【初七】tʂʰu²¹³⁻²⁴ tsʰi⁴⁴	
【初八】tʂʰu²¹³⁻²⁴ pa⁴⁴	
【初九】tʂʰu²¹³⁻²⁴ tɕiəu⁴⁴	
【初十】tʂʰu²¹³⁻²⁴ ʃi⁵³	
【第几】ti³¹ tɕi⁴⁴	表示次序的排列
【第一】ti³¹ i⁴⁴	
【第二】ti³¹⁻³¹² lʅ³¹	
【第三】ti³¹ θæn²¹³	
【第四】ti³¹⁻³¹² θɿ³¹	
【第五】ti³¹ vu⁴⁴	
【第六】ti³¹⁻³¹² liəu³¹	
【第七】ti³¹ tsʰi⁴⁴	
【第八】ti³¹ pa⁴⁴	
【第九】ti³¹ tɕiəu⁴⁴	
【第十】ti³¹ ʃi⁵³	
【第十一】ti³¹ ʃi⁵³ i⁴⁴	
【第二十】ti³¹⁻³¹² lʅ³¹ ʃi⁵³	
【第三十】ti³¹ θæn²¹³⁻²⁴ ʃi⁵³	
【第一百】ti³¹ i⁴⁴⁻⁴² pei⁴⁴	
【第一千】ti³¹ i⁴⁴⁻⁴² tsʰiæn²¹³	
【第一万】ti³¹ i⁴⁴ væn³¹	
【老几】lau⁴⁴⁻⁴² tɕi⁴⁴	兄弟姐妹排行
【老大】lau⁴⁴ ta³¹	

词目与注音	释义及例句
【老二】lau⁴⁴ʅʅ³¹	
【老三】lau⁴⁴⁻⁴²θæn²¹³	
【老四】lau⁴⁴θʅ³¹	
【老五】lau⁴⁴⁻⁴²vu⁴⁴	
【老六】lau⁴⁴liəu³¹	
【老七】lau⁴⁴⁻⁴²tsʰi⁴⁴	
【老八】lau⁴⁴⁻⁴²pa⁴⁴	
【老九】lau⁴⁴⁻⁴²tɕiəu⁴⁴	
2. 量词	
【棵】kʰuə²¹³	植物株数的量：一~树
【个】kə³¹	
【双】ɕuaŋ²¹³	
【串】tʃʰuæn³¹	表示多个连在一起的量：一~珠子
【幅】fu³¹	用于字画、对联等的量：一~画儿丨一~对联
【篇】pʰiæn²¹³	
【段儿】tuɛ³¹	
【副】fu³¹	用于手套、对联、牌、中药等的量：一~好牌丨一~汤药丨一~手套
【期】tɕʰi²¹³	表喝酒次数的量：酒才喝了一~
【炷儿】tʂʮ³¹	表示香的量：烧了一~香
【把】pa⁴⁴	①锤子、斧头等的量：一~锤；②单手握住的量：一~抓住；③用于鸡蛋表示十二个：一~鸡蛋
【些】siə²¹³	
【些儿】θɚ²¹³	
【股儿】kʮ⁴⁴	①（整体包含的）条：把绳子分成三~；②阵，表示气味：一~臭味儿
【股子】ku⁴⁴⁻⁴⁵tθʅ⁵	阵，表气味
【群】tɕʰyən⁵³	
【大群】ta³¹tɕʰyən⁵³	
【伙儿】xuɚ⁴⁴	用于共同做某事的多人的量：一~土匪
【帮儿】pɚŋ²¹³	用于共同做某事的多人的量：您一~，俺一~
【堆】tθuei²¹³	表示堆积的量：一~石头
【墩】tuən²¹³	用于丛生或低矮植物的量：一~白菜

词目与注音	释义及例句
【印】iən^{31}	表大铁锅型号的量：十二~锅
【□】xuə^{31}	用于门、药的量：一~门｜一~药
【扇】ʃæn^{31}	
【张】tʃaŋ^{213}	用于纸、铁锨等的量：一~铁锨｜一~纸
【页儿】ɹə˞^{31}	
【档子】taŋ$^{31-42}$tɤl^2	用于事情的量，相当于"件"：好几~事儿
【身儿】ʂɚi^{213}	用于衣服的量：过年添了两~新衣裳
【件儿】tɕiɛ˞^{31}	用于衣服的量
【件子】tɕiæn$^{31-42}$tɤl^2	用于衣服的量
【本】pən^{44}	
【本儿】pɚi^{44}	
【块】kʰuɛ^{31}	用于块状或片状物的量：一~钱｜一~肉｜一~花布
【根】kən^{213}	用于长条状物的量：一~蜡｜一~筷子｜一~指头
【条】tʰiau^{31}	
【辆】liəŋ^{31}	
【艘】ʂou^{213}	
【台】tʰɛ^{53}	用于电视、电扇、大车等的量
【行】ɕiəŋ^{53}	层：一~灰｜地上落了一~叶子
【撮子】tθuə$^{44-45}$tɤl^5	用于较大束的量：一~韭菜
【撮儿】tθuɚ^{44}	
【嘟噜儿】tu$^{213-21}$ɹu˞^{1}	用于较小成串物体的量：一~葡萄
【绺】liəu^{44}	表示较小束的量：一~头发
【绺】ɹɚu^{44}	
【间】tɕiæn^{213}	
【铺】pʰu^{213}	用于炕的量：一~炕
【幢】tʂʰuaŋ^{31}	用于被子的量：一~被
【毂轮儿】ku$^{44-45}$ɹu˞i^5	表示截面呈圆状的段：木头锯成了好几~
【截】tsiə^{53}	隔断或锯断的段：一~绳子｜一~木头
【节儿】tθɛ˞^{44}	段：竹子是一~一~的
【卡】tɕʰia^{213}	用于单手握住的量：一大~头发｜一~茼蒿
【提溜儿】ti$^{213-21}$ɹɚu˞^{1}	用于单手提起的量：一~葡萄
【瓶子】pʰiəŋ$^{53-55}$tɤl^5	用于瓶中液体的量：一~蜂蜜｜一~水

续表

词目与注音	释义及例句
【瓶儿】pʰiɚŋ⁵³	
【滴】ti⁴⁴	
【壶】xu⁵³	用于壶中液体的量：一~开水
【碗】væn⁴⁴	
【盘】pʰæn⁵³	①用于盘中食物的量；②绕在一起呈盘状的物体的量：一大~长虫；③下棋的轮次：一~棋
【盘子】pʰæn⁵³⁻⁵⁵tθ̩⁵	用于盘子中食物的量
【碟儿】tɚ⁵³	用于碟子中食物的量：一~小菜
【粒儿】ɹɚi³¹	
【顿】tuən³¹	①饭的量；②持续较长时间的动作的量：打了他一~｜把孩子训了一~
【杯】pei²¹³	杯子中液体的量
【茶缸子】tʂʰa⁵³kaŋ²¹³⁻²¹tθ̩¹	搪瓷缸中液体的量：一~白开水
【茶缸儿】tʂʰa⁵³kɚŋ²¹³	
【缸】kaŋ²¹³	盛于缸中的物体的量：一~水｜一~麦子
【窝】və²¹³	一胎所生或一次性孵化出的动物的量：一~猪｜一~金翅儿｜一~耗子
【窝儿】vɚ²¹³	
【头】tʰəu⁵³	驴、牛、猪等的量
【匹】pʰi²¹³	马或布的量
【只】tʂ̩²¹³	鸭子、鸡、羊、老虎等的量
【只】tʃi²¹³	单个鞋子的量：一~鞋
【分】fən²¹³	钱的量：一~钱
【毛】mau⁴⁴	钱的量，相当于"角"：一~钱
【喷子】pʰən³¹⁻⁴²tθ̩²	用于时间的量，相当于"一阵"：一~感冒
【番儿】pʰɛ⁵³	持续较短时间的动作的量：走了一~｜看~电视｜打~麻将｜耍~
【番子】pʰæn⁵³⁻⁵⁵tθ̩⁵	持续较长时间的动作的量：耍了一大~
【层】tθʰəŋ⁵³	辈，代：老~人
【轮儿】ɹuɚi⁵³	相似或重复的动作过程的频次：（打牌）我才打了两~
【圈儿】tɕʰyɛ²¹³	形成环状或圈状事物的量：跑了一~｜走了一~｜屋里一~人围着看打扑克儿的
【回儿】xuɚi⁵³	次数的量：他家我去了一~｜他借钱借了好几~了
【趟】tʰaŋ³¹	

续表

词目与注音	释义及例句
【趟儿】 $t^h \varTheta \eta^{31}$	
【下儿】 ςia^{31}	动作次数的量：他打了我三~
【口】 $k^h \vartheta u^{44}$	①含满一嘴的量；②人口的量：几~人；③井、锅等的量：一~井丨一~锅；④话语的量：一~土话
【磴儿】 $t \vartheta \eta^{31}$	台阶的量，相当于"级"：楼梯一~一~的
【挂】 kua^{31}	鞭炮、动物内脏的量：一~下水丨一~鞭
【摞】 $lu\vartheta^{53}$	叠加累积起来的物品的量：一~碗
【沓子】 $ta^{53-55} t\theta \eta^5$	片状物体叠加起来的量：一~钱
【眼】 $iæn^{31}$	井的量：一~井
【眼】 $iæn^{44}$	眼睛看的量：看一~丨瞅一~
【泡】 $p^h \vartheta^{213}$	小便的量：尿了一~尿
【□】 $vɛ^{213}$	人大便的量：一~屎
【□】 $p^h \varepsilon^{213}$	人、动物大便的量：一~屎
【溜】 $li\vartheta u^{31}$	行，排：地头儿上栽着一~梨树
【犁】 li^{53}	田地里庄稼的量，相当于"行"：一~麦子丨一~果子
【片】 $p^h iæn^{31}$	
【点儿】 $tɕ^{44}$	表示很少的量：看看你考那~分儿吧
【丁点儿】 $ti\vartheta \eta^{213-24} tɕ^{44}$	表示极少的量：干了~活儿
【点儿点儿】 $tɕ^{44-45} tɕ^5$	表示极少的量：一~
【觊】 $tɕy^{31}$	牲口的量：一~牲口
【套】 $t^h au^{31}$	
【担】 $tæn^{31}$	用扁担挑起来的物体的量：一~水丨一~麦子
【夯】 $xa\eta^{213}$	呈块状或圆状的体积较大的物体的量：一~土丨一~泥
【桄】 $kua\eta^{31}$	呈圈状线束的量：一~线
【捆】 $tɕ^h y\vartheta n^{44}$	捆起来的物体的量：一~葱丨一~芹菜
【架】 $tɕia^{31}$	架起来生长的蔬菜的量：一~扁豆丨一~黄瓜
【手】 $ʂu^{44}$	技能或本领的量：一~好字儿丨一~好活儿
【道】 tau^{31}	
【场】 $tʃ^h a\eta^{53}$	①雨、雪、病等的量：一~大雨丨一~大病；②持续较长时间的动作的量：哭了一~丨闹了一~
【杆】 $kæn^{44}$	枪、秤等的量：一~枪丨一~秤
【岭】 $li\vartheta \eta^{44}$	较大的堆：一大~果子丨一~麦子

续表

词目与注音	释义及例句
【刀】tau²¹³	纸的量：一~烧纸
【茬儿】tʂʰa⁻⁵³	人、庄稼等的量：一~人｜一~苞米儿
【门】mən⁵³	男女婚姻的量：订了一~亲
【米】mi⁴⁴	
【尺】tʃʰi⁴⁴	
【虎口】xu⁴⁴⁻⁴⁵kʰəu⁵	
【撖】tʂa²¹³	拇指与中指之间长度的量
【大撖】ta³¹tʂa²¹³	拇指与中指尽量张开的最大长度的量
【指】tʂʅ⁴⁴	用指头的宽度表示物体长度的量：都成年了，他的丫子也就二~来长
【搂】ləu⁴⁴	两臂合围的长度：艾山有一棵白果树，有好几~粗
【步】pu³¹	
【里】li⁴⁴	500 米：一~路
【公里】kəŋ²¹³⁻²⁴li⁴⁴	1000 米：五十~远
【克儿】kʰɚ⁴⁴	表示重量的量
【两】liaŋ⁴⁴	表示重量的量
【斤】tɕiən²¹³	表示重量的量
【吨】tuən²¹³	表示重量的量
【畦】si⁵³	蔬菜种植面积的量：种了几~茼蒿｜一~韭菜
【畦子】si⁵³⁻⁵⁵tθʅ⁵	
【亩】mu⁴⁴	土地面积的量：一~地
【老亩儿】lau⁴⁴⁻⁴²mʊ⁴⁴	旧社会表土地面积的量，比新亩大
【顷】tɕʰiəŋ⁴⁴	旧社会表土地面积的量：一~地
【霎儿】ʂɚ⁴⁴	表很短时间的量：一~
【霎儿霎儿】ʂɚ⁴⁴⁻⁴⁵ʂɚ⁵	表极短时间的量：一~
【眨眼儿】tʂa⁴⁴⁻⁴²ɹɚ⁴⁴	表极短时间的量：一~的工夫

三十一　象声词

词目与注音	释义及例句
【嗤拉】tʂʰʅ²¹³⁻²¹la¹	布条撕裂或爆炸物引芯燃烧的声音

续表

词目与注音	释义及例句
【嘎嘣儿】 ka²¹³⁻²¹pɚ˞ŋ¹	硬物断裂发出的清脆的声音
【嘎吱】 ka²¹³⁻²¹tʂʅ¹	①物体摩擦或断裂发出的迟钝、悠长的声音；②踩在厚雪上发出的声音
【咕咚】 ku²¹³⁻²¹təŋ¹	心跳、大口喝水、重物落在地面等发出的声音
【□溜儿】 pu⁴⁴⁻⁴²lɚ˞u²¹³	光滑的物体快速滑进某种空隙的声音
【□儿】 kʰa˞²¹³	扇耳光、放鞭炮等发出的清脆声
【吧唧】 pa²¹³⁻²¹tsi¹	吃东西时嘴唇发出的声音
【呱唧】 kua²¹³⁻²⁴tsi⁵³	在地面上重重摔倒的声音
【呼哧】 xu²¹³⁻²¹tʂʰʅ¹	大口喘气的声音
【呼哧呼哧】 xu²¹³⁻²¹tʂʰʅ¹xu²¹³⁻²¹tʂʰʅ¹	
【呼啦呼啦】 xu²¹³⁻²¹la¹xu²¹³⁻²¹la¹	风吹动旗子等发出的声音
【呼呼】 xu²¹³⁻²⁴xu²¹³	刮大风的声音
【沙儿沙儿】 ʂa˞²¹³⁻²⁴ʂa˞²¹³	下小细雨、沙子流动等的声音
【哈哈】 xa²¹³⁻²⁴xa²¹³	下大暴雨或洪水流动的声音
【哐哐】 kʰuaŋ²¹³⁻²⁴kʰuaŋ²¹³	脚大力踹门的声音
【铛】 taŋ⁵³⁻⁵³³	钟摆碰击、撞击大钟等发出的声音
【咣当】 kuaŋ²¹³⁻²¹taŋ¹	海水、湖水等不断波动发出的声音
【轰隆】 xəŋ²¹³⁻²¹ləŋ¹	打雷声
【刚当】 kaŋ²¹³⁻²⁴taŋ⁵³	碰撞声
【喀嚓】 kʰa²¹tʂʰʅ¹/kʰa⁴²tʂʰʅ²¹³	树木、冰面等裂开的声音
【喀嚓】 kʰa²¹tʂʰa¹/kʰa⁴⁴⁻⁴²tʂʰa²¹³	树木、树枝等断裂的声音
【噗嗤】 pʰu²¹³⁻²¹tʂʰʅ¹	①踩泥水的声音；②突然发出的笑声
【扑腾】 pʰu²¹tʰəŋ¹	心跳声，扑打声
【扑通】 pʰu⁴⁴⁻⁴²tʰəŋ²¹³	重物落地发出的闷声
【扑棱】 pʰu²¹ləŋ¹	鸟翅扇动的声音
【咕嘟】 ku²¹³⁻²¹tu¹	水沸腾的声音
【哗哗】 xua²¹³⁻²⁴xua²¹³	流水或下大雨的声音
【呼儿呼儿】 xu˞²¹³⁻²⁴xu˞²¹³	①鼻息均匀的呼吸声；②微风拂面的声音
【吧嗒】 pa²¹³⁻²¹ta¹	①水滴滴落声；②走路脚步迟滞的声音
【呱嗒】 kua²¹³⁻²¹ta¹	①打竹板的声音；②穿拖鞋走路的声音
【哼哼】 xə˞ŋ²¹³⁻²⁴xə˞ŋ²¹³	婴儿或小动物吃奶时发出的声音
【呜呜】 vu²¹³⁻²⁴vu²¹³	大哭声

续表

词目与注音	释义及例句
【□儿】tʂua²¹³	婴孩突然大声哭泣的声音
【唰唰】ʂua²¹³⁻²⁴ ʂua²¹³	密集而急促下小雨的声音
【唰儿唰儿】ʂua²¹³⁻²⁴ ʂua²¹³	
【□拉】tʂʰua²¹ la¹	接触琐碎物体发出的声音
【□儿拉儿□儿拉儿】tʂʰua²¹ ɹa¹tʂʰua²¹ ɹa¹	窸窸窣窣的声音
【叮叮当当】tiəŋ²¹³⁻²⁴tiəŋ²¹³ taŋ²¹³⁻²⁴taŋ²¹³	敲击金属声
【呱啦呱啦】kua²¹³⁻²¹ la¹kua²¹³⁻²¹ la¹	不停说话的声音
【唧唧】tsi²¹³⁻²¹ tsi¹	琐碎的吵架声
【叽喳叽喳】tsi²¹³⁻²¹ tʂa¹tsi²¹³⁻²¹ tʂa¹	混乱的谈话声
【嘀嘟儿嘀嘟儿】ti⁵³ tʊ˞⁵³ti⁵³ tʊ˞⁵³	听不懂的说话声
【咕囔】ku²¹³⁻²¹ naŋ¹	表示不满的自言自语
【咕咕囔囔】ku²¹³⁻²¹ ku¹ naŋ²¹³⁻²⁴ naŋ²¹³	
【呼嗵】xu⁵³ tʰəŋ²¹³	重重倒地声
【呼嗵】xu²¹³⁻²¹ tʰəŋ¹	脚步沉重、迟滞的声音
【铮儿铮儿】tʂə˞ŋ²¹³⁻²⁴tʂə˞ŋ²¹³	①轻弹金属发出的清脆、绵长的声音；②耳朵内发出的细微的声音
【吱了哇啦】tʂʅ²¹³⁻²¹ lə¹ va²¹³⁻²¹ la¹	杂乱的乐器声、叫喊声
【吭呛】kʰəŋ²¹³⁻²⁴tsʰiaŋ²¹³	咳嗽的声音
【嗷呜儿】ɣau²¹³⁻²⁴ vʊ˞²¹³	大喊大叫声，吵架声
【□儿□儿】tθə˞i²¹³⁻²⁴kʰa²¹³	呵斥声
【阿□】ɣa⁵⁵ tɕʰi⁵	打喷嚏声
【俺□】ɣæn²¹ iaŋ¹	痛苦呻吟声
【唉】ɣɛ⁵³	表示叹息的声音
【嗯】ŋ̍³¹	表示同意的声音
【□】tɕia⁵³	驱赶牲口声
【□】y²¹³	喝住牲口声
【呱儿】kua²¹³	青蛙叫声
【布谷】pu⁵⁵kəu³¹	布谷鸟叫声
【喵】mia˞u⁵³	猫叫声
【哞】mu²¹³	牛叫声
【咩】miə²¹³	羊叫声
【汪】vaŋ⁵³	狗叫声

三十二　附加成分（词与常用短语）

词目与注音	释义及例句
1. 前加成分	
【大】ta^{31}	~厚厚 | ~胖胖 | ~沉沉 | ~远远
【稀】çi^{213}	~烂 | ~脆 | ~碎
【喷】p^{h}ən^{31}	~香
【精】tɕiəŋ^{213}	~湿 | ~瘦
【没□】mu$^{31-21}$ ʃi^{1}	~深 | ~高 | ~长
【溜】liəu^{213}	~滑儿 | ~薄儿 | ~细儿
【焦】tɕiau^{213}	~酸 | ~干 | ~黏
【通】t^{h}əŋ^{213}	~红
【澄】tʂəŋ^{31}	~明 | ~亮 | ~新 | ~绿
【怪】kuɛ^{31}	~大的 | ~好的 | ~亮的 | ~有钱的 | ~恶心的
【死】θʅ^{44}	~沉 | ~要面子
【□】pəŋ^{31}	~直 | ~紧
【□】naŋ^{213}	~臭 | ~腥 | ~浑 | ~臊
【□】xəu^{213}	~辣 | ~咸
【□】xəŋ^{31}	~黑
【□】t^{h}iau^{31}	~白儿
【□】çiæn^{31}	~紫 | ~蓝 | ~黄
【□】kæn^{31}	~白儿 | ~甜
【老】lau^{44}	~师 | ~虎 | ~大
【第】ti^{31}	表次序：~一 | ~十
【初】tʂ^{h}u^{213}	~一 | ~十
【二】ʅ^{31}	~流子 | ~丫子
【滴溜】ti$^{31-42}$liəu^{2}	~转
2. 后加成分	
【头】t^{h}əu^{0}	木~ | 上~ | 里~
【子】tθʅ^{0}	孙~ | 儿~ | 公~ | 李~ | 包~ | 耳朵根~
【蛋】tæn^{31}	鸡~ | 混~ | 坏~
【巴】pa^{0}	痴~ | 野~ | 结~ | 干~ | 紧~ | 眨~
【汉】xæn^{0}	瞎~ | 聋~

续表

词目与注音	释义及例句
【包】pau^{213}	屎～丨骚～
【种】tʂəŋ^{44}	杂～丨坏～
【跶】ta^{0}	蹦～丨溜～丨摔～
【□】tʂ^{h}a^{0}	扒～丨爬～丨刮 k^{h}ua^{44}～
【嗤】tʂ^{h}ʅ^{0}	吭～丨呼～丨闷～丨噗～
【□】mu^{0}	瞰 θa^{53}～丨□ɕyə^{44}～
【□】ka^{0}	（眼）挤～
【悠】iəu^{0}	转～丨晃～丨弯～
【拉】la^{0}	划～丨翻～丨扒～丨抹～丨搅～
【溜】liəu^{0}	斜～丨提～丨滑～
【弄】ləŋ^{0}	摩～丨胡～丨戳～
【□】ku^{0}	捣～丨扎～丨讲～丨蹲～丨野～
【价】tɕi^{0}	整天～丨整月～丨整年～
【□】vɛ^{0}	吱～丨咧～
【的】ti^{0}	大～丨长～丨矮～
【乎儿】xɯ˞0	贴～丨吹～丨软～丨热～
【和】xu^{0}	说～丨掺～
【着】tʂʅ^{0}	站～丨哭～丨走～
【个溜的】kə^{5}liəu^{55}ti^{5}	酸～
【么溜的】mu^{5}liəu^{55}ti^{5}	酸～
【么溜儿的】mu^{1}ɹə˞u^{55}ti^{5}	恣～
【么嘎的】mu^{0}ka^{55}ti^{5}	甜～
【丝丝的】θɿ^{44}θɿ^{55}ti^{5}	甜～
【得慌】ti^{0}xuaŋ^{213}	气～丨使～丨撑～
【毁了】xuei$^{44-45}$lə^{5}	极了：气～丨疼～丨热～
【死了】ʂʅ^{0}lə^{0}	疼～丨打～丨气～丨冻～丨砸～
【□□了】t^{h}i$^{44-45}$təŋ^{5}lə^{5}	坏了：气～丨哭～
【嗤□孀的】tʂ^{h}ʅ$^{213-24}$lɛ^{44}vɛ^{55}ti^{5}	哭～丨派～
【么嘎儿的】mu^{1}ka˞^{55}ti^{5}	笑～
【么□儿的】mu^{1}tθ^{h}ə˞i^{55}ti^{5}	笑～

第二节　胶州话词汇的特色
——与普通话词汇进行比较

在本节里，我们把胶州方言词汇与普通话词汇进行比较，来分析胶州方言词汇的特色。词汇涵括词形、语音和意义三个基本要素。对于语音，第二章与第三章已有专门描写和论述，本节不再涉及。我们主要从词汇的内部构成形式、具体意义以及词类的组合能力和句法功能三个方面探讨胶州方言词汇的特色。

一　内部的构成形式

我们从音节数量、构词语素和构词方式三个方面，比较胶州话与普通话中意义相同而形式不同的词语，进而分析二者在词汇形式上的差异。

（一）音节数量的差异

（1）胶州话的一些单音节词，普通话以双音节词与之对应；胶州话的一些双音节词，普通话以单音节词与之对应。例如：

胶州话	客	谷	着	遘 $k\text{ə}u^{31}$	浥	拙
普通话	客人	谷子	传染	触及	泥泞	笨拙
胶州话	长虫	鹁子	马虎	窝囊	蔫攸	横担
普通话	蛇	鸟	狼	脏	蔫	横

（2）胶州话的一些双音节词，普通话以多音节词与之对应；胶州话的一些多音节词或短语，普通话以双音节词与之对应。例如：

胶州话	糟极	招眼	豚猪	手灯	几间
普通话	不堪忍受	引人注意	小母猪	手电筒	什么时候
胶州话	坡耗子	耳朵绒	无总间	旮哈旯子	吊秧子
普通话	田鼠	耳屎	一会儿	角落	交配

（二）构词语素的差异

（1）构词语素的选择

胶州话和普通话中表示同一事物、性质或状态的词，它们的构成语素部分相同或完全不同。换句话说，二者对构词语素的选择存在着差别。胶州话的此类词所见不鲜。例如：

胶州话	日头	月明	河涯	陪送	和范	夜来	朝阳花
普通话	太阳	月亮	河岸	嫁妆	温和	昨天	向日葵
胶州话	当央	埝子	苇簾	扎古	作声	愊	蒇
普通话	中央	地方	斗笠	治疗	说话	固执	种

（2）构词语素的顺序

胶州话有一些词，其构词语素的顺序跟普通话对应词的顺序正好相反。就词义和词类而言，二者有时相同，有时却不完全一致。例如：

胶州话	逗引$_动$	理整$_动$	难为$_动$
普通话	引逗$_动$	整理$_动$	为难$_动$
胶州话	定规$_形$	风凉$_形$	宽拓$_形$
普通话	规定$_{动,名}$	凉风$_名$	拓宽$_动$

（3）造词时命名的角度和选用的方式

胶州话中，当地人在创造一些词时命名的角度或采用的基本方式跟普通话存在明显的不同，这就造成了二者在词形上的差异。例如：

胶州话	臭橌	狗奶子	白果树	家雀儿	嘎嘎子	夜猫子
普通话	枳树	枸杞	银杏	麻雀	鸭子	猫头鹰
胶州话	门鼻子	零嘴	臊手	凝固锥	脖楞盖	扫帚星
普通话	门环	零食	笨蛋	冰锥	膝盖	彗星

二　理性意义与附加色彩

（一）理性意义的差异

胶州话有一些词与普通话词形完全相同，但其所指的内容有别。例如：

	胶州话词义	普通话词义
择	摘除，阉割	选择
贵贱	无论如何	价格昂贵与便宜
一遭	全部，一律	一趟，一次
罕见	小孩子外表瘦弱且性格内向	稀少，不多见的
饥荒	债务	没有粮食吃
成年	一整年	长大成人
娘娘	叔叔的妻子	皇帝的妃子
对付	相投，融洽	应付，对待
阴毒	严厉，不温和	阴险毒辣
维持	勉强支撑	保持使继续存在

（二）附加色彩的差异

胶州话有一些词，其词形与理性意义跟普通话并无二致，但附加意义有别。彰显最著之处是语体色彩的差异。例如：

	理性意义	胶州话附加义	普通话附加义
白日	白天	非正式，口语	正式，书面语
如今	现在	非正式，口语	正式，书面语
若干	很多	非正式，口语	正式，书面语
寻思	想，思考	非正式，口语	正式，书面语
作孽	做坏事，惹是生非	非正式，口语	正式，书面语
虐待	用狠毒的手段对待	非正式，口语	正式，口语

三　词类及其组合能力与句法功能

胶州话有一些词，其词形跟普通话相同，但它们的组合能力存在明显差异。例如：

	胶州话	普通话
吃+	①固体食品；②气体如:吃烟	固体食品
拉+	①人，车，关系等；②话语如:拉话	人，车，关系等
打+	①人，车，仗，鼓，酱油，基础，交道，电话和篮球等；②枝条、花如:打花儿	人，车，仗，鼓，酱油，基础，交道，电话和篮球等

胶州话有一些词，其词形跟普通话相同，却不完全属于同一词类。例如：

	胶州话	普通话
珍重	珍贵的，重视的_{形容词}	保重_{动词}
稳	①稳定，稳重_{形容词}；②搁，放_{动词}	稳定，稳重_{形容词}
高低	①高的和低的_{形容词}；②无论如何_{副词}	高和低_{形容词}
要紧	①重要的_{形容词}；②千万_{副词}	重要的，关键的_{形容词}

这些词语在胶州话和普通话的短语、句子里的功能也不完全相同。例如：

	胶州话句法功能	普通话句法功能
珍重	①可修饰名词，形成偏正结构；②前面可加程度副词	动词，作谓语
稳	①前面可加程度副词；②后面可加方位词和数量短语，形成述补结构	前面可加程度副词
高低	①可重叠，前面可加动词，形成述宾结构；②附于谓语之前，作状语	可重叠，前面可加动词，形成述宾结构_{如，高高低低、不论高低}
要紧	①前可加程度副词，可修饰名词；②位于谓语之前，作状语	前面可加程度副词，可修饰名词

第五章　语法

第一节　词法特征

一　语缀

胶州方言的词缀比较丰富，一般都是派生性词缀。就与词根语素的位置关系而言，有前缀和后缀两类；就所构成词的词性来讲，有名词词缀、动词词缀和形容词词缀；从读音来看，词缀一般读轻声。底下分别对名词、动词和形容词的词缀进行描写和分析。

（一）名词的前缀和后缀

（1）名词前缀

胶州方言名词前缀有"老"、"第"、"二"等。"第"出现于表示次序的词语，"二"作为前缀构成名词，指称具有某种性格或处于某种状态的人，具有消极色彩。例如：

老	老虎	老鸹子_{雀鹰}	老鳖	老几
	老闷_{不爱说话之人}	老婆	老师	老大
第	第一	第三	第十	第二十七
二	二屎_{傻瓜，骂语}	二丫子_{无生殖能力的男人}	二流子_{不务正业之人}	二半吊子

（2）名词后缀

胶州方言名词后缀有"子"、"头"、"巴"、"汉"、"包"、"货"、"种"和"蛋"等。

词缀"子"、"头"和"巴"与词根组合在一起构成指称人、具体事物或表示抽象概念的名词。其中，"子"缀的数量最为丰富，涵盖了各个类别的名词。如：

子	崖子	沙子	日子	粽子
	孩子	果子	畦子	麦子
	柿子	枝子	毽子	宅子
	窖子	鼻子	傻子	镜子
	小子	媳子	嫚姑子	老妈妈子
	婊子	锢漏子	媒婆子	光棍子
	半吊子	实心子	老油子	咬舌子
	婶子	妗子	疖子	地边子
	埝子	年根子	一大番子	晌午头子
	伏顶子	雹子	雪粒子	雨点子
头	木头	石头	钟头	镢头
	芋头	梭头	锅头	舌头
	罐头	指头	骨头	块头
	吃头	零头	馒头	准头儿
	嚼头	盼头	奔头	想头
巴	尾巴	蒂巴		

"巴"、"汉"等后缀所构成的名词，通常指身体或精神有某种缺陷的人。如：

巴	痴巴	哑巴	结巴	嘲巴傻子
汉	疯汉	瞎汉	聋汉	醉汉

"包"、"货"、"种"、"蛋"等后缀所构成的名词一般是对人的贬低性称谓，并含有轻蔑或讽刺的意味。如：

包	屎包	草包		
货	骚货	烂货	浪货	贱货
种	坏种	穷种	孬种	杂种
蛋	笨蛋	坏蛋	混蛋	鳖蛋	屌蛋

（二）动词的后缀

胶州方言的动词后缀比较丰富，有"巴"、"拉"、"乎"、"嘎"、

"查"、"攸"、"嗤"、"溜"、"古"、"弄"、"噹"、"苔"、"娄"、"哈"、"郎"和"楞"等。例如：

巴	帮巴	垫巴	撕巴	握巴	铰巴
	切巴	剁巴	踩巴	卷巴	洗巴
拉	拨拉	扑拉	划拉	翻拉	抹拉
	搅拉	呼拉			
乎	匀乎	呵乎	吆乎	吹乎	嘘乎
	贴乎	咋乎	忙乎		
嘎	挤嘎	白嘎	□tθʰ1⁵⁵嘎		
查	刮查	扒查	爬查		
攸	蔫攸	弯攸	晃攸	转攸	
嗤	呼嗤	吭嗤	闷嗤	噗嗤	
溜	光溜	竖溜	横溜	提溜	斜溜
古	颠古	捣古	扎古	讲古	蹲古
弄	糊弄	摆弄	戳弄	摩弄	盘弄
	铺弄	搏弄			
噹	咣噹	晃噹	逛噹	蹓噹	
苔	吧苔	拍苔	摔苔	跋苔	蹦苔
	磕苔	撅苔	剷苔		
娄	扑娄	拨娄	抖娄	敨娄	
哈	颤哈	呼哈			
郎	当郎				
楞	侧楞				

（三）形容词的前缀和后缀

胶州方言的形容词有前、后两种词缀。就音节数量而言，这些词缀可以分为单音节和复合音节两类形式。从附加意义来看，有些词缀具有喜爱的感情色彩，有些词缀则表示不喜欢、厌恶等感情色彩。底下列出胶州方言形容词的词缀。

（1）形容词前缀

单音节前缀					
精	精湿	精瘦	精浅	精轻儿	精细儿
溜	溜滑儿	溜薄儿	溜细儿	溜桠儿	
澄	澄明	澄亮	澄新	澄绿	
四	四平	四直	四齐		
稀	稀脆	稀碎	稀烂		
焦	焦酸	焦干	焦黏		
老	老涩	老艮			
通	通红				
死	死沉				
喷	喷香				
□naŋ²¹³	~臭	~腥	~浑	~臊	~膻
□çiæn³¹	~紫	~蓝	~黄		
□kæn³¹	~甜	~白儿			
□xəu²¹³	~辣	~咸			
□pəŋ³¹	~直	~紧			
□pei⁵³	~苦				
□tʰiau³¹	~白儿				
□xəŋ³¹	~黑				
复合音节前缀					
没□ʃi¹	~深	~高	~长	~大	~远
□tʂən²¹古	~凉				
□tʃʰu²¹溜	~滑				
滴溜	滴溜圆				

（2）形容词后缀

单音节后缀				
巴	野巴	干巴	紧巴	窄巴
溜	斜溜	滑溜	光溜	顺溜
乎	贴乎	软乎	热乎	匀乎
古	野古			

第五章 语法 327

续表

复合音节后缀				
乎的	柴乎的	沉乎的		
溜的	薄溜的	酸溜的		
个溜的	酸个溜的			
木溜的	酸木溜的			
木溜儿的	恣木溜儿的			
木嘎的	甜木嘎的			
木嘎儿的	笑木嘎儿的	甜木嘎儿的		
了巴唧的	痴了巴唧的	傻了巴唧的		
□pu²¹拉唧的	蔫攸~			
么□tɕʰɚi⁵⁵儿的	笑~			
涝□tɛ⁵⁵的	潮~			
嗤□le⁴⁴躏的	哭~			

二 数量表示

（一）分数表示法

胶州方言口语通常用"成儿"表示"十分之几"。如，"三成儿"、"五成儿"和"八成儿"分别表示"十分之三"、"十分之五"和"十分之八"。

当涉及分母小于十的分数时，习惯说法是"A成儿+动词+B成儿"。其中，"A成儿"相当于分母，"B成儿"相当于分子。例如：

麦子三成儿熟了两成儿。
到过晌三点的时候，集上的人七成儿走了六成儿。

（二）约数表示法

表示大概的数量，胶州方言口语通常有以下几种方式：

（1）"十/百十+来"，表示"比十多些"或"一百多些"。例如：

今日开会就去了十来个人儿。
我布袋儿里就装了百十来块钱儿。

（2）"十位或以上的整数+好几"，表示较多。例如：

"十好几"，表示"大于十四，小于二十"；
"二十好几"，表示"大于二十四，小于三十"；
"一百好几"，表示"大于一百四，小于二百"；
"一千好几"，表示"大于一千四，小于两千"。

（3）"好几+十/百/千/万（十万、百万、千万）/亿（十亿、百亿、千亿、万亿）"，表示很多。例如：

"好几十"，表示"大于四十，不足一百"；
"好几百"，表示"大于四百，不足一千；
"好几千"，表示"大于四千，不足一万"；
"好几万"，表示"大于四万，不足十万"；
"好几亿"，表示"大于四亿，不足十亿。

（4）"千/万+把（儿）/数（儿）"，表示"一千多"或"一万多"。例如：

今日挣了千数/千把块钱儿。
这个学校有万数儿/万把儿学生。

（5）"百/千/万+了+八+十/百/千"，表示数目上下浮动。例如：

"百了八十"，表示一百左右；
"千了八百"，表示一千左右；
"万了八千"，表示一万左右。

（三）量词
（1）单音节量词+"子"
胶州方言量词有"A+子"的形式，表示两种语法意义。
一是表"不喜欢、讨厌"等消极的态度。如，一股子味儿、好几档子事儿、两件子衣裳。

　　二是表"较多、较大和较长"等意义。如，一撮子韭菜、一沓子钱、一喷子感冒、一畦子韭菜、一瓶子蜂蜜、一盘子菜、说了一番子。

　　（2）"大"或"小"+单音节量词

　　胶州方言有单音节量词前加"大"或"小"的形式，表示量的大小、多少。其中，表"小、少"类的量词一般须儿化。例如：一大把、一大群、一大场、两大堆；一小捧儿、一小卡儿、一小根儿、两小碗儿。

　　（3）特有量词

　　胶州方言存在一些特有的量词，这些量词普通话很少用或基本不用。例如：

普通话	胶州方言	
轮	期	用于喝酒次数
棵	墩	用于丛生或低矮植物的株数
口	印	传统大铁锅的型号
件	档子	用于事情
件	码子	用于事情
层	行	层：地上落了一~叶子
束	撮子	用于较大的束
串	嘟噜儿	用于成串或串在一起的物体
截	毂轮儿	用于截面呈圆状的段
把	卡	表示单手握住的量
提	提溜儿	表示单手提起的量
阵	喷子	一阵，用于时间
段，阵	番子	用于持续时间较长的动作
辈	层	辈，代：老~人
级	磴儿	用于台阶
副	挂	用于动物的内脏
行	犁	用于田地里的庄稼
头	犋	用于牲口
大堆	岭	较大的堆

续表

普通话	胶州方言	
抱	搂	两臂合围的长度
大块	夯	用于呈块状或圆状且体积较大的泥土
口	眼 iæn^{31}	用于井
泡	□vɛ^{213}	用于人的大便
泡	□p^{h}ɛ^{213}	用于人、动物的大便
遍	□xuə^{31}	表示洗衣服的次数
	□xuə^{31}	用于两扇门
	铺	用于炕
	桄	用于呈圈状的线束
	架	用于架起来生长的蔬菜
	刀	用于纸
	虎口	用于表示拇指与食指之间的长度
	嫰	用于表示拇指与中指之间的长度
	畦	表示蔬菜的种植面积

三 指代方式

（一）人称代词的单数和复数表示法

胶州方言第一人称复数说"咱"和"俺"，相当于普通话的"我们"。"咱"用于指定群体内的人相互对话，"俺"则用于跟特定群体外的人进行交流。如下：

咱什么时候能盖起来新房儿？（夫妻交流）

咱老师布置了什么作业？（同学交流）

咱上水库洗澡去吧？（朋友交流）

A：您这么多人待去干什么？B：俺去西场看电影儿。（两人之间对话）

"咱"与"俺"也可以用作第一人称单数。须指出，用作第一人称单数时，"咱"只用于表示否定、冷淡等消极态度的场合。例如：

> A：一块儿去看人家将媳妇儿吧？B：咱不去，还得干活儿，没有空儿。

"俺"与"我"在用法上有两项区别：

（1）表示领属性的定语用"俺"，不用"我"。如，俺娘、俺儿、俺老婆、俺爷爷、俺老师、俺同学、俺家、俺庄儿、俺厂子。

（2）强调自身时习惯用"我"，不用"俺"。例如：

> 爹，你别去了，我去吧。
> 那块地是大队里分给我的，不是给你的。

胶州方言第二人称单数说"你"，复数说"您"。"您"应该是"你们"的合音。

胶州方言第三人称单数说"他/她"。复数则没有固定的说法，一般用"他那家子人"、"那些人"、"那群人"、"那几个人"、"那些人"等来表示。例如：

> 他那家子人一点儿也不讲理。
> 那几个人待那里干什么？

胶州方言疑问代词"谁"没有单复数之分，跟普通话完全一致。

（二）指示代词

胶州方言有"这"和"那"两个指示代词。根据用法的不同，它们又各有不同的读法，存在语音变体。在表示方式、性状时，说"这"［tθəŋ³¹］和"那"［nəŋ³¹］，通常跟"么"连用，组成"这么"、"那么"的形式。如，这么/那么写、这么/那么干、这么/那么剥、这么/那么铰；这么/那么大、这么/那么深、这么/那么坏、这么/那么贵、这么/那么便宜。除此之外的其他用法都说"这"［tʃə³¹］和"那"［nə³¹］。如，这/那个庄儿、这/那棵树、这/那人、这/那一堆、这/那件儿衣裳、这/那家儿、这/那些地。

四　特殊虚词

（一）副词

胶州方言有些副词是普通话所没有的。下面分别详细列出它们的意义、用法以及常见的搭配。

（1）□［kaŋ⁴⁴］

这个词经常跟"的"组合成"～的"的固定形式，其含义相当于普通话的"非常"、"特别"。从搭配来看，"□［kaŋ⁴⁴］"和"□［kaŋ⁴⁴］的"的形式可以跟形容词和动词进行组合，用在感叹句里，表示极高程度，句末附有表感叹的语气词"喃"与其呼应。如下：

我吃得□［kaŋ⁴⁴］饱喃！	感冒了□［kaŋ⁴⁴］的难受喃！
这个事儿□［kaŋ⁴⁴］难办喃！	他爹娘□［kaŋ⁴⁴］的不愿意他上外地工作喃！
这场雨下得□［kaŋ⁴⁴］及时喃！	家里老人□［kaŋ⁴⁴］的喜欢这个孩子喃！

（2）□［tʃæn²¹³］

这个词的含义相当于普通话的"稍微"。它用于动词之前，作状语，表示程度。例如：

　　刚下了雨，地□［tʃæn²¹³］一踩就下去了。
　　这棵树已经死了，□［tʃæn²¹³］推推就倒了。
　　这个孩子不准人家靠着他，□［tʃæn²¹³］靠着就哭开了。

（3）禁［tɕiən⁴⁴］

这个词的基本含义相当于普通话的"顶"、"耐"。它位于动词之前，作状语。例如：

这条路真禁走！	看着一大岭麦子，家口大了，不禁吃。
这双鞋结实，真禁穿。	钱毛了，一百块钱一点儿也不禁花。

（4）拔□［tʂæn⁴⁴］

这个词的含义相当于普通话的"忽然"、"一下子"。它位于动词之前，作状语。例如：

雨连着下了三天，今日拔□［tʂæn⁴⁴］不下了。

俺大爷前些日子天天来俺家里，这些日子拔□［tʂæn⁴⁴］不来了。

（5）家当

这个词经常跟"的"组合成"~的"的固定形式，其含义相当于普通话的"全部的"、"所有的"。在句子中，它位于动词之前，作状语，表示"少、小"等意义。例如：

我身上家当的就这些钱了。

他家当的上了三年小学。

（6）□［tʰiæn⁵³］成

这个词的基本含义相当于普通话的"却总归"、"然而毕竟"。在句子中，它位于动词和形容词之前，作状语，表示强调。例如：

大人就是真的有错儿，孩子□［tʰiæn⁵³⁻⁵⁵］成没有错儿吧！你照着孩子发什么火儿？

他再不好，也是您爹。你□［tʰiæn⁵³⁻⁵⁵］成不能去打他一顿吧。

前一个媳妇儿你说人家性格不好，不要了。这一个媳妇儿性格儿□［tʰiæn⁵³⁻⁵⁵］成好吧，你怎么又要跟人家离婚？

（7）积着

这个词的基本含义相当于普通话的"老是"、"一直"。在句子中，它位于动词之前，作状语。例如：

雨别积着下了，再下，庄稼就涝死了。

你也别积着哭了，哭有什么用？

你积着不去上班儿，厂子就把你开除了。

（8）光要［kuaŋ²¹³⁻²¹iˈ］

这个词的基本含义相当于普通话的"很可能会"、"常常会"。在句子中，它位于动词之前，作状语，表示估计和猜测。例如：

> 你别靠着他，靠着他光要吃亏。
> 你别积着给那些花儿浇水，浇多了光要涝死。
> 身上磕着以后长的痂渣不要硬揭，硬揭光要留下疤。

（二）介词

胶州方言有些介词是普通话所没有的，有些介词跟普通话的意义不同。下面分别详细列出它们的意义、用法以及常见的搭配。

（1）上

这个介词的含义等同于普通话的"和"、"与"。例如：

> 俺爹上俺娘一块儿赶集去了。
> 我上你下一盘棋，来！
> 我不愿意吃面条子上大米饭。

（2）待〔tɛ⁴⁴〕

这个介词的含义等同于普通话的"在"。例如：

> 你待那里干什么？
> 俺儿待西岭看苹果园。你找他有什么事儿？
> 你先待家里等着，到时候儿我叫你。

（3）□〔tʃʰə⁴⁴〕、□〔ly⁴⁴〕

这两个介词的含义都相当于普通话的"从"。从搭配上来看，它们一般跟表具体意义的名词组合成介词短语结构，在句子中作状语。例如：

> 咱□〔tʃʰə⁴⁴〕这一段儿开始念。
> 我□〔tʃʰə⁴⁴〕这头儿卷，你□〔tʃʰə⁴⁴〕那头儿卷。
> 这些麦子穗儿都是□〔ly⁴⁴〕地里拾的。
> 你这是□〔ly⁴⁴〕哪里来的？

（4）递

这个介词的含义相当于普通话的"跟"、"向"。它一般跟人称代词和表示人的名词组合成介词短语结构，后面加上"说"、"讲"等表示言语交流的动词或短语。例如：

> 人家已经递我说了，我早知道了。
> 这个事儿我没递咱娘说，她还不知道。
> 我已经递他家里（他的老婆）讲了。

（三）助词

（1）哩［$lε^0$］

这个时态助词经常放在句末，表示某件事情已经发生过。例如：

丈夫：一头晌没看着你，你干什么哩？	妻子：我上坡里薅草哩！（夫妻对话）
A：找你打牌儿找不着，你上哪去哩？	B：我去赶集哩，刚回来。（朋友对话）

（2）喃［$næn^0$］

这个语气助词相当于普通话的"呢"。它有三种主要的用法：

一是用于问句，放在句末表示询问。例如：

爹爹，俺娘喃？俺娘上了哪去了？	这个庄儿为什么叫"邻家沟"喃？
他家里怎么摊上这个事儿喃？	土匪绑票儿因为仇喃，还是因为钱喃？

二是用于肯定句，常跟"□［$kaŋ^{44}$］的"、"那么""这么"等配合使用，表示强调。例如：

> 天□［$kaŋ^{44}$］的热喃！
> 人家怎么那么有钱喃！
> 这条路怎么这么难走喃！

三是用于名词短语、动词短语或主谓短语之后，以引起下文。例如：

俺那个爷爷喃，当时也就是四十来岁。

你不来喃，俺也不强求。

听了他说的这个话喃，俺娘就有点儿恼了。

五 特殊关联词

就关联词语所表示的前后两句的关系而言，普通话中存在的逻辑关系，胶州方言也有。然而，有些关系胶州方言的具体说法跟普通话不同。底下列出胶州方言里这些特别的表达方法。如下：

表 63 胶州方言与普通话关联词语的比较

逻辑关系	普通话	胶州方言	
	关联词语	关联词语	例句
并列	一边……，一边……	着……着……	俺爹俺娘剥着苞米说着话儿。
因果	因为……，所以……	特为……，……	特为这点儿钱儿，两人闹翻了。
		值为……，……	值为点儿草，两家子打起来了。
		……，是特为…… ……，是值为……	咱上他家里断了关系，是特为/值为您妈妈老的时候他家里没封人情。
	既然……，就……	……，就……	雨已经下开了，你就别走了。
假设	如果……，就……	……的话，就……	打盹的话，你就先去睏觉吧！
		要是……，就……	你要是走出这门儿，就再也别回来！
		搁着是……，就……	也就你面子大，搁着是旁人，早就嘁上了。
		不是……，就……	不是你拉着我，我就叫水冲了去了！
条件	只有……，才……	……，才……	货到了，我才付钱。
	只要……，就……	但凡……，就……	不管你的病好了没有，但凡能下地走，就得去干活儿。
	除非……，才……	除非……，就……	除非他不走这条路，走我就能截住他。
	无论……，都……	管……，都……	管您说什么，我都不同意。
转折	虽然……，但是……	……不差，也……	这个事儿你出力了不差，俺也没闲着。
		……，不过……	她是不好，不过你也不应该嘁她。
让步	即使……，也……	就算……，也……	就算你给俺若干钱，俺也不去干这种事儿。

逻辑关系	普通话	胶州方言	
	关联词语	关联词语	例句
递进	不但……，而且……	不光……，还……	你放牛，不光啃了人家的豆子，还跑到人家地里把地踩了。
		……不说，还……	我感冒了不说，还有点儿发烧。
		……，还……	人家的男人脾气真好，还能挣家。
取舍	宁可……，也不……	就是……，也不……	这几间屋，我就是给外人，也不给你！
	与其……，不如……	……，跟不上……	你去，跟不上我去嗣！
目的	……，以便……	……，好……	俺家里要盖几间屋，好给俺儿说媳妇儿。

第二节　句法特征

一　动词与量词的重叠式

（一）动词的重叠形式

胶州方言动词重叠分单音节动词重叠和双音节动词重叠两类。

（1）单音节动词的重叠式

单音节动词重叠有"AA"式和"A—A"式。例如：

尝尝	尝一尝	浇浇	浇一浇
试试	试一试	打打	打一打
走走	走一走	洗洗	洗一洗

从语气来看，后者比前者舒缓一些，多表示请求、恳求。从语体上来看，"AA"式多用于口语，"A—A"式则比较正式，因此前者的说法在口语中较为常见。从语法意义来看，二者都表示动作的多次反复。

底下各列出两组例句。前一句话系"AA"式，表示一般的陈述性语气；后一句话系"A—A"式，表示请求式建议。例如：

父亲对儿子：	别整天地窝蔽了家里，出去走走，透透气。
	不要整天地窝蔽了家里，出去走一走，透透气。
家长之间：	您家孩子经常噘人，你得管管他，别叫他噘了。
	您家孩子经常噘人，你得管一管他，别叫他噘了。

（2）双音节动词的重叠式

双音节动词的重叠为“ABAB”式。此种形式的语法意义表示动作的多次反复，跟普通话相同。例如：

打捞	打捞打捞	扫巴	扫巴扫巴
折腾	折腾折腾	匀乎	匀乎匀乎
归拢	归拢归拢	捣古	捣古捣古
招应	招应招应	抖娄	抖娄抖娄
学习	学习学习	摆弄	摆弄摆弄

（二）量词的重叠形式

（1）“AA”式与“A儿A儿”式

这两种形式都表示“每一”的语法意义，强调没有例外的情况。“AA”式用于比较正式的语体，因此口语里使用较少；“A儿A儿”式则在口语里大量使用。例如：

家里的饭顿顿都是我做。

原来栽地瓜，水担担就得挑。

一遇着吃饭，人家回儿回儿都不落。

辈儿辈儿都是这么过来的。

家里就那么点儿点儿麦子，根本就不够。

“A儿A儿”的重叠形式前面加数词“一”、“两”或指示代词“这”、“那”，表示“小”或“少”的意义。如，一把儿把儿、一溜儿溜儿、一行儿行儿、两捧儿捧儿、两根儿根儿、那绺儿绺儿、这点儿点儿。

（2）“A儿顶A儿”式

这种形式也表示“每一”的语法意义，强调没有例外情况。胶州方言出现于此类形式的量词为数极少。如，"人家兄弟几个个儿顶个儿都是好样的"。

二　形容词的生动形式与程度表示

吕叔湘（1980）在《现代汉语八百词》中首先提出了"形容词的生动形式"这一概念。吕先生说："很多形容词能够重叠，或者加重叠式后缀，或者用其他方式生动化。"胶州方言的形容词存在形态各异、类型丰富的生动形式，这些形式通常跟程度有非常密切的关系。底下逐一列出这些生动形式，并说明其语义特征。

（一）前附式

前附式是词缀加在词根之前的一种构词方式。根据词缀音节数目的差异，胶州方言形容词的前附式可分为两个小类。

（1）"A+形容词"式。例如：

A+形容词	精湿	溜细儿	焦酸	□çiæn^{31}紫	□kæn^{31}甜
	死沉	怪好	通红	□t^{h}iau^{31}白儿	□xəŋ^{31}黑
	澄新	老涩	四平	□xəu^{24}辣	□naŋ^{24}浑
	喷香	稀碎	百苦	□pəŋ^{31}直	

（2）"AB+形容词"式。例如：

AB+形容词	没□ʃi^{2}高	没□ʃi^{2}深	没□ʃi^{2}大	滴溜圆
	稀烂贱	刚梆硬	□tʃ^{h}u^{21}溜滑	□tʂən^{21}古凉

这两种形式中的前加成分都表示程度非常高或程度加深，相当于普通话的"很"、"非常"等。前一种形式中的"A"没有具体的词汇意义，只有共同的类化意义；后一种形式中的"AB"具有显著描绘性的词汇意义。

（二）后附式

后附式是词缀加在词根之后的一种构词方式。根据词缀是否重叠和音节数目的差异，胶州方言形容词的后附式又可分成四个小类。

（1）"形容词+A（儿）"式。在语流中，这个形式前面可以加表示强调和程度的副词"真"、"很"等，其后有时可加"的"。例如：

形容词+A	野巴	干巴	紧巴	皱巴	紧巴
	斜溜	滑溜	顺溜	光溜	薄溜
	匀乎	软乎儿	热乎儿		
	野古				

（2）"形容词+A（儿）A（儿）"式。这个形式前面不能加程度副词，其后通常加"的"。其中，非儿化形式往往表示厌恶、讨厌或不喜欢的感情色彩，而儿化形式则表示喜爱、满意等感情色彩。例如：

形容词+AA	急火火	慢吞吞	湿漉漉	细溜儿溜儿	矮朴儿朴儿
	胖乎乎	热乎乎	直挺挺	年轻儿轻儿	油汪儿汪儿
	干巴巴	空落落	松垮垮	乱哄哄	香喷儿喷儿
	臭烘烘	苦唧唧	黏糊糊	辣□xəu^{44}□xəu^{55}	

（3）"形容词+AB（儿）"式。例如：

形容词+AB	细溜条	甜么嘎	硬个□tʂʅ^{55}	脏么扬
	瘦不叽	酸么溜	癞不□tʂʰʅ^{55}	潮涝么□tɛ^{55}
	神咕咚	酸个溜	黏□ku^{2}叽	胖么□tʃʰu^{55}
	软鼓囊	恣么溜儿	白么□tθʰa^{55}	淡么□θuə^{55}
	彪乎嗵	臭么烘	木个□tʂʅ^{55}	滑溜□tʃʰu^{55}

（4）"形容词+ABC（儿）"式。例如：

形容词+AB	痴了巴叽	水么凉淋	蔫攸□pu^{21}拉叽
	傻了巴叽	急二子火三	斜溜□pu^{21}□la^{1}角
	彪了巴叽	慢个□tʃʰə^{44}溜儿	

后两种形式前面都不能加程度副词，其后则必须加"的"。其中，非儿化的形式通过后加成分增强贬义色彩的程度，表示令人厌恶、不喜欢的消极感情色彩；儿化形式数量不多，往往带有喜欢、欣赏的积极感情色彩。

（三）重叠式

重叠式是指使用重叠这一构词、构形手段，通过全部或部分重叠构造新词与新短语的一种结构方式。胶州方言形容词的重叠式又分为五个小类，前面都不能加程度副词。

（1）"形容词+形容词"式。这个形式用来对事物的性质、状况和情态等进行静态的描写，其后可加"的"或"着"。例如：

形容词+ 形容词	弯弯	歪歪	惚惚	□tʃəu⁴⁵□tʃəu⁵
	好好	温温	圆圆	干干
	方方	尖尖	花花	满满

（2）"形容词+儿+形容词+儿"式。这个形式用来表示程度进一步加深，第二个音节说得重而长，具有强调的色彩，其后必须加"的"。例如：

形容词+儿+形容词+儿	慢儿慢儿	轻儿轻儿	高儿高儿
	远儿远儿	好儿好儿	胖儿胖儿

（3）"形容词+形容词+AA"式。此种形式又包含两个小类：一种是由带后缀成分的双音节派生词重叠构成的形式；另一种是由双音节复合词重叠构成的形式。此类形式其后必须加"的"。例如：

形容词+形容词 +AA	皱皱巴巴	忙忙乎乎	黏黏糊糊	急急火火
	窄窄巴巴	二二乎乎	慌慌张张	毛毛糙糙
	紧紧巴巴	颠颠古古	老老实实	叽叽歪歪
	野野巴巴	利利索索	歪歪扭扭	大大方方
	粗粗拉拉	密密麻麻	零零碎碎	本本分分
	拖拖拉拉	抖抖嗖嗖	稳稳当当	踏踏实实
	稀稀拉拉	流流求求	实实在在	□çyə⁴⁵□çyə⁵ 狂狂

（4）"A+形容词（儿）+A+形容词（儿）"式。此种形式是由带前缀成分的双音节派生词整体重叠构成，语流中重音落在前面的双音节形容词之上。此类形式表示非常深的程度，根据词义的性质同时伴有非常讨厌或非常喜欢的感情色彩，其后必须加"的"。例如：

A+形容词+ A+形容词	刚硬刚硬	精湿精湿	□tʰiau³¹白儿□tʰiau³¹白儿
	死沉死沉	焦酸焦酸	□xəu²¹³辣□xəu²¹³辣
	通红通红	白苦白苦	溜细儿溜细儿
	稀碎稀碎	喷香喷香	精瘦儿精瘦儿

（5）"A+形容词（儿）+形容词（儿）"式。其中，充当"A"的词数量极少，仅有"大"、"精"和"溜"比较常见。语流重音落在第一个形容词之上，表示强调；第二个形容词念轻声。其后可不加"的"，一旦加"的"即表示不满意、不赞成或厌恶的感情色彩。例如：

A+形容词+ 形容词	大长长	大深深	大忙忙	精短儿短儿
	大宽宽	大胖胖	大贵贵	精窄儿窄儿
	大高高	大粗粗	溜细儿细儿	精矮儿矮儿
	大沉沉	大厚厚	溜薄儿薄儿	精细儿细儿

三　补语表示法

（一）程度补语

胶州方言程度补语有三种常见的表达方法。

（1）"形容词+程度补语"，此类补语以单音节词居多，也有多音节短语的情况。例如：

好死了	强多了	熟透了	坏透气儿了
便宜死了	多多了	差远了	急□tʰi⁴⁵□təŋ⁵了

（2）"形容词+得+程度补语"，此类补语是短语或小句。例如：

人家两人好得恨不得穿一条裤子。
这个湾深得嘛试不着底儿。
那时候他家里穷得叮当响。
我都恨得牙根儿痒痒。

（3）"形容词+了+去了"，此类补语往往表示非常高的程度。例如：

人家的日子过得比咱强了去了。

我的体格比你差了去了。

人家两人好了去了。

（二）可能补语

可能补语的否定形式，胶州方言跟普通话一致，即为“动词+不”的形式。例如：

走不动　　吃不完　　完不成　　看不清　　扫不净

可能补语的肯定形式，普通话是“动词+得”，胶州方言则是“能+动词”。例如：

| 普通话 | 走得动 | 写得完 | 完得成 | 看得清 | 出得来 |
| 胶州话 | 能走动 | 能写完 | 能完成 | 能看清 | 能出来 |

（三）处所补语

胶州方言处所补语有三种常见的表示方式。

（1）“动词+了+处所”，此种句式表示动作已经结束或者动作将来会完成。例如：

踩了脚底下	穿了身上
搁了门外来	吃了肚子里
趴了这里	放了肚子里

（2）“动词+零音节+处所”，从语音来看，零音节为轻声，动词声调受后面轻声的影响进行相应的变调。例如：

飞〇天上	跑〇俺家里	砸〇家里了
撂〇屋顶上	栽〇花盆儿里	撒〇一路
埋〇地底下	种〇屋外	稳〇手边儿

（3）"动词+到+处所"，此种句式表示动作的延续。例如：

> 那时候，仗已经打到咱这里了。
> 眼看着大火要烧到咱场院了，紧接着来了大雨了，把火浇灭了。
> 二郎神撵太阳，一撵撵到南边儿这个艾山近。
> 两人走到西南岭那个大崖儿上。

（四）结果补语

胶州方言结果补语有两种常见的表达方法。

（1）"动词+结果补语"，此类补语以单音节词居多，也有多音节短语的情况。例如：

> 打昏了　　喝醉了　　噘够了　　干完了
> 打死了　　吃饱了　　淌干了　　坐过了量了

（2）"动词+得+结果补语"，此类补语是短语或小句。例如：

> 一到家，就使得愒了炕上了。
> 他掉了沟里，跌得腿都断了。
> 我吃多了，撑得肚子难受。
> 那时候，雨水大，下得沟满河平的。

（五）时间补语

胶州方言时间补语有两种常见的表达方法。

（1）"动词+了+时间"，"了"读轻声。此类补语表示动作过程持续的时间。例如：

> 活儿多，干了一头晌。　　　　上学上了二十多年。
> 大雨下了一天两夜。　　　　　打扑克打了两个小时。

（2）"动词+到+时间"，"到"读轻声。此类补语表示动作过程截止的时间。例如：

干活干到 11 点。　　　　　　看书从早起来看到下晌。

睡觉一直睡到中午头，才起来。　两人一直说到天明。

（六）趋向补语

胶州方言趋向补语与普通话基本一致。例如：

爬上去　　跳下来　　走进来　　跑回去　　冲出去
飞下去　　走上来　　搬进去　　走回来　　吐出来

四　句式

（一）被动句式

胶州方言被动句用介词"叫"引出施事，构成"受事+叫+施事+动词短语"的结构形式，句尾必须加助词"了"。其中，施事后面可以加助词"给"，具有强调的意味。例如：

一盘子箍扎都叫他吃了。

碗口粗的树都叫风刮断了。

他儿叫公安抓去了。

俺真叫你给□ [tʰi⁴⁵] □ [təŋ⁵] 了。

合庄儿都叫水给淹了。

（二）比较句式

胶州方言具有特色的比较句式是"起"字句。此种句式有四种常见的形式。

（1）"A~起 B"

在这种格式里，A 和 B 是比较的项；"~"是比较的内容，一般由形容词充当；"起"是比较词，相当于普通话的"比"或"于"。这种格式的意义是"A 比 B~"。例如：

这块地的麦子好起那一块地的。

这包豆子沉起那一包。

他兄弟两个，小的儿长得还高起他哥哥。

（2）"A 不~起 B" 式

此种格式是一种陈述性否定比较句，其意义相当于普通话的 "A 不比 B~"，表示二者一样或差不多。例如：

他兄弟两个，小的儿长得不矮起他哥哥。
女人干活儿不慢起男人。
这根镢柄不细起那根。
这个水库不浅起那个大湾。

（3）"A 没~起 B" 式

此种格式是一种对既成事实进行比较的否定句，其意义相当于普通话的 "A 没有比 B~"。例如：

成年价做买卖，他家的日子也没强起别人。
这个孩子学习是不太用功，但是人家的成绩没差起别的学生。
您家里是有钱，俺家里也没穷起您家。

（4）"A 没有~起 B 的" 式和 "A 没有+动词+得+~起 B 的" 式

此种格式是一种否定比较句。在这种格式里，"A" 代表整体，"B" 代表部分，全句对 "A" 进行否定。例如：

合庄的日子没有强起您家的。
咱村儿没有干净起您家里的。
待他那些弟兄里，没有过得好起他的。
这么些小嫚儿，没有长得俊起俺闺女的。

（三）将来句式

胶州方言有三种常见的将来句式。

（1）"待要" 式

此种格式是在胶州方言中最为口语化。例如：

我刚待要出门子，你来了。

天都黑了，你待要去干什么？

俺待要去看将媳妇儿的，你去不去？

（2）"待"式

此种格式是"待要"格式的省略。例如：

我待上坡干活儿，你还有什么事儿？

今日俺待赶集去卖猪。

你待死?!

（3）"要"式

此种格式是胶州方言借自通用语的说法，口语说得较少。例如：

学生们快要考试了。

我要去看电影。

第六章　语料记音

第一节　童谣与儿歌

（1）背桃，拾桃，一拾拾了个破棉袄。摺了吧，不舍地；穿着吧，怕虼子（虱子）咬。

pei²¹³⁻²⁴tʰau⁵³，ʃi⁵³tʰau⁵³，i⁴⁴ʃi⁵³ʃi⁵³⁻⁵⁵l̩⁵kə⁵pʰə³¹miæn⁵³ɣau⁴⁴. liau²¹³⁻²¹lə¹pa¹，pu⁴⁴⁻⁴²ʃə⁴⁴⁻⁴⁵ti⁵；tʃʰuæn²¹³⁻²¹tʂ̩¹pa¹，pʰa³¹kə⁴⁴⁻⁴⁵tθ̩⁵（ʂ̩⁴⁴⁻⁴⁵tθ̩⁵）iau⁴⁴.

（2）指头，指头，擀饼爕肉。

tʂ̩⁴⁴⁻⁴²təu²¹³，tʂ̩⁴⁴⁻⁴²təu²¹³，kæn⁴⁴⁻⁴²piəŋ⁴⁴ɣau²¹³⁻²⁴iəu³¹.

（3）咱两人好，咱两人好，咱两人挣钱买手表。你戴戴，我戴戴，你是地主的老太太。

tθən⁵³liaŋ⁴⁴⁻⁴⁵iən⁵xau⁴⁴，tθən⁵³liaŋ⁴⁴⁻⁴⁵iən⁵xau⁴⁴，tθən⁵³liaŋ⁴⁴⁻⁴⁵iən⁵tʂəŋ³¹tsʰiæn⁵³mɛ⁴⁴ʃəu⁴⁴⁻⁴²piau⁴⁴. ni⁴⁴tɛ³¹⁻²¹tɛ¹，və⁴⁴tɛ³¹⁻²¹tɛ¹，ni⁴⁴⁻⁵⁵ʂ̩⁵ti³¹tʃu⁴⁴⁻⁴⁵ti⁵lau⁴⁴tʰɛ³¹⁻⁴²tʰɛ².

（4）割大锯，扯大怀，姥娘不来妗子来。

ka⁴⁴ta³¹⁻³¹²tɕy³¹，tʃʰə⁴⁴ta³¹xuɛ⁵³，lau⁴⁴⁻⁴⁵niaŋ⁵pu⁴⁴lɛ⁵³tɕiən³¹⁻⁴²tθ̩²lɛ⁵³.

（5）擀单饼，爕鲅鱼，撑得妗子跑大路。

kæn⁴⁴⁻⁴²tæn²¹³⁻²⁴piəŋ⁴⁴，ɣau²¹³⁻²⁴pa³¹⁻⁴²y²，tʂʰəŋ²¹³⁻²¹ti¹tɕiən³¹⁻⁴²tθ̩²pʰau⁴⁴ta³¹⁻⁴²lu².

（6）肚子疼，找老熊。老熊不待家，找老疤。老疤待家里磨刀子，吓得小孩儿好好的。

tu³¹⁻⁴²tθ̩²tʰəŋ⁵³，tʂau⁴⁴⁻⁴²lau⁴⁴ɕiəŋ⁵³. lau⁴⁴ɕiəŋ⁵³pu⁴⁴tɛ⁴⁴⁻⁴²tɕia²¹³，tʂau⁴⁴lau⁴⁴⁻⁴²pa²¹³. lau⁴⁴⁻⁴²pa²¹³⁻²⁴tɛ⁴⁴tɕia²¹³⁻²¹lɛ¹mə⁵³tau²¹³⁻²¹tθ̩¹，ɕia³¹⁻⁴²ti²siau⁴⁴xɛ⁵³xɐu⁴⁵xɐu²¹³⁻²¹ti¹.

（7）奇怪奇怪真奇怪，肠子长待肚皮外。

tɕʰi⁵³⁻⁵⁵ kuɛ³¹ tɕʰi⁵³⁻⁵⁵ kuɛ³¹ tʃən²¹³⁻²⁴ tɕʰi⁵³⁻⁵⁵ kuɛ³¹, tʃʰaŋ⁵³⁻⁵⁵ tθʅ⁵ tʃaŋ⁴⁴⁻⁴⁵ tɛ⁵ tu³¹⁻⁴² pʰi² vɛ³¹.

（8）捞，捞，小孩睏了吧。给小孩儿□□头，小孩儿困了娘不愁。

lau⁵³, lau⁵³, siau⁴⁴xɛ⁵³kʰuən³¹⁻⁴²lə²pa². kei⁴⁴⁻⁴² siau⁴⁴xɛ⁵³va⁴⁴⁻⁴² va²tʰəu⁵³, siau⁴⁴xɛ⁵³kʰuən³¹⁻⁴²lə²niaŋ⁵³pu⁴⁴tʃʰəu⁵³.

（9）车车子鞋，靠南崖。靠不上，打十鞋。□扭，□扭，啪。

tʃʰə²¹³⁻²¹tʃʰə¹tθʅ¹ɕiɛ⁵³, kʰau³¹næn⁵³iɛ⁵³. kʰau³¹⁻⁴²pu²ʃaŋ³¹, ta⁴⁴ʃi⁵³ɕiɛ⁵³. tʂʅ²¹³⁻²¹niəu¹, tʂʅ²¹³⁻²¹niəu¹, pʰa²¹³.

（10）大肚子哼儿，去赶集，买一个萝卜当一个梨。咬一口，□辣的，再也不敢买个大的。

ta³¹ tu³¹⁻⁴² tθʅ²xɚŋ²¹³, tɕʰy³¹ kæn⁴⁴ tsi⁵³, mɛ⁴⁴⁻⁴⁵ i⁵kə⁵luə⁵³⁻⁵⁵ pei⁵taŋ²¹³⁻⁴² i²kə¹li⁵³. iau⁴⁴⁻⁴⁵ i⁵kʰəu⁴⁴, xəu²¹³⁻²⁴ la³¹⁻⁴² ti², tɛ²¹³⁻⁴⁵ iə⁵pu⁴⁴⁻⁴² kæn⁴⁴ mɛ⁴⁴⁻⁵⁵ kə⁵ta³¹⁻⁴²ti².

（11）清早起来起来，太阳出在东海。拿起书包石板，学习不要偷懒。回校努力学习，回家努力生产。干吆干吆干干吆，我要争取模模范。

tsʰiəŋ²¹³⁻²⁴tθau⁴⁴ tɕʰi⁴⁴⁻⁴⁵ lɛ⁵tɕʰi⁴⁴⁻⁴⁵ lɛ⁵, tʰɛ³¹ iaŋ⁵³ tʃʰu⁴⁴⁻⁴⁵ tθɛ⁵təŋ²¹³⁻²⁴ xɛ⁴⁴. na⁵³⁻⁵⁵ tɕʰi⁵ʃu²¹³⁻²⁴ pau²¹³⁻²⁴ ʃi⁵³ pæn⁴⁴, ɕyə⁵³ si⁴⁴ pu⁴⁴ iau³¹ tʰəu²¹³⁻²⁴ læn⁴⁴. xuei⁵³ ɕiau³¹ nu³¹⁻³¹²li³¹ ɕyə⁵³ si⁴⁴, xuei⁵³ tɕia²¹³⁻²⁴ nu³¹⁻³¹²li³¹ ʂəŋ²¹³⁻²⁴ tʂʰæn⁴⁴. kæn³¹⁻⁴²iau²kæn³¹⁻⁴²iau²kæn³¹ kæn³¹⁻⁴²iau², va⁴⁴iau³¹tʂəŋ²¹³⁻²⁴tsʰy⁴⁴mə⁵³⁻⁵⁵mə⁵³⁻⁵⁵fæn⁵.

第二节 谚语与俗语

（1）皮条揽着腚，一年挣了一年净。（织布工作勉强维持生活）

pʰi⁵³tʰiau⁵³læn⁴⁴⁻⁴⁵tʂʅ⁵tiəŋ³¹, i⁴⁴niæn⁵³tʂəŋ³¹⁻⁴²lə²i⁴⁴niæn⁵³tsiəŋ³¹.

（2）温温老婆实不闲，快当老婆闲半年。

vən²¹³⁻²¹ vən¹lau⁴⁴⁻⁴⁵ pʰə⁵ʃi⁵³ pu⁴⁴ ɕiæn⁵³, kʰuɛ³¹⁻⁴² taŋ²lau⁴⁴⁻⁴⁵ pʰə⁵ɕiæn⁵³ pæn³¹niæn⁵³.

（3）七斗八簸箕，到老够过的。

tsʰi⁴⁴⁻⁴²təu⁴⁴pa⁴⁴pə⁵³¹⁻⁴²tɕʰi², tau³¹lau⁴⁴kəu³¹kə³¹⁻⁴²ti².

（4）一个旋儿好，两个旋儿坏，三个旋儿烂成面儿。

i⁴⁴⁻⁵⁵kə⁵θuɛ³¹xau⁴⁴, liaŋ⁴⁴⁻⁴⁵kə⁵θuɛ³¹⁻³¹²xuɛ³¹, θæn²¹³⁻²¹kə¹θuɛ³¹læn³¹⁻⁴²

tʃʰəŋ²miɛ³¹.

（5）桃养人，杏伤人，李子园里抬死人。

tʰau⁵³iaŋ⁴⁴iən⁵³，ɕiɚŋ³¹ʃaŋ²¹³⁻²⁴iən⁵³，li⁴⁴⁻⁴⁵tθɿ⁵yæn⁵³⁻⁵⁵lɛ⁵tʰɛ⁵³θɿ⁴⁴iən⁵³.

（6）打了春别欢喜，还有六十天的冷天气。

ta⁴⁴⁻⁴⁵lə⁵tʃʰuən²¹³⁻²⁴piə⁵³xuæn²¹³⁻²¹tɕʰi¹，xæn⁵³iəu⁴⁴liəu³¹⁻⁴²ʃi²tʰiæn²¹³⁻²¹ti¹ləŋ⁴⁴tʰiæn²¹³⁻²¹tɕʰi¹.

（7）十分精神使七分，留着三分给子孙。

ʃi⁵³⁻⁵⁵fən⁵tsiəŋ²¹³⁻²¹ʃən¹ʂɹ⁴⁴⁻⁴²tsʰi⁴⁴⁻⁴⁵fən⁵，liəu⁵³⁻⁵⁵tʂɹ⁵θæn²¹³⁻²¹fən¹kei⁴⁴⁻⁴²tθɿ⁴⁴⁻⁴⁵θuən⁵.

（8）吃了端午粽，才把棉袄□。

tʃʰi⁴⁴⁻⁴⁵lə⁵tuæn²¹³⁻²¹vu¹tθəŋ³¹，tθʰɛ⁵³pa³¹miæn⁵³ɣau⁴⁴xəŋ³¹.

（9）春打六九头，吃穿都不愁。

tʃʰuən²¹³⁻²⁴ta⁴⁴liəu³¹tɕiəu⁴⁴tʰəu⁵³，tʃʰi⁴⁴⁻⁴²tʃʰuæn²¹³⁻²⁴təu³¹pu⁴⁴tʂʰəu⁵³.

（10）春打五九尾儿，河里冻死鬼。

tʃʰuən²¹³⁻²⁴ta⁴⁴vu⁴⁴⁻⁴²tɕiəu⁴⁴⁻⁴²vɚi⁴⁴，xuə⁵³⁻⁵⁵lɛ⁵təŋ³¹⁻⁴²ʂɹ²kuei⁴⁴.

（11）六月六，看谷秀。七月七，吃谷米。

liəu³¹⁻⁴²yə²liəu³¹，kʰæn³¹ku⁴⁴siəu³¹.tsʰi⁴⁴⁻⁴⁵yə⁵tsʰi⁴⁴，tʃʰi⁴⁴ku⁴⁴⁻⁴²mi⁴⁴.

（12）一九二九不出手，三九四九冰上走，五九六九顺河看柳，七九八九燕子来。九九八十一，家里做饭坡里吃。

i⁴⁴⁻⁴²tɕiəu⁴⁴ɭɹ³¹tɕiəu⁴⁴pu⁴⁴tʃʰu⁴⁴⁻⁴²ʃəu⁴⁴，θæn²¹³⁻²⁴tɕiəu⁴⁴θɿ³¹tɕiəu⁴⁴piəŋ²¹³⁻²¹ʃaŋ¹tθəu⁴⁴，vu⁴⁴⁻⁴²tɕiəu⁴⁴liəu³¹tɕiəu⁴⁴ʃuən³¹xuə⁵³kʰæn³¹liəu⁴⁴，tsʰi⁴⁴⁻⁴²tɕiəu⁴⁴pa⁴⁴⁻⁴²tɕiəu⁴⁴iæn³¹⁻⁴²tθɿ²lɛ⁵³.tɕiəu⁴⁴⁻⁴²tɕiəu⁴⁴pa⁴⁴⁻⁴⁵ʃi⁵i⁴⁴，tɕia²¹³⁻²¹lɛ¹tθəu³¹⁻³¹²fæn³¹pʰə⁴⁴⁻⁴⁵lɛ⁵tʃʰi⁴⁴.

（13）冷在三九，热在中伏。

ləŋ⁴⁴⁻⁴⁵tθɛ⁵θæn²¹³⁻²⁴tɕiəu⁴⁴，iə³¹⁻⁴²tθɛ²tʂəŋ²¹³⁻²⁴fu⁵³.

（14）有衣穿在腊月里，有饭吃在四月里。

iəu⁴⁴⁻⁴²i²¹³⁻²⁴tʃʰuæn²¹³⁻²¹tθɛ¹la³¹⁻⁴²yə²lɛ²，iəu⁴⁴fæn³¹tʃʰi⁴⁴⁻⁴⁵tθɛ⁵θɿ³¹⁻⁴²yə²lɛ².

（15）一瓶子不满，半瓶子连咣当。

i⁴⁴pʰiəŋ⁵³⁻⁵⁵tθɿ⁵pu⁴⁴⁻⁴²mæn⁴⁴，pæn³¹pʰiəŋ⁵³⁻⁵⁵tθɿ⁵liæn³¹kuaŋ³¹⁻⁴²taŋ².

（16）人比人得死，货比货得撩。

iən⁵³pi⁴⁴iən⁵³⁻⁴²tei²θɿ⁴⁴，xuə³¹pi⁴⁴xuə³¹⁻²¹tei¹liau²¹³.

（17）鼻子不是鼻子，眼不是眼。

pi˥˧⁻⁵⁵tθ̩⁵pu⁴⁴ʂ̩³¹pi˥˧⁻⁵⁵tθ̩⁵，iæn⁴⁴pu⁴⁴ʂ̩³¹iæn⁴⁴.

（18）大门儿不出，二门儿不迈。

ta³¹mɚ·i⁵³pu⁴⁴⁻⁴²tʃʰu⁴⁴，l̩³¹mɚ·i⁵³pu⁴⁴mei³¹.

（19）褒贬是买主，奉承不照顾。

pau²¹³⁻²¹piæn¹ʂ̩³¹mɛ⁴⁴⁻⁴⁵tʃu⁵，fəŋ³¹⁻²¹tʃʰəŋ¹pu⁴⁴tʃau³¹⁻⁴²ku².

（20）三十不发，四十不富，到了五十掉当铺。

θæn²¹³⁻²⁴ʃi⁵³ pu⁴⁴⁻⁴²fa⁴⁴，θ̩³¹ ʃi⁵³pu⁴⁴fu³¹，tau³¹⁻⁴²lə²vu⁴⁴ʃi⁵³tiau³¹⁻³¹²taŋ³¹⁻³¹²pʰu³¹.

（21）穷人乍富，抻腰□肚；富人乍穷，寸步难行。

tɕʰiəŋ⁵³iən⁵³tʂa³¹⁻³¹²fu³¹，tʃʰən²¹³⁻²⁴iau²¹³⁻²⁴va²¹³⁻²⁴tu³¹；fu³¹iən⁵³tʂa³¹tɕʰiəŋ⁵³，tθʰuæn³¹⁻³¹²pu³¹næn⁵³ɕiəŋ⁵³.

（22）屁是一杆秤，不放上外挣；放出来丢了丑，强起得了病。

pʰi˧˩⁻²¹ʂ̩¹i⁴⁴⁻⁴²kæn⁴⁴tʃʰəŋ³¹，pu⁴⁴faŋ³¹ʃaŋ³¹⁻³¹²vɛ³¹⁻³¹²tʂəŋ³¹；faŋ³¹⁻⁴²tʃʰu²lɛ²tiəu²¹³⁻²¹lə¹tʃʰəu⁴⁴，tɕʰiaŋ⁵³⁻⁵⁵tɕʰi⁵tei⁴⁴⁻⁴⁵lə⁵piəŋ³¹.

（23）有后娘，有后爷，铁打身上随了邪。

iəu⁴⁴xəu³¹niaŋ⁵³，iəu⁴⁴xəu³¹iə⁵³，tʰiə⁴⁴⁻⁴²ta⁴⁴ʃən²¹³⁻²¹ʃaŋ¹θuei⁵³⁻⁵⁵lə⁵siə⁵³.

（24）梆儿破了有底儿，底儿破了有梆儿。船底儿、船梆儿都破了，还有三千六百个钉子。

pæŋ²¹³⁻²⁴pʰə³¹⁻⁴²lə²iəu⁴⁴⁻⁴²tɚ·i⁴⁴，tɚ·i⁴⁴pʰə³¹⁻⁴²lə²iəu⁴⁴⁻⁴²pæ ŋ²¹³，tʃʰuæn⁵³tɚ·i⁴⁴tʃʰuæn⁵³pæ ŋ²¹³⁻²⁴təu³¹pʰə³¹⁻⁴²lə²，xæn⁵³iəu⁴⁴θæn²¹³⁻²⁴tsʰiæn²¹³⁻²⁴liəu³¹⁻⁴²pei²kə²tiəŋ²¹³⁻²¹tθ̩¹.

（25）车车子菜，靠路旁，从小儿没有爹和娘。

tʃʰə²¹³⁻²¹tʃʰə¹tθ̩¹tθʰɛ³¹，kʰau³¹⁻³¹²lu³¹pʰaŋ⁵³，tθʰəŋ⁵³θɚu⁴⁴mu³¹iəu⁴⁴tiə²¹³⁻⁴⁵xə⁵niaŋ⁵³.

（26）小蚂蚱儿，二指长，从小儿没有爹和娘。饥睏了吃口路旁草，害渴了喝口雾露浆，等着九秋十月了，把腿一伸见阎王。

siau⁴⁴ma³¹⁻⁴²tʂ ɚ²，l̩³¹tʂ̩⁴⁴tʃʰaŋ⁵³，tθʰəŋ⁵³θɚu⁴⁴mu³¹iəu⁴⁴tiə²¹³⁻⁴⁵xə⁵niaŋ⁵³. tɕi²¹³⁻²¹kʰuən¹lə¹tʃʰi⁴⁴⁻⁴²kʰəu⁴⁴lu³¹pʰaŋ⁵³tθʰau⁴⁴，xɛ³¹kʰa⁴⁴⁻⁴⁵lə⁵xa⁴⁴⁻⁴²kʰəu⁴⁴vu³¹⁻⁴²lu²tsiaŋ²¹³，təŋ⁴⁴⁻⁴⁵tʂə⁵tɕiəu⁴⁴⁻⁴²tsʰiəu²¹³⁻²⁴ʃi⁵³⁻⁵⁵yə⁵liau⁴⁴，pa³¹tʰei⁴⁴⁻⁴²i⁴⁴⁻⁴²ʃən²¹³⁻²⁴tɕiæn³¹iæn⁵³⁻⁵⁵vaŋ⁵.

（27）死起来不怕人多，穷起来不怕财多。（意指人再多也怕死得多，财产再多也怕穷得快）

θɿ⁴⁴⁻⁴⁵tɕʰi⁵lɛ⁵pu⁴⁴pʰa³¹iən⁵³tuə²¹³, tɕʰiəŋ⁵³⁻⁵⁵tɕʰi⁵lɛ⁵pu⁴⁴pʰa³¹tθʰɛ⁵³tuə²¹³.

（28）一翻二不收，三翻到了秋。

i⁴⁴⁻⁴²fæn²¹³⁻²⁴ʅ³¹pu⁴⁴⁻⁴²ʃəu²¹³, θæn²¹³⁻²⁴fæn²¹³⁻²⁴tau³¹⁻⁴²lə²tsʰiəu²¹³.

（29）豆子开花儿，墒沟里摸虾。

təu³¹⁻⁴²tθɿ²kʰɛ²¹³⁻²⁴xuæ²¹³, ʃaŋ²¹³⁻²¹kəu¹lɛ¹mə³¹ɕia²¹³.

（30）处暑三天无青穄。

tʃʰu⁵³ʃu⁴⁴θæn²¹³⁻²⁴tʰiæn²¹³⁻²⁴vu⁵³tsʰiəŋ²¹³⁻²⁴tθʰæn²¹³.

（31）跟着好人学好人，跟着蹦跶猴子学跳神。

kən²¹³⁻²¹tʂə¹xau⁴⁴iən⁵³ɕyə⁵³xau⁴⁴iən⁵³, kən²¹³⁻²¹tʂə¹pəŋ³¹⁻⁴²ta²xəu⁵³⁻⁵⁵tθɿ⁵ɕyə⁵³tʰiau³¹ʃən⁵³.

（32）老狗老狗别龇牙，回头（扯腚）给你两粪耙。

lau⁴⁴⁻⁴²kəu⁴⁴lau⁴⁴⁻⁴²kəu⁴⁴piə⁵³tθʰɿ²¹³⁻²⁴ia³¹, xuei⁵³tʰəu⁵³（tʃʰə⁴⁴tiəŋ³¹）kei⁴⁴⁻⁴⁵ni⁵liaŋ⁴⁴fən³¹pʰa⁵³.

（33）人欢无好事儿，狗欢抢屎吃。

iən⁵³xuæn²¹³⁻²⁴vu⁵³xau⁴⁴ʂɚi³¹, kəu⁴⁴⁻⁴²xuæn²¹³⁻²⁴tsʰiaŋ⁴⁴ʅ⁴⁴⁻⁴²tʃʰi⁴⁴.

（34）人忙天不忙，天忙一大场。

iən⁵³maŋ⁵³tʰiæn²¹³⁻²⁴pu⁴⁴maŋ⁵³, tʰiæn²¹³⁻²⁴maŋ⁵³i⁴⁴ta³¹tʃʰaŋ⁵³.

（35）卤水点豆腐，一物儿降一物儿。

lu⁴⁴⁻⁴⁵ʂuei⁵tiæn⁴⁴təu³¹⁻⁴²fu², i⁴⁴vᵘ˞³¹ɕiaŋ⁵³⁻⁵⁵i⁵vᵘ˞³¹.

（36）牵着不走，赶着打倒退。

tɕʰiæn²¹³⁻²¹tʂə¹pu⁴⁴⁻⁴²tθəu⁴⁴, kæn⁴⁴⁻⁴⁵tʂə⁵ta⁴⁴tau³¹⁻⁴²tʰei².

（37）不做亏心事儿，不怕鬼叫门。

pu⁴⁴tθəu³¹kʰuei²¹³⁻²⁴siən²¹³⁻²⁴ʂɚi³¹, pu⁴⁴pʰa³¹kuei⁴⁴tɕiau³¹mən⁵³.

（38）童养儿媳子不吃冷干饭，早晚是嫚儿的。（意指冷干饭早晚得是童养媳吃）

tʰuæn⁵³⁻⁵⁵ʌ˞ŋ⁵si⁴⁴⁻⁴⁵tθɿ⁵pu⁴⁴⁻⁴²tʃʰi⁴⁴ləŋ⁴⁴kæn²¹³⁻²¹fæn¹, tθau⁴⁴⁻⁴²væn⁴⁴⁻⁵⁵ʂɿ⁵mæ²¹³⁻²¹ti¹.

（39）要个要饭儿的娘，不要个做官儿的爹。

iau³¹⁻²¹kə¹iau³¹fɛ³¹⁻⁴²ti²niaŋ⁵³, pu⁴⁴iau³¹⁻²¹kə¹tθuə³¹⁻³¹²kuæ²¹³⁻²¹ti¹tiə²¹³.

（40）姑娘、姨娘不是娘，胡秫、穇子不是粮。

ku²¹³⁻²⁴ niaŋ⁵³ i⁵³ niaŋ⁵³ pu⁴⁴ ʂ̩³¹ niaŋ⁵³, xu⁵³⁻⁵⁵ ʃu⁵tθʰæn²¹³⁻⁴⁵ tθɤ⁵pu⁴⁴ ʂ̩³¹ liaŋ⁵³.

（41）姑娘、姨娘一大群，不如自娘一个人。

ku²¹³⁻²⁴ niaŋ⁵³ i⁵³ niaŋ⁵³ i⁴⁴ ta³¹ tɕʰyən⁵³, pu⁴⁴⁻²¹ i¹ tθɤ⁵³ niaŋ⁵³ i⁴⁴ kə³¹ iən⁵³.

（42）催工不催食，催食无力气。

tθʰuei²¹³⁻²⁴ kəŋ²¹³⁻²⁴ pu⁴⁴⁻⁴² tθʰuei²¹³⁻²⁴ ʃi⁵³, tθʰuei²¹³⁻²⁴ ʃi⁵³ mu⁵³li³¹⁻⁴² tɕʰi².

（43）宁吃鲜桃儿一口，不吃烂杏一筐。

niəŋ⁵³ tʃʰi⁴⁴ siæn²¹³⁻²⁴ tʰəu⁵³ i⁴⁴⁻⁴² kʰəu⁴⁴, pu⁴⁴⁻⁴² tʃʰi⁴⁴ læn³¹⁻³¹² ɕiəŋ³¹ i⁴⁴⁻⁴² kʰuaŋ²¹³.

（44）穷死奸，饿死吵。

tɕʰiəŋ⁵³⁻⁵⁵ ʂ̩⁵tɕiæn²¹³, və³¹⁻⁴² ʂ̩²tʂʰau⁴⁴.

（45）青种楳的豆子，拉蔓子瓜，死了老婆的丈人家。

tsʰiəŋ²¹³⁻²¹ tʂəŋ¹kʰuə²¹³⁻²¹ ti¹təu³¹⁻⁴² tθɤ², la⁴⁴⁻⁴⁵ væn⁵tθɤ⁵kua²¹³, θɤ⁴⁴⁻⁴⁵ lə⁵lau⁴⁴⁻⁴⁵ pʰə⁵ti⁵tʃaŋ³¹⁻⁴² iən²tɕia².

（46）马走斜，象走方，炮是隔山打，车是一杆枪。

ma⁴⁴⁻⁴² tθəu⁴⁴siə⁵³, siaŋ³¹ tθəu⁴⁴⁻⁴² faŋ²¹³, pʰau³¹⁻²¹ ʂ̩¹kei⁴⁴⁻⁴² ʂæn²¹³⁻²⁴ta⁴⁴, tɕy²¹³⁻⁴⁵ ʂ̩⁵i⁴⁴⁻⁴² kæn⁴⁴tsʰiaŋ²¹³.

（47）怨狗不怨孩儿。（说狗好不说小孩好，意为防止孩子出现不希望的状况）

yæn³¹ kəu⁴⁴pu⁴⁴yæn³¹ xɛ⁵³.

（48）自己的坟茔儿还哭不过来，还去哭舍亩田。（意即不要多管闲事）

tθɤ⁵³⁻⁵⁵ tɕi⁵ti⁵fən⁵³⁻⁵⁵ ɹ̩ɚʅ⁵xæn⁵³ kʰu⁴⁴⁻⁴⁵ pu⁵kə³¹⁻⁴² lɛ², xæn⁵³ tɕʰy³¹ kʰu⁴⁴ ʃə⁴⁴⁻⁴⁵ mu⁵tʰiæn⁵.

（49）初儿头儿儿，十头儿女，不早不晚儿无处数。

tʂʰʮ²¹³⁻²¹ tʰɚu¹ʮ̩⁵³, ʃi⁵³⁻⁵⁵ tʰɚu⁵ny⁴⁴, pu⁴⁴⁻⁴² tθau⁴⁴ pu⁴⁴⁻⁴² vɛ⁴⁴ mu⁵³⁻⁵⁵ tʃʰu⁵ ʂu⁴⁴.

（50）白面鸡蛋，穷富稀罕。

pei⁵³⁻⁵⁵ miæn⁵tɕi²¹³⁻²¹ tæn¹, tɕʰiəŋ⁵³fu³¹⁻³¹² ɕi²¹³⁻²¹ xæn¹.

（51）苘秆子腿，麻秆子腰儿。

tɕʰiəŋ⁴⁴⁻⁴⁵ kæn⁵tθɤ⁵tʰei⁴⁴, ma⁵³⁻⁵⁵ kæn⁵tθɤ⁵ɹɚ u²¹³.

（52）养人家的孩子，种人家的地，待走长□两口气。

iaŋ$^{44-45}$ iən^{5}tɕi^{5}ti^{5}xɛ$^{53-55}$　tθʅ^5，　tʂəŋ$^{31-42}$ iən^{2}tɕi^{2}ti^{2}ti$^{31-31 1}$，　tɛ^{31}　tθəu^{44} tʃʰaŋ$^{53-55}$siəŋ^{5}liaŋ$^{44-42}$kʰəu^{44}tɕʰi$^{31-31 1}$.

（53）立了秋，哪里下雨哪里收。

li$^{31-42}$lə^{2}tsʰiəu^{213}，na$^{44-45}$lɛ^{5}ɕia^{31}y^{44}na$^{44-45}$lɛ^{5}ʃəu^{213}.

（54）春天的婆娘，拿不动□□儿。

tʃʰuən$^{213-24}$tʰiæn$^{213-21}$ti^{1}pʰə$^{53-55}$niaŋ^5，na$^{53-55}$pu^{5}təŋ^{31}kə$^{44-55}$tɚŋ^5.

（55）百日床头无孝子。

pei^{44}i^{31}tʂʰuaŋ^{53}tʰəu^{53}mu^{53}ɕiau^{31}tθʅ$^{44-4 55}$.

（56）东石儿尖，西石儿平，中间儿里夹着个大艾山。

təŋ$^{213-24}$ʂɚi^{53}tsiæn^{213}，si$^{213-24}$ʂɚi^{53}pʰiəŋ^{53}，tʂəŋ$^{213-24}$tɕiɛ$^{31-42}$lɛ^{2}tɕia$^{44-45}$ tʂʅ^{5}kə^{5}ta^{31}ɣɛ$^{31-42}$ʂæn^2.

（57）世上人多君子少，借钱欢喜还钱恼。

ʃi$^{31-42}$ʃaŋ^{2}iən^{53}tuə$^{213-24}$tɕyən$^{213-24}$tθʅ$^{44-42}$ʃau^{44}，tsiə^{31}tsʰiæn^{53}xuæn$^{213-21}$ tɕʰi^{1}xuæn^{53}tsʰiæn^{53}nau^{44}.

（58）鼻子不是鼻子，眼不是眼。

pi$^{53-55}$tθʅ^{5}pu$^{44-55}$ʂʅ^{5}pi$^{53-55}$tθʅ^5，iæn^{44}pu$^{44-55}$ʂʅ^{5}iæn^{44}.

第三节　歇后语

（1）黄了的苞米儿秸子——欠掰了。

xuaŋ$^{53-55}$lə^{5}ti^{5}pau$^{213-24}$miɚi^{44}tɕiɛ$^{213-21}$tθʅ^1，tɕʰiæn^{31}pei$^{44-45}$lə^5.

（2）冒烟儿的炉子——欠扇了。

mau$^{31-312}$ɹɛ$^{213-21}$ti^{1}lu$^{53-55}$tθʅ^5，tɕʰiæn$^{31-312}$ʃæn$^{213-21}$lə^1.

（3）老太太上树——欠撮了。

lau^{44}tʰɛ$^{31-42}$tʰɛ^{2}ʃaŋ$^{31-312}$ʃu^{31}，tɕʰiæn^{31}tθʰuə$^{44-45}$lə^5.

（4）穿着蒲袜儿上树——欠撮了。

tʃʰuæn$^{213-21}$tʂə^{1}pʰu$^{44-45}$vɚ^{5}ʃaŋ$^{31-312}$ʃu^{31}，tɕʰiæn^{31}tθʰuə$^{44-45}$lə^5.

（5）老妈妈子吃江锥（锥螺）——嘴硬。

lau^{44}ma$^{213-21}$ma^{1}tθʅ^{1}tʃʰi$^{44-42}$tsiaŋ$^{213-45}$tʂuɚi^5，tθuei$^{44-45}$iəŋ^5.

（6）门缝儿里看人——看扁了

mən^{53}fɚŋ$^{31-42}$lɛ^{2}kʰæn^{31}iən^{53}，kʰæn^{31}piæn$^{44-45}$lə^5.

（7）披着蓑衣打滚儿——抖擞毛儿

pʰi²¹³⁻²¹ tʂə¹ θuə²¹³⁻²¹ i¹ ta⁴⁴⁻⁴² kuɚi⁴⁴，təu⁴⁴⁻⁴⁵ θəu⁵ mɐu⁵³.

（8）井里的蛤蟆——见了几回儿天儿

tsiəŋ⁴⁴⁻⁴⁵ lɛ⁵ ti⁵ xa⁵³⁻⁵⁵ ma⁵，tɕiæn³¹⁻⁴² lə² tɕi⁴⁴ xuəi⁵³ tʰɛ²¹³.

（9）三生日爬了门外里——□得慌

θæn²¹³⁻²⁴ ʂəŋ²¹³⁻²¹ i¹ pʰa⁵³⁻⁵⁵ lə⁵ mən⁵³ vɛ³¹⁻²¹ lə²，tɕiəŋ⁴⁴⁻⁴⁵ ti⁵ xuaŋ²¹³.

（10）屎气螂打哈呀——好意思张臭嘴

ʂͺl⁴⁴⁻⁴⁵ tɕʰi⁵ laŋ⁵³ ta⁴⁴ xa²¹³⁻²¹ ia¹，xau⁴⁴ i³¹⁻⁴² θʅ² tʃaŋ²¹³⁻²⁴ tʃʰəu³¹ tθuei⁴⁴.

（11）炕头儿上剜圈——自己臭自己

kʰaŋ³¹ tʰɚu⁵³⁻⁵⁵ ʃaŋ⁵ væn²¹³⁻²⁴ tɕyæn³¹，tθʅ⁵³⁻⁵⁵ tɕi⁵ tʃʰəu³¹ tθʅ⁵³⁻⁵⁵ tɕi⁵.

（12）大水冲了龙王庙——一家人不认识一家人

ta³¹ ʂuei⁴⁴ tʂʰəŋ²¹³⁻²¹ lə¹ləŋ⁵³⁻⁵⁵ vaŋ⁵ miau³¹，i¹⁴⁴⁻⁴² tɕia²¹³⁻²⁴ iən⁵³ pu⁴⁴ iən³¹⁻⁴²
ʃiˀi²˙⁴⁴⁻⁴² tɕia²¹³⁻²⁴ iən⁵³.

（13）猴子戴帽儿——装人物儿

xəu⁵³⁻⁵⁵ tθʅ⁵ tɛ³¹⁻³¹² mɐu³¹，tʂuaŋ²¹³⁻²⁴ iən⁵³⁻⁵⁵ vʊ⁵.

（14）胡秸叶子漂了海上——装鳞刀鱼

xu⁵³⁻⁵⁵ tɕiɛ⁵ iə³¹⁻⁴² tθʅ² pʰiau²¹³⁻²¹ lə¹ xɛ⁴⁴⁻⁴⁵ ʃaŋ⁵，tʂuaŋ²¹³⁻²⁴ liən⁴⁴⁻⁵⁵ tau⁵ y⁵³.

（15）马□子溜河涯——装狗屙逛儿（一种海鱼）

ma⁴⁴⁻⁴⁵ ʃu⁵ tθʅ⁵ liəu³¹ xuə⁵³ iɛ⁵³，tʂuaŋ²¹³⁻²⁴ kəu⁴⁴⁻⁴² tiau⁴⁴ kuaŋ³¹.

（16）黄眼子给鸡拜年——没安好心

xuaŋ⁵³⁻⁵⁵ iæn⁵ tθʅ⁵ kei⁴⁴⁻⁴² tɕi²¹³⁻²⁴ pɛ³¹ niæn⁵³，mu³¹ ɣæn²¹³⁻²⁴ xau⁴⁴⁻⁴² siən²¹³.

（17）蒜臼子打滚儿——欠了簸了

θuæn³¹ tɕiəu³¹⁻⁴² tθʅ² ta⁴⁴⁻⁴² kuɚi⁴⁴，tɕʰiæn³¹⁻⁴² lə² tθʰuæn⁵³⁻⁵⁵ lə⁵.

（18）屎气螂搬家——滚蛋

ʂͺl⁴⁴⁻⁴⁵ tɕʰi⁵ laŋ⁵³ pæn²¹³⁻²⁴ tɕʰia²¹³，kuən⁴⁴ tæn³¹.

（19）清水锅里钓鳖——没有油

tsʰiəŋ²¹³⁻²¹ ʂuei¹ kuə²¹³⁻²¹ lɛ¹ tiau³¹ piə⁴⁴，mu³¹ iəu⁴⁴ iəu⁵³.

（20）背着驴屙赶集——好胜

pei²¹³⁻²¹ tʂə¹ ly⁵³ tiau⁴⁴ kæn⁴⁴ tsi⁵³，xau³¹⁻³¹² ʃəŋ³¹.

（21）土地庙儿里长草——慌了神

tʰu⁴⁴⁻⁵⁵ ti⁵ miɐu³¹⁻⁴² lə² tʃaŋ⁴⁴⁻⁴² tθʰau⁴⁴，xuaŋ²¹³⁻²¹ lə¹ ʃən⁵³.

（22）秃头顶上的虱子——明摆着

tʰu⁴⁴ tʰəu⁵³ tiəŋ⁴⁴⁻⁴⁵ ʃaŋ⁵ ti⁵ ʂͺl⁴⁴⁻⁴⁵ tθʅ⁵，miəŋ⁵³ pɛ⁴⁴⁻⁴⁵ tʂə⁵.

（23）瞎汉点灯——白费蜡

çia⁴⁴⁻⁴⁵xæn⁵tiæn⁴⁴⁻⁴²təŋ²¹³, pei⁵³fei³¹⁻³¹²la³¹.

（24）瞎汉点灯——白费那盏灯

çia⁴⁴⁻⁴⁵xæn⁵tiæn⁴⁴⁻⁴²təŋ²¹³, pei⁵³fei³¹nə³¹tʂæn⁴⁴⁻⁴²təŋ²¹³.

（25）裁缝掉了剪子——光剩了吃（尺）了

tθʰɛ⁵³⁻⁵⁵faŋ⁵tiau³¹⁻⁴²lə²tsiæn⁴⁴⁻⁴⁵tθʅ⁵, kuaŋ²¹³⁻²⁴ʃəŋ³¹⁻⁴²lə²tʃʰi⁴⁴⁻⁴⁵lə⁵.

（26）家鹈子打仗——瞎唧唧

tçia²¹³⁻²¹tʂʰən¹tθʅ¹ta⁴⁴tʃaŋ³¹, çia⁴⁴tsi²¹³⁻²¹tsi¹.

（27）小葱儿拌豆腐——一清二白儿

siau⁴⁴⁻⁴²tθʰɚŋ²¹³⁻²⁴pæn³¹təu³¹⁻⁴²fu², i⁴⁴⁻⁴²tsʰiəŋ²¹³⁻²⁴lʅ³¹pɚi⁵³.

（28）阴天竖口溜儿——无影儿了

iən²¹³⁻²⁴tʰiæn²¹³ʃu³¹tsi⁵³⁻⁵⁵ʔuɚ⁵, mu⁵³ʅɚŋ⁴⁴⁻⁴⁵lə⁵.

（29）雪窟窿埋死尸——早晚人就知道了

syə⁴⁴⁻⁴⁵kʰu⁵ləŋ⁵mɛ⁵³tθʅ⁴⁴⁻⁴⁵sʅ⁵, tθau⁴⁴⁻⁴²væn⁴⁴iən⁵³tsiəu³¹tʃi²¹³⁻²¹tau¹lə¹.

（30）蛤蟆蝌蚪子没毛儿——随种性

xa⁵³⁻⁵⁵ma⁵kə²¹³⁻²⁴taŋ³¹⁻⁴²tθʅ²mu⁵³mɚu⁵³, θuei⁵³tʂəŋ⁴⁴⁻⁵⁵siəŋ⁵.

（31）老妈妈子唤狗——口口的事儿

lau⁴⁴ma²¹³⁻²¹ma¹tθʅ¹xuæn³¹kəu⁴⁴, pa²¹³⁻²⁴pa²¹³⁻²¹ti¹ʂɚi³¹.

第四节　谜语

（1）寺前一头牛，二人扛木头。西下有一女，火烧因家楼。（打四字，谜底：特来要烟）

θʅ³¹tsʰiæn⁵³i⁴⁴tʰəu⁵³iəu⁵³, lʅ³¹iən⁵³kʰaŋ³¹mu³¹⁻⁴²tʰəu². si²¹³⁻²⁴çia³¹iəu⁴⁴⁻⁴⁵i⁵ny⁴⁴, xuə⁴⁴⁻⁴²ʃau²¹³⁻²⁴iən²¹³⁻²¹tçi¹ləu⁵³.

（2）二木不成林，八某不成分。言边主下月，二人土上蹲。（打四字，谜底：相公请坐）

lʅ³¹⁻³¹²mu³¹pu⁴⁴tʃʰəŋ⁵³liən⁵³, pa⁴⁴⁻⁴²mu⁴⁴pu⁴⁴tʃʰəŋ⁵³fən²¹³. iæn⁵³piæn²¹³⁻²⁴tʃu⁴⁴çia³¹⁻³¹²yə³¹, lʅ³¹iən⁵³tʰu⁴⁴⁻⁴⁵ʃaŋ⁵tuən²¹³.

（3）一点儿一横儿长，一撇儿上南洋。（打一字，谜底：广）

i⁴⁴⁻⁴²tɛ⁴⁴i⁴⁴xæŋ⁵³tʃʰaŋ⁵³, i⁴⁴⁻⁴²pʰiə⁴⁴ʃaŋ³¹næn⁵³iaŋ⁵³.

（4）王大娘，白腚帮，一坐坐在石头上。（打一字，谜底：碧）

vaŋ⁵³ta³¹niaŋ⁵³，pei⁵³tiəŋ³¹paŋ²¹³，i⁴⁴tθuə³¹tθuə³¹⁻⁴²tθɛ²ʃi⁵³⁻⁵⁵tʰəu⁵ʃaŋ⁵.

（5）一共三十九个兵，二十一个去出征，八个把守南辕外，剩下十个守军营。（打一字，谜底：黄）

i⁴⁴kəŋ³¹θæn²¹³⁻²¹ʃi¹tɕiəu⁴⁴⁻⁴⁵kə⁵piəŋ²¹³，l̩ʅ³¹⁻⁴²ʃi²i⁴⁴⁻⁴⁵kə⁵tɕʰy³¹tʃʰu⁴⁴⁻⁴²tʃəŋ²¹³，pa⁴⁴⁻⁴⁵kə⁵pa⁴⁴⁻⁴²ʃəu⁴⁴næn⁵³yæn⁵³vɛ³¹，ʃəŋ³¹⁻⁴²ɕia²ʃi⁵³⁻⁵⁵kə⁵ʃəu⁴⁴⁻⁴²tɕyən²¹³⁻²⁴·iəŋ⁵³.

（6）大风刮得帽子歪，四个和尚来化斋。扯腰□了两禅杖，滚下四个馒头来。（打一字，谜底：无）

ta³¹fəŋ²¹³⁻²⁴kua⁴⁴⁻⁴⁵ti⁵mau³¹⁻⁴²tθʅ²vɛ²¹³，θʅ³¹⁻⁴²kə²xuə⁵³⁻⁵⁵tʃʰaŋ⁵lɛ⁵³xua³¹tʂɛ²¹³.tʃʰə⁴⁴⁻⁴²iau²¹³⁻²⁴xɛ²¹³⁻²¹lə¹liaŋ⁴⁴tʃʰæn⁵³tʃaŋ³¹，kuən⁴⁴⁻⁴⁵ɕia⁵θʅ³¹⁻⁴²kə²mæn⁵³⁻⁵⁵tʰəu⁵lɛ⁵.

（7）像千不是千，八字坐两边。口字来告状，王字当证家。（打一字，谜底：程）

siaŋ³¹tsʰiæn²¹³⁻²⁴pu⁴⁴ʂʅ³¹tsʰiæn²¹³，pa⁴⁴⁻⁴⁵tθʅ⁵tθuə³¹liaŋ⁴⁴⁻⁴²piæn²¹³.kʰəu⁴⁴⁻⁴⁵tθʅ⁵lɛ⁵³kau³¹⁻³¹²tʂuaŋ³¹，vaŋ⁵³⁻⁵⁵tθʅ⁵taŋ²¹³⁻²⁴tʃəŋ³¹⁻⁴²tɕia².

（8）左一片，右一片，隔着山头儿不见面。（打一身体器官，谜底：耳朵）

tθuə³¹i⁴⁴pʰiæn³¹，iəu³¹i⁴⁴pʰiæn³¹，kei⁴⁴⁻⁴⁵tʂʅ⁵ʂæn²¹³⁻²⁴tʰɚu⁵³pu⁴⁴tɕiæn³¹⁻³¹²miæn³¹.

（9）一个墩子七个窟窿儿，里边儿盛着七碗谷种儿。（打一身体器官，谜底：脑袋）

i⁴⁴⁻⁵⁵kə⁵tuən²¹³⁻²¹tθʅ⁵tsʰi⁴⁴⁻⁴⁵kə⁵kʰu²¹³⁻²¹ʅɚɹ¹，li⁴⁴⁻⁴²pi ɛ²tʃʰəŋ⁵³⁻⁵⁵tʂʅ⁵tsʰi⁴⁴⁻⁴⁵væn⁵ku⁴⁴⁻⁴⁵tʂɚŋ⁵.

（10）弟兄七八个，围着柱子坐。大家一分手，衣裳就扯破。（打一物，谜底：大蒜）

ti³¹⁻⁴²ɕiəŋ²tsʰi⁴⁴⁻⁴⁵pa⁵kə³¹，vei⁵³⁻⁵⁵tʂʅ⁵tʃu³¹⁻⁴²tθʅ²tθuə³¹.ta³¹⁻⁴²tɕia²i⁴⁴⁻⁴²fən²¹³⁻²⁴ʃəu⁴⁴，i²¹³⁻²¹ʃaŋ¹tsiəu³¹tʃʰə⁴⁴pʰə³¹.

（11）一个黄狗，□了墙走。一个黑狗，□了水走。（打二物，谜底：饭帚、铲子）

i⁴⁴⁻⁵⁵kə⁵xuaŋ⁵³kəu⁴⁴，ly⁴⁴⁻⁴⁵lə⁵tsʰiaŋ⁵³tθəu⁴⁴.i⁴⁴⁻⁵⁵kə⁵xei⁴⁴⁻⁴²kəu⁴⁴，ly⁴⁴⁻⁴⁵lə⁵ʂuei⁴⁴⁻⁴²tθəu⁴⁴.

（12）一个红枣儿，一间屋盛不了。（打一物，谜底：火焰）

i⁴⁴⁻⁵⁵kə⁵xəŋ⁵³tθɐu⁴⁴，i⁴⁴⁻⁴²tɕiæn²¹³⁻²⁴vu⁴⁴tʃʰəŋ⁵³⁻⁵⁵pu⁵liau⁴⁴.

（13）一个大马，四个大爪。想要抬它，抬不动它。（打一物，谜底：房子）

i⁴⁴⁻⁵⁵ kə⁵ta³¹ ma⁴⁴，θʅ³¹⁻⁴² kə²ta³¹ tʂua⁴⁴. siaŋ⁴⁴ iau³¹ tʰɛ⁵³⁻⁵⁵ tʰa⁵，tʰɛ⁵³⁻⁵⁵ pu⁵təŋ³¹⁻⁴²tʰa².

（14）十亩地，八亩斜，里头盛着个木老爷。（打一物，谜底：磨）

ʃi⁵³⁻⁵⁵ mu⁵ti³¹，pa⁴⁴⁻⁴⁵ mu⁵siə⁵³，li⁴⁴⁻⁴⁵ tʰəu⁵tʃʰəŋ⁵³⁻⁵⁵ tʂʅ⁵kə⁵mu³¹lau⁴⁴⁻⁴⁵iə⁵.

（15）一棵树，十个杈儿，上头结着个小蛤蜊儿。（打一身体器官，谜底：手）

i⁴⁴⁻⁴² kʰuə²¹³⁻²⁴ ʃu³¹，ʃi⁵³⁻⁵⁵ kə⁵tʂʰaʴ³¹，ʃaŋ³¹⁻⁴² tʰəu²tsiə⁴⁴⁻⁴⁵ tʂə⁵kə⁵siau⁴⁴ka⁵³⁻⁵⁵ɭaʴ⁵.

（16）一座庙，两头儿翘，光拉屎，不尿尿。（打一动物，谜底：鸡）

i⁴⁴tθuə³¹⁻³¹²miau³¹，liaŋ⁴⁴tʰɚu⁵³tɕʰiau³¹，kuaŋ²¹³⁻²⁴la²¹³⁻²⁴ʂʅ⁴⁴，pu⁴⁴niau³¹⁻³¹²niau³¹.

（17）团团锅儿团团盖儿，不用烧火熟了饭儿。（打一身体器官，谜底：乳房）

tʰuæn⁵³⁻⁵⁵tʰuæn⁵kuə²¹³tʰuæn⁵³⁻⁵⁵tʰuæn⁵kɛ³¹，pu⁴⁴iəŋ³¹ʃau²¹³⁻²⁴xuə⁴⁴ʃu⁵³⁻⁵⁵lə⁵fɛ³¹.

（18）一个秤，两个砣儿，不用动连撅□儿。（打一身体器官，谜底：男性生殖器）

i⁴⁴⁻⁵⁵kə⁵tʃʰəŋ³¹，liaŋ⁴⁴⁻⁴⁵kə⁵tʰuəʴ⁵³，pu⁴⁴iəŋ³¹⁻³¹²təŋ³¹liæn³¹⁻³¹²tɕyə²¹³⁻²¹kaʴ¹.

（19）四耳朝天，八爪□地，中间转轴儿，两头喘气。（打一现象，谜底：公狗母狗交配）

θʅ³¹ɭʅ⁴⁴tʃʰau⁵³tʰiæn²¹³，pa⁴⁴⁻⁴²tʂua⁴⁴va⁴⁴ti³¹，tʂəŋ²¹³⁻²⁴tɕiɛ²¹³⁻²⁴tʃuæn³¹tʂuʴ⁵³，liaŋ⁴⁴tʰɚu⁵³tʃʰuæn⁴⁴tɕʰi³¹.

（20）一头儿直，一头儿弯，插了嘴里就冒烟。（打一物，谜底：烟袋）

i⁴⁴tʰɚu⁵³tʃi³¹，i⁴⁴tʰɚu⁵³væn²¹³，tʂʰa⁴⁴⁻⁴⁵lə⁵tθuei⁴⁴⁻⁴⁵lɛ⁵tsiəu³¹⁻³¹²mau³¹iæn²¹³.

（21）一个小脚儿往前攮，石头儿打得木头儿响。使个铁条儿一□

啰，顺着大腿儿往下淌。（打一物，谜底：楼）

i⁴⁴⁻⁵⁵ kə⁵siau⁴⁴⁻⁴² tɕyɚ⁴⁴ vaŋ³¹ tsʰiæn⁵³ naŋ⁴⁴，ʃi⁵³⁻⁵⁵ tʰɚu⁵ta⁴⁴⁻⁴⁵ ti⁵mu³¹⁻⁴² tʰɚu²ɕiaŋ⁴⁴. ʂʅ⁴⁴⁻⁵⁵kə⁵tʰiə⁴⁴ tʰɚu⁵³i⁴⁴ xuə²¹³⁻²¹ luə¹，ʃuən³¹⁻⁴²tʂə²ta³¹⁻⁴²tʰei²vaŋ³¹⁻³¹²ɕia³¹tʰaŋ⁴⁴.

（22）东边儿一个鹁鸽，西边儿一个鹁鸽，到了黑天糊煞。（打一身体器官，谜底：眼睛）

təŋ²¹³⁻⁴⁵ pi ɛ⁵ ʲi⁴⁴⁻⁵⁵ kə⁵pu⁵³⁻⁵⁵ ka⁵，si²¹³⁻⁴⁵ pi ɛ⁵ ʲi⁴⁴⁻⁵⁵ kə⁵pu⁵³⁻⁵⁵ ka⁵，tau³¹⁻⁴²lə²xei⁴⁴⁻⁴²tʰiæn²¹³xu⁵³⁻⁵⁵ʂa⁵.

（23）一点儿一横儿长，梯子顶上梁。大口儿无下颌，小口儿里边儿藏。（打一字，谜底：高）

i⁴⁴⁻⁴² t ɛ⁴⁴ i⁴⁴ xɚŋ⁵³ tʃʰaŋ⁵³，tʰi²¹³⁻²¹ tθʅ¹tiəŋ⁴⁴ ʃaŋ³¹ liaŋ⁵³. ta³¹ kʰɚu⁴⁴ vu⁵³ ɕia³¹⁻⁴²xɛ²，siau⁴⁴⁻⁴²kʰɚu⁴⁴li⁴⁴⁻⁴⁵piɛ⁵tθʰaŋ⁵³.

（24）远看一座山，近看颤哈颤。老婆压汉子，倒帮二百钱。（打一物，谜底：娶媳妇的轿子）

yæn⁴⁴ kʰæn³¹ i⁴⁴ tθuə³¹ ʂæn²¹³，tɕiən³¹⁻³¹² kʰæn³¹ tʃʰæn²¹³⁻²¹ xa¹tʃʰæn²¹³. lau⁴⁴⁻⁴⁵pʰə⁵ia³¹xæn³¹⁻⁴²tθʅ²，tau³¹paŋ²¹³⁻²⁴ʅ³¹⁻⁴²pei²tsʰiæn⁵³.

（25）一块铁，四下裂。（打一物，谜底：剪刀）

i⁴⁴kʰuɛ³¹tʰiə⁴⁴，θʅ³¹⁻³¹²ɕia³¹liə⁴⁴.

（26）头大耳朵尖，钻山一溜烟。（打一动物，谜底：兔子）

tʰɚu⁵³ta³¹ʅ⁴⁴⁻⁴⁵təu⁵tsiæn²¹³，tθuæn²¹³⁻²⁴ʂæn²¹³i⁴⁴liəu³¹iæn²¹³.

（27）搂脖儿亲，对面儿笑，张口闭口俺还要。（打三物，谜底：布纽扣、镜子、剪刀）

ləu⁴⁴pɚ⁵³tsʰiən²¹³，tei³¹⁻³¹²mi ɛ³¹ siau³¹，tʃaŋ²¹³⁻²⁴kʰɚu⁴⁴pi³¹kʰɚu⁴⁴ɣæn⁴⁴xæn⁵³iau³¹.

（28）四面不透风儿，鸡毛儿在当中，老头儿□□腿儿，老妈儿妈儿吧嗒嘴儿。（打一物，谜底：风箱）

θʅ³¹⁻³¹²miæn³¹ pu⁴⁴tʰɚu³¹fɚŋ²¹³，tɕi²¹³⁻²⁴ mɚu⁵³tɛ⁴⁴⁻⁴²taŋ²¹³⁻²⁴tʂəŋ²¹³. lau⁴⁴tʰɚu⁵³ʃu²¹³⁻⁴⁵ʃu⁵tʰɚi⁴⁴，lau⁴⁴mɚ²¹³⁻²¹mɚ¹pa²¹³⁻²¹ta¹tθuɚi⁴⁴.

（29）四面不透风，十字在当中。（打一字，谜底：亞）

θʅ³¹⁻³¹²miæn³¹ pu⁴⁴tʰɚu³¹fəŋ²¹³，ʃi⁵³⁻⁵⁵tθʅ⁵tɛ⁴⁴⁻⁴²taŋ²¹³⁻²⁴tʂəŋ²¹³.

（30）一字九口儿，天下少有。（打一字，谜底：曹）

i⁴⁴tθʅ³¹tɕiəu⁴⁴⁻⁴²kʰɚu⁴⁴，tʰiæn²¹³⁻²⁴ɕia³¹ʃau⁴⁴⁻⁴²iəu⁴⁴.

第五节　民间传说与故事

（1）东石、西石和艾山

古时候儿，那个二郎神嘛有个，吭。那个二郎神担着两个山撵太阳嘛，撵太阳一撵撵到南边儿这个艾山近。怎么试着脚底下鞋里有两个沙子硌脚喃，硌脚快住下把山搁下敲敲鞋吧。敲了敲这僻儿这个脚，右脚敲出这个西僻儿那个石儿，吭。敲了敲那个鞋，就敲出东僻儿那个石儿。两块大石头嘛，那中间儿里就是大艾山嘛。

【注音】

ku$^{44-45}$ ʂ^5 xəˑu^5, nə$^{31-21}$ kə^1 l̩ɻ^{31} laŋ^{53} ʃən$^{53-55}$ maŋ^5 iəu$^{44-55}$ kə^5, xaŋ^{55}. nə$^{31-21}$ kə^1 l̩ɻ^{31} laŋ^{53} ʃən^{53} tæn$^{213-21}$ tʂʅ^1 liaŋ$^{44-45}$ kə^5 ʂæn^{213} niæn^{44} tʰɛ^{31} iaŋ$^{53-55}$ maŋ^5, niæn^{44} tʰɛ^{31} iaŋ^{53} i$^{44-42}$ niæn^{44} niæn$^{44-45}$ tau^5 næn$^{53-42}$ piɛ^2 tʃi$^{31-21}$ kə^1 ɣɛ$^{31-42}$ ʂen^2 tɕiən^2. tθəŋ$^{44-45}$ mu^5 ʂʅ$^{31-42}$ tʂʅ^2 tɕyə$^{44-42}$ ti$^{44-45}$ ɕi^5 ɕiɛ$^{53-55}$ lɛ^5 iəu$^{44-42}$ liaŋ$^{44-45}$ kə^5 ʂa$^{213-21}$ tθʅ^1 kə^{53} tɕyə$^{44-45}$ næn^5, kə^5 tɕyə^{44} kʰɛ^{31} tʃu$^{31-42}$ ɕi^2 pa^{31} ʂen$^{213-24}$ kə$^{44-45}$ ɕi^5 tʰəu$^{53-42}$ tʰəu^2 ɕiɛ$^{53-42}$ pa^2. tʰəu$^{53-55}$ lə^5 tʰəu^5 tʃə^{31} pʰiəˑi^{44} tʃi$^{31-21}$ kə^1 tɕyə^{44}, iəu^{31} tɕyə^{44} tʰəu$^{53-55}$ tʃʰu^5 tʃi$^{31-21}$ kə^1 si$^{213-45}$ pʰiəˑi^5 nə$^{31-21}$ kə^1 ʂəˑi^{53}, xaŋ^{55}. tʰəu$^{53-55}$ lə^5 tʰəu^5 nə$^{31-21}$ kə^1 ɕiɛ^{31}, tsiəu^{31} tʰəu$^{53-55}$ tʃʰu^5 təŋ$^{213-45}$ pʰiəˑi^5 nə$^{31-21}$ kə^1 ʂəˑi^{53}. liaŋ$^{44-55}$ kʰuɛ^5 ta^{31} ʃi$^{53-55}$ tʰəu^5 maŋ^5, nə^{31} tʂəŋ$^{213-24}$ tɕiɛ$^{31-42}$ lɛ^2 tsiəu$^{31-21}$ ʂʅ^1 ta^{31} ɣɛ$^{31-42}$ ʂæn^2 maŋ^2.

（2）"黄墩后"之由来

黄墩后，为什么艾山后里有个（村）叫黄墩后喃？黄墩嘛，皇帝，黄墩后。那个地方儿，古代的时候不知道哪个朝代，说不上来，出了一个，出了一宫娘娘。皇后，出一个皇后，也就是。

那个皇后小时候儿吧，爹娘都去世了，跟着她嫂子吧，待她嫂子手下里，这个这个这个生活儿，现在说。跟着哥哥嫂嫂手下里生活儿。小时候儿吧，也没有人管，也没有人□的。那个头，头发乱蓬蓬的，整天的放牛，整天的放牛。那个头上吧，她长得是很漂亮，但是头上长了一头土疮，盖着个头，满头长了一头土疮。是整天放牛，整天放牛，不管是刮风下雨。吃的喝的就不用说啦，生活儿很很很，很糟（哥嫂）待她，哥哥嫂嫂待她。

有一天出去放牛，下大雨。大雨唵唉下得沟满河平的，她嫂子上她哥哥寻思，这回儿这个这个妹妹放牛，没叫水冲了去，冲了去可是？住子间儿雨停了，来家了，牵着牛来家了。看着身上也没淋湿，她嫂子就问道，问她，说是："妹妹你出去放牛，没淋着？这么大的雨，你说下得这个雨都沟满河平的？"她说："没有，嫂子没有。我待我待那个苍子花儿下里，开了个大花儿，我待那个花儿下里避雨哩。我把牛拴了树上，树下里树下里有一棵大苍子，苍子，我待那个苍子花儿下里避雨哩。""那个苍子花儿这么大没淋着你？"道是："上咱家里咱那个箩面那个大笸箩口那么大，罩着我，我待那个花儿底下。"她嫂子说："我不信"，道是"哪有苍子开花儿？苍子也不开花儿"，道是"你能你还待苍子花儿，你你你……"她说她诌吭。她说："走，我领着你去看看。"到那里看看，光有苍子没有花儿，没有花儿。她嫂子福气小了，看不着吭，因为她是皇后。

后来这个皇帝选宫嘛，咱不道明朝知不道清朝的，具体朝代我不知道，但是我听着待早老人讲这么些小故事儿吭。后来皇帝选宫就选到这个这个这个咱这个地方儿，山东这个地方儿，艾山后这个地方儿。人家都出去看景儿吭，谁家有美女，漂亮女孩儿吭。宫里选女不一定规光选那个那个那个那个，就是选去也有做宫女的吭，就是给皇帝伺候的，也有给给娘娘伺候的，不一定规都是皇后。人家都待外边儿看，道是她腩就不好意思出去，头上长了些土疮，她就趴了个墙上往外望，趴了墙头儿上。人家那个选宫的那个那个那个大人一看，道是："那个墙头儿上那个，啊呀，墙头儿上那不是漂亮的漂亮的那个女孩儿。"她长得真事儿真事儿漂亮，就头顶长了些土疮。临末了儿，说是："你叫她下来看看吭。"看了，长得是挺漂亮，但是头顶上有土疮。土疮，土疮痂渣儿一揭，□黑儿的头发儿里边，好，这回儿漂亮了。她长了那么一行那个，罩着，因为什么腩？她不是上些小孩儿，小男孩儿一块儿放牛嘛，放牛的，她长得漂亮了，害怕小孩儿那个那个，现在来说就是骚扰她吭。害怕这个，因为她是皇后。后来把她选进宫去，皇帝就，以后皇帝封她一宫嘛，封她皇后封了，母仪天下也是。

为什么叫那个"黄墩后"腩？以后皇后死了以后就还葬在那个那个那个黄墩后，那埝儿有个咱不道哪埝儿有个皇后。古代那个墓葬，那个地方儿好像是。为什么叫"黄墩后"腩？名字就根据这个小故事儿，这个村名儿起的，后来就把那个村名儿也跟着那个埝儿叫了，叫"黄墩后"。"黄墩后"还有个什么庄儿哩？啊，还有"十亩田"、"李子行儿"。那些庄儿，那埝儿那些地脉按着说都不算糟的，那个大山那个后里，吭。

【注音】

xuaŋ⁵³ tuən²¹³⁻²⁴ xəu³¹, vei³¹ ʃəŋ⁴² mu² ɣɛ³¹⁻⁴² ʂæn² xəu³¹⁻⁴² lɛ² iəu⁴⁴⁻⁵⁵ kə⁵ tɕiau³¹ xuaŋ⁵³ tuən²¹³⁻²⁴ xəu³¹⁻⁴² næn²? xuaŋ⁵³ tuən²¹³⁻²¹ maŋ¹, xuaŋ⁵³⁻⁵⁵ ti⁵, xuaŋ⁵³ tuən²¹³⁻²⁴ xəu³¹. nə³¹⁻²¹ kə¹ ti³¹⁻⁴² faŋ², ku⁴⁴ tɛ³¹⁻⁴² ti² ʂ̩⁵³⁻⁵⁵ xə˞u⁵ pu⁴⁴ tʃi²¹³⁻²¹ tau¹ na⁴⁴⁻⁵⁵ kə⁵ tʃʰau⁵³⁻⁵⁵ tɛ⁵, ʃuə⁴⁴⁻⁴⁵ pu⁵ ʃaŋ³¹⁻⁴² lɛ², tʃʰu⁴⁴⁻⁴⁵ lə⁵ i⁴⁴ kə³¹, tʃʰu⁴⁴⁻⁴⁵ lə⁵ i⁴⁴⁻⁴² kəŋ²¹³ niaŋ⁵³⁻⁵⁵ niaŋ⁵. xuaŋ⁵³ xəu³¹⁻³²² , tʃʰu⁴⁴⁻⁴⁵ i⁵ kə⁵ xuaŋ⁵³ xəu³¹⁻³²² iə⁵³ tsiəu³¹⁻³¹² ʂ̩³¹.

nə³¹⁻²¹ kə¹ xuaŋ⁵³ xəu³¹ siau⁴⁴⁻⁴⁵ ʂ̩⁵ xə˞u⁵ pa⁴⁴, tiə²¹³⁻²⁴ niaŋ⁵³ təu³¹⁻³¹² tɕʰy³¹ ʃi³¹⁻⁴² lə², kən²¹³⁻²¹ tʂə¹ tʰa⁴⁴ θau⁴⁴⁻⁴⁵ tθɻ⁵ pa³¹, tɛ⁴⁴⁻⁴⁵ tʰa⁵ θau⁴⁴⁻⁴⁵ tθɻ⁵ ʃəu⁴⁴ ɕia³¹⁻⁴² lɛ², tʃə³¹⁻²¹ kə¹ tʃə³¹⁻²¹ kə¹ tʃə³¹⁻²¹ kə¹ ʂəŋ²¹³⁻²⁴ xuə˞⁵³⁻⁵³³, ɕiæn³¹⁻³¹² tθɛ³¹ ʃuə⁴⁴. kən²¹³⁻²¹ tʂə¹ kə²¹³⁻²¹ kə¹ θau⁴⁴⁻⁴⁵ tθɻ⁵ ʃəu⁴⁴ ɕia³¹⁻⁴² lɛ² ʂəŋ²¹³⁻²⁴ xuə˞⁵³⁻⁵³³. siau⁴⁴⁻⁴⁵ ʂ̩⁵ xə˞u⁵ pa⁴⁴, iə⁵³ mu³¹ iəu⁴⁴ ɹə˞i⁵³ kuæn⁴⁴, iə⁵³ mu³¹ iəu⁴⁴ ɹə˞i⁵³ vu⁴⁴⁻⁴⁵ ti⁵. nə³¹⁻²¹ kə¹ tʰəu⁵³⁻⁵³³, tʰəu⁵³⁻⁵⁵ faŋ⁵ luæn³¹ pʰəŋ⁴⁴ pʰəŋ⁵⁵ ti⁵, tʃəŋ⁴⁴ tʰiæn²¹³⁻²¹ ti¹ faŋ³¹ iəu⁵³⁻⁵³³, tʃəŋ⁴⁴ tʰiæn²¹³⁻²¹ ti¹ faŋ³¹ iəu⁵³⁻⁵³³. nə³¹⁻²¹ kə¹ tʰəu⁵³⁻⁵⁵ ʃaŋ⁵ pa⁴⁴, tʰa⁴⁴ tʃaŋ⁴⁴⁻⁴⁵ ti⁵ ʂ̩³¹ xən²¹³⁻²⁴ pʰiau³¹⁻⁴² liaŋ², tæn³¹⁻³¹² ʂ̩³¹ tʰəu⁵³⁻⁵⁵ ʃaŋ⁵ tʃaŋ⁴⁴⁻⁴⁵ lə⁵ i⁴⁴ tʰəu⁵³ tʰu⁴⁴⁻⁴⁵ tʂʰuaŋ⁵, kɛ³¹⁻⁴² tʂɻ² kə² tʰəu⁵³, mæn⁴⁴ tʰəu⁵³ tʃaŋ⁴⁴⁻⁴⁵ lə⁵ i⁴⁴ tʰəu⁵³ tʰu⁴⁴⁻⁴⁵ tʂʰuaŋ⁵. ʂ̩³¹ tʃəŋ⁴⁴⁻⁴² tʰiæn²¹³ faŋ³¹ iəu⁵³, tʃəŋ⁴⁴⁻⁴² tʰiæn²¹³ faŋ³¹ iəu⁵³⁻⁵³³, pu⁴⁴⁻⁴² kuæn⁴⁴ ʂ̩³¹ kua⁴⁴⁻⁴² fəŋ²¹³ ɕia³¹ y⁴⁴⁻⁴⁵⁵. tʃʰi⁴⁴⁻⁴⁵ ti⁵ xa⁴⁴⁻⁴⁵ ti⁵ tsiəu³¹ pu⁴⁴ iəŋ³¹ ʃuə⁴⁴⁻⁴⁵ la⁵, ʂəŋ²¹³⁻²⁴ xuə˞⁵³ xən²¹³⁻²⁴ xən²¹³⁻²⁴ xən²¹³⁻²⁴, xən²¹³⁻²⁴ tθʰau²¹³ tɛ³¹⁻⁴² tʰa², kə²¹³⁻²¹ kə¹ θau⁴⁴⁻⁴⁵ θau⁵ tɛ³¹⁻⁴² tʰa².

iəu⁴⁴⁻⁴⁵ i⁵ tʰiæn²¹³ tʃʰu⁴⁴⁻⁴⁵ tɕʰi⁵ faŋ³¹ iəu⁵³⁻⁵³³, ɕia³¹⁻³¹² ta³¹ y⁴⁴⁻⁴⁵⁵. ta³¹ y⁴⁴ ɣæn²¹³⁻²¹ iaŋ¹ ɕia³¹⁻⁴² ti² kəu²¹³⁻²⁴ mæn⁴⁴ xuə⁵³ pʰiəŋ⁵³⁻⁵⁵ ti⁵, tʰə⁴⁴ θau⁴⁴⁻⁴⁵ tθɻ⁵ ʃaŋ³¹⁻⁴² tʰə² kə²¹³⁻²¹ kə¹ siən⁵³⁻⁵⁵ θɻ⁵, tʃə³¹ xuə˞i⁵³ tʃə³¹⁻²¹ kə¹ tʃə³¹⁻²¹ kə¹ mei³¹⁻⁴² mei² faŋ³¹ iəu⁵³, mu³¹⁻³¹² tɕiau³¹ ɕuei⁴⁴ tʂʰəŋ²¹³⁻²¹ lə¹ tɕʰi¹, tʂʰəŋ²¹³⁻²¹ lə¹ tɕʰi¹ kʰə⁴⁴ ʂ̩³¹⁻⁵⁵? tʃu³¹⁻⁴² tθɻ² kɛ⁴⁴ y⁴⁴⁻⁴² tʰiəŋ⁴⁴⁻⁴⁵ lə⁵, lɛ⁵³ tɕia²¹³⁻²¹ lə¹, tɕʰiæn²¹³⁻²¹ tʂɻ¹ iəu⁵³ lɛ⁵³ tɕia²¹³⁻²¹ lə¹. kʰæn³¹⁻⁴² tʂɻ² ʃən²¹³⁻²¹ ʃaŋ¹ iə⁵³⁻⁴² mu² liən⁵³ ʃi⁴⁴⁻⁴⁵⁵, tʰə⁴⁴ θau⁴⁴⁻⁴⁵ tθɻ⁵ tsiəu³¹ vən³¹⁻⁴² tau², vən³¹⁻⁴² tʰa², ʃuə⁴⁴⁻⁵⁵ ʂ̩⁵: "mei³¹⁻⁴² mei² ni⁴⁴ tʃʰu⁴⁴⁻⁴⁵ tɕʰi⁵ faŋ³¹ iəu⁵³, mu³¹ liən⁵³⁻⁵⁵ tʂɻ⁵? tθəŋ³¹⁻⁴² mu² ta³¹⁻⁴² ti² y⁴⁴, ni⁴⁴⁻⁴² ʃuə⁴⁴⁻⁴⁵ ɕia³¹⁻⁴² ti² tʃi³¹⁻²¹ kə¹ y⁴⁴ təu³¹ kəu²¹³⁻²⁴ mæn⁴⁴ xuə⁵³ pʰiəŋ⁵³⁻⁵⁵ ti⁵?" tʰa⁴⁴⁻⁴² ʃuə⁴⁴: "mu³¹⁻²¹ i¹, θau⁴⁴⁻⁴⁵ tθɻ⁵ mu³¹⁻²¹ i¹. və⁴⁴⁻⁴²

tɛ^{44} və$^{44-42}$ tɛ^{44} nə$^{31-21}$ kə^1 tθ^{h}aŋ$^{213-21}$ tθʅ^1 xua^{213} ɕia$^{31-42}$ lɛ^2，k^{h}ɛ$^{213-21}$ lə^1 kə^1 ta^{31} xua^{213}，və$^{44-42}$ tɛ^{44} nə$^{31-21}$ kə^1 xua^{213} ɕia$^{31-42}$ lɛ^2 pi$^{44-42}$ ɻu·$^{44-45}$ lɛ^5. və^{44} pa^{31} iəu^{53} ʂuæn$^{213-21}$ lə^1 ʃu$^{31-42}$ ʃaŋ^2，ʃu^{31} ɕia$^{31-42}$ lɛ^2 ʃu^{31} ɕia$^{31-42}$ lɛ^2 iəu$^{44-45}$ i^5 k^{h}uə^{213} ta$^{31-312}$ tθ^{h}aŋ$^{213-21}$ tθʅ^1，tθ^{h}aŋ$^{213-21}$ tθʅ^1，və$^{44-42}$ tɛ^{44} nə$^{31-21}$ kə^1 tθ^{h}aŋ$^{213-21}$ tθʅ^1 xua^{213} ɕia$^{31-42}$ lɛ^2 pi$^{44-42}$ ɻu·$^{44-45}$ lɛ^5.”“nə$^{31-21}$ kə^1 tθ^{h}aŋ$^{213-21}$ tθʅ^1 xua^{213} tθəŋ$^{31-42}$ mu^2 ta^{31} mu^{31} liən$^{53-55}$ tʂʅ^5 ni^5?” tau$^{31-21}$ ʂʅ^1：“ʃaŋ^{31} tθən^{53} tɕia$^{213-21}$ lɛ^1 tθən$^{53-42}$ nə^2 kə^2 ta^{31} p^{h}u$^{53-55}$ lu^5 k^{h}əu^{44} nəŋ$^{31-42}$ mu^2 ta$^{31-311}$，tʂau$^{31-42}$ tʂʅ^2 və^2，və$^{44-42}$ tɛ^{44} nə$^{31-21}$ kə^1 xua$^{213-24}$ ti$^{44-45}$ ɕia^5.” t^{h}ə$^{44-42}$ θau$^{44-45}$ tθʅ^5 ʃuə^{44}：“və$^{44-42}$ pu^{44} siən$^{31-422}$”，tau$^{31-21}$ ʂʅ^1：“na$^{44-45}$ iəu^{44} tθ^{h}aŋ$^{213-21}$ tθʅ^1 k^{h}ɛ$^{213-24}$ xu·a^{213}? tθ^{h}aŋ$^{213-21}$ tθʅ^1 iə$^{53-42}$ pu^2 k^{h}ɛ$^{213-24}$ xua^{213}”，tau$^{31-21}$ ʂʅ^1：“ni^{44} nəŋ^{53} ni^{44} xæn^{53} tɛ^{44} tθ^{h}aŋ$^{213-21}$ tθʅ^1 xu·a^{213}，ni^{44} ni^{44} ni^{44}……” t^{h}a$^{44-42}$ ʃuə$^{44-45}$ t^{h}a^5 tʂəu^{213}，xaŋ^{55}. t^{h}a$^{44-42}$ ʃuə^{44}：“tθəu^{44}，və$^{44-42}$ liəŋ$^{44-45}$ tʂʅ^5 ni$^{44-55}$ tɕ^{h}y^5 k^{h}æn$^{31-42}$ k^{h}æn^2.” tau^{31} nə$^{31-42}$ lɛ^2 k^{h}æn$^{31-42}$ k^{h}æn^2，kuaŋ$^{213-24}$ iəu^{44} tθ^{h}aŋ$^{213-21}$ tθʅ^1 mu^{31} iəu$^{44-42}$ xua^{213}，mu^{31} iəu$^{44-42}$ xua^{213}. t^{h}ə$^{44-42}$ θau$^{44-45}$ tθʅ^5 fu$^{44-55}$ tɕ^{h}i^5 siau$^{44-45}$ lə^5，k^{h}æn$^{31-42}$ pu^2 tʂuə^{53} xaŋ^{55}，iən$^{213-45}$ vei^5 t^{h}a$^{44-55}$ ʂʅ^5 xuaŋ^{53} xəu$^{31-422}$.

　　xəu^{31} lɛ^{53} tʃə$^{31-21}$ kə^1 xuaŋ$^{53-55}$ ti^5 syæn^{44} kəŋ$^{213-21}$ maŋ^1，tθən$^{53-42}$ pu^2 tau^2 miəŋ^{53} tʃ^{h}au^{31} tʃi$^{213-21}$ pu^1 tau^{31} ts^{h}iən$^{213-24}$ tʃ^{h}au$^{53-55}$ ti^5，tɕy^{31} t^{h}i^{44} tʃ^{h}au$^{53-55}$ tɛ^5 və^{44} pu$^{44-21}$ tʃi^1 tau^{31}，tæn$^{31-42}$ ʂʅ^2 və^{44} t^{h}iəŋ$^{213-21}$ tʂʅ^1 tɛ^{31} tθau^{44} lau^{44} iən^{53} tɕiaŋ^{44} tθəŋ$^{31-42}$ mu^2 siə$^{213-24}$ siau^{44} ku$^{31-42}$ ʂ·ɚi^2，xaŋ^{55}. xəu^{31} lɛ^{53} xuaŋ$^{53-55}$ ti^5 syæn$^{44-42}$ kəŋ^{213} tsiəu^{31} syæn$^{44-45}$ tau^5 tʃə$^{31-21}$ kə^1 tʃə$^{31-21}$ kə^1 tʃə$^{31-21}$ kə^1 tθən^{53} tʃə$^{31-21}$ kə^1 ti$^{31-42}$ fɚŋ^2，ʂæn$^{213-24}$ təŋ^{213} tʃə$^{31-21}$ kə^1 ti$^{31-42}$ fɚŋ^2，ɣɛ$^{31-42}$ ʂæn^2 xəu^{31} tʃə$^{31-21}$ kə^1 ti$^{31-42}$ faŋ^2. iən$^{53-55}$ tɕi^5 tau^{31} tʃ^{h}u$^{44-45}$ tɕ^{h}i^5 k^{h}æn^{31} tɕiəɚ^{44} xaŋ^{55}，ʃei$^{53-55}$ tɕi^5 iəu^{44} mei$^{44-42}$ ny^{44}，p^{h}iau$^{31-42}$ liaŋ^2 ny^{44} x·ɛ^{53} xaŋ^{55}. kəŋ$^{213-21}$ lɛ^1 syæn$^{44-42}$ ny^{44} pu$^{44-42}$ i^{44} tiəŋ^{31} kuei$^{213-24}$ kuaŋ$^{213-24}$ syæn^{44} nə$^{31-21}$ kə^1 nə$^{31-21}$ kə^1 nə$^{31-21}$ kə^1 nə$^{31-21}$ kə^1，tsiəu$^{31-21}$ ʂʅ^1 syæn$^{44-45}$ tɕ^{h}i^5 iə^{53} iəu^{44} tθəu^{31} kəŋ$^{213-24}$ ny$^{44-45}$ ti^5 xaŋ^{55}，tsiəu$^{31-21}$ ʂʅ^1 tɕ^{h}i^{44} xuaŋ$^{53-55}$ ti^5 tθ^{h}ʅ$^{31-42}$ xəu^2 ti^2，iə^{53} iəu^{44} tɕ^{h}i^{44} niaŋ$^{53-55}$ niaŋ^5 tθ^{h}ʅ$^{31-42}$ xəu^2 ti^2，pu$^{44-42}$ i^{44} tiəŋ^{31} kuei$^{213-24}$ təu$^{31-21}$ ʂʅ^1 xuaŋ^{53} xəu$^{31-533}$. iən$^{53-55}$ tɕi^5 təu^{31} tɛ^{44} vɛ$^{31-42}$ pi·ɛ^2 k^{h}æn^{31}，tau$^{31-21}$ ʂʅ^1 t^{h}a$^{44-45}$ næn^5 tsiəu^{31} pu$^{44-42}$ xau^{44} i$^{31-42}$ θʅ^2 tʃ^{h}u$^{44-45}$ tɕ^{h}i^5，t^{h}əu$^{53-55}$ ʃaŋ^5 tʃaŋ$^{44-45}$ lə^5 si^5 t^{h}u$^{44-45}$ tʂ^{h}uaŋ^5，t^{h}a$^{44-55}$ tsiəu^{31} p^{h}a$^{213-21}$ lə^1 kə^1 ts^{h}iaŋ$^{53-55}$ ʃaŋ^5 vaŋ$^{31-312}$ vɛ^{31} vaŋ$^{53-533}$，p^{h}a$^{213-21}$ lə^1 ts^{h}iaŋ^{53} t^{h}ɚu$^{53-55}$ ʃaŋ^5. iən$^{53-55}$ tɕi^5 nə$^{31-21}$ kə^1 syæn^{44} kəŋ$^{213-21}$ ti^1 nə$^{31-21}$ kə^1 nə$^{31-21}$ kə^1 nə$^{31-21}$ kə^1 ta$^{31-42}$ iən^2 i^{44} k^{h}æn^{31}，tau$^{31-21}$ ʂʅ^1：

"nə$^{31-21}$ kə^{1} tsʰiaŋ^{53} tʰɚu$^{53-55}$ ʃaŋ^{5} nə$^{31-21}$ kə^{1}，ɣa^{45} i^{5}，tsʰiaŋ^{53} tʰɚu$^{53-55}$ ʃaŋ^{5} nə^{31} pu$^{44-55}$ ʂʅ^{5} pʰiau$^{31-42}$ liaŋ^{2} ti^{2} pʰiau$^{31-42}$ liaŋ^{2} ti^{2} nə$^{31-21}$ kə^{1} ny^{44} xɛ$^{53-533}$." tʰa$^{44-42}$ tʃaŋ$^{44-45}$ ti^{5} tʃən$^{213-24}$ ʂɚi^{31} tʃən$^{213-24}$ ʂɚi^{31} pʰiau$^{31-42}$ liaŋ^{2}，tsiəu^{31} tʰəu^{53} tiəŋ$^{44-45}$ ʃaŋ^{5} tʃaŋ$^{44-45}$ lə^{5} si^{5} tʰu$^{44-45}$ tʂʰuaŋ^{5}. læn$^{53-42}$ mu^{2} ɹɚu^{44}，ʃuə$^{44-55}$ ʂʅ^{5}："ni^{44} tɕiau$^{31-42}$ tʰa^{2} ɕia$^{31-42}$ lɛ^{2} kʰæn$^{31-21}$ kʰæn^{1}，xaŋ^{55}." kʰæn$^{31-42}$ lə^{2}，tʃaŋ$^{44-45}$ ti^{5} ʂʅ^{5} tʰiəŋ$^{213-24}$ pʰiau$^{31-42}$ liaŋ^{2}，tæn$^{31-21}$ ʂʅ^{1} tʰəu^{53} tiəŋ$^{44-45}$ ʃaŋ^{5} iəu$^{44-42}$ tʰu$^{44-45}$ tʂʰuaŋ^{5}. tʰu$^{44-45}$ tʂʰuaŋ^{5}，tʰu$^{44-45}$ tʂʰuaŋ^{5} ka$^{213-21}$ tʂɚ^{1} i$^{44-42}$ tɕiə^{44}，xəŋ^{31} xɚi$^{44-45}$ ti^{5} tʰəu$^{53-55}$ fɚŋ^{5} li$^{44-42}$ piɛ^{2}，xau^{44}，tʃə$^{31-21}$ xuɚi^{1} pʰiau$^{31-42}$ liaŋ^{2} lə^{2}. tʰa^{44} tʃaŋ$^{44-45}$ lə^{5} nəŋ$^{31-42}$ mu^{2} i^{44} ɕiəŋ^{53} nə$^{31-55}$ kə^{5}，tʂau$^{31-42}$ tʂʅ^{2}，iən$^{213-45}$ vei^{5} ʃəŋ^{42} mu^{2} næn^{2}？tʰa^{44} pu$^{44-55}$ ʂʅ^{5} ʃaŋ$^{31-21}$ si^{1} siau^{44} xɛ^{53}，siau^{44} næn$^{53-55}$ xɛ^{5} i$^{44-42}$ kʰuɛ^{213} faŋ^{31} iəu$^{53-55}$ maŋ^{5}，faŋ^{31} iəu$^{53-55}$ ti^{5}，tʰa^{44} tʃaŋ$^{44-45}$ ti^{5} pʰiau$^{31-42}$ liaŋ^{2} lə^{2}，xɛ$^{31-312}$ pʰa^{31} siau^{44} xɛ^{53} nə$^{31-21}$ kə^{1} nə$^{31-21}$ kə^{1}，ɕiæn$^{31-312}$ tθɛ^{31} lɛ^{53} ʃuə^{44} θau$^{213-45}$ iau^{5} tʰa^{5}，xaŋ^{55}. xɛ$^{31-312}$ pʰa^{31} tʃə$^{31-55}$ kə^{5}，iən$^{213-24}$ vei^{31} tʰa$^{44-55}$ ʂʅ^{5} xuaŋ^{53} xəu$^{31-533}$. xəu^{31} lɛ^{53} pa$^{31-42}$ tʰa^{2} syæn$^{44-45}$ tsiən^{5} kəŋ$^{213-45}$ tɕʰi^{5}，xuaŋ$^{53-55}$ ti^{5} tsiəu^{31}，i^{44} xəu^{31} xuaŋ$^{53-55}$ ti^{5} fəŋ$^{213-55}$ tʰa^{5} i^{44} kəŋ$^{213-21}$ maŋ^{1}，fəŋ$^{213-55}$ tʰa^{5} xuaŋ^{53} xəu$^{31-533}$ fəŋ$^{213-55}$ lə^{5}，mu^{44} i^{53} tʰiæn$^{213-24}$ ɕia$^{31-422}$ iə$^{53-55}$ ʂʅ^{5}."

vei^{31} ʃəŋ$^{31-42}$ mu^{2} tɕiau$^{31-312}$ nə$^{31-21}$ kə^{1} "xuaŋ^{53} tuən$^{213-24}$ xəu$^{31-42}$ næn^{2}？" i^{44} xəu^{31} xuaŋ^{53} xəu^{31} θʅ$^{44-45}$ lʅ^{5} i^{44} xəu^{31} tsiəu^{31} xæn^{53} tθaŋ$^{31-42}$ tθɛ^{2} nə$^{31-21}$ kə^{1} nə$^{31-21}$ kə^{1} nə$^{31-21}$ kə^{1} xuaŋ^{53} tuən$^{213-24}$ xəu^{31}，nə^{31} nɛ^{44} iəu$^{44-55}$ kə^{5}，tθən^{53} pu$^{44-21}$ tau^{1} na$^{44-42}$ nɛ^{44} iəu$^{44-55}$ kə^{5} xuaŋ^{53} xəu^{31}. ku^{44} tɛ^{31} nə$^{31-21}$ kə^{1} mu$^{31-312}$ tθaŋ^{31}，nə$^{31-21}$ kə^{1} ti$^{31-42}$ fɚŋ^{2} xau^{44} siaŋ$^{31-21}$ ʂʅ^{1}. vei^{31} ʃəŋ$^{31-42}$ mu^{2} tɕiau^{31} "xuaŋ^{53} tuən$^{213-24}$ xəu$^{31-42}$ næn^{2}？" miəŋ$^{53-55}$ tθʅ^{5} tsiəu^{31} kən$^{213-21}$ tɕy^{1} tʃə$^{31-21}$ kə^{1} siau^{44} ku$^{31-42}$ ʂɚi^{2}，tʃə$^{31-21}$ kə^{1} tθʰuən$^{213-24}$ miɚŋ^{53} tɕʰi$^{44-45}$ ti^{5}，xəu^{31} lɛ^{53} tsiəu$^{31-312}$ pa^{31} nə$^{31-21}$ kə^{1} tθʰuən$^{213-24}$ miɚŋ^{53} iə^{53} kən$^{213-21}$ tʂʅ^{1} nə$^{31-21}$ kə^{1} nɛ^{44} tɕiau$^{31-42}$ lə^{2}，tɕiau^{31} "xuaŋ^{53} tuən$^{213-24}$ xəu^{31}"． "xuaŋ^{53} tuən$^{213-24}$ xəu$^{31-42}$" xæn^{53} iəu$^{44-55}$ kə^{5} ʃəŋ$^{31-42}$ mu^{2} tʂuɚŋ$^{213-21}$ lɛ^{1}？ɣa^{31}，xæn^{53} iəu^{44} "ʃi$^{53-55}$ mu^{5} tʰiæn^{53}"，"li$^{44-45}$ tθʅ^{5} xɚŋ^{53}". nə$^{31-21}$ si^{1} tʂuɚŋ^{213}，nə^{31} nɛ^{44} nə$^{31-21}$ si^{1} ti$^{31-42}$ mei^{2} ɣæn$^{213-21}$ tʂʅ^{1} ʃuə^{44} təu^{31} pu^{44} θuæn$^{31-312}$ tθʰau$^{213-21}$ ti^{1}，nə$^{31-21}$ kə^{1} ta^{31} ʂæn^{213} nə$^{31-21}$ kə^{1} xəu$^{31-42}$ lɛ^{2}，xaŋ^{55}.

（3）师徒的传说

待早的时候儿，旧社会儿，吭，有一个师傅，一个老先生教了两个徒弟。这天的，他两个学生放了假了，清明佳节不放假吗？放了假就这两个学生去踏青游玩儿。游玩儿嘛，看着这家叉儿嘛将媳妇儿，人家头来抬着媳妇儿走，抬着那些嫁妆，抬着轿走，腔后来两个人儿嘛，这两个学生看着嘛，就是一人提溜着一个哀杖，举哀的哀杖，穿着大白褂子，待那个轿远儿远儿地腔后来跟着。这两个学生道是："咱两人看看他到底他这两个丧门星（出范人的咱现在说，土话说），看看他待怎么着。"那个花轿到了那个男方儿那个大门儿，一落轿，不是里边儿有两个老娘婆儿就架着媳妇进去了嘛，他两个人就跑了那个，一个门旁儿摽着一个，提溜着哀杖儿，他想出范他，吭。说是，这两个学生一看，就吆喝他这两个丧门星。说是："这家人家大大的喜事，您两人待待这干什么？"两人夹拿着哀杖走了，看不着走了。

　　走了，这两个学生就回学馆（待早叫学馆），回学馆以后，第二天上学了上他师傅说。说是："谁家谁给那个某某村儿什么人家他家里结婚查这个日子，查这个日子不好，不知道谁给他查的。"说是，那个意思就是查这个日子的人没有文化，吭。实际他这个日子吧，就是他这个师傅给他查的，就是他师傅给他查的。说是，就问道这两个说是："您两人为什么说这个查日子的这人儿没有文化？"说是："俺两人下去玩儿的时候，（道是）他将媳妇儿后边跟着两个丧门星，提溜着哀杖，这个日子不好。他碰着俺两人，叫俺两人给他吆喝走了，没对人家造成什么伤害。"他师傅就开了口了，道是："您两人是只知其一，不知其二。这个日子是我给他查的，虽然这个日子查着上头有两个丧门星能捣乱，但是有二位大人挡置。"有两个大人挡置，把这个事儿给他挡过去了，所以说将媳妇儿这家叉儿也就说人家有福气，叫两个大人给他挡了。后来两人就成了考了两个大官儿，两个学生赶考。

　　这就是艾山后出了这么个事儿。人家这个师傅实际很有学问，查着说有这么个事儿，但是有二位大人挡置。他日子上有这么个事儿，但他不知道他这两个学生是两个大人，但是他师傅一寻思这个事儿，噢，弄一顿教的两个学生是两个大人，有出息人家。

　　【注音】

tɛ^{31} tθau$^{44-45}$ ti^5 ʂ$_{1}$$^{53-55}$ xəu^5, tɕiəu$^{31-312}$ ʃə$^{31-312}$ xuəʴi^{31}, xaŋ^{55}, iəu$^{44-45}$ i^5 kə^5 ʂ$_{1}$$^{213-21}$ fu^1, i$^{44-55}$ kə^5 lau^{44} siæn$^{213-21}$ ʂəŋ^1 tɕiau$^{213-21}$ lə^1 liaŋ$^{44-45}$ kə^5 tʰu$^{53-55}$ ti^5. tʃə$^{31-312}$ tʰiæn$^{213-21}$ ti^1, tʰa$^{44-42}$ liaŋ$^{44-45}$ kə^5 çyə$^{53-55}$ ʂəŋ^5 faŋ$^{31-42}$ lə^2 tɕia$^{44-45}$

lə^5, tsʰiəŋ$^{213-24}$ miəŋ^{53} tɕia$^{213-24}$ tsiə^{44} pu^{44} faŋ^{31} tɕia$^{44-45}$ maŋ^5? faŋ$^{31-42}$ lə^2 tɕia$^{44-55}$ tsiəu^5 tʃə^{31} liaŋ$^{44-45}$ kə^5 ɕyə$^{53-55}$ ʂəŋ^5 tɕʰy^{31} tʰa$^{44-42}$ tsʰiəŋ^{213} iəu^{53} v ɛ$^{53-533}$. iəu^{53} vɛ$^{53-55}$ maŋ^5, kʰæn$^{31-42}$ tʂʅ^2 tʃə^{31} tɕia$^{213-24}$ tʂʰa$^{44-45}$ maŋ^5 tsiaŋ$^{213-24}$ si$^{44-45}$ fɯ5, iən$^{53-55}$ tɕi^5 tʰəu$^{53-55}$ lɛ^5 tʰɛ$^{53-55}$ tʂʅ^5 si$^{44-45}$ fɯ5 tθəu^{44}, tʰɛ$^{53-55}$ tʂʅ^5 nə^{31} si$^{213-24}$ tɕia$^{31-42}$ tʂuaŋ^2, tʰɛ$^{53-55}$ tʂʅ^5 tɕiau^{31} tθəu^{44}, tiəŋ^{31} xəʴu$^{31-42}$ lɛ^2 liaŋ$^{44-45}$ kə^5 ɹəʴi$^{53-55}$ maŋ^5, tʃə^{31} liaŋ$^{44-45}$ kə^5 ɕyə$^{53-55}$ ʂəŋ^5 kʰæn$^{31-42}$ tʂʅ^2 maŋ^2, tsiəu$^{31-21}$ ʂʅ^1 i$^{44-45}$ iən^{53} ti$^{213-21}$ liəu^1 tʂʅ^1 i$^{44-55}$ kə^5 ɣɛ$^{213-45}$ tʃaŋ^5, tɕy^{44} ɣɛ$^{213-21}$ ti^1 ɣɛ$^{213-45}$ tʃaŋ^5, tʃʰuæn$^{213-21}$ tʂʅ^1 ta^{31} pei^{53} kua$^{31-42}$ tθʅ^2, tɛ^{44} nə$^{31-21}$ kə^1 tɕiau^{31} ɹu ɛ$^{44-42}$ ɹuɛ$^{44-45}$ ti^5 tiəŋ^{31} xəʴu$^{31-42}$ lɛ^2 kən$^{213-24}$ tʂʅ^1. tʃə^{31} liaŋ$^{44-45}$ kə^5 ɕyə$^{53-55}$ ʂəŋ^5 tau$^{31-21}$ ʂʅ^1: "tθən^{53} liaŋ$^{44-45}$ iən^5 kʰæn$^{31-21}$ kʰæn^1 tʰa^{44} tau^{31} ti^{44} tʰa^{44} tʃə^{31} liaŋ$^{44-45}$ kə^5 θaŋ$^{31-21}$ mən^1 syæn^{31} (tʃʰu$^{44-45}$ fæn^5 iən$^{53-55}$ ti^5 tθən^{53} ɕiæn$^{31-312}$ tθɛ^{31} ʃuə^{44}, tʰu$^{44-45}$ xua^5 ʃuə^{44}), kʰæn$^{31-21}$ kʰæn^1 tʰa^{44} tɛ^{31} tθəŋ$^{44-45}$ mu^5 tʂuə^5." nə$^{31-21}$ kə^1 xua$^{213-24}$ tɕiau^{31} tau$^{31-42}$ lə^2 nə$^{31-21}$ kə^1 næn^{53} fəʴ ŋ^{213} nə$^{31-21}$ kə^1 ta^{31} məʴi^{53}, i^{44} luə$^{31-312}$ tɕiau^{31}, pu$^{44-55}$ ʂʅ^5 li$^{44-42}$ piɛ^2 iəu^{44} liaŋ$^{44-45}$ kə^5 lau^{44} niaŋ^{53} pʰəʴ^{53} tɕia$^{31-42}$ tʂʅ^2 si$^{44-45}$ fɯ5 tsiən$^{31-42}$ tɕʰi^2 lə^2 maŋ^2, tʰa$^{44-42}$ liaŋ$^{44-45}$ kə^5 iən^{53} tsiəu^{31} pʰau$^{44-45}$ lə^5 nə$^{31-21}$ kə^1, i$^{44-55}$ kə^5 mən^{53} pʰəʴŋ^{53} piau$^{31-42}$ tʂʅ^2 i^{44} kə^{31}, ti$^{213-21}$ liəu^1 tʂʅ^1 ɣɛ$^{213-45}$ tʃaŋ^5, tʰa$^{44-42}$ siaŋ^{44} tʃʰu$^{44-45}$ fæn^5 tʰa^5, xaŋ^{55}. ʃuə^{44} ʂʅ^{31}, tʃə^{31} liaŋ$^{44-45}$ kə^5 ɕyə$^{53-55}$ ʂəŋ^5 i^{44} kʰæn^{31}, tsiəu^{31} iau$^{213-21}$ xu^1 tʰa^{44} tʃə^{31} liaŋ$^{44-45}$ kə^5 θaŋ$^{31-21}$ mən^1 syæn^{31}. ʃuə$^{44-55}$ ʂʅ^5: "tʃə^{31} tɕia^{213} iən$^{53-55}$ tɕi^5 ta^{31} ta$^{31-42}$ ti^2 ɕi^{44} ʂʅ^{31}, nən$^{44-42}$ liaŋ$^{44-45}$ iən^5 tɛ^{31} tɛ$^{44-45}$ tʃi^5 kæn^{31} ʃəŋ$^{31-42}$ mu^2?" liaŋ$^{44-45}$ iən^5 tɕia$^{44-45}$ na^5 tʂʅ^5 ɣɛ$^{213-45}$ tʃaŋ^5 tθəu$^{44-45}$ lʅ^5, kʰæn$^{31-42}$ pu^2 tʂuə^{53} tθəu$^{44-45}$ lʅ^5.

tθəu$^{44-45}$ lʅ^5 tʃə^{31} liaŋ$^{44-45}$ kə^5 ɕyə$^{53-55}$ ʂəŋ^5 tsiəu^{31} xuei^{53} ɕyə^{53} kuæn^{44} (tɛ^{31} tθau^{44} tɕiau^{31} ɕyə^{53} kuæn$^{44-455}$), xuei^{53} ɕyə^{53} kuæn^{44} i^{44} xəu^{31}, ti$^{31-42}$ lʅ^2 tʰiæn^{213} ʃaŋ^{31} ɕyə$^{53-55}$ lə^5 ʃaŋ$^{31-42}$ tʰa^2 ʂʅ$^{213-21}$ fu^1 ʃuə$^{44-455}$. ʃuə$^{44-55}$ ʂʅ^5: "ʃei$^{53-55}$ tɕia^5 ʃei^{53} kei^{44} nə$^{31-21}$ kə^1 mu$^{44-42}$ mu$^{44-42}$ tθʰuəʴi^{213} ʃəŋ$^{31-42}$ mu^2 iən$^{53-55}$ tɕi^5 tʰa^{44} tɕia$^{213-21}$ lɛ^1 tɕiə$^{44-42}$ xuən^{213} tʂʰa^{53} tʃi$^{31-21}$ kə^1 i$^{31-42}$ tθʅ^2, tʂʰa^{53} tʃi$^{31-21}$ kə^1 i$^{31-42}$ tθʅ^2 pu$^{44-42}$ xau$^{44-455}$, pu$^{44-42}$ tʃi$^{213-44}$ tau^4 ʃei^{53} tɕʰi$^{44-45}$ tʰa^5 tʂʰa$^{53-55}$ ti^5." ʃuə$^{44-55}$ ʂʅ^5, nə$^{31-21}$ kə^1 i$^{31-42}$ θʅ^2 tsiəu$^{31-21}$ ʂʅ^1 tʂʰa^{53} tʃi$^{31-21}$ kə^1 i$^{31-42}$ tθʅ^2 ti^2 ɹəʴi^{53} mu^{31} iəu^{44} vən$^{53-55}$ xua^5, xaŋ^{55}. ʃi^{53} tsi^{44} tʰa^{44} tʃi$^{31-21}$ kə^1 i$^{31-42}$ tθʅ^2 pa^2, tsiəu$^{31-21}$ ʂʅ^1 tʰa^{44} tʃi$^{31-21}$ kə^1 ʂʅ$^{213-21}$ fu^1 tɕʰi$^{44-45}$ tʰa^5 tʂʰa$^{53-55}$ ti^5, tsiəu$^{31-21}$ ʂʅ^1 tʰa^{44} ʂʅ$^{213-21}$ fu^1 tɕʰi$^{44-45}$ tʰa^5 tʂʰa$^{53-55}$ ti^5. ʃuə$^{44-55}$ ʂʅ^5, tsiəu^{31} vən$^{31-42}$ tau^2 tʃi^{31}

liaŋ⁴⁴⁻⁴⁵ kə⁵ ʃuə⁴⁴⁻⁵⁵ ʂʅ⁵: "nən⁴⁴⁻⁴² liaŋ⁴⁴⁻⁴⁵ iən⁵ vei³¹ ʃəŋ³¹⁻⁴² mu² ʃuə⁴⁴ tʃi³¹⁻²¹ kə¹ tʂʰa⁵³ i³¹⁻⁴² tθʅ² ti² tʃi³¹ ɻəˑi⁵³ mu³¹ iəu⁴⁴ vən⁵³⁻⁵⁵ xua⁵?" ʃuə⁴⁴⁻⁵⁵ ʂʅ⁵: "ɣæn⁴⁴⁻⁴² liaŋ⁴⁴⁻⁴⁵ iən⁵ ɕia³¹⁻⁴² tɕʰy² vɛ⁵³⁻⁵⁵ ti⁵ ʂʅ⁵³⁻⁵⁵ xəˑu⁵", tau³¹⁻²¹ ʂʅ¹: "tʰa⁴⁴⁻⁴² tsiaŋ²¹³⁻²⁴ si⁴⁴⁻⁴⁵ fʊˑ⁵ xəu³¹⁻⁴² piɛ² kən²¹³⁻²¹ tʂʅ¹ liaŋ⁴⁴⁻⁴⁵ kə⁵ θaŋ³¹⁻²¹ mən¹ syæn³¹, ti²¹³⁻²¹ liəu¹ tʂʅ¹ ɣɛ²¹³⁻⁴⁵ tʃaŋ⁵, tʃi³¹⁻²¹ kə¹ i³¹⁻⁴² tθʅ² pu⁴⁴⁻⁴² xau⁴⁴⁻⁴⁵⁵. tʰa⁴⁴ pʰəŋ³¹⁻⁴² tʂʅ² ɣæn⁴⁴⁻⁴² liaŋ⁴⁴⁻⁴⁵ iən⁵, tɕiau³¹⁻⁴² ɣæn² liaŋ⁴⁴⁻⁴⁵ iən⁵ tɕʰiˑ⁴⁴⁻⁴⁵ tʰa⁵ iau²¹³⁻²¹ xu¹ tθəu⁴⁴⁻⁴⁵ lə⁵, mu³¹⁻³¹² tei³¹ iən⁵³⁻⁵⁵ tɕi⁵ tθau³¹⁻⁴² tʃʰəŋ² ʃəŋ³¹⁻⁴² mu² ʃaŋ²¹³⁻⁴⁵ xɛ⁵." tʰa⁴⁴ ʂʅ²¹³⁻²¹ fu¹ tsiəu³¹ kʰɛ²¹³⁻²¹ lə¹ kʰəu⁴⁴⁻⁴⁵ lə⁵, tau³¹⁻²¹ ʂʅ¹: "nən⁴⁴⁻⁴² liaŋ⁴⁴⁻⁴⁵ iən⁵ ʂʅ³¹ tʂʅ⁴⁴⁻⁴² tʃi²¹³ tɕʰiˑ⁵³⁻⁴⁵ iˑ⁴⁴, pu⁴⁴⁻⁴² tʃi²¹³ tɕʰiˑ⁵³⁻⁴⁵ lʅ³¹. tʃi³¹⁻²¹ kə¹ i³¹⁻⁴² tθʅ² ʂʅ³¹ və⁴⁴⁻⁴² kei⁴⁴⁻⁴⁵ tʰa⁵ tʂʰa⁵³⁻⁵⁵ ti⁵, θuei⁵³ iæn⁵³ tʃi³¹⁻²¹ kə¹ i³¹⁻⁴² tθʅ² tʂʰa⁵³⁻⁵⁵ tʂʅ⁵ ʃaŋ³¹⁻⁴² tʰəu² iəu⁴⁴ liaŋ⁴⁴⁻⁴⁵ kə⁵ θaŋ³¹⁻²¹ mən¹ syæn³¹ nəŋ⁵³ tau⁴⁴ luæn³¹, tæn³¹⁻²¹ ʂʅ¹ iəu⁴⁴ lʅ³¹⁻³¹² vei³¹ ta³¹⁻⁴² iən² taŋ⁴⁴ tʃi³¹." iəu⁴⁴ liaŋ⁴⁴⁻⁴⁵ kə⁵ ta³¹⁻⁴² iən² taŋ⁴⁴ tʃi³¹, pa³¹ tʃi³¹⁻²¹ kə¹ ʂ əˑi³¹ tɕʰiˑ⁴⁴⁻⁴⁵ tʰa⁵ taŋ⁴⁴⁻⁴⁵ kə⁵ tɕʰiˑ⁵ lə⁵, ʂuə⁴⁴⁻⁴² i² ʃuə⁴⁴ tsiaŋ²¹³⁻²⁴ si⁴⁴⁻⁴⁵ fʊˑ⁵ tʃʃə³¹ tɕia²¹³⁻²⁴ tʂʰa⁴⁴, iə⁵³ tsiəu³¹ ʃuə⁴⁴ iən⁵³⁻⁵⁵ tɕi⁵ iəu⁴⁴⁻⁴² fu⁴⁴⁻⁵⁵ tɕʰiˑ⁵, tɕiau³¹ liaŋ⁴⁴⁻⁴⁵ kə⁵ ta³¹⁻⁴² iən² tɕʰiˑ⁴⁴⁻⁴⁵ tʰa⁵ taŋ⁴⁴⁻⁴⁵ lə⁵. xəu³¹⁻⁴² lɛ² liaŋ⁴⁴⁻⁴⁵ iən⁵ tsiəu³¹ tʃʰəŋ⁵³⁻⁵⁵ lə⁵ kʰau⁴⁴⁻⁴⁵ lə⁵ liaŋ⁴⁴⁻⁴⁵ kə⁵ ta³¹⁻³¹² kuɛ²¹³⁻²¹¹, liaŋ⁴⁴⁻⁴⁵ kə⁵ ɕyə⁵³⁻⁵⁵ ʂəŋ⁵ kæn⁴⁴⁻⁴² kʰau⁴⁴.

tʃə³¹⁻³¹² tsiəu³¹⁻²¹ ʂʅ¹ ɣɛ³¹⁻⁴² æn² xəu³¹ tʃʰu⁴⁴⁻⁴⁵ lə⁵ tʃi³¹⁻⁴² mu² kə² ʂ əˑi³¹. iən⁵³⁻⁵⁵ tɕi⁵ tʃi³¹⁻²¹ kə¹ ʂʅ²¹³⁻²¹ fu¹ ʃi⁵³ tsi⁴⁴ xən²¹³⁻²⁴ iəu⁴⁴ ɕyə⁵³⁻⁵⁵ vən⁵, tʂʅ⁵³⁻⁵⁵ tʂʅ⁵ ʃuə⁴⁴ iəu⁴⁴ tʃi³¹⁻⁴² mu² kə² ʂ əˑi³¹, tæn³¹⁻²¹ ʂʅ¹ iəu⁴⁴ lʅ³¹⁻³¹² vei³¹ ta³¹⁻⁴² iən² taŋ⁴⁴ tʃi³¹. tʰa⁴⁴ i³¹⁻⁴² tθʅ² ʃaŋ² iəu⁴⁴ tʃi³¹⁻⁴² mu² kə² ʂ əˑi³¹, tæn³¹ tʰa⁴⁴ pu⁴⁴⁻⁴² tʃi²¹³⁻⁴⁴ tau³¹ tʰa⁴⁴⁻⁵⁵ tʃi⁵ liaŋ⁴⁴⁻⁴⁵ kə⁵ ɕyə⁵³⁻⁵⁵ ʂəŋ⁵ ʂʅ³¹ liaŋ⁴⁴⁻⁴⁵ kə⁵ ta³¹⁻⁴² iən², tæn³¹⁻²¹ ʂʅ¹ tʰa⁴⁴ ʂʅ²¹³⁻²¹ fu¹ iⁿ⁴⁴ siən⁵³⁻⁵⁵ θʅ⁵ tʃi³¹⁻²¹ kə¹ ʂ əˑi³¹, ɣau⁴⁵⁵, nəŋ³¹⁻⁴² iⁿ² tuən³¹ tɕiau²¹³⁻²¹ ti¹ liaŋ⁴⁴⁻⁴⁵ kə⁵ ɕyə⁵³⁻⁵⁵ ʂəŋ⁵ ʂʅ³¹ liaŋ⁴⁴⁻⁴⁵ kə⁵ ta³¹⁻⁴² iən², iəu⁴⁴⁻⁴² tʃʰu⁴⁴⁻⁵⁵ si⁵ iən⁵³⁻⁵⁵ tɕi⁵.

（4）乡村家族旧事

旧社会那个时候儿，咱家里有几亩地。土匪看着就来绑票儿了，看着有钱、有粮食，有地。打谷的时候，俺那个老爷上那个爷爷两个待西场里打谷，待西场里打谷嘛，土匪就来了，四个土匪。来了到家里一看，大人没待家，就抱着您二爷爷，抱了去。抱了去他觉着个孩子不行，是不是？毕竟是为了钱，土匪，不是为了仇，弄了孩子没法儿弄。临末了儿，就绕几里找嘛，家里些人说待外边儿干活儿，打谷。到了西场去一看，（您那个）俺那个爷爷上那个老爷就待那个就待那洗澡，西场里待早有个大湾。打完了谷洗，洗吧洗吧身上，扬谷扬的。待那洗澡，土匪去了。去了看着大人待那里，把您二爷爷就放回来了，您二爷爷那年的四岁。放回来，把他两人就绑走了。

　　绑走了走到西南岭那个大崖儿近，俺那个爷爷就问道那些土匪："弟兄们您是为了钱还是为了仇？"道是："没有仇，为了钱。""为了钱的话"，道是，"就把俺爹放回去吧，他岁数大，把俺爹放回去吧。我去吧。"土匪商量商量，道是，"也行，也好。"俺那个老爷他脾气暴不是？他知道去了就把命就丢啦。把俺老爷就放回来了，把俺爷爷就绑了走了。上他一块儿绑了去的还有两个，从高密河崖还绑了两个年轻人，还绑了一个小孩儿。绑了五个，绑了四个，还有个小孩儿。小孩儿不大儿，小孩离了家他不嚎？关不住他。头一晚上，到那里，烧鸡。你寻思，他绑了你去，你能吃下那个饭去？后来就，那个小孩儿他就关不住他。黑日里，把个小孩儿就，就就就……绑了哪去喃？绑了张应的观音堂子，一绑绑了那里去。黑日里，把个小孩儿就祸害了，撂了湾里了。土匪商议商议，道是："关不住他，别哭嚎的。"绑了那个□儿去，把个小孩儿就祸害了，撕了票儿了。这三个人，那两个青年，俺那个爷爷那阵里也就是也是，他岁数儿能大点儿，三十多岁儿吧，三四十岁。头一晚上去给你烧鸡吃，第二晚上一把地瓜边儿，就给你一把地瓜边儿吃。一天三顿，一顿一把地瓜边儿。这阵里俺那个妈妈就卖地嘛，卖了三十亩地。卖了三十亩地也没放出来。这一黑日里，那个爷爷说："他做一个梦。梦着上西岭去干活儿，上那个大崖儿，好歹地□□着上来。"道是。心里寻思。

　　这阵里些土匪嘛，十拉天不去了。那个爷爷嘛，就上那两个人商议，说是："看看咱得跑"，道是，"缄声儿的。"看票儿那个□儿嘛，光个老妈儿妈儿，待个，待堂门里个床上纺线，待那看着就是，老妈儿妈儿六七十了。三个人嘛，那个棚子木子上搁着三根镢柄。三根镢柄嘛，还看着还，道是嘛，那个门嘛使个锁挂着。看明白了以后，"老妈儿妈儿待那纺线。"道是。第二天，商议说是："咱明天咱就跑，咱不黑日里跑。黑日里跑，叫他抓回去，他就把咱祸害了。"道是，"白日里跑。"第二早起来，道是："我先往外走。咱一人掐拿着个镢柄，一人照着老太太——纺线老妈儿妈儿□一镢柄，咱就往外跑。"道是门弄开，一人照着老妈儿妈儿□一镢柄，□死没□死也不知道，反正是。一人□了一镢柄，就跑了。

跑那时候儿，秋天割谷的时候儿抓了去的，绑了去的，到割麦子了又。满坡是割麦子的，多少日子了你算算，吭。割谷，处暑割谷。到割麦子，多少个月，这不是冒一年，八九个月。满坡里是人，那些人道是："跑了票儿了，跑了票儿了。你望望。"道是。三个人，那两个青年能以，还。俺那个爷爷，他一顿给你一把地瓜边儿吃，你说，也就是刚残了个命儿就是了，是不是？饿的你就跑不动。

临末了儿，这个窝票儿这个□儿喃，这个男人回来一看跑了票儿了，就蹽嘛，腚后里。拿着个镢柄就蹽。俺那个爷爷也跑不动，叫他蹽上了。蹽上了扯那个腿就给他□了一镢柄嘛，□断了把个腿。蹽上就□一镢柄了，那个腿就断。断了，他看他走不动了，他就去把那两个又蹽回来。你寻思都饿得跑不动了，那些青年也不中，都搋回来了。搋回来，俺那个爷爷好歹地回来。回来，他把那个门窗都堵巴（上），道是："今黑日教您上西天"，高嘞声。门窗堵严了。

刚儿没太阳儿的时候儿，就来了两个人。他一跑票儿不是，人家全庄儿都知道了，满坡是割麦子的，他绑了票儿。那个就去了两个人儿，鈌着画眉笼子。头来那一个，一进门儿就嘛："您妈了个屄，还关门儿堵窗儿的。人来？把票儿弄哪去了？"问道。一看，一看三个人待哪来，道是："您三个人怎么样？"道是："老总，我个腿断了，叫他给我□断了使镢柄，把腿给我□断了。""你这里有没有亲戚？"问道。"我这有个亲戚，隔这远。""哪里？""张应，离这里得十拉多里。"那个观音堂子还待张应西来，里岔嘛。"我个丈人家是张应济南头。""走！"那两个青年还能走。"你背着他。"叫那个绑票儿的，说："你背着他！妈了个屄，你背着他！"你寻思，他轻不轻的也那么个大人，背着，是不是？他就背着，那个那个，背着俺那个爷爷，那两个青年就跟着走。走到张应，那个，走到张应就上了俺那个爷爷他那个丈人家去嘛。走到路上，就使劲勒那个看票儿那个脖子。"嗨映，你别勒我，快了……"道是，"快了不行了，你勒得我。把我勒死，"道是，"你也家不去。"他就使个□棱盖顶他那个脊梁。临末了儿，把他背到张应他丈人那里。背来家，还害怕土匪腚后里跟着蹽。赶忙儿，就把他转了，转移了。

临末了儿，这就俺那个老爷那个爷爷都上了那个王台嘛，都上了王台去逃难去了。那来有家，河溪格有亲戚，老爷的个丈人是河溪庄嘛，待王台那里避难。一共言来卖了三十来母地儿，亏着没把命搭上。这就跟着这点儿东西儿遭了这么大的罪。旧社会遭了罪，实际是。

【注音】

tɕiəu³¹⁻³¹² ʃə³¹⁻³¹² xuɚi³¹ nə³¹⁻²¹ kə¹ ʂ̩⁵³⁻⁵⁵ xɚu⁵, tθən⁵³ tɕia²¹³⁻²¹ lɛ¹ iəu⁴⁴⁻⁴⁵ tɕi⁵ mu⁵ ti³¹⁻³²². tʰu⁴⁴⁻⁴² fei²¹³ kʰæn³¹⁻⁴² tʂʅ² tsiəu³¹ lɛ⁵³ paŋ⁴⁴ pʰiɐu³¹⁻⁴² lə², kʰæn³¹⁻⁴² tʂʅ² iəu⁴⁴ tsʰiæn⁵³, iəu⁴⁴ liaŋ⁵³⁻⁵⁵ ʃi⁵, iəu⁴⁴ ti³¹⁻³¹¹. ta⁴⁴⁻⁴² ku⁴⁴⁻⁴⁵ ti⁵ ʂ̩⁵³⁻⁵⁵ xɚu⁵, ɣæn⁴⁴ nə³¹⁻²¹ kə¹ lau⁴⁴⁻⁴² iə²¹³ ʃaŋ³¹ nə³¹⁻²¹ kə¹ iə²¹³⁻²¹ iə¹ liaŋ⁴⁴⁻⁴⁵ kə⁵ tɛ⁴⁴ si²¹³⁻²⁴ tʃʰaŋ⁵³⁻⁵⁵ lɛ⁵ ta⁴⁴⁻⁴² ku⁴⁴⁻⁴⁵, tɛ⁴⁴ si²¹³⁻²⁴ tʃʰaŋ⁵³⁻⁵⁵ lɛ⁵ ta⁴⁴⁻⁴² ku⁴⁴⁻⁴⁵ maŋ⁵, tʰu⁴⁴⁻⁴² fei²¹³ tsiəu³¹ lɛ⁵³⁻⁵⁵ lə⁵, θʅ³¹⁻⁴² kə² tʰu⁴⁴⁻⁴² fei²¹³. lɛ⁵³⁻⁵⁵ lə⁵ tau³¹ tɕia²¹³⁻²⁴ i⁴⁴ kʰæn³¹, ta³¹ iən⁵³ mu³¹ tɛ⁴⁴⁻⁴² tɕia²¹³, tsiəu³¹ pau³¹⁻⁴² tʂʅ² nən⁴⁴ l̩ʅ³¹⁻³¹² iə²¹³⁻²¹ iə¹, pau³¹⁻⁴² lə² tɕʰi². pau³¹⁻⁴² lə² tɕʰi², tʰa⁴⁴ tɕyə⁴⁴⁻⁴⁵ tʂʅ⁵ kə⁵ xɛ⁵³⁻⁵⁵ tθʅ⁵ pu⁴⁴ ɕiəŋ⁵³⁻⁵³³, ʂʅ³¹⁻²¹ pu¹ ʂʅ³¹? pi³¹⁻⁴² tɕiəŋ² ʂʅ³¹ vəi³¹⁻⁴² lə² tsʰiæn⁵³⁻⁵³³, tʰu⁴⁴⁻⁴² fei²¹³, pu⁴⁴⁻⁵⁵ ʂʅ⁵⁵ vei³¹⁻⁴² lə² tʃʰəu⁵³⁻⁵³³, nəŋ³¹⁻⁴² lə² xɛ⁵³⁻⁵⁵ tθʅ⁵ mu³¹ fɐ⁴⁴ nəŋ³¹⁻³²². læn⁵³⁻⁴² mu² ɹɐu⁴⁴, tsiəu³¹ iau³¹⁻⁴² tɕi² lɛ² tʂau⁴⁴⁻⁴⁵ maŋ⁵, tɕia²¹³⁻²¹ lɛ¹ si¹ iən⁵³ ʃuə⁴⁴ tɛ⁴⁴ vɛ³¹⁻⁴² pi ɛ² kæn³¹ xuə⁵³⁻⁵³³, ta⁴⁴⁻⁴² ku⁴⁴⁻⁴⁵⁵. tau³¹⁻⁴² lə² si²¹³⁻²⁴ tʃʰaŋ⁵³⁻⁴² tɕʰi² i⁴⁴ kʰæn³¹, (nən⁴⁴⁻⁵⁵ nə⁵ kə⁵) ɣæn⁴⁴⁻⁵⁵ nə⁵ kə⁵ iə²¹³⁻²¹ iə¹ ʃaŋ³¹ nə¹ kə¹ lau⁴⁴⁻⁴² iə²¹³ tsiəu³¹ tɛ⁴⁴⁻⁵⁵ nə⁵ kə⁵, tsiəu³¹ tɛ⁴⁴⁻⁵⁵ nə⁵ si⁴⁴⁻⁴² tθau⁴⁴⁻⁴⁵⁵, si²¹³⁻²⁴ tʃʰaŋ⁵³⁻⁵⁵ lɛ⁵ tɛ³¹ tθau⁴⁴ iəu⁴⁴⁻⁵⁵ kə⁵ ta³¹⁻³¹² væn²¹³⁻²¹¹. ta⁴⁴ væn⁵³⁻⁵⁵ lə⁵ ku⁴⁴⁻⁴² si⁴⁴, si⁴⁴⁻⁴⁵ pa⁵ si⁴⁴⁻⁴⁵ pa⁵ ʃən²¹³⁻²¹ ʃaŋ¹, iaŋ⁵³ ku⁴⁴ iaŋ⁵³⁻⁵⁵ ti⁵. tɛ⁴⁴⁻⁵⁵ nə⁵ si⁴⁴⁻⁴² tθau⁴⁴⁻⁴⁵⁵, tʰu⁴⁴⁻⁴² fei²¹³ tɕʰy³¹⁻⁴² lə². tɕʰy³¹⁻⁴² lə² kʰæn³¹⁻⁴² tʂʅ² ta³¹ iən⁵³ tɛ⁴⁴⁻⁵⁵ nə⁵ lɛ⁵, pa³¹⁻⁴² nən² l̩ʅ³¹⁻³¹² iə²¹³⁻²¹ iə¹ tsiəu³¹ faŋ³¹⁻⁴² xuei² lɛ² lə², nən⁴⁴ l̩ʅ³¹⁻³¹² iə²¹³⁻²¹ iə¹ nə³¹ niæn⁵³⁻⁵⁵ ti⁵ θʅ³¹⁻⁴² θuei². faŋ³¹⁻⁴² xuei² lɛ², pa³¹ tʰa⁴⁴⁻⁴² liaŋ⁴⁴⁻⁴⁵ iən⁵ tsiəu³¹ paŋ⁴⁴⁻⁴² tθəu⁴⁴⁻⁴⁵ lə⁵.

paŋ⁴⁴⁻⁴² tθəu⁴⁴⁻⁴⁵ lə⁵, tθəu⁴⁴⁻⁴⁵ tau⁵ si²¹³⁻²⁴ næn⁵³ liaŋ⁴⁴ nə³¹⁻²¹ kə¹ ta³¹ ɹɛ⁵³⁻⁴² tɕiən², ɣæn⁴⁴⁻⁵⁵ nə⁵ kə⁵ iə²¹³⁻²¹ iə¹ tsiəu³¹ vən³¹⁻⁴² tau² nə³¹⁻⁴² si² tʰu⁴⁴⁻⁴² fei²¹³⁻²¹¹: "ti³¹⁻⁴² ɕiəŋ² mən², nən⁴⁴⁻⁵⁵ ʂʅ⁵ vei³¹⁻⁴² lə² tsʰiæn⁵³ xæn⁵³⁻⁵⁵ ʂʅ⁵ vei³¹⁻⁴² lə² tʃʰəu⁵³?" tau³¹⁻²¹ ʂʅ¹: "mu³¹ iəu⁴⁴ tʃʰəu⁵³, vei³¹⁻⁴² l̩ʅ² tsʰiæn⁵³." "vei³¹⁻⁴² lə² tsʰiæn⁵³⁻⁵⁵ ti⁵ xua³¹", tau³¹⁻²¹ ʂʅ¹, "tsiəu³¹ pa³¹⁻⁴² ɣæn² tiə²¹³⁻²⁴ faŋ³¹⁻⁴² xuei² tɕʰi² pa², tʰa⁴⁴ θuei³¹⁻⁴² ʂɚ² ta³¹, pa³¹⁻⁴² ɣæn² tiə²¹³⁻²⁴ faŋ³¹⁻⁴² xuei² tɕʰi² pa². və⁴⁴ tɕʰy³¹⁻²¹ pa¹." tʰu⁴⁴⁻⁴² fei²¹³ ʃaŋ²¹³⁻²¹ liaŋ¹ ʃaŋ²¹³⁻²¹ liaŋ¹, tau³¹⁻²¹ ʂʅ¹, "iə⁵³ ɕiəŋ⁵³⁻⁵⁵⁵, iə³¹ xau⁴⁴." ɣæn⁴⁴ nə³¹⁻²¹ kə¹ lau⁴⁴⁻⁴² iə²¹³⁻²⁴ tʰa⁴⁴ pʰi⁵³⁻⁵⁵ tɕʰi⁵ pau³¹, pu⁴⁴⁻⁵⁵ ʂʅ⁵? tʰa⁴⁴ tʃi²¹³⁻²¹ tau¹ tɕʰy³¹⁻⁴² lə² tsiəu³¹

pa³¹⁻³³ miəŋ³¹ tsiəu³¹ tiəu²¹³⁻²¹ lə¹. pa³¹⁻⁴² ɣæn² lau⁴⁴⁻⁴² iə²¹³⁻²⁴ tsiəu³¹ faŋ³¹⁻⁴²
xuei² lɛ² lə², pa³¹⁻⁴² ɣæn² iə²¹³⁻²¹ iə¹ tsiəu³¹ paŋ⁴⁴⁻⁴² tθəu⁴⁴⁻⁴⁵ lə⁵. ʃaŋ³¹⁻⁴² tʰa²
i⁴⁴ kʰuɛ³¹⁻³¹² paŋ⁴⁴⁻⁴⁵ lə⁵ tɕʰi⁵ ti⁵ xæn⁵³ iəu⁴⁴ liaŋ⁴⁴⁻⁴⁵ kə⁵, tθʰəŋ⁵³ kau²¹³⁻²¹ mi¹
xuə⁵³⁻⁵⁵ iɛ⁵ xæn⁵³ paŋ⁴⁴⁻⁴⁵ lə⁵ liaŋ⁴⁴⁻⁴⁵ kə⁵ niæn⁵³ tɕʰiəŋ²¹³⁻²⁴ iəŋ⁵³⁻⁵³³, xæn⁵³
paŋ⁴⁴⁻⁴⁵ lə⁵ i⁵ kə⁵ siau⁴⁴⁻⁴⁵ xɛ⁵³⁻⁵³³. paŋ⁴⁴⁻⁴⁵ lə⁵ vu⁴⁴⁻⁴⁵ kə⁵, paŋ⁴⁴⁻⁴⁵ lə⁵ θɤ³¹⁻⁴²
kə², xæn⁵³ iəu⁴⁴⁻⁵⁵ kə⁵ siau⁴⁴⁻⁴⁵ xɛ⁵³⁻⁵³³. siau⁴⁴⁻⁴⁵ xɛ⁵³ pu⁴⁴ ta³¹⁻³¹¹, siau⁴⁴⁻⁴⁵ xɛ⁵³
li³¹⁻⁴² lə² tɕia²¹³ tʰa⁴⁴⁻⁴² pu⁴⁴ xau⁵³⁻⁵³³? kuæn²¹³⁻²¹ pu¹ tʃu³¹⁻⁴²² tʰa². tʰəu⁵³⁻⁵⁵ i⁵
væn⁴⁴⁻⁴⁵ ʃaŋ⁵, tau³¹⁻⁴² nə² lɛ², ʃau²¹³⁻²⁴ tɕi²¹³⁻²⁴. ni⁴⁴ siəŋ⁵³⁻⁵⁵ θɤ⁵, tʰa⁴⁴
paŋ⁴⁴⁻⁴⁵ lə⁵ ni⁵ tɕy³¹, ni⁴⁴ nəŋ⁵³ tʃʰi⁴⁴⁻⁴⁵ çia⁵ nə³¹⁻²¹ kə¹ fæn³¹⁻²¹ tɕi¹? xəu³¹⁻²¹
lɛ¹ tsiəu³¹, nə³¹⁻²¹ kə¹ siau⁴⁴⁻⁴⁵ x ɛ⁵³ tʰa⁴⁴ tsiəu³¹ kuæn²¹³⁻²¹ pu¹ tʃu³¹⁻⁴²
tʰa². xei⁴⁴⁻⁴⁵ i⁵ lɛ⁵, pa³¹⁻²¹ kə¹ siau⁴⁴⁻⁴⁵ xɛ⁵³ tsiəu³¹, tsiəu³¹⁻³¹² tsiəu³¹⁻³¹² tsiəu³¹.
paŋ⁴⁴⁻⁴⁵ lə⁵ na⁴⁴⁻⁴⁵ tɕʰi⁵ næn⁵? paŋ⁴⁴⁻⁴⁵ lə⁵ tʃaŋ²¹³⁻²¹ iəŋ¹ ti¹ kuæn²¹³⁻²¹ iən¹
tʰaŋ⁵³⁻⁵⁵ tθɤ⁵, i⁴⁴⁻⁴² paŋ⁴⁴ paŋ⁴⁴⁻⁴⁵ lə⁵ nə³¹⁻⁴² lɛ² tɕʰy². xei⁴⁴⁻⁴⁵ i⁵ lɛ⁵, pa³¹⁻²¹ kə¹
siau⁴⁴⁻⁴⁵ xɛ⁵³ tsiəu³¹ xuə³¹⁻⁴² xɛ² lə², liau²¹³⁻²¹ lə¹ væn²¹³⁻²¹ lɛ¹ lə¹. tʰu⁴⁴⁻⁴² fei²¹³
ʃaŋ²¹³⁻²¹ i¹ ʃaŋ²¹³⁻²¹ i¹, tau³¹⁻²¹ ʂʅ¹: "kuæn²¹³⁻²¹ pu¹ tʃu³¹⁻⁴² tʰa², piə⁵³ kʰu⁴⁴
xau⁵³⁻⁵⁵ ti⁵." paŋ⁴⁴⁻⁴⁵ lə⁵ nə³¹⁻²¹ kə¹ tʂʰa⁴⁴⁻⁵⁵ tɕʰi⁵, pa³¹⁻²¹ kə¹ siau⁴⁴⁻⁴⁵ x ɛ⁵³
tsiəu³¹ xuə³¹⁻⁴² xɛ² lə², θɤ²¹³⁻³¹² lə¹ piəu³¹⁻⁴² lə². tʃə³¹⁻³¹² θæn²¹³⁻²¹ kə¹ iən⁵³,
nə³¹ liaŋ⁴⁴⁻⁴⁵ kə⁵ tsʰiəŋ²¹³⁻²⁴ niæn⁵³⁻⁵³³, ɣæn⁴⁴ nə³¹⁻²¹ kə¹ iə²¹³⁻²¹ iə¹ nə³¹
tʃən³¹⁻⁴² lɛ² iə⁵³ tsiəu³¹⁻²¹ ʂʅ¹, tʰa⁴⁴ θuei³¹⁻⁴² ʂʅ²² nəŋ⁵³ ta³¹⁻²¹ tɛ¹, θæn²¹³⁻²¹ ʃi¹
tuə²¹³⁻²⁴ θuəɻi³¹⁻²¹ pa¹, θæn²¹³⁻²⁴ θɤ³¹ ʃi⁵³ θuəɻi³¹⁻⁴²². tʰəu⁵³⁻⁵⁵ i⁵ væn⁴⁴⁻⁴⁵ ʃaŋ⁵
tɕʰy³¹ tɕʰi⁴⁴⁻⁴⁵ ni⁵ ʃau²¹³⁻²⁴ tɕi²¹³ tʃʰi⁴⁴, ti³¹⁻⁴² lʅ² væn⁴⁴⁻⁴⁵ ʃaŋ⁵ i⁴⁴⁻⁴² pa⁴⁴ ti³¹
kua²¹³⁻²⁴ piɛ²¹³, tsiəu³¹ tɕʰi⁴⁴⁻⁴⁵ ni⁵ i⁴⁴⁻⁴² pa⁴⁴ ti³¹ kua²¹³⁻²⁴ piɛ²¹³⁻²⁴ tʃʰi⁴⁴⁻⁴⁵⁵. i⁴⁴⁻⁴²
tʰiæn²¹³⁻²⁴ θæn²¹³⁻²¹ tuən¹, i⁴⁴ tuən³¹ i⁴⁴⁻⁴² pa⁴⁴ ti³¹ kua²¹³⁻²⁴ piɛ²¹³. tʃə³¹ tʃən³¹⁻⁴²
lɛ² ɣæn⁴⁴ nə³¹⁻²¹ kə¹ ma²¹³⁻²¹ ma¹ tsiəu¹ mɛ³¹ ti³¹⁻⁴² maŋ², mɛ³¹⁻⁴² lə² θæn²¹³⁻²¹
ʃi¹ mu⁴⁴ ti³¹⁻⁴²². mɛ³¹⁻⁴² lə² θæn²¹³⁻²¹ ʃi¹ mu⁴⁴ ti³¹ iə⁵³⁻⁴² mu² faŋ³¹⁻⁴² tʃʰu²
lɛ². tʃə³¹⁻²¹ i¹ xei⁴⁴⁻⁴⁵ i⁵ lɛ⁵, nə³¹⁻²¹ kə¹ iə²¹³⁻²¹ iə¹ ʃuə⁴⁴⁻⁴⁵⁵: "tʰa⁴⁴ tθəu³¹⁻⁴² i²
kə¹ məŋ³¹. məŋ³¹⁻⁴² tʂʅ² ʃaŋ³¹ si²¹³⁻²⁴ liəŋ⁴⁴⁻⁵⁵ tɕʰy⁵ kæn³¹ xuə⁵³⁻⁵³³, ʃaŋ³¹⁻³¹²
nə³¹⁻²¹ kə¹ ta³¹ ɻɛ⁵³⁻⁵³³, xau⁴⁴⁻⁴² tɛ⁴⁴⁻⁴⁵ ti⁵ pən²¹³⁻²¹ tʂʰa¹ tʂʅ¹ ʃaŋ³¹⁻⁴² lɛ²."
tau³¹⁻²¹ ʂʅ¹. siən²¹³⁻²¹ lɛ¹ siən⁵³⁻⁵⁵ θɤ⁵.

　　tʃə³¹ tʃən³¹⁻⁴² lɛ² si² tʰu⁴⁴⁻⁴² fei²¹³⁻²¹ maŋ¹, ʃi⁵³⁻⁵⁵ la⁵ tʰiæn²¹³⁻²⁴ pu⁴⁴
tɕʰy³¹⁻⁴² la². nə³¹⁻²¹ kə¹ iə²¹³⁻²¹ iə¹ maŋ¹, tsiəu³¹ ʃaŋ³¹⁻³¹² nə³¹ liaŋ⁴⁴⁻⁴⁵ kə⁵ iən⁵³
ʃaŋ²¹³⁻²¹ i¹, ʃuə⁴⁴⁻⁵⁵ ʂʅ⁵: "kʰæn³¹⁻²¹ kʰæn¹ tθən⁵³⁻⁵⁵ ti⁵ pʰau⁴⁴⁻⁴⁵⁵," tau³¹⁻²¹

$ʂ\textayn^{1}$, "$tɕiə^{53}$ $ʂ$ $ɚʅŋ^{213\text{-}55}$ ti^{5}." $kʰæn^{213\text{-}24}$ $pʰiɐu^{31}$ $nə^{31\text{-}21}$ $kə^{1}$ $tʂʰa^{44\text{-}45}$ $maŋ^{5}$, $kuaŋ^{213\text{-}45}$ $kə^{5}$ lau^{44} $mɐ^{213\text{-}21}$ $mɐ^{1}$, $tɛ^{44\text{-}55}$ $kə^{5}$, $tɛ^{44}$ $taŋ^{213\text{-}24}$ $mən^{53\text{-}55}$ $lɛ^{5}$ $kə^{5}$ $tʂʰuaŋ^{53\text{-}55}$ $ʃaŋ^{5}$ $faŋ^{44}$ $siæn^{31\text{-}422}$, $tɛ^{44\text{-}45}$ $nə^{5}$ $kʰæn^{213\text{-}24}$ $tʂə^{1}$ $tsiəu^{31\text{-}21}$ $ʂ\textayn^{1}$, lau^{44} m $ɐ^{213\text{-}21}$ $mɐ^{1}$ $liəu^{31}$ $tsʰi\textperiodcentered^{44}$ $ʃi^{53\text{-}55}$ $lə^{5}$. $θæn^{213\text{-}21}$ $kə^{1}$ $iən^{53\text{-}55}$ $maŋ^{5}$, $nə^{31\text{-}21}$ $kə^{1}$ $pʰəŋ^{53\text{-}55}$ $tθʅ^{5}$ $mu^{31\text{-}42}$ $tθʅ^{2}$ $ʃaŋ^{2}$ $kə^{44\text{-}45}$ $tʂʅ^{5}$ $θæn^{213\text{-}21}$ $kən^{1}$ $tɕyə^{44\text{-}45}$ $piəŋ^{5}$. $θæn^{213\text{-}21}$ $kən^{1}$ $tɕyə^{44\text{-}45}$ $piəŋ^{5}$ $maŋ^{5}$, $xæn^{53}$ $kʰæn^{31\text{-}21}$ $tʂʅ^{1}$ $xæn^{53}$, $tau^{31\text{-}21}$ $ʂ\textayn^{1}$ $maŋ^{1}$, $nə^{31\text{-}21}$ $kə^{1}$ $mən^{53\text{-}55}$ $maŋ^{5}$ $ʂ\textayn^{44\text{-}55}$ $kə^{5}$ $θuə^{44}$ $kua^{31\text{-}42}$ $tʂʅ^{2}$. $kʰæn^{31}$ $miəŋ^{53\text{-}55}$ pei^{5} $lə^{5}$ i^{44} $xəu^{31}$, "lau^{44} $mɐ^{213\text{-}21}$ $mɐ^{1}$ $tɛ^{44\text{-}45}$ $nə^{5}$ $faŋ^{44}$ $siæn^{31}$." $tau^{31\text{-}21}$ $ʂ\textayn^{1}$. $ti^{31\text{-}42}$ $l\textayn^{2}$ $tʰiæn^{213}$, $ʃaŋ^{213\text{-}21}$ i^{1} $ʃuə^{44\text{-}55}$ $ʂ\textayn^{5}$: "$tθən^{53}$ $miəŋ^{53}$ $tʰiæn^{213\text{-}24}$ $tθən^{53}$ $tsiəu^{31}$ $pʰau^{44\text{-}455}$, $tθən^{53\text{-}42}$ pu^{2} $xei^{44\text{-}45}$ i^{5} $lɛ^{5}$ $pʰau^{44\text{-}455}$. $xei^{44\text{-}45}$ i^{5} $lɛ^{5}$ $pʰau^{44}$, $tɕiau^{31\text{-}42}$ $tʰa^{2}$ $tʂua^{44\text{-}45}$ $xuei^{5}$ $tɕʰi^{5}$, $tʰa^{44\text{-}55}$ $tsiəu^{5}$ $pa^{31\text{-}42}$ $tθən^{2}$ $xuə^{31\text{-}42}$ $xɛ^{2}$ $lə^{2}$." $tau^{31\text{-}21}$ $ʂ\textayn^{1}$, "$pei^{44\text{-}45}$ i^{5} $lɛ^{5}$ $pʰau^{44}$." $ti^{31\text{-}42}$ $l\textayn^{2}$ $tθau^{44\text{-}45}$ $tɕʰi^{44\text{-}45}$ $lɛ^{5}$, $tau^{31\text{-}21}$ $ʂ\textayn^{1}$: "$və^{44\text{-}42}$ $siæn^{213\text{-}24}$ $vaŋ^{31\text{-}312}$ $vɛ^{31}$ $tθəu^{44\text{-}455}$, $tθən^{53}$ i^{44} $iən^{53}$ $tɕʰia^{213\text{-}21}$ na^{1} $tʂʅ^{1}$ $kə^{1}$ $tɕyə^{44\text{-}45}$ $piəŋ^{5}$, i^{44} $iən^{53}$ $tʃau^{31\text{-}42}$ $tʂʅ^{2}$ lau^{44} $tʰɛ^{31\text{-}42}$ $tʰɛ^{2}$, $faŋ^{44}$ $siæn^{31}$ lau^{44} $mɐ^{213\text{-}21}$ $mɐ^{1}$ $xɛ^{213\text{-}21}$ i^{1} $tɕyə^{44\text{-}45}$ $piəŋ^{5}$, $tθən^{53\text{-}42}$ $tsiəu^{2}$ $vaŋ^{31\text{-}312}$ $vɛ^{31}$ $pʰau^{44\text{-}455}$." $tau^{31\text{-}21}$ $ʂ\textayn^{1}$ $mən^{53}$ $nəŋ^{31\text{-}42}$ $kʰɛ^{2}$, i^{44} $iən^{53}$ $tʃau^{31\text{-}42}$ $tʂʅ^{2}$ lau^{44} m $ɐ^{213\text{-}21}$ $mɐ^{1}$ $xɛ^{213\text{-}21}$ i^{1} $tɕyə^{44\text{-}45}$ $piəŋ^{5}$, $xɛ^{213\text{-}21}$ $ʂ\textayn^{1}$ $mu^{31\text{-}312}$ $xɛ^{213\text{-}21}$ $ʂ\textayn^{1}$ $iə^{53}$ $pu^{44\text{-}42}$ $tʃi^{213\text{-}24}$ $tau^{31\text{-}422}$, $fæn^{44\text{-}45}$ $tʃəŋ^{5}$ $ʂ\textayn^{5}$. i^{44} $iən^{53}$ $xɛ^{213\text{-}21}$ $lə^{1}$ $i^{44\text{-}42}$ $tɕyə^{44\text{-}45}$ $piəŋ^{5}$, $tsiəu^{31}$ $pʰau^{44\text{-}45}$ $lə^{5}$. $pʰau^{44\text{-}55}$ $nə^{5}$ $ʂ\textayn^{53\text{-}55}$ $xɚu^{5}$, $tsʰiəu^{213\text{-}24}$ $tʰiæn^{213\text{-}24}$ $ka^{44\text{-}42}$ $ku^{44\text{-}45}$ ti^{5} $ʂ\textayn^{53\text{-}55}$ $xɚu^{5}$ $tʂua^{44\text{-}45}$ $lə^{5}$ $tɕʰy^{5}$ ti^{5}, $paŋ^{44\text{-}45}$ $lə^{5}$ $tɕʰi^{5}$ ti^{5}, tau^{31} ka^{44} $mei\textperiodcentered^{31\text{-}42}$ $tθʅ^{2}$ $lə^{2}$ $iəu^{31}$. $mæn^{44\text{-}42}$ $pʰə^{44}$ $ʂ\textayn^{31}$ ka^{44} $mei\textperiodcentered^{31\text{-}42}$ $tθʅ^{2}$ ti^{2}, $tuə^{213\text{-}21}$ $ʃuə^{1}$ $i^{31\text{-}42}$ $tθʅ^{2}$ $lə^{2}$ ni^{44} $θuæn^{31\text{-}21}$ $θuæn^{1}$, $xaŋ^{55}$. $ka^{44\text{-}42}$ ku^{44}, $tʃʰu^{53}$ $ʃu^{44}$ $ka^{44\text{-}42}$ ku^{44}. tau^{31} ka^{44} $mei\textperiodcentered^{31\text{-}42}$ $tθʅ^{2}$, $tuə^{213\text{-}21}$ $ʃuə^{1}$ $kə^{31\text{-}312}$ $yə^{31}$, $tʃə^{31\text{-}21}$ pu^{1} $ʂ\textayn^{1}$ $mau^{31\text{-}42}$ i^{2} $niæn^{53\text{-}533}$, $pa^{44\text{-}45}$ $tɕiəu^{5}$ $kə^{31\text{-}312}$ $yə^{31}$. $mæn^{44\text{-}42}$ $pʰə^{44\text{-}45}$ $lɛ^{5}$ $ʂ\textayn^{31}$ $iən^{53}$, $nə^{31\text{-}21}$ si^{1} $iən^{53}$ $tau^{31\text{-}21}$ $ʂ\textayn^{1}$: "$pʰau^{44\text{-}45}$ $lə^{5}$ $pʰiɐu^{31\text{-}42}$ $lə^{2}$, $pʰau^{44\text{-}45}$ $lə^{5}$ $pʰiɐu^{31\text{-}42}$ $lə^{2}$. ni^{44} $vaŋ^{53\text{-}42}$ $vaŋ^{2}$." $tau^{31\text{-}21}$ $ʂ\textayn^{1}$. $θæn^{213\text{-}21}$ $kə^{1}$ $iən^{53\text{-}533}$, $nə^{31}$ $liaŋ^{44\text{-}45}$ $kə^{5}$ $tsʰiəŋ^{213\text{-}24}$ $niæn^{53}$ $nəŋ^{53}$ $i^{44\text{-}455}$, $xæn^{53}$. $ɣæn^{44\text{-}55}$ $nə^{31\text{-}21}$ $kə^{1}$ $iə^{213\text{-}21}$ $iə^{1}$, $tʰa^{44}$ $i^{44\text{-}55}$ $tuən^{31}$ $tɕʰi^{44\text{-}45}$ ni^{5} $i^{44\text{-}42}$ pa^{44} ti^{31} $kua^{213\text{-}24}$ $pi\varepsilon^{213\text{-}24}$ $tʃʰi^{44}$, $ni^{44\text{-}42}$ $ʃuə^{44}$, $iə^{53\text{-}55}$ $tsiəu^{5}$ $ʂ\textayn^{5}$ $tɕiaŋ^{213\text{-}24}$ $tθʰæn^{53\text{-}55}$ $lə^{5}$ $kə^{5}$ $miɚŋ^{31}$ $tsiəu^{31}$ $ʂ\textayn^{31\text{-}42}$ $lə^{2}$, $ʂ\textayn^{31\text{-}55}$ pu^{5} $ʂ\textayn^{31}$? $və^{31\text{-}42}$ ti^{2} ni^{44} $tsiəu^{31}$ $pʰau^{44\text{-}45}$ pu^{5} $təŋ^{31\text{-}422}$.

　　$læn^{53\text{-}42}$ mu^{2} $ɹɐu^{44}$, $tʃi^{31\text{-}42}$ $kə^{2}$ $və^{213\text{-}24}$ $pʰiɐu^{31}$ $tʃə^{31\text{-}42}$ $kə^{2}$ $tʂʰa^{44\text{-}45}$ $næn^{5}$, $tʃə^{31\text{-}42}$ $kə^{2}$ $næn^{53}$ $iən^{53}$ $xuei^{53\text{-}55}$ $lɛ^{5}$ i^{44} $kʰæn^{31}$ $pʰau^{44\text{-}45}$ $lə^{5}$ $pʰiɐu^{31\text{-}42}$ $lə^{2}$, $tsiəu^{31}$

niæn⁴⁴⁻⁴⁵ maŋ⁵, tiəŋ³¹ xəu³¹⁻⁴² lɛ². na⁵³⁻⁵⁵ tʂə⁵ kə⁵ tɕyə⁴⁴⁻⁴⁵ piəŋ⁵ tsiəu³¹ niæn⁴⁴.
ɣæn⁴⁴⁻⁵⁵ nə⁵ kə⁵ iə²¹³⁻²¹ iə¹ iə⁵³ pʰau⁴⁴⁻⁴⁵ pu⁵ təŋ³¹⁻⁴²², tsiəu³¹ tɕiau³¹⁻⁴² tʰa²
niæn⁴⁴⁻⁴⁵ ʃaŋ⁵ lə⁵. niæn⁴⁴⁻⁴⁵ ʃaŋ⁵ lə⁵ tʃʰə⁴⁴⁻⁵⁵ nə⁵ kə⁵ tʰei⁴⁴ tsiəu³¹ tɕʰi⁴⁴⁻⁴⁵ tʰa⁵
xɛ²¹³⁻²¹ lə¹ iꞏ⁴⁴⁻⁴² tɕyə⁴⁴⁻⁴⁵ piəŋ⁵ maŋ⁵, xɛ²¹³⁻²¹ tuæn¹ lə¹ pa³¹⁻²¹ kə¹ tʰei⁴⁴.
niæn⁴⁴⁻⁴⁵ ʃaŋ⁵ tsiəu³¹ xɛ²¹³⁻²¹ iꞏ¹ tɕyə⁴⁴⁻⁴⁵ piəŋ⁵ lə⁵, nə³¹⁻²¹ kə¹ tʰei⁴⁴ tsiəu³¹
tuæn³¹⁻⁴² lə². tuæn³¹⁻⁴² lə², tʰa⁴⁴ kʰæn³¹⁻⁴² tʰa² tθəu⁴⁴⁻⁴⁵ pu⁵ təŋ³¹⁻⁴² lə², tʰa⁴⁴
tsiəu³¹⁻²¹ tɕʰiꞏ¹ pa³¹ nə³¹ liaŋ⁴⁴⁻⁴⁵ kə⁵ iəu³¹ niæn⁴⁴⁻⁴⁵ xuei⁵ lɛ⁵. ni⁴⁴ siən⁵³⁻⁵⁵ θɤ⁵
təu³¹ və³¹⁻⁴² ti² pʰau⁴⁴⁻⁴⁵ pu⁵ təŋ³¹⁻⁴² lə², nə³¹⁻⁴² si² tsʰiəŋ²¹³⁻²⁴ niæn⁵³ iə⁵³ pu⁴⁴
tʂəŋ²¹³, təu³¹ tʂʰæn²¹³⁻²¹ xuei¹ lɛ¹ lə¹. tʂʰæn²¹³⁻²¹ xuei¹ lɛ¹, ɣæn⁴⁴⁻⁵⁵ nə⁵ kə⁵
iə²¹³⁻²¹ iə¹ xau⁴⁴⁻⁴² tɜ⁴⁴⁻⁴⁵ tiꞏ⁵ xuei⁵³⁻⁵⁵ lɛ⁵. xuei⁵³⁻⁵⁵ lɛ⁵, tʰa⁴⁴⁻⁵⁵ pa⁵ nə³¹⁻²¹ kə¹
mən⁵³ tʂʰuaŋ²¹³ təu³¹ tu⁴⁴⁻⁴⁵ pa⁵, tau³¹⁻²¹ ʂ̩¹: "tɕiən²¹³⁻²¹ xei⁴⁴⁻⁴⁵ iꞏ⁵ tɕiau³¹⁻⁴²
nən² ʃaŋ³¹ siꞏ²¹³⁻²⁴ tʰiæn²¹³", kau²¹³⁻²⁴ tɕyə⁵³ ʃəŋ²¹³. mən⁵³ tʂʰuaŋ²¹³ tu⁴⁴
iæn⁵³⁻⁵⁵ lə⁵.

　　tɕiɐꞏŋ²¹³⁻²⁴ mə³¹⁻³¹² tʰɛ³¹ ɹɐꞏŋ⁵³⁻⁵⁵ tiꞏ⁵ ʂ̩⁵³⁻⁵⁵ xɚu⁵, tsiəu³¹ lɛ⁵³⁻⁵⁵ lə⁵ liaŋ⁴⁴⁻⁴⁵
kə⁵ iən⁵³⁻⁵⁴⁴. tʰa⁴⁴ iꞏ⁴⁴⁻⁴² pʰau⁴⁴ pʰiɐu³¹ pu⁴⁴⁻⁵⁵ ʂ̩⁵, iən⁵³⁻⁵⁵ tɕiꞏ⁵ tsʰʰyæn⁵³
tʂuaŋ²¹³⁻²⁴ təu³¹⁻³¹² tʃiꞏ²¹³⁻²¹ tau¹ lə¹, mæn⁴⁴⁻⁴² pʰə⁴⁴ ʂ̩³¹ ka⁴⁴ mei³¹⁻⁴² tθɤ² tiꞏ²,
tʰa⁴⁴ paŋ⁴⁴⁻⁴⁵ lə⁵ pʰiɐu³¹. nə³¹⁻²¹ kə¹ tsiəu³¹ tɕʰy³¹⁻⁴² lə² liaŋ⁴⁴⁻⁴⁵ kə⁵ ɹɐꞏꞏ⁵³,
tɕiən²¹³⁻²¹ tʂə¹ xua³¹ mei⁵³ ləŋ⁵³⁻⁵⁵ tθɤ⁵. tʰəu⁵³⁻⁵⁵ lɛ⁵ nə³¹ iꞏ⁴⁴⁻⁵⁵ kə⁵, iꞏ⁴⁴ tsiən³¹
mɚiꞏ⁵³ tsiəu³¹ tɕyə⁵³⁻⁵⁴⁴: "nən⁴⁴⁻⁴² ma²¹³⁻⁴⁵ lə⁵ kə⁵ piꞏ²¹³⁻²¹¹, xæn⁵³ kuæn²¹³⁻²⁴
mɚiꞏ⁵³ tu⁴⁴ tʂʰuaŋ²¹³⁻²¹ tiꞏ¹. iən⁵³⁻⁵⁵ lɛ⁵? pa³¹⁻⁵⁵ pʰiɐu³¹ nəŋ³¹⁻⁵³ na⁴⁴⁻⁴⁵ tɕʰiꞏ⁵ lə⁵?"
vən³¹⁻⁴² tau². iꞏ⁴⁴ kʰæn³¹, iꞏ⁴⁴ kʰæn³¹ θæn²¹³⁻²¹ kə¹ iən⁵³ tɜ⁴⁴⁻⁵⁵ nə⁵ lɛ⁵, tau³¹⁻²¹
ʂ̩¹: "nən⁴⁴ θæn²¹³⁻²¹ kə¹ iən⁵³ tθəŋ⁴⁴⁻⁴⁵ mu⁵ iaŋ³¹?" tau³¹⁻²¹ ʂ̩¹: "lau⁴⁴⁻⁴²
tθəŋ⁴⁴⁻⁴⁵⁵, və⁴⁴⁻⁵⁵ kə⁵ tʰei⁴⁴ tuæn³¹⁻⁴² lə², tɕiau³¹⁻⁴² tʰa² tɕʰiꞏ⁴⁴⁻⁴⁵ və⁵ xɛ²¹³⁻²¹
tuæn¹ lə¹ ʂ̩⁴⁴ tɕyə⁴⁴⁻⁴⁵ piəŋ⁵, pa³¹ tʰei⁴⁴ tɕʰiꞏ⁴⁴⁻⁴⁵ və⁵ xɛ²¹³⁻²¹ tuæn¹ lə¹." "ni⁴⁴
tʃə³¹⁻⁴² lɛ² iəu⁴⁴⁻⁵⁵ mu⁵ iəu⁴⁴ tsʰiən²¹³⁻²¹ tsʰiən¹?" vən³¹⁻⁴² tau². "və⁴⁴ tʃə³¹
iəu⁴⁴⁻⁵⁵ kə⁵ tsʰiən²¹³⁻²¹ tsʰiən¹, kei⁴⁴ tʃə³¹⁻⁴² yæn⁴⁴⁻⁴⁵⁵." "na⁴⁴⁻⁴⁵ lɛ⁵?"
"tʃaŋ²¹³⁻²¹ iəŋ¹, li³¹ tʃə³¹⁻⁵⁵ lɛ⁵ ti³¹ ʃiꞏ⁵³⁻⁵⁵ la⁵ tuə²¹³⁻²⁴ liꞏ⁴⁴⁻⁴⁵⁵." nə³¹⁻²¹ kə¹
kuæn²¹³⁻²¹ iən¹ tʰaŋ⁵³⁻⁵⁵ tθɤ⁵ xæn⁵³ tɜ⁴⁴ tʃaŋ²¹³⁻²¹ iəŋ¹ siꞏ²¹³⁻²¹ lɛ¹, liꞏ⁴⁴⁻⁴⁵ tʂʰa⁵
maŋ⁵. "və⁴⁴⁻⁵⁵ kə⁵ tʃaŋ³¹⁻⁴² iən² tɕiꞏ² ʂ̩³¹ tʃaŋ²¹³⁻²¹ iəŋ¹ tsi⁴⁴ næn⁵³ tʰəu⁵³⁻⁵⁴⁴."
"tθəu⁴⁴!" nə³¹ liaŋ⁴⁴⁻⁴⁵ kə⁵ tsʰiən²¹³⁻²⁴ niæn⁵³ xæn⁵³ nəŋ⁵³ tθəu⁴⁴. "niꞏ⁴⁴ pei³¹⁻⁴²
tʂə² tʰa². " tɕiau³¹⁻³¹² nə³¹⁻²¹ kə¹ paŋ⁴⁴ pʰiɐu³¹⁻⁴² tiꞏ², ʃuə⁵: "niꞏ⁴⁴ pei³¹⁻⁴² tʂʅ²
tʰa²! ma²¹³⁻²¹ lə¹ kə¹ piꞏ²¹³⁻²⁴, niꞏ⁴⁴ pei³¹⁻⁴² tʂʅ² tʰa²!" niꞏ⁴⁴ siən⁵³⁻⁵⁵ θɤ⁵, tʰa⁴⁴

tɕʰiəŋ²¹³⁻⁴⁵ pu⁵ tɕʰiəŋ²¹³⁻²¹ ti¹ iə⁵³ nəŋ³¹⁻⁴² mu² kə² ta³¹ iən⁵³⁻⁵ ⁴⁴ , pei³¹⁻⁴² tʂə² , ʂʅ³¹⁻²¹ pu¹ ʂʅ³¹? tʰa⁴⁴⁻⁵⁵ tsiəu⁵ pei³¹⁻⁴² tʂə² , nə³¹⁻²¹ kə¹ nə³¹⁻²¹ kə¹ , pei³¹⁻⁴² tʂə² ɣæn⁴⁴⁻⁵⁵ nə⁵ kə⁵ iə²¹³⁻²¹ iə¹ , nə³¹ liaŋ⁴⁴⁻⁴⁵ kə⁵ tsʰiəŋ²¹³⁻²⁴ niæn⁵³ tsiəu³¹ kən²¹³⁻²¹ tʂə¹ tθəu⁴⁴ . tθəu⁴⁴⁻⁴⁵ tau⁵ tʃaŋ²¹³⁻²¹ iəŋ¹ , nə³¹⁻²¹ kə¹ , tθəu⁴⁴⁻⁴⁵ tau⁵ tʃaŋ²¹³⁻²¹ iəŋ¹ tsiəu³¹ ʃaŋ³¹⁻⁴² lə² ɣæn⁴⁴⁻⁵⁵ nə⁵ kə⁵ iə²¹³⁻²¹ iə¹ tʰa⁴⁴⁻⁵⁵ nə⁵ kə⁵ tʃaŋ³¹⁻⁴² iən² tɕi² tɕʰi³¹⁻²¹ maŋ¹ . tθəu⁴⁴⁻⁴⁵ tau⁵ lu³¹⁻⁴² ʃaŋ tsiəu³¹ ʂʅ⁴⁴ tɕiən³¹ lei³¹ nə³¹⁻²¹ kə¹ kʰæn²¹³⁻²⁴ pʰiɤu³¹ nə³¹⁻²¹ kə¹ pə⁵³⁻⁵⁵ tθʅ⁵ . "ɣæn²¹³⁻²⁴ iaŋ³¹ , ni⁴⁴ piə⁵³ lei³¹⁻⁴² və² , kʰuɛ³¹⁻⁴² lə²…" tau³¹⁻²¹ ʂʅ¹ , "kʰuɛ³¹⁻⁴² lə² pu⁴⁴ ɕiəŋ⁵³⁻⁵⁵ lə⁵ , ni⁴⁴ lei³¹⁻⁴² ti² və⁴⁴ . pa³¹⁻⁴² və² lei³¹⁻⁴² ʂʅ² ," tau³¹⁻²¹ ʂʅ¹ , "ni⁴⁴⁻⁴² iə² tɕia²¹³⁻²¹ pu¹ tɕʰy³¹⁻⁴²² . " tʰa⁴⁴ tsiəu³¹ ʂʅ⁴⁴⁻⁵⁵ kə⁵ pə⁵³⁻⁵⁵ ləŋ⁵ kɛ³¹ tiəŋ⁴⁴⁻⁴⁵ tʰa⁵ nə³¹⁻²¹ kə¹ tsi⁴⁴⁻⁴⁵ liaŋ⁵ . læn⁵³⁻⁴² mu² ɹɤu⁴⁴ , pa³¹⁻⁴² tʰa² pei³¹⁻⁴² tau² tʃaŋ²¹³⁻²¹ iəŋ¹ tʰa⁴⁴ tʃaŋ³¹⁻⁴² iən² nə³¹⁻²¹ lɛ¹ . pei³¹⁻⁴² lɛ² tɕia²¹³⁻²⁴ , xæn⁵³ xɛ³¹⁻³¹² pʰa³¹ tʰu⁴⁴⁻⁴² fei²¹³ tiəŋ³¹ xəu³¹⁻⁴² lɛ² kən²¹³⁻²¹ tʂə¹ niæn⁴⁴⁻⁴ ⁵⁵ . kæn⁴⁴⁻⁴⁵ mɤŋ⁵ , tsiəu³¹ pa³¹⁻⁴² tʰa² tʃuæn⁴⁴⁻⁴⁵ la⁵ , tʃuæn⁴⁴ i⁵³⁻⁵⁵ lə⁵ .

læn⁵³⁻⁴² mu² ɹɤu⁴⁴ , tʃə³¹⁻³¹² tsiəu³¹ ɣæn⁴⁴⁻⁵⁵ nə³¹⁻²¹ kə¹ lau⁴⁴⁻⁴² iə²¹³ nə³¹⁻²¹ kə¹ iə²¹³⁻²¹ iə¹ təu³¹ ʃaŋ³¹⁻⁴² lə² vaŋ⁵³⁻⁵⁵ tʰɛ⁵ maŋ⁵ , təu³¹ ʃaŋ³¹⁻⁴² lə² vaŋ⁵³⁻⁵⁵ tʰɛ⁵ tɕʰy⁵ tʰau⁵³ næn³¹⁻⁴² tɕʰi² lə² . nə³¹⁻²¹ lɛ¹ iəu⁴⁴⁻⁴² tɕia²¹³ , xuə⁵³⁻⁵⁵ tsʰi⁵ kə⁴⁴ iəu⁴⁴ tsʰiən²¹³⁻²¹ tsʰən¹ , lau⁴⁴ iə²¹³⁻²¹ ti¹ kə¹ tʃaŋ³¹⁻⁴² iən² ʂ̩³¹ xuə⁵³⁻⁵⁵ tsʰi⁵ tʂuaŋ²¹³⁻²¹ maŋ¹ , tɛ⁴⁴ vaŋ⁵³⁻⁵⁵ tʰɛ⁵ nə³¹⁻⁴² lɛ² pi³¹⁻³¹² næn³¹ . i⁴⁴ kəŋ³¹ iæn⁵³⁻⁵⁵ lɛ⁵ mɛ³¹⁻⁴² lə² θæn²¹³⁻²¹ ʃi¹ lɛ⁵³ mu⁴⁴ tɚi³¹⁻⁴²² , kʰuei²¹³⁻²¹ tʂə¹ mu³¹ pa³¹⁻³¹² miəŋ³¹ ta⁴⁴⁻⁴⁵ ʃaŋ⁵ . tʃə³¹⁻²¹ tsiəu¹ kən²¹³⁻²¹ tʂə¹ tʃə³¹ tɛ⁴⁴ təŋ²¹³⁻²¹ θɚi¹ tθau³¹⁻²¹ lə¹ tʃi³¹⁻⁴² mu² ta³¹⁻⁴² ti² tθuei³¹⁻⁴²² . tɕiəu³¹ ʃə³¹⁻³¹² xuɚi³¹ tθau³¹⁻²¹ lə¹ tθuei³¹ , ʃi⁵³ tsi⁴⁴⁻⁵⁵ ʂʅ⁵ .

参考文献

［1］宫钦弟：《胶东方言的历史演变》，浙江大学博士学位论文，2008 年。

［2］贺巍：《河南山东皖北苏北的官话（稿）》，《方言》1985 年第3 期。

［3］胶州市志编纂委员会：《胶州市志》，新华出版社 1992 年版。

［4］罗福腾：《胶辽官话研究》，山东大学博士学位论文，1998 年。

［5］钱曾怡、张树铮、罗福腾：《山东方言研究》，齐鲁书社 2001 年版。

［6］钱曾怡：《胶东方音概况》，《山东大学学报》1959 年第 4 期。

［7］青岛市史志办公室：《青岛市志·方言志》，新华出版社 1997 年版。

［8］清·张同声修、李图等撰：《胶州志》，台北成文出版社 1976 年版。

［9］山东省地方志编纂委员会：《山东省志·方言志》，山东人民出版社 2003 年版。

［10］石明远：《莒县方言志》，语文出版社 1995 年版。

［11］于克仁：《平度方言志》，语文出版社 1992 年版。

［12］张树铮：《胶辽官话的分区（稿）》，《方言》2007 年。

［13］张卫东：《文登、荣成方言中古见系部分字的文白异读》，《语言学论丛》1984 年第 12 辑。

［14］赵日新：《即墨方言志》，语文出版社 1991 年版。

［15］中国社会科学院与澳大利亚人文科学院：《中国语言地图集》，香港朗文（远东）有限公司，1987/1990 年版。

［16］中国社会科学院语言研究所、民族学与人类学研究所、香港城

市大学语言资讯科学研究中心：《中国语言地图集（第 2 版）》，商务印书馆 2012 年版。

［17］ Norman Jerry，*Chronological Strata in the Min Dialects*. 《方言》1979 年第 4 期。